大学赤本シリーズ

253

慶應義塾大学

商学部

教学社

は　し　が　き

おかげさまで，大学入試の「赤本」は，今年で創刊70周年を迎えました。

これまで，入試問題や資料をご提供いただいた大学関係者各位，掲載許可をいただいた著作権者の皆様，各科目の解答や対策の執筆にあたられた先生方，そして，赤本を使用してくださったすべての読者の皆様に，厚く御礼を申し上げます。

以下に，創刊初期の「赤本」のはしがきを引用します。これからも引き続き，受験生の目標の達成や，夢の実現を応援してまいります。

本書を活用して，入試本番では持てる力を存分に発揮されることを心より願っています。

編者しるす

＊　＊　＊

学問の塔にあこがれのまなざしをもって，それぞれの志望する大学の門をたたかんとしている受験生諸君！　人間として生まれてきた私たちは，自己の欲するままに，美しく，強く，そして何よりも人間らしく生きることをねがっている。しかし，一朝一夕にして，この純粋なのぞみが達せられることはない。私たちの行く手には，絶えずさまざまな試練がまちかまえている。この試練を克服していくところに，私たちのねがう真に人間的な世界がはじめて開かれてくるのである。

人生最初の最大の試練として，諸君の眼前に大学入試がある。この大学入試は，精神的にも身体的にも，大きな苦痛を感ぜしめるであろう。あるスポーツに熟達するには，たゆみなき，はげしい練習を積み重ねることが必要であるように，私たちは，計画的・持続的な努力を払うことによって，この試練を克服し，次の一歩を踏みだすことができる。厳しい試練を経たのちに，はじめて満足すべき成果を獲得できるのである。

本書は最近の入学試験の問題に，それぞれ解答を付し，さらに問題をふかく分析することによって，その大学独特の傾向や対策をさぐろうとした。本書を一般の参考書とあわせて使用し，まとはずれのない，効果的な受験勉強をされるよう期待したい。

（昭和35年版「赤本」はしがきより）

挑む人の、いちばんの味方

1954年に大学入試の過去問題集を刊行してから70年。赤本は大学に入りたいと思う受験生を応援しつづけてきました。これからも，苦しいとき落ち込むときにそばで支える存在でいたいと思います。

そして，勉強をすること，自分で道を決めること，努力が実ること，これらの喜びを読者の皆さんが感じることができるよう，伴走をつづけます。

そもそも赤本とは…

受験生のための大学入試の過去問題集！

70年の歴史を誇る赤本は，500点を超える刊行点数で全都道府県の370大学以上を網羅しており，過去問の代名詞として受験生の必須アイテムとなっています。

…………… なぜ受験に過去問が必要なのか？ ……………

大学入試は大学によって問題形式や頻出分野が大きく異なるからです。

赤本の掲載内容

傾向と対策

これまでの出題内容から，問題の「**傾向**」を分析し，来年度の入試に向けて具体的な「**対策**」の方法を紹介しています。

問題編・解答編

- 年度ごとに問題とその解答を掲載しています。
- 「**問題編**」ではその年度の試験概要を確認したうえで，実際に出題された過去問に取り組むことができます。
- 「**解答編**」には高校・予備校の先生方による解答が載っています。

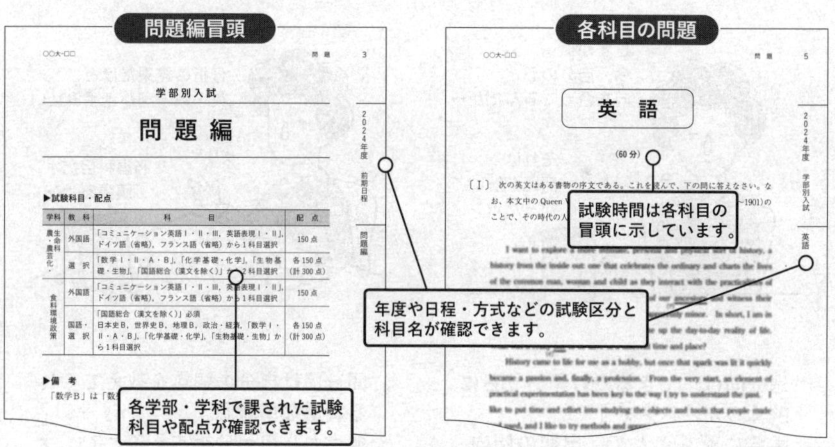

他にも，大学の基本情報や，先輩受験生の合格体験記，在学生からのメッセージなどが載っていることがあります。

掲載内容について

著作権上の理由やその他編集上の都合により問題や解答の一部を割愛している場合があります。
なお，指定校推薦入試，社会人入試，編入学試験，帰国生入試などの特別入試，英語以外の外国語科目，商業・工業科目は，原則として掲載しておりません。また試験科目は変更される場合がありますので，あらかじめご了承ください。

受験勉強は

過去問に始まり,

STEP 1

なにはともあれ

まずは解いてみる

しずかに…
今，自分の心と
向き合ってるんだから
ムーン
それは
問題を解いて
からだホン!

過去問は，**できるだけ早いうちに解く**のがオススメ！
実際に解くことで，**出題の傾向，問題のレベル，今の自分の実力**がつかめます。

STEP 2

じっくり具体的に

弱点を分析する

分析の結果だけど
英・数・国が苦手みたい
スリー
必須科目だホン
頑張るホン

間違いは自分の弱点を教えてくれる**貴重な情報源**。
弱点から自己分析することで，**今の自分に足りない力や苦手な分野**が見えてくるはず！

合格者があかす
赤本の使い方

傾向と対策を熟読

(Fさん／国立大合格)

大学の出題傾向を調べるために，赤本に載っている「傾向と対策」を熟読しました。

繰り返し解く

(Tさん／国立大合格)

１周目は問題のレベル確認，２周目は苦手や頻出分野の確認に，３周目は合格点を目指して，と過去問は繰り返し解くことが大切です。

過去問に終わる。

STEP 3

志望校にあわせて

苦手分野の重点対策

明日からはみんなで頑張るよ！
参考書も！ 問題集も！
よろしくね！
呼んだ？
なにを!?
どこから!?
グッ
グッ

参考書や問題集を活用して，苦手分野の**重点対策**をしていきます。**過去問を指針**に，合格へ向けた具体的な学習計画を立てましょう！

STEP 1▶2▶3

サイクルが大事！

実践を繰り返す

やるのはボクだよ～
STEP 1
解く!!
分析!!
対策!!
STEP 3
STEP 2

STEP 1～3を繰り返し，実力アップにつなげましょう！
出題形式に慣れることや，**時間配分を考えること**も大切です。

目標点を決める

（Yさん／私立大合格）

赤本によっては合格者最低点が載っているので，それを見て目標点を決めるのもよいです。

時間配分を確認

（Kさん／私立大学合格）

赤本は時間配分や解く順番を決めるために使いました。

添削してもらう

（Sさん／私立大学合格）

記述式の問題は先生に添削してもらうことで自分の弱点に気づけると思います。

新課程入試 Q&A

2022 年度から新しい学習指導要領（新課程）での授業が始まり，2025 年度の入試は，新課程に基づいて行われる最初の入試となります。ここでは，赤本での新課程入試の対策について，よくある疑問にお答えします。

Q1. 赤本は新課程入試の対策に使えますか？

A. もちろん使えます！

OK

旧課程入試の過去問が新課程入試の対策に役に立つのか疑問に思う人もいるかもしれませんが，心配することはありません。旧課程入試の過去問が役立つのには次のような理由があります。

● 学習する内容はそれほど変わらない

新課程は旧課程と比べて科目名を中心とした変更はありますが，学習する内容そのものはそれほど大きく変わっていません。また，多くの大学で，既卒生が不利にならないよう「経過措置」がとられます（Ｑ３参照）。したがって，出題内容が大きく変更されることは少ないとみられます。

● 大学ごとに出題の特徴がある

これまでに課程が変わったときも，各大学の出題の特徴は大きく変わらないことがほとんどでした。入試問題は各大学のアドミッション・ポリシーに沿って出題されており，過去問にはその特徴がよく表れています。過去問を研究してその大学に特有の傾向をつかめば，最適な対策をとることができます。

出題の特徴の例	・英作文問題の出題の有無 ・論述問題の出題（字数制限の有無や長さ） ・計算過程の記述の有無

新課程入試の対策も，赤本で過去問に取り組むところから始めましょう。

Q2. 赤本を使う上での注意点はありますか？

A. 志望大学の入試科目を確認しましょう。

過去問を解く前に，過去の出題科目（問題編冒頭の表）と 2025 年度の募集要項とを比べて，課される内容に変更がないかを確認しましょう。ポイントは以下のとおりです。科目名が変わっていても，実際は旧課程の内容とほとんど同様のものもあります。

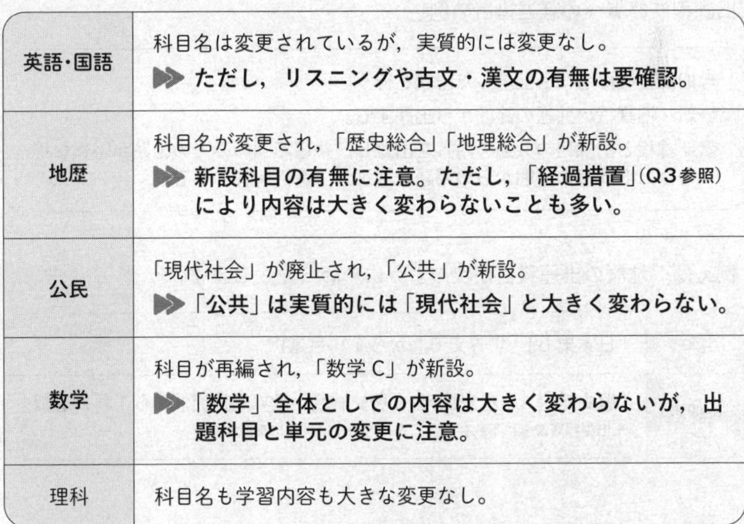

英語・国語	科目名は変更されているが，実質的には変更なし。 ▶▶ **ただし，リスニングや古文・漢文の有無は要確認。**
地歴	科目名が変更され，「歴史総合」「地理総合」が新設。 ▶▶ **新設科目の有無に注意。ただし，「経過措置」（Q３参照）により内容は大きく変わらないことも多い。**
公民	「現代社会」が廃止され，「公共」が新設。 ▶▶ **「公共」は実質的には「現代社会」と大きく変わらない。**
数学	科目が再編され，「数学 C」が新設。 ▶▶ **「数学」全体としての内容は大きく変わらないが，出題科目と単元の変更に注意。**
理科	科目名も学習内容も大きな変更なし。

数学については，科目名だけでなく，どの単元が含まれているかも確認が必要です。例えば，出題科目が次のように変わったとします。

旧課程	「数学Ⅰ・数学Ⅱ・数学Ａ・数学Ｂ（数列・ベクトル）」
新課程	「数学Ⅰ・数学Ⅱ・数学Ａ・**数学Ｂ（数列）・数学Ｃ（ベクトル）**」

この場合，新課程では「数学Ｃ」が増えていますが，単元は「ベクトル」のみのため，実質的には旧課程とほぼ同じであり，過去問をそのまま役立てることができます。

Q3. 「経過措置」とは何ですか？

A. 既卒の旧課程履修者への対応です。

多くの大学では，既卒の旧課程履修者が不利にならないように，出題において「経過措置」が実施されます。措置の有無や内容は大学によって異なるので，募集要項や大学のウェブサイトなどで確認しておきましょう。

○旧課程履修者への経過措置の例

- 旧課程履修者にも配慮した出題を行う。
- 新・旧課程の共通の範囲から出題する。
- 新課程と旧課程の共通の内容を出題し，共通範囲のみでの出題が困難な場合は，旧課程の範囲からの問題を用意し，選択解答とする。

例えば，地歴の出題科目が次のように変わったとします。

旧課程	「日本史 B」「世界史 B」から１科目選択
新課程	**「歴史総合，日本史探究」「歴史総合，世界史探究」**から１科目選択※ ※旧課程履修者に不利益が生じることのないように配慮する。

「歴史総合」は新課程で新設された科目で，旧課程履修者には見慣れないものですが，上記のような経過措置がとられた場合，新課程入試でも旧課程と同様の学習内容で受験することができます。

新課程の情報は WEB もチェック！
より詳しい解説が赤本ウェブサイトで見られます。
https://akahon.net/shinkatei/

科目名が変更される教科・科目

	旧課程	新課程
国語	国語総合 国語表現 現代文A 現代文B 古典A 古典B	**現代の国語 言語文化 論理国語 文学国語 国語表現 古典探究**
地歴	日本史A 日本史B 世界史A 世界史B 地理A 地理B	**歴史総合 日本史探究 世界史探究 地理総合 地理探究**
公民	現代社会 倫理 政治・経済	**公共 倫理 政治・経済**
数学	数学Ⅰ 数学Ⅱ 数学Ⅲ 数学A 数学B 数学活用	**数学Ⅰ 数学Ⅱ 数学Ⅲ 数学A 数学B 数学C**
外国語	コミュニケーション英語基礎 コミュニケーション英語Ⅰ コミュニケーション英語Ⅱ コミュニケーション英語Ⅲ 英語表現Ⅰ 英語表現Ⅱ 英語会話	**英語コミュニケーションⅠ 英語コミュニケーションⅡ 英語コミュニケーションⅢ 論理・表現Ⅰ 論理・表現Ⅱ 論理・表現Ⅲ**
情報	社会と情報 情報の科学	**情報Ⅰ 情報Ⅱ**

目　次

解答編

※問題編は別冊

掲載内容についてのお断り

著作権の都合上，下記の内容を省略しています。
2022 年度：「英語」〔Ｖ〕の英文・全訳

基本情報

沿革

1858（安政 5）　福澤諭吉，江戸に蘭学塾を開く
1863（文久 3）　蘭学塾より英学塾に転向
1868（慶應 4）　塾を「慶應義塾」と命名，近代私学として新発足
　　1885（明治 18）このころ塾生たちがペンの記章をつけ始める
1890（明治 23）　大学部が発足し，総合大学となる
1898（明治 31）　学制を改革し，一貫教育制度を樹立
　　1903（明治 36）第 1 回早慶野球試合
1920（大正 9）　大学令による大学として新発足
　　文学・経済学・法学・医学部から成る総合大学となる
1944（昭和 19）　藤原工業大学が寄付され，工学部設置
1949（昭和 24）　新制大学発足，文学・経済学・法学・工学部設置
1952（昭和 27）　新制大学医学部発足
1957（昭和 32）　商学部設置
1981（昭和 56）　工学部を改組し，理工学部を設置
1990（平成 2）　総合政策・環境情報学部を設置

2001（平成 13）　看護医療学部を設置
2008（平成 20）　学校法人共立薬科大学との合併により薬学部設置
　　　　　　　　創立 150 周年

ペンマーク

1885（明治 18）年ごろ，塾生が教科書にあった一節「ペンは剣に勝る力あり」にヒントを得て帽章を自分たちで考案したことからはじまり，その後多数の塾生・塾員の支持を得て公式な形として認められ，今日に至っています。ペンマークは，その発祥のルーツにも見られるように，学びの尊さを表現するシンボルであり，慶應義塾を指し示すだけでなく，広く認知された社会的な存在と位置付けられます。

学部・学科の構成

大　学

●**文学部**　1 年：日吉キャンパス／2 ～ 4 年：三田キャンパス

人文社会学科（哲学系〈哲学専攻，倫理学専攻，美学美術史学専攻〉，史学系〈日本史学専攻，東洋史学専攻，西洋史学専攻，民族学考古学専攻〉，文学系〈国文学専攻，中国文学専攻，英米文学専攻，独文学専攻，仏文学専攻〉，図書館・情報学系〈図書館・情報学専攻〉，人間関係学系〈社会学専攻，心理学専攻，教育学専攻，人間科学専攻〉）

＊各専攻には 2 年次より分属する。

●**経済学部**　1・2 年：日吉キャンパス／3・4 年：三田キャンパス

経済学科

●**法学部**　1・2 年：日吉キャンパス／3・4 年：三田キャンパス

法律学科

政治学科

●**商学部**　1・2 年：日吉キャンパス／3・4 年：三田キャンパス

商学科

●**医学部**　1 年：日吉キャンパス／2 ～ 6 年：信濃町キャンパス

医学科

●**理工学部**　1・2年：日吉キャンパス／3・4年：矢上キャンパス

機械工学科
電気情報工学科
応用化学科
物理情報工学科
管理工学科
数理科学科（数学専攻，統計学専攻）
物理学科
化学科
システムデザイン工学科
情報工学科
生命情報学科

＊各学科には2年次より分属する。数理科学科の各専攻は3年次秋学期に選択する。

●**総合政策学部**　湘南藤沢キャンパス

総合政策学科

●**環境情報学部**　湘南藤沢キャンパス

環境情報学科

●**看護医療学部**　1・2・4年：湘南藤沢キャンパス／3・4年：信濃町キャンパス

看護学科

●**薬学部**　1年：日吉キャンパス／2年以降：芝共立キャンパス

薬学科［6年制］
薬科学科［4年制］

大学院

文学研究科 / 経済学研究科 / 法学研究科 / 社会学研究科 / 商学研究科 / 医学研究科 / 理工学研究科 / 政策・メディア研究科 / 健康マネジメント研究科 / 薬学研究科 / 経営管理研究科 / システムデザイン・マネジメント研究科 / メディアデザイン研究科 / 法務研究科（法科大学院）

（注）上記内容は2024年4月時点のもので，改組・新設等により変更される場合があります。

大学所在地

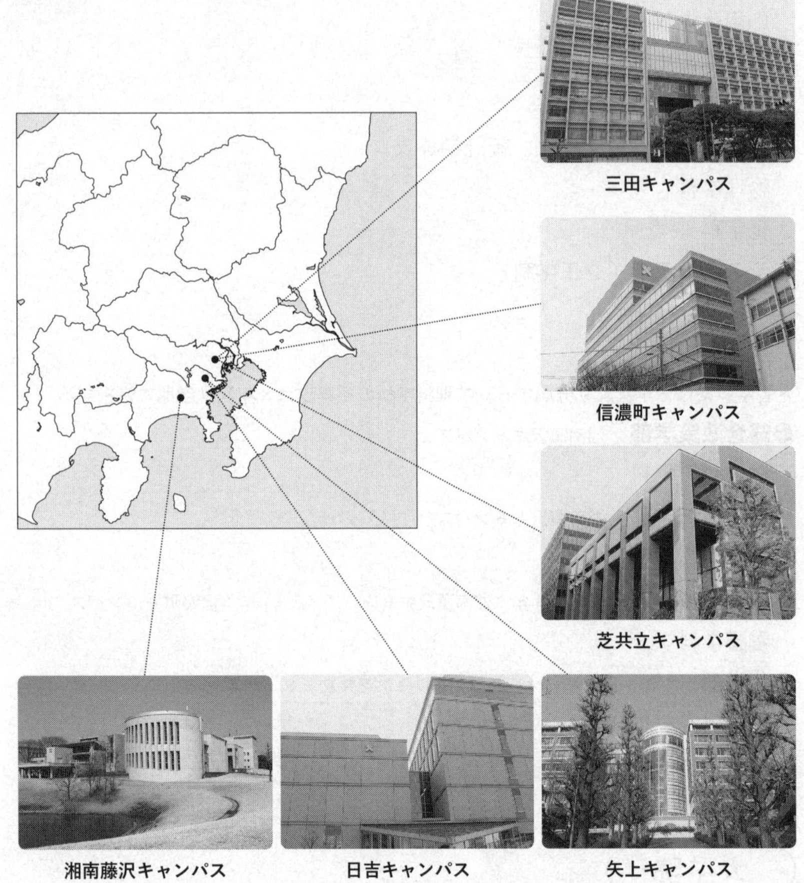

三田キャンパス	〒108-8345	東京都港区三田 2-15-45
日吉キャンパス	〒223-8521	神奈川県横浜市港北区日吉 4-1-1
矢上キャンパス	〒223-8522	神奈川県横浜市港北区日吉 3-14-1
信濃町キャンパス	〒160-8582	東京都新宿区信濃町 35
湘南藤沢キャンパス	〒252-0882	神奈川県藤沢市遠藤 5322（総合政策・環境情報学部）
	〒252-0883	神奈川県藤沢市遠藤 4411（看護医療学部）
芝共立キャンパス	〒105-8512	東京都港区芝公園 1-5-30

入試データ

2024 年度の合格最低点につきましては，大学ホームページや大学発行資料にてご確認ください。

入試状況（志願者数・競争率など）

○合格者数（第 2 次試験を行う学部は第 2 次試験合格者）と，補欠者許可数との合計が入学許可者数であり，実質倍率は受験者数÷入学許可者数で算出。

入試統計（一般選抜）

●文学部

年度	募集人員	志願者数	受験者数	合格者数	補欠者		実質倍率
					発表数	許可数	
2024	580	4,131	3,796	1,060	251	136	3.2
2023	580	4,056	3,731	1,029	288	143	3.2
2022	580	4,162	3,849	1,010	300	179	3.2
2021	580	4,243	3,903	932	276	276	3.2
2020	580	4,351	3,978	937	335	85	3.9
2019	580	4,720	4,371	954	339	79	4.2
2018	580	4,820	4,500	980	323	43	4.4

●経済学部

方式	年度	募集人員	志願者数	受験者数	合格者数	補欠者		実質倍率
						発表数	許可数	
A	2024	420	4,066	3,699	875	284	275	3.2
	2023	420	3,621	3,286	865	278	237	3.0
	2022	420	3,732	3,383	856	264	248	3.1
	2021	420	3,716	3,419	855	248	248	3.1
	2020	420	4,193	3,720	857	262	113	3.8
	2019	420	4,743	4,309	854	286	251	3.9
	2018	420	4,714	4,314	856	307	183	4.2
B	2024	210	1,853	1,691	381	138	52	3.9
	2023	210	2,015	1,844	380	138	100	3.8
	2022	210	2,086	1,905	380	130	82	4.1
	2021	210	2,081	1,913	368	132	132	3.8
	2020	210	1,956	1,768	367	148	39	4.4
	2019	210	2,231	2,029	364	141	38	5.0
	2018	210	2,417	2,217	362	143	69	5.1

●法学部

学科	年度	募集人員	志願者数	受験者数	合格者数	補欠者		実質倍率
						発表数	許可数	
法律	2024	230	1,657	1,466	334	79	46	3.9
	2023	230	1,730	1,569	334	60	18	4.5
	2022	230	1,853	1,633	330	48	48	4.3
	2021	230	1,603	1,441	314	53	30	4.2
	2020	230	1,511	1,309	302	51	40	3.8
	2019	230	2,016	1,773	308	53	23	5.4
	2018	230	2,089	1,864	351	51	0	5.3
政治	2024	230	1,363	1,212	314	64	10	3.7
	2023	230	1,407	1,246	292	52	37	3.8
	2022	230	1,323	1,190	289	49	12	4.0
	2021	230	1,359	1,243	296	49	40	3.7
	2020	230	1,548	1,369	295	53	0	4.6
	2019	230	1,472	1,328	300	50	12	4.3
	2018	230	1,657	1,506	315	55	0	4.8

●商学部

方式	年度	募集人員	志願者数	受験者数	合格者数	補欠者		実質倍率
						発表数	許可数	
A	2024	480	4,615	4,354	1,593	417	76	2.6
	2023	480	4,189	3,947	1,484	375	137	2.4
	2022	480	4,023	3,716	1,434	376	154	2.3
	2021	480	3,641	3,404	1,312	356	244	2.2
	2020	480	3,845	3,502	1,221	322	98	2.7
	2019	480	4,105	3,698	1,202	242	142	2.8
	2018	480	4,072	3,801	1,186	311	71	3.0
B	2024	120	2,533	2,343	385	164	0	6.1
	2023	120	2,590	2,404	344	141	38	6.3
	2022	120	2,867	2,707	316	185	89	6.7
	2021	120	2,763	2,560	298	154	51	7.3
	2020	120	2,441	2,234	296	158	21	7.0
	2019	120	2,611	2,390	307	105	0	7.8
	2018	120	2,943	2,746	289	124	12	9.1

●医学部

年度	募集人員	志願者数	受験者数	合格者数		補欠者		実質倍率
				第 1 次	第 2 次	発表数	許可数	
2024	66	1,483	1,270	261	139	96	30	7.5
2023	66	1,412	1,219	260	141	92	27	7.3
2022	66	1,388	1,179	279	134	119	44	6.6
2021	66	1,248	1,045	266	128	114	43	6.1
2020	66	1,391	1,170	269	125	113	41	7.0
2019	68	1,528	1,296	274	132	117	27	8.2
2018	68	1,525	1,327	271	131	111	49	7.3

●理工学部

年度	募集人員	志願者数	受験者数	合格者数	補欠者		実質倍率
					発表数	許可数	
2024	650	8,248	7,747	2,400	601	95	3.1
2023	650	8,107	7,627	2,303	534	149	3.1
2022	650	7,847	7,324	2,286	523	355	2.8
2021	650	7,449	7,016	2,309	588	0	3.0
2020	650	8,230	7,688	2,444	415	0	3.1
2019	650	8,643	8,146	2,369	488	42	3.4
2018	650	9,050	8,569	2,384	565	148	3.4

（備考）

- 理工学部はＡ～Ｅの５つの分野に対応した「学門」制をとっており，学門別に募集を行う。入学後の１年間は学門別に基礎を学び，２年次に進級する時に学科を選択する。
- 2020 年度の合格者数には追加合格の 81 名を含む。

●総合政策学部

年度	募集人員	志願者数	受験者数	合格者数	補欠者		実質倍率
					発表数	許可数	
2024	225	2,609	2,351	396	101	37	5.4
2023	225	2,852	2,574	407	127	34	5.8
2022	225	3,015	2,731	436	129	82	5.3
2021	225	3,164	2,885	375	104	29	7.1
2020	275	3,323	3,000	285	108	71	8.4
2019	275	3,600	3,254	385	150	0	8.5
2018	275	3,757	3,423	351	157	0	9.8

●環境情報学部

年度	募集人員	志願者数	受験者数	合格者数	補欠者		実質倍率
					発表数	許可数	
2024	225	2,287	2,048	344	45	36	5.4
2023	225	2,586	2,319	296	66	66	6.4
2022	225	2,742	2,450	360	111	86	5.5
2021	225	2,864	2,586	232	142	104	7.7
2020	275	2,999	2,664	200	102	82	9.4
2019	275	3,326	3,041	302	151	0	10.1
2018	275	3,123	2,866	333	154	0	8.6

●看護医療学部

年度	募集人員	志願者数	受験者数	合格者数		補欠者		実質倍率
				第 1 次	第 2 次	発表数	許可数	
2024	70	514	465	231	143	55	39	2.6
2023	70	538	500	234	163	45	0	3.1
2022	70	653	601	235	152	55	8	3.8
2021	70	610	574	260	152	52	45	2.9
2020	70	565	493	249	151	53	7	3.1
2019	70	655	606	247	154	68	20	3.5
2018	70	694	637	249	146	63	10	4.1

●薬学部

学科	年度	募集人員	志願者数	受験者数	合格者数	補欠者		実質倍率
						発表数	許可数	
薬	2024	100	1,372	1,252	317	82	0	3.9
	2023	100	1,454	1,314	306	85	0	4.3
	2022	100	1,421	1,292	279	83	54	3.9
	2021	100	1,203	1,105	270	90	25	3.7
	2020	100	1,342	1,215	263	97	19	4.3
	2019	100	1,597	1,424	295	69	8	4.7
	2018	100	1,777	1,573	306	79	0	5.1
薬科	2024	50	869	815	290	98	0	2.8
	2023	50	854	824	247	92	48	2.8
	2022	50	782	726	209	77	63	2.7
	2021	50	737	683	203	77	16	3.1
	2020	50	759	700	204	82	27	3.0
	2019	50	628	587	187	84	42	2.6
	2018	50	663	616	201	70	41	2.5

合格最低点（一般選抜）

●文学部

（合格最低点／満点）

2023 年度	2022 年度	2021 年度	2020 年度	2019 年度	2018 年度
205／350	218／350	232／350	250／350	233／350	228／350

（備考）

- 「地理歴史」は，科目間の難易度の違いから生じる不公平をなくすため，統計的処理により得点の補正を行う場合がある。
- 「合格最低点」は，正規合格者の最低総合点である。

●経済学部

（合格最低点／満点）

年度	A　方　式	B　方　式
2023	248／420	266／420
2022	209／420	239／420
2021	231／420	262／420
2020	234／420	240／420
2019	265／420	259／420
2018	207／420	243／420

（備考）

- 採点方法について

  A方式は，「外国語」の問題の一部と「数学」の問題の一部の合計点が一定の得点に達した受験生について，「外国語」の残りの問題と「数学」の残りの問題および「小論文」を採点する。B方式は，「外国語」の問題の一部が一定の得点に達した受験生について，「外国語」の残りの問題と「地理歴史」および「小論文」を採点する。A・B両方式とも，最終判定は総合点によって合否を決定する。
- 「地理歴史」の科目間の難易度の違いを考慮した結果，統計的処理による得点の補正を行わなかった。
- 「合格最低点」は，正規合格者の最低総合点である。

●法学部

（合格最低点／満点）

年度	法律学科	政治学科
2023	247／400	252／400
2022	239／400	236／400
2021	234／400	235／400
2020	252／400	258／400
2019	227／400	224／400
2018	246／400	249／400

（備考）

- 採点方法について
  「論述力」は，「外国語」および「地理歴史」の合計点，および「地理歴史」の得点，いずれもが一定の得点に達した受験生について採点し，３科目の合計点で合否を決定する。
- 「地理歴史」は，科目間の難易度の違いから生じる不公平をなくすため，統計的処理により得点の補正を行った。
- 「合格最低点」は，正規合格者の最低総合点である。

●商学部

（合格最低点／満点）

年度	A方式	B方式
2023	237／400	278／400
2022	240／400	302／400
2021	252／400	288／400
2020	244／400	309／400
2019	258／400	288／400
2018	265／400	293／400

（備考）

- 「地理歴史」は，科目間の難易度の違いから生じる不公平をなくすため，統計的処理により得点の補正を行った。
- 「合格最低点」は，正規合格者の最低総合点である。

●医学部（第１次試験）

（合格最低点／満点）

2023 年度	2022 年度	2021 年度	2020 年度	2019 年度	2018 年度
315／500	308／500	251／500	303／500	303／500	305／500

（備考）

- 「理科」の科目間の難易度の違いを考慮した結果，統計的処理による得点の補正を行う場合がある。

●理工学部

（合格最低点／満点）

2023 年度	2022 年度	2021 年度	2020 年度	2019 年度	2018 年度
290／500	340／500	266／500	309／500	280／500	260／500

（備考）

- 「合格最低点」は，各学門における正規合格者の最低総合得点を各学門の合格者数で重み付けして平均した値である。

●総合政策学部

（合格最低点／満点）

年度	「数学」選択		「情報」選択		「外国語」選択		「数学・外国語」選択	
	数　学	小論文	情　報	小論文	外国語	小論文	数学・外国語	小論文
2023	258／400		264／400		257／400		268／400	
2022	261／400		269／400		260／400		275／400	
2021	254／400		261／400		243／400		260／400	
2020	246／400							
2019	267／400		285／400		261／400		277／400	
2018	301／400		272／400		277／400		300／400	

（備考）

- 採点方法について
  選択した受験科目（「数学または情報」あるいは「外国語」あるいは「数学および外国語」）の得点と，「小論文」の採点結果を組み合わせて，最終判定を行う。
- 合格最低点は，選択した試験科目によって異なっているが，これは 4 種の試験科目の難易度の違いを表すものではない。
- 「数学」「情報」「外国語」「数学および外国語」については統計的処理による得点の補正を行った。

●環境情報学部

（合格最低点／満点）

年度	「数学」選択		「情報」選択		「外国語」選択		「数学・外国語」選択	
	数　学	小論文	情　報	小論文	外国語	小論文	数学・外国語	小論文
2023	246／400		246／400		246／400		246／400	
2022	234／400		248／400		234／400		238／400	
2021	254／400		238／400		248／400		267／400	
2020	246／400							
2019	250／400		274／400		263／400		277／400	
2018	257／400		260／400		258／400		263／400	

（備考）

- 採点方法について
  選択した受験科目（「数学または情報」あるいは「外国語」あるいは「数学および外国語」）の得点と，「小論文」の採点結果を組み合わせて，最終判定を行う。
- 合格最低点は，選択した試験科目によって異なっているが，これは 4 種の試験科目の難易度の違いを表すものではない。
- 「数学」「情報」「外国語」「数学および外国語」については統計的処理による得点の補正を行った。

●看護医療学部（第 1 次試験）

（合格最低点／満点）

2023 年度	2022 年度	2021 年度	2020 年度	2019 年度	2018 年度
294／500	310／500	270／500	297／500	273／500	293／500

（備考）

- 選択科目（数学・化学・生物）は，科目間の難易度の違いから生じる不公平をなくすため，統計的処理により得点の補正を行った。
- 第 1 次試験で小論文を課すが，第 1 次試験の選考では使用せず，第 2 次試験の選考で使用する。

●薬学部

（合格最低点／満点）

学科	2023 年度	2022 年度	2021 年度	2020 年度	2019 年度	2018 年度
薬	169／350	204／350	196／350	196／350	208／350	204／350
薬科	171／350	209／350	195／350	195／350	207／350	204／350

（備考）

- 「合格最低点」は，正規合格者の最低総合点である。

募集要項（出願書類）の入手方法

2025 年度一般選抜要項は，大学ホームページで公開予定です。詳細については，大学ホームページでご確認ください。

一般選抜・文学部自主応募制による推薦入学者選考・法学部 FIT 入試に関する問い合わせ先

慶應義塾大学　入学センター
〒108-8345　東京都港区三田 2-15-45
TEL　(03)5427-1566
慶應義塾大学ホームページ　https://www.keio.ac.jp/

理工学部 AO 入試に関する問い合わせ先

慶應義塾大学
理工学部学生課学事担当内　アドミッションズ・オフィス
〒223-8522　神奈川県横浜市港北区日吉 3-14-1
TEL　(045)566-1800

総合政策学部・環境情報学部 AO 入試に関する問い合わせ先

慶應義塾大学　湘南藤沢事務室　アドミッションズ・オフィス
〒252-0882　神奈川県藤沢市遠藤 5322
TEL　(0466)49-3407
SFC ホームページ　https://www.sfc.keio.ac.jp/

看護医療学部 AO 入試に関する問い合わせ先

慶應義塾大学　湘南藤沢事務室　看護医療学部担当

〒252-0883　神奈川県藤沢市遠藤 4411

TEL　(0466)49-6200

合格体験記 募集

2025年春に入学される方を対象に，本大学の「合格体験記」を募集します。お寄せいただいた合格体験記は，編集部で選考の上，小社刊行物やウェブサイト等に掲載いたします。お寄せいただいた方には小社規定の謝礼を進呈いたしますので，ふるってご応募ください。

応募方法

下記URLまたはQRコードより応募サイトにアクセスできます。
ウェブフォームに必要事項をご記入の上，ご応募ください。
折り返し執筆要領をメールにてお送りします。

※入学が決まっている一大学のみ応募できます。

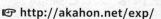

☞ http://akahon.net/exp/

応募の締め切り

総合型選抜・学校推薦型選抜 ……… 2025年2月23日
私立大学の一般選抜 ……… 2025年3月10日
国公立大学の一般選抜 ……… 2025年3月24日

受験にまつわる川柳を募集します。
入選者には賞品を進呈！
ふるってご応募ください。

応募方法　http://akahon.net/senryu/　にアクセス！☞

気になること、聞いてみました！

在学生メッセージ

大学ってどんなところ？ 大学生活ってどんな感じ？
ちょっと気になることを，在学生に聞いてみました。

以下の内容は 2020～2023 年度入学生のアンケート回答に基づくものです。ここで触れられている内容は今後変更となる場合もありますのでご注意ください。

メッセージを書いてくれた先輩 ［経済学部］R.S. さん M.Y. さん 島田優也さん
［法学部］関口康太さん ［総合政策学部］T.N. さん
［理工学部］M.H. さん

大学生になったと実感！

大きく言うと自由と責任が増えました。大学生になるとどの授業を取るかもすべて自分で決めることができます。一見自由で素晴らしいことかもしれませんが，これは誰も決めてくれないということでもあります。高校のときより，どれがどのような内容や難易度の授業なのかといった正確な情報を得るということがより重要になったと感じました。また，高校まではバイトをしていなかったので，大学生になってからは金銭的な自由と責任も増えたと感じています。少しずつ大人になっていく感覚を嬉しく思いつつも，少しだけ寂しいです（笑）。（R.S. さん／経済）

出会う人の幅が大きく変わったと思います。高校までは地元の子が集まったり，遠くても隣の県まででしたが，慶應に入り，全国からはもちろん帰国子女や留学生など，そのまま地元にいれば絶対に会えないだろう人材に多く出会えたことが，高校までとは比べものにならないほど変わったことだと感じました。全員が様々なバックグラウンドをもっているので，話

を聞いていて本当に楽しいです！（関口さん／法）

大学生活に必要なもの

タッチペンで書き込みが可能なタブレットやパソコンです。授業形態は教授によって様々ではありますが，多くの授業はアップロードされたレジュメに自分たちで書き込んでいくスタイルです。なかには印刷して書き込む学生もいますが，大半はタブレットやパソコンに直接タッチペンで板書を取っています。自分は基本的にタブレットだけを大学に持って行き，プログラミングやプレゼンのスライドを作成するときにパソコンを持って行くようにしています。タブレットのみだと若干心細いので，両方購入することにためらいがある人はタッチペン付きのパソコンにしておくのが無難だと思います。（R.S. さん／経済）

パソコンは必須。他には私服。高校までは制服があったので私服を着る頻度が低かったが，大学からはそういうわけにもいかないので春休みに何着か新調した。（M.H. さん／理工）

この授業がおもしろい！

マクロ経済学です。経済学を勉強したくて経済学部に入学したということもあって以前から楽しみにしていました。身の回りの金銭の流通について，モデル化した図を用いて説明されると改めて経済が合理性をもった動きをしているとわかります。（R.S. さん／経済）

理工学概論。毎回異なる大学内外の講師が，自身のお仕事や研究内容を話してくださり，今後携わることになるであろう学問や業界の実情を知ることができる。また，あまり関心をもっていなかった分野についても，教養として目を配る必要性に気づくことができた。（M.H. さん／理工）

自分が最もおもしろいと思った授業は，「生活者の社会参加」という授業です。この授業では，自分が提案した様々なプロジェクトについて実際にNPO法人や行政と協力していき，その成果を発表するという，究極のフィールドワーク型の授業です。教授からは実際の進捗に対してのアドバイスくらいしか言われることはなく，学生が主体的に学べる授業になっています。SFCではこういった授業が他の学部や大学に比べて多く開講されており，SFCに入らなければ経験できない学びを多く得ることができます。（T.N. さん／総合政策）

大学の学びで困ったこと＆対処法

履修登録です。先輩などの知り合いがほとんどいない入学前から考え始めないといけないので大変でした。自分はSNSを用いて履修の仕組みを調べたり，興味深い授業や比較的単位の取得がしやすい授業を聞いたりしました。先輩方も同じ道を辿ってきているので，入ったら先輩方が受けたい授業の情報を共有してくれるというサークルも多いです。また，ただ単に授業をたくさん取ればよいわけではなく，進級条件や卒業条件でいくつ単位が必要か変わってくる点も考慮する必要があります。１年生では自分がどうしても受けたい授業が必修科目と被ってしまうということが多々あります。（R.S. さん／経済）

部活・サークル活動

ダンスサークルと，行事企画の立案・運営を行う委員会に所属しています。ダンスサークルでは三田祭やサークルのイベント公演に向けて週３，４回の頻度で練習しています。委員会は，立案した企画が承認されると大学の資金で活動ができるので規模の大きいものが運営できます。例年ではスキーハウスの運営をして塾生に還元するといったこともしています。公的な活動にもなるので就職の実績にも役立つと思います。（R.S. さん／経済）

謎解きをしたり作ったりするサークルに所属している。新入生は春学期の新入生公演に向け制作を行う。経験を積むと外部向けに販売も行う活動に関われる。単に謎を作るだけでなく，ストーリーやデザインなども本格的であり，やりがいを感じる。(M.H. さん／理工)

体育会の部活のマネージャーをしています。シフト制のため，週 2 回ほど稽古に参加し，学業やアルバイトと両立しています。稽古中の業務は主に，洗濯，掃除，動画撮影，勝敗の記録などです。時々，週末に大会が行われることもあり，選手と同行します。大会では，動画撮影と勝敗の記録，OB へのメール作成を行います。夏季休暇中には合宿があり，料理をしました。慶應には多くの部やサークルがありますので，自分に合った居場所を見つけることができると思います。(M.Y. さん／経済)

交友関係は？

クラスやサークルで築きました。特に入学当初はほとんどの人が新たに友達を作ることになるので，話しかけたら仲良くしてくれる人が多いです。また，初回の一般教養の授業では隣に座った人に話しかけたりして友達を作りました。サークルの新歓時期に話が弾んだ相手と時間割を見せ合って，同じ授業があれば一緒に受けたりして仲を深めました。みんな最初は大体同じようなことを思っているので，そこまで不安になる必要はないと思います。(R.S. さん／経済)

第二外国語のクラスが必修の授業においても一緒になるので，そこで仲良くなった。私は入学前に SNS などで友達探しをしなかったが，友達はできた。私もそうだが内気な人は勇気を出して話しかけることが大事。1 人でも知り合いがいると心のもちようが全く違うと思う。(M.H. さん／理工)

いま「これ」を頑張っています

サークル活動です。ダンスサークルに所属しているのですが，公演前などは毎日練習があったりとハードなスケジュールになることが多いです。しかし，そんな日々を乗り越えた後は仲間たちとより親密になった気がして頑張るモチベーションになります。受験勉強はどうしても孤独のなか頑張らなければいけない場面が多いですが，大学に入学した後は仲間と団体で何かを成し遂げる経験を積むのもよいかもしれません。（R.S. さん／経済）

免許の取得とアルバイト。大学生は高校生よりも一般的に夏休みが長いので，こうした時間がかかるようなこともやりやすい。その一方で支出も増えるので，お金の使い方はより一層考えるようになった。高校までは勉強一本であったが，こうしたことを考えるようになったのも大学生であるという自覚をもつきっかけの１つだと思う。（M.H. さん／理工）

大学生活を無為に過ごさないために，公認会計士の資格の取得を目指しています。オンライン授業やバイトと資格の勉強の両立はかなりハードですが，自分のペースでコツコツと続けていきたいと思います。（島田さん／経済）

普段の生活で気をつけていることや心掛けていること

時間や期限を守ることです。当たり前のことではありますが，大学はレポートや課題の提出締め切りを自分で把握し，それまでに仕上げなくてはなりません。前日にリマインドしてくれる人もおらず，ほとんどの場合，どんな理由であっても締め切り期限を過ぎたものは受理してもらえません。欠席や遅刻が一定の回数に達するとテストの点が良くても単位をもらえないこともあります。また，時間を守るということは他人から信頼されるために必要なことでもあります。このように大学は社会に出るにあたって身につけなくてはならないことを少しずつ培っていく場でもあります。（R.S. さん／経済）

大学に入学した意義を忘れないように心掛けている。大学生は人生の夏休みと揶揄されることもあるが，自分では賄えない額を両親に学費として払ってもらっていることを忘れず，学生の本分をわきまえて行動するようにしている。（M.H. さん／理工）

おススメ・お気に入りスポット

メディアセンターという勉強やグループワークができる図書館です。塾生からはメディセンという愛称で親しまれています。テスト前や課題をやる際に友達と一緒に勉強する場所として活用しています。メディセンで共に頑張った後は，日吉駅の商店街，通称「ひようら」でご飯やデザートを楽しむ人も多いです。（R.S. さん／経済）

私が大学で気に入っている場所は，「鴨池ラウンジ」と呼ばれる施設です。ここはたくさんの椅子が並べられた多目的スペースになっています。一部の座席は半個室のような形になっていて，様々なことに１人で集中することができます。窓からは SFC のトレードマークである鴨池を一望することができ，リラックスすることも可能です。また，ローソンと学食の隣にあるので，利便性も高い施設になっています。（T.N. さん／総合政策）

入学してよかった！

慶應義塾大学の強みは人脈と言われるだけあり，人数も多ければ様々なバックグラウンドをもつ人々が存在します。起業をしている人や留学生，芸能人もいます。そのような人たちと話すと，自分の価値観が変わったりインスピレーションを受けたりすることが多くあります。在籍してる間になるべく多くの人々と交流をしたいと考えています。（R.S. さん／経済）

総合大学なのでいろいろな人がいる。外交的な人が多いというイメージが世間的にはあるだろうが，それだけでなく，問題意識であったり意見であったりをもったうえで自分の目標をしっかりもっている人が多いと感じる。極論すれば，入試は勉強だけでも突破可能だが，プラスアルファでその人の強みというものをそれぞれが備えているのは互いに良い刺激になっている。（M.H. さん／理工）

高校生のときに「これ」をやっておけばよかった

英会話の勉強をもっとしておきたかったです。慶應義塾大学には留学生もたくさんいるので外国人の友達も作りたいと思っていました。しかし，受験で英語の読み書きは上達したものの，実際に海外の人と交流するには話す・聞く技術が重要になってきます。大学からでも決して遅いわけではありませんが，やはり早くからやっておくに越したことはないと思います。（R.S. さん／経済）

自分にとって後悔のない高校生活を送るのが一番だと思う。私個人は小学校，中学校，高校と，節目で過去を振り返るたびにそれまでの環境が一番であったと思っているので，後に大切な思い出になるであろうその一瞬を大事にしてほしいと思う。（M.H. さん／理工）

体育祭や修学旅行といった行事をもっと楽しめばよかったと思いました。こんな言い方はよくないかもしれませんが，勉強はいつでもできます。でも，高校の行事はもう一生ないので，そのような貴重な体験を無駄にしてほしくないと思います。（関口さん／法）

合格体験記

みごと合格を手にした先輩に，入試突破のためのカギを伺いました。
入試までの限られた時間を有効に活用するために，ぜひ役立ててください。

（注）ここでの内容は，先輩方が受験された当時のものです。2025 年度入試では当てはまらないこともありますのでご注意ください。

・アドバイスをお寄せいただいた先輩・

N.I. さん　商学部
一般選抜（A 方式）2024 年度合格，神奈川県出身

受験は長期戦なので，継続して勉強量を確保するために，自分の気持ちのコントロール方法を把握することが一番大切だと思います。うまくいかなくてもすぐに切り替え，むだな時間を作らないことが大切です。

その他の合格大学　早稲田大（商），明治大（政治経済〈経済〉），青山学院大（経済〈共通テスト利用〉）

R.M. さん　商学部
一般選抜（A 方式）2022 年度合格，東京都出身

「得意科目こそ過信せず徹底して磨くべき！」 直前期が近づくと苦手科目を潰そうと力をいれるようになり，どうしても得意科目がおろそかになることがあります。そして過去問を解いてみると得意科目で思ったより点数が取れないという事態が起こり始めます。１つの科目を集中してやるときも必ず得意科目を磨くことは忘れないようにしましょう。どんなときでもこの科目だけは大丈夫，と自信をもって試験に挑める受験生は強いです。本番のプレッシャーに勝つには「自分はできる」と思える自信があってこそです。みなさんが第１志望校に合格し楽しい大学生活を送れることを心よりお祈りしています！

K.I. さん　商学部
一般選抜（A 方式）2021 年度合格，岐阜県出身

模試の結果が悪かったり，過去問を解いて上手くいかなかったりしても一喜一憂せず，現実を直視して弱点分野の克服に努めたことが合格につながりました。

その他の合格大学　明治大（商，経営），南山大（経済，総合政策）

入試なんでもQ&A

受験生のみなさんからよく寄せられる，
入試に関する疑問・質問に答えていただきました。

「赤本」の効果的な使い方を教えてください。

A 私は高3の10月初め頃から私大の併願校の赤本に手をつけ，明治は3年分，早慶は5年分くらいを合計で解きました。12月半ばまでに4年分ずつくらい解いて，受験前日に腕ならしのために直近の1年分を解きました。赤本は小さいので，問題はネットの過去問データベースから印刷し，解答・解説は赤本を利用していました。赤本には前のほうに近年の傾向や受験倍率などが掲載されているので，始めにそれらを一通り読んでから解くことで，1回1回を大切に取り組める気がします。

(N.I. さん)

A 過去問を解いた後に合格最低点と照らし合わせて，自分の得点がどれぐらい足りないのか，どの教科であと何点取ればボーダーに達するのか分析し，それらを頭に入れた上で次の年度の過去問に取り組んでいました。そうすることで毎回目標が生まれるので，モチベーションのアップはもちろんのこと，だらだら過去問を解くことがなくなったと実感しています。また，休憩時間に各教科の傾向と対策を熟読したり先輩方の合格体験記を読んだりして，その大学へのイメージを膨らませていました。

(K.I. さん)

1年間の学習スケジュールはどのようなものでしたか？

A 高3の4～7月は日本史の通史をさらうことを中心に勉強をして，夏休みからは過去問演習をしました。しかし，得意な英語があまり演習しなかったことで7月にスランプに陥ってしまい，そこからは定期的に問題に触れるようにしました。夏休みには，共通テストの過去問を5年分，第一志望校だった一橋大学の過去問を10年分解き，秋頃は苦手克服に集中しました。私は数学が苦手だったので，秋は数学≫日本史＞英語＞国語の比率で勉強をし，年明けまでには苦手を克服しました。（N.I. さん）

どのように学習計画を立て，受験勉強を進めていましたか？

A 次の模試や試験までの，短期間でのざっくりした計画を立てました。1日にやることなどは細かくは決めず，常に優先順位を考えて苦手科目を中心に勉強をしました。苦手科目に向き合うのが嫌でしばらく放置してしまう人もいますが，絶対に後では向き合うことになるので，早いうちから苦手をなくすことをおすすめします。ただし苦手科目に取り組みながらも，1週間に一度は英語や国語の読解問題にも取り組み，感覚を維持するようにしたほうがいいです。他の人との会話で自分の勉強方針があっているのか不安になることもありますが，自分のことは自分が一番よくわかっているので自信をもちましょう。（N.I. さん）

A 『赤本手帳』（教学社）を利用していました。この本には受験までの日程が書き込めたりするのはもちろんのこと，過去の先輩方のメッセージや受験でのコツなどがコラムとして掲載されているため非常に役立ちます。この本はぜひ購入をおすすめします。僕はこの手帳に，その日にやったことをすべて書くのを心がけました。そうすることで，明日やるべきことが明確化したり，その日にあまり勉強していなかったことがよくわかったりし，モチベーションアップにつなげることができました。（K.I. さん）

慶應義塾大学商学部を攻略する上で特に重要な科目は何ですか？

A 英語です。英語が苦手だと，この大学への入り口は一気に狭くなると思います。逆に英語が得意なのであれば，たとえ他の科目が足を引っ張っていたとしてもなんとかなると思います。僕は英語に一抹の不安を抱えていたため，英語の学習は抜かりなく行いました。僕がおすすめする目安としては，高3になる前までには英単語帳1冊と文法を終わらせ（語法などはまだいい），熟語帳が半分ぐらい終わっている状態が理想です。そして，この段階で注意してもらいたいのが，単語帳や文法だけやるのは避けてほしいということです。必ず長文読解をやってください。単語を覚えるのはあくまで長文を読むための手段であってそれ自身は目的ではありません。長文を読むことでやっと単語を覚えた意味が出てきます。僕自身も英単語しかやっていなかった時期は英語の点は全く上がりませんでした（むしろ下がったぐらいです）。それに焦りを感じて長文に取り掛かると，みるみる英語の点が上昇していきました。 （K.I. さん）

スランプに陥ったとき，どのように抜け出しましたか？

A 私は「勉強の悩みは勉強で解決するしかない」という言葉をとても大切にして，スランプのときにもネガティブな思考にならないように心がけてはいました。しかしどうしても気持ちを切り替えられないときは，時間を決めて好きなことをやったり，家族や友だちや塾の先生に相談したりすることで，自分が思うよりも前向きな気持ちになれます。私は共通テストの理科基礎で失敗をしてしまい絶望のどん底にいたのですが，塾の担任助手と1時間くらい電話で話して，その後1カ月の勉強方法について計画を立てることで，気持ちを立て直しました。 （N.I. さん）

時間をうまく使うために，どのような工夫をしていましたか？

A 私は塾までの移動時間すらも惜しかったので，映像授業の塾に通って家でずっと勉強していました。絶対そのほうが時間を確保できるので，その分の少しを娯楽や睡眠時間にあてられると考えて，前向きに勉強することができました。また，髪を乾かしながらスマホを見るなど，なるべくスマホだけ見ているようなむだな時間を減らすようにして，自分の自信を高めることに利用しました。そして，寝る時間と起きる時間はなるべく固定して，基本的な生活習慣を乱さないことも大事です。

(N.I. さん)

模試の上手な活用法を教えてください。

A 私は常に，次の模試を目標に勉強をしていました。前回の点数を見直して具体的な目標点を科目ごとに決めて，弱点分野の演習や未習範囲の削減に努めました。模試を受けた日は，帰ってからわからなかったところを中心にざっと見直しをして，後は結果が返ってきてからわかった部分も含めて本格的に見直しをしました。解答のプロセスを大切にして，特に数学は考え方を中心に学ぶように心がけ，なるほどと思ったことはノートにまとめていました。

(N.I. さん)

**併願をする大学を決める上で重視したことは何ですか？
また，注意すべき点があれば教えてください。**

A 実際に自分が通うことになっても許容できることが一番大事だと思ったので，私は受験日程は併願校の決め手にはしませんでした。ただ，３日以上連続で試験を受けることは絶対にやめたほうがいいです。併願校の受験が少しあることで残りの日数での勉強の集中力が飛躍的に高まるので，２～３校受けることをおすすめします。また，第一志望校の対策をすれば自然に併願校の対策もできるというように選ぶといいと思います。

(N.I. さん)

試験当日の試験場の雰囲気はどのようなものでしたか？

A 試験はみなさんが思ってる以上に緊張します。しかしそれは誰もが同じです。そういうときは胸に手を当てて深呼吸をし，その日までにやってきたことをもう一度思い出してみてください。「ここまでやり尽くした！」と思える人は「きっと大丈夫！」と自信をもてるはずです。もてない人はどこかでやり残したことがあるのではないでしょうか？　前者の気持ちで試験に挑めるよう入試までの日々を頑張り続けてください。「自分は誰よりも努力してきた！」と胸を張って試験開始の合図を待てる人は試験中なぜか楽しくなってきますよ。 (R.M. さん)

受験生へアドバイスをお願いします。

A 受験は自分の限界を超えるための戦いです。しかし，周りの頭の良い生徒のことが気になってしまい，誰かに勝つことを目標に勉強をしている人も多いと思います。それだと自分の成長が見えにくく，自分に絶望して勉強がさらにできなくなる悪循環に陥ってしまう可能性があるので，前回の自分よりもどれだけ進歩したかを中心にモチベーションを上げることが一番だと思います。勉強量を確保することはもちろんですが，息抜きをゼロにすると気が詰まりすぎて後々つらくなるので，時間を決めて少しだけ娯楽タイムを作るのがおすすめです。また，受験期は勉強以外のストレスを作らないほうがいいので，時には食べたいものを食べるなど欲望に忠実になることもよいと思います。 (N.I. さん)

科目別攻略アドバイス

みごと入試を突破された先輩に，独自の攻略法や
おすすめの参考書・問題集を，科目ごとに紹介していただきました。

英　語

単語力さえあれば，なんとかなります。後は演習量を積んで読解スピードを上げることがポイントです。（N.I. さん）

おすすめ参考書　『鉄緑会東大英単語熟語 鉄壁』（KADOKAWA）

単語・文法・英文解釈をある程度やったら長文の問題を同時並行で解く必要があります。とにかく長文を読みまくれば英語の仕組みがわかるようになり，設問の作られ方などがわかってきます。質も大事ですが，ある程度の量も大事です。（R.M. さん）

おすすめ参考書　『鉄緑会東大英単語熟語 鉄壁』（KADOKAWA）
『解体英熟語』（Z会）
『英文読解の透視図』（研究社）

日本史

基本的な知識をしっかりと身につけておけば大丈夫です。（N.I. さん）

地　理

基本事項の漏れは許されません。難問も時々出題されますが，それはどの受験生も解けないので焦る必要はありません。それよりも基本問題で落とすことを防止するほうが重要です。（K.I. さん）

おすすめ参考書 『納得できる地理論述』（河合出版）

数　学

とにかくたくさんの問題を解いて，考え方を中心に学ぶことがポイントです。（N.I. さん）

科目ごとに問題の「傾向」を分析し，具体的にどのような「対策」をすればよいか紹介しています。まずは出題内容をまとめた分析表を見て，試験の概要を把握しましょう。

注 意

「傾向と対策」で示している，出題科目・出題範囲・試験時間等については，2024 年度までに実施された入試の内容に基づいています。2025 年度入試の選抜方法については，各大学が発表する学生募集要項を必ずご確認ください。

英　語

年　度	番号	項　目	内　容
2024 ◑	〔1〕	読　　解	選択：空所補充，内容説明
	〔2〕	読　　解	選択：空所補充，内容説明，主題
	〔3〕	読　　解	選択：空所補充，内容真偽，内容説明
	〔4〕	文法・語彙	選択：空所補充
	〔5〕	読　　解	選択：空所補充
	〔6〕	読　　解	選択：内容説明
	〔7〕	読　　解	記述：空所補充（語形変化を含む）
	〔8〕	読　　解	記述：空所補充（派生語）
2023 ◑	〔1〕	読　　解	選択：空所補充，内容説明，同意表現
	〔2〕	読　　解	選択：空所補充，同意表現，内容説明，主題
	〔3〕	読　　解	選択：空所補充，内容説明，主題
	〔4〕	文法・語彙	選択：空所補充
	〔5〕	読　　解	選択：空所補充
	〔6〕	読　　解	選択：内容説明
	〔7〕	読　　解	記述：空所補充（語形変化を含む）
	〔8〕	読　　解	記述：空所補充（派生語）
2022 ◑	〔1〕	読　　解	選択：空所補充，内容説明，内容真偽
	〔2〕	読　　解	選択：空所補充，内容説明
	〔3〕	読　　解	選択：空所補充，内容真偽，内容説明
	〔4〕	文法・語彙	選択：空所補充
	〔5〕	読　　解	選択：空所補充
	〔6〕	読　　解	選択：内容説明
	〔7〕	読　　解	記述：空所補充（語形変化を含む）
	〔8〕	読　　解	記述：空所補充（派生語）
2021 ◑	〔1〕	読　　解	選択：空所補充，内容説明，内容真偽，主題
	〔2〕	読　　解	選択：空所補充，内容説明，内容真偽，主題
	〔3〕	読　　解	選択：空所補充，内容説明，内容真偽，主題
	〔4〕	文法・語彙	選択：空所補充
	〔5〕	読　　解	選択：空所補充
	〔6〕	読　　解	選択：内容説明，主題，内容真偽
	〔7〕	読　　解	記述：空所補充（語形変化を含む）
	〔8〕	読　　解	記述：空所補充（派生語）

2020 ◑	〔1〕	読　　解	選択：空所補充，内容説明，内容真偽，主題
	〔2〕	読　　解	選択：空所補充，内容説明，内容真偽，主題
	〔3〕	読　　解	選択：空所補充，同意表現，内容真偽，内容説明，主題
	〔4〕	文法・語彙	選択：空所補充
	〔5〕	読　　解	選択：空所補充
	〔6〕	読　　解	選択：内容説明，内容真偽
	〔7〕	読　　解	記述：空所補充（派生語）
	〔8〕	読　　解	記述：空所補充（語形変化を含む）

（注）●印は全問，◑印は一部マークシート法採用であることを表す。

読解英文の主題

年　度	番号	類　別	主　題	語　数
2024	〔1〕	ビジネス	ビジネスを行う際に必要とされる社会に対する責任感	約 880 語
	〔2〕	社会論	全国民対象のベーシック・インカム（UBI）	約 830 語
	〔3〕	科学論	科学技術の進歩がもたらすもの	約 830 語
	〔5〕	社会論	二言語併記の道路標識導入論議	約 290 語
	〔7〕	社会論	世界の「新しい普通」の状態とは？	約 125 語
	〔8〕	科学論	今後の AI 開発のあるべき形	約 140 語
2023	〔1〕	社会論	多民族による民主主義国家を目指すアメリカ	約 880 語
	〔2〕	社会論	フードロスと食品廃棄を削減する取り組み	約 870 語
	〔3〕	社会論	インフレの真の原因と解決策	約 790 語
	〔5〕	社会論	歴史の負の側面を教える利点	約 230 語
	〔7〕	社会論	パブリックスピーキング	約 150 語
	〔8〕	社会論	多様化する学生を守る大学	約 200 語
2022	〔1〕	社会論	多様性がもたらす利点	約 820 語
	〔2〕	社会論	転換的思考の重要性	約 910 語
	〔3〕	社会論	ラ・ゴメラ島の口笛言語	約 790 語
	〔5〕	科学論	アプリという言葉の意味	約 260 語
	〔7〕	ビジネス	ジョブズが行った組織改革	約 170 語
	〔8〕	科学論	よい文章に触れた時に脳内で起きていること	約 250 語
2021	〔1〕	社会論	労働環境の改善に尽力した女性政治家	約 610 語
	〔2〕	社会論	脱成長を掲げるドーナツ経済学	約 790 語
	〔3〕	社会論	植物研究に身を置いたダーウィンの晩年	約 590 語
	〔5〕	社会論	イギリスの女子サッカーの歴史	約 280 語
	〔7〕	社会論	グローバル化に対する懸念	約 140 語
	〔8〕	科学論	AI を活用した新たなソフトウェア	約 240 語

2020	〔1〕	社会論	セオドア=ルーズベルトのリーダーシップ	約 800 語
	〔2〕	社会論	よい議論に不可欠な論理と感情の融合	約 800 語
	〔3〕	ビジネス	ビジネスにおける倫理基準順守の重要性	約 780 語
	〔5〕	社会論	女性起業家に対する資本投資の状況	約 220 語
	〔7〕	社会論	ロシアの単一都市について	約 180 語
	〔8〕	社会論	ネットいじめをやめさせるアプリ	約 240 語

読解量が非常に多い　豊富な語彙力と正確な速読力が不可欠

01　基本情報

試験時間：90 分。

大問構成：大問 8 題の出題。

解答形式：マークシート法による選択式が中心であるが，一部記述式もある。記述式は，空所補充形式で語形変化や派生語の記述が求められている。

02　出題内容

大問は読解問題中心に構成されている。文法・語彙の独立した大問は近年は 1 題となっている。

①　読解問題

ここ数年は 600～900 語程度の長文が 3 題出題されており，3 題合わせて 2000 語を超えることが多い。加えて，100～300 語程度の英文が 3 題，数種類の短い英文から成る読解問題が 1 題出題されている。長文読解問題では設問や選択肢も英文となっており，それらを含めて考えると読解量は非常に多い。

読解問題で扱われるテーマは，時事的な人文・社会科学系の内容が多く，近年はビジネスに関するテーマと環境問題・AI に関連するテーマがよく出題されている。

設問は，空所補充，内容説明，主題などが頻出だが，近年では内容説明の比重が大きくなっている。「下線部の意味を最もよく表現しているものはどれか」「～について正しいものはどれか」という設問はもちろん「筆者が賛成しそうなのは次のうちどれか」「～から推測できるもの（またはできないもの）は次のうちどれか」など英文で直接述べられていることから一歩踏みこんで考える必要のある設問も出題され，本文の内容をしっかり理解しているかどうかが問われる。記述式（最後の大問 2 題）は，短めの英文の空所補充問題が出題されている。与えられた動詞を語形変化させたり，名詞形を考えたりする必要があり，読解力に加えて正確な語法の知識を要する。

②　文法・語彙問題

短文の空所補充問題。動詞関連の出題が比較的多い。全体的に標準的な問題がほとんどである。

03 難易度と時間配分

読解問題の英文はそれほど難解ではなく，設問も答えをしぼりやすいものが多いが，全体の読解量が非常に多いので，90 分という試験時間内ですべてを処理するという意味では，難度は高い。

長文 3 題を 60 分で解答し，残り 5 題を見直しも含めて 30 分で手際よく処理するような時間配分が必要となる。

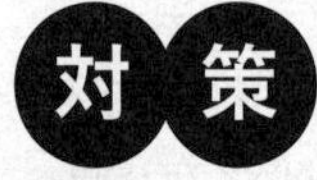

01 語彙力の充実を図ろう

90 分という限られた時間内に，かなりの量の英文を読み，設問を処理していくためには，豊富な語彙力が不可欠である。早い段階で過去問にあたり，その語彙レベルを自ら確認したうえで対策をたてたい。標準的なレベルの単語は早めに覚え，『早慶上智の英単語』（教学社）や『速読英単語（上級編）』（Ｚ会）などのややレベルの高い単語帳を活用し，語彙力アップに努めたい。また実際に読んだ英文を活用して語彙を増やす方法も有効なので，過去問を利用して取り組むことを勧める。

02 正確・迅速な読解力の養成

読解問題で出題されている英文のレベル自体は標準的であるが，分量が多いため，速読力と素早い設問処理が求められる。ただし，文構造をしっかり把握できる力をつけたうえでの速読力でなければ，本文の正確な内容理解にはつながらない。まずは文構造をきちんと把握できるだけの基礎力をつける必要がある。それがクリアできたら，『大学入試 ぐんぐん読める英語長文』（教学社）などを利用して，本文の主題や各パラグラフの要旨を見抜こうという意識をもって英文を読み進める練習を積み，徐々にそのスピードを上げていこう。英文のテーマとしては社会，企業経営，環境，AI といった時事的なテーマがよく出題されている。背景知識があればより内容を把握しやすいので，日本語でも時事問題を扱った書物や記事に積極的にふれるようにしたい。

03 文法・語法を確実に

標準的な問題がほとんどなので，市販の標準的な問題集をしっかり仕上げればよい。ただし，解答にあたっては，なぜその答えになるのかという根拠を明確にしながら丁寧に取り組みたい。例えば，総合英文法書『大学入試 すぐわかる英文法』（教学社）などを手元に置き，調べながら学習すると効果が上がるだろう。

04 過去問の研究

受験の準備として過去問の研究は不可欠である。できるだけ早い段階で過去問にあたり，その出題レベル，設問形式などを確認し，今後の学習の指針にしてもらいたい。また本書だけでなく，本シリーズや難関校過去問シリーズなどを利用し，社会，企業経営，環境，AI などの時事問題を扱った長文に取り組むことを勧める。

慶應「英語」におすすめの参考書

- ✓『早慶上智の英単語』（教学社）
- ✓『速読英単語（上級編）』（Z会）
- ✓『大学入試　ぐんぐん読める英語長文』（教学社）
- ✓『大学入試　すぐわかる英文法』（教学社）
- ✓『慶應の英語』（教学社）

赤本チャンネルで慶應特別講座を公開中

実力派講師による傾向分析・解説・勉強法をチェック →

日本史

年　度	番号	内　容	形　式
2024 ◑	〔1〕	原始〜近世の文化の伝播・拡大	選択・記述
	〔2〕	江戸〜明治時代の学問・思想・技術	選択・記述
	〔3〕	戦中・戦後の政治とエネルギー問題	選択・記述
2023 ◑	〔1〕	鎌倉仏教（15 字）	選択・記述・論述
	〔2〕	古代〜近代の貨幣史	選択・記述
	〔3〕	戦後の経済と日米関係	選択・記述
2022 ◑	〔1〕	中世〜近代の文芸（15・20 字）	選択・記述・論述
	〔2〕	近世の儒学	選択・記述
	〔3〕	自由民権運動と政党政治の進展	選択・記述
2021 ◑	〔1〕	中世の政治と争乱	選択・記述
	〔2〕	近世〜現代のオランダと日本の関係（10 字 2 問）	選択・記述・論述
	〔3〕	近現代の長期政権	選択・記述
2020 ◑	〔1〕	資料から見る古代史（25 字）	選択・記述・論述
	〔2〕	江戸幕府の朝廷・大名統制	選択・記述
	〔3〕	近現代の産業と貿易	選択・記述

（注）●印は全問，◑印は一部マークシート法採用であることを表す。

問題量が多い
日本史の体系的・総合的理解を

01　基本情報

試験時間：60 分。

大問構成：大問 3 題。

解答形式：選択式と記述式の併用。選択式はマークシート法が採用されているが，リード文の空所補充は解答 1 個につき 2 カ所マークする独特の形式がとられている。マークミスをしないように慎重に処理していく必要がある。

なお，2025 年度は出題科目が「日本史探究」となる予定である（本書編集時点）。

02 出題内容

選択式では，語句選択問題が大問 3 題を通して 60 個程度あり，記述式では，用語や人名の記述を求められることが多い。また，2024 年度は出題されなかったが，例年，10〜25 字程度の字数で説明させる短文論述問題も出題されている。

① 時代別

近現代史重視が例年の大きな傾向であり，戦後史もしばしば問われている。ただ，大問が 3 題と少ないこともあって，年度によって出題される時代に偏りが出ることがあるので，注意したい。たとえば，2020 年度は古代，近世，近現代から各 1 題の出題であった。また，あるテーマに沿って複数の時代にまたがって問うテーマ史も頻出であり，2023 年度〔2〕では，古代〜近代の貨幣史が出題された。その意味でもどの時代も決して軽視できない。原始から現代まで満遍なく学習しておく必要がある。

② 分野別

年度により偏りがあるものの，数年を通して見るとさまざまな分野から幅広く出題されているが，社会経済史の出題がやや多く，学部の性格を反映した特徴的な傾向と言える。また，明治期の外交や中世の日中関係のように，対外関係史もよく出題されている。年度によっては文化史も大問で取り上げられ，近年，出題が増加傾向にある。政治史は大問としては出題されない年度もあるが，社会経済史や対外関係史と絡めて問われている。社会経済史や対外関係史の学習を十分深める一方で，文化史や政治史についても幅広い学習が求められる。

03 難易度と時間配分

2022 年度までは易化傾向が続いていたが，2023・2024 年度はやや難化した。問題量は多く，選択問題の選択肢も数が多いうえ，細部にわたって設定されており，過去には教科書レベルを超える難問が出題されたこともある。油断せず，全時代・全分野について，基本～標準レベルの問題を取りこぼさないよう，しっかりとした学習が望まれる。

試験時間 60 分を考えるとそれほどの余裕はないだろう。問題の難易を素早く見極めて，確実に解答できるところから手をつけていこう。

対策

01 教科書の徹底学習

やや詳細な内容が問われることがあっても，大半は教科書の事項からの出題である。こうした基本問題にどれだけ確実に答えられるかが重要なので，まずは「日本史探究」の教科書を徹底的に読み込んでおきたい。教科書の本文を精読して，歴史の流れをおさえたうえで基本重要用語を確実に把握し，さらに図版や脚注まで丁寧に目を通して関連事項も十分理解しておくこと。

02 用語集や参考書で知識の拡充をはかる

どの教科書にも載っていないような事項を問う超難問が一部出題されることがあるが，そうしたものは点差の開く問題とはなりにくい。したがって，現実的な難問対策としては，こうした超難問と基本事項の中間の問題をどのようにして確実にこなすかが重要になる。そのような問題では，重要語句の関連事項や周辺知識などをいかに体系的に理解しているかがカギとなる。教科書学習の際に用語集を併用し，体系的・総合的な理解を心がけよう。教科書の記載頻度を示す『日本史用語集』（山川出版社）を利用するのがよいだろう。さらに，教科書記述の不足を補い，細部の知識や歴史事項の背景・関連事項を身につけるために，参考書などを活用することも効果的である。

03 年表・図表・歴史地図の活用

テーマ史が頻出なので，教科書学習をひととおり終えたら，年表や図表を活用して，テーマに沿って重要事項を整理しておこう。特に，近現代史については必ず自分で年表整理をしておきたい。また，本格的な史料問題はこのところ出題されていないが，史料の一文が引用されることもあり，史料学習は詳細な事項をおさえるうえで重要である。教科書に掲載されているような重要史料には丁寧に目を通し，史料集の解説なども参考にして，十分理解しておくこと。また，近現代史のグラフや統計表についても，教科書に載っているものはもちろん，副教材の図表などもチェックするようにしておくこと。過去には歴史的な地名や機関の所在地を現在の都道府県の地図で答えさせる問題が出されたこともある。歴史地図による学習も心がけたい。

04 記述対策

用語や人名の記述が求められることもよくあるので，記述対策もしっかりしておこう。紛らわしい用語や間違えやすい漢字を中心に，繰り返し書いて覚えることを心がけたい。用語集や一問一答式の問題集を活用するのもよい。また，字数制限のある短文論述問題の対策として，歴史用語などを簡潔に説明できるようにしておくことも大切である。

05 「政治・経済」「世界史」や時事問題など関連分野の学習も

2020・2021・2023・2024 年度は戦後史まで問われており，2021・2023・2024 年度では 2000 年以降の政治史・外交史も出題された。特に現役生の場合，授業だけに頼っていては戦後史に十分な時間がとれなくなるおそれがある。授業に合わせて前近代史の学習を進める一方，独自に戦後史の詳細な学習をしていく必要がある。その際，「政治・経済」「世界史探究」の教科書や用語集を補助教材に使用すると，よりいっそう理解を深めることができるだろう。さらに，普段から新聞やニュースで政治や経済の状況についての知識を深めておくことも有益である。

06 過去問を検討しよう

独特の解答形式があるので，本書を活用して過去問は徹底研究しておきたい。過去問の演習を通して，学習のポイントも見えてくるはずである。また，〔解説〕も熟読しておこう。これは傾向を把握するためだけでなく，逆に今まで出題されていない分野を予測するうえでも重要である。

世界史

年　度	番号	内　容	形　式
2024 ◑	〔1〕	人類のはじまりと古代オリエント文明（20字）	選択・論述・記述
	〔2〕	中世西ヨーロッパとスラヴ人の動向	選択・記述
	〔3〕	帝国主義とアジア・アフリカの動向（30字）	選択・論述・記述
2023 ◑	〔1〕	元～清末の中国史（40字）	選択・記述・論述
	〔2〕	古代～近代の西洋史における「連合」	選択・記述・論述
	〔3〕	19世紀～20世紀初頭のナショナリズムの歴史（40字）	選択・記述・論述
2022 ◑	〔1〕	周～明代の政治体制と統治機構	選択・記述・論述
	〔2〕	アメリカの奴隷制度と黒人問題	選択・記述・論述
	〔3〕	戦争の歴史と核問題（40字）	選択・記述・論述
2021 ◑	〔1〕	15～21世紀の世界の一体化の歴史（20・30字）	選択・記述・論述
	〔2〕	都市の歴史	選択・記述・論述
	〔3〕	革命の歴史	選択・配列・記述・論述
2020 ◑	〔1〕	王朝の交替と暗殺の歴史	選択・記述・論述
	〔2〕	チョコレートの歴史（20・30字）	選択・論述・記述
	〔3〕	石油生産の歴史（20字2問他）	選択・論述・記述

（注）●印は全問，◑印は一部マークシート法採用であることを表す。

年度により出題地域・分野が大きく変化 戦後史には要注意

01 基本情報

試験時間：60分。

大問構成：大問3題。解答個数は70～80個程度。

解答形式：選択式と記述式の併用。選択式はマークシート法が採用されているが，解答1個につき2カ所マークする独特の形式である。

なお，2025年度は出題科目が「世界史探究」となる予定である（本書編集時点）。

02 出題内容

選択式問題は，リード文中の空所補充である。論述問題は，おおむね20～40字程度の短文論述となることが多い。2020～2023年度は字数指定のないものも出題されている。また，直接地図を利用するものでなくても地理的な知識が必要な問題も出題されているので，注意が必要である。

① 地域別

欧米地域の比重が大きい年度が多いが，年度によって違いがあるので地域的に偏らない学習を心がける必要がある。アジア地域では，東南アジアや中央アジア・西アジア・朝鮮などからの出題が多くなっているが，2022・2023年度は中国史の大問が出題された。また，日本に関するものも数問出題されている。欧米地域ではヨーロッパが中心ではあるが，アメリカからも出題されている。その他の地域として，2020年度はアフリカ，2022年度はオセアニア，2024年度はアフリカからの出題が散見された。

② 時代別

例年，古代～現代まで出題されるが，古代・中世からの出題はごくわずかで，ほとんどが近世～現代からの出題である。ただ，2024年度は，戦後に関わる出題は1問のみであった。しかし，年度によれば，戦後史からの出題が解答個数の約4～5割を占めることもあるので注意が必要で，最新の情勢も出題されている。2020年度はG20，2021年度は「アラブの春」，

2022 年度は BLM 運動が出題された。

③　**分野別**

政治・外交史を中心としてはいるが，商学部という学部の性格から，商業貿易，植民地，経済政策などに関する問題もよく出題されており，2021 年度のように 3 題中 2 題が経済史から出題されるという年度もある。商業史，税制史，経済史などは将来の進路にも役立つことなので，しっかりと学習しておきたい。また，思想史・宗教史・科学史も重視されており，文化史学習も怠らないようにしたい。海の道，塩，金，ジャガイモとサツマイモ，香辛料，チョコレート，都市など特定の視点から歴史をとらえようとするテーマ史問題がよく出題されていることにも注意したい。

03 難易度と時間配分

近年は教科書レベルを超えた難問はやや減ったが，限られた教科書にしか記載されていない事項を問う問題が多く出題されており，レベルの高い出題が続いている。教科書を中心にしつつ用語集・資料集を利用して，きめの細かい学習を心がけること。

60 分という試験時間なので，わかる問題からテンポよく解答していくこと。ケアレスミスやマークミスに気をつけよう。

対策

01 教科書中心の学習

年度によって教科書レベルを超えた難問も見られるが，ここではほとんど得点差はつかないと思われる。むしろ，基本的な問題でのとりこぼしが命取りになりかねないので，まず教科書を 1 冊しっかりと精読し，自分で工夫してノートにまとめる学習が効果的である。市販のサブノートを使えば楽には違いないが，その分だけ知識が身につきにくい。基礎作業を丹念に行うことによって初めて，きめの細かい学習が可能になり，盲点をつくような問題にも対処することができる。思想史・宗教史・科学史に関しても，怠ることなく丹念にまとめていくこと。

02 用語集でチェック

教科書学習といっても，教科書は各社から何種類も出版されており，自分の使用している教科書で言及されていない歴史事項も数多くある。こうした歴史事項を確認・理解するためにも，教科書学習と並行して，『世界史用語集』（山川出版社）や『詳解 世界史用語事典』（三省堂）などを使って細かい点を補充していくとよい。2020年度〔1〕の「カルデナス」，2023年度〔3〕の「スメタナ」，2024年度〔3〕「カルティニ」などはやや難しく見えるが，『世界史用語集』には記載されている。また，2021年度〔1〕のスペインが外国商人とアシエントを結んだ理由は「アシエント」の説明文に，2022年度〔2〕の石見銀山は「日本銀」の説明文に，2023年度〔1〕のアリクブケは「ハイドゥの乱」の説明文に記載されている。こうした問題をクリアできれば得点を上積みすることが可能となる。

03 現代史に注意

年度によっては，現代史からの出題がかなりのウエートを占めることがある。学校の授業において，現代史の分野はどうしても受験直前になってしまうため，時間的な制約から学習量が少なく，特に現役生にとっては弱点となりがちである。したがって，ここで得点差がつく可能性が高い。少なくとも夏休みが終わるまでにはサブノートをまとめておくなど，早めの対策が肝要である。また，時事的な内容についても問われているので，現代の世界情勢にも注意を払っておくこと。

04 経済史対策を

学部の性格上，経済史からの出題に注意が必要である。産業革命や大航海時代，アジア・アフリカの植民地化，世界恐慌，経済のグローバル化など，経済上の大変化の時代について特に学習を深めたい。また，「公共」や「政治・経済」の教科書や用語集を使用して，世界史の歴史用語を経済的な視点で読み直してみよう。

05 論述対策を

論述問題が必出である。従来はオーソドックスな内容のものが多く，字数も 20～40 字程度のものが中心で書きやすかったが，近年は思考力の必要な問題も出題されている。自分なりにテーマを決めて，20～40 字程度でまとめる練習を怠らないこと。問題集としては，『体系世界史』（教学社）をすすめたい。短文での論述問題が収載されており，過去問演習への橋渡しになるだろう。

地　理

年　度	番号	内　容		形　式
2024 ◑	〔1〕	世界の農業と食糧生産（30字）		選択・記述・論述
	〔2〕	世界各国の貿易と産業構造（40字他）		選択・記述・論述
	〔3〕	アメリカ合衆国の地誌（30字）		選択・記述・論述
2023 ◑	〔1〕	鉱産資源の分布と石油の開発（40字）		選択・記述・論述
	〔2〕	アフリカの地誌（40字）		選択・記述・論述
	〔3〕	生乳の生産（20字）		選択・記述・論述
2022 ◑	〔1〕	地球温暖化と資源・エネルギー問題（15字）	⊘統計表	選択・記述・論述
	〔2〕	国家と民族紛争（20・30字）		選択・記述・論述
	〔3〕	ラテンアメリカの地誌（15字）		選択・記述・論述
2021 ◑	〔1〕	エネルギー資源と産業		選択・記述
	〔2〕	交通の種類と発達	⊘統計表	選択・記述
	〔3〕	インドの地誌		選択・記述
2020 ◑	〔1〕	国際貿易と経済統合（15字）	⊘統計表	選択・記述・論述
	〔2〕	世界の農業と食料問題（25字：語句指定）		選択・記述・論述
	〔3〕	東南アジア諸国の経済（25字）		選択・記述・論述・配列

（注）●印は全問，◑印は一部マークシート法採用であることを表す。

産業・経済分野に注意
地名・統計数値問題が頻出

01 基本情報

試験時間：60 分。

大問構成：大問 3 題。

解答形式：選択式と記述式が中心で，15〜40 字程度の短文論述問題も出題されている。2020 年度には配列問題が出題された。選択式はマークシート法が採用されているが，リード文の空所補充は解答 1 個につき 2 カ所マークする独特の形式である。

なお，2025 年度は出題科目が「地理探究」となる予定である（本書編集時点）。

02 出題内容

選択式問題は用語，国名・地名，年代など幅広く問われるが，解答個数が多く選択肢の数も多い。記述式問題では用語や地名の記述が求められており，用語の説明や地理事象の理由を問う論述問題も，2021 年度以外は例年出題されている。また，統計表やグラフ，雨温図を使った問題のほか，過去には時差を求める計算問題や，白地図に記入する描図問題が出されたこともある。

過去には地誌分野重視の傾向が見られたが，近年は大問 2 題が系統地理分野から出題されている。どちらかに偏ることなく学習しておきたい。

① 地誌分野

地域的には，アジア，ヨーロッパ，アメリカが頻出しており，ここ数年は発展途上地域の出題が目立っている。ただし，年度ごとに各地域が満遍なく出題されている。内容的には自然環境，産業のほか，貿易，民族・文化など幅広い観点から問われている。

② 系統地理分野

農業・工業などの産業のほか，自然環境，環境問題，国際情勢，世界経済，国家・民族，資源・エネルギー問題などが頻出している。さらに

2020・2024年度は貿易，2021年度は交通についての出題があった。2023年度は鉱工業，農牧業と大問2題が産業分野から出題され，近年は特にこれら産業・経済分野重視の傾向が見られる。そのほか，都市，人口，通信などが出題された年度もある。

例年，全体的には地理用語や地名に関する豊富で正確な知識が求められ，かなり詳細な地名，年代や統計数値も出題されている。また，現代世界の動向，とりわけ経済をテーマにしたものが多い。さらに，地理的事象や国家・国家群についての歴史的背景もよく問われ，「政治・経済」や「世界史探究」の近現代史の分野などを含めた総合的な設問がよく見られる。

03 難易度と時間配分

リード文のテーマそのものは取り組みやすい内容である。ただし，大問数は少ないにもかかわらず解答個数が多く，時事問題をはじめ時代の変化に対応した柔軟な知識，さまざまな地理事象に関する幅広い知識が要求されている。難易度は，標準ないしやや難のレベルである。2024年度は2023年度に比べて同程度か，やや難化したと言えよう。

解答個数が多く論述問題も含まれるため，時間的余裕はあまりない。わかるところから手をつけて，基本問題をとりこぼしなく解答することを心がけよう。

対策

01 基本事項の徹底理解

まずは高校の地理学習の基本事項を確実に身につけることが何より大切である。教科書を図版なども含めて徹底して読みこなそう。大問数は少なくても解答個数が多いため，各分野について掘り下げた深い学習が必要である。教科書だけでは対応しきれないので，『地理用語集』（山川出版社）などの用語集や，参考書・図説を利用した学習が望まれる。

02 地誌学習の充実

近年は系統地理分野のウエートが大きくなっているが，以前は地誌分野が重視される傾向が続いていた。地誌学習にも時間をかけ，各地域ごと，また大国については国ごとに，自然環境，国勢，産業，貿易，民族・宗教，近年の動向などの項目について，その特徴をしっかり学習してほしい。普段から地図帳には十分慣れ親しんで，地形，首都などの都市の名称，国土の位置などについても綿密に学習しておこう。

03 統計資料の利用

統計を利用した，しかもかなり細かな内容を問う出題が見られる。ただし，あまり見慣れない統計指標にこだわる必要はなく，産業，貿易，国勢など，主要な統計にしっかり目を通し，その統計資料が物語る地理的事象の意味を理解するよう心がけたい。また，主要国の国土面積，人口，農・鉱工業の主要生産上位国，主要国の上位貿易相手国などについてよく確認しておくこと。『データブック オブ・ザ・ワールド』（二宮書店）は，各種統計がコンパクトにまとめられていて大変使いやすい。

04 時事問題への関心

時事問題の出題頻度はきわめて高い。新聞・テレビなどのニュースに普段から関心をもつとともに，『現代用語の基礎知識』（自由国民社）などを利用して，世界経済や国際情勢，民族問題，環境問題など，時事問題に関する最新の知識を身につけておこう。

05 関連科目の学習

国際情勢や経済，環境問題に関する出題は，「政治・経済」や「公共」，また「世界史探究」の近現代史の分野の知識があればさらに理解が深まる。これらの科目も教科書レベルの内容はしっかり学習し，ある程度の知識はもっておきたい。

06 過去問の演習

出題形式はリード文の空所補充が中心であるが，解答の方法は選択肢の2桁の数字を十の位と一の位に分けてマークするという，独特の形式である。それに慣れるため，また時事問題や論述問題の傾向を知るためにも，できるだけ多くの過去問に取り組んでおきたい。論述問題については，特に国際情勢・環境問題など時事的なテーマについて，自分で要領よく15～40字程度の短い字数でまとめる練習をしておきたい。

数　学

年　度	番号	項　目	内　容
2024 ◑	〔1〕	小 問 4 問	(i)指数法則，累乗 (ii)定積分で表された関数の決定 (iii)方程式の整数解，不等式の評価 (iv) 3 つの変数で表される不等式，最大値
	〔2〕	小 問 4 問	(i) $\sqrt{13}$ の小数第 3 位と小数第 4 位の決定 (ii)ベクトルの漸化式，条件を満たす最小の自然数 (iii) 1 から n までの整数の最小公倍数 (iv)不等式の長さ領域における格子点の個数
	〔3〕	微・積分法	放物線と直線，交点，面積，三角形の面積の最大値
	〔4〕	確　　率	確率，乗法定理，条件付き確率
2023 ◑	〔1〕	小 問 3 問	(i) 2 変数関数の最大値，対数， 2 次関数の最大値 (ii)円と直線が共有点をもつ条件 (iii)立体図形，三角形の面積，余弦定理，中点連結定理
	〔2〕	微・積分法	放物線の接線， 2 接線のなす角，面積
	〔3〕	ベクトル，数　列	位置ベクトル，漸化式，ベクトルの大きさ
	〔4〕	確　　率	反復試行の確率
2022 ◑	〔1〕	小 問 3 問	(i) 3 つの集合に関する要素の個数 (ii) 2 次方程式が実数解をもつ条件，三角不等式，一般角 (iii)放物線の法線の方程式， 2 つの法線が一致する条件
	〔2〕	ベクトル	空間ベクトル，三角形の面積，四面体の体積，平面の方程式，垂線の足の座標
	〔3〕	2 次関数，積 分 法	絶対値を含む 2 次関数，直線との共有点，面積
	〔4〕	対数関数，確　率	常用対数，反復試行の確率，条件付き確率
2021 ◑	〔1〕	小 問 2 問	(i)相加平均，対数の計算，和と積が与えられたときの 2 次方程式の作成 (ii) 2 つの放物線の共通接線，放物線と接線と x 軸に垂直な直線で囲まれた部分の面積
	〔2〕	確　　率	袋から玉を取り出す試行についての確率，確率の乗法定理，条件付き確率
	〔3〕	ベクトル，微 分 法	内積の定義，位置ベクトル， 2 点が一致する条件， 3 点が一直線上にある条件，三角形の面積の最大値
	〔4〕	数　　列	数列の各項を格子点に割り当ててできる群数列，一般項，和，和の最小値

年度	番号	項目	内容
2020 ◑	〔1〕	小問5問	(i)複素数係数の2項間漸化式，定数列 (ii)絶対値を含む定積分，偶関数の性質，最小値 (iii)導関数，微分係数，三角方程式，半角の公式，3倍角の公式 (iv)二項定理 (v)2項間漸化式，対数，底の変換
	〔2〕	確率	円周上を動く3点についての確率，反復試行，漸化式
	〔3〕	ベクトル，微分法	導関数，3点が一直線上にある条件，ベクトルの大きさの最小値，三角形の面積の最大値
	〔4〕	ベクトル，三角比	球面と接平面の接点の座標，平面の方程式，法線ベクトルのなす鋭角，三角比の表を用いた角の近似値

(注)　●印は全問，◑印は一部マークシート法採用であることを表す。

出題範囲の変更

2025年度入試より，数学は新教育課程での実施となります。詳細については，大学から発表される募集要項等で必ずご確認ください（以下は本書編集時点の情報）。

2024年度（旧教育課程）	2025年度（新教育課程）
数学Ⅰ・Ⅱ・A・B（数列，ベクトル）	数学Ⅰ・Ⅱ・A（図形の性質，場合の数と確率）・B（数列）・C（ベクトル）

旧教育課程履修者への経過措置

2025年度については，旧教育課程履修者を考慮するものの，特別な経過措置はとらない。

標準レベルだが計算力を要する融合問題に注意

01　基本情報

試験時間：70分。

大問構成：例年大問4題。〔1〕は例年小問2，3問からなるが，2020年度は小問5問であった。2024年度は〔1〕〔2〕でそれぞれ小問4問が出題された。

解答形式：ほとんどがマークシート法による空所補充の完成問題で，空所に当てはまるマイナス符号および0～9の数字をマークする形式である。一部の設問は記述式で，答えのみを記述する問題である。

02 出題内容

頻出項目：微・積分法，確率，数列，ベクトルなどがよく出題されている。

内　　容：融合問題が多く，総合力が必要である。また，2022 年度には商学部という学部の特性に合わせてか，金属の価格の上昇，下落について出題された。

03 難易度と時間配分

よく練られた良問が多く，難問・奇問の類はない。全体的には標準問題であるが，文系学部としては難しいほうである。試験時間 70 分で全問を解答するには，迅速な計算力の養成が必要となるだろう。

各問題に難易度のばらつきはないことが多いが，最初にすべての問題に目を通し，解ける問題を見定め，できるものから順に手をつけていきたい。

対策

01 基本事項・定石のマスターを

分量が多く，出題分野の基本事項や定石を迅速に使いこなす力がなければ時間内に解くことはできない。教科書の例題や参考書で繰り返し演習問題をこなすことが肝要である。難問・奇問は見られないので，典型問題を解く力がどれだけ身についているかが点差となって表れるだろう。『チャート式 解法と演習』シリーズ（黄チャート）（数研出版）などを活用するとよい。

02 計算力をつける

試験時間のわりには計算力を要する問題が多いので，普段から正確な計算力を養うように努力すること。なお，空所補充で結果のみを答える問題については，公式などを利用したり，設問をヒントにしたりするなど，手際よく処理することが大切である。

03 客観形式の問題集で十分に練習を

ひととおり基礎力がついたら，標準問題中心の問題集で，基本事項・定石をフルに活用できるように練習を積んでおくこと。何度も類似問題にあたり，自分の頭で考え，解法を導き出す訓練をしておこう。慶應義塾大学商学部の問題は，どれだけ速く解法パターンが思い浮かぶかということが勝負の分かれ目になる。客観形式の問題集などを積極的にこなし，十分に演習を積んでおきたい。

論文テスト

年　度	番号	内　容
2024 ◑	〔1〕	**超スマート社会** 空所補充，内容説明（30字2問）
	〔2〕	**モンティ・ホール問題** 空所補充（計算），内容説明（20字）
2023 ◑	〔1〕	**人工知能をめぐる課題** 空所補充，内容説明（30字他）
	〔2〕	**ソートのアルゴリズム** 空所補充（計算），式の補充，内容説明（8・20字）
2022 ◑	〔1〕	**ジェンダー規範** 空所補充，理由説明（20字），内容説明（20字）
	〔2〕	**指数関数的増加の特徴**　⊘グラフ 空所補充（計算），グラフ選択，式の補充，内容説明（8・30字）
2021 ◑	〔1〕	**リスク管理**　⊘グラフ 空所補充（計算他），内容説明（8字），グラフ選択，理由説明（50字2問）
	〔2〕	**インセンティブの与え方** 空所補充，内容説明（10・15字）
2020 ◑	〔1〕	**「不運」の事後処理** 空所補充，内容説明（15字），理由説明（20字）
	〔2〕	**リスクと保険の経済学** 空所補充（計算他），内容説明（15・20字）

（注）●印は全問，◑印は一部マークシート法採用であることを表す。

読解力・論理的思考力に加え一般常識も必要 基本的な数学の知識も必須

01　基本情報

試験時間：70分。

大問構成：大問2題。

解答形式：課題文を読んで設問に答える形式で，選択式と記述式の併用。

選択式にはマークシート法が採用され，適切な選択肢を選ぶほか，空所に当てはまる数値を計算してマークするものも見られる。記述式では，空所補充のほか，字数制限つきの内容説明・理由説明などの論述問題が主で，8～50字程度のものが出題されている。

02 出題内容

出題されるテーマは，学部の特性に合わせた経済学・経営学的な内容のものや数学的な内容が含まれるものが多い。数式やグラフ，表などが使われることもある。

経済学・経営学に関連するもの：2021年度〔2〕ではインセンティブの与え方に関する文章が出題されたが，内容はさほど難しいものではなかった。また，2020年度〔2〕，2021年度〔1〕と続けて，リスクに関する文章が出題された。いずれも読解力・論理的思考力があれば十分に理解できる内容であった。

数学に関連するもの：経済学に必要な確率・統計・論証（論理学の基礎）などを中心に出題されている。ほかにも統計学における仮説とその検証，人口統計と平均寿命，指数関数的増加に関する文章が出題されている。2020年度〔2〕のように，経済学・経営学に関連するものに数学的な問題が含まれることもある。2024年度は「モンティ・ホール問題」が出題された。

そのほかの分野：2020・2022・2023年度の〔1〕では，人文学的な文章や論理学に近い内容が出題された。また，数学に近いとも言えるが，2023年度〔2〕ではソートに関するアルゴリズムの文章が出題された。

全体として，基礎的な数学力や一般常識に加えて高度な読解力・論理的思考力を試す出題ではあるが，経済学・経営学の基本的な理論や考え方にも親しんでおくと取り組みやすくなるであろう。

03 難易度と時間配分

課題文の内容を着実に読み取り，それに基づいた計算や論述を行う必要があるので，例年やや難のレベルの問題である。また，部分的にやや難しい計算問題が出題される場合もある。

試験時間 70 分では時間的な余裕はあまりない。解答しやすい問題から手をつけていくなど，時間配分に工夫が必要である。

01 読解力をつける

課題文を読み進める際には，まず論旨のポイントを発見し，段落ごとの内容を理解することが大切である。70 分という試験時間を考えると，漫然と読んでいては時間不足になる。長文の内容を素早く正確に把握し，設問に答えていくにはかなりの習熟が必要である。課題文を読む際，設問で問われていることをおさえながら，文章の内容や流れを把握し，論理的な整理をしながら読み進めること。メモをとりながら読む練習をしておくとよい。また，例年の傾向として，数学的・論理的思考力が試され，専門用語などが用いられる場合も多い。この種の用語は，たとえ未知のものであっても文章を精読すればその意味が推測できるよう配慮されているが，数学の確率や命題などの基礎的な知識を復習し，論理学や経済学の入門書を読んでおくと，より効果的であろう。

02 論理的記述力を高める

空所補充問題は必出と言えるが，おおむね標準的であり，それほど差がつかないだろう。論述問題にいかに的確に解答するかがポイントになる。論旨明快な文章を書くためには，何度も反復練習することが最良の方法である。課題文を読んで特定の事項について推察・推論させる問題も見られるので，文章の内容を要約し説明する練習はもちろん，過去問を用いて論述問題の練習を徹底しておきたい。その際，自分の解答が論理的で無駄のない整理された文章になっているかどうかを，添削指導を受けるなどして他者に客観的に判断してもらうことが大切である。

03　積極的な読書を心がけよう

日本や世界が直面している政治的・経済的課題についての論説文や，抽象度の高い課題文を素早く正確に読み解くには，その内容に関する予備知識が不可欠である。政治・経済や論理学などに関する書籍を，問題意識をもって考えながら読むことを勧めたい。

04　基本的知識を身につける

論述にあたっては，誤字・脱字を避けることはもちろん，接続詞の用法や漢字で書くべき熟語は正しい漢字で書くなど，一般常識としての語彙力が必要である。また，過去には類語や段落整序，故事成語が出題されたこともある。国語の授業をおろそかにしないことはもちろん，同義語・対義語や，国語便覧にまとめられている「故事成語」「四字熟語」「外来語」などの項目を学習し，広い意味での国語力を身につけておきたい。また，素早い数理的処理も求められていることから，数の扱いや数学的な考え方にも習熟しておくことが大切である。

2024年度

解答編

一般選抜

解答編

英語

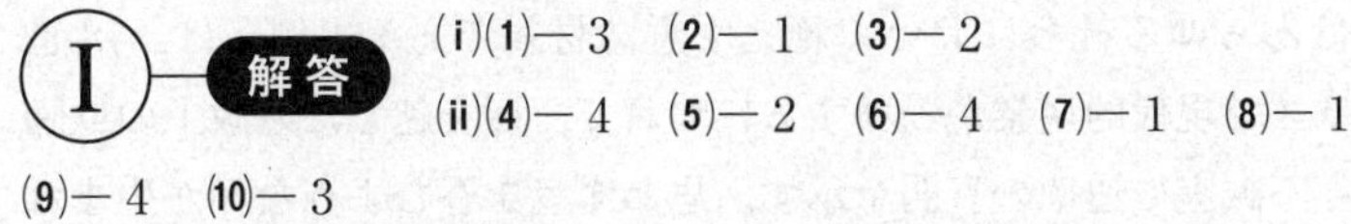

I 解答 (i)(1)—3　(2)—1　(3)—2
(ii)(4)—4　(5)—2　(6)—4　(7)—1　(8)—1
(9)—4　(10)—3

全訳

《ビジネスを行う際に必要とされる社会に対する責任感》

1　1927年6月4日，新設されたハーバード大学ビジネススクール・キャンパスの開校記念式典に4000人の群衆が集まった。これは，アメリカ合衆国にとっては繁栄の時代である「狂騒の20年代」として知られる時期のことであった。ニューヨーク証券取引所はそれに先立つ5年で驚くべき上昇を経験しており，富の集中は2000年代になって再び見られるようになるまでは類を見なかった水準に達しつつあった。しかしながら，ウォレス=B.ドナム学部長が行った短い演説は，祝辞というよりはむしろ警告であった。科学の進歩は「幸福へと至る新たな機会」を生み出したが，これらは「より高い度合いの責任感」なしでは保障されえない，と彼は述べた。ビジネスリーダーは「鋭い知性と広い視野」が伴う「社会意識」を磨く必要がある（，と彼は述べた)。「この国のビジネスリーダーのより多くが，はっきりした責任感をもって自身の力を社会に存在する他の集団に向けて行使できるようにならないかぎり，我々の文明は衰退期に向かって突き進むことになるだろう」と彼はさらに発言した。

2　ドナムはあまり恵まれていない人へのチャリティへより多くの金を寄付するよう実業家に求めなかった。むしろ，自身が明確化した責任ある指導力というものを行使してこの差を埋め，そうすることで「文明」を守るよう彼らに求めた。この学部長による人類にとっての大きな脅威に対する警告は，急成長を遂げている1920年代の真っ只中にはそれほど注目されなかったが，彼の言葉は予言的であった。1929年の終わりにかけて，ニューヨーク証券取引所での大暴落が，アメリカ合衆国だけでなくその他の地域でも大恐慌を引き起こし，その後に10年間にわたって深刻な経済的，政治的結果をもたらすこととなった（からである）。

3 ドナムは，ビジネスリーダーに利益を生み出すだけでなく社会に良い影響を与えるよう求めた最初の人物でも最後の人物でもなかった。何らかのビジネスは何千年にもわたって我々の周りで行われており，企業の倫理と責任に関する疑問も同様に，我々の周りで見られてきた――商人や資本家の強欲はあらゆる社会において絶えず懸念材料である。例えば，18世紀のイギリスで現代的産業が勃興するにつれて，度を越した財政上の欺瞞だけでなく不誠実や道徳の衰弱を示す，思わず息を呑むような例が生まれた。ペテンや裏切りは定期的に起こることであった。しかし，より強力な社会意識を求める奮闘もまたそう（＝定期的に起こること）であった。

4 スコットランドの社会哲学者アダム=スミスは，金に貪欲な行いがもつ破壊的な側面に関する懸念をはねのけた人物であると広く考えられている。1776年に出版された『国富論』の中で，実業家が自身の利益を追求すると，意図的に社会の善に貢献しようとする場合より効果的にそう（＝社会の善に貢献することに）なる場合が多い，と彼は主張した。スミスはそれゆえ大半の個人による自由な事業を支持したが，「法外な利益」を求める貪欲な投資家のためにそれをしたのではなかった。そうした人物の行動の手綱を握るため，彼は利子率に対する法的な制限を設けることを支持し，目に余る不平等を軽蔑していると明言した。「成員の圧倒的多数が貧しく惨めである社会が繁栄し幸福になることはまずあり得ない」と彼は述べた。

5 話は一気に21世紀に飛ぶ。これまで以上に企業が社会に対して責任を負うことを求める声が，我々の眼前に立ちはだかる環境危機，社会の不平等，グレート・リセッションの影響で混乱した民主主義社会が織りなす文脈の中で生じる。世界最大の資産管理会社ブラックロックの最高経営責任者ラリー=フィンクは，諸CEOに宛てた2018年度年次報告書の中でこう宣言した。「企業というものは，株主，従業員，顧客，そしてその企業が展開する共同体を含むステークホルダー（利害関係者）全員に恩恵を与えなければならない」 同様に，個人投資会社リープフロッグ・インベストメンツの代表ドミニク=バートンは，四半期報告に取り憑かれて他の重要な目的の存在が見えていない企業の短期的思考を非難している。2019 年，アメリカ最大級企業の経営者集団であるビジネス・ラウンドテーブルに属する 181 人の CEO が，自身が率いる企業を「全ステークホルダー――顧客，従業員，納入業者，共同体，そして株主――の利益のために」経営することを誓約する声明に署名した。

6 責任感の強化を求めるこうした動きが，ドナムの訴え以上に応えられるのかを疑うべき理由がある。今日の全世界的ビジネスは情け容赦なく利益を追求しており，自分たちの利益になるように政治や法の慣習を捻じ曲げる。21 世紀初めの数十年の中で，アメリカ合衆国やその他の多くの国において企業のスキャンダルが甚だしく続き，倫理観の欠如が繰り返し証明される事例が多く見られた。しかし，今までとは異なる動きの一環として，多くの若い起業家は環境問題や社会の不公平に取り組むことに注力しており，目的意識と社会に対する責任を自身のビジネスモデルの中心に据えている。

7 私企業の歴史は，非常に責任感の強い事業主がさまざまな時代にさまざまな環境で責務を果たす様子を伝える具体例を与えてくれる。そのいずれも，例えば資本主義のような複雑な体系をどのように想像し直すかを示す秘訣ではない。むしろ，それらが役立つのは，責任感を強めようとする個人の努力がどのようにうまくいったか，あるいは失敗したか，さらにはその理由を示してくれるからである。非常に責任感の強い事業主も，一般的に人間なら誰もがもつあらゆる欠点のある普通の人である。一部は周りに刺激を与えるような人物だが，社会的目的における彼らの実験の一部はうまくいかなかった，あるいは持続可能ではなかった。場合によっては，高潔な意図が全く実を結ばなかった。そのような事業の記録は，良いことをすれば必ず良い事業になるだろうという浅はかな想定に意義を唱える。利益と目的を追求するのは決して容易ではなく，時としてその 2 つの目標は衝突する。しかし，現代のような経済的，環境的，そして社会的課題を抱える時代において，強い責任感は，理想主義的幻想ではなく，むしろ未来へと向かう必須の道筋なのである。

解説

(i)(1) 空所に入る他動詞の目的語となっている this gap「この差」とは，直前の文の内容から「貧富の差」を意味すると読み取れるので，空所には文意・文脈的に3.「～を埋める」が最も相応しい。他の選択肢は，1.「～を成し遂げる」，2.「～を支持する」，4.「～を守る」という意味。

(2) 直前の文で「ビジネスは何千年も行われており，企業の倫理と責任に関する疑問も同様に存在してきた」，つまり「企業の倫理と責任は，何千年も疑問視されている」と述べられている。それに続く空所を含む文はダッシュ（——）で区切られていることから前文の補足説明であると考えられるので，空所に1を入れ，文全体を「商人や資本家の強欲はあらゆる社会において絶えず（懸念材料）である」とすれば，論理的な文脈となる。他の選択肢は，2.「程度」，3.「精神」，4.「動き」という意味。

(3) 空所を含む部分は「今日の全世界的企業は（　　）に役立つものにするため政治や法の慣習を捻じ曲げる」という意味である。では，「全世界的企業が政治や法の慣習を捻じ曲げる」のは何に役立たせるためだろうかと考えて，空所には2.「企業の利益」が入ると判断する。他の選択肢は，1.「官僚と弁護士」，3.「社会的責任」，4.「世界市民」という意味。

(ii)(4) 「1927年の開校記念式典で，ドナムは…の影響について警告した」

第1段最終文（He further remarked：…）に「『この国のビジネスリーダーのより多くが，はっきりした責任感をもって自身の力を社会に存在する他の集団に向けて行使できるようにならないかぎり，我々の文明は衰退期に向かって突き進むことになるだろう』と彼はさらに発言した」とあるので，4.「実業家が，社会が必要とするものを無視すること」が正解。他の選択肢は，1.「ビジネスリーダーが科学的洞察を拒絶すること」，2.「経済バブルが物価の高騰につながること」，3.「アメリカの大学がビジネスを学ぶ学生を誤解させていること」という意味。

(5)「ドナムの言葉は…という意味において予言的であった」

第2段最終文（Towards the end …）で，ドナムの言葉から2年後の1929年の終わりにかけて，彼の警告通りに，いわゆる世界恐慌が起こり，その後10年間にわたってその影響が続いたことがわかるので，2.「アメリカ社会は1930年代に深刻な危機に実際に直面することになった」が正解。他の選択肢は，1．「アメリカ社会は1920年代に繁栄を本当に享受していた」，3．「実業家はまもなく社会的責任を避けるようになった」，4．「社会的責任が世界恐慌を引き起こした」という意味。

(6)「アダム=スミスは，…ので，利子率に対する法的な制限を設けることを支持した」

下線部直前のTo rein in their activitiesから，「彼（=アダム=スミス）が利子率に対する法的な制限を設けることを支持した」のは「そうした人物の行動の手綱を握るため」だとわかる。また，ここでの「そうした人物」とは，直前の第4段第3文（While Smith therefore …）にある「『法外な利益』を求める貪欲な投資家」のことだと読み取れる。ということは，「そうした人物の手綱を握る」とは「貪欲な投資家にばかり富が集中しないようにする」ということだと判断する。よって，「彼（=アダム=スミス）が利子率に対する法的な制限を設けることを支持した」のは，4．「彼は，他の大半の人が貧困にあえぐ一方で投資家が莫大な利益を得るようにはなってほしくはなかった」からとなる。他の選択肢は，1．「彼は立法者が国民の商業活動を厳しく制御するべきだと考えていた」，2．「彼は人生を貧しい人や恵まれない人を助けることに捧げる博愛主義者だった」，3．「彼は適切なバランスを自動的に達成する市場メカニズムを信じていた」という意味。

(7)「短期的思考に囚われた企業は，以下のどれを一般的に行うか？」

直後のcompanies以下（that are … important objectives）に，「四半期報告に取り憑かれ，他の重要な目的の存在が見えていない」とある。ここでの「他の重要な目的」とは段落全体の主題である「企業が社会に対してもつ責任を果たすこと」だと考えられるので，1．「そうした企業は一心に利益を追求し，社会的責務をおろそかにする」が正解。他の選択肢は，2．「そうした企業は労働者の雇用を守るため，一時的な損失を受け入れる」，3．「そうした企業は収益率を上げるための方法として，さまざまなステークホルダーを助ける」，4．「そうした企業は統計に基づく報告に関心を示さず，誤差の範囲を無視する」という意味。

(8)「…ので，21世紀に責任感を求める動きの効果について疑うべき理由がある，と筆者は書いている」

第6段第2・3文（Global business today …）で「全世界的ビジネス

は情け容赦なく利益を追求している」「企業のスキャンダルが甚だしく続き，倫理観の欠如が繰り返し証明される事例が多く見られた」と述べられているので，1．「全世界的ビジネスは貪欲で，企業は悪いことだと知りながら倫理的なあり方を犯している」が筆者の考えている「疑うべき理由」だと判断する。他の選択肢は，2．「ブラックロック，リープフロッグ，さらにビジネス・ラウンドテーブルは負債を蓄積している」，3．「若い起業家は資金不足で，自分たちの事業を拡大できない」，4．「ドナムの見通しはあまりに理想主義的で起業家には実践できなかった」という意味。

(9) 「以下のどの記述が歴史に対する筆者の姿勢を最もよく説明しているか？」

最終段第1～3文（The history of …）に「私企業の歴史は，非常に責任感の強い事業主が責務を果たす様子を伝える具体例を与えてくれる」「責任感を強めようとする個人の努力がどのようにうまくいったか，あるいは失敗したか，さらにはその理由を示してくれる」とあることから，歴史に対する筆者の姿勢として適切なのは，4．「歴史上の出来事は，我々の学びの対象となりうる，成功と失敗という対比とその具体例を提供してくれる」である。他の選択肢は，1．「歴史的文脈を知ることで，現代の問題の原因を特定することができる」，2．「歴史を学ぶことを通じて人間の本質を把握することで，不幸を防ぐことができる」，3．「ビジネスの歴史を探究することで，経済の体系を改革するための手本を見出せる」という意味。

(10) 「以下のどの記述が事業における責任に関する筆者の考えと一致しているか？」

まず筆者は，第1段第4文（The short address …）以下でドナムの発言を取り上げ，「より高い度合いの責任感」の必要性を提示し，一貫して責任感をもつことの重要性を主張している。さらに，具体的にどのように責任を果たすのかということについては，第5段第2文（Larry Fink, …）で，「企業というものは，株主，従業員，顧客，そしてその企業が展開する共同体を含むステークホルダー（利害関係者）全員に恩恵を与えなければならない」というラリー=フィンクの発言を取り上げている。これらの内容から，3．「将来のビジネスは今以上に幅広いステークホルダーに恩恵を与えるべきである」が正解。他の選択肢は，1．「倫理的なビジネス上の慣習についての議論は，資本主義の台頭とともに始まった」，2．「社会に対する責任をもつため，ビジネスリーダーは自身の欠点を隠す必要がある」，4．「チャリティ政策に積極的に取り組むことで，企業は貧しい人々を支えるべきである」という意味。

語句・構文

（第１段） roaring「狂騒のような」 the New York Stock Exchange「ニューヨーク証券取引所」 address「演説」 dean「学部長」 responsibility「責任」（ここでは「社会に対して自分が大きな責任を負っているという気持ち」という意味） social consciousness「（会社の利益だけでなく）社会全体のことをよく意識すること」

（第２段） the less fortunate「あまり恵まれていない人々」 amid「～の真っ只中」 booming「急成長を遂げている」 economic depression「不景気」 profound「深刻な」

（第３段） corporate ethics「企業の倫理」 trickery「ペテン」

（第４段） cast aside ～「～をはねのける」 *The Wealth of Nations*『国富論』 enterprise「事業」 rein in ～「～の手綱を握る」 gross「目に余るほどの」

（第５段） fast-forward to ～「～へ素早く前進する」 looming「眼前に立ちはだかる」 the Great Recession「グレート・リセッション（＝2008年から2010年代初頭に世界的に起きた大規模の景気後退）」 stakeholder「ステークホルダー（＝利害関係者）」 denounce「～を非難する」 be obsessed with ～「～に取り憑かれている」 quarterly reporting「四半期報告（をすること）」 pledge「～を誓約する」

（第６段） relentlessly「情け容赦なく」 warp「～を捻じ曲げる」 ethical lapse「倫理観の欠如」 entrepreneur「起業家」

（最終段） formula「秘訣」 capitalism「資本主義」 bear fruit「実を結ぶ」 naive「浅はかな」

Ⅱ 解答

(i)(11)—2　(12)—4　(13)—4
(ii)(14)—4　(15)—2　(16)—4　(17)—1　(18)—3
(19)—4

全訳

《全国民対象のベーシック・インカム（UBI）》

1　全国民対象のベーシック・インカム（UBI）という考えに関する多くの誤解は，人々がそれをたった1つの正確に定義された社会便益政策であるかのように語っていることから生じている。UBIを提案群としてとらえるほうがより役立つ。すべての案の型には3つの中心的要素がある。しかしながら，この3つを超えた部分では提案間には大きな違いが生じうるので，その結果，ある人物が“UBI”を支持するかどうかを尋ねることは，ほぼ無意味になる。本当に尋ねるべき問いは，どの種のUBIを――もし何らかの種が存在するならば――あなたは支持しますか，である。

2　あらゆるUBIの提案に共通するものの1つ目は，無制限の現金支給を含むことである。政府が行う他の大半の制度は，お金自体を支給するのではなく，さまざまな種類の品やサービスを無料，あるいは割引価格で入手できるようにするものである。実際に現金を支給する政府の制度は，そのお金がどこで使えるかを制限する場合が多い。対照的に，UBIは支給されたお金を人々が自分にとって適切であるいかなる形で使用することも許す。2つ目は，UBIが支給するお金は無条件であるということである。これはつまり，受給資格――人がその支給を受ける資格を有するかどうか――は，その人が仕事をしているかどうか，仕事を見つけようとしているかどうか，さらには働くことができない理由には依拠していないということである。これが，他の社会福祉政策と比べた場合にUBIがもつ最も特有な特徴の1つである。最後は，UBIは貧富にかかわらず誰もがそれを受給するという意味において「全国民対象」であると言われることが多い。実際，これこそがUBIを定義する中心的特徴であると受け取られている場合が多い。結局のところ，“UBI”の“U”は“Universal（全国民対象）”を意味するのだから。

3　第3の要素である「全国民対象」は，やや取り扱い注意であることがわかる。我々が目にしたことのあるUBIの提案の中で，誰にでも支給することを実際に提唱している者はない。例えば，市民権を持たない者や子どもは，しばしば除外される。さらに，受給資格は収入や財産に依拠しないとUBIを支持する大半の人々は言うが，実は誰もそれを本気では言っていない。ここでなぜなのかを説明しよう。皆にお金を支給するUBIはあまりにも予算がかかりすぎて手に負えなくなるか，あるいはあまりにも少額しか支給できず，それを最も必要とする人にとってはほぼ無意味になってしまうかのどちらかなのである。

4 理にかなった額を，それを最も必要としている人に支給するためには，公的補助金に制限をかけ，ある一定の収入の境界線や限度額以下の個人や家庭にのみ支給されるようにしなければならない。一部の提案は初期設定の段階でこれを行い，収入がある一定の境界線を下回っている人にだけお金を支給することにしている。しかし，もし初期設定の段階で公的補助金に制限をかけなければ，裏側でそれを行う必要が生じる。言い換えると，誰にでもお金を支給するが，収入が一定額を上回っている人からはその補助金の一部あるいはすべてを税金として徴収するのである。そうした計画は，ある意味でやはり全国民対象である。しかしまた，実際にはそうではないとも言えるのである。

5 これら3つの非常に広義な特徴を超えると，UBIの提案間には多くの差異がある。そして，世で言われるように，「悪魔は細部に宿る」のだ。UBIが良い考えなのかどうかは，すべてのUBI案に共通する幅広い性格というより，こうした詳細をどのように具体化するのかにおそらく依拠している。

6 1つの重要な疑問は，UBIがどのくらいの規模であるかということである。例えば，月に500アメリカドルを支給するというUBIはかなり一般的な提案である。しかし，それよりはるかに小さい額だけでなく，はるかに大きい額のUBIが提案されたこともある。UBIがどのくらいの規模であるべきなのかは，何のためのUBIなのかと考えるかによって，部分的には決まる。UBIの目的は，低賃金労働者の収入を補助することなのか？　一時的に無職となった人に収入の安定した流れを提供することなのか？　あるいは，永久に収入を提供すること，すなわち人々が人生において二度と再び働く必要なく基本的需要を満たす方法なのか？　比較的控えめなUBIは，最初の2つの目標を達成すれば十分なのだろう。しかし，3つ目にはかなりより気前の良い予算が必要となるだろう。

7　これと密接に関連する問題には，UBI に使う資金をどのようにして賄うのかということが含まれる。アメリカ合衆国に現在暮らす約3億3千万の一人ひとりに月 500 ドル支給すると，1年あたり 1650 億ドル——相当な額である——が必要になる。一人ずつの収入に税金を課すことで，その資金を賄うべきなのか？　企業に（もっと）課税するのか？　他の施策を切り詰めるのか？　明らかに，UBI の規模が大きくなるにつれ，この問題はより切迫し困難になる。

8　ここで受給資格の問題に戻ろう。大半の提案は UBI を個人単位の資格権利だと考えている。それはつまり，それらの提案では，UBI が家族や家庭単位ではなく，個人に支給される形を想像しているということである。しかし，それは子どもに支給されるべきなのか，それとも大人にだけなのか？　国内に住む誰にでも支給されるべきなのか，それとも市民権や永住権を持つ者だけなのか？　殺人を犯した人物は受け取るべきなのか？　収入制限を設けるべきなのか？　こうした問題を吟味しなければならない。だが，今のところは，UBI というものは直接的に，無条件に，ほぼ全国民対象に現金が支給されることから成る，緩く関連した政策群であると理解できるのである。

解説

(i)(11)　空所を含む部分（only giving 以下）は文法的には分詞構文であり，この文の前半にある do this「これを行う」を具体化している。さらに，「これを行う」の「これ」とは，直前の文（In order to …）の「ある一定の収入の境界線や限度額以下の個人や家庭にのみ支給すること」だと考えられる。よって空所に2を入れ，only giving 以下を「収入がある一定の境界線を下回る人にだけお金を支給する」とすれば，文全体の文意が通じ，文脈にも合う。他の選択肢は，1.「～を取り除く」，3.「～を下ろす」，4.「～を押し上げる」という意味。

(12)　第1段で「すべての UBI 案には3つの共通点がある」と述べ，第2～4段でその「3つの共通点」について詳細に述べている。続く第5段第1文（Beyond these three …）の冒頭に「これら3つの非常に広義な特徴（＝ここまで述べた3つの共通点）を超えると」とあるので，それを超えると，「多くの差異がある」と述べるのが論理的だと考える。よって正解は4。他の選択肢は，1.「混乱，分裂」，2.「平等」，3.「口論」という意味。

⒀　空所を含む文（Is the purpose …）とそれに続く2文は，直前の文（How large a …）にある「何のためのUBIなのか」という内容の具体例である。直後の2文の内容はそれぞれ，「UBIは一時的に無職となった人に収入を提供するか？」「UBIは永久に収入を提供するか？」ということなので，空所には4を入れ，「UBIの目的は，低賃金労働者の収入を補助することなのか？」とすれば，文意が通じ，文脈にも合う。他の選択肢は，1.「～を投資する」，2.「～を受け取る」，3.「～を再分配する」という意味。

(ii)⒁　「以下のどれがwhyという単語に最もうまく置き換えられるか？」

下線部を含む文は「ここに理由がある」であるが，それが伝えたい内容は「これからその理由を説明します」である。ここでの「理由」とは，直前の文（And while most …）にある，受給資格は収入や財産に依拠しないとUBIを支持する大半の人は言うが，実は誰もそれを本気では言っていない，に対する理由のことである。それは要するに，誰も本気で，裕福なものにも貧しいものにも一律に金を支給するつもりはない，という意味なので，「whyに最もうまく置き換えられる」ものは4.「なぜUBIは裕福な人にも貧しい人にも分け隔てなく与えるべきではないのか」である。他の選択肢は，1.「なぜUBIは無制限の現金支給から成り立たなければならないのか」，2.「なぜUBIはお金をそれほど多くの人に分配できるのか」，3.「なぜUBIは市民権を持つ人にも持たない人にも分け隔てなく与えられなければならないのか」という意味。

⒂　「筆者はdo it on the back endという表現を用いて何が言いたいのか？」

下線部を含む文全体は「しかし，もし初期設定の段階で公的補助金に制限をかけなければ，裏側でそれを行う必要が生じる」という意味である。文意的に「初期設定の段階」と「裏側」を対比しているので，ここでの「それを行う」は「公的補助金に制限をかける」という意味になる。また，直後にIn other words「言い換えると」とあり，その後に「誰にでもお金を支給するが，収入が一定額を上回っている人からはその補助金の一部あるいはすべてを税金として徴収する」とあるので，下線部の「それを行う」とは「公的補助金に制限をかける→いったん支給し，その後に税として徴収する」ということだと判断し，それに最も近い2．「収入の高い人には税を課す」を選ぶ。他の選択肢は，1．「収入の低い人にだけ支給する」，3．「裕福な人が税の返金を受け取ることを可能にする」，4．「公的補助金を所得税納付者だけに制限する」という意味。

⒃「oneという単語は何を表すか？」

文構造的に考えると，下線部を含む部分every one of the 330 million or so peopleの330 million or soは形容詞としてpeopleを修飾している。とすると，その部分を削除するとevery one of the peopleとなるので，このevery oneはevery one personのことだとわかる。よって，正解は4。他の選択肢は，1．「ドル」，2．「百万」，3．「月」という意味。

⒄「筆者がこの文章の中で取り組んでいる中心的な問題を最もよく説明しているのは以下のどれか？」

この文章は，第1段第1文（A lot of…）で示される「全国民対象のベーシック・インカム（UBI）に関する多くの誤解」を，それぞれの提案がもつ「共通点」と「差異」に触れつつ説明するものなので，問いにある「筆者がこの文章の中で取り組んでいる中心的な問題」は1．「実際には多くの点で異なるのだが，UBIの提案をすべて同じだと人は思いがちである」となる。他の選択肢は，2．「UBIはある種の制限を設けて支給されるべきだと人は言いたがるが，それは不公平だろう」，3．「実際には家庭に支給されるのだが，UBIは個人的な権利であると人はしばしば思っている」，4．「実際には裕福な人は有資格者ではないが，UBIによって全国民にお金が支給されると人は信じている」という意味。

⒅「すべてのUBIにおいて，人々は…を受け取る」

第2段第1～4文（The first thing…）の内容より，3．「チケットや割引券ではなく現金」が正解。他の選択肢は，1．「生活費を賄うのに十分なお金」，2．「自分の需要に合った品物やサービス」，4．「年齢にかかわらず同額のお金」という意味。

⒆「以下のどの主題が本文の内容を最もよく表しているか？」

第1～4段ですべてのUBI案がもつ「共通点」について，第5段で「差異」について，それ以降はその「差異」が生じる理由について述べているので，4．「UBIの提案を理解すること：共通する特徴と差異」が正解。他の選択肢は，1．「UBI計画：哲学的前提」，2．「アメリカ政治史の文脈におけるUBI計画」, 3.「なぜ全国的なUBIの提案が経済的不平等を是正することになるのか」という意味。

語句・構文

(第1段) Universal Basic Income「全国民対象のベーシック・インカム(＝全国民に対して，無条件で政府が定期的に最低限の生活を送るために必要な現金を支給する制度)」 benefit policy「社会便益政策」

(第2段) unconditional「無条件の」 eligibility「受給資格」

(第3段) tricky「取り扱い注意の」 grant「支給されるお金」

(第4段) threshold「境界線」 cut-off「限界の切り点」 front-end「初期設定の段階」

(第5段) flesh out ～「～を具体化する」

(第6段) grant「予算，財源」

(第7段) pressing「切迫した」

(最終段) entitlement「資格権利」 murderer「殺人を犯した人」

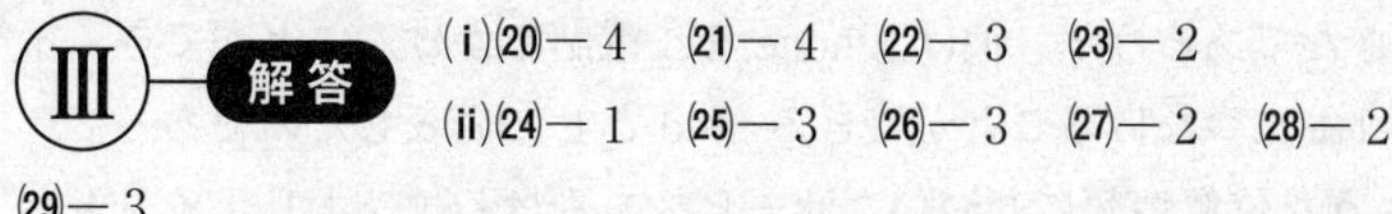

Ⅲ 解答 (i)(20)—4 (21)—4 (22)—3 (23)—2
(ii)(24)—1 (25)—3 (26)—3 (27)—2 (28)—2
(29)—3

全訳

《科学技術の進歩がもたらすもの》

1 大半の進歩は，発展のひと世代ずつが徐々に前の世代のものの上に積み重なっていくという形で，ゆっくりと起こる。しかしながら，そのゆっくりしたペースにもかかわらず，時が経てば，それらは大きな結果を生み出す。例えば，飛行機での旅行や輸送の費用が下がっていることで，世界中でより幅広い層の人々が長距離旅行できるようになっただけでなく，品物の部品が最終的な組み立て前にさまざまな場所から世界中を飛び回るといった複雑な供給体系をも可能にした。

2 一方，革命的進歩は突然の科学的躍進から生まれるか，いくつかの既存の科学技術の組み合わせ，あるいはその洗練によって何らかの製品やサービスが創生され，それがあっという間に世界中に広まることから生まれるかのどちらかである。抗生物質の発展が1つ目の場合を表す良い例であり，スマートフォンは2つ目である。前者は医療を変容させ，人間の健康に多大な影響を与えたが，後者は人が全世界的に意思伝達する形を変容させ，人間の行動に多大な影響を与えた。

③　革命的進歩は，科学技術が向かう方向やその応用を予測しようとしている人になら誰にとっても問題を生み出す。我々は，ゆっくりと起こる進歩がどのような影響を与えるかに関する理にかなった判断をすることができるし，そうした判断が正しいか間違っているかは後になってわかることだろうが，少なくともそれらは我々がすでに起こりうるとして観察できるもの，あるいは起こりそうであると思えるものに基づいている。いわば，「既知の未知」に対処しているということである。革命的進歩は「未知の未知」の事例，すなわち並はずれて予測しにくいものなのである。

④　その古典的具体例はiPhoneの影響である。スティーブ=ジョブズは，2007年にiPhoneを発表する際に「時に，あらゆるものを変えてしまう革命的な製品が生まれる」と，後に有名になったセリフを言った。もちろん彼は正しかった。iPhoneは本当にあらゆるものを変えた。しかし，その彼でさえ，その革命の規模は想像できなかっただろう。一体どうすれば彼に想像できたであろう？　彼はiPhoneを，電話をかけることができ，インターネットにつなげることができるiPodとして発表したのであって，Uberのような位置情報に基づいたサービスを受けるエントリポイントとして発表したわけではなかった。そもそもUberは存在すらしていなかったのだから。オンライン地図サービスを含め，さまざまな科学技術の蓄積が利用できるようになるまでUberが存在できたわけがない。さらに，ジョブズは「自撮り」がもたらした文化的影響をきっと想像していなかった――初期のiPhoneはユーザーが自分の写真を簡単に撮ることができるようには作られていなかったのだから。

⑤　革命的変化を予測することは，ジョブズのような先見の明のある人物にとってさえも困難であるが，幸運なことに，我々には2つ確実なことがある。1つは，物理法則は変化しないということである。我々はそれでも，それらの法則が及ぶ範囲の内側で製品やサービスを改良できる。物事をより安く，より良く，そしてより素早く行うようになり，そうした改良が生活水準を上げてくれる。しかしながら限界はあり，そうした限界に近づくにつれ，革新の速度は下がる。大西洋を越えてロンドンからニューヨークへ飛行機で移動するには，1960年当時とほぼ同じ時間が今でも必要であ

る。新しく，予想できない進歩は，物理の限界をまだ突き詰めていない分野で生まれる。バイオテクノロジーと人工知能は，そうした進歩を求めることができる２つの最良だと思える分野である。しかし我々にはその分野で何を発見するのかは予想できない。

⑥　もう１つ確実なことは，人間の熱望や願望は時が経つと徐々に変化するかもしれないが，我々がもつ中心的な希望や恐れはほぼ不変であるということである。我々が科学技術に求める中心的なものはあまり変わらない。それに含まれるのは，安寧，身の回りの社会，家族，健康，そして娯楽である。我々がこうした目標へと向かう助けとなる科学技術は，そばにあり続ける。そのような一例はソーシャルメディアである。家族や友人は大切である。WhatsApp グループは，お互いとの会話に浸ったり抜け出したりすることを可能にすることで家族や友人がつながり続ける助けとなる。何らかの科学技術が有用であるかどうかは，それが経済効率に与える影響の問題だけでない。それは，そうした技術が人間として基本的に必要なものを満たす助けになるかどうかという，もっと深い何かに関わるのである。

⑦　物理と人間の願望を組み合わせれば，次世代にかけて科学技術がどのように進歩するかに関する考え方の枠組みが手に入る。２つの検証が存在する。第一に，何かが行えるのか，社会が払うことのできる代償で何かが行えるのか？　そして，第二に，それが行われることを人は必要とする，あるいは求めるのか？　科学技術的進歩が我々の暮らし方を変容させるには，両者の答えはイエスでなければならない。

⑧　さらに一捻りが加わる。我々が科学技術にしてほしいと求めるものは，時が経つと変わる。人類の歴史の大部分で，我々は，何よりもまず，基本的需要を満たすために科学技術を必要としてきた。よって，我々はより良い農耕法，より多くの収穫を与える作物，さらには食品を貯蔵し保存する賢い方法を徐々に開発した。我々はまた，住まいを効率良く安全に温める方法も見つけた。もっと現代に近づくと，産業革命以来，我々は科学技術を用いて生活水準を大きく向上させ，世界の人間のますます多くを最低限の基本的自給可能状態からすくい上げて，より安心で快適な生活様式へと向かうようにさせている。

⑨　そうした初期の目標は今日でも通用するが，それは世界ではあまりにも多くの人がいまだに飢えているからである。しかし，未来に目を向けると，

焦点が再び変わりつつある。科学技術的進歩がもっと何かをすることを我々は今必要としている。科学技術は，人類がこの惑星に与えてしまった損害を減らさなければならない。それがこれから数十年間の非常に大きなテーマの1つになるだろう。

解説

(i)(20)　空所を含む文では「ゆっくりとした進歩」について述べており，後半にある they は，[(20)] judgments を指している。これは「我々がすでに起こりうるとして観察できるもの，あるいは起こりそうであると思えるものに基づいている」と述べられているので，空所に4を入れ，「我々は，ゆっくりと起こる進歩がどのような影響を与えるかに関する理にかなった判断ができる」とする。他の選択肢は，1.「根拠のない」，2.「正しい」，3.「誤った」という意味。

(21)　直前の部分（not as an …）に否定が含まれること，直後（could Uber have existed）が倒置形になっていることから，空所を含む文は，否定を含む文＋Nor〔Neither〕＋倒置形の形を用いたものだと判断する。また意味的にも，空所に4を入れると文全体が「オンライン地図サービスを含め，さまざまな科学技術の蓄積が利用できるようになるまで Uber が存在できたわけがない」となり，文意が通じ，文脈にも合う。他の選択肢には倒置形は通例用いられない。

(22)　空所を含む部分（that 節）を文構造的に分析すると，while the aspirations and desires of human beings may [(22)] gradually over time の部分が〈譲歩〉を表す副詞節で，続く our core hopes and fears remain pretty stable の部分がその〈譲歩〉に続く〈主張〉部分である。また that 節全体の意味は「人間の熱望や願望は時とともに徐々に（　　）かもしれないが，我々がもつ中心的な希望や恐れはほぼ不変である」である。この2つの節が〈譲歩〉→〈主張〉という関係になるには，空所には3（ここでは自動詞で）「移り変わる」が入るのが適切だと判断する。他の選択肢はいずれも通例他動詞で，1.「〜を破壊する」，2.「〜を維持する」，4.「〜を代用に用いる」という意味。

あるいは，文構造的に空所には自動詞が入るとわかるが，選択肢の中で自動詞として用いられるのは3である，という解答法もあるだろう。

(23)　直前の2文（So we gradually …）で，どのようにして人類が科学技術を用いて生活を豊かにしてきたかについて述べ，空所を含む文（More recently, …）の前半で「もっと現代に近づくと，産業革命以来，我々は科学技術を用いて生活水準を大きく向上させてきた」と語られている。文構造的に見ると空所以降は分詞構文であり，前半の内容を補足説明していると考えられるので，空所に2を入れ，「世界の人間のますます多くをすくい上げて基本的な自給可能状態から抜け出させ，より安心で快適な生活様式へと向かわせている」とすれば，文全体の文意が通じ，文脈（どのようにして人類が科学技術を用いて生活を豊かにしてきたか）にも合う。他の選択肢は，1.「～を稼いでいる」，3.「～を作っている」，4.「～を補っている」という意味。

(ii)(24)　「以下のどれがゆっくりと起こる進歩の事例に当てはまるか？」

第1段第1文に Most advances are incremental とあり，続いて付帯状況を用いた表現（with each … its predecessors）で，この進歩は「発展のひと世代ずつが徐々に前の世代のものの上に積み重なっていく」と説明されている。続く第2文（Despite their slower …）で「しかしながら，そのゆっくりしたペースにもかかわらず，時が経てば，それらは大きな結果を生み出す」と書かれているので，正解は1.「それらはゆっくりと発展するが，それらの最終的な影響は強大なものになりうる」。他の選択肢は，2.「徐々に発展するので，それらの長期的な影響を予測するのは困難である」，3.「それらは革命的な進歩を生み出す過程の速度を下げる傾向がある」，4.「昔はそれらをはるかにより頻繁に目撃していたが，今では非常にまれなものになってしまった」という意味。

(25)　「…ので，iPhone がどれほどの影響をもつかをスティーブ=ジョブズは想像できたはずがないと筆者は考えている」

第3段最終文（Revolutionary advance is a …）で，「革命的進歩は並はずれて予測しにくいもの」だと述べられており，この具体例として，第4段で，iPhone が世界に与えた影響はスティーブ=ジョブズにも想像できなかったことを取り上げているので，3.「科学技術の革命がもつあらゆる側面を予想することは不可能である」が正解。他の選択肢は，1.「彼は iPhone に対して『既知の未知』が与える影響を過小評価していた」，2.「彼は消費者動向の専門家ではなくエンジニアだった」，4.「未来の変化を客観的に予想するには部外者のほうがより良い立場である」という意味。

(26) 「以下の筋書きのどれにおいて，革新の速度が遅くなる可能性が最も高いと筆者は考えているか？」

第５段第３文（We can still …）と同段第５文（However, there are …）で「我々は物理法則が及ぶ範囲の内側で製品やサービスを改良できる」「しかし限界があり，そうした限界に近づくにつれ，革新の速度は下がる」と述べられているので，３．「我々は大きく進歩し，新しい前進の余地がほとんどなくなる」が正解。他の選択肢は，１．「我々の生活の質は誰もが自給できるくらいにまでより良いものになる」，２．「科学者が物理法則に関する革命的な発見をする」，４．「我々がバイオテクノロジーや人工知能といった新しい分野を探究する」という意味。

(27) 「筆者によると，…ので，今後はやはりソーシャルメディアのプラットフォームを有用であると感じるだろう」

第６段第５～８文（One such example …）で「ソーシャルメディアは家族や友人がつながり続ける助けとなる。何らかの科学技術が有用であるかどうかは，そうした技術が人間として必要なものを満たす助けになるかどうかという，経済効果に与える影響より，もっと深い何かに関わるのである」という内容が述べられているので，２．「それらは家族や友人との絆を維持したいという我々が心の中にもつ願望を満たす」が正解。他の選択肢は，１．「それらは iPhone と同じように今までにない革新を可能にする」，３．「それらは生活水準を高めるための情報を人々に提供する」，４．「それらの経済的影響は大きいと同時に物理法則に縛られていない」という意味。

(28) 「２つの検証において，筆者は…以外の以下のすべての要因を考慮している」

１．「人々の必要とするものや求めるもの」については第７段第４文（And, second, do …）（「それが行われることを人は必要とする，あるいは求めるのか？」）で，３．「研究や開発にどのくらいのお金がかかるか」については同段第３文（First, can something …）の後半（「社会が払うことのできる代償で何かが行えるのか？」），４．「開発計画が達成可能かどうか」については同段同文の前半（「何かを行うことは可能なのか？」）で述べられているが，２．「開発する者の人としての誠実さ」に関する記述はないので，2が正解。

(29)「筆者がこれからの数十年で経験するだろうと予測している科学技術の進歩を最もよくとらえているのは以下のどれか？」

最終段の最後の3文（We now need…）で，今後数十年は人間が地球に与えたダメージを軽減するための技術の進歩が大きなテーマになると述べられているので，正解は3.「我々は，人間だけでなくこの惑星全体にも利益をもたらす科学技術を開発するよう努めるだろう」。2.「バイオテクノロジーと人工知能が人間だけでなくこの惑星も救うだろう」については，第5段最終文（Biotechnology and artificial…）より，バイオテクノロジーと人工知能は今後の発展を期待できることがわかるが，「地球を救う」とは書かれていない。他の選択肢は，1.「革命的進歩は我々の生活とこの惑星の未来を害するだろう」，4.「我々は革命的進歩のみを追求し，それゆえ環境汚染をやめるだろう」という意味。

語句・構文

（第1段） incremental「ゆっくりとした」 predecessor「前任者，前身」 consequence「結果」 supply chain「サプライチェーン（＝製品が消費者に届くまでの，調達，製造，在庫管理，配送，販売，消費といった流れを表す用語）」 assembly「組み立て」

（第2段） breakthrough「科学的躍進」 refinement「洗練」 sweep「広まる」 antibiotics「抗生物質」 massive「巨大な」

（第3段） application「応用」 extraordinarily「並外れて」

（第4段） entry point「エントリポイント（＝ウェブなどにアクセスするための入り口）」 location-based「位置（情報）に基づいた」 selfie「自撮り」

（第5段） visionary「先見の明がある人」 anchor「錨，変わらない〔確実な〕こと」

（第6段） core「核となる，中心的な」 WhatsApp「ワッツアップ（＝無料でメッセージのやりとりができるアプリの一種）」 dip「浸る」

（第7段） price「代償」

（第8段） twist「捻り」 yield「収穫」 self-sufficiency「自給可能状態」

（最終段） inflict「～をもたらす，押しつける」

Ⅳ 解答

(30)—2　(31)—1　(32)—4　(33)—2　(34)—1　(35)—3
(36)—1

解説

(30)「その両党はいまだに交渉の真っ只中である。現時点では，すぐにでも合意に達する可能性はほぼない」

1文目の内容から，空所には「すぐに合意に達する可能性」を否定する意味の語が入ると考えられるので，形容詞の2.「ほとんど～ない」が正解。1は「かなりの（量の)」という肯定的な意味になるので，不適。3.「ほとんど～ない」は，probability を a probability とするか，scarcely any であれば可。4は「めったに～ない」と〈頻度〉を否定する語なので，ここでは不適。

(31)「その政策声明は，ある独立系研究者が以前書いた公衆衛生報告を拠り所とし，その発見を要約している」

draw on ～で「(経験・知識など）を利用する，拠り所とする」という意味なので，正解はその過去形である1。2は「(リストなど）を作成した」という意味で，3は draw on を過去形の受動態で用いたもの，4は draw up を過去形の受動態で用いたもの。

(32)「その彫刻家は自身が完成させた芸術作品と，それを作り出すために手を加えた素材との間に密接な類性を見る」

1は前述の単数形可算名詞を指す代名詞，2は前述の可算名詞を代用する代名詞の複数形，3は前述の可算名詞を代用する代名詞の単数形を the で限定したもの，4は前述の複数形可算名詞を指す代名詞。material に the という限定詞がついていることから，これは前述の her finished works of art をつくるために用いられた素材であると判断できるので，her finished works of art を指す4の them が空所に入ると判断する。

(33)「その家族は，アフガニスタン北部で抗争が激化した際に，100キロほど離れた別の地区へ移住させられた」

選択肢はいずれも形容詞。空所の直後にある district「地区」は通例可算名詞なので，単数形で用いる際には冠詞（a か the）が必要になるが，空所の前に冠詞はない。2の another（an＋other）はそれ自身の中に冠詞も含むので，これが正解。他の選択肢は，1.「別の」，3.「異なった」，4.「他の」という意味。

(34)「『子どもというものは相手が自分を恐れているかどうか察知して，それに従った振る舞いをするようだ』と，ある19世紀の詩人が書き記した。もし彼が今日でも書き続けていたなら，コンピュータも全く同じような振る舞いをすると述べたかもしれない」

空所を含む文の後半（＝帰結節）で仮定法過去完了（might well have mentioned）が用いられているので，空所を含む部分（＝条件節）には過去完了形が用いられると考え，1の had been writing を選ぶ。2は write の現在完了形，3は write の現在進行形，4は write の現在形。

(35)「安全性能の結果は確認が済み次第，公表されるだろう」

文全体の主語である The safety performance results と他動詞 confirm「～を確認する」は受動関係になるはずだと考え，3の confirmed を選ぶ。なお，本問では空所の直前の once と空所の間に they are が省略されていると考えられる。1は他動詞 confirm の現在形，2は「確認」を意味する名詞，4は他動詞 confirm の現在分詞形。

(36)「2001年ワールドカップでの勝利は，当時は数週間ほど国全体の雰囲気を高揚させたかもしれないが，経済には何ら特筆すべき影響は与えなかった」

文全体の主語である The World Cup win in 2001 は過去を表すので，続く述語動詞も過去を表すものであるはずだと考え，1の may have improved を選ぶ。2では過去のことは表せない。3と4は，形は過去形であるが過去の意味を表すわけではないので，ここでの正解にはならない。

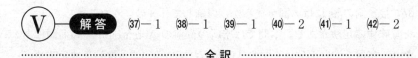

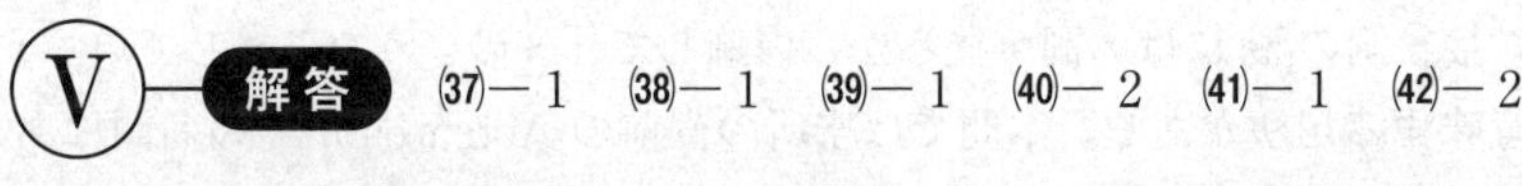

V　解答　(37)－1　(38)－1　(39)－1　(40)－2　(41)－1　(42)－2

全訳

《二言語併記の道路標識導入論議》

1　ニュージーランドで英語と，マオリにはアオテアロア語として知られる，テ・レオ・マオリ語の二言語併記の道路標識を導入しようという政府の計画は，対立を生む議論に火をつけてしまった。道路標識にテ・レオ・マオリ語を含めることで，ニュージーランド政府は，イギリスによる植民地化後にマオリの人々が経験した困難に対処しようという努力の一環として，生粋マオリ人の社会との一体感を促進したいと考えている。しかし，一部の政治集団がこの政府の計画を攻撃している。

2　マオリ社会は，ニュージーランドの人口515万人のうちのほぼ5分の1を占める。マオリの人々の4分の1をわずかに下回る人々が，テ・レオ・マオリ語を第一言語の1つとして話す。政府の計画に反対する人はこの事実を二言語併記の道路標識に反対する主張として用い，直近の国勢調査ではニュージーランド人の95％が英語を話すと述べる。政府の計画を支持する人は，同じデータを二言語併記の道路標識に賛成する主張として用いる。彼らの意見としては，マオリ社会とニュージーランド政府は，二言語併記の道路標識を，テ・レオ・マオリ語を保護し，その使用を推奨する1つの方法だとみなしている。

3　言語を追加することで英単語のスペースが少なくなり，文字が小さくなると運転者には読み難くなるだろう，と反対する人は言う。政府は，一部の人がこの計画に関連する「安全問題」を心配していることは認知しているが，イギリスのウェールズの例を指摘する。そこでは，ウェールズ語と英語の両方を標記することで，現地で最も広く用いられている2つの言語の話し手を含める（＝しっかりと考慮に入れる）ことになり，安全性が高まったのである。

4　交通現象の専門家である工学者（博士）カゼム＝クーチャルクルは，二言語併記の道路標識自体が運転者の理解にマイナスの影響を与えるという証拠はないと言う。むしろ，交通安全という話になるなら，問題なのは道路標識のデザインと設置場所のほうであると彼は言う。

解説

(37)　接続詞のasには名詞を後ろから修飾して「～のような，～している」を意味する用法がある。本問では空所の直前のAotearoaがその名詞にあたり，空所を含む部分は「マオリに知られている（ような）アオテアロア語→マオリにはアオテアロア語として知られる」という意味になる。2は通例，not so much *A* as *B* の形で用いて「*A* というより *B*」，3は通例，*A*, such as *B* の形で用いて「例えば *B* のような *A*」の意味。4は，直訳すると「そのようなものは～だろう」となる。

(38)　空所はmakes up ～「～を占める」の目的語にあたる部分。直後のofの後にはニュージーランドの人口515万人という数字が示されているので，空所には具体的な割合を表す語が入ると考える。よって，1.「5

分の１」が正解。他の選択肢は，２．「初めての出来事」，３．「損失」，４．「ペース，割合」という意味。

⑼「95％のニュージーランド人が英語を話す」の情報源（ソース）が according to ～「～によると」の後に示されていると判断できるので，１．「国勢調査」が適切。他の選択肢は，２．「言語」，３．「人口」，４．「投票者」という意味。

⑽ 第２段第１・２文（The Maori community …）より，テ・レオ・マオリ語を第一言語とする人は少数であることが読み取れる。また，空所の直後の encouraging its use「それ（＝テ・レオ・マオリ語）の使用を促す」からも，「少数言語の保護」について述べていると判断できるので，２．「～を保存〔保護〕する（こと）」が正解。他の選択肢は，１．「～を準備する（こと）」，３．「～を妨げる（こと）」，４．「～を約束する（こと）」という意味。

⑾ 道路標識にウェールズ語と英語という二言語が併記されているのは，その地域でこれらの言語が広く利用されているからと判断できるので，１．「普及している」が適する。他の選択肢は，２．「絶滅した」，３．「流暢な」，４．「責任のある」という意味。

⑿ 直後の that 節で述べられている「二言語併記の標識が運転手の理解にマイナスの影響を与えること」は，第３段第１文（An extra language …）で，二言語併記に反対する人が懸念していることである。これに対し，最終段最終文（Rather, it is …）では「むしろ，大事なのは（二言語併記であることではなく）道路標識のデザインと設置場所」と述べ，二言語併記に反対する人の懸念への反論を行っていると考えられるので，空所には２を入れて，「（それを示す）証拠はない」とする。他の選択肢は，１．「疑い」，３．「意見」，４．「疑問」という意味。

語句・構文

（第１段） spark「～に火をつける」 divisive「対立を生む」 sense of unity「一体感」 in the wake of ～「～の後に」

（最終段） specialize in ～「～を専門とする」 traffic behavior「交通現象」 placement「配置すること」

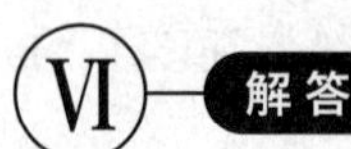 ㊸─3　㊹─2　㊺─3　㊻─1

全訳

㊸《アナリストに必要な思考法》

「仮説に基づく思考」は私がマッキンゼー＆カンパニーのアナリストとして最初に学んだことの1つであった。科学的手法を用いるこの過程によって，研究チームは素早くかつ効率よく問題を片付けていくことができる。ある問題に対して最初に頭に浮かんだ解答を吟味し，その後データの奥深くまで掘り下げその解答を改良・洗練していくことが，その手法には含まれる。しかしながら，この手法の中心にあるのは，頭の中の仮説を緩く保持しておくということである。最初の解答にあまりにも固執してしまうと，データがどこへ導こうとも，その解答を手放したくなくなるかもしれない。しかし，もし自分自身の解答をわら人形のように扱う，すなわち頭の中の仮説を緩く保持しておけば，状況によっては，それを完全に捨て去る心構えができることになる。

㊹《椅子取りゲームという視点から見る貧困問題》

マーク=ランクはアメリカ合衆国の貧困を椅子取りゲームだと考えている。「私のような社会科学者は，このゲームにおいて誰が負けるのかに非常に長く焦点を当ててきましたが，本当の問題は，なぜこのゲームではそもそも敗者が生まれるのか，どうすればこの状況に対処できるのかということなのです」と彼は述べる。「8脚の椅子を10人で取り合う椅子取りゲームを想像してみてください。音楽が止まると，10人が8脚の椅子のどれか1つに座ろうとします。素早く動けなかった者やそのときいた場所が悪かった者は負ける。誰が参加者であったとしても，10人のうち2人は敗者になってしまうのです。これは，用いるには強力な喩えですが，アメリカ合衆国で起こっていることを実際にとらえています」

㊺《ヨーロッパ統合後に見る内側と外側の障壁》

2012年にヨーロッパ連合（EU）がノーベル平和賞を授与されたとき，ヨーロッパ統合は「国民や国家が国境を越えてひとつになることが可能である」こと，また「『彼ら（＝外側)』と『我々（＝内側)』との違いを克服することは可能である」ことを示した，とヨーロッパ委員会会長のホセ=マニュエル=バロッソは言った。「国民や国家」に関してこのように一般化し，ヨーロッパこそが世界だと勘違いする人はバロッソだけでなく他にもいる。第二次世界大戦終了以後のヨーロッパ統合は国民や国家をひとつにしたが，それはヨーロッパ内だけのことである。資本や品物や人々の自由な移動に対するヨーロッパ内の障壁はますます取り除かれているが，ヨーロッパ外の障壁，特に人の移動を制限する障壁は依然として残っている。

⑷⑹《視点を変えたものの考え方の妙》

物理の試験で昔から好んで問われる質問は，気圧計を用いて高い建物の高さをどのようにして計測するかである。求められている答えは，気圧が高度とともに変化するといったことを含んだものになるが，気圧計に紐をつけて建物の頂上からそれを垂らし，その紐の長さと気圧計の長さを足したものを計測することを提案した生徒のような，側面からものを考える人を私は尊敬する。また別の生徒は，その建物の設計士を見つけて，「もしこの建物の高さを教えてくだされば，この素敵な気圧計を差し上げます」と言うことを提案した。

解説

⑷⑶「筆者が説明する「仮説に基づく思考」に最も一致するのは以下のどれか？」

最終文（But if you …）で「もし頭の中の仮説を緩く保持しておけば，それを完全に捨て去る心構えができることになる」と述べられているので，3.「仮説を暫定的なものととらえ，進んでそれを捨てる心構えをもっておく」が正解。「わら人形のように扱う」=「緩く保持する」=「暫定的なものととらえる」というつながりを理解すればよい。他の選択肢は，1.「仮説はチームで作り上げるが，その検証は個別で行う」，2.「限定的に質問し，自分の仮説が正しいことを証明していく」，4.「1つの仮説を採用し，データを修正してそれに合わせていく」という意味。

hypothesis「仮説」 approach「手法」 assumption「想定，仮説」

⑷⑷「ランクが挙げる椅子取りゲームの喩えによると，社会科学者は…方法を理解するよう努めるべきである」

第2文（"Social scientists like …）の後半に，「本当の問題は，なぜこのゲームではそもそも敗者が生まれるのか，どうすればこの状況に対処できるのかということだ」とあるが，それは「10人で8脚の椅子を取り合うから，必ず2人の敗者が生まれる。どうすれば敗者を0人にできるだろうか（→椅子を増やせばよいのだ）」という問題に社会科学者は取り組むべきだということなので，それに最も近い選択肢である２．「椅子の数を増やす」が正解。他の選択肢は，１．「参加者をもっと公平に配置する」，３．「敗者に資金援助を申し出る」，４．「負けそうな参加者を特定する」という意味。

game of musical chairs「椅子取りゲーム」 analogy「類推，喩え」

(45)「以下のどの記述が本文の主張を最もよくとらえているか？」

第２文（Generalizing about …）で「一般化によって，ヨーロッパこそが世界だと勘違いする人がいる」，続く第３文（European integration since …）で「ヨーロッパ統合は国民や国家をひとつにしたが，それはヨーロッパ内だけだ」と述べられているので，それに最も近い選択肢である３．「ヨーロッパ統合という成功譚は全世界的視野を欠いている傾向がある」が正解。他の選択肢は，１．「戦争が終わると，国民や国家はより容易にひとつにまとまる」，２．「一般化は固定観念や差別につながることが多い」，４．「統合はヨーロッパにとって非常に不適切な政策目標であったことが証明された」という意味。

integration「統合」 people(s)「国民」 generalize「～を一般化する」 capital「資本」

(46)「この物理の問題に側面から取り組んだ生徒は，気圧計は…ということを示す」

下線部の laterally という副詞は語義的には「横に」だが，文脈的にここでは「人とは違った視点から」といった意味を表すと考えられる。普通の答え方をする生徒が「気圧計を用いて建物の高さを測るには，気圧が高度とともに変化するという物理的事実に基づいて」考えるところを，「この物理の問題に laterally に取り組んだ生徒」は「普通の答え方とは違った考え方」をするので，気圧計を「ただ気圧を測るのとは違った使い方をすることができる」，つまり気圧計は「ただ気圧を計測する以上のことを行える」ことを示すのだろうと考える。よって正解は１。他の選択肢は，２．「幅の広い計測結果を出す」，３．「建物の高さを計測するには無用である」，４．「気圧を測るのには用いるべきではない」という意味。

barometer「気圧計」 plus「～を加えて」

a. risen　**b.** continue　**c.** underfed　**d.** facing
e. adding　**f.** driving

全訳

《世界の「新しい普通」の状態とは？》

世界で飢えに苦しんでいる人の数は2019年以来，Covid-19の感染爆発とウクライナでの戦争のせいで，1億2200万人増えて7億3500万人にまで増加した。もし現在の傾向がこれ以上長引けば，予測可能な未来において，これらの出来事（Covid-19の感染爆発とウクライナでの戦争のこと）のどちらも起こっていなかった場合と比べ1億1900万人ほど多い，6億人ほどの人が慢性的な栄養失調となり飢えに苦しむことになる。2019年から2020年にかけて急激に増加した後，全世界で飢餓に直面し困窮している人の数は一定している。しかしながら，Covid-19の感染爆発からの回復は不均衡であり，ウクライナでの戦争は進行中の食糧危機に拍車をかけている。これが，気候変動や紛争や経済的不安定が社会の片隅にいる人々を安寧からさらに遠のけてしまう，「新しい普通」というものである。

解説

a. 感染爆発や戦争という理由から，飢えに苦しむ人の数は「増えた」と判断できる。空所にはriseの過去分詞形であるrisenが入る。

b. 主節には，将来的には飢えに苦しむ人の数が増えるという内容が書かれている。これは，現在の状況が「続く」場合だと判断できるので，continueが適切。

c. andの直後の「飢えている」という状況を作り出すのは，「食べ物が十分に与えられていない」ことだと考えられるので，空所にはunderfeed「～に十分食べ物を与えない」の過去分詞形であるunderfedが入る。

d. needy people「困窮している」人々は，飢えに「直面している」と判断できる。空所には，後のhunger globallyとともにneedy peopleを修飾するように，faceの現在分詞形であるfacingを入れる。

e. 文の前半では，感染爆発のあまりよくない状況が述べられており，空所を含む後半も，同様に戦争の影響によるよくない状況を伝えていると考える。戦争が，進行中の食糧危機に油を注いでいる，つまり燃料を「加えて」いる，と考えて，addの現在分詞形であるaddingを入れる。

f. 気候変動や紛争や経済的不安定は，社会の片隅にいる人々を安寧からさらに遠いところに「追いやって」しまうと考えられるので，drive の現在分詞形である driving を入れる。

語句・構文

pandemic「感染爆発」 chronically「慢性的に」 foreseeable「予測可能な」 stabilize「安定する」 uneven「不均衡な」 margin「余白，周辺部」

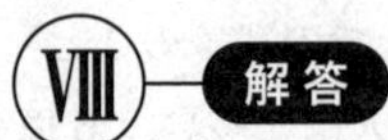

a． detection　**b．** selection　**c．** attack
d． growth　**e．** confidence

全訳

《今後の AI 開発のあるべき形》

人工知能（AI）は産業を変容させている。金融機関は，統計の分析，詐欺の検知，リスク管理を行う際に AI を用いている。製造業者は，製造過程を最適化するために，幅広い種類の AI プログラムに依存している。問題は，それを用いて自律型の武器を製作したり，サイバー攻撃を仕掛けたりすることも可能となるので，進化した AI は人間社会に対して脅威となりうるということである。最近，世界中の政府が AI の規制を求めている。規制の目標は，AI の分野が今日享受している成長の速度を下げることではなく，責任ある倫理的な AI の開発と使用を促す枠組みを提供することである。2020 年に開始された「人工知能に関するグローバルパートナーシップ」は，この科学技術（AI）に対する大衆の信頼が十分であることを保証するため，人権と民主主義的価値に一致するように AI を開発していく必要性を強調する。

解説

a． 金融機関が AI を利用する目的の例が，conduct 以下に 3 つ示されているので，detect「～を探知する」を名詞形にして fraud detection「詐欺の検知」とする。

b． 前に a＋形容詞，後ろに of があるので，空所には名詞が入ると判断する。a wide selection of ～ で「幅広い選択肢の～」という意味になるので，選択肢にある select「～を選ぶ」の名詞形 selection が正解。

c． to develop 以下は，AI が悪用される 2 つの例を示しているので，cyber attack で「サイバー攻撃」とする。attack「～を攻撃する」は，名詞形も同じ形。

d. AIの分野が今日享受しているもので規制により速度を落とす可能性があるのは「成長」であると考えられるので，grow「成長する」の名詞形 growth を入れる。

e. 人権と民主主義的価値に合うようにAIを発展させるのは，AIに対する大衆の「信頼」が十分であることを確実にするためだと考えられるので，confide「信頼する」の名詞形 confidence を入れる。

語句・構文

financial institution「金融機関」 statistical「統計の」 fraud「詐欺」 optimize「～を最適化する」 autonomous「自律型の」 underline「～を強調する」 in accordance with ～「～に一致した」

講評

2024年度も形式や設問数などに大きな変化はなく，大問8題の構成であった。短文に関する内容説明問題，語形変化を必要とする記述式の空所補充問題も引き続き出題された。全体的な難易度も例年通りと言える。

Ⅰは「ビジネスを行う際に必要とされる社会に対する責任感」について，古くはドナムという人物が1927年に行った演説から現代の風潮に至るまで，その変遷，あるいはむしろその普遍性について語られる。文章の難易度自体は高くはないが，内容は社会人向きと言えるだろう。設問には不自然なものはなく，本文がしっかり読めていれば，特に悩むことなく解答できたと思われる。

Ⅱは「ベーシック・インカム」を提唱する複数の案の共通点や相違点について述べる文章であった。Ⅰと同様に文章の難易度自体は標準的で，内容はⅠよりは受験生向きであった。形式的にもⅠとほぼ同様なので，Ⅰ→Ⅱという順番で解答したならⅠ以上の手ごたえを感じられただろう。

Ⅲは「科学技術の進歩がもたらすもの」がテーマで，通常の進歩と革命的進歩を対比しつつ，人は何のために科学の進歩を求めるのかについて述べられている。Ⅰ・Ⅱと比べ抽象度がやや高いように思われるが，決して読みにくい英文ではなく，設問はむしろ解きやすいように感じられる。

Ⅳの文法・語彙問題は，旧センター試験レベルとまではいかないが，標準的かつ定番的な問題が中心で，取り組みやすい。

Ⅴは中文の空所補充問題で，「二言語併記の道路標識導入論議」がテーマ。難易度的には標準だが，文法的観点というよりは語彙力が勝負である。

Ⅵは「アナリストに必要な思考法」「椅子取りゲームという視点から見る貧困問題」「ヨーロッパ統合後に見る内側と外側の障壁」「視点を変えたものの考え方」に関する4つの異なる短文を読み，それぞれ1問ずつ内容説明問題を解く，という形式であった。短文であるがゆえに文脈がややつかみにくいが，パラグラフリーディングで対処したい。

Ⅶは“New Normal”「新しい普通」，Ⅷは「今後のAI開発」がテーマの短文を読みながら，5～6カ所の空所に入る語を，与えられた動詞を適切な形にして解答する問題。Ⅶではいわゆる動詞の活用形，Ⅷでは派生語としての名詞形が問われた。

前半の読解問題3題を60分で解答し，続くⅣ～Ⅷを30分ほどで解答できる速読・即解力が求められる。

日本史

I　解答

問1．⑴⑵—48　⑶⑷—62　⑸⑹—39　⑺⑻—47　⑼⑽—41　⑾⑿—30　⒀⒁—17　⒂⒃—19　⒄⒅—37　⒆⒇—27　㉑㉒—35　㉓㉔—50　㉕㉖—68　㉗㉘—28　㉙㉚—46　㉛㉜—11　㉝㉞—42　㉟㊱—59　㊲㊳—13　㊴㊵—44

問2．a．青蓮院流　b．古今伝授　c．節用集　d．本木昌造　e．道春

問3．⑴アスファルト　⑵僧録　⑶ヴァリニャーニ（ヴァリニャーノ）

解説

《原始～近世の文化の伝播・拡大》

問1．⑴⑵　明との国交を開くため，足利義満は1401年に側近の僧侶である祖阿を正使として派遣した。

⑶⑷　副使として明に派遣された肥富は博多の商人であり，足利義満に貿易をすすめた人物である。

⑸⑹　夢窓疎石の弟子である春屋妙葩は，足利義満の帰依を受け，禅院の管理にあたった。

⑺⑻　絶海中津は明に留学し，帰国後，足利義満に重んじられて外交文書の作成や交渉などに従事した。義堂周信とともに五山文学の双璧といわれ，詩にすぐれた。

⑼⑽　1382年に足利義満が創建し，春屋妙葩が開山した相国寺は，京都五山の第二位となった。南禅寺は五山の別格上位に昇格し，1386年に序列が確定した。

⑾⑿　禅僧で朱子学者の桂庵玄樹は，大内氏の城下町である山口で活動した。その後，肥後の菊池氏に招かれ，さらに島津氏に招かれて朱子の著作の注釈書である『大学章句』を刊行した。薩摩では朱子学の一派である薩南学派が形成された。

⒀⒁　関東管領の上杉憲実は学問を好み，下野国に足利学校を再興した。また，上杉憲実は鎌倉公方の足利持氏を補佐し，将軍と持氏の不和を調停しようとしていたが，持氏と対立し，将軍足利義教に協力して持氏を倒し

た（永享の乱）こともおさえておきたい。

⒂⒃ 鎌倉五山の第二位は円覚寺である。1282 年，北条時宗が無学祖元を開山として創建した。第一位の建長寺とともに鎌倉の禅寺の中心である。

⒄⒅ 難問。『古今和歌集』の解釈や歌の故実を秘事口伝として，東常縁が宗祇に伝えた。次いで，宗祇から三条西実隆，実隆から細川藤孝（幽斎）に伝えられた。

⒆⒇ やや難問。朝鮮の朱子学者の姜沆は，慶長の役で捕らえられ京都へ連行された。そこで藤原惺窩と交流し，日本の儒学者に大きな影響を与えた。

(21)(22) やや難問。林家の家塾は弘文館である。上野忍ヶ岡にあったが，1691 年，湯島に聖堂を建設した際に林家の家塾を移転し，聖堂学問所とした。

(23)(24) 谷時中は土佐の儒学者であり，門人に野中兼山・山崎闇斎らがいる。

(25)(26) 吉川惟足は天皇家を中心とする君臣の道としての神道を提唱した。吉川神道などの神道を学んだ山崎闇斎は，朱子学などを結合させながら垂加神道を創始した。

(27)(28) 中江藤樹の弟子で，幕政を批判したとして幽閉されたのは熊沢蕃山である。岡山藩主池田光政に仕え藩政を指導したが，『大学或問』が体制批判の書として非難され，下総国古河に幽閉された。

(29)(30) 山鹿素行は『聖教要録』を著して朱子学を批判した。儒学は武士の日常生活に役立つものでなければならないとし，儒教古典の朱子学的解釈を批判した。

(31)(32) 山鹿素行は『聖教要録』の内容がとがめられ，播磨国の赤穂に配流された。赤穂配流中に日本主義に傾き，『中朝事実』を著して，中国が自国を「中華」と呼ぶのに対し，日本を「中朝」といった。

(33)(34) 石田梅岩は商人の生活倫理となる心学を唱えた。商取り引きは社会の安定につながるとし，利潤追求の正当性を主張した。

(35)(36) 手島堵庵が石田梅岩の門下に入り，さらに中沢道二が手島堵庵に学び，心学が継承された。中沢道二は，松平定信が設置した人足寄場で講師をつとめた。

(37)(38) 与謝蕪村とともに『十便十宜図』を合作したのは池大雅である。

大雅が『十便帖』，蕪村が『十宜帖』を描き，中国の南宋画の影響を受けた文人画（南画）の代表的作品とされる。

⒆⒇ 『北越雪譜』を刊行した越後の商人は鈴木牧之である。雪国越後の自然や民衆生活を鋭い視点でとらえている。

問2．a．尊円入道親王が創始した書道の流派は青蓮院流である。和様に宋の書風を取り入れた力強く豊満な書体を特徴とした。

b．紀貫之等によって編纂された勅撰和歌集（『古今和歌集』）の秘事口伝を古今伝授という。東常縁が宗祇に行ったのがそのはじめである。

c．室町時代に刊行された国語辞書で，日常用語をいろは順に並べたものは『節用集』である。刊行したのは饅頭屋宗二といわれる。

d．明治時代に，鉛製活字の量産技術を本格的に導入したのは本木昌造である。長崎のオランダ通詞出身であり，1869 年に長崎で活版所を設立した。

e．やや難問。林羅山は建仁寺の僧であり，法号を道春といったが，藤原惺窩に朱子学を学び，1607 年，徳川家康に仕官して侍講となった。

問3．⑴ やや難問。縄文時代に秋田などの石油地帯で産出し，破損土器の補修や，石鏃・銛を柄に接着するために接着剤として使用されたのはアスファルトである。

⑵ 1379 年，足利義満は五山・十刹などの官寺を管理する機関である僧録司を相国寺内に設置し，担当者である僧録に春屋妙葩を任命した。

⑶ 活字印刷のために用いる機械を日本に輸入するのに尽力したイエズス会の巡察使はヴァリニャーニ（ヴァリニャーノ）である。これにより，キリシタン版・天草版と呼ばれる本が出版された。

Ⅱ 解答

問1．(41)(42)―43　(43)(44)―35　(45)(46)―37　(47)(48)―42　(49)(50)―15　(51)(52)―38　(53)(54)―14　(55)(56)―70　(57)(58)―46　(59)(60)―45　(61)(62)―44　(63)(64)―17　(65)(66)―62　(67)(68)―54　(69)(70)―30　(71)(72)―36　(73)(74)―65　(75)(76)―49

問2．a．塵劫記　**b．**庶物類纂　**c．**蔵志　**d．**田中館愛橘

問3．⑴安藤信正〔久世広周〕　⑵伝染病研究所

解説

《江戸～明治時代の学問・思想・技術》

問1. (41)(42) 平安時代（862年）以来，唐の宣明暦が用いられていたが，誤差が蓄積していた。

(43)(44) 元の授時暦は明でも大統暦と名を変えて使用されていた。渋川春海は授時暦を修正して新たな暦を作った。

(45)(46) 渋川春海は元の授時暦をもとに天体観測の結果を加えて貞享暦を作った。貞享暦は1684年以降，70年間にわたり採用された。

(47)(48) 『発微算法』を著し，代数計算の基礎を確立したのは関孝和である。関孝和は，行列式の考案，円周率，円の面積の計算など業績が多く，中国の数学から和算を独立させた。

(49)(50) オランダ内科書の翻訳『西説内科撰要』を刊行したのは宇田川玄随である。宇田川玄随は桂川甫周にオランダ医学を学び，日本に内科術を紹介した。

(51)(52) 大槻玄沢が江戸に開いた私塾は芝蘭堂である。江戸の蘭学研究の中心となり，多くの蘭学者を育成した。

(53)(54) 最初の蘭日対訳辞書である『ハルマ和解』を訳出したのは稲村三伯である。長崎通詞などの協力を得ながら，オランダ人ハルマの『蘭仏辞書』を土台に編纂し，1796年に刊行された。

(55)(56) 元オランダ通詞の志筑忠雄は『暦象新書』を著し，ニュートン力学などを紹介した。志筑忠雄はケンペルの『日本誌』を訳す際に，「鎖国」という言葉を使用したことでも知られる。

(57)(58) 幕府天文方として寛政暦を完成させたのは高橋至時である。高橋至時は伊能忠敬を指導したことでも知られる。

(59)(60) シーボルト事件により処罰された天文方は，高橋景保である。高橋景保は至時の子であり，オランダ語・ロシア語に精通していた。シーボルトの帰国の際に日本地図などを渡したことで処罰された。

(61)(62) シーボルトに医学を学び，蛮社の獄で処罰されたのは高野長英である。高野長英はシーボルトの鳴滝塾に入門し，門下きっての秀才といわれていた。

(63)(64) 高島秋帆に砲術を学んだ代官は江川太郎左衛門である。江川太郎左衛門は伊豆沿岸警備を献言し，伊豆の韮山に反射炉を築いた。

(65)(66) 難問。海軍伝習所医官に就任したオランダ人医師はポンペである。系統的な近代医学や公衆衛生に貢献した。

(67)(68) 1856 年に幕府は洋学所を改称して蕃書調所とした。のち洋書調所・開成所となった。

(69)(70) 1856 年に設立され，直参とその子弟に武芸を教えたのは講武所である。老中の阿部正弘が対外危機に備えて 1854 年に開設した講武場を改称した。

(71)(72) 1860 年に幕府直轄となり，のちに医学所に改称されたのは種痘所である。1858 年に伊東玄朴らが設立し，天然痘予防のために牛痘を接種して効果を上げた。

(73)(74) アメリカ人動物学者で大森貝塚を発見したのはモースである。大森貝塚の発掘は，日本における科学的な考古学の出発点となった。

(75)(76) ドイツ人地質学者でフォッサ=マグナを指摘したのはナウマンである。ナウマンゾウは，化石を調査したナウマンの名をとって命名された。

問2．a． 吉田光由は和算書『塵劫記』を著した。土地面積の測量や貨幣の両替など，実用的な数学の発達に貢献した。

b． 稲生若水が編纂にあたった本草書は『庶物類纂』である。加賀藩主前田綱紀の下で編纂にあたり，稲生若水の死後，門人たちにより完成した。

c． 山脇東洋が刊行した日本最初の解剖図録は『蔵志』である。京都での刑死体実見をもとにした解剖図を特色としている。

d． やや難問。田中館愛橘は物理学者であり，地磁気測定などの分野で日本の近代科学技術の基礎を築いた。

問3．(1) 安藤信正は老中として和宮降嫁を実現し，公武合体を推進した。厳密にはこの時期の老中首座は久世広周であるが，本問については安藤・久世の両者を正解として扱ったことが大学から公表されている。

(2) 北里柴三郎が 1892 年に設立した研究所は伝染病研究所である。北里柴三郎が自ら初代所長となり，伝染病研究の基礎を築いた。

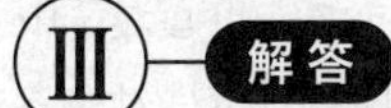

問1． (77)(78)—61 (79)(80)—80 (81)(82)—31 (83)(84)—13 (85)(86)—92 (87)(88)—21 (89)(90)—20 (91)(92)—51 (93)(94)—69 (95)(96)—91 (97)(98)—17 (99)(100)—34 (101)(102)—58 (103)(104)—90 (105)(106)—50 (107)(108)—66 (109)(110)—43 (111)(112)—76 (113)(114)—37 (115)(116)—89

問2. 小さな

問3. ⑴松代　⑵55年体制　⑶全日本学生自治会総連合　⑷吉田茂　⑸周恩来

解説

《戦中・戦後の政治とエネルギー問題》

問1. ⑺⑻　日本への原子力爆弾投下を命じたアメリカ大統領はトルーマンである。1945年4月，ローズヴェルトの病死により副大統領から昇格した。

⑼⒇　日本はポツダム宣言を受諾して無条件降伏することになった。ポツダム宣言はアメリカ・イギリス・中国の名で発表された。

(81)(82)　1955年の原子力基本法によって，平和利用に限定した原子力の研究・開発がすすめられた。同年，日米原子力協定が結ばれ，濃縮ウラン供与を受け入れた。

(83)(84)　岸信介が首相となったのは1957年である。第3次鳩山一郎内閣の1956年12月に日本が国際連合に加盟し，その後，短命に終わった石橋湛山内閣の後に成立したのが岸内閣だったことから判断したい。

(85)(86)　1960年，ワシントンで日米相互協力及び安全保障条約（日米新安全保障条約）が締結された。アメリカを訪問した岸首相は，アイゼンハワー大統領との会談の際に訪日を要請したが，日本国内で安保反対の気運が強かったことから，本土来訪は中止せざるを得なくなった。

(87)(88)　「所得倍増」という表現を用いて経済成長を追求したのは池田勇人内閣である。また，池田勇人は「寛容と忍耐」を唱え，岸内閣時の政治的対立の克服をめざした。

(89)(90)　傾斜生産方式を提唱した経済学者は有沢広巳である。1938年，人民戦線事件で検挙されたが，戦後は経済政策の立案者として活躍した。

(91)(92)　新幹線や高速道路などによって地方の経済発展の実現・持続を図ろうとした新潟県出身の政治家は，田中角栄である。田中角栄が唱えた日本列島の国土開発構想は「列島改造論」と呼ばれる。

(93)(94)　日中国交正常化は，1972年の日中共同声明によって実現した。中華人民共和国を中国の唯一の合法政府として承認し，中国は日本に対する戦争賠償の請求を放棄することとした。

(95)(96)　田中角栄は航空機売込みにかんするロッキード事件によって逮捕・

起訴された。アメリカのロッキード社からの航空機輸入にあたり，田中首相らに巨額の資金が渡された疑獄事件である。

(97)(98) 難問。中曽根康弘内閣は1982年に成立した。

(99)(100) 中曽根康弘内閣は，電電・専売・国鉄の民営化をすすめた。1985年に電電公社をNTT，専売公社を日本たばこ（JT），1987年には国鉄をJR 7社とした。

(101)(102) 1989年，中国では民主化を求める学生たちを当局が武力排除するという天安門事件が生じた。鄧小平を頂点とする中国当局は，反革命デモと規定して弾圧した。

(103)(104) 見返りを期待して企業の未公開株が政財界に譲渡された事件は，リクルート事件である。リクルートコスモス社の未公開株が，政界・官界，NTT幹部に譲渡された。

(105)(106) リクルート事件の疑惑のなかで退陣を余儀なくされたのは，竹下登内閣である。竹下内閣は，消費税導入の影響もあり，国民の支持が低迷していた。

(107)(108) アメリカは日米構造協議をつうじて日本市場の開放を求めてきた。日米構造協議は，日米間の貿易収支不均衡を是正するためにはじまった両国間の協議であり，1989年9月にはじまり，1990年6月に合意した。

(109)(110) 細川護熙内閣は，新しい選挙制度である小選挙区比例代表並立制を導入した。有権者は小選挙区の候補者名とは別に，比例代表区の政党名を投票できるようになった。

(111)(112) 2011年，福島第一原子力発電所において未曽有の原子力発電所事故がおこった。東日本大震災に追いうちをかけた事故であり，原子炉建屋の爆発により放射性物質が広範囲に飛散した。

(113)(114) 福島第一原子力発電所事故を機に，再生可能エネルギーへの移行が一つの争点となった。今日の日本では原発回帰の動きもみられるが，原発の安全神話が崩れた中で，どのようにエネルギー体系を確立するかは重要な課題である。

(115)(116) 日本人初のノーベル物理学賞受賞者は湯川秀樹である。湯川秀樹は，核兵器廃絶を訴えたラッセル・アインシュタイン宣言，核兵器の脅威や科学者の責任を議題とするパグウォッシュ会議に参加し，平和運動にも貢献した。

問2. 中曽根康弘首相は「小さな政府」の実現をめざした。小さな政府とは，福祉の縮小，国営企業の民営化，規制緩和などをめざす政府であり，アメリカのレーガンや，イギリスのサッチャーなどが実行した。

問3. **(1)** やや難問。大本営の移転先として選ばれた長野の地区の名前は松代である。松代大本営は，多数の朝鮮人などが強制労働にかり出されて建設された地下式の施設である。本土決戦となれば，天皇と大本営が移転する予定であった。

(2) 与党自民党と野党社会党などとの対立のもとでの保守一党優位の政治のあり方は，55年体制と呼ばれる。1955年の保守合同と社会党統一によって成立し，1993年の細川護熙内閣誕生まで継続した。

(3) 難問。安保闘争で中心的な役割をはたした全国の大学の自治会により構成された組織は，全日本学生自治会総連合（全学連）である。破防法闘争，基地闘争，60年安保闘争などを推進したが，安保後に思想上の対立などで分裂した。

(4) 傾斜生産方式の導入を閣議決定したときの首相は吉田茂である。有沢広巳が提唱し，第1次吉田茂内閣が決定した。

(5) 日中国交正常化のときの中国の首相は周恩来である。1972年，田中角栄と周恩来の両首相間で日中共同声明が調印され，日中国交が正常化された。

講評

大問数は3題で例年と変わりなかった。解答個数は2023年度から1問減少し，78問だった。選択問題が58問（すべて語句選択），記述問題が20問となっている。2023年度まで出題されていた短文論述問題が2024年度は出題されなかった。2019年度に出題された年代順配列問題，正・誤文判定問題は，どちらも2020年度以降は出題されていない。選択問題は2023年度の59問から58問に減少したが，記述問題は2023年度の19問から20問に増加した。

難易度は2022年度まで易化傾向が続いていたが，2023・2024年度はやや難化傾向が続いている。しかし，教科書の内容を逸脱したものが多いわけではなく，全体的に選択・記述問題は基本的な用語が大半である傾向に変化はない。

時代・分野別ではⅠが原始〜近世の文化史，Ⅱが近世〜近代の文化史，Ⅲが近現代の政治史・外交史となっている。文化史を中心とするテーマ史が大問2題，近現代史1題という構成だった。2022年度は戦後史からの出題がなかったが，2023・2024年度は戦後史からの出題が多くなっている。年度によって時代の配分が異なるのが商学部の特徴である。分野別では社会経済史・外交史・文化史を大問で出題することが多い。2022年度と2024年度は文化史のテーマで大問2題が出題されたため，近年文化史の比重が高まっていると言っていいだろう。ただし，時代・分野は年度によって大きなバラつきがあるので，全時代・全分野の学習が必要である。

Ⅰは原始〜近世の文化の伝播・拡大をテーマとする出題。⒄⒅「三条西実隆」は難問。⒆⒇「姜沆」，問2．eの「道春」，問3．⑴の「アスファルト」はやや難問である。㉑㉒「弘文館」，㉕㉖「吉川惟足」は用語としての難度は高いが，選択肢を吟味すれば消去法で解答は可能であろう。難易度はやや難。

Ⅱは江戸〜明治時代の学問・思想・技術に関する出題。㊆㊇「ポンペ」は細かい知識だが，選択肢を吟味して消去法で解答したい。難易度はやや易。

Ⅲは戦中・戦後の政治とエネルギー問題に関する出題。(97)(98)「1982」，問3．⑶の「全日本学生自治会総連合」は難問。問3．⑴の「松代」はやや難問であった。難易度はやや難。

全体として問題量は多いが，基本事項が中心である。教科書に記載のないような難問が出題されることもあるが，数としては少ないので，教科書の範囲内で解ける問題を取りこぼさないように学習することが重要である。

世界史

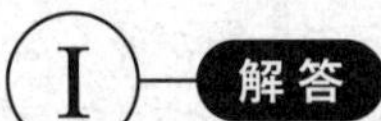

問1．(1)(2)—66 (3)(4)—16 (5)(6)—14 (7)(8)—26 (9)(10)—29 (11)(12)—18 (13)(14)—43 (15)(16)—24 (17)(18)—78 (19)(20)—12 (21)(22)—70 (23)(24)—49 (25)(26)—76 (27)(28)—35 (29)(30)—62 (31)(32)—40 (33)(34)—44 (35)(36)—77 (37)(38)—20 (39)(40)—55 (41)(42)—50 (43)(44)—59

問2． 月の満ち欠けの周期を基準とする暦。(20字以内)

問3． カデシュ

問4． ベヒストゥーン碑文

問5． ネフェルティティ

問6． エウセビオス

問7． ディアスポラ

解説

《人類のはじまりと古代オリエント文明》

問1．(1)(2) 北京原人やジャワ原人などのホモ=エレクトゥスは，ハンドアックス（握斧）などの打製石器と火を使用し，氷期のきびしい環境を生き抜いた。

(3)(4) 難問。ネアンデルタール人に代表される旧人は，約60万年前に登場した。旧人は現代の人類と同程度の脳容積をもち，剝片石器や毛皮を利用した。

(5)(6) 難問。クロマニョン人や周口店上洞人に代表される新人は，約20万年前に出現した。剝片石器の技術をさらに進歩させ，骨角器も用いた。

(7)(8) 新人が描いた洞穴絵画は，スペインのアルタミラのほかに，フランスのラスコーがある。

(9)(10) メソポタミアは，ティグリス川・ユーフラテス川流域をさす。今日のイラクである。

(11)(12) セム語系アッカド人は，前24世紀にサルゴン1世に率いられてシュメール人の都市国家を征服した。

(13)(14) サルデスは，アッシリア滅亡後にアナトリア西部に建国されたリディアの都。アケメネス朝の時代には，都のスサからサルデスまで「王の道」が建設された。

⒂⒃　「政治や商業の記録を残すために作られ」に注意したい。アラム人は，前13世紀頃からダマスクスを拠点に陸上交易に活躍した。彼らの使うアラム語とアラム文字は国際商業の場面で広く普及した。

⒄⒅　イギリスのローリンソンは，ベヒストゥーン碑文を模写し，それを手がかりに楔形文字を解読した。

⒆⒇　セム語系のアムル人は，前19世紀初めに大挙してメソポタミアの地に押し寄せ，バビロンを都とするバビロン第1王朝を建国し，前18世紀にハンムラビ王が全メソポタミアを統一した。

(21)(22)　ハンムラビ法典には「目には目を，歯には歯を」の同害復讐の原則があるが，被害者の身分によって刑罰が異なる身分法の性格をもつ。

(23)(24)・(25)(26)　ハンムラビ法典は，フランス人考古学者の手によりイランのスサで発見され，現在はパリのルーヴル美術館に所蔵されている。

(27)(28)　『ギルガメシュ叙事詩』の主人公ギルガメシュは，シュメール人の都市国家ウルクの王であった。無二の友人とさまざまな冒険をする古代オリエント最大の文学作品である。この物語の中に，『旧約聖書』にある「ノアの大洪水」のもととなった伝承が含まれている。

(29)(30)　ヘロドトスは各地を旅して関係者への聞き取りや自らの経験をもとに『歴史』を著し，その中で「エジプトはナイルのたまもの」という言葉を用いた。

(31)(32)　ヒエログリフ（神聖文字）でパピルスに記された「死者の書」はミイラとともに埋葬され，冥界の神オシリスの審判に際して，生前の弁明として使われた。霊魂の不滅とともに再生復活の願いが表されている。

(33)(34)　フランスのシャンポリオンは，ヒエログリフ，デモティック（民用文字），ギリシア文字の3種類の文字で記されたロゼッタストーンから，すでに知られたギリシア文字を手がかりにヒエログリフを解読した。

(35)(36)　やや難。フェニキア人は，現在はレバノンに位置するシドン，ティルスなどを拠点として海上交易に活躍した。

(37)(38)　アメンホテプ4世は，当時の首都テーベの守護神アメン神に仕える神官団の権力強大化を阻止するために，首都をテル=エル=アマルナに遷都するとともに，アメン神を中心とする多神教からアトン神（太陽神）の一神教とする宗教改革を行った。名前もアメンホテプ4世からアクエンアテン（イクナートン：アテン神に有益なるもの，の意味）に変更した。

(39)(40) イエスは，パリサイ派の律法主義と形式主義を批判したため，彼らによってローマに対する反逆者として訴えられ十字架刑に処せられた。

(41)(42) ゼウスは，全知全能の存在であり，ローマ神話ではジュピターとよばれる。

(43)(44) ヘシオドスは古代ギリシア神々の系譜を『神統記』に残している。

問2． 太陰暦は「月の満ち欠けの周期を基準とする」がポイント。現在ある純粋な太陰暦はイスラーム暦（ヒジュラ暦）。太陰暦では1年が354日となって，季節のずれが生じる。太陰暦に太陽の運行を加味し，閏月を挿入して季節のずれを補正したのが太陰太陽暦である。

問3． カデシュの戦いは，前1275年頃（前1286年頃の説もある），エジプトのラメス（ラメセス）2世とヒッタイトのムワタリ2世の間で戦われた。明確な勝敗はつかなかったが，成文化された講和条約が取り交わされた史上初の戦いであった。

問4． ベヒストゥーン碑文は，アケメネス朝ダレイオス1世の即位宣言碑文である。

問5． やや難。ネフェルティティはアメンホテプ4世の正妃。この彫像は写実的なアマルナ美術の代表作といわれる。

問6． エウセビオスは3世紀後半～4世紀前半に活躍した教父。コンスタンティヌス帝が開催したニケーア公会議（325年）にも参加している。「皇帝位は神の恩寵によって与えられる」という神寵帝理論を打ち出した。

問7． ユダヤ人は，ローマとの1世紀の第1次ユダヤ戦争，2世紀の第2次ユダヤ戦争の敗北によってパレスティナを追放され，各地に離散した。

問1． (45)(46)—46　(47)(48)—44　(49)(50)—23　(51)(52)—17　(53)(54)—16　(55)(56)—25　(57)(58)—65　(59)(60)—37　(61)(62)—61　(63)(64)—11　(65)(66)—50　(67)(68)—56　(69)(70)—19　(71)(72)—62　(73)(74)—58　(75)(76)—70　(77)(78)—42　(79)(80)—29　(81)(82)—26　(83)(84)—43　(85)(86)—59

問2． (あ)カタラウヌム　(い)トリボニアヌス

問3． アルクイン

問4． ロンバルディア同盟
問5． ラテン帝国
問6． キリル文字

解説

《中世西ヨーロッパとスラヴ人の動向》

問1． (45)(46)　西ゴート人は，東方から襲来したフン人に東ゴート人が制圧されたのを見て，375年に移動を開始し，翌376年にドナウ川を越えてローマ帝国に侵入した。

(47)(48)　東ゴート人の王テオドリックはイタリアに進撃し，西ローマ帝国を滅ぼしたオドアケルを打倒して，ラヴェンナを都とする東ゴート王国を建国した。

(49)(50)　ヴァンダル人は，最終的に北アフリカのカルタゴ（チュニジア）の地に建国した。

(51)(52)　アッティラの率いたフン人は，トルコ系やモンゴル系を主体とする民族。パンノニア（現在のハンガリー）に大帝国を築いた。

(53)(54)　クローヴィスは，他のゲルマン諸族がアリウス派を奉じていたのに対し，王妃の勧めもあってアタナシウス派に改宗した。これはローマ系住民との関係を良好なものとするとともに，ローマ=カトリック教会の支持も得て，以後フランク王国が発展する大きな要因となった。

(55)(56)　ウマイヤ朝のイスラーム軍は，北アフリカからイベリア半島にわたり，711年に西ゴート王国を滅ぼした。さらに，ピレネー山脈を越えてフランク王国領内に侵入したが，732年トゥール・ポワティエ間の戦いで，カール=マルテル率いるフランク王国軍に敗北した。

(57)(58)　ピピンの寄進で，ラヴェンナ地方が最初のローマ教皇領となった。

(59)(60)　カールが戴冠した当時のサン=ピエトロ大聖堂は，ルネサンス期に再建される以前のバシリカ様式であった。カールへの戴冠は，西ローマ帝国の復活とともに，ゲルマンとカトリックが結合した中世ヨーロッパ世界の成立を象徴した。

(61)(62)　カール大帝の死後内紛が起こり，フランク王国は843年のヴェルダン条約，870年のメルセン条約で現在のイタリア，フランス，ドイツに分裂した。

(63)(64)　東フランクのオットー1世は，レヒフェルトの戦い（955年）でマジャール人を討って西ヨーロッパ世界を防衛し，イタリアにも遠征して教皇を援助したことなどから，962年に教皇ヨハネス12世からローマ帝国の帝冠を授けられることになった。

(65)(66)　10世紀前半にノルマンディー公国を建てたノルマン人の一部は地中海に進出し，イスラーム勢力からシチリア島を奪い，12世紀前半にシチリア王国を樹立した。

(67)(68)　フィリップ4世は，聖職者への課税問題で教皇ボニファティウス8世と対立し，1303年教皇をアナーニに捕らえて，その後教皇は憤死した（アナーニ事件）。

(69)(70)　アラゴンの王子フェルナンドとカスティリャの王女イサベルの結婚を契機として両国は合併し，1479年にスペイン王国が誕生した。

(71)(72)　ユスティニアヌス帝は，イタリア半島の東ゴート王国，北アフリカのヴァンダル王国を滅ぼし，西ゴート王国からイベリア半島南部を奪って，ローマ帝国領の大半を回復した。

(73)(74)　ヘラクレイオス1世は7世紀前半のビザンツ帝国皇帝。彼の時代に地方の軍管区司令官に軍事権と行政権を委ねる軍管区（テマ）制がはじめられたといわれ，また帝国の公用語がラテン語からギリシア語へ変えられた。

(75)(76)　レオン3世は，726年に全キリスト教世界に向けて聖像禁止令を発したが，聖像を布教手段として必要とするローマ=カトリック教会は反発し，東西教会分裂の大きな要因となった。

(77)(78)　セルジューク朝は，マンジケルトの戦い（1071年）でビザンツ帝国を破りアナトリアに進出した。これに脅威を感じたビザンツ帝国がローマ=カトリック教会に救援を要請し，十字軍派遣につながった。

(79)(80)　リューリクに率いられたノルマン人の一派ルーシは，ドニエプル川流域に進出して9世紀後半にノヴゴロド国を建てた。さらに同世紀中にオレーグが南下してキエフ公国を建国した。選択肢にはノヴゴロドがないのでキエフが正解。

(81)(82)　キエフ公国最盛期のウラディミル1世は，ビザンツ皇帝の妹と結婚し，ギリシア正教を国教とした。

(83)(84)　セルビア人は，12世紀にビザンツ帝国の支配を脱してセルビア王国を建国し，14世紀に最盛期を迎えた。しかし，コソヴォの戦い（1389

年）に敗れて，オスマン帝国の支配下に入った。

(85)(86)　ウラル語系のマジャール人は，10世紀にオットー1世に敗れて以後パンノニアに定着し，急速に西欧化・キリスト教化してハンガリー王国を樹立した。

問2．(あ)　カタラウヌムはフランス北東部の地。カタラウヌムの戦いの後，アッティラはイタリアに侵入したが，教皇レオ1世の調停を受け入れて撤退した。アッティラの死後，帝国は急速に衰退し消滅した。

(い)　古代ローマでは，十二表法以来多くの法律が制定されてきたが，これらは整理されていなかったので，ローマ法を集大成するためトリボニアヌスがユスティニアヌス帝に命じられて『ローマ法大全』を編纂した。

問3．アルクインは，カール大帝の宮廷を中心とした古典文化の復興運動（カロリング=ルネサンス）の中心人物として活躍した。

問4．歴代の神聖ローマ皇帝（ドイツ王）は，イタリアを制圧しようとイタリア政策を展開してきた。これに対し，北イタリア諸都市が既得の自治権・自衛権を守るために1167年に結成した都市同盟がロンバルディア同盟である。当時イタリアでは，皇帝党（ギベリン）と教皇党（ゲルフ）の対立があり，ロンバルディア同盟は教皇党の中心であった。

問5．ラテン帝国は，1204年ヴェネツィア商人の利害に動かされた第4回十字軍が，コンスタンティノープルを占領して建国した。この時一時滅ぼされたビザンツ帝国はニケーア帝国として存続し，1261年にはコンスタンティノープルを奪回してビザンツ帝国を復活させた。

問6．キリル文字は，ギリシア人宣教師キュリロスが布教のため9世紀に作成したグラゴール文字から発展し，「10世紀からスラヴ圏東部に普及した」。現在のロシア語，ウクライナ語，ブルガリア語，セルビア語などで使用されている文字の原型となっている。

Ⅲ　解答

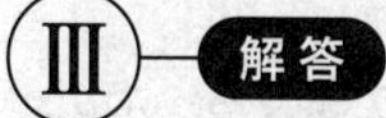

問1．(87)(88)—47　(89)(90)—63　(91)(92)—60　(93)(94)—48　(95)(96)—55　(97)(98)—67　(99)(100)—26　(101)(102)—70　(103)(104)—25　(105)(106)—71　(107)(108)—13　(109)(110)—14　(111)(112)—30　(113)(114)—57　(115)(116)—56　(117)(118)—28　(119)(120)—61　(121)(122)—33　(123)(124)—22　(125)(126)—32　(127)(128)—41　(129)(130)—42

問2．カイロ，ケープタウン，カルカッタを結ぶイギリスの世界政策。

(30字以内)

問3． 保守党

問4． カルティニ

問5． ゴ=ディン=ジエム

問6． 公羊学派

解説

《帝国主義とアジア・アフリカの動向》

問1． (87)(88) ベルギーのレオポルド2世は，アフリカ中部のコンゴにおけるスタンリーの探検を援助したことからこの地を私有植民地にしようとしたが，これに列強が反発した。

(89)(90) コンゴ問題を協議するためにビスマルクはベルリン会議を開催し，レオポルド2世の私有植民地としてのコンゴ自由国の成立とアフリカ分割の原則（先占権など）を定めた。

(91)(92) ブール人はオランダ系移民の子孫である。ケープ植民地はオランダが開拓した植民地であったが，ウィーン会議でイギリス領となり，ブール人はイギリス支配を避けて北方にオレンジ自由国とトランスヴァール共和国を建国した。両国で豊富なダイヤモンドや金の鉱山が発見されたため，イギリスは南ア戦争をしかけてこの地を併合した。

(93)(94) チュニジアは，1881年にフランスの保護国とされたが，これに反発したイタリアはドイツに接近し，三国同盟成立（1882年）にいたる。

(95)(96) ファショダはスーダンの地。フランスの展開するアフリカ横断政策とイギリスのアフリカ縦断政策がこの地で衝突した。フランスは，当時国論を二分するドレフュス事件で混乱中であったことから，イギリスに譲歩し，軍事衝突は回避された。

(97)(98) 英仏協商（1904年）では，イギリスのエジプト，フランスのモロッコにおけるそれぞれの優越権を承認し，協力してドイツに対抗していくことが定められた。

(99)(100) エリトリアは紅海の沿岸地帯。もとはエチオピア領であったが，19世紀後半にイタリアがエチオピアに介入し，分離させた地域である。

(101)(102) イタリアはイタリア=トルコ戦争でオスマン帝国を破り，1912年にリビアを植民地とした。

(103)(104) 「大陸東部」からエチオピアが正解。エチオピアは，メネリク2世の時代にイタリアの侵攻を受けたが，アドワの戦い（1896 年）で撃退し独立を守った。

(105)(106) 「西部」からリベリアが正解。リベリアは，アメリカ植民協会の支援を受けて，1847 年にアメリカの解放奴隷によって建国され，以後独立を維持した。

(107)(108) 難問。フィリピン革命は，スペインからの独立を求めて 1896 年秘密結社カティプーナンの武力蜂起からはじまった。

(109)(110) アメリカは，キューバの独立をめぐって 1898 年にアメリカ=スペイン戦争（米西戦争）を戦った。この戦争に勝利したアメリカは，独立したキューバを事実上の保護国とし，スペインからフィリピン，グアム，プエルトリコを獲得した。

(111)(112) ロシア革命に成功したロシア共産党は，世界革命を推進する組織として 1919 年にコミンテルンを設立した。世界各地にコミンテルンの支部として共産党がつくられ，アジアでは 1920 年にインドネシア共産党，1921 年に中国共産党，1922 年に日本共産党が結成された。

(113)(114) フエ（ユエ）条約は 1883 年と 1884 年に結ばれ，ベトナムはフランスの保護国とされた。これに対し，中国（清）はベトナムの宗主権を主張し，清仏戦争（1884～85 年）が勃発した。

(115)(116) やや難。ファン=ボイ=チャウは，立憲君主政による独立をめざして 1904 年に維新会を組織し，日本に留学生を送るドンズー（東遊）運動を展開した。

(117)(118) 難問。ドンズー運動が，フランスの意向を受けた日本政府の弾圧で挫折し，ファン=ボイ=チャウは日本を国外退去となった。この後，彼は中国に渡り，広東でベトナム光復会を結成した。

(119)(120) やや難。ファン=ボイ=チャウは，ベトナム光復会とともに光復軍を編成してベトナムへの武力攻勢をかける計画を立てたが，逮捕・投獄され実現しなかった。

(121)(122) 膠州湾は山東半島の南部にあり，ドイツは青島を建設してドイツ東洋艦隊の母港とした。

(123)(124) 威海衛は山東半島の北東部に位置する。当時ロシアが遼東半島の旅順港を租借しており，対立関係にあったイギリスはロシア軍の監視が容易な地理的条件もあってこの地を租借した。

(125)(126) 広州湾は，広東省西部に位置し，フランスはこの租借地をフランス領インドシナの管理下においた。

(127)(128) ジョン=ヘイは，マッキンレー大統領のもとで国務長官を務め，1899年に門戸開放・機会均等，1900年に領土保全を内容とする門戸開放通牒（門戸開放宣言）を列強各国へおくった。これは，中国進出に後れを取ったアメリカが中国市場に割り込むことを目的とした。

(129)(130) 西太后は咸豊帝の后で，同治帝の母である。光緒帝は西太后の甥にあたる。康有為らの変法運動に反発する保守派は，西太后と協力し，改革に理解を示す光緒帝を幽閉した（戊戌の政変）。

問2． イギリスの3C政策は，エジプトのカイロ，南アフリカのケープタウン，インドのカルカッタ（現コルカタ）を結んだ。これによりインド洋を支配しようとしたイギリスの帝国主義的世界政策である。

問3． 保守党の政治家ディズレーリはスエズ運河会社株式買収（1875年），インド帝国の樹立（1877年）など，帝国主義政策を推進した。

問4． やや難。カルティニはオランダ領東インド（インドネシア）の名家出身で，オランダ語学校で学んだ。民族運動と女性解放運動の先駆者とされ，書簡集『闇から光へ』は，インドネシア語に訳され広く読まれている。

問5． ゴ=ディン=ジエムは，1954年のジュネーヴ休戦協定を拒否し，南ベトナムのバオダイを追放して，1955年新たにベトナム共和国を建てその大統領に就任した。反共主義者のゴ=ディン=ジエムはアメリカに支援され，ソ連・中国に支援された北ベトナム（ベトナム民主共和国）に対抗した。しかし，1963年に軍部のクーデタにより殺害された。

問6． 公羊学派は，孔子が著したとされる『春秋』の3つの注釈書『公羊伝』『穀梁伝』『左氏伝』の中で，『公羊伝』が孔子の考えを最もよく伝えているとして，『公羊伝』を学説の中心に置く儒学の一派である。康有為などの公羊学派は，孔子を変革者とみなし，変革の必要を主張して変法運動（戊戌の変法）を推進した。

講評

Iは西洋文明の起源をたどる形で，人類のはじまりから古代オリエント文明を中心に，古代ローマまでを範囲として主に文化史的事項が問われている。内容はほぼ標準的であるが，人類史の年代に関わる(3)(4)約60万年前，(5)(6)約20万年前は迷いやすい。また，ハンムラビ法典を刻んだ石碑の発見場所(23)(24)スサ，その石碑の所蔵場所(25)(26)ルーヴル美術館などは，教科書に記載があるが見落としがちな情報である。フェニキア人の活動拠点としてシドンやティルスは把握していても，それを現在の(35)(36)レバノンと結びつけるのはやや難しいと思われる。問2の太陰暦に関する短文論述問題は「月」をキーワードにまとめればよい。問5のネフェルティティの彫像はアマルナ美術の代表作として教科書・資料集などに掲載されているが，モデルの人名として問われると戸惑うかもしれない。問6の教父エウセビオスはアウグスティヌスと混同しないように。問7のディアスポラは，現代のパレスティナ問題にもつながる歴史事項なので確実におさえておきたい。

Ⅱはゲルマン人の大移動から，中世西ヨーロッパ，ビザンツ帝国とスラヴ人の動向がテーマである。内容は標準的で，難問は見られない。(83)(84)セルビア人は，「南スラヴ人の最大勢力」とあるので連想できるだろう。問6はグラゴール文字とキリル文字のどちらかで判断に迷う可能性があるが，「10世紀から」がポイントとなっている。

Ⅲは19世紀後半から20世紀後半を範囲とした，欧米列強の帝国主義勢力と植民地化に抵抗するアジア・アフリカの動向を扱っている。コンゴがアフリカの(87)(88)中部にあること，アフリカ大陸東部の(103)(104)エチオピア，西部の(105)(106)リベリアなど，地理的な理解も要求されている。フィリピン革命のはじまった(107)(108)1896年，(117)(118)広東，(119)(120)ベトナム光復会などで得点差が生じる可能性がある。問1の短文論述問題は基本的内容。問4のカルティニはやや難だが，女性史では必ず覚えておきたい人名である。

2024年度は空所補充形式の語句選択問題が65問であり，2023年度の57問から増加したが，論述問題は3問から2問に減少した。2023年度よりも難度は易化傾向にある。ただ，語句選択問題には細かな歴史的事項や年代などを問うものがあり，注意深い学習が求められる。

地理

I 解答

問1．(1)(2)—31 (3)(4)—25 (5)(6)—46 (7)(8)—33 (9)(10)—34 (11)(12)—20 (13)(14)—50 (15)(16)—37 (17)(18)—17 (19)(20)—14 (21)(22)—26 (23)(24)—41 (25)(26)—35 (27)(28)—40 (29)(30)—12 (31)(32)—15 (33)(34)—36

問2．(35)—3 (36)—1 (37)—4 (38)—2

問3．熱帯収束〔赤道低圧〕

問4．ポルダー

問5．栄養不足人口

問6．植物由来の燃料による炭素排出量は生育期の吸収量で相殺される。(30字以内)

問7．バーチャルウォーター〔仮想水〕

解説

《世界の農業と食糧生産》

問1．(1)(2) 農業を行う際，各作物は気温や降水量など自然条件の制約を受けるため，栽培が可能な範囲の限界である栽培限界がある。農業技術の進歩によって限界は変動する。

(3)(4) 集約的な稲作農業が成立しているアジアに多くの降水量をもたらす主な要因は，夏に海から陸に向かって吹く季節風（モンスーン）である。

(5)(6)・(7)(8) 熱帯の土壌は赤色のラトソルがよく知られる。熱帯では植物生育の養分となる有機物の分解が速く進み，しかも多くの雨で流されてしまうため土壌はやせている。さらに，有機物が失われ，表面にアルミニウムや鉄の酸化物が集積するため，土壌は赤色で酸性を示す。

(9)(10) 砂漠気候地域を流れるナイル川などの外来河川は，水が途中で失われずに常時流れる豊富な水量が得られる湿潤地域が源流となっている。

(11)(12) 砂漠気候地域で貴重な水源である外来河川や地下水から水を引いて灌漑し，穀物，果実などを栽培する農業はオアシス農業である。

(13)(14) 砂漠気候地域でみられる降水時のみに水が流れる川はワジである。アラビア半島や北アフリカの砂漠地域で大規模なワジがみられる。

⒂⒃・⒄⒅ アンデス山脈付近では標高によって気候が急激に変化するため，高度差に応じて土地利用の違いがみられる。耕作が難しく遊牧が行われているのは，森林が生育しうる森林限界より標高の高い地域である。アンデス特有の遊牧で用いられている家畜はラクダ科のアルパカで，主に衣料用の毛を得ることを目的に飼育されている。アンデス地方の家畜では他に，主に荷役に用いられるリャマが知られる。

⒆⒇ 人間が常住して生活を営んでいる地域はエクメーネ，全陸地面積の約10％を占める人間が常住していない地域はアネクメーネとよばれる。

㉑㉒ ヨーロッパの西岸海洋性気候地域にみられる年間を通して温和な気候は，暖流の北大西洋海流と偏西風によってもたらされることはよく知られる。メキシコ湾流の延長が，北大西洋海流として大西洋を北上する。

㉓㉔ オランダなどで古くから使われていた風車は，一年を通じて一定方向に吹く偏西風が利用された。

㉕㉖ 地中海沿岸で栽培されている夏季の乾燥に強い作物として，オリーブ，ぶどう，コルクがしなどの樹木作物があげられる。

㉗㉘・㉙㉚ 国連の一機関で，食糧危機に対する援助活動に中心的な役割を果たしているのはWFP（国連世界食糧計画）である。発展途上国の経済社会開発や緊急の食料危機に対する援助を目的に1961年に創設された。食糧危機の要因には，自然災害のほか，特定地域での紛争が考えられる。同じ国連の専門機関の一つであるFAO（国連食糧農業機関）は，第二次世界大戦後の1945年，各国国民の栄養と生活水準の向上を図るため，食糧と農産物の増産，分配の改善などを目的に設立された。

㉛㉜ 2007年から2008年ごろにバイオエタノールの生産が世界的に多かった国は，ブラジル以外にはアメリカがあげられ，両国で世界の生産量の大半を占めていた。アメリカで生産されるバイオエタノールは主にトウモロコシを原料として利用しているため，穀物価格に大きな影響を与えやすい。

㉝㉞ 生活水準の向上に伴って需要が増大する産物のうち，飼料作物が必要な産物は食肉が適当である。

問2． ㉟ 大河川の沖積平野を主な生産地としてコメを栽培し，世界有数の輸出国を複数もつ地域は東南アジアである。コメの輸出量は世界2位がタイ，3位がベトナムである（2021年）。ベトナムは，市場開放政策後コーヒーの生産量が増加し，ブラジルに次ぐ世界２位のコーヒー豆の輸出国である（2021 年）。

(36)　商品作物のモノカルチャーが長く続いたことや，主食の中心が雑穀やイモ類であることはラテンアメリカと似ているが，近年人口増加率の上昇が著しい地域はアフリカである。2010～15 年の平均の自然増加率は，ラテンアメリカの 11.7‰に対し，アフリカは 26.5‰である。

(37)　レグールは，デカン高原に分布する玄武岩が風化した綿花栽培に適した肥沃な土壌である。南アジアのインドは，コメ，コムギの生産量がともに中国に次いで世界２位，ジュートの生産量は世界１位である（2021 年）。また，南部のベンガルール（バンガロール）を中心に ICT 産業が発展していることはよく知られる。

(38)　大土地所有制が農業や農業社会の基盤となっていることはラテンアメリカの特徴である。ブラジルは，大豆の輸出量，牛肉の輸出量ともに世界１位である（2021 年）。しかし，大豆栽培の拡大などによって，アマゾン川流域の熱帯林の伐採が進んでいることが問題視されている。

問３． ステップ気候で夏に低緯度側でまとまった降水をもたらす気圧帯は，大気大循環を想起して考えるとよい。夏は熱帯収束（赤道低圧）帯が高緯度側へ動くので，サバナやステップ地域に降雨をもたらす。

問４． 国土の多くが海面下にあるオランダは，締切堤防を築き，海の水を排水して干拓地を造成するために風車を用いた。現在では動力ポンプが導入されている。この干拓地はポルダーとよばれる。

問５．「健康と体重を維持し，軽度の活動を行うために必要な栄養を，十分に摂取できない人たち」は栄養不足人口とよばれる。栄養不足人口の割合が高い国は，特にサハラ以南のアフリカに多い。

問６． バイオエタノールは，生物資源を発酵・蒸留して生成される燃料である。カーボンニュートラルは，バイオエタノールなどの「生物由来の燃料は燃焼させると二酸化炭素を排出するが，植物は大気中の二酸化炭素を吸収して生育するため，全体として大気中の二酸化炭素の濃度は変化しない」という考えに基づいている。

問７． 農産物や畜産物の生産には多くの水が必要である。そのため，食料輸入国は食料だけでなく，食料生産に費やした水も同時に輸入していると考えて，その可視化のために考案された概念がバーチャルウォーターである。世界全体では水資源の配分に大きな偏りがあるとの見方が背景にある。

Ⅱ　解答

問1． (39)(40)―46　(41)(42)―14　(43)(44)―54　(45)(46)―50
(47)(48)―43　(49)(50)―17　(51)(52)―16　(53)(54)―60
(55)(56)―11　(57)(58)―56　(59)(60)―30　(61)(62)―55　(63)(64)―27　(65)(66)―22
(67)(68)―32　(69)(70)―18　(71)(72)―40　(73)(74)―49　(75)(76)―29　(77)(78)―31

問2． (79)―2　(80)―4　((79)・(80)は順不同)

問3． 東ティモール

問4． 西ヨーロッパの企業が豊富な低賃金労働力を求め東ヨーロッパに生産拠点を移したから。(40字以内)

問5． (あ)イギリスがECに加盟した。
(い)国内労働力が不足していたから。

解説

《世界各国の貿易と産業構造》

問1． (39)(40)　輸出品目が自動車，エレクトロニクス関連品であることから先進国と考えられ，そのうち，世界有数の食料輸入国で，しかも食料自給率が低い国を考えると日本が該当する。

(41)(42)～(45)(46)　スイスにある代表的な都市のうち，ジュネーヴは多くの国際機関の本部が置かれていることで知られる。ILO（国際労働機関）が該当するが，その他，WTO（世界貿易機関）やWHO（世界保健機関）の本部も置かれている。なお，EUの本部はブリュッセルに置かれている。また，ライン川の遡航の終点のバーゼルはフランス・ドイツとの国境近くに位置する商工業都市である。バーゼルを流れるライン川は，アルプス山脈に源を発し，ドイツ西部を流れ，オランダで北海にそそぐ。

(47)(48)　タイは第一次産業人口の比率が31.6％と比較的高く，現在もコメをはじめ農産物の生産量が多い（2021年）。生産量世界1位のプランテーション作物は天然ゴムである。

(49)(50)　現在は工業都市に発展しているが，かつて日本町があった都市はアユタヤである。14～18世紀にかけて現在のタイにタイ人によるアユタヤ朝が栄えた時代の都で，水上交通の要衝であった。

(51)(52)　ベトナムはベトナム戦争の戦闘が終わって20年目にあたる1995年に，戦争以来敵対関係が続いていたアメリカと国交を正常化した。

(53)(54)　ベトナムでは比較的安価で豊富な労働力が得られることから，シンガポールや日本からベトナムへ生産拠点が移転している工業は，多くの労働力を必要とする労働集約型の工業と考えられる。

(55)(56)　2015年にASEAN 10カ国が調印し発足した経済組織は，AEC（ASEAN経済共同体）である。関税の撤廃に加え，財，サービス，人の自由な移動と規制緩和をめざしている。1993年にASEAN諸国の経済発展と協力をはかって創設されたAFTA（ASEAN自由貿易地域）をさらに発展させた組織になっている。

(57)(58)　ASEAN域内で工業化の進んだ国は，シンガポール，タイに加えてマレーシアがあげられる。1人当たりGNIではマレーシアはタイを上回っている（2021年）。

(59)(60)　ドナウ川はドイツのシュヴァルツヴァルトに源を発し，東に流れ，東ヨーロッパの国を流れてルーマニアで黒海にそそぐ。

(61)(62)　ハンガリーは，ウラル系遊牧民を起源とするマジャール人により建国された。マジャール人の話すハンガリー語は，ウラル語族に属する。

(63)(64)　ベロオリゾンテはリオデジャネイロの北，標高約800mの高原に位置している。ブラジル有数の工業都市で，付近に産出する鉄鉱石などを背景に鉄鋼業や自動車工業などの重工業が発達している。ミナスジェライス州の州都でもある。

(65)(66)　イパチンガはブラジルの製鉄業の中心地で，1958年に日本とブラジルの合弁事業で建設されたウジミナス製鉄所がある。

(67)(68)　ブラジル中央部のブラジル高原に広がるセラードは，疎らな低木と草原からなるサバナの植生で，サバナ気候の下でみられる。1970年代以降，大規模な土地改良事業が行われ，大豆などの大農業地帯に変貌した。

(69)(70)　大豆の生産量が世界3位の国はアルゼンチンである。中国の大豆の輸入量急増などにより，ブラジルとともにアルゼンチンの大豆の生産が1990年代末以降急増している。

(71)(72)　鉄鉱石の生産量は，オーストラリア，ブラジルと中国の3国が突出している。大規模な鉄鉱床は，数十億年前に海水中の鉄が海底に堆積して生成されたもので，安定陸塊に広く分布している。

(73)(74)　オーストラリア大陸とタスマニア島を隔てている海峡はバス海峡である。海峡東部に油田，ガス田があり，メルボルン近郊までパイプラインが敷かれている。

(75)(76) グレートディヴァイディング山脈は比較的なだらかな起伏で，古期造山帯に属する。豊富な石炭の産出で知られ，古生代中ごろに地球上にできた森林の遺骸によって形成される石炭は，古期造山帯に多く分布する。

(77)(78) アデレードはオーストラリア中南部にあるサウスオーストラリア州の州都である。羊毛や鉱物資源の積出港として知られるが，金属，機械，電子などの工業も発達している。

問2． 与えられた西アジア・中央アジアの国のうち，輸出金額に占める原油の割合が50％を切っている国はアラブ首長国連邦とトルコである。アラブ首長国連邦は原油の生産量も多いが，産業の多角化をはかり石油依存からの脱却に力を入れ，石油製品や機械類の輸出が増加している。トルコは近年，近代工業が大きく成長し，機械類や自動車の輸出が増加している。原油は生産量自体が多くない。

問3． ASEANは現在10カ国で構成され，新たに11番目の加盟国として承認された国は東ティモール（民主共和国）である。東ティモールは2002年にインドネシアから独立後，東南アジア諸国の中でASEANには未加盟であった。

問4． 東ヨーロッパ諸国のランク上昇の背景には工業化の進展があったと考え，東ヨーロッパ諸国でEU加盟後におきた変化とその理由を西ヨーロッパ諸国との関係から述べよう。EUでは関税撤廃など経済統合が進み，域内貿易が活発であることから，西ヨーロッパの企業のうち特に自動車，電気機械など労働集約的な工業は，賃金が安く比較的技術力の高い東ヨーロッパへ生産拠点を移転させる動きが活発化したことを述べるとよい。

問5． (あ) オーストラリアの主要貿易相手国がイギリスからアジアに移ったイギリスの事情を，1970年代をヒントに考えるとよい。それまで経済的な結びつきが強かったイギリスが1973年にECへ加盟し，西ヨーロッパとの結びつきを強めたことが契機になったと想起されよう。

(い) オーストラリアが1970年代前半に白豪主義を撤廃した背景には，第二次世界大戦後，工業化や鉱山開発を進めるに際しての深刻な労働者不足がある。近隣のアジア諸国から安価な労働力を求めたと考えられる。

Ⅲ 解答

問1．(81)(82)―15 (83)(84)―57 (85)(86)―59 (87)(88)―64 (89)(90)―12 (91)(92)―38 (93)(94)―26 (95)(96)―55 (97)(98)―52 (99)(100)―56 (101)(102)―30 (103)(104)―28 (105)(106)―32 (107)(108)―49 (109)(110)―20 (111)(112)―31 (113)(114)―41 (115)(116)―37 (117)(118)―54 (119)(120)―23 (121)(122)―45

問2．タウンシップ制

問3．アンカレジ国際空港

問4．集積

問5．多核（多核心も可）

問6．アメリカの大幅な対日貿易赤字解消のため現地生産が求められた。(30字以内)

解説

《アメリカ合衆国の地誌》

問1．(81)(82) アメリカの国土は，1776年の独立宣言当時は13植民地とよばれる大西洋岸に南北に並ぶ東部の13の州にすぎなかった。

(83)(84)～(87)(88) 1803年，フランスから購入したルイジアナはミシシッピ川以西の広大な土地で，この地の獲得によりアメリカの国土は倍増した。1848年，アメリカ=メキシコ戦争に勝利を収めたアメリカは，メキシコからカリフォルニアなど西部の土地を獲得し，さらに南北戦争後の1867年にはロシア領であったアラスカを購入した。

(89)(90) アメリカ本土には4つの標準時がある。GMT（グリニッジ標準時）を基準として，およそ西経75度に位置するニューヨークには5時間の時差，およそ西経120度に位置するロサンゼルスには8時間の時差があることを想起して判断できるとよい。

(91)(92) メサビ鉄山はスペリオル湖の西岸にある。鉄鉱石はスペリオル湖岸のダルースから五大湖の水運を利用してミシガン湖，エリー湖の沿岸都市などに運ばれている。

(93)(94)・(95)(96) かつて製鉄業で栄えたピッツバーグは，ペンシルヴェニア州の西部，オハイオ川の上流に位置し水運に恵まれた。一時，鉄鋼不況により衰退したが，その後都市再開発が行われ，医療分野などが盛んなハイテク産業都市へ変貌した。

(97)(98)・(99)(100) デトロイトはミシガン州にあり，エリー湖とその北にあるヒューロン湖との間に位置する。自動車産業の中心地であったが，産業が衰退し，2013年には財政破綻した。その後，新しい産業の誘致，市街地の再開発が目指されている。

(101)(102)　テネシー州の北側に隣接し，東部にアパラチア炭田が広がるのはケンタッキー州である。日本からは自動車メーカーが大規模な生産工場を設立しているほか，多くの業種の企業が進出している。

(103)(104)　アメリカでは鉄鉱石の輸入量はブラジルが半分以上を占めているが，次いで隣国カナダからの輸入量が多い（2021年）。

(105)(106)　大陸横断鉄道のうち，国土の南側を通りニューオーリンズとロサンゼルスを結んだ鉄道はサザンパシフィック鉄道とよばれた。現在は，企業合併によりユニオンパシフィック鉄道とよばれている。

(107)(108)　ロサンゼルスで映画産業の世界的中心地として知られるのは，市の北西部にあるハリウッド地区である。晴天の多さなどの環境が映画製作に適しているといわれる。

(109)(110)　カリフォルニア州に隣接する州のうち，フェニックスを州都とするのはアリゾナ州である。フェニックスは観光保養地でもあるが，1990年代から航空機などハイテク産業が発達し，この地域はシリコンデザートとよばれる。

(111)(112)　グランドキャニオンは，コロラド川の長年の侵食作用によりコロラド高原が刻まれて形成された大峡谷である。先カンブリア時代から古生代までの地層がほぼ水平に堆積し，地質学的に貴重な地形である。

(113)(114)　ヒューストンはテキサス州南東部のメキシコ湾岸に位置する港湾，工業都市である。メキシコ湾岸油田を背景に石油産業の中心都市であるうえ，宇宙センターがあり，宇宙産業など先端技術産業も発達している。

(115)(116)　テキサス州のダラスやフォートワースなど，エレクトロニクスや航空宇宙産業が集積している地域はシリコンプレーンとよばれる。

(117)(118)・(119)(120)　タンパはフロリダ州の半島西部の港湾都市で，半島東部のオーランドと結ぶ地域に航空宇宙産業，半導体生産などの先端技術産業が集積しており，エレクトロニクスベルトとよばれる。

(121)(122)　ローリーはノースカロライナ州の州都で，近隣のダラムとともにIT，生命工学などの先端技術産業が集積しており，リサーチトライアングルとよばれる。

問2．アメリカで開拓地への農家の入植を進めるため，18世紀後半から19世紀前半にかけて行われた公有地の分割制度はタウンシップ制とよばれる。区画ごとに農家が点在する散村の集落形態がみられる。

問3．アラスカ州南部の航空交通の要地はアンカレジで，この地の空港はアンカレジ国際空港である。かつて航空機の航続距離が短く，冷戦下で旧ソ連上空を飛行できなかった時代には，北回り空路の中継基地であった。給油のための寄港便が減少した後，航空貨物便の空路拠点になっている。

問4．製品の製造に関連する多種多数の工場が一定の場所に集中して立地し，輸送費削減や技術提携，情報の共有などにより生産性をあげることを集積の利益とよんでいる。集積の利益を求めて各種関連する工場が集まる自動車などの工業は，集積指向型工業とよばれる。

問5．モータリゼーションの進展により市街地が都心から周辺地域に拡大すると，郊外地域にも高速道路沿いなどに都心と同様の機能をもつ業務地区や工業団地が形成されることがある。こうした都心周辺に複数の中心地域をもつ都市構造を，多核（多核心）型，多核（多核心）モデルとよぶ。

問6．1980年代に日米間で起こった貿易の不均衡，すなわち貿易摩擦の要因を想起できるとよい。日本から自動車や家電の輸出が急増したのに対し，アメリカからの輸入は増加せず，アメリカは大幅な貿易赤字を抱えた。この問題の解決方法の一つとして，生産拠点を海外に移し，現地生産した車を海外に供給する日本企業が増加した。

講評

2024年度も例年通り大問3題で構成され，設問の中心はマーク式の選択法による問題文の空所補充であった。問題文は3題とも長文ではあるが，教科書の内容が素材で理解しやすく，設問は基本事項が含まれ，学習内容を正確に理解していれば解答できるものが大半であった。総解答個数は78個で，2023年度と同数である。論述問題は5問で2023年度の3問に比べて2問増えたが，うち2問は字数制限がなく短答の問題であった。字数制限がある3問については，総字数は2023年度の100字と同数である。2024年度は，2023年度に比べてやや細かい地名が出題されたこともあり，難易度は同程度またはやや難化したといえよう。

内容的には，例年同様，２題が系統地理的内容，１題は地誌的内容で地域的にはアメリカ合衆国が取り上げられた。統計表など資料を用いた問題は2023年度に続いて出題されなかった。例年，各分野，地域に関する深く幅広い知識が求められる。また，基本問題と難問が混在しているため，まずは基本問題について正確に解答することを望みたい。

Ⅰは農業と食糧生産に関する出題で，全体的に解きやすかった。問６のカーボンニュートラルは，地球温暖化対策の点から今日広く用いられるが，バイオエタノール燃料の特徴という観点をふまえて要点を述べたい。

Ⅱはある指標に基づく世界の国のランキングに関する長文が出題されたが，ランキングそのものは関係なく，世界のいくつかの国に関する貿易や産業構造を中心とした地誌的な内容になっている。問５の字数制限のない論述問題については，(あ)・(い)それぞれ約9cm×１行の解答欄のスペースを参考に解答を導くとよい。

Ⅲはアメリカ合衆国について工業を中心とした地誌が出題された。先端技術産業の集積地域名や，やや細かいものを含む都市名や州名が多く問われた。問６は日米貿易摩擦の要因を理解していると答えやすかった。

数　学

I

発想

(i)　指数法則 $a^p \times a^q = a^{p+q}$，$(a^p)^q = a^{pq}$ などを用いて計算する。

(ii)　上端と下端がともに定数の定積分は定数となるので，$\int_0^1 f(t)\,dt = C$，$\int_0^1 tf(t)\,dt = D$ とおき，$f(x)$ を C，D を用いて表す。$f(t)$ を前述の等式に代入して定積分を計算すると，C，D の連立方程式が得られる。

(iii)　$a<b<c$ より $\dfrac{1}{c}<\dfrac{1}{b}<\dfrac{1}{a}$ であるから，等式を用いて a の値の範囲を絞り込む。

(iv)　工場A，B，Cから回収する廃棄物をそれぞれ $10x$〔kg〕，$10y$〔kg〕，$10z$〔kg〕，作られる製品Kの個数を t 個として，条件より4つの不等式をつくる。z を消去して得られる3つの不等式の共通部分が存在する条件を考えると t の範囲がわかる。

解答　(i)　(ア) $\dfrac{3\sqrt{5}}{125}$　(イ) $\dfrac{1}{81}$

(ii)　$f(x) = 12x^2 - 9x - 1$

(iii)　$(a,\ b,\ c) = (1,\ 3,\ 9)$，$(1,\ 4,\ 6)$

(iv)　(ウ) 50　(エ) 70　(オ) 80　(カ) 27

解説

《小問4問》

(i)　$x=0$ のとき

$$3\cdot 5^{-\frac{5}{2}} = \frac{3}{5^{\frac{5}{2}}} = \frac{3}{25\sqrt{5}} = \frac{3\sqrt{5}}{125} \quad \to (ア)$$

$x=4$ のとき

$$3\cdot 9^{-\frac{5}{2}} = 3\cdot (3^2)^{-\frac{5}{2}} = 3\cdot 3^{-5} = 3^{-4} = \frac{1}{3^4} = \frac{1}{81} \quad \to (イ)$$

(ii) $\int_0^1 f(t)\,dt = C$ ……①，$\int_0^1 tf(t)\,dt = D$ ……②とおくと

$f(x) = 12x^2 + 6Cx + 2D$ より

$$f(t) = 12t^2 + 6Ct + 2D \quad \cdots\cdots ③$$

③を①へ代入して

$$C = \int_0^1 (12t^2 + 6Ct + 2D)\,dt = \Big[4t^3 + 3Ct^2 + 2Dt\Big]_0^1 = 4 + 3C + 2D$$

これより　$2C + 2D + 4 = 0$

ゆえに　$C + D + 2 = 0$ ……④

③を②へ代入して

$$D = \int_0^1 (12t^3 + 6Ct^2 + 2Dt)\,dt = \Big[3t^4 + 2Ct^3 + Dt^2\Big]_0^1 = 3 + 2C + D$$

これより　$2C + 3 = 0$ ……⑤

⑤より　$C = -\frac{3}{2}$

これを④へ代入して

$$-\frac{3}{2} + D + 2 = 0 \qquad D = -\frac{1}{2}$$

よって　$f(x) = 12x^2 - 9x - 1$

(iii) $a<b<c$ より $\frac{1}{c}<\frac{1}{b}<\frac{1}{a}$ であるから

$$2 = \frac{1}{a} + \frac{2}{b} + \frac{3}{c} < \frac{1}{a} + \frac{2}{a} + \frac{3}{a} = \frac{6}{a}$$

ゆえに　$a<3$

a は自然数だから　$a=1,\ 2$

• $a=1$ のとき

$\frac{2}{b} + \frac{3}{c} = 1$ より，$bc - 3b - 2c = 0$ であるから

$$(b-2)(c-3) = 6$$

$1<b<c$ より，$0 \leqq b-2 \leqq c-3$ であるから

$$(b-2,\ c-3) = (1,\ 6),\ (2,\ 3)$$

よって　$(b,\ c) = (3,\ 9),\ (4,\ 6)$

• $a=2$ のとき

$\frac{2}{b}+\frac{3}{c}=\frac{3}{2}$ より，$3bc-6b-4c=0$ であるから

$$(3b-4)(c-2)=8$$

$2<b<c$ より，$3b-4\geqq 5$，$c-2\geqq 2$ であり，これを満たす b，c は存在しない。

以上より　$(a,\ b,\ c)=(1,\ 3,\ 9),\ (1,\ 4,\ 6)$

(iv) 工場A，B，Cから回収する廃棄物をそれぞれ $10x$〔kg〕，$10y$〔kg〕，$10z$〔kg〕とすると，Pは $(3x+y+4z)$〔kg〕，Qは $(5x+3y+z)$〔kg〕，Rは $(x+2y+z)$〔kg〕取り出される。

$10x+10y+10z\leqq 200$ より

$$x+y+z\leqq 20 \quad \cdots\cdots①$$

製品Kが t 個作られるとすると

$$3x+y+4z\geqq 2t \quad \cdots\cdots②$$

$$5x+3y+z\geqq 2t \quad \cdots\cdots③$$

$$x+2y+z\geqq t \quad \cdots\cdots④$$

①より $z\leqq 20-x-y$ であるから，②～④より

$$3x+y+4(20-x-y)\geqq 2t$$

$$x+3y\leqq 80-2t \quad \cdots\cdots⑤$$

$$5x+3y+(20-x-y)\geqq 2t$$

$$2x+y\geqq t-10 \quad \cdots\cdots⑥$$

$$x+2y+(20-x-y)\geqq t$$

$$y\geqq t-20 \quad \cdots\cdots⑦$$

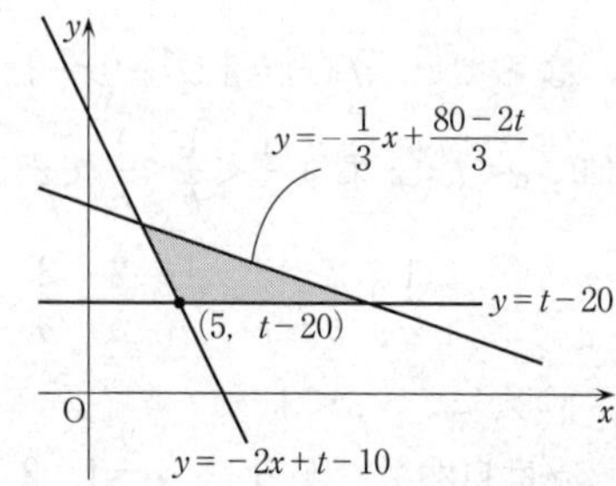

⑤～⑦を満たす0以上の実数 x，y が存在する条件は，2直線 $y=-2x+t-10$，$y=t-20$ の交点 $(5,\ t-20)$ が⑤を満たすことである。

⑤へ代入して

$$5+3(t-20)\leqq 80-2t \qquad 5t\leqq 135 \qquad t\leqq 27$$

$t=27$ のとき　$x=5$，$y=7$

このとき，①より $z\leqq 8$，②より $z\geqq 8$，③より $z\geqq 8$，④より $z\geqq 8$ となるから，①～④を満たす z の値は　$z=8$

以上より，Aから50kg，Bから70kg，Cから80kgの廃棄物を回収すればよく，そのとき製品Kは27個作ることができる。→(ウ)～(カ)

発想

(i)　$(3.606)^2=13.003236$ であるから，$(3.606-0.0001)^2$，$(3.606-0.0002)^2$，… を計算していく。

(ii)　$\overrightarrow{a_n}$ と $\overrightarrow{a_{n+1}}$ のなす角を θ とすると，

$$\overrightarrow{a_{n+2}}=\frac{|\overrightarrow{a_{n+1}}||\overrightarrow{a_n}|\cos\theta}{|\overrightarrow{a_n}|^2}\overrightarrow{a_n}=|\overrightarrow{a_{n+1}}|\cos\theta\cdot\frac{\overrightarrow{a_n}}{|\overrightarrow{a_n}|}$$

となることを利用して考える。

(iii)　a_n を素因数分解した形で，a_1，a_2，a_3，… を調べていく。

(iv)　（条件1）を満たす点のうち，（条件2），（条件3）より $x\leqq5$ かつ $x+y\geqq10$ を満たす領域は S に含まれ，$x\leqq5$ かつ $x+y<10$ を満たす領域と $x+y\geqq0$ かつ $x>5$ を満たす領域は S に含まれない。$x>5$ かつ $x+y<10$ を満たす領域は S に含まれてもよいし，含まれなくてもよい。

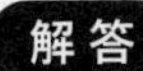

解答

(i)　(1) 5　(2) 5

(ii)　(3) 1　(4)(5)(6) 128　(7) 0　(8)(9) 86

(iii)　(10) 5　(11)(12) 13

(iv)　(13)(14) 26

解説

《小問4問》

(i)

$$\begin{aligned}(3.606-0.0004)^2&=3.606^2-2\times3.606\times0.0004+0.0004^2\\&=13.003236-0.0028848+0.00000016\\&=13.00035136\end{aligned}$$

$$\begin{aligned}(3.606-0.0005)^2&=3.606^2-2\times3.606\times0.0005+0.0005^2\\&=13.003236-0.003606+0.00000025\\&=12.99963025\end{aligned}$$

より　$3.6055^2<13<3.6056^2$

よって　$3.6055<\sqrt{13}<3.6056$

ゆえに，小数第3位の数字は5，小数第4位の数字は5である。

→(1)，(2)

(ii)　$\overrightarrow{a_n}$ と $\overrightarrow{a_{n+1}}$ のなす角を θ とすると

$$\overrightarrow{a_{n+2}}=\frac{\overrightarrow{a_{n+1}}\cdot\overrightarrow{a_n}}{|\overrightarrow{a_n}|^2}\overrightarrow{a_n}=\frac{|\overrightarrow{a_{n+1}}||\overrightarrow{a_n}|\cos\theta}{|\overrightarrow{a_n}|^2}\overrightarrow{a_n}=|\overrightarrow{a_{n+1}}|\cos\theta\cdot\frac{\overrightarrow{a_n}}{|\overrightarrow{a_n}|}$$

であるから

$$\overrightarrow{a_3}=|\overrightarrow{a_2}|\cos\frac{\pi}{3}\cdot\frac{\overrightarrow{a_1}}{|\overrightarrow{a_1}|}=\frac{1}{2}\overrightarrow{a_1}=\left(\frac{1}{2},\ 0\right)$$

$$\overrightarrow{a_4}=|\overrightarrow{a_3}|\cos\frac{\pi}{3}\cdot\frac{\overrightarrow{a_2}}{|\overrightarrow{a_2}|}=\frac{1}{4}\overrightarrow{a_2}=\left(\frac{1}{8},\ \frac{\sqrt{3}}{8}\right)$$

$$\overrightarrow{a_5}=|\overrightarrow{a_4}|\cos\frac{\pi}{3}\cdot\frac{\overrightarrow{a_3}}{|\overrightarrow{a_3}|}=\frac{1}{8}\overrightarrow{a_1}=\left(\frac{1}{8},\ 0\right)$$

$$\overrightarrow{a_6}=|\overrightarrow{a_5}|\cos\frac{\pi}{3}\cdot\frac{\overrightarrow{a_4}}{|\overrightarrow{a_4}|}=\frac{1}{16}\overrightarrow{a_2}$$

$$=\left(\frac{1}{32},\ \frac{\sqrt{3}}{32}\right)$$

$$\vdots$$

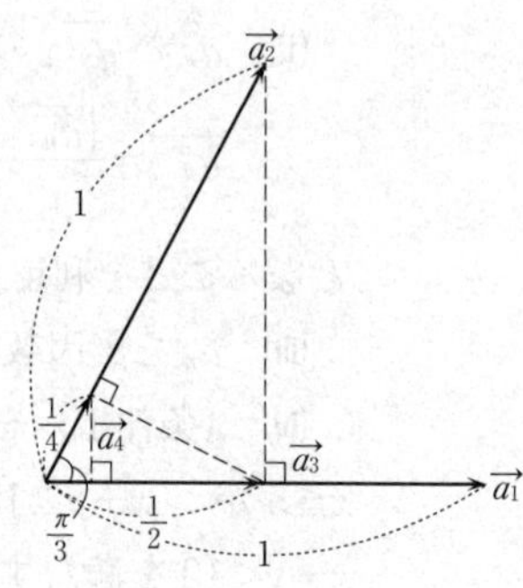

より

$$\overrightarrow{a_{2k+1}}=\frac{1}{2\cdot4^{k-1}}\overrightarrow{a_1},\quad \overrightarrow{a_{2k+2}}=\frac{1}{4^k}\overrightarrow{a_2}\quad (k=1,\ 2,\ \cdots)$$

となる。よって

$$\overrightarrow{a_9}=\frac{1}{2\cdot4^3}\overrightarrow{a_1}=\frac{1}{128}(1,\ 0)=\left(\frac{1}{128},\ 0\right)\quad\to(3)\sim(7)$$

• $n=2k+1$ のとき

$|\overrightarrow{a_{2k+1}}|<10^{-25}$ より

$$\frac{1}{2\cdot4^{k-1}}<\frac{1}{10^{25}}\qquad 2\cdot4^{k-1}>10^{25}$$

$$\log_{10}2\cdot4^{k-1}>25\qquad \log_{10}2+(2k-2)\log_{10}2>25$$

$$2k-2>-1+\frac{25}{\log_{10}2}\qquad 2k>1+\frac{25}{\log_{10}2}$$

$$k>\frac{1}{2}+\frac{25}{2\log_{10}2}\fallingdotseq0.5+41.53=42.03$$

最小の自然数 k は　$k=43$

このとき　$n=87$

• $n=2k+2$ のとき

$|\overrightarrow{a_{2k+2}}|<10^{-25}$ より

$$\frac{1}{4^k}<\frac{1}{10^{25}} \qquad 4^k>10^{25}$$

$$\log_{10}4^k>25 \qquad 2k\log_{10}2>25$$

$$k>\frac{25}{2\log_{10}2}\fallingdotseq 41.53$$

最小の自然数 k は　　$k=42$

このとき　　$n=86$

よって，$|\overrightarrow{a_n}|<10^{-25}$ を満たす最小の自然数 n は，$n=86$ である。

→(8)(9)

(iii)　$a_1=1$，$a_2=2$，$a_3=2\cdot3$，$a_4=2^2\cdot3$，$a_5=2^2\cdot3\cdot5$，$a_6=2^2\cdot3\cdot5$

より，$a_n=a_{n+1}$ を満たす最小の自然数 n は，$n=5$ である。　→(10)

また

$$a_7=2^2\cdot3\cdot5\cdot7,\ a_8=2^3\cdot3\cdot5\cdot7,\ a_9=2^3\cdot3^2\cdot5\cdot7,\ a_{10}=2^3\cdot3^2\cdot5\cdot7,\ \cdots$$

a_{n+1} は a_n と $n+1$ の最小公倍数であり，$a_{n+1}=2a_n$ となるのは $n+1=2^k$（$k=1,\ 2,\ \cdots$）のときである。

$$n=2^k-1$$

n は 10000 以下の自然数で，$2^{13}=8192$，$2^{14}=16384$ だから

$$k=1,\ 2,\ \cdots,\ 13$$

よって，$a_{n+1}=2a_n$ を満たす 10000 以下の自然数 n は，13 個ある。

→(11)(12)

(iv)（条件 1）を満たす領域の中で，（条件 2）より $x\leqq5$，$x+y\geqq10$ を満たす領域（右図の①）は S に含まれ，$x\leqq5$，$x+y<10$ を満たす領域（右図の②）は S に含まれない。

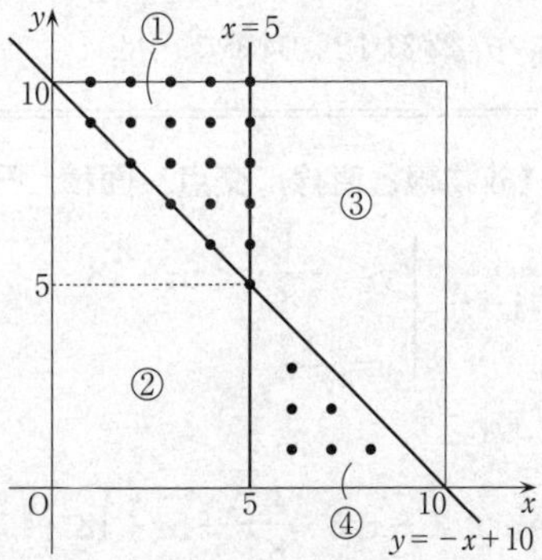

また，（条件 3）より $x+y\geqq10$，$x\leqq5$ を満たす領域（右図の①）は S に含まれ，$x+y\geqq0$，$5<x$ を満たす領域（右図の③）は S に含まれない。

$5<x$，$x+y<10$ を満たす領域（右図の④）は S に含まれてもよいし，含まれなくてもよい。

条件1～3を満たす中で要素の個数が最大となるSは④の領域を含むので，その要素の個数は

$20+6=26$　→(13)(14)

発想

微分・積分の面積をテーマとした問題である。

(i)　Cとl_1，l_2をそれぞれ連立させ，交点のx座標の符号に注意して求める。

(ii)　グラフを描いて，題意の領域を把握し，面積を定積分で表して計算する。

(iii)　ABを底辺と考えると，これが一定だから，高さが最大となるPの位置を考える。

(iv)　x座標が8である放物線C上の接線の方程式を求め，$x=0$とおく。

(v)　△BDPの面積Sを求めると，pの3次関数となるので，微分法を用いて$0<p<b$における最大値を考える。

解答

(i)　(15)(16) 24　(17)(18) 12　(19) 5　(20)(21) 36

(ii)　(22)(23)(24)(25) 1296

(iii)　(26)(27) 30　(28) 6　(29) 5

(iv)　(30)(31) 26

(v)　(32)(33) 12　(34)(35)(36) 432

解説

《放物線と直線，交点，面積，三角形の面積の最大値》

(i)　$\begin{cases} y=-\dfrac{1}{8}x^2+5x+18 \\ y=-x \end{cases}$

より

$$-x=-\frac{1}{8}x^2+5x+18$$

$$\frac{1}{8}x^2-6x-18=0$$

$$x^2-48x-144=0$$

$$x=24\pm\sqrt{576+144}=24\pm 12\sqrt{5}$$

x 座標が負のものがAだから　　$a=24-12\sqrt{5}$　→(15)〜(19)

$$\begin{cases} y=-\dfrac{1}{8}x^2+5x+18 \\ y=x \end{cases}$$

より

$$x=-\frac{1}{8}x^2+5x+18$$

$$\frac{1}{8}x^2-4x-18=0$$

$$x^2-32x-144=0$$

$$(x+4)(x-36)=0 \qquad x=-4,\ 36$$

x 座標が正のものがBだから　　$b=36$　→(20)(21)

(ii)　求める面積を T とすると

$$T=\int_0^{36}\left(-\frac{1}{8}x^2+5x+18-x\right)dx$$

$$=\int_0^{36}\left(-\frac{1}{8}x^2+4x+18\right)dx$$

$$=\left[-\frac{1}{24}x^3+2x^2+18x\right]_0^{36}$$

$$=36^2\times\left(-\frac{36}{24}+2+\frac{1}{2}\right)$$

$$=1296$$ →(22)〜(25)

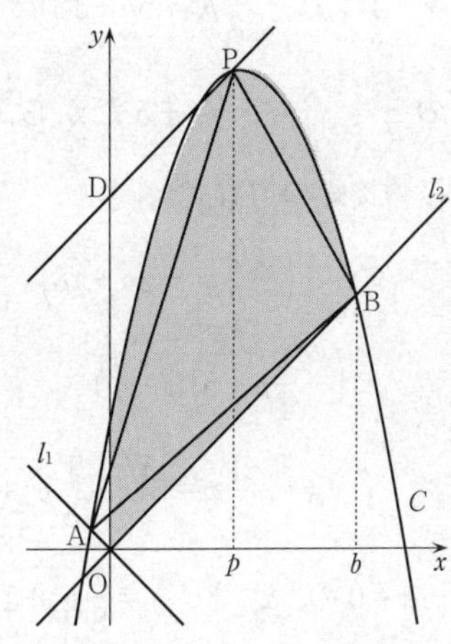

(iii)　△ABPの面積はABが一定だから，Pから直線ABへ下ろした垂線の長さが最大になるとき最大となる。

このときのPは，直線ABに平行な C の接線の接点である。

A$(24-12\sqrt{5},\ -24+12\sqrt{5})$，B$(36,\ 36)$ より，直線ABの傾きは

$$\frac{36-(-24+12\sqrt{5})}{36-(24-12\sqrt{5})}=\frac{60-12\sqrt{5}}{12+12\sqrt{5}}=\frac{5-\sqrt{5}}{1+\sqrt{5}}=\frac{(5-\sqrt{5})(1-\sqrt{5})}{1-5}$$

$$=\frac{10-6\sqrt{5}}{-4}=\frac{-5+3\sqrt{5}}{2}$$

ここで，$y=-\dfrac{1}{8}x^2+5x+18$ より

$$y'=-\frac{1}{4}x+5$$

$y'=\dfrac{-5+3\sqrt{5}}{2}$ となる x の値は，$-\dfrac{1}{4}x+5=\dfrac{-5+3\sqrt{5}}{2}$ より

$$-x+20=-10+6\sqrt{5}\qquad x=30-6\sqrt{5}$$

よって　$p=30-6\sqrt{5}$　→(26)〜(29)

(iv)　P(8, 50) であり，$x=8$ のとき $y'=-2+5=3$ であるから，P における C の接線の方程式は

$$y-50=3(x-8)\qquad y=3x+26$$

$x=0$ のとき　$y=26$

ゆえに，D の y 座標は　26 である。→(30)(31)

(v)　$\mathrm{P}\left(p,\ -\dfrac{1}{8}p^2+5p+18\right)$ であり，$x=p$ のとき $y'=-\dfrac{1}{4}p+5$ だから，P における C の接線の方程式は

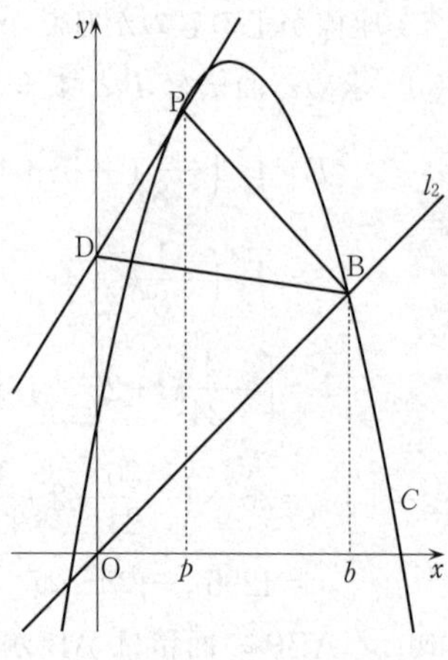

$$y-\left(-\frac{1}{8}p^2+5p+18\right)=\left(-\frac{1}{4}p+5\right)(x-p)$$

$$y=\left(-\frac{1}{4}p+5\right)x+\frac{1}{8}p^2+18$$

$x=0$ のとき，$y=\dfrac{1}{8}p^2+18$ であり，

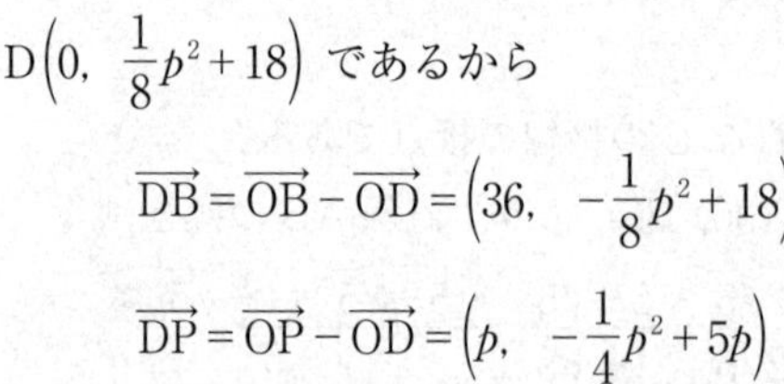

$\mathrm{D}\left(0,\ \dfrac{1}{8}p^2+18\right)$ であるから

$$\overrightarrow{\mathrm{DB}}=\overrightarrow{\mathrm{OB}}-\overrightarrow{\mathrm{OD}}=\left(36,\ -\frac{1}{8}p^2+18\right)$$

$$\overrightarrow{\mathrm{DP}}=\overrightarrow{\mathrm{OP}}-\overrightarrow{\mathrm{OD}}=\left(p,\ -\frac{1}{4}p^2+5p\right)$$

△BDP の面積 S は

$$S=\frac{1}{2}\left|36\left(-\frac{1}{4}p^2+5p\right)-p\left(-\frac{1}{8}p^2+18\right)\right|$$
$$=\frac{1}{2}\left|\frac{1}{8}p^3-9p^2+162p\right|$$
$$=\left|\frac{1}{16}p^3-\frac{9}{2}p^2+81p\right|$$

$g(p)=\frac{1}{16}p^3-\frac{9}{2}p^2+81p$ $(0<p<36)$ とおくと

$$g'(p)=\frac{3}{16}p^2-9p+81$$
$$=\frac{3}{16}(p^2-48p+432)$$
$$=\frac{3}{16}(p-12)(p-36)$$

$0<p<36$ における $g(p)$ の増減表は右のようになる。

p	0	$\cdots$	12	$\cdots$	36
$g'(p)$		+	0	−	
$g(p)$	(0)	↗	極大	↘	(0)

よって，$S=g(p)$ であり，S は $p=12$ のとき最大となり，その値は $g(12)=432$ である。 →(32)〜(36)

Ⅳ　発想

くじ引きに関する確率の問題であり，条件付き確率がテーマである。

(i)　箱を選ぶ確率とそのときはずれくじを引く確率を掛けて求める。条件付き確率は，Aがはずれくじを引く事象を E，Aが有利な箱を選ぶ事象を F とするとき，$P_E(F)=\frac{P(E\cap F)}{P(E)}$ により求める。

(ii)　Aが2回目に引くときは箱を選ばないことに注意し，(i)と同様に，Aが1回目，2回目ともにはずれくじを引く事象を G，Aが有利な箱を選ぶ事象を H とするとき，$P_G(H)=\frac{P(G\cap H)}{P(G)}$ により求める。

(iii) Bが引いたくじが1回目，2回目ともはずれで，Cが当たりくじを引く事象をI，Bが有利な箱を選ぶ事象をJ，Cが有利な箱を選ぶ事象をKとして，$P_I(J)=\dfrac{P(I\cap J)}{P(I)}$，$P_I(K)=\dfrac{P(I\cap K)}{P(I)}$により求める。

解答

(i) (37)(38) 18 (39)(40) 25 (41) 1 (42)(43) 10 (44) 5 (45)(46) 41

(ii) (47)(48) 25 (49)(50)(51) 349

(iii) (52)(53) 25 (54)(55)(56) 673 (57)(58)(59) 405 (60)(61)(62) 673

解説

《確率，乗法定理，条件付き確率》

(i) Aが通常の箱を選ぶ確率は$\dfrac{4}{5}$，そのときはずれくじを引く確率は$\dfrac{9}{10}$であるから

$$\frac{4}{5}\times\frac{9}{10}=\frac{18}{25}\quad\to(37)\sim(40)$$

Aが有利な箱を選ぶ確率は$\dfrac{1}{5}$，そのときはずれくじを引く確率は$\dfrac{5}{10}$であるから

$$\frac{1}{5}\times\frac{5}{10}=\frac{1}{10}\quad\to(41)\sim(43)$$

Aがはずれくじを引く事象をE，Aが有利な箱を選ぶ事象をFとすると

$$P(E)=\frac{18}{25}+\frac{1}{10}=\frac{36+5}{50}=\frac{41}{50}$$

$P(E\cap F)=\dfrac{1}{10}$であるから

$$P_E(F)=\frac{P(E\cap F)}{P(E)}=\frac{\frac{1}{10}}{\frac{41}{50}}=\frac{5}{41}\quad\to(44)\sim(46)$$

(ii) Aが1回目，2回目ともにはずれくじを引く事象をG，Aが有利な箱を選ぶ事象をHとすると

$$P(G)=\frac{4}{5}\times\frac{9}{10}\times\frac{9}{10}+\frac{1}{5}\times\frac{5}{10}\times\frac{5}{10}=\frac{349}{5\times10\times10}=\frac{349}{500}$$

$$P(G\cap H)=\frac{1}{5}\times\frac{5}{10}\times\frac{5}{10}=\frac{25}{500}$$

であるから

$$P_G(H)=\frac{P(G\cap H)}{P(G)}=\frac{\frac{25}{500}}{\frac{349}{500}}=\frac{25}{349}\quad\to(47)\sim(51)$$

(iii)　Bが引いたくじが1回目，2回目ともはずれで，Cが当たりくじを引く事象をI，Bが有利な箱を選ぶ事象をJ，Cが有利な箱を選ぶ事象をKとすると

$$\begin{aligned}P(I)&=\left(\frac{4}{5}\times\frac{9}{10}\times\frac{9}{10}\right)\times\left(\frac{1}{4}\times\frac{5}{10}+\frac{3}{4}\times\frac{1}{10}\right)+\left(\frac{1}{5}\times\frac{5}{10}\times\frac{5}{10}\right)\times\left(\frac{4}{4}\times\frac{1}{10}\right)\\&=\frac{324}{500}\times\frac{8}{40}+\frac{25}{500}\times\frac{4}{40}\\&=\frac{2692}{500\times40}=\frac{673}{5000}\end{aligned}$$

$$P(I\cap J)=\left(\frac{1}{5}\times\frac{5}{10}\times\frac{5}{10}\right)\times\left(\frac{4}{4}\times\frac{1}{10}\right)=\frac{25}{5000}$$

であるから

$$P_I(J)=\frac{P(I\cap J)}{P(I)}=\frac{\frac{25}{5000}}{\frac{673}{5000}}=\frac{25}{673}\quad\to(52)\sim(56)$$

$$P(I\cap K)=\left(\frac{4}{5}\times\frac{9}{10}\times\frac{9}{10}\right)\times\left(\frac{1}{4}\times\frac{5}{10}\right)=\frac{405}{5000}$$

であるから

$$P_I(K)=\frac{P(I\cap K)}{P(I)}=\frac{\frac{405}{5000}}{\frac{673}{5000}}=\frac{405}{673}\quad\to(57)\sim(62)$$

講評

2024年度は例年と同様に大問4題の出題であったが，小問集合の問題が1題増えて分量が多くなった。整数に関する問題が多く出題され，2023年度よりも難化している。

Ⅰは独立した小問4問である。(i)指数法則を用いた式の値の計算で基本的な問題である。(ii)定積分で表された関数の決定で，受験生がよく演習するタイプの問題である。(iii)等式を満たす自然数の組を求める問題で，演習経験があれば難しくはない。(iv)3つの変数で表される量の最大値についての問題。不等式の評価を使って2変数の関係にすることがポイント。受験生があまり演習したことのないタイプの問題だと思われるので，難しい。

Ⅱも独立した小問4問である。(i)は $(3.606)^2=13.003236$ を用いて $(3.606-0.0001)^2$，$(3.606-0.0002)^2$，… と 0.0001 ずつ減らして調べていけばよいが，時間がかかる。(ii)は内積の定義を用いて $\overrightarrow{a_{n+2}}=|\overrightarrow{a_{n+1}}|\cos\theta\dfrac{\overrightarrow{a_n}}{|\overrightarrow{a_n}|}$ とすれば見通しが立つ。$\overrightarrow{a_3}$，$\overrightarrow{a_4}$，$\overrightarrow{a_5}$，… と求めていく方法でもよい。(iii)は a_1，a_2，a_3，…と求めて考えていくが，素因数分解した形で書いていくと，わかりやすい。(iv)は格子点の個数の問題であるが，条件2と条件3の解釈が難しい。

Ⅲは微・積分法の問題である。(i)・(ii)は基本的内容である。(iii)も頻出問題であり，直線ABと平行な C の接線を考えるというアプローチになる。(iv)も問題なく解けるだろう。(v)はPにおける接線の方程式を求め，Dの座標を出し，△BDPの面積を面積公式により求めると，p の3次関数となるので，微分法を用いて最大値を調べることになる。

Ⅳは確率の問題で，条件付き確率がテーマである。(i)は基本的内容である。(ii)Aは2回目に1回目と同じ箱からくじを引くとあるので，注意して計算したい。(iii)CはBが選ばなかった4箱の中から1箱を選ぶとあるので，この点に注意して計算を進めること。問題文をよく読むと難しくはない。

論文テスト

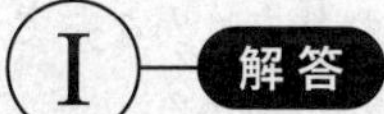

問1．(1)(2)―24　(3)(4)―11　(5)(6)―20　(7)(8)―33　(9)(10)―18　(11)(12)―17　(13)(14)―23　(15)(16)―30　(17)(18)―12　(19)(20)―27

問2． (21)―1　(22)―2　(23)―4

問3． **ア．** 必要　**イ．** サイバー空間　**ウ．** 融合

問4． 現実世界に属さないサイバー空間により現実世界が条件づけられる（30字以内）

問5． 解決されるべきではない課題まで解決されてしまう可能性がある（30字以内）

解説

《超スマート社会》

問1． (1)(2)　科学技術基本計画は「科学技術基本法のうちに組み込まれた…指針」とあることから政府が策定した計画とわかるので「政策的」が該当する。

(3)(4)　「Society 5.0」という概念は「それ以前には見られなかった」ということから，「印象的」が該当する。

(5)(6)　後に続く「に投資される」から「重点的」と「政策的」が候補にあがるが，「政策的」はすでに使っているので，ここには「重点的」が該当する。

(7)(8)　同じ空欄が2つあることに注目する。最初の空欄に続く「な未来像」，2つ目の空欄に続く「に解決される」から適切な語を探せば，「現実的」と「包括的」が候補にあがるが，文章全体からすると「現実的」はサイバー空間に対するフィジカル空間を表すと考えられるので，「包括的」が適切であるとわかる。

(9)(10)　「Society 5.0」が「現在の次に到来する社会」とあるため，「時間的」が該当する。

(11)(12)　空欄の前の「畳みかけるように用いられている『(　ア　)』という言葉」と，空欄の後の「な価値観」から，「根本的」が適切であるとわかる。

⒀⒁　文法的に考えて，ここには「…的」という語は入らない。超スマート社会の実現と，ICTとの関係性を考えれば，「手段」が該当する。

⒂⒃　空欄を含む文の次の文の「サイバー空間とフィジカル空間は，たとえ相互に連関しているのだとしても，互いに対する関わり方は異なっている」から，両者の間には「非対称的」な関係があることがわかる。

⒄⒅　空欄の前の「フィジカル空間は，ただサイバー空間によって処理されるだけ」から，サイバー空間が能動的な「主体」，フィジカル空間は受動的な「客体」ととらえられるとわかる。

⒆⒇　空欄の後に「しかも，現実世界はその超現実性によって調整されることになる」とあるので，サイバー空間は超現実性をもつことがわかり，「超現実的」があてはまる。

問2． ㉑　1が正答。「サイバー空間は現実世界に属さない」ことと，「サイバー空間によって現実世界が条件づけられることになる」ことは，並列の関係で論じられていることがわかる。そのため，「かつ」が適切である。

㉒　2が正答。「解決されるべきではない課題が解決されてしまうかも知れない」ことと，「それを実現されるべきものとして捉えている」ことは，逆接の関係にある。そのため，「しかし」が適切である。

㉓　4が正答。空欄の前の「問い直される」こと，すなわち「どのような倫理的基準…課題を定義するのか」を，空欄以降で言い換えている。そのため，「つまり」が適切である。

問3． **ア．**「必要」が入る。「超スマート社会」の定義に「必要なもの」「必要な人」など，繰り返し「必要」というタームが登場している。

イ．「サイバー空間」が入る。「従来は個別に機能していた『もの』がサイバー空間を利用して『システム化』され」と「これまで，人間が頭をひねって解決していた問題が，（　イ　）によって自動的に処理され」という前後の文章は，同じことを表している。

ウ．「融合」が入る。「『（　ウ　）』という言葉によって隠蔽される」は，この段落の最初の「本来融合していないものを融合しているとみなすことは…覆い隠す効果をもつ」の言い換えである。

問4． 下線部(a)の次の行の「それ」に注目する。「それ」が意味しているのは「サイバー空間は現実世界に属さない」ということと，「現実世界に属さないサイバー空間によって現実世界が条件づけられることになる」の２つであることがわかる。

問５． 下線部(b)を含む段落では，「課題が解決される」という事実の言明から「課題が解決されるべきである」という当為の言明は導き出せないと述べられ，最後の文は「課題があるからといって，それがいつでも解決されるべきであるとは限らない」となっている。次の段落（最終段落）では，超スマート社会においては，この事実と当為の区別がなされない結果，「解決されるべきではない課題が解決されてしまうかも知れない」と述べられている。これが，著者が事実と当為の区別に言及した理由だと考えられる。

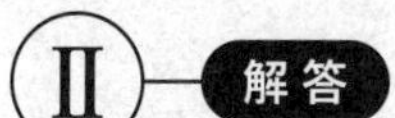

問１． (24)６　(25)１　(26)６　(27)１　(28)３　(29)１　(30)３　(31)１　(32)３　(33)２　(34)６　(35)１　(36)３　(37)１　(38)３　(39)１　(40)３　(41)１　(42)４　(43)８　(44)５　(45)４　(46)５　(47)６　(48)５　(49)２

問２． (50)－３　(51)－１　(52)－２

問３． (53)－１　(54)－６

問４． (55)－１　(56)－３　(57)－２　(58)－１

問５． 箱を開けても情報量が増えるわけではない（20字以内）

解説

《モンティ・ホール問題》

問１． (24)・(25)　問題を単純化するため，「あなたが最初に選ぶ箱」は，箱１と決めてある。まず，「賞品のある箱」が「あなたが最初に選ぶ箱」と同じ箱１である確率は $\frac{1}{3}$ と表すことができる。さらに，残りの２つから司会者が１つを選ぶため，それが箱２である確率は $\frac{1}{2}$。これらが同時に起こるため，$\frac{1}{3}\times\frac{1}{2}=\frac{1}{6}$ となる。

(26)・(27)　同様に，$\frac{1}{3}\times\frac{1}{2}=\frac{1}{6}$ と計算できる。

(28)・(29)　(1，2，3) の場合は，「賞品のある箱」が箱３である確率は $\frac{1}{3}$ と表すことができるが，この場合「司会者が開ける箱」は，残りの箱２しかなく，その組み合わせは1通りしかない。そのため，$\frac{1}{3}\times1=\frac{1}{3}$と計算できる。

(30)・(31) 同様に，$\frac{1}{3}\times1=\frac{1}{3}$と計算できる。

(32)・(33) イが（1，2，3）と（1，3，2）であることに気づく必要がある。そのうえで，$\frac{1}{3}+\frac{1}{3}=\frac{2}{3}$と導くことができる。

(34)・(35) 本文に「賞品が箱1，箱2，箱3にある確率は全て等しい。そして，賞品がどの箱にあるかにかかわらず，司会者が箱2と箱3を開ける確率は等しい」とあるので，列挙された6つの組み合わせもすべて同じ確率，すなわち$\frac{1}{6}$であることがわかる。

(36)・(37) ゲームが終了するのは「司会者が開ける箱」と「賞品のある箱」が同じである（1，2，2）と（1，3，3）の2通りである。$\frac{1}{6}+\frac{1}{6}=\frac{1}{3}$とわかる。

(38)・(39) 箱を変えて賞品を逃すのは「賞品のある箱」が箱1である（1，2，1）と（1，3，1）の2通りである。同様に$\frac{1}{6}+\frac{1}{6}=\frac{1}{3}$であるとわかる。

(40)・(41) 司会者が賞品のない箱を開け，自分が箱を変えて賞品を得るのは「賞品のある箱」が箱1以外で，「司会者が開ける箱」と「賞品のある箱」が異なる（1，3，2）と（1，2，3）の2通りである。同様に$\frac{1}{6}+\frac{1}{6}=\frac{1}{3}$であるとわかる。

(42)・(43) 自分の最初に選んだ箱に7万円が入っているとすれば，箱を変えることで期待できる賞金は，問題文にならって計算すると以下の通りとなる。まず，自分の最初に選んだ箱と司会者が開けた箱以外の残った箱は，7万円入りの箱が2つ，4万円入りの箱が1つ，3万円入りの箱が2つの計5つなので，$\frac{2}{5}\times7+\frac{1}{5}\times4+\frac{2}{5}\times3=4.8$となり，4万8千円となる。

(44)・(45) 自分の最初に選んだ箱に4万円が入っているとすれば，箱を変えることで期待できる賞金は，同様に計算すると，７万円入りの箱が３つ，３万円入りの箱が２つの計５つなので，$\frac{3}{5}\times 7+\frac{2}{5}\times 3=5.4$ となり，５万４千円となる。

(46)・(47)　自分の最初に選んだ箱に３万円が入っているとすれば，箱を変えることで期待できる賞金は，同様に計算すると，７万円入りの箱が３つ，４万円入りの箱が１つ，３万円入りの箱が１つの計５つなので，$\frac{3}{5}\times 7+\frac{1}{5}\times 4+\frac{1}{5}\times 3=5.6$ となり，５万６千円となる。

(48)・(49)　最初に箱を選ぶときのそれぞれの確率を考える。７万円が得られる確率は $\frac{3}{7}$，４万円が得られる確率は $\frac{2}{7}$，３万円が得られる確率は $\frac{2}{7}$ であるので，この確率を最初の選んだ箱の場合の期待できる賞金のそれぞれにかけ，足し合わせればよい。$\frac{3}{7}\times 4.8+\frac{2}{7}\times 5.4+\frac{2}{7}\times 5.6=5.2$ となり，５万２千円となる。

問２．(50)　「司会者は空の箱を開ける」とあるため，「司会者が開ける箱」＝第２の要素と「賞品のある箱」＝第３の要素が違う，ということがわかる。

(51)　「司会者はあなたが最初に選んだ箱は開けない」とあるため，「あなたが最初に選ぶ箱」＝第１の要素と「司会者が開ける箱」＝第２の要素も違うことがわかる。

(52)　「最初の選択が当たりの場合を表す組」とは，「あなたが最初に選ぶ箱」＝第１の要素と「賞品のある箱」＝第３の要素が同一の場合である。

問３．(53)　正答は１。空欄Ｃによって第１と第３の要素が同じものと与えられるため，それにあてはまる（1，2，1）と（1，3，1）が正答となる。

(54)　正答は６。同じく空欄Ｃによって第１と第３の要素が異なる組み合わせを選べばよいので，（1，2，3）と（1，3，2）があてはまる。

問４．(55)　正答は１。賞品を得る確率は箱を変えなければ $\frac{1}{3}$，変えることで $\frac{2}{3}$ となることから，箱を変えたほうがよい。

(56)　正答は３。賞品が箱１，箱２，箱３にある確率はすべて等しいので，箱を変えないで賞品を得る確率は $\frac{1}{3}$，一方，箱を変えて賞品を得る確率は問１⑽・⑾から $\frac{1}{3}$ である。したがって，賞品を得る確率は箱を変えても変えなくても同じである。

(57)　正答は２。リード文から，司会者が７万円入った箱を選べば，期待できる賞金は５万円から４万６千円に下がることがわかるので，箱を変えないほうがよい。

(58)　正答は１。リード文と問１(48)・(49)から期待できる賞金は５万円から５万２千円へと上がることがわかるので，箱は変えたほうがよい。

問５． ２番目のゲームは司会者がどの箱に賞品があるかを知らないので，箱を開けても新しい情報は増えず，当たる確率には影響を与えない。

講評

大問数・設問数・解答形式ともに例年と大きな変化はない。計算問題も例年通り出題されている。

Ⅰ　超スマート社会をテーマにした問題で，倫理的な課題に踏み込んだ内容であった。問１～問３は本文の論理展開を理解していれば容易に解答できる問題であった。問４と問５は答えるべき内容をリード文から選び出したのちに，制限字数内にまとめる力が問われている。論旨を踏まえたうえでまとめる力を日頃から養っておきたい。

Ⅱ　モンティ・ホール問題についての出題であった。期待値の計算が中心的な内容ではあるが，本文の論理展開に即して解答していけばよい。問１～問４は比較的容易であった。問５は賞品獲得を目指す際にとるべき行動に違いが生じる理由について，制限字数内にまとめる力が問われていた。

2023年度に続き，難易度としてはやや難しく，論理的な思考力が問われる問題であったといえる。

/////////////////// · memo · ///////////////////

//////////////////// · memo · ////////////////////

2023年度

解答編

解答編

英語

I **解答** (i)(1)－2　(2)－2　(3)－1
(ii)(4)－2　(5)－1　(6)－1　(7)－2　(8)－3　(9)－1
(10)－1

◆全　訳◆

≪多民族による民主主義国家を目指すアメリカ≫

1787 年，アメリカ合衆国憲法を成文化したアメリカ建国の父たちは，どのような政治制度でも自分たちが望むように作ることができただろう。彼らはジョージ=ワシントンを王に指名し，貴族政治国家を設立し，アメリカの豊かな土地を分割し，自分たちを領主にすることもできただろう。しかし，彼らは民主主義国家を作ることを決断した。そのような政治制度に関する考えはすでにあったのだが――古代ギリシャで行われていた限定的なものや，ヒューム，ロック，ルソー，その他の政治哲学者の書物の中に――，現実には存在していなかった。あれほど広大な領土にわたり，非常に多くの人たちが自治を行っているにもかかわらず，あの規模で民主主義を試みる国家はかつて存在しなかった。ジェームズ=マディソン，アレクサンダー=ハミルトン，ジョン=ジェイは新たな国家が直面するあらゆる難題を見越して対策を講じた：州と連邦政府の権力との対立；多数派による専制政治を阻止する方法；破壊的な派閥の危険性。彼らは，そのような国家は混乱を招き，管理が難しく，対立が生じる傾向があることは承知していた。しかし，より健全で自由な世界を作ることができると信じて自分たちの考えを貫いたのである。

もちろん，別の視点――多くの人々によって共有されていた――から見れば，その夢は悪夢だった。アメリカは財産を持った白人男性たち――政治において力を持つ唯一の人々――を満足させるために作られた。建国者たち自身が奴隷所有者であり，奴隷が権利と自由を持つに値するとは考えていなかった。実際，彼らは奴隷となった人々を人間と見なしてさえいなかった。また彼らは土地を持たない白人労働者は公職に就くことができないとも考えていた。さらに彼らはそうした問題に女性は一切，発言できないと考えていた。彼らは寛容ではあったが，それは当時の基準で見た場合に過ぎない。たとえ男性と女性はみな平等に創られたという考えを受け入れられるほど先見の明があったとしても，彼らにとってアメリカが直面する多くの変化を予想することはできなかっただろう。

現在のアメリカは極めて重要な課題に直面している：真の意味で多民族による民主主義国家を作ることであり，それはグローバルな移住がアメリカの民族およびジェンダーのアイデンティティを形成し続けた場合でも，生き残って，繁栄していくことができる民主主義国家である。1700 年代後半から，世界は劇的に変わっている。民主主義はもはや農場を所有する白人男性だけのものではない。今や女性；地方や都市部や郊外で暮らす家族；アメリカで生まれた人や命の危険を冒してアメリカに来た人；あらゆる民族の人々が含まれる。全員欠かすことができないのだ。移民の受け入れを中止しようとする国家は人口が減っていくため，徐々に滅びていくだろう。私たちの民主主義は，求心力のある国家的アイデンティティを形成しながら，少人数の集団の権利も守らなければならなくなる。私たちは繁栄が衰えることなく平和的に多民族による民主主義へ移行できるということを世界に示さなければならなくなるだろう。

アメリカは白人が国民の半数を下回る，欧米で最初の民主主義国家になるだろう。これは 2045 年に起こると予想されており，他の国々もそれに続く。2050 年頃には，カナダとニュージーランドで白人市民が少数派となるだろう。この変化はイギリスでは 2066 年に起こる可能性が高く，2100 年までにすべての英語圏の国で起こる可能性が高い。そうしたすべての国の極右政党は白人優位の終焉に関して脅迫的な警告を発し，そうした変化による大きな代償――経済的，社会的，道徳的に――を強調することで憎悪を煽ろうとしている。

しかし，それは誤った考えで，権力をゼロサム的なものと考えている人々が作り出した長く続く幻想の系譜の最新版である。すでに多くのアメリカの都市でそれが誤りであることが証明されている。バーミンガムやメンフィスでは――さらに白人から黒人が多数派になった他の都市でも，黒人の市長が選ばれ，白人の有権者からの支持を得ている。黒人の指導者の出現によって，黒人の報復や白人の経済的衰退が起きるのではないかと心配していた白人は，自分たちの恐れが無用であったことに気づいた。彼らの生活は以前のように続き，黒人の居住者の生活は改善した。多民族の政党が権力を持つことは彼らの幸福にとって脅威となるものではないと人々は知った。黒人の力が大きくなることで，白人の力がその分失われることにはならない。新たな平和的均衡に到達したのである。

カリフォルニアはもう 1 つの成功例である。1998 年に白人が少数派になって以来，カリフォルニア州は経済が 200 パーセント成長するのを目の当たりにしてきた。失業率は 3 パーセント近く下がった。州の 1 人当たりの GDP は 52.5 パーセント上昇した。しかし当初，この過渡期には凄まじい抵抗があった。1994 年，カリフォルニア州は，プロポジション 187 と呼ばれる住民投票を可決するのだが，これはラテンアメリカ系の不法移民が医療や教育といった公共サービスを受けることを禁止するものだった。この住民投票によってカリフォルニア州は，移住を抑止し，合法的な入国書類を持たない者を罰することを目的とした深刻な法律を認める近代で最初の州となった。

それにもかかわらず，カリフォルニアでかつての少数派が白人の数を上回ると，そのすべてが変わり始めた。彼らが政治力を行使できる十分な支援を集めると，カリフォルニア州はその多様性を受け入れ始め，白人の市民だけでなく，様々な民族的背景を持つ市民も恩恵が得られる政策を制定し始めた。教育費が大幅に増額され，囚人の数が大きく減少し，すべての住人の幸福と福祉が向上した。30 年も経たずして，カリフォルニア州は反移民を掲げる行動主義の世評が消え，移民と一体性に関する政策において先進的なモデルとなった。カリフォルニア州は今でも多くの難題を抱えている。カリフォルニアにはアメリカのホームレスの 4 分の 1 の人たちがいて，所得格差が 4 番目に大きい地域である。カリフォルニアは決してユートピアではない。それでも，この州が人種間で恐怖を抱いていた状況から，広く人種を受け入れるように変わったことは，私たちに何ができるかを教えてくれる。

◀解　説▶

◆(i)　▶(1)第 3 段第 2 文（The world has …）では，世界が劇的に変わっ

ているとあり，第4文（It now includes …）には民主主義において，女性や様々な家族や民族への配慮が必要とされているという内容が述べられている。したがって，民主主義は農場を所有する白人男性だけのものではないという意味になる2．「もはや～ない」が正解。

▶(2)第6段第5～最終文（Yet this transition …）には，当初カリフォルニア州では移民の流入を止めようとする抵抗があったという内容が述べられている。空所を含む文では，カリフォルニア州が多様性を受け入れ始めると，社会情勢が大きく向上したという内容が述べられている。したがって逆接の意味を表す2．「それにもかかわらず」が正解。

▶(3)直前の最終段第5・6文（California still has …）ではカリフォルニアが抱えている問題点について言及しているので，カリフォルニアがユートピアではないという文脈になる1．「決して～ではない」が正解。2．「何よりも」 3．「ほとんど，だいたい」 4．「～に他ならない」

◆(ii)　▶(4) The Founding Fathers「アメリカ建国の創始者たち」が将来の民主主義国家が不安定なものになると考えていた理由を選ぶ問題。第1段第6・7文（James Madison, Alexander Hamilton, and …）ではアメリカ建国の創始者たちは，民主主義国家が直面する様々な難題を予想し，そうした国家では対立が生じる傾向があることがわかっていたと述べられている。彼らが目指した民主主義制度では選択された決定が対立を招く可能性もあり，その決断が難しいことが読み取れるので，2．「代議政治では必ずしも理想的な決定を下せるとは限らない」が最も適切。

1．「人々は民主主義の概念は誇張された作り話だと思っていた」

3．「彼ら自身が奴隷所有者で社会的平等の理想を阻んでいた」

4．「もし彼らが貴族政治国家を作っていたら，公的な難題に直面していただろう」

▶(5)ギリシャやヨーロッパの政治哲学者によって提示された制度が新たに建国されるアメリカにとって必ずしも十分なものではなかった理由を選ぶ問題。第1段第4・5文（The idea of …）では，古代ギリシャや一部の政治哲学者が提唱する民主主義国家の考え方はあったが，広大な領土を持つアメリカにおいて，あの規模で民主主義を試みる国家はかつて存在しなかったとある。したがって1．「人口の多い土地で，あそこまで発展した民主主義は前例がなかった」が正解。unheard-of「前例のない」

2．「国家が非常事態の時にそうした政治的問題を議論することは非現実的だった」

3．「国家主義によって指導者たちは確立していたヨーロッパの政治理論を避けた」

4．「アメリカは民主主義が議論される世界で最初の場所となった」

▶(6)下線部を含む文は「また彼らは土地を持たない白人労働者が…とは考えていなかった」という意味。第２段第２文（America was created …）では，財産を持った白人男性が政治において力を持つ唯一の人々であったとあるので，1．「特に行政において権限のある地位を担う」が正解。hold public office「公職に就く」

2．「大企業の金融センターを設立する」

3．「特に大手企業において役員の地位を得る」

4．「地域の役に立つ法律実務や医療業務を始める」

▶(7)現在アメリカが直面している大きな難題の１つを選ぶ問題。第３段第１文（America at present …）で，アメリカが現在直面している重要な課題として，multiethnic democracy「多民族による民主主義国家」を作ることが挙げられている。第３・４段では，様々な民族の人たちがアメリカに移住し，白人の割合が減少していくことが説明されているが，そうした変化の中でも民主主義国家を維持していくことが現在のアメリカの課題ということになる。したがって，2．「人口構成の劇的な変化に対処しなければならない」が最も適切。

1．「所得格差とホームレスの市民に対応しなければならない」

3．「女性と少数民族の人たちの選挙権を保証しなければならい」

4．「経済を安定させるため，更なる人口減少を止めなければならない」

▶(8)「権力をゼロサム的なものとして考えている人々は…と思っている」第５段第２文（Many American cities …）以降，権力を zero-sum「ゼロサム的な」ものと考えるのは誤りであることが述べられ，白人から黒人が多数派になり，黒人の市長が誕生しても，黒人の報復や白人の経済的衰退が起きなかった都市の例が挙げられている。同段第７文（A rise of …）でも，黒人の力が大きくなることで，白人の力がその分失われることにはならないと述べられており，権力をゼロサム的なものとして考えている人は，一方が権力を持つと，もう一方が権力を失うと思っていることが読み取れる。したがって，3.「一方で得られたものは何であっても，もう一方で失われている」が正解。zero-sum「ゼロサムの（＝全体の利益と損失の総計がゼロになること)」 proposition「事柄，主張」

1.「この世界で確かなことは何もないので，権力には価値がない」

2.「ある社会が成熟すると人種の区別がなくなる」

4.「勝者の総取りはすべての国で普遍的な真実である」

▶(9)第 4 段最終文（Far-right parties in …）では，英語圏の far-right parties「極右政党」は，様々な民族の移民が増えることで白人優位の社会が終わってしまうことに警告を発し，憎悪を煽っていると述べられている。したがって 1.「英語圏の国において，極右政党は多民族による民主主義に敵意を持つ傾向がある」が正解。

2.「政府が人々の考え方を変え，経済的，社会的，道徳的改革に着手するにはかなりの費用がかかるだろう」

3.「アメリカ合衆国は人口の多様性においてカナダとニュージーランドをリードしている」

4.「アメリカ合衆国は重要な多民族プロジェクトが今後数十年以内に全国で実施されるよう準備を進めている」

▶(10)第 6 段（California is another …）では白人が少数派になってから，経済成長を遂げたカリフォルニアのケースが紹介されている。第 6 ～最終文（In 1994, the …）では，プロポジション 187 と呼ばれる住民投票について言及されており，これは不法移民が医療や教育などの公共サービスを受けることを禁止するもので，カリフォルニア州への移住を抑制するものだったと説明されている。プロポジション 187 は経済成長を促した多様性を抑制するものなので，筆者の見解に含まれないものとしては，1.「プロポジション 187 はカリフォルニアの経済と福祉を推進するのに貢献した」が適切。

2.「少数派から多数派へと変わった政治的指導体制の下で社会情勢が改善した」 最終段第 1 ～ 3 文（Nevertheless, all of …）の内容に一致。

3.「1990 年代中頃の住民投票は一体性の考えに逆行していた」 第 6 段第 6 ～最終文（In 1994, the …）の内容に一致。

4.「白人の居住者は自分たちの多数派の立場が失われる可能性に対して攻撃的な反応をした」 第 6 段第 5 ～最終文（Yet this transition …）の

内容に一致。

●語句・構文●

（第1段）the U.S. Constitution「合衆国憲法」 aristocracy「貴族政治（国家）」 lord「領主」 federal「連邦政府の」 tyranny「専制政治」 faction「党派」 chaotic「混乱した」 prone「傾向がある」

（第2段）nightmare「悪夢」 the enslaved「奴隷」 visionary「先見の明がある」

（第3段）monumental「極めて重要な」 suburban「郊外の」 dwindle「縮小する」 unifying「求心力のある」

（第4段）issue「（声明など）を出す」 ominous「脅迫的な，不吉な」 fan「～を煽る」 hatred「憎悪」

（第5段）transition「移行（する）」 elect「～を選出する」 resident「居住者」 menace「脅威」 equivalent「同等の」 equilibrium「均衡」

（第6段）fierce「激しい」 referendum「住民投票」 legislation「法律」 deter「～を抑止する」

（最終段）outnumber「～の数を上回る」 wield「（影響力など）を握る」 enact「～を制定する」 shed「～を落とす，～を取り除く」 activism「行動主義」 inclusion「一体性」 in terms of～「～に関して，～の観点から」

II 解答

(i)⑾―4 ⑿―3 ⒀―4 ⒁―4

(ii)⒂―2 ⒃―3 ⒄―1 ⒅―1 ⒆―3 ⒇―3

◆全 訳◆

≪フードロスと食品廃棄を削減する取り組み≫

フードロスと食品廃棄が世界的な問題――新型コロナウィルス感染症によって一層悪化している問題となっている。新型コロナウィルス感染症のパンデミックによる移動および検疫規制の制限によってフードロスと食品廃棄のレベルが世界的に上昇しているのだ。

国連食糧農業機関（FAO）は「2019年世界食糧・農業白書」の中で，フードロスをフードサプライチェーンにおいて，小売店，飲食店，消費者を除く食品供給業者による判断と活動によって生じる食べ物の量的または質的価値の減少と定義している。一般的にフードロスは，品質，見た目の良さ，安全基準だけではなく，インフラの制約，天候，環境的な要因によっても膨らむ。フードロスはフードサプライチェーンにおいて，生産，収穫後，加工の段階で発生する場合が最も多い。

一方，食品廃棄はフードサプライチェーンの最後で発生する。食品廃棄とは，本来は人間が食べるために生産されたが，人間によって廃棄されたり，食べられなかったりした食料のことである。食品廃棄には廃棄する前に腐ってしまった食料と，廃棄の段階でまだ食べることができた食料が含まれている。一般的に食品廃棄は小売店や消費者の段階で発生し，質，見た目の良さ，安全基準を優先する消費者および店の判断によって膨らんでいく。

新型コロナウィルス感染症のパンデミックによって，多くの国で食料確保と栄養摂取が危険にさらされ，小規模生産者の生活も打撃を受けていることを受け，私たちは食糧システムを再評価すべきところにある：食料をどのように生産し，分配し，消費するのか。１つ明らかなことがある。危機の時にはフードロスや食品廃棄の余地はない。幸いなことに，新しい革新的なテクノロジーが日々進化し，先ほど述べたシステムが改善され，より良い方向へと変化している。ほんの数例を以下に示す。

スマートフォンがますます普及し，アプリは世界の大半の人々とつながるシンプルで簡単な手段となっている。パンデミックの間，フードロスと食品廃棄を解決するアプリの人気が高まった。また複数の国では，傷みやすい食べ物の物流，輸送，電子商取引を円滑にするアプリの開発を進めている。*Too Good to Go* は多くの街の小売店や飲食店に，１日の終わりに売れ残った食品を値下げした価格で販売するプラットフォームを提供するアプリである。

FAO は収穫後の処理と食品加工の効率を上げる多くの革新的な技術に取り組んできた。そうした新しい解決策の１つが３Ｄ印刷技術の活用である。FAO はダウンロードして使用できるように，オンライン上にオープンソースの革新的な備品（FAO 自体が国家プロジェクトにおいて使用している備品）の３Ｄデザインを提供している。FAO が提供している中で最も多くダウンロードされているのは，輸送，出荷，保管，さらに農産物を小売店で陳列する際など多目的に使える木箱のデザインで，これによって農産物をある箱から別の箱に移す必要性が減る。革新的なデザインでは，簡素な木材が使われているが，結果的に輸送中の食べ物へのダメージがはるかに少なくなった。このデザインは 2 年足らずで 13,000 ダウンロードに達し，スーダンやタイで広く利用されている。

革新的であるということは，必ずしも新しいテクノロジーに関連したことだけではない――簡単な技術を新たな方法で利用することも意味する。FAO の多くのプロジェクトでは，従来の技法に疑問を持ち，既存の道具を活用する新たな方法を取り入れるだけで，収穫段階におけるフードロスを削減している。例えば，多くのアジアの国々では，輸送中に農産物がかなりの割合でダメになってしまう。南アジア 3 カ国で行われた FAO のプロジェクトで，果物や野菜は収穫後の損失が 20〜50 パーセントにまで及ぶことがわかった。その大半は農産物を保護することができない梱包が原因であった。バングラデシュでは，従来トマトは農園から市場まで大きな網目状の袋で運ばれている。そうしたトマトの多くは市場に着いた時には傷んでいたり，黒ずんでいたりする。バングラデシュでの FAO のプロジェクトでは，袋の代わりに大きな木箱を使うことを提案し，それによって大幅にフードロスが減り，農業従事者は自分たちの農産物をより多く売ることができるようになった。FAO は小さな農家の人たちに木箱を提供して使ってもらい，彼らに最適な作物の扱い方を指導した。農産物の質と賞味期限の差は非常に顕著で，今やスリランカでは，あるスーパーマーケットが農産物の質を保証できるよう農業従事者に木箱を提供している。このようにシンプルだが効果的な変化はサプライチェーンにおける出荷を劇的に改善することができ，地元の農家の人たちの収入と食料確保に大きな影響を及ぼしている。またそうした変化は消費者にとっても食べ物の質と賞味期限を向上させる一因となっている。

コロナ禍では，農業従事者と消費者の双方が市場を利用できなかったため，果物や野菜のような傷みやすい食べ物が数多く廃棄された。2020 年 9 月 29 日，初のフードロスと廃棄に関する啓発のための国際デーが制定され，FAO は個人，企業，政府に行動を呼びかけた。この国際デーは世界的なパンデミックの最中であったが，この日は現在の食糧システムの脆弱さと食べ物を入手して食べられることの大切さに注目してもらう役割を果たしている。

地球上の多くの人にとって，食べ物は当たり前のものである。しかし，慢性的に空腹を抱える何百万人もの人たちにとって，食べ物の入手は保証されたものではない。無駄と廃棄を減らすことは，食べ物，天然資源，人間の努力，これまでそれに投入されてきたものに敬意を表すことになる。食べ物の背後にあるストーリーを思えば，私たちの食べ物が本当はどういったものなのか，そしてそれがどれほど大切なものであるかを理解するのは容易である。

◀解　説▶

◆(i)　▶(11)第2段（In "The State …）ではfood loss「フードロス」，第3段（Food waste, …）ではfood waste「食品廃棄」について言及し，両者の違いを説明しているので対比の意味を表す4．「一方」が正解。

▶(12)空所を含む文は「危機の時にはフードロスや食品廃棄の…はない」という意味。食料の生産，分配，消費について明らかなことについて言及している部分なので文脈に合うのは3．「余地」のみ。1．「障害」　2．「余暇」　4．「物質」

▶(13)空所を含む部分は前のa platform「プラットフォーム（＝ソフトウェアなどの動作環境）」を修飾する形容詞句の一部。売れ残った商品を割引価格で販売するという内容にすれば文意に合うので4．「残った，余剰の」が正解。1．「議論の余地のある」　2．「自分で選べる」　3．「不足した」

▶(14)空所を含む文は「私たちの食べ物が本当は何を…しているのか，そしてそれがどれほど大切なのか理解するのは容易である」という意味。選択肢の中では4．「～を象徴する，～を表す」のみ文意が通じる。1．「～を保全する」　2．「～に敬意を表す」　3．「（人の反応など）を引き起こす」

◆(ii)　▶(15)下線部を含む文は「新しい革新的なテクノロジーが日々進化し，先ほど述べたシステムが改善され，より良い方向へと変化している」という意味。フードロスと食品廃棄について述べている部分で第5段（Smartphones are increasingly …）以降，フードロスや食品廃棄が減っている事例が説明されている。したがって2．「無駄になった農産物や廃棄される農産物を減らすために食糧システムを改善すること」が正解。synonymous「同義の」

1．「食糧生産を抑止するために科学技術のイノベーションを加速させる」

3．「より迅速に食料を分配するため，小売店の代わりに新しいアプリを使うこと」

4．「発展が遅れている国や地域の食糧不足を解決すること」

▶⒃フードロスをもたらす最も大きな原因を選ぶ問題。第2段第2～最終文（Food loss is …）で，フードロスの原因の1つとして，インフラの制約が挙げられ，生産，収穫後，加工の段階で発生する場合が最も多いと説明されている。したがって3．「収穫作業と食品加工におけるインフラの制約」が正解。

1．「次の世代に起こるかもしれない気候変化」

2．「店で手に入る新鮮な食べ物を追い求める消費者の傾向」

4．「発展が遅れている地域で食糧不足を加速させるパンデミック」

▶⒄フードロスの例として説明しているものを選ぶ問題。第2段第1文（In “The State …）で，フードロスの定義は，小売店，飲食店，消費者を除く食品供給業者の判断や活動で生じる食べ物の量的または質的価値の減少と説明されている。食べ物が店に並ぶ前に発生するものを選べばよいので，1．「農園から輸送している間に形が崩れてしまった農産物を廃棄すること」が正解。

2．「冷蔵庫や冷凍庫に保存していた食べ物をすべて消費するわけではないこと」

3．「質は高いが不ぞろいの形の食べ物を割引価格で売ること」

4．「まだ食べられる農産物を賞味期限が迫っているので捨てること」

▶⒅食糧システムを改善する手助けとなる革新的なテクノロジーに当てはまるものを選ぶ問題。第7段第1文（Being innovative is …）では，革新的であるということは簡単な技術を新たな方法で利用することでもあると述べられ，第6～8文（In Bangladesh, tomatoes …）では，トマトを運ぶ際に袋の代わりに木箱を使うことで大幅にフードロスが減ったバングラデシュの事例が紹介されている。したがって1．「従来のテクノロジーを，農産物を保護する新たな方法に利用することができる」が正解。

2．「革新的なテクノロジーは食べ物を守る新しいデザインと素材に基づいている」

3．「革新的なテクノロジーには入り組んだ階層的な戦略が不可欠である」

4．「アプリのような新たなテクノロジーはフードロスを防ぐため，農業従事者に独占的に使われている」

▶⒆「本文で述べられているような今日の食糧システムが直面している問

題の解決に貢献しないものは以下のうちどれか？」 本文ではフードロスと食品廃棄の問題について論じており，食糧不足の問題を扱っているわけではない。したがって，3.「気候をコントロールし，それによって食糧不足を撲滅するテクノロジーを発明すること」が正解となる。

1.「収穫前と収穫後の農産物をより適切に保護する効率的なインフラを構築すること」

2.「消費者が見栄えを優先しないよう彼らの考え方を変えること」

4.「無駄と廃棄を減らすため，革新的なテクノロジーと共に，既存の手段を利用すること」

▶⑳本文全体を通して，フードロスと食品廃棄の問題にどのように取り組むべきなのか論じており，最終段第3文（Reducing loss and …）では，無駄と廃棄を減らすことは，食べ物，天然資源，人間の努力，これまでそれに投入されてきたものに敬意を表すことを意味すると述べられている。したがって，フードロスと食品廃棄に関する筆者の意見を要約したものとしては3.「無駄と廃棄を減らす取り組みと共に，食べ物に対してより一層の敬意を払うべきである」が最も適切。

1.「世界的なパンデミックによって食べ物が入手しづらくなり，慢性的な飢餓が増加している」

2.「消費者と事業主は食品廃棄に対して等しく責任がある」

4.「革新的なテクノロジーによって，食糧不足はもはや問題にならないだろう」

●語句・構文●

(第1段) COVID-19「新型コロナウィルス感染症」 quarantine regulation「検疫規制」 pandemic「パンデミック，感染爆発」

(第2段) food chain「フードサプライチェーン（＝原料の段階から消費者に至るまでの全過程)」 retailer「小売店」 food service provider「飲食店」 infrastructure「インフラ」 aesthetic「美的価値」 post-harvest「収穫後」

(第3段) discard「～を廃棄する」 prior to ～「～より前に」 disposal「廃棄」 edible「食べられる」 prioritize「～を優先する」

(第4段) nutrition「栄養」 livelihood「生計」 re-evaluate「～を再評価する」 innovative「革新的な」

(第５段) app「アプリ」 facilitate「〜を円滑にする」 logistics「物流」 e-commerce「電子商取引」 perishable「傷み（腐り）やすい」
(第６段) work on「〜に取り組む」 harness「〜を利用する」 open-source「オープンソースの」 multipurpose「多目的の」 crate「木箱」 storage「保管」
(第７段) challenge「〜を疑問視する」 pre-existing「既存の」 mesh「網状の」 sack「袋」 bruise「〜を傷つける」 substantially「かなり」 shelf-life「賞味期限」 noticeable「顕著な」 guarantee「〜を保証する」
(第８段) call upon〔on〕*A* to *do*「*A* に〜するよう求める」 highlight「〜を強調する」 fragility「脆弱さ」
(最終段) chronically「慢性的に」

Ⅲ 解答 (i)(21)―１ (22)―４ (23)―３
(ii)(24)―２ (25)―１ (26)―１ (27)―４ (28)―４ (29)―１ (30)―３

◆全 訳◆

≪インフレの真の原因と解決策≫

カリフォルニア大学バークレー校の公共政策の教授で，前アメリカ合衆国労働長官のロバート=ライシュによると，インフレに関する真相は，数えきれないほどの作り話で覆われているという。以下に述べるのは 2022 年の彼の意見の要旨である。

まず第一に，インフレは賃上げによって進んでいるのではない。賃金は上昇しているが，物価の上昇よりも緩やかである。時給はこの１年で５パーセント上がったが，物価は 8.6 パーセントの上昇である。これは，インフレ率を差し引いて調節すると，前年に比べ労働者の賃金が実質的に 3.6 パーセント減ったことを意味する。第二に，企業利益がインフレの主な原因の１つとなっている。企業はコストの上昇を埋め合わせるために必要とされる金額以上に価格を上げている。こうした価格の引き上げは数値的に見ると急騰している。企業は競争相手が皆無かそれに近いため，この窃盗行為の罰を逃れているのだ。さらに，彼らは口実としてインフレによって私たちの気をそらすことも利用している。2021 年，企業はここ 70 年の間で最も多くの利益を荒稼ぎした。最近の調査では，私たちが経験している価格上昇の半分以上は，企業利益を増やすためのものだった可能性があることがわかった。第三に，パンデミックの間に行われた政府の人々への支援はインフレの原因ではない。ほとんどの世帯は——数年間，実質賃金は上昇していない——，その支援を借金の返済に充てたか，将来のために貯蓄していた。あの支援は勤労者世帯が困らないようにする程度のものだったのである。

物価高は賃上げによって進んでいるのではない。パンデミック期間中の連邦政府からの補助金によって進んでいるわけでもなかった。インフレは主として記録的な企業利益によって進んでいるのだ。企業は上昇したコストを容易に負担できるが，そうはせずに，それを消費者に転嫁し，上昇分のコストを上回る値上げさえ行っている。

このような状況に対して，なぜ企業は罰を受けないでいられるのかという疑問がわくだろう——先に述べたように競争にさらされることが皆無であるという問題。もし市場で競争が激しければ，競合他社が顧客を奪うのを阻止するために会社は価格を下げるだろう。しかし，価格を調整できるほんのわずかな数の競争相手しかいない市場においては，消費者には現実的な選択肢はないのだ。

では企業はこの記録的な利益をどのように使っているのか？　空前の量の自社株を買い戻して株価をつり上げるために使い，余剰資金を蓄えているのだ。例えば，ゴールドマンサックス証券は2022年の買い戻し額は1兆ドルに達すると予想している——これは過去最高額である。これは平均的な労働者の財布からCEOや株主の財布の中に富が直接送られていることに等しい。CEOの報酬（主に株式価値に基づいて）が今や標準的な労働者の給与の350倍にも達している間に，億万長者たちも同様にパンデミック期間中，少なくとも1.7兆ドル分裕福になった。

アメリカ中央銀行の連邦準備制度理事会（FRB）は利上げを継続することでインフレを抑えたいと考えている。これは深刻な過ちとなるだろう，なぜならそれは企業への富の集中という問題に取り組んでおらず，雇用の増加と賃金の上昇を減速させるからである。FRBの議長が主張するように，労働市場はおそらくほんのわずかの労働者しか空いている職に就くことができないほど“不健全で厳しい”ものではない。企業が不健全なほど儲けているのだ。では現実的な解決策は何か？

1つのプランとしては，経済が少数の巨大企業に集中していることに取り組む反独占施策を行うことである。1980 年代から，アメリカの3分の2を超える産業で一点集中が進み，企業は値上げの調整ができるようになった。もう1つの方法は企業の記録的な利益を徴収し，急騰する物価の補塡に苦しむ普通のアメリカ人への直接的な支払いとして再分配する一時的な超過利益税の導入である。イギリスの保守党政権は石油とガスの巨大企業に 25 パーセントの超過利益税を制定した。この税金による歳入は，エネルギー危機を乗り切る手助けとなるよう低所得世帯へと支払われる。イギリスの保守党員にこれができるのであれば，合衆国でも可能である。さらに進んだ手法ということであれば，企業の株式の買戻しの禁止だろう。自社株買いは，アメリカ合衆国大統領のロナルド=レーガンが 1982 年に合法化する前は，法律で禁じられていた――そして自社株買いは再び禁止されるべきである。さらに富裕層や企業にさらに高い税金を課す措置を取ることもできるだろう。企業利益は過去最高に近いというのに，法人税率は過去最低近くになっている。さらに悪いことに，億万長者たちがパンデミックで得た利益の大半は完全に課税を逃れているのだ。最後に，より力を持った労働組合が必要である。企業の力が大きくなると，労働組合の構成員が減少し，経済的不平等が生じる――ここ 40 年間，大半の労働者が実際に賃上げを経験していない理由だ。すべての労働者は，より高い賃金と恩恵を手にするために団結して交渉する権利を持って当然なのである。

要するに，真の問題はインフレではないのだ。真の問題は過去 40 年にわたり，企業の力が大きくなり，労働者の力が弱くなったことである。この増大する不均衡に取り組まない限り，企業は経済活動で得た利益を CEO や株主の懐へ送金し続けるだろう――その一方，普通のアメリカ人は苦しむことになる。

◀解　説▶

◆(i)　▶(21)空所を含む文は「こうした価格の…は数値的に見ると急騰している」という意味。直前の文（Corporations are raising…）では，企業がコストの上昇分以上に価格を引き上げているとあるので，1.「引き上げ，値上げ」が正解。

▶(22)主節，従属節とも CEO（最高経営責任者）や億万長者たちが裕福になっているという内容なので文脈に合うのは 4.「～している間」のみ。
1.「～しないように」　2.「さもなければ」　3.「～でない限り」
▶(23)空所を含む部分は「経済が少数の巨大企業に集中していることに取り組む…な施策」という意味なので 3.「反独占的な」を選べば文脈に合う。enforcement「施策」　1.「反企業の」　2.「反表現の」　4.「反労働組合の」

◆(ii)　▶(24)冒頭の部分で，インフレに関する真相は多くの作り話で覆われているというロバート=ライシュの立場を押さえておく。第 1 段第 1 文（First, inflation is …）では，インフレは賃上げによって進んでいるのではないと述べられているので，2.「賃金の上昇とインフレの進行は必ずしも関連があるわけではない」が正解。
1.「インフレの進行によって，労働者の実際の賃金が下がる」 actual wages は実際に賃金として支払われた金額のことを指す。第 1 段第 3 文（Hourly wages grew …）に「時給は 5 パーセント上昇した」とあるので不適。
3.「インフレが進むと，労働者の賃金上昇は緩やかになるだろう」
4.「賃金が上がると，同じ割合でインフレも進む」
▶(25)ライシュがインフレの進行は企業に責任があると考えている理由を選ぶ問題。第 1 段第 5・6 文（Second, corporate profits …）では，企業利益の増加がインフレの原因の 1 つで，企業はコストの上昇を埋め合わせるために必要な金額以上に価格を上げているとある。したがって 1.「会社は実際に行ったほど価格を上げる必要がない」が正解。
2.「インフレによって膨らむコストを埋め合わせるのは企業にとって難しい」
3.「インフレはここ 70 年の間で最も高い割合で進んでいる」
4.「このインフレ環境で企業間の激しい競争が増えている」
▶(26)「インフレ環境への助けとなるものとして政府の援助が果たした役割に関するライシュの見解について推察できるのは以下のうちどれか？」第 1 段第 12～最終文（Third, government assistance …）では，人々への政府の支援はインフレの原因ではないとあり，その支援は勤労者世帯が困らないようにする程度のものだったとある。したがって 1.「勤労者世帯への政府の援助は彼らの基本的なニーズを満たすものであったが，インフレに大きな影響を及ぼすものではなかった」が正解。

2.「勤労者世帯への政府の支援は，貯蓄や借金の返済に使われたので，インフレを引き起こした」

3.「政府は勤労者世帯に十分な援助を与えていなかったので，たとえインフレを引き起こしたとしても，もっと多くの援助を提供するべきだった」 本文中でライシュがインフレを容認していることを推察できる部分はないので不適。

4.「政府は勤労者世帯にあまりにも多くの支援を与えすぎたため物価が上昇した」

▶(27)企業が得た利益の使い道として本文で述べられていないものを選ぶ問題。第4段第2文（Using them to …）で企業が得た利益は，自社株の買戻しに使われたとある。また同段第4～最終文（This amounts to …）では，自社株の買戻しで株価を上げることは労働者の財布からCEOや株主の財布に富が送られることに等しいとあり，CEOの報酬の高さについても言及している。他社との競争のためにその利益を使っているという説明はないので，4.「企業は競争相手をうまく撃退するためにその利益を使った」が正解。share of stock「株式」

1.「企業は多くの自社株を買い戻した」

2.「企業は労働者を犠牲にして，株主の利益を増やした」

3.「企業は経営者たちの給与を大幅に上げた」

▶(28)「FRBの政策は誤りである，なぜなら利上げは…」 第5段第2文（That would be …）の後半で，FRBの利上げ政策が深刻な過ちとなる理由として，雇用の増加と賃金の上昇を減速させることが挙げられている。したがって4.「給与と雇用の改善を遅らせ，勤労者世帯に損害を与える」が正解。

1.「さらに労働市場を締め付け，経済に損害を与えている」

2.「歴史的にインフレを抑制してきたが，今日ではそれができないかもしれない」

3.「根本的な問題を解決しない，なぜならそれは企業に損害を与えるからである」

▶(29)アメリカが直面しているインフレの問題に対する解決策としてライシュが列挙していないものを選ぶ問題。第6段第3～6文（Another approach is …）では，インフレ対策として記録的な企業利益に対する一時的な超過利益税の導入を提案し，イギリスの保守党政権が巨大企業に超過利益税を課した例が説明されているが，それは恒久的なものではなく，政府の借金を返済するためでもないので，1.「イギリス政府を真似て，政府の借金を返済するため記録的な企業利益に恒久的に課税する」が正解となる。

2.「企業が記録的な量の自社株を買い戻すことを防ぐ」第6段第7文（A further method …）の内容に一致。

3.「社会的不平等と企業が過度に利益を上げる力を縮小するため労働組合を強化する」 第6段第12・13文（Finally, stronger unions …）の内容に一致。

4.「公平な負担分を支払うよう企業と極端な富裕層の双方に高い税率で課税する」第6段9～11文（Additionally, we could …）の内容に一致。

▶(30)本文全体を通して，アメリカが直面しているインフレについてのロバート=ライシュの見解が述べられている。冒頭の部分では，インフレに関する真相は，多くの作り話で覆われているとあり，第1～5段ではインフレが起こっている仕組みを説明している。さらに第6段では，この問題に対する具体的な解決策が提案されているので主旨を捉えたタイトルとしては，3.「インフレの原因に関する神話と真実および解決策」が最も適切。

1.「企業の強欲とアメリカ経済への大規模なダメージ」

2.「政府の政策の失敗，およびその失敗とインフレとの関連性」

4.「新型コロナウィルス感染症によるパンデミックの期間中，企業が利益を得た理由」

●語句・構文●

（第1段）inflation「インフレーション（＝物価上昇）」 hourly wage「時給」 corporate profit「企業利益」 driver「原因」 soar「急騰する」 get away with ～「～をしても罰を受けない」 theft「窃盗」 little to no「皆無かそれに近い」 distraction「気をそらすこと」 cover「口実，偽装」 rake「かき集める」 attribute *A* to *B*「*A* を *B* のせいにする」 overheat「～を過熱する」 barely「かろうじて」 afloat「困難がなく，浮かんだ」

（第2段）record「記録的な」 pass *A* on「*A* に転嫁する」

（第3段）competitive「競争的な」 coordinate「～を調整する」
（第4段）boost「～を引き上げる」 share price「株価」 excess fund「余剰資金」 transfer「移動（させる）」 shareholder「株主」 stock value「株式価値」
（第5段）curb「～を抑制する」 grave「深刻な」 address「（問題など）に取り組む」 supposedly「おそらく」
（第6段）temporary「一時的な」 redistribute「～を再分配する」 struggle「苦闘する」 Conservative「保守党の」 enact「～を制定する」 giant「巨大企業」 revenue「歳入」 weather「～を無事に乗り切る」 buyback「買戻し」 legalize「～を合法化する」 implement「～を実行する」 worse yet「さらに悪いことに」 union「労働組合」 inequality「不平等」 bargain「交渉する」
（最終段）imbalance「不均衡」 whereas「その一方で～」

Ⅳ 解答

(31)－2　(32)－2　(33)－1　(34)－3　(35)－3　(36)－1
(37)－4

◀解　説▶

▶(31)「ひどい嵐のせいで，電力がストップした。停電が終わるとすぐに，街の灯りが元に戻った」
空所直後の had と後方の than に着目し，No sooner had S done … than ～「…したらすぐに～した」の構文にすればよい。S had no sooner done … than ～ の no sooner が文頭に出ると，このような倒置形となる。

▶(32)「事務所を出たとたん，太陽が雲の後ろから出てきた」
最初の空所直後が had I ～ と倒置形になっているので，Hardly had S done … when S did ～「…したらすぐに～した」の構文にすればよい。S had hardly … when S did ～ の hardly が文頭に移動した倒置形。

▶(33)「もし次勝てば，彼女はオリンピックで3回連続メダルを獲得することになる。そのオリンピックの後，彼女が引退してしまうのは残念だ」
後方の副詞節（if she wins …）では未来の条件が述べられ，主節には three times という表現があるので，未来のある時点における経験を表す未来完了形（will have *done*）にすればよい。

▶(34)「パットがどれだけ強く退去に抗議しても，彼の国外追放が最終決定された」

no matter how＋副詞・形容詞＋SV「どんなに～しようとも」という譲歩の意味を表す構文にすれば文脈に合う。

▶(35)「私は社会規範が医療行為の文化に影響を及ぼし，患者の治療法や症状を調べる方法において，そのような役割を果たしていることにしばしば驚かされる」

空所直後の目的語が such a part となっていることに着目し，play a part「役割を果たす」とすればよい。

▶(36)「ユキコは長い間，本を書くことを目標にしてきた。ついに夢をかなえると，彼女の作品がベストセラーになり，より一層感激した」

空所直後に her dream という目的語が続いているので，fulfill「(夢，望みなど）を実現する」が正解。succeed「成功する」は自動詞なので不可。manage は「～にうまく対処する」という意味なので不適。

▶(37)「学校における機会格差は収入格差のような他の社会的格差と同時に起こっている。そうした他の社会的不平等を分析せずに教育機会におけるこの種の格差について議論することはできない」

選択肢の中で文意が通じるのは 4．「～と同時に起こる」のみ。1．「～を待つ」 2．「(資金・人員など）を集中させる」 3．「～を監視する」

V　解答　(38)― 1　(39)― 3　(40)― 2　(41)― 1　(42)― 4　(43)― 1

◆全　訳◆

≪歴史の負の側面を教える利点≫

現在，論争となっているのが民族間の摩擦だけでなく，国家の歴史の負の側面について子供たちに教えるべきかどうか，そしてどのように教えるべきなのかという問題である。政治家，親，それ以外の影響力の強い関係者たちはこの問題に関して，揺るがないものだがそれぞれ分かれた見解を持っている。一方は歴史の批判的な見解を教えることは子供たちにとって有益であると考え，過去の出来事を批判する教えをもっと多くカリキュラムに加えるよう主張している；もう一方はそうした教えは有害であると考え，教室での批判的な内容は禁止すべきだと主張している。

しかし，これによっていくつかの関心事が生じている。私たちが歴史に関する否定的視点を生徒たちに教えると実際にどのようなことが起きるのか？　別の言い方をすれば，子供たちが過去の民族間の緊張の事例について学ぶとどうなるのか？

社会科学者たちは長年にわたってこの問題を研究し，全体的に見れば，学校が生徒たちに歴史の難しい側面について教えることによって得られることは大きいと気づいた。ある心理学者は，このテーマに関して以前行われた調査を最近になって再検討し，民族間の緊張について子供たちに教えると，社会に広く及ぶ偏見に対する憂慮だけでなく，他のグループのメンバーに対する思いやりも実際に高まることに気づいた。そうした調査では，例えば，子供たちが不公平について学ぶと平等を重んじ，他人に対して好意的な態度で優しくなる可能性が高くなることも示唆する結論が指摘されている。

◀解　説▶

▶(38) actor には「俳優」という意味の他に「関係者」という意味があるので，1を選べば「その他影響力のある関係者」となり文脈に合う。

▶(39)歴史の批判的な見解を子供たちに教えることが有益だと考えている人たちの考えについて言及している部分なので，過去の出来事を批判する教えをカリキュラムに加えるという文脈にすればよい。

▶(40)空所直後の文（What actually happens …）では，歴史に関する否定的視点を生徒たちに教えることで，どのようなことが起きるのかという問題提起が続いているので2.「関心事」が正解。

▶(41)子供たちに国家の歴史の負の部分を教えるべきかどうかということがテーマなので1.「側面」が正解。challenging「困難だがやりがいのある」　2.「例外」　3.「寓話」　4.「反復」

▶(42)空所を含む部分は「民族間の緊張について子供たちに教えると，他のグループのメンバーに対する…が実際に増える」という意味。子供たちに歴史の難しい側面について教えることで得られるメリットについて述べている部分なので4.「思いやり，同情」が適切。1.「バランス」　2.「混乱」　3.「栄光，名誉」

▶(43)空所直前の indicating から前方の conclusions を修飾する形容詞句となっている。空所直後では子供たちが不公平について学ぶと平等を重んじるという事例について言及しているので1.「例えば」が正解。

●語句・構文●

(第1段) controversy「論争」 friction「摩擦，不和」 dimension「面」
(第2段) put another way「言い換えれば」
(最終段) system-wide「(社会など) システム全体に及ぶ」

Ⅵ　解答　(44)－2　(45)－4　(46)－1　(47)－2

◀解　説▶

▶(44)「1936年4月1日，エレノア=ルーズベルトは次のような声明を出した。"世界大恐慌の中，私が特に感謝していることの1つは，これまで私たちが知らなかった多くのことを発見したことです。そのうちの1つはこの国で図書館の利用が全くできない地域があるということです。例えば，後ろに蔵書をひもで縛って固定し，馬に乗って図書館がない場所の子供や大人たちに本を届けに行く若い娘たちの写真を見ました。私たちはメアリー=ブレッキンリッジがケンタッキー州の田舎の山岳地帯の人たちに看護の奉仕活動を行ったことはよく知っていますが，その看護師たちと同じように馬に乗って出向いていく図書館があることについてはほとんど何も知りません」

図書館のない遠隔地に，馬に乗って本を届ける若い娘たちについて言及したスピーチなので，2.「図書館は心の栄養の源であり，すべての市民が利用できるようになるべきである」が最も適切。

1.「メアリー=ブレッキンリッジに率いられ，若い娘たちは遠隔地の人々に本を寄付し始めた」

3.「メアリー=ブレッキンリッジが本から学んだ知識を広めようと自ら行動したことはほとんど知られていない」

4.「世界大恐慌の間，フォトジャーナリズムは政策決定に不可欠なものであった」

the Depression「世界大恐慌」 library「蔵書」 strap「～を縛る」

▶(45)「責任の分散は，決定を下さなければならない人が，他の誰かが代わりに行動してくれるのを待っている時に生じる。関係している人が多ければ多いほど，集団内の他の人が応じてくれるだろうと思って，各自が何もしなくなる可能性が高くなる。責任の分散によって，正しかろうが間違っていようが，他の人がやってくれるだろうと思い，行動しなければならないという重圧を感じにくくなる。さらに，ある状況に対して責任を感じていないと，何も手助けをしなくても罪の意識を感じにくくなる。この様に責任の分散は，私たちが自分自身の良心に留意するのを妨げているのである」

本文に基づき，人々を個別に反応させる効果的な戦略を選ぶ問題。責任の分散は関係している人が多い時に起こり，他の人がやってくれるだろうと思うことで，各自が行動しなくなるというのが本文の主旨。したがって人々を個別に反応させる手段としては，4.「行動に対する個人的な責任を感じるように，狙いを定めた特定の人に助けを求める」が適切。

1.「集団のメンバーに一緒に行動するよう仲間からのプレッシャーを強める」

2.「集団対応の緊急の必要性についてグループ全体に明確に訴える」

3.「集団の大きさは問題ではなく，問題はひとりでに解決すると人々に信じさせる」

diffusion「分散」 incorrectly「間違って」 conscience「良心」

▶(46)「国際貿易において重要な点は，輸出ではなく輸入である。つまり，貿易の恩恵は輸出産業によって生み出された仕事や収益によって評価されるべきではないのだ；結局のところ，そうした労働者は何か別のことをやっている可能性もあるからだ。そうではなく，貿易による恩恵は他の国があなたの国の国民に提供する有益な商品やサービスによってもたらされる。したがって，たとえ経済の教科書が違うように信じさせようとしている場合が多くても，プラスの貿易収支（すなわち，輸出が輸入を上回る）にするというのは“勝利”を意味するものではない。どちらかと言えば，それは自分たちが得ている以上のものを世界に提供し，その見返りとして支払いの約束を受け取っているにすぎない。もちろん，実際には，ここで述べたことの例外も存在する。プラスの貿易収支は弱っている経済を時として押し上げることがあり，輸入はある国を豊かにする一方で，一部の労働者に取って代わり，彼らを貧困化させる可能性もある。しかし，ロシアで起こっていることが真実を説明している。ロシアのプラスの貿易収支は強さではなく，弱さの表れなのだ；ロシアの輸出は除け者にされているわりにはよく持ちこたえているが，その経済は輸入の停止により麻痺している」

本文が暗に示していることを選ぶ問題。貿易において重要なのは輸出ではなく輸入であり，貿易による恩恵は輸入から得られるというのが筆者の主張。第４文（Thus, running a …）では，経済の教科書が違うように信じさせようとしているが，プラスの貿易収支は勝利を意味するものではないとある。従来の経済学においてはプラスの貿易収支はよいことだと考えられていることが読み取れるので１．「伝統的に経済学者はプラスの貿易収支を経済にとって有益なものと考えてきた」が正解。

２．「同じ商品を作ることができた労働者もいた可能性があるので，輸入は国をより貧しくする」

３．「輸出産業によって創出された仕事と収入は貿易の主要な恩恵であると政治家は理解している」

４．「労働者は仕事を変える上で柔軟性と誘因においてかなり制限されている」

positive trade balance「プラスの貿易収支」 i. e.「すなわち」 otherwise「別なふうに」 if anything「どちらかと言えば」 boost「～を増大させる」 impoverish「～を貧しくする」 hold up「持ちこたえる」 exile「（国外）追放」 paralyze「～を麻痺させる」 cutoff「停止，遮断」

▶(47)「ゼネラルモーターズの前社長であるアルフレッド＝P＝スローンは，上席委員会の会議でこう語っている。“みなさん，この決定に関しては，今ここにいる私たち全員が完全に意見が一致していると理解しています。反対意見が出て，おそらく，この決定に関するあらゆることが理解できる時間を取るため，この問題に関するさらなる議論を次の会議まで延期することを提案します。” 意見の相違が必要な理由は３つある。第一に，それは組織の囚人になることから政策決定者を守ってくれる。第二に意見の相違はある決定に対して代替案を示してくれる可能性がある。選択肢のない決定は単なる絶望的なギャンブルだ。中でも想像力を刺激するためには意見の相違が必要とされる。経営幹部が扱っているような，実際に不確実性を伴うすべての問題においては，創造的な解決策が必要なのだ。これは想像力――従来とは異なる新しい感じ方や捉え方――が必要になるということを意味する」

本文で示されていないものを選ぶ問題。経営組織が意思決定をする際には，意見の相違が必要であるというのが本文の主旨。個人的利益のための意思決定について言及している部分はないので，２．「個人的利益のための決定を追求するには議論好きの態度が必要である」が正解。

１．「反論を無視した意思決定プロセスは有害なものになりえる」

３．「対話と意見の対立は建設的な意思決定につながる可能性がある」

４．「多様な視点から比較することで，生産的でより客観的な決定がなされる」

committee「委員会」 take it that ～「～と理解する」 dissent「意見の相違」 safeguard「～を守る」 alternative「代替案，選択肢」 desperate「絶望的な」 above all「とりわけ」 uncertainty「不確実性」 executive「経営幹部」

Ⅶ 解答

a．originated b．structured c．answering
d．required e．exchange

◆全 訳◆

≪パブリックスピーキング≫

パブリックスピーキングは非常に重要なライフスキルである。パブリックスピーキングの研究は約2,500年前の古代アテネに起源がある。パブリックスピーキングとは，情報を与え，楽しませ，説得するために，しっかりと体系化された形で目の前の聴衆に話をするという行為である。パブリックスピーキングには多くの要素が含まれている：興味を引く話題を選ぶこと，人の心を捉える原稿を書くこと，聴衆から質問を引き出すこと，そうした聴衆からの質問に答えること。パブリックスピーキングは通常，形式に従ってお互い面と向かい，１人の相手または集団の聞き手に対して行うスピーチである。市民は市民の義務の一環としてそれぞれがスピーチを行うことを求められており，そうしたスピーチには立法議会でのスピーチや，時には自分自身を弁護するための法廷でのスピーチも含まれていたのだが，それは一般的な古代アテネの人々には弁護士がついていなかったからである。建前としては，すべての市民は討論の場に集い，戦争，経済，政治についてお互い意見を交わすことになっていた。したがって，優れた対話スキルは卓越した社会生活を送る上でも不可欠なものであった。

◀解 説▶

ａ．主語がThe study of public speakingなので，空所直後のin ancient

Athensという表現に着目して，originate in～「～に起源がある，～で始まる」とすればよい。時制は過去形。

b．空所には直後のmanner「やり方，方法」を修飾する形容詞が入る。structure「～を体系化する，～を組織立てる」を過去分詞にしてwell-structuredとすれば，しっかりと体系化された方法で聴衆に話をするという内容になり文意に合う。

c．空所直後にthose queries「それらの質問」という表現が続いているのでanswerを選べばよい。空所直前のandは前方のpicking～，writing～，asking～を結んでいるのでing形にしておく。

d．空所の前にbe動詞があり，空所直後がto give speechesとなっているので，require *A* to *do*「*A*が～するように要求する」という表現を受動態にした形にすれば文法的にも文脈的にも適切。

e．空所直後の目的語がopinionsとなっているのでexchangeが適切。空所直前のandは前方のmeetとexchangeを結んでおり，助動詞のwouldがあるので原形にしておく。

●語句・構文●

captivating「人の心を捉える，魅力的な」 legislative assembly「立法議会」 court「法廷」 theoretically「建前としては，理論上は」

Ⅷ　解答

a．admission　b．prevalence　c．portion
d．applicants　e．harassment　f．tolerance

◆全　訳◆

≪多様化する学生を守る大学≫

高い学費にもかかわらず，アメリカの大学は入学を目指して奮闘する多くの学生で大盛況である。大学の種類は数多く存在する：公立と私立；一般教養と実習；研究と教授法；まださらに多く分かれる。それは多様なシステムで，あらゆる形態，規模，目的を持った大学が存在している。大卒ではない多くの人たちが大学に敵意を向けていることを考えると，あらゆる種類の大学が全国に行き渡っていることは驚きである。そうした人たちは，社会の体制から不当に取り残される傾向があり，よい仕事が見つけられないことも多いのだが，彼らはアメリカの人口の大部分を占めている。

こうした社会格差を考慮し，大学は多様なバックグラウンドを持つ志願者でも大学の選考過程を進んでいける安全で教育的な環境を提供しようと試みている。この目的を達成するため，大学は特定の特性に基づいて生徒を差別することを禁止する法律を順守している。その規定は様々であるが，それらすべてには，様々なバックグラウンドやニーズを抱えた学生を保護するという同じ根本原理がある。あらゆる形態の違法な暴力，脅迫，セクシャルハラスメントが厳しく禁止されている。この方針に関する条項に違反する教職員や学生は誰であっても，様々な懲戒処分を受けることになる――基本的に不適切な行動に対しては，いかなる違反も認めない方針である。

◀解　説▶

a．空所は前方の many students を修飾する形容詞句の一部となっているので，admission「入学（許可)」を入れれば，入学を目指して奮闘する多くの学生となり文意に合う。

b．空所後方の across the country「全国に」という表現に着目し，prevail「広く行き渡っている」の名詞形 prevalence とすれば，「あらゆる種類の大学が全国に行き渡っていること」となり文意に合う。

c．空所を含む部分は「アメリカの人口の大きな…」となっているので portion「部分」とすればよい。

d．空所を含む部分は，「多様なバックグラウンドを持つ…が大学の選考過程を歩んでいけるよう促す」という意味。apply の名詞形 applicant「志願者」が正解になるが可算名詞の総称なので複数形にしておく。

e．空所直前の sexual に着目して harassment とすればよい。

f．tolerate「～を許す」の名詞形 tolerance を入れれば，空所直前の zero- とセットで zero-tolerance「ゼロトレランス（＝いかなる違反も許さない)」となり文脈に合う。

●語句・構文●

(第1段) thrive「繁栄する」 liberal arts「一般教養」 animosity「敵意」

(第2段) to this end「この目的のために」 rationale「根本原理」 unlawful「違法の」 faculty member「教職員」 term「条項，条件」 be subject to～「～に従わなければならない」 disciplinary measures「懲戒処分」 in essence「基本的に」

❖講　評

2023年度も大問8題の構成であった。2022年度と比べ英文量に大きな変化はないが，設問数が若干増えた。短めの英文に関する内容一致問題および語形変化を伴う記述式の出題は例年通り。

Ⅰは多民族による民主主義国家を目指すアメリカについて述べた英文。白人優位の人口構成が変化していく中，多様性を重視した民主主義が求められるという主旨。カリフォルニアの例を参考にしながら，多様性を受け入れると，社会生活が向上するという内容を読み取りたい。設問は(4)がやや難しいが，全体的に誤りの選択肢は明確だった。

Ⅱはフードロスと食品廃棄を削減するための取り組みについて論じた英文。新しいテクノロジーと既存の技術をうまく組み合わせればフードロスと食品廃棄を削減できるというのが主旨だが，前半で両者の違いをしっかり区別しておくことがポイント。設問は空所補充の(14)で迷うかもしれないが，全体的には標準レベル。

Ⅲはアメリカが直面しているインフレの原因と解決策について論じた英文。インフレの原因は企業があまりにも利益を優先しているためだということを理解し，筆者がどのような解決策を提案しているのか読み取っていく。自社株買いによる株価のつり上げなど背景知識があれば一層読みやすくなったと思われる。設問は(21)・(26)がやや難しかった。

Ⅳの文法・語彙問題は定型表現の構文を問う問題が多く，取り組みやすいものだった。

Ⅴは中文の空所補充問題。歴史の負の側面を教える利点について論じた内容で主旨はわかりやすい。設問は(38)が難しいが，それ以外はすべて標準レベル。

Ⅵは短めの英文が与えられ，そこから読み取れる内容を選ぶ問題。語彙レベルが高く，内容的にもやや難しかった。設問は消去法が必須だが，(44)は判断に迷ったかもしれない。

Ⅶは与えられた動詞を適切な語形にして答える形式。等位接続詞のandがどの単語を結んでいるのかも問われている。

Ⅷは与えられた動詞を名詞形にして答える問題。bがやや難しかったと思われる。

難易度としては，例年通りの出題レベル。時間内にすべての設問を解くためには，一定の語彙レベルと構文把握力をクリアし，多少知らない単語があっても英文の主旨を素早く把握する練習を積んでおきたい。文法・語法問題や語形変化の問題は，定型表現のインプットなど基本事項をおろそかにせず，標準的な問題で取りこぼしがないよう準備してほしい。

日本史

I 解答

問1．(1)(2)―50 (3)(4)―39 (5)(6)―33 (7)(8)―11 (9)(10)―34 (11)(12)―53 (13)(14)―22 (15)(16)―66 (17)(18)―59 (19)(20)―27 (21)(22)―26 (23)(24)―15 (25)(26)―44 (27)(28)―14 (29)(30)―54 (31)(32)―24 (33)(34)―65 (35)(36)―30 (37)(38)―48

問2．a．選択本願念仏集 b．遊行上人 c．公案問答〔禅問答〕 d．陳和卿

問3．(1)一向一揆 (2)立正安国論

問4．ただひたすら坐禅に徹すること。(15字以内)

◀解 説▶

≪鎌倉仏教≫

▶問1．(1)(2)法然は比叡山で天台宗を学んだ。最澄が堂塔を建て天台宗を開いて以来，比叡山は国家鎮護の寺地となり，仏教教学の中心となっていた。親鸞・栄西・道元・日蓮らも比叡山での修学経験がある。

(3)(4)法然は浄土宗の開祖となった。法然は浄土教を発展させ，ひたすら念仏を唱えて他の行をおさめない方法（専修念仏）で，身分の別なく極楽往生できると説いた。

(5)(6)『愚管抄』を著した人物は慈円である。慈円は九条兼実の弟であり，後鳥羽上皇の信任を受けて，天台宗の最高位である天台座主になっていた。

(7)(8)親鸞は師である法然の教えをさらに進めて，悪人正機を主張した。阿弥陀仏は，修行を積んで善人を自覚している人（善人）よりも，深い煩悩を持って善を行いえないと自覚している人（悪人）に救いの手をさしのべる意志があるという考え方である。

(9)(10)一遍を祖とする宗派は時宗である。日常の一挙手一投足を臨終の時と考え，専ら念仏を唱えることを説いた。信仰の喜びを踊りで表現する踊念仏を取り入れ，各地で庶民の信仰が拡大した。

(11)(12)日蓮は法華経を釈迦の正しい教えとして選んだ。法華経を根本経典とし，「南無妙法蓮華経」と題目を唱えることで人は即身成仏し，世界は浄土になると説いた。しかし，他宗を排撃し，国難を予言したことで処罰

され，伊豆・佐渡へ流された。

⒀⒁日蓮は晩年，久遠寺に隠棲した。久遠寺は佐渡配流から帰った日蓮が甲斐国の豪族に請われて建てた寺院であり，日蓮宗総本山となった。

⒂⒃栄西が二度の入宋のあとに日本に伝えたのは臨済宗である。旧仏教側の禅宗攻撃に対しては『興禅護国論』を著して反論し，禅宗の本質を示した。

⒄⒅栄西は鎌倉幕府２代将軍源頼家らの帰依を受けた。宋から帰った栄西は，博多に禅寺を建立することを源頼朝に許され，２代将軍源頼家の庇護の下で京都に建仁寺を建立して禅宗の振興に努め，３代将軍源実朝には『喫茶養生記』を献上するなど，幕府との結びつきが強かった。

⒆⒇栄西は京都に建仁寺を開いた。栄西が源頼家から土地を寄進されて創建し，初めは禅だけでなく天台宗・真言宗の道場でもあったが，蘭溪道隆によって禅寺となり，京都五山第３位の寺院となった。

(21)(22)北条時頼は蘭溪道隆を招いて鎌倉に建長寺を建立した。建長寺は鎌倉における臨済宗の中心寺院であり，鎌倉五山第１位の寺院となった。

(23)(24)北条時宗は無学祖元を招いて円覚寺を建立した。円覚寺は建長寺とともに鎌倉の禅寺の中心となり，鎌倉五山第２位の寺院となった。

(25)(26)道元は日本における曹洞宗の開祖となった。曹洞宗では臨済宗と異なり公案を用いない。

(27)(28)道元は越前に赴き永平寺を開いた。道元は延暦寺の圧迫を避け，この寺で修行し，弟子の指導にあたった。

(29)(30)貞慶は法相宗の僧である。興福寺の僧として旧仏教の僧侶の生活の乱れを反省し，山城国笠置寺に隠遁して戒律の復興に努めた。

(31)(32)明恵（高弁）は華厳宗の僧である。京都栂尾に高山寺を創建し，戒律の復興に努めた。また，『摧邪輪』を著して，法然の『選択本願念仏集』を批判した。

(33)(34)叡尊は律宗の僧である。大和西大寺で律宗の復興と民衆化に尽力した。

(35)(36)忍性は鎌倉の極楽寺を任されてこれを復興させた。忍性は叡尊の弟子として師の方針を継承して架橋などの社会事業や貧者救済などに尽力し，鎌倉極楽寺の中興となった。また，奈良にハンセン病患者の収容施設である北山十八間戸をつくったことでも知られる。

⒄⒅重源は東大寺再建の資金や資材を集めるために，各地をまわって寄付を集めた。東大寺は1180年の南都焼打ちで焼失しており，重源が復興の大勧進職となっていた。

▶問2．a．九条兼実の求めに応じて法然が著したのは『選択本願念仏集』である。諸行の中から念仏を選択し，念仏だけが末法の世の法門であると説いた。

b．一遍は日本各地で布教したことから遊行上人と呼ばれた。一遍に従い遊行した人々を時衆と呼び，一遍は時衆とともに，北は奥羽から南は九州まで広く遊行した。

c．禅の修行者に対して，考える手がかりとして師から示される課題を公案と呼び，その後に師と弟子が行う問答を公案問答（禅問答）と呼ぶ。

d．東大寺再建に協力した宋の工人は陳和卿（ちんなけい）である。陳和卿は後に鎌倉に下って源実朝に大船建造を命じられるが，進水に失敗したことでも知られる。

▶問3．⑴14世紀初頭，「一心一向に阿弥陀仏に帰依する」ことから，浄土真宗の異称として一向宗が定着した。15世紀末から16世紀にかけて浄土真宗本願寺派の門徒が近畿・北陸・東海地方などで守護・戦国大名らと抗争し，一向一揆と呼ばれた。

⑵日蓮が北条時頼に提出した建白書は『立正安国論』である。念仏の邪法を禁じ，正法（法華経の教え）を立てなければ，自国の内乱と他国からの侵略があると予言した。

▶問4．只管打坐とは，公案などを用いず，ただひたすら坐禅に徹することである。懐奘の『正法眼蔵随聞記』には「どこにいようが，ものをいわず，常に一人坐禅を好む」と道元が教えたことが記されている。

II　解答

問1．(39)(40)―60　(41)(42)―33　(43)(44)―25　(45)(46)―68　(47)(48)―18　(49)(50)―44　(51)(52)―30　(53)(54)―74　(55)(56)―24　(57)(58)―37　(59)(60)―65　(61)(62)―62　(63)(64)―54　(65)(66)―34　(67)(68)―70　(69)(70)―67　(71)(72)―56　(73)(74)―46　(75)(76)―43　(77)(78)―64

問2．a．蓄銭叙位　b．出目　c．越荷方　d．貨幣法

問3．⑴灰吹法　⑵石田梅岩　⑶尚巴志

◀解　説▶

≪古代～近代の貨幣史≫

▶問１．(39)(40)日本最古の鋳造貨幣は富本銭である。飛鳥池遺跡から出土した銅銭で，７世紀後半の天武朝頃に鋳造されたと考えられている。

(41)(42) 10 世紀半ば頃の日本独自の銭貨は乾元大宝である。律令国家が発行した 12 種の銅銭は本朝十二銭（皇朝十二銭）と呼ばれ，708 年に発行された和同開珎にはじまり，村上天皇の天徳２（958）年に発行された乾元大宝にいたる。

(43)(44)鎌倉時代の金融業者で高い利息を取っていたのは借上である。貨幣経済の進展にともない，都市や港湾で発達した。

(45)(46)鎌倉時代に現れた相互金融の仕組みは無尽である。十数人で講を組織し，一定額の銭を出し合い，相互に融資し合った。利子を収益とする営利性があるものが無尽であり，営利性がないものは頼母子と呼ばれた。

(47)(48)輸入明銭の中で最も多く使用されたのは永楽通宝である。明の永楽帝の永楽６（1408）年から鋳造され，鋳造当初から多く輸入された。

(49)(50)豊臣秀吉が統制下においた博多の豪商は島井宗室である。豊臣秀吉は堺の千利休・小西隆佐，博多の島井宗室・神屋宗湛らの豪商の経済力を活用した。

(51)(52) 1636 年に銭座で大量に鋳造されたのは寛永通宝である。寛永通宝の大量発行により，中世以来続いた輸入中国銭貨への依存と撰銭行為はようやく終息した。

(53)(54)江戸時代に三貨の交換の必要性などから役割が大きくなったのは両替商である。両替商は通貨の秤量や両替だけでなく，為替取引や貸し付けも行っていた。

(55)(56)蔵屋敷で蔵物の代金の出納を行ったのは掛屋である。蔵物の出納を行う者を蔵元，蔵物などの売却代金の出納を行う者を掛屋と呼んだが，両者を兼ねる者も多かった。

(57)(58)摂津伊丹の酒造で財をなした大坂の両替商は鴻池である。大坂の鴻池・天王寺屋など有力な両替商は大名貸や公金の取り扱いによって，領主経済を左右するほどであった。

(59)(60) ６代・７代将軍の側用人であった人物は間部詮房である。側用人の間部詮房が実権をもち，儒者の新井白石が侍講として活躍した時期の政治を正徳の治と呼ぶ。

(61)(62)住友家は伊予の別子銅山を経営していた。日本の輸出銅の生産の中心地となり，明治維新後は西洋技術を移入して住友財閥の母体となった。

(63)(64) 8代将軍徳川吉宗の時代に，堂島米市場が公認された。物価高にもかかわらず，米の供給増が原因となって米価が安くなるという事態に際し，徳川吉宗は大坂堂島の米市場を公認し，米価の維持・調整につとめた。

(65)(66) 1736年に元文金銀への改鋳が行われた。元禄金銀にかわる正徳金銀の改鋳作業が引き継がれるかたちで享保年間に享保金銀を鋳造していたが，品位を享保金銀と元禄金銀の中位とする元文金銀を発行することで米価を高くするねらいがあった。

(67)(68)長州藩では藩士の村田清風を中心に改革が行われた。藩主である毛利敬親の信任を得て，藩・家臣の借金の37年賦返済などを強行した。

(69)(70)幕末の開国直後には，品位を大幅に落とした万延小判などが鋳造された。万延貨幣改鋳は，金銀比価の相違による金の国外流出を防止するために実施された。

(71)(72)田沼時代に鋳造された定量の計数銀貨は南鐐二朱銀である。額面に2朱（1両の8分の1）の価値があることが表記され，大坂を中心とする銀貨経済圏に流通させて，江戸を中心とする金貨経済圏との一体化をはかった。

(73)(74) 1871年に金本位制の実現を目指して新貨条例が公布された。太政官札の乱発などによる混乱した貨幣制度の整理と金本位制確立を目的に制定されたが，金本位制は確立できず，実際には金銀複本位制，のち銀本位制に移行した。

(75)(76) 1873年に渋沢栄一らを中心に第一国立銀行が設立された。渋沢栄一は第一国立銀行，大阪紡績会社など多くの企業の設立・経営にかかわった。

(77)(78) 1880年代に大蔵卿に就任し，銀本位の貨幣制度を整えたのは松方正義である。松方正義は増税と支出削減で生じた剰余金をもとに不換紙幣を償却し，銀本位制による兌換券である日本銀行券を発行することで近代的な貨幣制度を確立し，資本主義的成長の基礎を固めた。

▶問2．a．711年に蓄銭叙位令が定められ銭貨の流通がはかられた。和同開珎を都の造営費などの財政支出にあてる一方，銭を大量に納入したものに位階を与える蓄銭叙位令を施行し，銭を回収し流通させようとした。

b．改鋳益金は出目と呼ばれた。慶長金銀よりも金銀含有量を下げた元禄金銀を鋳造することで，その差額（出目）を幕府の収益とした。

c．長州藩は下関に越荷方を設置することなどで収益を上げた。越荷とは北前船などが運ぶ商品のことである。長州藩は，下関を経て大坂に向かう廻船に資金を貸し付けたり，越荷を保管する見返りに国産品を委託販売させたりして収益を上げた。

d．1897 年に貨幣法が制定され，金本位制が確立した。日清戦争の賠償金を準備金とし，金 0.75g を 1 円，金貨を本位貨幣と定めた。

▶問 3．⑴ 16 世紀前半に神屋寿禎により朝鮮から伝来した銀の精錬技術は灰吹法である。灰吹法によって 16 世紀後半から 17 世紀初頭にかけて石見銀山が最盛期を迎え，その銀を求めて多くのポルトガル人らが日本に来航した。

⑵『都鄙問答』を記した京都の町人は石田梅岩である。石田梅岩は正直と倹約を勧める商人の道をやさしく説き，その教えは心学（石門心学）と呼ばれ，多くの町人に影響を与えた。

⑶ 1429 年に三山を統一し琉球王国を建国した人物は尚巴志である。14 世紀中頃までに北山・中山・南山の三山が成立していたが，中山王の尚巴志が三山を統一して琉球王国を建国し，中国と東南アジア諸国・日本との間の中継貿易で得た利益をもとに独自の文化がさかえた。

Ⅲ 解答

問 1．(79)(80)―22　(81)(82)―18　(83)(84)―25　(85)(86)―19
(87)(88)―42　(89)(90)―26　(91)(92)―59　(93)(94)―12　(95)(96)―24
(97)(98)―28　(99)(100)―77　(101)(102)―15　(103)(104)―44　(105)(106)―63　(107)(108)―61
(109)(110)―38　(111)(112)―66　(113)(114)―30　(115)(116)―34　(117)(118)―67

問 2．a．全国総合開発　b．公害対策基本　c．輸入課徴金
d．輸出自主規制　e．湾岸戦争

問 3．スミソニアン体制

◀解　説▶

≪戦後の経済と日米関係≫

▶問 1．(79)(80)岸信介内閣の前の内閣で，病気のため 2 か月で退陣したのは石橋湛山内閣である。1956 年に鳩山一郎首相が引退したことを受けて自由民主党総裁選が実施され，決選投票の末，石橋湛山が僅差で岸信介に

競り勝った。石橋湛山内閣は岸信介を外務大臣として入閣させて発足したが，その後石橋首相が倒れ，岸信介が首相臨時代理に就任した。結局，石橋湛山首相は続投を断念して総辞職し，岸信介内閣が誕生した。

(81)(82) 60 年安保闘争が高揚し，アメリカ大統領アイゼンハワーの本土訪問が中止された。アイゼンハワーは 1960 年 6 月に沖縄を訪問したが，祖国復帰を要求する沖縄県祖国復帰協議会などから強い抗議を受けた。

(83)(84) 1958～61 年の好景気は「岩戸景気」と呼ばれる。1955～57 年の「神武景気」より大型・長期であったことから，天照大神が天の岩戸を出て以来という意味で名づけられた。

(85)(86)岸信介内閣の後を受けて発足し，所得倍増をスローガンに掲げた内閣は池田勇人内閣である。すでに始まっていた高度経済成長を加速し，産業構造の高度化によって 10 年間で国民所得を倍増させることをめざした。

(87)(88) 1965 年に白黒テレビの普及率が 90％に達した。1950 年代後半以降，白黒テレビ・電気洗濯機・電気冷蔵庫は「三種の神器」と呼ばれて著しい普及をとげた。大衆消費社会の進展の中，白黒テレビに続いて，電気洗濯機や電気冷蔵庫の普及率も 1970 年には 90％前後に達した。

(89)(90)テレビの普及は，1930 年代のトーキーの公開以来，娯楽の中心であった映画産業の衰退をまねいた。映画は，明治・大正期には活動写真とよばれ，無声映画を活動弁士が解説したが，昭和初期になるとトーキー（音声の出る映画）の上映がはじまった。トーキーは視覚表現を技術的に洗練させ，映画業界は活況を呈した。しかし，テレビなど他のメディアの発達は映画業界に大きな影響を及ぼしている。

(91)(92) 1971 年に金とドルとの交換停止を発表し，1972 年に中華人民共和国を訪問したアメリカ大統領はニクソンである。ニクソン大統領が日本に与えた 2 つの衝撃はニクソン=ショックと呼ばれる。

(93)(94)日本が日中国交正常化を声明として発表したのは 1972 年である。アメリカは 1972 年にニクソン大統領が訪中し，1979 年に米中国交正常化を実現したが，日本は田中角栄が 1972 年に訪中すると，同年中に日中共同声明を出し，日中国交正常化を実現した。

(95)(96) 1979 年のイラン革命をきっかけに石油価格が急上昇し，さらに 1980 年にイラン・イラク戦争が勃発したことにより生じた経済危機を第 2 次石油危機と呼ぶ。

(97)(98) 1978 年に発足し，第 2 次石油危機に対処したのは大平正芳内閣である。1978 年の自民党総裁予備選挙で大平正芳が勝利したことを受けて，福田赳夫内閣が総辞職し，大平正芳内閣が発足した。その後，1980 年の衆参同日選挙中に首相が急死した。

(99)(100)アメリカが日本に対して自動車の輸出自主規制や農産物の輸入自由化をせまったのは 1980 年代であり，当時のアメリカの大統領はレーガンである。レーガン大統領は対ソ強硬姿勢を強め，巨額の軍事費を要する戦略防衛構想に着手する一方で，レーガノミクスと呼ばれる経済政策を実行したことでも知られる。

(101)(102) 1985 年に G5（5 カ国蔵相・中央銀行総裁会議）が開かれ，ドル高の是正が合意された（プラザ合意）。アメリカの貿易赤字を好転させるためにドル安に誘導することがねらいであり，これにより 1 ドル 240 円台から翌年には 160 円台へと円高が急速に進み，日本の輸出が抑制された。

(103)(104)第 2 次臨時行政調査会を発足させたのは鈴木善幸内閣である。第 2 次臨時行政調査会は政府の諮問機関であり，土光敏夫を会長として「増税なき財政再建」を旗印に，国鉄など 3 公社の民営化などを提案した。

(105)(106)鈴木善幸の後継内閣である中曽根康弘内閣は，1987 年に日本国有鉄道の民営化を実現した。中曽根康弘内閣は，1985 年に電電公社を NTT，専売公社を JT，1987 年には日本国有鉄道（国鉄）を JR 7 社とした。

(107)(108)日米間の貿易収支不均衡を是正するために，1989 年から日米構造協議が始まった。貿易摩擦にいらだつアメリカはそこで対日批判を強め，日本は公共投資の増額，流通機構の改善，排他的取引慣行の廃止などを約束した。

(109)(110) 1992 年，宮沢喜一内閣は国連平和維持活動（PKO）協力法を成立させ，自衛隊がカンボジアに派遣された。国際貢献の名による自衛隊の海外派遣が求められる一方で，アメリカ主導の国際社会と憲法の平和主義との関係が本格的に問われる転換点となった。

(111)(112) 1996 年に日米安保体制について共同宣言を発表した時の内閣は橋本龍太郎内閣である。橋本龍太郎首相とアメリカのクリントン大統領が発表した日米安保共同宣言により，日米安保はアジア太平洋地域における紛争への共同対処という性格を強めた。

(113)(114)周辺事態安全確保法などの新ガイドライン関連法は小渕恵三内閣の

時に成立した。「周辺事態」とは地理的概念ではなく「安全保障上の種々の状況」と定義され，防衛協力の内容が拡大した。

(115)(116)1997 年，温室効果ガスの排出削減の目標を盛り込んだ京都議定書が採択された。日本は 2002 年に批准したが，アメリカは開発途上国に義務がないのはおかしいとして不支持を表明した。

(117)(118)2015 年，開発途上国も含めて温室効果ガス排出削減を努力目標とするパリ協定が採択された。京都議定書の後継として，対象国を拡大した協定であり，中華人民共和国とアメリカが同時に批准した。アメリカはトランプ政権が 2019 年にパリ協定からの正式な離脱を表明したが，2021 年にバイデン政権がパリ協定への復帰を表明した。

▶問 2．a．1962 年，人口の大都市への集中を緩和し，地域間格差を是正するために全国総合開発計画を閣議決定した。その後，工場地帯の進出はいくつか進んだが，現在その規模や雇用者は当時から大きく減少している。また，分散を目標としながらも，現実には首都圏への一極集中が進んでおり，計画目標が達成されたとは言えない。

b．科学の発展にともなう弊害への疑問が強まり，公害に対する住民運動が各地でおこる中，1967 年に公害対策基本法が制定され，事業者・国・地方自治体の責任を明らかにした。その後，佐藤栄作内閣は 1970 年 11 月から開かれた臨時国会で公害対策基本法を改正し，1971 年に環境庁を設置することで，ようやく本格的な環境行政の体制を整えた。

c．ニクソン大統領は金とドルとの交換停止，10％の輸入課徴金などを骨子とする新経済政策を発表した。ドルへの信頼がゆらぎ始めていた時期に，ドルを防衛することを目的とした政策であった。

d．レーガン政権は日本に対して自動車の輸出自主規制を求めた。レーガンが大統領をつとめていた 1980 年代は日本の自動車の対米輸出が急増し，アメリカの自動車産業が打撃を受けて，ジャパン=バッシング（対日非難）が高まっていた。

e．イラクがクウェートに侵攻し，そのイラクに対してアメリカ軍を主力とする多国籍軍が制裁を加えた戦争は湾岸戦争と呼ばれる。日本は 130 億ドルの資金を負担し，戦後ペルシア湾に海上自衛隊の掃海艇が派遣された。

▶問 3．1971 年にアメリカはスミソニアン協定でドルを切り下げ，固定相場の復活をはかった。その結果，円は 1 ドル＝ 308 円となった。この体制はスミソニアン体制と呼ばれるが，1973 年までしか続かず，変動為替相場制へ移行した。

❖講　評

大問数は 3 題で例年と変わりなかった。解答個数も 2022 年度から変わらず 79 問だった。選択問題が 59 問（すべて語句選択），記述問題が 19 問，短文論述問題が 1 問となっている。年代配列問題と正文・誤文判定問題は 2020 年度以降，出題されていない。短文論述問題は 15 字以内が 1 問出題され，2022 年度の 2 問から減少した。選択問題は 2022 年度の 60 問から 59 問に減少したが，記述問題は 2022 年度の 17 問から 19 問に増加した。

難易度は全体的に易化傾向にあったが，2023 年度のⅢではやや詳細な用語の知識が多めに問われた。しかし，教科書の内容を逸脱したものはほとんど出題されておらず，全体的に選択・記述問題は基本的な用語が大半である傾向に変化はない。論述は長文のものではなく 2023 年度も短文のみであった。

時代・分野別ではⅠが中世の文化史，Ⅱが古代～近代の社会経済史・政治史，Ⅲが現代の社会経済史・外交史・政治史となっている。時代別では中世からの出題が最も多く，続いて現代，近世の順であった。2023 年度は大問 1 題が戦後史からの出題となった。分野別では社会経済史・外交史を主とする年度が多いが，Ⅰの仏教史のように文化史を大問で出題することも多い。時代・分野は年度によって大きなバラつきがあるので，全時代・全分野の学習が必要である。

Ⅰは鎌倉仏教に関する出題。⒄⒅「源頼家」は栄西が将軍からの帰依を受けたという情報だけで判断しなければならず，「源実朝」を選んでしまった人も多いだろう。ただし，その他は基本的な問題ばかりであり，高得点をねらいたい。難易度はやや易。

Ⅱは古代から近代の貨幣史に関する出題。(45)(46)「無尽」，(49)(50)「島井宗室」がやや難しかったかもしれない。難易度は標準。

Ⅲは戦後の経済と日米関係に関する出題。(107)(108)「日米構造協議」，問2．a．「全国総合開発」，c．「輸入課徴金」，d．「輸出自主規制」が難問であった。また，(117)(118)「パリ協定」は時事的な出題であった。難易度はやや難。

全体として問題量は多いが，基本事項が中心である。教科書に記載のないような難問が出題されることもあるが，数としては少ないので，教科書の範囲内で解ける問題を取りこぼさないように学習することが重要である。

世界史

I 解答

問１．(1)(2)―37　(3)(4)―35　(5)(6)―42　(7)(8)―11
(9)(10)―29　(11)(12)―43　(13)(14)―44　(15)(16)―61　(17)(18)―59
(19)(20)―47　(21)(22)―54　(23)(24)―53　(25)(26)―17　(27)(28)―62　(29)(30)―51
(31)(32)―57　(33)(34)―14　(35)(36)―38　(37)(38)―55

問２．モンテ=コルヴィノ　問３．アリクブケ

問４．長江下流で綿花などの商品作物の栽培が普及したため，長江中流域が穀倉地帯となった。（40 字以内）

問５．軍機処　問６．『大義覚迷録』　問７．広州，厦門

◀解　説▶

≪元～清末の中国史≫

▶問１．(1)(2)難問。日頃から地図をよく見ていないと，正答するのは難しい。大興安嶺山脈はモンゴル高原と中国東北地方を分かつ山脈。外興安嶺山脈はロシア語でスタノヴォイ山脈，ネルチンスク条約で国境となった山脈なので，選択することはないと思うが，小興安嶺山脈もあるので，判断が難しい。

(3)(4)西遼（カラ=キタイ）は遼が 1125 年に金に滅ぼされた際に，王族の耶律大石が西トルキスタンに逃れて建国した。1211 年，ナイマンのクチュルクに王位を奪われた。

(5)(6)西夏はチベット系タングート族の国。李元昊が 1038 年に興慶を都として建国。1227 年，チンギス=ハンに滅ぼされた。

(7)(8)オゴタイは 1234 年に金を滅ぼした。

(9)(10)サライはヴォルガ川下流に位置する。

(11)(12)チャガタイ=ハン国はイリ川下流のアルマリクを中心とした中央アジアの西トルキスタンを支配した。

(13)(14)中書省は唐代の三省の１つ。皇帝の詔勅の草案を作成し，門下省が審議し，尚書省が執行した。宋代に門下省が中書省に吸収され，中書門下省となり，元代には六部も中書省の管轄下に入った。明の洪武帝は初め丞相を置いていたが，丞相の胡惟庸を謀反のかどで処刑した後に中書省と丞

相を廃止した。

⑮⑯里甲制を実施するために，賦役黄冊（租税台帳）と魚鱗図冊（土地台帳）が整備された。

⑰⑱戸惑うかもしれないが，永楽帝が即位前は燕王であったことを思い出せば正答できる。洪武帝には 26 人の男子があったが，北平（北京）に分封された第 4 子の燕王のほか，第 2 子が秦王として西安に，第 3 子が晋王として太原に分封され，北方辺境の防衛にあたった。

⑲⑳鄭和は雲南出身のイスラーム教徒の宦官。永楽帝（第 7 回は宣徳帝）の命を受け 1405～33 年に計 7 回の南海遠征を行った。

㉑㉒永楽帝は 1407 年からベトナム北部（安南）を支配したが，永楽帝の死後，明軍を撃退した黎利が 1428 年に黎朝を開いた。

㉓㉔正統帝が 1449 年に親征したが，北京近郊の土木堡でオイラトのエセン=ハンに包囲されて捕虜となった（土木の変）。

㉕㉖アルタン=ハンはしばしば長城をこえて侵入し，1550 年には北京を包囲した（庚戌の変）。アルタン=ハンはチベット仏教を信仰し，黄帽派の指導者にダライ=ラマの称号を与えたことでも知られる。

㉗㉘李自成は 1644 年に北京を占領して明を滅ぼしたが，清軍の助力を得た明の将軍呉三桂に敗北した。

㉙㉚ネルチンスク条約は 1689 年にロシアのピョートル 1 世との間で締結した国境協定で，アルグン川とスタノヴォイ山脈（外興安嶺山脈）を国境とした。清にとっては初の国際条約であった。

㉛㉜やや難。1757 年，清は典礼問題が引き金になって外国貿易港を広州一港に限定したが，外国人商人やその家族の居住はマカオに限定した。宣教師の布教活動を全面禁止した雍正帝は，宣教師を国外かマカオに退去させている。

㉝㉞やや細かい年代だが，林則徐が広州に派遣されたのは，アヘン戦争が始まる前年のことである。

㉟㊱太平天国の乱（1851～64 年）は拝上帝会を組織した洪秀全が中心となって起こした大農民反乱。漢人官僚の組織した軍隊は郷勇と呼ばれ，曾国藩の湘軍や李鴻章の淮軍などがその代表である。

㊲㊳北洋艦隊は李鴻章が編制した西洋式海軍で，威海衛を基地とした。洋務運動の華と言われたが，日清戦争で日本海軍に敗れて壊滅した。

▶問 2．モンテ=コルヴィノはフランチェスコ会の修道士。ホルムズから海路で泉州に至り，1294 年大都に到達，1307 年に大都の初代大司教に任命された。1328 年に大都で没している。マムルーク朝と対立していたイル=ハン国が，キリスト教国と提携することを策し，ネストリウス派宣教師のラバン=ソーマを 1287 年に教皇や英・仏両国王のもとに派遣している。両者の同盟はならなかったが，これが契機となり，教皇がモンテ=コルヴィノを中国に派遣した。

▶問 3．やや難。アリクブケはトゥルイの第 4 子でモンケ，フビライ，フラグの末弟。1260 年，兄モンケが南宋遠征中に急死した時，急遽クリルタイが開催され，兄弟中唯一カラコルムに残っていたアリクブケが大ハン位についた。一方，フビライも開平府（上都）で大ハン位に就いたため，両者が対立した。アリクブケはフビライ軍にカラコルムを奪われ，1264 年に投降した。

▶問 4．宋代は長江下流域が穀倉地帯で，「蘇湖（江浙）熟すれば天下足る」と言われた。明代中期から絹織物・綿織物の家内制工業が盛んになり，この地は原料となる綿花・桑などの商品作物の栽培に移行した。そのため穀物生産が減少し，長江中流域が新たに穀倉地帯となり，「湖広熟すれば天下足る」と言われた。

▶問 5．軍機処は 1729 年に雍正帝がジュンガル攻撃の際に，軍事機密保持を目的に創設した軍務機関に過ぎなかったが，後に国政の最高機関となった。最高責任者として 3 ～ 6 名の軍機大臣が置かれた。

▶問 6．難問。『大義覚迷録』は雍正帝の命によって 1730 年に出版された。満州人による中国統治の正統性を強調したものである。

▶問 7．南京条約で開港された都市を北から順にあげると，上海・寧波・福州・厦門・広州となる。

Ⅱ 解答

問 1．(39)(40)―55　(41)(42)―25　(43)(44)―49　(45)(46)―54　(47)(48)―52　(49)(50)―36　(51)(52)―21　(53)(54)―24　(55)(56)―19　(57)(58)―37　(59)(60)―11　(61)(62)―32　(63)(64)―47　(65)(66)―22　(67)(68)―29　(69)(70)―60　(71)(72)―38　(73)(74)―45　(75)(76)―13

問 2．コプト教会　問 3．ノヴゴロド　問 4．永世中立

問 5．国王は絶対権力を行使したのではなく，貴族や都市自治体など中間

団体を介して国民を支配した。

問６．デカルト　問７．ジャガイモ飢饉

◀解　説▶

≪古代～近代の西洋史における「連合」≫

▶問１．⑶⑷モンテスキューはフランスの啓蒙思想家。1748 年に発表した『法の精神』で，イギリスをモデルに三権分立を提唱し，アメリカ合衆国憲法やフランス革命の理念に大きな影響を与えた。

⑷⑷サラミスの海戦は前 480 年。この戦いで三段櫂船の漕ぎ手として活躍した無産市民の発言力が強まり，ペリクレスの時代にアテネ民主政が完成した。

⑷⑷プラタイアの戦いは，サラミスの海戦の翌年である前 479 年に行われた。

⑷⑷ヘレネスというギリシア人の自称は，「英雄ヘレンの子孫」の意味。また，国土のことはヘラスと呼んだ。

⑷⑷ローマは征服したイタリア半島内の諸都市に対し，与える自治権，市民権の程度によって，植民市・自治市・同盟市の三種類に分けて支配し，都市相互間の同盟関係は許さなかった。被支配者の団結と反抗を防止するために民族間，宗教間，カースト間の対立を利用したイギリスのインド統治の方法も分割統治と呼ばれる。

⑷⑸第１回ポエニ戦争で獲得したシチリア島が最初の属州。属州は総督と軍が派遣され，属州民は総督・徴税請負人の搾取の対象となり苦しめられた。

⑸⑸カラカラ帝は 212 年のアントニヌス勅令で，帝国内の全自由民にローマ市民権を与えた。カラカラ帝は愛称で，本名はマルクス=アウレリウス=アントニヌスである。

⑸⑸ 911 年にカロリング家が断絶し選挙王政を採用した東フランク王国では，コンラート１世に続いて，919 年にザクセン家のハインリヒ１世が選出された。ハインリヒ１世はその子オットー１世に譲位して世襲王政として，1024 年までザクセン朝が続くことになる。

⑸⑸カール４世は 1356 年の金印勅書で，皇帝の選出を七選帝侯の多数決とすることを明文化した。

⑸⑸大空位時代は 1256～73 年。シュタウフェン朝滅亡後，神聖ローマ皇

帝が実質的に空位となった時代。

(59)(60)スイスがオランダとともに独立を認められたのは，1648年のウェストファリア条約であった。スイス・オランダともにハプスブルク家からの独立であり，ウェストファリア条約によりハプスブルク家勢力は削減された。

(61)(62) 1536年にバーゼルで『キリスト教綱要』を著したカルヴァンは，ジュネーヴに招かれ，1541年から神政政治という厳格な教会改革と政治改革を実行した。

(63)(64)フェリペ2世はスペイン=ハプスブルク家を開いたカルロス1世の子。国家統合のためカトリック化政策を強行し，オランダの独立をまねいた。

(65)(66)ネーデルラントのカルヴァン派はゴイセンと呼ばれた。

(67)(68)ネーデルラント連邦共和国は北部7州が構成した連邦制の共和国。各州が主権と議会を持ち，外交や軍事については7州の代表で構成される連邦議会で決定された。

(69)(70)アメリカ連合規約では，中央政府である連合会議は外交権は付与されていたが，徴税権や徴兵権はなく弱体であった。

(71)(72)大陸会議は13植民地の代表により構成された連合組織。1774年9月に第1回会議が開催され，合衆国成立まで実質的な中央政府となった。独立後は連合会議と呼ばれ，さらに憲法制定後は合衆国議会へと引き継がれた。

(73)(74)フィラデルフィアはペンシルヴェニア植民地の中心都市で，1790年から1800年にかけてアメリカ合衆国の首都となった。ペンシルヴェニアはウィリアム=ペンがクエーカー教徒の信仰を保護するため，国王チャールズ2世から特許状を得て建設した。

▶問2．コプト教会はイエスの神性のみを認める単性論の立場に立つエジプトの教会。単性論を異端としたカルケドン公会議の決定を不服として分離した。エチオピアに成立したアクスム王国もコプト教会を受容した。単性論の教会にはほかに，シリア教会やアルメニア教会がある。

▶問3．ハンザ同盟の在外四大商館の所在地は，ノヴゴロド・ベルゲン・ロンドン・ブリュージュである。ノヴゴロドはロシア内陸の毛皮・木材をバルト海交易圏にもたらし，また南のキエフを経て黒海方面とを結ぶ商業都市として栄えたが，15世紀後半にモスクワ大公国に併合された。

▶問4．ベルギーも1839年に永世中立化したが，第一次世界大戦と第二次世界大戦でドイツによって中立を踏みにじられた。また，オーストリアも1955年のオーストリア国家条約で永世中立を宣言している。

▶問5．中間団体（社団）は中世西ヨーロッパのギルド・大学などの職能集団や，都市・村落共同体などの地縁組織のことで，絶対王政は中間団体を媒介して国民を統治しており，その支配権は個人には及ばなかった。

▶問6．デカルトは三十年戦争が勃発した1618年にオランダに渡り，三十年戦争にも従軍している。1628年からはアムステルダムに定住し，1637年に『方法序説』を発表した。

▶問7．ジャガイモ飢饉は1845～51年頃。ジャガイモの疫病による凶作で，ジャガイモを常食としていたアイルランド人100万人以上が餓死し，その後わずか数年間で100万人以上が移民としてアメリカ合衆国にわたった。

III　解答

問1．(77)(78)―34　(79)(80)―25　(81)(82)―45　(83)(84)―58　(85)(86)―12　(87)(88)―23　(89)(90)―29　(91)(92)―48　(93)(94)―42　(95)(96)―20　(97)(98)―15　(99)(100)―18　(101)(102)―43　(103)(104)―13　(105)(106)―24　(107)(108)―33　(109)(110)―26　(111)(112)―53　(113)(114)―41

問2．カルボナリ　問3．スメタナ　問4．プロンビエール密約

問5．ポーランド人やカトリック教徒など少数派を帝国の敵として抑圧し，多数派をまとめた。(40字以内)

問6．アウスグライヒ　問7．アウン=サン　問8．ヘルツル

◀解　説▶

≪19世紀～20世紀初頭のナショナリズムの歴史≫

▶問1．(77)(78)難問。1815年，オスマン帝国宗主権下の自治公国として，近代セルビア国家が出発した。その後の交渉の結果，1830年に完全自治を承認された。

(79)(80)ギリシア独立戦争では英・仏・露がギリシアを支援し，1827年のナヴァリノの海戦を経て，1829年のアドリアノープルの和約でギリシアの独立が承認された。ギリシア独立戦争はロマン派の詩人バイロンが義勇兵として参加したことでも知られる。

(81)(82)ウィーン議定書でフランス・スペイン・ナポリのブルボン朝が復活

した。フランスでは，ルイ 18 世のあとを継いだシャルル 10 世の反動政治に対して七月革命が起きた。

(83)(84)ルイ=フィリップはブルボン家の分家であるオルレアン家の出身。銀行家・大資本家の利害に基づく政治を行い，「株屋の王」と揶揄された。

(85)(86)ベルギーは 1830 年にオランダからの独立を宣言，1831 年に憲法が制定され，レオポルド 1 世を国王とする立憲王政のベルギー王国が成立した。

(87)(88)やや難。ギゾーは 1840 年に首相に就任し，選挙法改正運動を弾圧して二月革命をまねいた。ギゾーは歴史家としても知られ，『ヨーロッパ文明史』などの著作がある。

(89)(90)コシュートはハンガリーの国民的英雄となっている独立運動指導者。1849 年に共和国独立宣言を行ったが，オーストリアを援助したロシア軍に敗れ，イタリアに亡命した。ポーランドのコシューシコと間違わないように。

(91)(92)マッツィーニは 1831 年に亡命地マルセイユで青年イタリアを組織した。1849 年に成立したローマ共和国の 3 名の執政官の一員に選ばれたが，共和国はフランス軍の介入により崩壊した。

(93)(94)やや難。ピエモンテはトリノを中心としたイタリア北西部の地域。サヴォイア（現在はフランス領）・ピエモンテ地方を支配していたサヴォイア家が，1720 年にサルデーニャ島も支配するようになってからサルデーニャ王国を名乗った。

(95)(96)カヴールは貴族出身の自由主義的な立憲主義者。国際的地位を高めるため直接利害のないクリミア戦争に参戦し，ナポレオン 3 世との関係強化に成功した。

(97)(98)イタリア王国はヴィットーリオ=エマヌエーレ 2 世を初代国王とした。首都はトリノ（1861〜65 年），フィレンツェ（1865〜71 年），ローマ（1871〜1946 年）と変遷した。

(99)(100) 1866 年，プロイセン=オーストリア戦争でプロイセンを支援した結果，講和のプラハ条約でヴェネツィアを割譲され，併合した。

(101)(102)フランクフルト国民議会は全ドイツ統一と憲法制定を目指したが，ドイツ統一方式を巡り大ドイツ主義と小ドイツ主義が対立して紛糾し，失敗に終わった。

(103)(104) 1834 年，ドイツの経済学者フリードリヒ=リストの保護貿易主義を下地として，プロイセンを中心としたドイツ関税同盟が成立した。

(105)(106)北ドイツ連邦はマイン川以北の22諸邦で結成された連邦国家で，プロイセンが盟主。オーストリアはドイツ統一から除外された。

(107)(108)スダンはベルギー国境に近いフランスの北東部の町。1870年9月2日，プロイセン=フランス戦争の最後の戦闘が行われた。

(109)(110)グリム兄弟は『グリム童話集』を編集したロマン派の文学者として知られるが，言語学者でもあり，『ドイツ語辞典』の編纂を通じてドイツ民族の統一をめざす仕事を続けた。

(111)(112)ランケは厳密な史料批判による科学的・客観的な近代歴史学の創始者。主著は『世界史概観』。

(113)(114)パリ講和会議はウィルソンの十四カ条の原則で示された国際協調・民族自決などの理念を柱として進められた。

▶問2．カルボナリはナポリ王国で結成されたとされる秘密結社で，マッツィーニもその隊員であった。1820年にナポリ，1821年にピエモンテで蜂起したが，オーストリア軍の介入で失敗に終わった。

▶問3．やや難。スメタナは1848年6月のプラハ蜂起に参加している。代表作は「わが祖国」で，第2曲の「ヴルタヴァ」（モルダウ）が特に有名である。

▶問4．プロンビエール密約はカヴールがナポレオン3世と結んだ密約。対オーストリア戦でフランスがサルデーニャを支援する代償として，フランスにサヴォイア・ニースを割譲するとした。

▶問5．南ドイツのカトリック教徒は中央党を結成し，プロテスタント主流のドイツ統一に反対した。ビスマルクは文化闘争を開始して，カトリック教徒を抑圧したが，社会主義運動が激しくなると，これと妥協した。

▶問6．アウスグライヒはドイツ語で「妥協」の意味。これにより，オーストリアはプロイセン=オーストリア戦争の敗北によって，マジャール人のハンガリー王国に自治権を認めざるをえなくなった。

▶問7．アウン=サンはビルマの反英組織タキン党の指導者。独立を目前に右翼政治家に暗殺された。スー=チーの父。

▶問8．ヘルツルはフランスのドレフュス事件における反ユダヤ主義に衝撃を受け，1897年にシオニズム運動を提唱した。イスラエル建国の父とされている。

❖講　評

Ⅰはモンゴル帝国の建国から清末の中国史に関する問題。チンギス＝ハンの征服活動，鄭和の南海遠征，オイラト・タタールの侵入，ネルチンスク条約，アヘン戦争など外交を中心に問われているが，一部統治機構に関する問題もある。空所補充問題はおおむね教科書レベルの標準的問題であるが，問1の(1)(2)は日頃から地図をよく見ていないと難しい。問1の(17)(18)と(31)(32)は戸惑った受験生が多かったと思うが，落ち着いて語群を検討すれば，それほど難しくはない。問3のアリクブケはやや細かい知識が要求されている。問4の短文論述問題はコンパクトにまとめるのに注意が必要。問6の『大義覚迷録』は教科書レベルを超えた難問である。

Ⅱはモンテスキューが『法の精神』の中で述べた「連合」（同盟や連邦などの政治体）をテーマにした問題。古代ギリシア・ローマ，中世ヨーロッパ，絶対王政，アメリカ合衆国などの政治・外交について問われている。おおむね教科書レベルの標準的問題であるが，問1の(67)(68)は国名から連邦議会と間違えやすいので注意が必要である。問5の短文論述問題は中間団体について述べられるかがカギとなる。

Ⅲはフランス革命から第一次世界大戦までのナショナリズムの歴史に関する問題。ウィーン体制，イタリア・ドイツの統一を中心に問われており，東南アジアについても問われている。おおむね教科書レベルの標準的問題であるが，問1の(77)(78)は教科書に記載がなく難問。また，問1の(87)(88)・(93)(94)と問3はやや難しい。問5の論述問題は標準的。

2023年度は空所補充形式の語句選択問題が2022年度の59問から57問に減少し，論述問題は3問と変化がなく，全体的な難易度は2022年度と同じ程度であり，2021年度と比較すると易化傾向にある。しかし，解答そのものは標準的なものであっても，それを導き出すのにかなり考えなければならないものが多く，時間的余裕があまりないと思われる。総合的に考えると，かなりレベルの高い問題である。

地理

I **解答** 問1．(1)(2)—43　(3)(4)—45　(5)(6)—58　(7)(8)—36
(9)(10)—22　(11)(12)—33　(13)(14)—18　(15)(16)—37　(17)(18)—66
(19)(20)—55　(21)(22)—49　(23)(24)—25　(25)(26)—57　(27)(28)—63　(29)(30)—12
(31)(32)—32　(33)(34)—54　(35)(36)—15　(37)(38)—16　(39)(40)—48　(41)(42)—67
((31)(32)と(33)(34)は順不同)

問2．あ．資源ナショナリズム　い．石油化学コンビナート
う．太平洋ベルト

問3．え．衝突帯　お．ユーラシア

問4．省エネルギー政策や代替エネルギーの開発により石油需要が減少し，価格が下落した。(40字以内)

◀解　説▶

≪鉱産資源の分布と石油の開発≫

▶問1．(1)(2)～(5)(6)鉄鉱石は，地球史で最も古い先カンブリア時代のある時期に，微生物が発生させた酸素と海水中に溶けていた鉄分とが結びつき海底に堆積した物質が，造山運動によって陸地化した地域に現れたものである。そのため，大規模な鉄鉱床は，先カンブリア時代の造山運動によってできた安定陸塊のうち，この時代の地層が地表にあらわれている楯状地に多く分布している。代表例として，オーストラリア大陸西部のピルバラ地区にあるマウントホエールバックが知られる。鉄鉱床が地表近くに分布しているため，露天掘りが行われている。

(7)(8)・(9)(10)石炭は，古生代の中頃以降に大型化した植物が森林を形成し，その遺骸が泥炭層になったことで形成された。そのため，古生代に造山運動で生じた古期造山帯に大規模な石炭層が分布する。代表例として，アメリカ合衆国東部のアパラチア山脈にあるアパラチア炭田が知られる。

(11)(12)頁岩(けつがん)には，ガスや油分を多く含むものがあり，オイルシェールとよばれる。硬い岩盤で地下数千mの深さにある。

(13)(14)アメリカ合衆国で，採掘が難しかったシェール層からの天然ガス（シェールガス）や原油の採掘は，2000年代の後半から本格化した。

⒂⒃・⒄⒅アメリカ合衆国が世界最大の原油生産国となる 2010 年代末まで原油生産量の首位を争っていたのは，サウジアラビアとロシアである。アメリカ合衆国が世界 1 位になって以降，両国は 2，3 位を争っている。

⒆⒇・(21)(22)原油の確認埋蔵量の半分近くは西アジアに存在し，大規模な油田は海底油田を含めてペルシア湾岸に集中している。

(23)(24)・(25)(26)ペルシア湾とアラビア海を繋ぐ海峡はホルムズ海峡である。世界の多くのタンカーが行きかうエネルギー供給の大動脈で，日本に輸送される原油の大半もこの海峡を通過するといわれる。

(27)(28)当初，西アジアの油田開発と石油生産を担っていたのは，アメリカ合衆国やイギリスなどに本拠を置く，メジャーとよばれる国際的な石油会社である。巨大な資本と高度な技術をもち，原油の探査，採掘から販売に至るまで石油生産を独占的に支配してきた。

(29)(30)～(33)(34)発展途上国である主要産油国が，自国の利益を守るために石油輸出国機構（OPEC）を結成したのは 1960 年である。原加盟国はイラン，イラクの他，サウジアラビア，クウェート，ベネズエラの 5 カ国であり，2020 年現在では 13 カ国が加盟している。

(35)(36) 2 回の石油危機はいずれも 1970 年代に発生している。1 回目は 1973 年の第 4 次中東戦争を契機に，2 回目は 1979 年にイラン革命でイランからの石油供給が断たれたことなどから起こった。OPEC 諸国による産油量，輸出量の制限や，原油価格の大幅な引き上げによって石油価格が高騰し，日本も含めて世界経済に大きな影響を与えた。

(37)(38) 1970 年代末に一時高騰した原油価格は，1980 年代半ばに，高騰前の 70 年代後半の価格まで下落した。

(39)(40)石油は，蒸留し精製する過程で，沸点の違いなどによってガソリン，軽油，ナフサなどに分離される。このうちナフサは石油化学工業の原料として重要で，ナフサを分解してできるエチレンなどがプラスチックや化学繊維などの化学製品の原料となる。

(41)(42)ユーロポートは，オランダのロッテルダムの新マース川の河口にある。EU の玄関口として知られるが，大規模な製油所や石油化学工場も建設され，精製された石油はパイプラインでヨーロッパ内陸へ運ばれている。

▶問 2．あ．主に発展途上国でみられる，自国の資源に対して主権をもち，自国の経済発展のために利用しようという動きは，資源ナショナリズムとよばれる。1950年代から活発になった。
い．石油化学製品は，石油を原料に石油精製工場でナフサが生産され，ナフサを原料にさらに各種製品が製造されるといったように，一連の工程の中で生産される。そのため，広大な工場用地に，いくつもの工場が送油管などで結ばれた，コンビナートとよばれる工業地域が形成されている。
う．石油化学工業は，原油を輸入に依存している日本では，市原，四日市，倉敷（水島）など，輸入に便利な太平洋ベルトの臨海部に立地している。
▶問3．え．隣り合う2つのプレートが近づき押し合う境界は狭まる境界とよばれる。そのうち海洋プレートが他のプレートに沈み込む境界は沈み込み帯，大陸プレートどうしがぶつかり合う境界は衝突帯とよばれる。
お．世界のプレートの分布を想起しよう。ヒマラヤ山脈はほぼ東西方向に走っており，北上したインド・オーストラリアプレートと北側のユーラシアプレートが衝突して形成された。
▶問4．石油危機を契機として先進国で進められた取り組みとしては，石油備蓄や，イギリスやノルウェーによる北海油田の増産も考えられるが，地球環境への負担軽減にも貢献する方法として，従来通りには石油を利用せずに必要なエネルギーを得る方法を想起するとよい。そこで，1つは石油の利用を減らすため，使用するエネルギーの量を減らす省エネルギー，もう1つは，石油以外にエネルギー供給を求める方法として太陽光，風力など再生可能エネルギーの開発の2つの方法をあげたい。また，石油価格の下落に対する寄与についても，需要の減少の点を丁寧に触れておきたい。

Ⅱ　解答

問1．(43)(44)—40　(45)(46)—42　(47)(48)—60　(49)(50)—30
(51)(52)—17　(53)(54)—51　(55)(56)—38　(57)(58)—27　(59)(60)—53
(61)(62)—59　(63)(64)—19　(65)(66)—20　(67)(68)—52　(69)(70)—57　(71)(72)—22
(73)(74)—66　(75)(76)—12　(77)(78)—50　(79)(80)—34　(81)(82)—41　(83)(84)—44
((45)(46)と(47)(48)，(71)(72)と(73)(74)は，それぞれ順不同)
問2．砂漠化
問3．垂直
問4．ナイル川の定期的な氾濫がなくなり，上流からの肥沃な土壌の供給が減少したこと。(40字以内)

◀解　説▶

≪アフリカの地誌≫

▶問１．(43)(44)〜(49)(50)アフリカ大陸の東部から南部にかけて古い地殻が引き裂かれ，広がるように総延長 7000 km にも及ぶ大地溝帯（グレートリフトヴァレー）が走っている。その裂け目に水が流入して形成された断層湖がタンガニーカ湖とマラウイ湖で，水深の深さが特徴である。大地溝帯に沿って多くの火山が分布し，アフリカ最高峰のキリマンジャロ山がそびえる。

(51)(52)新期造山帯に属するアフリカ北西部の山脈は，地中海沿岸を東西方向に走っているアトラス山脈である。

(53)(54)アフリカで唯一古期造山帯に属する山脈は，南アフリカ共和国のインド洋岸に沿うドラケンスバーグ山脈である。北部では石炭を産出する。

(55)(56)アフリカ大陸は全体に台地状の地形で，気候の分布に大きな影響を与える山脈が少ないため，赤道を中心に高緯度に向かって南北対称的にほぼ帯状に熱帯，乾燥帯，温帯の気候区が分布する。

(57)(58)アフリカ大陸全体の約５割を占める気候帯は乾燥帯である。アフリカ大陸では，北回帰線が通る地域が広大な面積を占めるためである。

(59)(60)・(61)(62)アフリカ大陸南部西海岸にあるナミブ砂漠は，沿岸を寒流が流れることで発達する海岸砂漠の例として知られる。この地域では，亜熱帯高圧帯からの下降気流が上層を支配し，寒流であるベンゲラ海流によって冷やされた下層の大気は滞留したままで上昇気流が発達しにくいため，降水がほとんどみられない。

(63)(64)イスラーム教はアラブ人のムスリム商人によって早くから北アフリカに伝わっていた。西アフリカでは，ムスリム商人によってサハラ砂漠を越えた交易が行われ，サヘル地域にイスラーム教が浸透した。

(65)(66) 10 世紀前後から，アフリカ東部のインド洋に面した沿岸部には，ムスリム商人が拠点をおいてインド洋交易を活発に行うようになっていた。

(67)(68)・(69)(70) 15 世紀ごろ，西アフリカにヨーロッパ諸国が進出して以降，ヨーロッパの商人は，交易によって黒人を奴隷として手に入れ，南北アメリカ大陸や，カリブ海地域などに強制的に送り込み，農園や鉱山で働かせた。植民地などで行われた，特定の商品作物を大農園で栽培する農業はプランテーション農業とよばれる。17 世紀以降の，サトウキビ，綿花，タバコなどのプランテーション農業の発達が，奴隷貿易の拡大要因となった。
(71)(72)・(73)(74)第 2 次世界大戦終了時のアフリカの独立国は，エジプトと南アフリカ共和国以外には，アフリカ最古の独立国とされるエチオピアと，アメリカ合衆国の解放奴隷の移住地建設を起源とするリベリアのみである。
(75)(76)現在「アフリカの年」とよばれているのは 1960 年である。第 2 次世界大戦後，植民地が置かれていた世界各地で独立の機運が高まり，アフリカでも各地で独立運動が展開された。1960 年には一気に 17 の国が独立を達成し，その中ではフランスから独立した国が多かった。
(77)(78)～(81)(82)サハラ以南では，ザンビアは輸出額の約 75％を銅と銅鉱，ナイジェリアは輸出額の約 75％を原油，ボツワナは輸出額の約 88％をダイヤモンドが占めるなど（2020 年），モノカルチャー経済の傾向が残る。
(83)(84)ザンビアの銅鉱石を輸送するために建設された鉄道はタンザン鉄道で，ザンビアのカピリムポシとタンザニアのダルエスサラームを結ぶ。この鉄道が中国の支援で建設されたのは 1975 年だが，近年，中国は資源確保のため，サハラ以南のアフリカのインフラ建設にさらに注力している。
▶問 2．1970 年代にサヘル地域で生じた環境問題については，サヘル地域がサハラ砂漠の南縁にそって帯状に広がる地域であることから想起しよう。この地域では，植生が失われ不毛の土地が拡大しており，砂漠化が該当する。半乾燥地帯のこの地域では，1960 年代後半から大規模な干ばつが続いた。さらに，大幅な人口増加に伴い燃料や食料の需要が増加したため，樹木の過度な伐採や，過耕作，過放牧が行われるなど，人為的要因によっても砂漠化が進行した。世界各地の砂漠化の進行に対処するため，国連では，国連環境計画（UNEP）で砂漠化防止のプロジェクトを進め，国際会議を開くなど，さまざまな取り組みを実施している。
▶問 3．各国が得意とする商品を生産し，貿易を通じて交換しあうことを国際分業という。このうち，鉱産資源の他，農畜産物も含めた一次産品と工業製品を輸出しあう形態は，垂直分業または垂直貿易とよばれる。一方，工業製品を相互に輸出入する形態は，水平分業（水平貿易）とよばれる。
▶問 4．アスワンハイダム建設後に生じた問題として，下流域の農業地帯における変化があげられている。この中で，化学肥料使用の増大は地力の低下，土壌の浸食は上流からの土砂の流入の減少が原因ととらえるとよい。ナイル川の定期的な氾濫が下流に肥沃な土壌をもたらし，灌漑農業が発達し，古代文明が起こったことを想起すると，上流から肥沃な土壌が供給されなくなったことが問題発生の要因と考えられよう。定期的な氾濫と，肥沃な土壌をキーワードとして述べるとよい。

Ⅲ　解答

問1．(85)(86)―32　(87)(88)―16　(89)(90)―20　(91)(92)―61　(93)(94)―59　(95)(96)―28　(97)(98)―27　(99)(100)―50　(101)(102)―11　(103)(104)―58　(105)(106)―56　(107)(108)―34　(109)(110)―47　(111)(112)―45　(113)(114)―35　(115)(116)―44　(117)(118)―57　(119)(120)―55　(121)(122)―30　(123)(124)―40

問2．食料の生産から消費までの一連の供給体系（20 字以内）

問3．(a)トレーサビリティ　(b)フードマイレージ

問4．農畜産物の生産過剰，補助金支出による財政負担の増大

問5．グリーンツーリズム

問6．ツンドラ

◀解　説▶

≪生乳の生産≫

▶問1．(85)(86)農畜産物を生産する農牧業の成立に大きく影響するものには，自然条件の他に社会条件がある。問題文にあげられている食生活や経営組織などの他に，市場との距離，技術革新なども社会条件に含まれる。

(87)(88)・(89)(90)スイスなどでみられる高地の放牧地はアルプとよばれ，夏は高地の牧場で家畜を飼育し，冬は麓の村で舎飼いにする牧畜形態は移牧である。

(91)(92)遠隔地への輸出が可能になった技術革新として，冷凍船の就航を想起したい。冷凍船は，船倉に巨大な冷凍庫を備え，肉類，乳製品，果物などを鮮度を保って南半球から北半球へ長距離輸送することが可能である。

(93)(94)・(95)(96)飼料作物を栽培して乳牛を飼育し，生乳などの乳製品の販売を専門に行う農業形態は酪農である。北西ヨーロッパで営まれていた家畜飼育と作物栽培を組み合わせた農業は，中世の三圃式農業から発達した混合農業である。産業革命以降の都市人口の増加と新大陸からの安価な穀物の流入により，混合農業は商業的混合農業，酪農，園芸農業など地域に適した農業形態に分化した。

(97)(98)酪農は，穀物栽培には適さない冷涼な気候とやせた土壌のもとで営まれてきた。アメリカ合衆国では，北東部から五大湖周辺にかけて酪農が

盛んで，大都市をひかえ市場に近いことも発達の要因の1つである。

(99)(100)乳牛の品種のうち，乳量が多いことで知られるのは白と黒のまだら模様のホルスタイン種である。

(101)(102)農牧業に関して，問題文にあげられている品種改良，農業機械，飼料の開発など，多方面の活動でかかわる事業は，アグリビジネスとよばれる。穀物メジャーなどの巨大な多国籍企業がかかわることが多い。

(103)(104)ＥＵが共通農業政策のもとで，安価な域外からの輸入農畜産物に課しているのは輸入課徴金である。域内統一価格との差額を徴収し，域内の農業を保護している。

(105)(106)化学肥料や農薬を極力使わない栽培法は有機農業とよばれる。動植物を由来とする有機肥料などを用い，環境への負荷をできるだけ減らし，食の安全に配慮した農産物が生産されている。

(107)(108)インドで，飲用や乳製品の原料とするため生乳の生産量，消費量が急増した現象は白い革命とよばれる。1970年代後半以降のインドの経済成長を背景に高まった。

(109)(110)世界最大の牛肉と鶏肉の輸出国はブラジルである。ブラジルでは20世紀後半以降，セラードの開発など，大規模な農業経営が進められ，大豆やトウモロコシの栽培に加えて，肉牛や鶏の飼育数も大幅に増加した。

(111)(112)牛がシヴァ神の乗り物として神聖な動物と考えられているのは，ヒンドゥー教の教えである。

(113)(114)インドでは生乳の生産量が多く，その約半分が，飼育頭数が世界1位の水牛の乳であるとされている。

(115)(116)・(117)(118)西アジアの乾燥帯で主にみられる農業形態は遊牧である。自然の草や水を求めて家畜とともに一定地域を移動し，家畜の肉や乳を利用している。この地域で飼育されている家畜は，ヤギ，ラクダの他には乾燥地での飼育に適するヒツジである。

(119)(120)チベット高原では，遊牧でウシ科のヤクが多く飼育され，荷役，運搬に利用されるほか，毛，肉，乳も利用される。

(121)(122)・(123)(124)スカンディナビア北部に居住する先住少数民族はサーミとよばれ，現在ではサービス業などに従事する人が多いが，古くから伝わる遊牧も行われている。主要な家畜として，寒さに強く地衣類や蘚苔類を主に食料とするトナカイが飼育されている。

▶問２．フードシステムは食料供給体系などと訳される。アグリビジネスとよばれる農業関連産業が，そのシステム全体を統括しているといわれ，アグリビジネスの活動は農産物の生産から加工，販売まで農業に関するあらゆる分野に及んでいる。そこで，食料として供給される農産物の生産から消費までの包括的な体系と考えてまとめるとよい。

▶問３．(a)近年，「食の安全」が求められている背景には，経済のグローバル化によって世界各地から食品が供給され，日本では問題視されている残留農薬や遺伝子組み換え作物の普及などに対応する必要が生じたことがある。そのため，食品が生産者から消費者に届くまでの流通経路が追跡できるトレーサビリティとよばれる状態が，より一層有効性を増している。

(b)食料の輸入量に食料の生産地から消費地までの輸送距離をかけて求めた数値を，フードマイレージという。食料輸送のための資源消費のあり方や，環境負荷を見直す必要性から生まれた考え方である。

▶問４．EU の従来の共通農業政策の基本事項を想起しよう。EU は農業市場を統一し，域内各国間の関税を撤廃した。そのため，農産物に域内統一価格を設定し，域外からの安価な農産物には輸入課徴金を課した。また，域内価格が下がった場合は補助金を出して買い支え，域外に輸出する農産物には国際価格より高い域内価格と輸出価格との差額を輸出補助金として支払った。この制度により農業生産は安定したが，同時に起こった問題点を想起したい。まず，生産性の高い国の農業生産が増加し，生産過剰を招いたこと，また，補助金が多額になり EU の財政を圧迫したことの２点が代表的である。他に，域外諸国との貿易摩擦や，加盟国間での負担と恩恵の不公平性なども指摘されている。なお，現在では，農地の管理などの基準を満たす農家に個別に補助金を支給する方法に転換している。

▶問５．環境保全や文化・歴史への理解を深めるために学びを体験するエコツーリズムに対し，農山漁村に滞在し，豊かな自然や地域の人々との触れ合いを目的とした観光の形態はグリーンツーリズムとよばれる。日本では 1994 年に農山漁村余暇法が制定され，農山漁村地域が観光客を受け入れるための条件整備が推進されている。

▶問６．夏の氷の融解と，地衣類，蘚苔類の生育がポイントである。高い樹木が生育できない寒冷な気候のもとでみられる植生はツンドラとよばれ，冬は雪と氷でおおわれる。スカンディナビア北部以外に，北極圏内の北極海沿岸各地とチベット高原などでみられる。

❖講　評

2023年度も例年通り大問3題の構成で，選択法による問題文の空所補充が設問の中心であった。問題文は3題とも長文ではあるが，教科書の内容を素材にしているため理解しやすく，設問は基本事項が含まれ，学習内容を正確に理解していれば解答できるものが大半であった。総解答個数は78個で，2022年度の75個とほぼ同じである。論述問題が2022年度に続いて3個出題され，個数は1個減ったが，総字数は80字から100字に増えている。2023年度は，2022年度に比べて詳細な内容や統計が減ったこともあり，難易度はやや易化したといえよう。例年と同様，2題が系統地理的，1題はアフリカについての地誌的な内容であった。ただし，例年出題されている統計表など資料を用いた問題は出題されなかった。例年，各分野，地域に関する深く幅広い知識が求められる。また，基本問題と難問が混在しているため，まずは，基本問題について正確に解答したい。

Ⅰは鉱産資源の分布と石油の開発に関する出題であった。特に石油資源について，分布，開発，利用など，広範な内容が問われた。アメリカ合衆国のシェールガスの採掘年代などやや詳細な年代を問う問題がみられたが，記述問題と論述問題は答えやすい内容であった。

Ⅱはアフリカの地誌が出題された。自然環境と産業を中心に歴史的背景も踏まえた広範囲の内容が出題された。アスワンハイダム建設後の問題は，論点が明示され書きやすかった。2023年度の大問の中では最も取り組みやすかったであろう。

Ⅲは生乳の生産に焦点をあて，農業の成立条件，農業形態など，幅広い観点から出題された。基本的な設問が多い中で，フードシステムの説明はやや難しかった。また，有機農業や，フードマイレージなど環境と関連した課題や食の安全など，食に関する時事的なテーマの出題は注目される。

数学

I

◇発想◇　(i)　$xy^2=10$ の両辺に底が 10 の対数をとり，$\log_{10}x=X$，$\log_{10}y=Y$ とおいて，X，Y の関係式があるときの XY の最大値を求める。関係式を使って 1 変数にすると，2 次関数となる。

(ii)　円と直線が共有点をもつ条件であり，円の中心から直線までの距離が半径以下とする方法，円と直線の方程式を連立させて得られる 2 次方程式の判別式が 0 以上とする方法がある。

(iii)　正四面体の内部にできる三角形の面積についての問題。三角形が二等辺三角形なので高さは三平方の定理を利用して求めると楽である。

解答

(i)　(1) 1　(2) 8

(ii)　(3) 4　(4) 5　(5) 2　(6) 6　(7)(8) 15

(iii)　(9) 1　(10) 2　(11)(12) 30　(13) 6

◀解　説▶

≪小問 3 問≫

▶(i)　$xy^2=10$ より　$\log_{10}xy^2=\log_{10}10$　$\log_{10}x+2\log_{10}y=1$

$\log_{10}x=X$，$\log_{10}y=Y$ とおくと　$X+2Y=1$　……①

$\log_{10}x\cdot\log_{10}y=XY=Z$　……② とおく。

①より $X=-2Y+1$ だから②へ代入して

$$Z=(-2Y+1)Y=-2Y^2+Y=-2\left(Y-\frac{1}{4}\right)^2+\frac{1}{8}$$

よって，$Y=\frac{1}{4}$，$X=\frac{1}{2}$ すなわち $x=\sqrt{10}$，

$y=\sqrt[4]{10}$ のとき最大値 $\frac{1}{8}$ をとる。→(1)，(2)

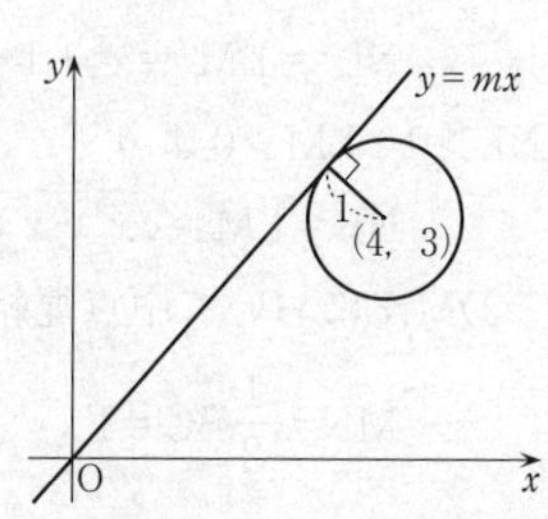

▶(ii)　円の中心 (4, 3) から

直線 $mx-y=0$ への距離が 1 以下であればよい。

$$\frac{|4m-3|}{\sqrt{m^2+1}} \leqq 1$$

$$|4m-3| \leqq \sqrt{m^2+1}$$

$$(4m-3)^2 \leqq m^2+1$$

$$15m^2-24m+8 \leqq 0 \quad \cdots\cdots ③$$

$15m^2-24m+8=0$ となる m の値は

$$m=\frac{12 \pm \sqrt{144-120}}{15}=\frac{12 \pm 2\sqrt{6}}{15}=\frac{4}{5} \pm \frac{2\sqrt{6}}{15}$$

だから

③より　$\dfrac{4}{5}-\dfrac{2\sqrt{6}}{15} \leqq m \leqq \dfrac{4}{5}+\dfrac{2\sqrt{6}}{15}$

m のとりうる値の最大値は　$\dfrac{4}{5}+\dfrac{2\sqrt{6}}{15}$　→(3)〜(8)

別解 判別式を使う方法

点（4, 3）を中心とする半径 1 の円の方程式は

$$(x-4)^2+(y-3)^2=1 \quad \cdots\cdots ④ \qquad y=mx \quad \cdots\cdots ⑤$$

④, ⑤より

$$(x-4)^2+(mx-3)^2=1$$

$$(1+m^2)x^2-2(3m+4)x+24=0 \quad \cdots\cdots ⑥$$

共有点をもつ条件は⑥が実数解をもつことだから，判別式を D とすると

$$\frac{D}{4}=(3m+4)^2-24(1+m^2)=-15m^2+24m-8 \geqq 0$$

$$15m^2-24m+8 \leqq 0 \qquad \frac{4}{5}-\frac{2\sqrt{6}}{15} \leqq m \leqq \frac{4}{5}+\frac{2\sqrt{6}}{15}$$

よって m の最大値は　$\dfrac{4}{5}+\dfrac{2\sqrt{6}}{15}$

▶(iii)　△DNL, △DLM において余弦定理より

$$NL^2=LM^2=x^2+1-2\cdot x\cdot 1\cdot \cos 60^\circ=x^2-x+1$$

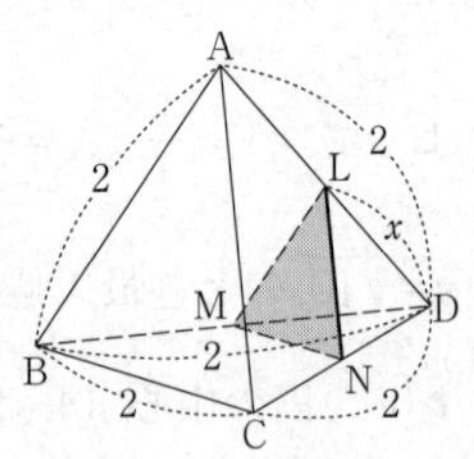

NL＞0, LM＞0 より

$$NL=LM=\sqrt{x^2-x+1}$$

△DMN において中点連結定理より

$$MN=\frac{1}{2}BC=1$$

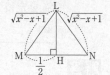

L から MN へ下ろした垂線の足を H とすると△LMN は二等辺三角形であるから

$$\mathrm{MH}=\frac{1}{2}\mathrm{MN}=\frac{1}{2}$$

△LMH において三平方の定理より

$$\mathrm{LH}=\sqrt{x^2-x+1-\frac{1}{4}}=\sqrt{x^2-x+\frac{3}{4}}$$

よって　　$\triangle\mathrm{LMN}=\frac{1}{2}\cdot\mathrm{MN}\cdot\mathrm{LH}=\frac{1}{2}\sqrt{x^2-x+\frac{3}{4}}$

一方，$\triangle\mathrm{ABC}=\frac{1}{2}\cdot 2\cdot 2\cdot\sin 60^\circ=\sqrt{3}$

$\triangle\mathrm{LMN}=\frac{1}{3}\triangle\mathrm{ABC}$ より

$$\frac{1}{2}\sqrt{x^2-x+\frac{3}{4}}=\frac{\sqrt{3}}{3}\qquad\sqrt{x^2-x+\frac{3}{4}}=\frac{2\sqrt{3}}{3}$$

両辺を平方して

$$x^2-x+\frac{3}{4}=\frac{4}{3}\qquad 12x^2-12x+9=16$$

$$12x^2-12x-7=0$$

$$x=\frac{6\pm\sqrt{36+84}}{12}=\frac{6\pm 2\sqrt{30}}{12}=\frac{1}{2}\pm\frac{\sqrt{30}}{6}$$

$x>0$ より　　$x=\frac{1}{2}+\frac{\sqrt{30}}{6}$　→(9)〜(13)

II

◆発想◆　(i)　l と m の方程式を求め，l と m が直交する条件を使って交点 P の y 座標を計算する。

(ii)　l と m のなす角が $\frac{\pi}{4}$ であるから，l，m と x 軸の正の方向のなす角をそれぞれ α，β とすると $\beta-\alpha=\frac{\pi}{4}$ となる。タンジェントの加法定理を用いると b の値が求められる。

(iii)　(ii)と同様に考えると a の値がでる。C と円で囲まれた図形の面積を S_1，C と l，m で囲まれた図形の面積を S_2 とするとき，

S_2を定積分で計算し，S_1は扇形の面積からS_2を引けば求められる。

解答

(i) (14) 1 (15) 6

(ii) (16) 7 (17)(18) 15

(iii) (19) 3 (20) 3 (21) 2 (22) 9 (23) 2 (24) 3 (25) 9

◀解 説▶

≪放物線の接線，２接線のなす角，面積≫

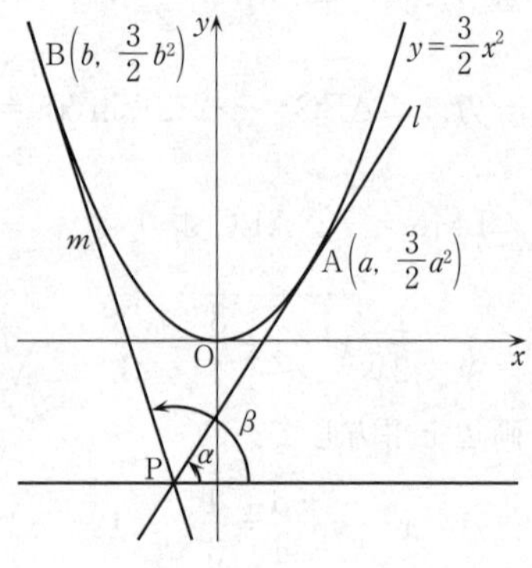

▶(i) $y=\frac{3}{2}x^2$ より　　$y'=3x$

l，mの傾きはそれぞれ$3a$，$3b$であり，l，mが直交するので

$$3a\cdot 3b=-1$$

$$ab=-\frac{1}{9}$$

lの方程式は

$$y-\frac{3}{2}a^2=3a(x-a)$$

$$y=3ax-\frac{3}{2}a^2 \quad \cdots\cdots①$$

同様にしてmの方程式は

$$y=3bx-\frac{3}{2}b^2 \quad \cdots\cdots②$$

①②より

$$3ax-\frac{3}{2}a^2=3bx-\frac{3}{2}b^2$$

$$ax-\frac{1}{2}a^2=bx-\frac{1}{2}b^2$$

$$(a-b)x=\frac{1}{2}(a-b)(a+b)$$

$a\neq b$であるから

$$x=\frac{1}{2}(a+b)$$

①へ代入して

$$y=3a\cdot\frac{1}{2}(a+b)-\frac{3}{2}a^2=\frac{3ab}{2}=-\frac{1}{6}\quad\to(14),\ (15)$$

▶(ii)　l，m と x 軸の正の方向とのなす角をそれぞれ
α，β（$0\leqq\alpha<\beta\leqq\pi$）とすると

$$\tan\alpha=3a=6,\quad \tan\beta=3b,\quad \beta-\alpha=\angle\mathrm{APB}=\frac{\pi}{4}$$

だから

$$1=\tan(\beta-\alpha)=\frac{\tan\beta-\tan\alpha}{1+\tan\beta\tan\alpha}=\frac{3b-6}{1+18b}$$

$$1+18b=3b-6$$

$$15b=-7\qquad b=-\frac{7}{15}\quad\to(16)\sim(18)$$

▶(iii)　(ii)と同様に l，m と x 軸の正の方向とのなす角をそれぞれ
α'，β'（$0\leqq\alpha'<\beta'\leqq\pi$）とすると

$$\tan\alpha'=3a,\quad \tan\beta'=3b=-3a$$

$$\beta'-\alpha'=\angle\mathrm{APB}=\frac{\pi}{3}$$

であるから

$$\sqrt{3}=\tan(\beta'-\alpha')=\frac{\tan\beta'-\tan\alpha'}{1+\tan\beta'\tan\alpha'}=\frac{-3a-3a}{1-9a^2}=\frac{-6a}{1-9a^2}$$

$$\sqrt{3}(1-9a^2)=-6a\qquad 9\sqrt{3}a^2-6a-\sqrt{3}=0\qquad 9a^2-2\sqrt{3}a-1=0$$

$$a=\frac{\sqrt{3}\pm\sqrt{3+9}}{9}=\frac{\sqrt{3}\pm2\sqrt{3}}{9}$$

$a>0$ より　$a=\dfrac{3\sqrt{3}}{9}=\dfrac{\sqrt{3}}{3}\quad\to(19),\ (20)$

l，m の方程式はそれぞれ

$$y=\sqrt{3}x-\frac{1}{2},\quad y=-\sqrt{3}x-\frac{1}{2}$$

となるので

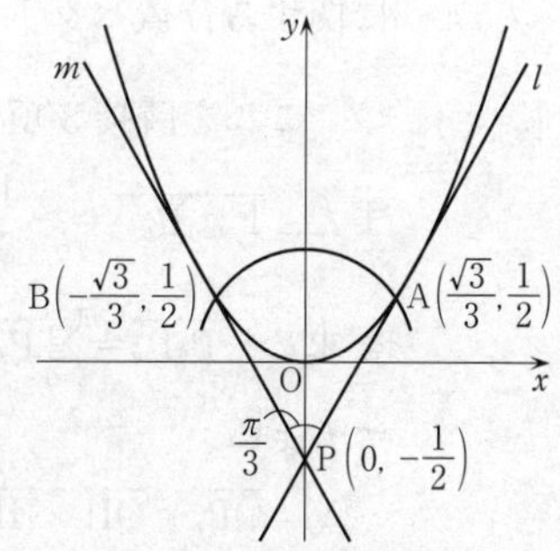

交点Pは　$\mathrm{P}\left(0,\ -\dfrac{1}{2}\right)$

$$\mathrm{AP}=\sqrt{\frac{1}{3}+1}=\frac{2}{\sqrt{3}}$$

より扇形PABの面積は

$$\frac{1}{2}\cdot\left(\frac{2}{\sqrt{3}}\right)^2\cdot\frac{\pi}{3}=\frac{2\pi}{9}$$

C と l, m で囲まれた図形の面積を S_2 とすると

$$S_2=2\int_0^{\frac{\sqrt{3}}{3}}\left(\frac{3}{2}x^2-\sqrt{3}x+\frac{1}{2}\right)dx$$

$$=3\int_0^{\frac{\sqrt{3}}{3}}\left(x^2-\frac{2\sqrt{3}}{3}x+\frac{1}{3}\right)dx$$

$$=3\int_0^{\frac{\sqrt{3}}{3}}\left(x-\frac{\sqrt{3}}{3}\right)^2dx$$

$$=\left[\left(x-\frac{\sqrt{3}}{3}\right)^3\right]_0^{\frac{\sqrt{3}}{3}}=\frac{\sqrt{3}}{9}$$

C と円で囲まれた図形の面積を S_1 とすると

$$S_1=\frac{2\pi}{9}-S_2=\frac{2\pi}{9}-\frac{\sqrt{3}}{9}$$

$$S_1-S_2=\left(\frac{2\pi}{9}-\frac{\sqrt{3}}{9}\right)-\frac{\sqrt{3}}{9}=\frac{2}{9}\pi-\frac{2\sqrt{3}}{9}=\frac{2}{9}(\pi-\sqrt{3})>0$$

よって，大きい図形の面積と小さい図形の面積の差は

$\frac{2}{9}\pi-\frac{2\sqrt{3}}{9}$ →(21)〜(25)

III

◇発想◇ (i) $P_1H:HP_2=t:(1-t)$ とおいて $\overrightarrow{OH}$ を $\overrightarrow{OP_1}$, $\overrightarrow{OP_2}$ で表し，$\overrightarrow{OH}\cdot\overrightarrow{P_1P_2}=0$ より t の値を求める。

(ii) 線分 P_nP_{n+1} を $4:1$ に内分する点が P_{n+2} であるから点Hに関する位置ベクトルについて $\overrightarrow{HP_{n+2}}=\dfrac{\overrightarrow{HP_n}+4\overrightarrow{HP_{n+1}}}{5}$ が成り立つ。これを隣接3項間の漸化式とみて，一般項 $\overrightarrow{HP_n}$ を求める。また，$\overrightarrow{P_{n+1}P_{n+2}}=-\dfrac{1}{5}\overrightarrow{P_nP_{n+1}}$ が成り立つことを利用して $\overrightarrow{P_nP_{n+1}}$ を求め，$\overrightarrow{P_1P_n}=\sum_{k=1}^{n-1}\overrightarrow{P_kP_{k+1}}$ を計算し，$\overrightarrow{HP_n}=\overrightarrow{P_1P_n}-\overrightarrow{P_1H}$ に代入してもよい。

(iii) $\overrightarrow{OP_n}=\overrightarrow{OH}+\overrightarrow{HP_n}$, $\overrightarrow{OH}\perp\overrightarrow{HP_n}$ より $|\overrightarrow{OP_n}|^2$ を計算する。

解答　(i)　(ア) $\dfrac{1}{6}\overrightarrow{\mathrm{OP_1}}+\dfrac{5}{6}\overrightarrow{\mathrm{OP_2}}$

(ii)　(イ) $\dfrac{1}{6}\left(-\dfrac{1}{5}\right)^{n-2}\overrightarrow{\mathrm{P_1P_2}}$

(iii)　(ウ) $1+\dfrac{1}{5^{2n-3}}$

◀解　説▶

≪位置ベクトル，漸化式，ベクトルの大きさ≫

▶(i)　$\mathrm{P_1H}:\mathrm{HP_2}=t:(1-t)$ とおくと

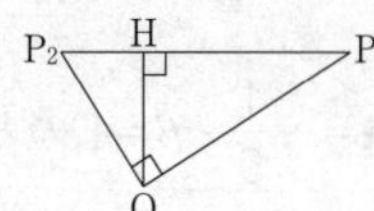

$$\overrightarrow{\mathrm{OH}}=(1-t)\overrightarrow{\mathrm{OP_1}}+t\overrightarrow{\mathrm{OP_2}}$$

$\overrightarrow{\mathrm{OH}}\perp\overrightarrow{\mathrm{P_1P_2}}$ より

$$\begin{aligned}\overrightarrow{\mathrm{OH}}\cdot\overrightarrow{\mathrm{P_1P_2}}&=\{(1-t)\overrightarrow{\mathrm{OP_1}}+t\overrightarrow{\mathrm{OP_2}}\}\cdot(-\overrightarrow{\mathrm{OP_1}}+\overrightarrow{\mathrm{OP_2}})\\&=(t-1)|\overrightarrow{\mathrm{OP_1}}|^2+(1-2t)\overrightarrow{\mathrm{OP_1}}\cdot\overrightarrow{\mathrm{OP_2}}+t|\overrightarrow{\mathrm{OP_2}}|^2\\&=6(t-1)+\frac{6}{5}t\\&=\frac{36}{5}t-6=0\end{aligned}$$

$$t=\frac{5}{6}$$

よって　$\overrightarrow{\mathrm{OH}}=\dfrac{1}{6}\overrightarrow{\mathrm{OP_1}}+\dfrac{5}{6}\overrightarrow{\mathrm{OP_2}}$

▶(ii)　線分 $\mathrm{P}_n\mathrm{P}_{n+1}$ を 4：1 に内分する点が P_{n+2} だから

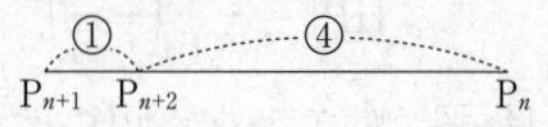

$$\overrightarrow{\mathrm{HP}_{n+2}}=\frac{\overrightarrow{\mathrm{HP}_n}+4\overrightarrow{\mathrm{HP}_{n+1}}}{5}=\frac{4}{5}\overrightarrow{\mathrm{HP}_{n+1}}+\frac{1}{5}\overrightarrow{\mathrm{HP}_n}$$

$$\overrightarrow{\mathrm{HP}_{n+2}}-\alpha\overrightarrow{\mathrm{HP}_{n+1}}=\beta(\overrightarrow{\mathrm{HP}_{n+1}}-\alpha\overrightarrow{\mathrm{HP}_n})$$

と変形できたとすると

$$\overrightarrow{\mathrm{HP}_{n+2}}=(\alpha+\beta)\overrightarrow{\mathrm{HP}_{n+1}}-\alpha\beta\overrightarrow{\mathrm{HP}_n}$$

これより　$\alpha+\beta=\dfrac{4}{5},\ \alpha\beta=-\dfrac{1}{5}$

$\alpha,\ \beta$ は 2 次方程式 $t^2-\dfrac{4}{5}t-\dfrac{1}{5}=0$ の 2 解である。

$$5t^2-4t-1=0 \qquad (t-1)(5t+1)=0 \qquad t=1,\ -\frac{1}{5}$$

$\alpha=1,\ \beta=-\dfrac{1}{5}$ のとき

$$\overrightarrow{\mathrm{HP}_{n+2}}-\overrightarrow{\mathrm{HP}_{n+1}}=-\frac{1}{5}\left(\overrightarrow{\mathrm{HP}_{n+1}}-\overrightarrow{\mathrm{HP}_{n}}\right)$$

$\overrightarrow{\mathrm{HP}_2}-\overrightarrow{\mathrm{HP}_1}=\overrightarrow{\mathrm{P}_1\mathrm{P}_2}$ より $\{\overrightarrow{\mathrm{HP}_{n+1}}-\overrightarrow{\mathrm{HP}_n}\}$ は初項 $\overrightarrow{\mathrm{P}_1\mathrm{P}_2}$，公比 $-\dfrac{1}{5}$ の等比数列だから

$$\overrightarrow{\mathrm{HP}_{n+1}}-\overrightarrow{\mathrm{HP}_n}=\left(-\frac{1}{5}\right)^{n-1}\overrightarrow{\mathrm{P}_1\mathrm{P}_2}\quad\cdots\cdots①$$

$\alpha=-\dfrac{1}{5},\ \beta=1$ のとき　$\overrightarrow{\mathrm{HP}_{n+2}}+\dfrac{1}{5}\overrightarrow{\mathrm{HP}_{n+1}}=\overrightarrow{\mathrm{HP}_{n+1}}+\dfrac{1}{5}\overrightarrow{\mathrm{HP}_n}$

$$\overrightarrow{\mathrm{HP}_2}+\frac{1}{5}\overrightarrow{\mathrm{HP}_1}=\overrightarrow{\mathrm{OP}_2}-\overrightarrow{\mathrm{OH}}+\frac{1}{5}\left(\overrightarrow{\mathrm{OP}_1}-\overrightarrow{\mathrm{OH}}\right)=\overrightarrow{\mathrm{OP}_2}+\frac{1}{5}\overrightarrow{\mathrm{OP}_1}-\frac{6}{5}\overrightarrow{\mathrm{OH}}$$

$$=\overrightarrow{\mathrm{OP}_2}+\frac{1}{5}\overrightarrow{\mathrm{OP}_1}-\frac{6}{5}\left(\frac{1}{6}\overrightarrow{\mathrm{OP}_1}+\frac{5}{6}\overrightarrow{\mathrm{OP}_2}\right)=\vec{0}$$

これより $\left\{\overrightarrow{\mathrm{HP}_{n+1}}+\dfrac{1}{5}\overrightarrow{\mathrm{HP}_n}\right\}$ は常に $\vec{0}$ の定数列だから

$$\overrightarrow{\mathrm{HP}_{n+1}}+\frac{1}{5}\overrightarrow{\mathrm{HP}_n}=\vec{0}\quad\cdots\cdots②$$

①－② より　$-\dfrac{6}{5}\overrightarrow{\mathrm{HP}_n}=\left(-\dfrac{1}{5}\right)^{n-1}\overrightarrow{\mathrm{P}_1\mathrm{P}_2}$

$$\therefore\quad \overrightarrow{\mathrm{HP}_n}=-\frac{5}{6}\left(-\frac{1}{5}\right)^{n-1}\overrightarrow{\mathrm{P}_1\mathrm{P}_2}=\frac{1}{6}\left(-\frac{1}{5}\right)^{n-2}\overrightarrow{\mathrm{P}_1\mathrm{P}_2}$$

参考　階差数列を用いて一般項を求める方法

①を出して

$$\overrightarrow{\mathrm{HP}_n}=\overrightarrow{\mathrm{HP}_1}+\sum_{k=1}^{n-1}\left(\overrightarrow{\mathrm{HP}_{k+1}}-\overrightarrow{\mathrm{HP}_k}\right)=\overrightarrow{\mathrm{HP}_1}+\sum_{k=1}^{n-1}\left(-\frac{1}{5}\right)^{k-1}\overrightarrow{\mathrm{P}_1\mathrm{P}_2}$$

$$=\overrightarrow{\mathrm{OP}_1}-\overrightarrow{\mathrm{OH}}+\frac{1-\left(-\frac{1}{5}\right)^{n-1}}{1+\frac{1}{5}}\overrightarrow{\mathrm{P}_1\mathrm{P}_2}$$

$$=\overrightarrow{\mathrm{OP}_1}-\frac{1}{6}\overrightarrow{\mathrm{OP}_1}-\frac{5}{6}\overrightarrow{\mathrm{OP}_2}+\frac{5}{6}\left\{1-\left(-\frac{1}{5}\right)^{n-1}\right\}\overrightarrow{\mathrm{P}_1\mathrm{P}_2}$$

$$=-\frac{5}{6}\overrightarrow{\mathrm{P}_1\mathrm{P}_2}+\frac{5}{6}\left\{1-\left(-\frac{1}{5}\right)^{n-1}\right\}\overrightarrow{\mathrm{P}_1\mathrm{P}_2}=-\frac{5}{6}\left(-\frac{1}{5}\right)^{n-1}\overrightarrow{\mathrm{P}_1\mathrm{P}_2}$$

$$=\frac{1}{6}\left(-\frac{1}{5}\right)^{n-2}\overrightarrow{\mathrm{P_1P_2}}\quad (n\geqq 2)$$

これは $\overrightarrow{\mathrm{HP_1}}=-\frac{5}{6}\overrightarrow{\mathrm{P_1P_2}}$ を含むので

$$\overrightarrow{\mathrm{HP}_n}=\frac{1}{6}\left(-\frac{1}{5}\right)^{n-2}\overrightarrow{\mathrm{P_1P_2}}$$

としてもよい。

別解　$\overrightarrow{\mathrm{P}_{n+1}\mathrm{P}_{n+2}}=-\frac{1}{5}\overrightarrow{\mathrm{P}_n\mathrm{P}_{n+1}}\quad (n=1,\ 2,\ \cdots)$ より $\{\overrightarrow{\mathrm{P}_n\mathrm{P}_{n+1}}\}$ は初項 $\overrightarrow{\mathrm{P_1P_2}}$, 公比 $-\frac{1}{5}$ の等比数列だから

$$\overrightarrow{\mathrm{P}_n\mathrm{P}_{n+1}}=\left(-\frac{1}{5}\right)^{n-1}\overrightarrow{\mathrm{P_1P_2}}$$

$$\overrightarrow{\mathrm{P_1P}_n}=\sum_{k=1}^{n-1}\overrightarrow{\mathrm{P}_k\mathrm{P}_{k+1}}=\sum_{k=1}^{n-1}\left(-\frac{1}{5}\right)^{k-1}\overrightarrow{\mathrm{P_1P_2}}=\frac{1-\left(-\frac{1}{5}\right)^{n-1}}{1+\frac{1}{5}}\overrightarrow{\mathrm{P_1P_2}}$$

$$=\frac{5}{6}\left\{1-\left(-\frac{1}{5}\right)^{n-1}\right\}\overrightarrow{\mathrm{P_1P_2}}\quad (n\geqq 2)$$

これは $n=1$ のときも成り立つ。

$$\overrightarrow{\mathrm{HP}_n}=\overrightarrow{\mathrm{P_1P}_n}-\overrightarrow{\mathrm{P_1H}}=\frac{5}{6}\left\{1-\left(-\frac{1}{5}\right)^{n-1}\right\}\overrightarrow{\mathrm{P_1P_2}}-\frac{5}{6}\overrightarrow{\mathrm{P_1P_2}}=-\frac{5}{6}\left(-\frac{1}{5}\right)^{n-1}\overrightarrow{\mathrm{P_1P_2}}$$

$$=\frac{1}{6}\left(-\frac{1}{5}\right)^{n-2}\overrightarrow{\mathrm{P_1P_2}}$$

▶(iii)　$\overrightarrow{\mathrm{OP}_n}=\overrightarrow{\mathrm{OH}}+\overrightarrow{\mathrm{HP}_n}$, $\overrightarrow{\mathrm{OH}}\perp\overrightarrow{\mathrm{HP}_n}$ より

$$|\overrightarrow{\mathrm{OP}_n}|^2=|\overrightarrow{\mathrm{OH}}+\overrightarrow{\mathrm{HP}_n}|^2=|\overrightarrow{\mathrm{OH}}|^2+|\overrightarrow{\mathrm{HP}_n}|^2$$

$$=\frac{1}{36}|\overrightarrow{\mathrm{OP_1}}+5\overrightarrow{\mathrm{OP_2}}|^2+\frac{1}{36}\left(\frac{1}{25}\right)^{n-2}|\overrightarrow{\mathrm{P_1P_2}}|^2$$

$$=\frac{1}{36}(|\overrightarrow{\mathrm{OP_1}}|^2+25|\overrightarrow{\mathrm{OP_2}}|^2)+\frac{1}{36}\left(\frac{1}{25}\right)^{n-2}(|\overrightarrow{\mathrm{OP_1}}|^2+|\overrightarrow{\mathrm{OP_2}}|^2)$$

$$=\frac{1}{36}(6+30)+\frac{1}{36}\left(\frac{1}{5}\right)^{2n-4}\left(6+\frac{6}{5}\right)$$

$$=1+\frac{1}{5}\left(\frac{1}{5}\right)^{2n-4}=1+\left(\frac{1}{5}\right)^{2n-3}$$

Ⅳ ◇発想◇ 反復試行の確率についての問題。まず2個とも奇数，2個とも偶数，奇数の目と偶数の目が1個ずつ出る確率をそれぞれ計算する。

(i) 太郎と花子が18個ずつ球を持っている確率である。7回のやり取りのうち，2個とも奇数，2個とも偶数が出る回数をそれぞれx，yとし，7回のやり取りが終わった時点での太郎から花子へ移動した球の個数nについて，$n=-3$となるx，yを求め，確率を計算する。

(ii) 太郎が15個，花子が21個持っている確率である。$n=0$となるx，yを求め，確率を計算する。

(iii) 太郎が12個，花子が24個持っている確率である。$n=3$となるx，yを求め，確率を計算する。

解答

(i) (26)(27)(28) 105 (29)(30)(31)(32) 1024

(ii) (33)(34)(35) 105 (36)(37)(38)(39) 4096

(iii) (40)(41)(42) 217 (43)(44)(45)(46) 8192

◀解 説▶

≪反復試行の確率≫

▶(i) 2個のさいころを同時に投げたとき

2個とも奇数の目が出る確率は $\dfrac{3\times3}{36}=\dfrac{1}{4}$

2個とも偶数の目が出る確率は $\dfrac{3\times3}{36}=\dfrac{1}{4}$

奇数の目と偶数の目が1個ずつ出る確率は $1-\dfrac{1}{4}-\dfrac{1}{4}=\dfrac{1}{2}$

7回のやり取りのうち，2個とも奇数，2個とも偶数が出る回数をそれぞれx，yとすると，7回のやり取りが終わった時点で太郎から花子へ移動した球の個数nは

$$n=x+2y-3(7-x-y)=4x+5y-21 \quad (0\leqq x\leqq 7,\ 0\leqq y\leqq 7)$$

太郎と花子が同数の球を持っているときは$n=-3$となるので

$$4x+5y-21=-3 \qquad 4x+5y=18$$

これを満たす$(x,\ y)$は $(x,\ y)=(2,\ 2)$

よって求める確率は

$$ {}_7C_2\times{}_5C_2\times\left(\frac{1}{4}\right)^2\cdot\left(\frac{1}{4}\right)^2\cdot\left(\frac{1}{2}\right)^3=21\times10\times\frac{1}{2^{11}}=\frac{105}{1024}\quad\to(26)\sim(32) $$

▶(ii)　持っている球の数が，太郎と花子の2人とも最初と変わらないときは $n=0$ となるので

$$ 4x+5y-21=0\qquad 4x+5y=21 $$

これを満たす $(x,\ y)$ は　$(x,\ y)=(4,\ 1)$

よって求める確率は

$$ {}_7C_4\times{}_3C_1\times\left(\frac{1}{4}\right)^4\cdot\frac{1}{4}\cdot\left(\frac{1}{2}\right)^2=35\times3\times\frac{1}{2^{12}}=\frac{105}{4096}\quad\to(33)\sim(39) $$

▶(iii)　太郎が12個，花子が24個の球を持っているときは $n=3$ となるので

$$ 4x+5y-21=3\qquad 4x+5y=24 $$

これを満たす $(x,\ y)$ は　$(x,\ y)=(1,\ 4),\ (6,\ 0)$

よって求める確率は

$$ {}_7C_1\times{}_6C_4\times\frac{1}{4}\cdot\left(\frac{1}{4}\right)^4\cdot\left(\frac{1}{2}\right)^2+{}_7C_6\times\left(\frac{1}{4}\right)^6\cdot\frac{1}{2}=7\times15\times\left(\frac{1}{2}\right)^{12}+7\times\left(\frac{1}{2}\right)^{13} $$

$$ =(210+7)\left(\frac{1}{2}\right)^{13} $$

$$ =\frac{217}{8192}\quad\to(40)\sim(46) $$

❖講　評

2023年度はここ数年と同様に大問4題の出題であった。解きやすい問題が多く，難易度は2022年度よりも易化している。

Ⅰは独立した小問3問である。(i)対数を含む2変数関数の最大値を求める問題。条件式の両辺に底が10の対数をとって，置き換えると，2次関数の最大値となる。(ii)円と直線が共有点をもつ条件についての問題。典型的な問題であり，ミスなく解きたい。(iii)正四面体の内部にできた三角形の面積についての問題。余弦定理などで3辺の長さを求め，面積を計算する。二等辺三角形なので高さを求めて面積を計算するとよい。

Ⅱは放物線の2本の接線についての問題。(i) l と m の方程式を求め，連立方程式を解く。その際，直交条件を使う。(ii)2直線のなす角が与え

られているので，l，m と x 軸の正の方向とのなす角を考え，タンジェントの加法定理を用いるアプローチがよい。(iii) a の値は(ii)と同様にして求める。面積は円がらみなので，扇形の面積を考える必要がある。

Ⅲはベクトルと数列の融合問題。(i)は $\mathrm{P_1H}:\mathrm{HP_2}=t:(1-t)$ とおいて $\overrightarrow{\mathrm{OH}}$ を $\overrightarrow{\mathrm{OP_1}}$，$\overrightarrow{\mathrm{OP_2}}$ で表し，$\overrightarrow{\mathrm{OH}}\perp\overrightarrow{\mathrm{P_1P_2}}$ より t の値を求める。(ii)線分 $\mathrm{P}_n\mathrm{P}_{n+1}$ を 4：1 に内分する点が P_{n+2} であるから点Hに関する位置ベクトルで表し，隣接 3 項間の漸化式として一般項を求める。〔別解〕のように $\overrightarrow{\mathrm{P}_{n+1}\mathrm{P}_{n+2}}=-\dfrac{1}{5}\overrightarrow{\mathrm{P}_n\mathrm{P}_{n+1}}$ に着目して解答することもできる。(iii) $\overrightarrow{\mathrm{OP}_n}=\overrightarrow{\mathrm{OH}}+\overrightarrow{\mathrm{HP}_n}$ より $\overrightarrow{\mathrm{OH}}\perp\overrightarrow{\mathrm{HP}_n}$ に注意して $|\overrightarrow{\mathrm{OP}_n}|^2$ を計算する。

Ⅳは反復試行の確率の問題。(i) 7 回のやり取りで，2 個とも奇数，2 個とも偶数が出る回数をそれぞれ x，y とし，7 回のやり取りが終わった時点で太郎から花子へ移動した球の個数 n を x，y で表すことがポイント。$n=-3$ となる確率だから，これを満たす $(x,\ y)$ を調べて確率を計算する。(ii)・(iii)それぞれ $n=0$，$n=3$ となる確率である。

論文テスト

I　解答

問１．⑴⑵―22　⑶⑷―17　⑸⑹―23　⑺⑻―34　⑼⑽―18　⑾⑿―13　⒀⒁―21　⒂⒃―29　⒄⒅―33　⒆⒇―32

問２．㉑―１　㉒―５　㉓―４

問３．ア．意思決定　イ．ブラックボックス　ウ．相互作用

問４．あ．学習データの偏り　い．誤認識が多くなる

問５．責任の所在を明確にしたうえで，人間と機械が協同して対処する（30 字以内）

◀解　説▶

≪人工知能をめぐる課題≫

▶問１．⑴⑵機械が大量のデータ（ビッグデータ）を用いて深層学習（ディープラーニング）を行うことで，人間が関与することなく対象を分析することが可能となっている。よって，「自動的」が該当する。

⑶⑷従来，人間のもつ「直観」や「暗黙知」は言葉で説明することが難しい能力とされていたが，現在では，学習データ（＝言語）を集積することで機械が「直観」や「暗黙知」を習得するのではと期待されている。よって，「言語化」が該当する。

⑸⑹空欄の前にある「雇用，逮捕，お金を貸すなど」は，人間の社会生活に関わる事柄である。よって，「社会的」が該当する。

⑺⑻第４段落では，偏った学習データを用いて「特定」することの問題点が指摘されており，続く段落で，「予測」についても同様に問題点があることが指摘されている。よって，「問題視」が該当する。

⑼⑽ビッグデータをもとにした「予測」に関する極端な事例として，顔画像データを用いることによる「犯罪を起こしそうな人の顔」の識別が取り上げられている。ここでは，個人のプライバシーに関わる事柄でも高い精度で予測し得るという事態が述べられている。よって，「高確率」が該当する。

⑾⑿ 1870 年代にイタリアの犯罪学者によって「生来性犯罪者説」が提唱

されたが，現在その理論の多くは否定されていると書かれており，犯罪者には生まれつきの特徴があるとする学説には客観的な根拠がないとされる。よって，「科学的」が該当する。

⒀⒁機械によるプロファイリングで評価されてしまうと，「機械は忘れてはくれず，その評価が一生ついて回ることになる」と述べられている。よって，「固定化」が該当する。

⒂⒃空欄の前に，「一度悪いレッテルを貼られてしまうと，…」や「一度悪い評価を付けられてしまうと，…」と書かれている。よって，「低評価」が該当する。

⒄⒅人間のみの判断では個人的な経験や偏見によって見落とされてしまう観点を，機械は見落とさないで「拾い上げることも可能になる」とされる。よって，「網羅的」が該当する。

⒆⒇空欄の前の段落において，技術だけで問題が解決できるわけではなく，人間と機械で役割や責任を分担する仕組みを作ることが重要であると述べられている。そのうえで，最終的な判断の基準や責任の所在がはっきりとわかる形にすることの重要性が主張されている。よって，「明確化」が該当する。

▶問２．㉑空欄の前にある顔を加工するアプリと，空欄の後にある特殊な化粧法や敵対的サンプルは，どちらも顔認証システムをくぐりぬけるための技術である。よって，１の「あるいは」があてはまる。

㉒空欄の前後を見ると，技術の可能性と限界を理解することの必要性が述べられ，それを前提として，技術を用いて社会やルールを構築していくことが述べられている。よって，５の「そのうえで」があてはまる。

㉓空欄の前では人間と技術（人工知能）との関係が述べられており，技術とどのような関係を取り結ぶかによって社会の在り方も決まっていくという論旨である。空欄の後の「人工知能は私たちの社会を映し出す鏡」とは，そうした論旨を比喩的に言い換えたものとなる。よって，４の「その意味で」があてはまる。

▶問３．ア．空欄の後の「雇用，逮捕，お金を貸すなど」から「意思決定」があてはまる。

イ．機械（人工知能）が判断する際には，膨大なデータを処理した上での判断となるため，その結論に至った理由が複雑すぎて説明できないという

「ブラックボックス問題」が生じる。そのため，機械によって低評価が下された場合でも，その理由がわからず訂正が容易ではなくなる。よって，「ブラックボックス」があてはまる。

ウ．空欄の前後で述べられている人間と機械（技術）の関係性については，第８段落において「人と機械の相互作用のデザイン，つまりインタフェースの観点である」と言及されている。この観点からは，人間と機械が協同することで両者の強みを生かす仕組みを作ることが大事であり，私たちの社会もまた，そうした機械との関係のもとで作り上げていくものとされる。よって，「相互作用」があてはまる。

▶問４．第４段落では，深層学習の課題として学習データの偏りが指摘されている。また，具体例として，アメリカで開発されるシステムに使う学習データでは，アングロサクソン系の人間の画像が多く用いられるため，学習データの少ないアフリカ系の人間に関しては誤認識が多くなることが紹介されている。それを踏まえると，機械が高い精度で認識できるアングロサクソン系の人種に比べ，誤認識が生じやすいアフリカ系の人種は劣っているというように，学習データの多寡が特定の人種に対する差別にもつながってしまうおそれがあることがわかる。よって，「あ」には「学習データの偏り」があてはまり，「い」には「誤認識が多くなる」があてはまる。

▶問５．「技術によって生じる問題は技術で解決する」アプローチで問題解決できない場合の対処として，第８段落では，「問題があったときにその責任を誰がとるのか，人と機械の役割や責任の分担の在り方が信頼できる仕組みで作られているか」が重要であると述べられている。すべてを機械任せにするのではなく，責任の分担においては人間にも一定の関与が求められるという視点でまとめていけば良いだろう。

II　解答

問１．(24)(25) 24　(26)(27) 03　(28)(29) 72　(30)(31) 50
(32)(33) 09　(34)(35) 03　(36)(37) 12　(38)(39) 07　(40)(41) 56
(42)(43) 05　(44)(45) 04　(46)(47) 05　(48)(49) 12　(50)(51) 17

問２．ア．$N-1$　イ．$N!\times(N-1)$　ウ．$N-1$　エ．$N\times(N-1)$

問３．急速に増加する（８字以内）

問４．ソート済みデータを最小値比較による合併（20 字以内）

◀解　説▶

≪ソートのアルゴリズム≫

▶問1．(24)〜(31)1回目のシャッフルでカードが［1，2，3，4］と並んだとき，3回の比較で終わる。

4枚のカードの並べ方は4!通りだから，シャッフルする平均回数は4!回で，1回のシャッフルで3回の比較をするから，平均では，4!×3回の比較が必要となる。

カードが6枚のときも同様に考えて，6!×5回の比較が必要であり

$$\frac{6!\times 5}{4!\times 3}=6\times 5\times \frac{5}{3}=50$$

なので，平均の比較回数は，4枚の場合に比べて50倍になってしまう。

(32)〜(41)比較と交換を左端から順番に右端まで行うことを「操作」ということにする。

［4，2，1，3］は，1巡目の操作で［2，1，3，4］，2巡目の操作で［1，2，3，4］になる。3巡目の操作でソートが完了したと判断できるので，比較回数は3×3=9回となる。

最初の並びが［1，2，3，4］のとき，1巡目の操作でソートが完了し，比較回数は最小で3回である。

また，最初の並びが［4，3，2，1］のとき，3巡目の操作で初めて［1，2，3，4］となるので，比較回数は最大で4×3回となる。同様に8つの値をバブルソートした場合，最小の比較回数は7回，最大の比較回数は8×7回である。

(42)〜(51)［4，2，1，3］の場合の比較回数は

段階1で，4−2，1−3の2回，段階2で，1−2，2−3，3−4の3回　合計5回

［4，3，1，2］の場合の比較回数は

段階1で，4−3，1−2の2回，段階2で，1−3，2−3の2回　合計4回

［4，1，2，3］の場合の比較回数は

段階1で，4−1，2−3の2回，段階2で，1−2，2−4，3−4の3回　合計5回

である。

4つの数を2つのグループに分けるとき，グループを区別しない場合，分け方は3通りだから，上の3つの場合を考えておけば十分で，4つの値をマージソートでソートする場合の最小比較回数は4回，最大比較回数は5回である。また，

［1，2，3，4］と［5，6，7，8］を合併するときの比較は

1−5，2−5，3−5，4−5の4回（最小回数）

［1，3，5，7］と［2，4，6，8］を合併するときの比較は

1−2，2−3，3−4，4−5，5−6，6−7，7−8の7回（最大回数）

である。

8つの値をマージソートでソートした場合，比較回数が最小（最大）になるのは，分割した2つのグループをマージソートするための比較回数と，合併時の比較回数が最小（最大）のときであるから

［1，2，3，4，5，6，7，8］のとき，比較回数は最小になり比較回数は

4+4+4=12

［1，5，3，7，2，6，4，8］のとき，比較回数は最大になり比較回数は

5+5+7=17

▶問2．問1の結果から容易に推測できる。

▶問3．ランダムシャッフルの最後の説明文を参照。

▶問4．(b)の理由は，「データ数が少なくなれば比較回数は減り，分割データがソートされているので，合併時の比較回数も少なくてすむ」であるが，20字以内にまとめるのが難しい。

❖講　評

大問数・設問数・解答形式とも例年と大きな変化はない。2023年度は，マージソートの仕組みに関する図を用いた問題が出題された。計算問題も例年通り出題されている。

Ⅰ　課題文は人工知能（AI）をテーマとした文章で，人工知能をめぐる技術的・社会的な問題，人工知能と人間・社会との関係の在り方という内容であった。問1・問2は本文の論理展開を押さえていれば比較的容易だろう。問3・問4は各空欄に入りそうな語句をある程度予測して，文中から同じような意味の語句を探し出すようにしたい。また，問5は本文後半の人間と技術（機械）との間の役割や責任の分担に関する

設問なので，論旨を踏まえて制限字数内でうまくまとめるようにしたい。

Ⅱ　ソートを題材にした，アルゴリズムの問題である。問題文をよく読み，規則性がわかれば，煩雑な計算は不必要で，答えは容易にわかる。

問１．ランダムシャッフルの「平均の比較回数」の定義が与えられていなくて，問題文から読み取らなくてはならないことがやや難。厳密には，数学Ｂの確率分布，数学Ⅲの無限級数の知識が必要である。⑷8〜⑸1は，論理的思考力が問われている。分割したグループのソート回数は容易だが，ソート後の合併時の比較回数を調べ，比較回数が最小（最大）となる８個の数の並びを見つけることがポイントである。

問２．式を書かせる問題で 2022 年度も出題されている。場合の数の知識があれば，前問の結果から容易に推測できる。

課題文を正確に読み取る読解力と論理的思考力が問われているという点では 2022 年度と同様だが，グラフの選択などがなくなり，論理的思考力に重点が置かれ，難易度は 2022 年度からやや難化している。

2022年度

解答編

解答編

英語

I　解答　(i)(1)―4　(2)―2
(ii)(3)―4　(4)―3　(5)―3　(6)―2　(7)―2　(8)―4
(9)―1　(10)―3

◆全　訳◆

≪多様性がもたらす利点≫

多様性に関してまず認識しておくことは，それが非常に難しいものになり得るということである。一体性に関する対話が比較的進んでいるアメリカにおいて，「多様性」という言葉に言及することでさえ，不安と対立を引き起こす可能性がある。最高裁の判事たちも多様性の善とそれを実現する最善の方法については意見が一致していない。企業は社内的にも対外的にも多様性を受け入れ，成し遂げようと数十億ドルを費やしているが，いまだに差別に関する訴訟に直面し，ビジネス界の幹部は圧倒的に白人と男性が占めたままである。

望ましい多様性が何をもたらしてくれるのか問いを立ててみることが賢明である。専門知識の多様性は明らかな恩恵をもたらしてくれるが――エンジニア，デザイナー，品質管理の専門家なくして新しい車を作ることは考えられないだろう――社会的多様性についてはどうだろう？　人種，民族性，性，性的指向の多様性からどのような効用が生まれるのか？　調査では，集団における社会的多様性は，不快感，無作法になっていく意思疎通，信頼の欠如，頻繁に見られるようになった人間関係の衝突，少ないコミュニケーション，結束がゆるんでいくこと，軽蔑への不安の増大やその他の問題を引き起こす可能性があることがわかっている。では良い面は何か？

実はイノベーションを起こすことができるチームや組織を作りたいのであれば，多様性が必要となる。多様性は創造性を高めるのだ。多様性は斬新な情報や視点の探求を促し，より良い意思決定や問題解決へとつながる。多様性によって会社の収益が増え，新たな発見や飛躍的なイノベーションが生まれる可能性がある。単純に多様性に触れるだけでも考え方が変わるかもしれない。これは単なる希望的観測ではない。組織科学の研究者，心理学者，社会学者，経済学者たちとの数十年に及ぶ研究から私が出した結論である。

多様性の好ましい影響を理解するカギとなるのが情報の多様性という概念である。集団で問題を解決するために人々が集まると，さまざまな情報，意見，観点がもたらされる。専門分野を背景にした多様性について議論すれば，これは非常に理解しやすい。異なる専門分野の人たちが集まって車を作るチームのことをもう一度考えてみてほしい。それと同じ論理が社会的多様性にも当てはまる。人種，性，その他の側面においてお互い異なる人々は，目の前の課題と関連する独自の情報と経験を持ち合わせている。男性と女性のエンジニアでは，エンジニアと物理学者ほど互いに異なる視点を持ち合わせているかもしれない。そして，これは好ましいことなのである。

大きな革新的組織に関する調査では，多様性の利点が繰り返し立証されている。たとえば，経営学教授のデジェーとロスはアメリカの株式市場全体を反映するよう選定されたS&Pコンポジット1500のトップ企業において性の多様性の影響を調査した。まず彼らは1992年から2006年における企業の経営幹部の人数と性別の構成を調べた。そして，その企業の財務実績に着目した。彼らの言葉を借りれば，平均で，「経営陣に女性がいることで企業価値が4,200万ドル上がる」ことがわかっている。また彼らは資産における研究開発費の割合から企業の「革新性の強さ」を評価した。それによると，女性が経営のトップ層にいる場合，イノベーションを優先する企業は，より大きな財務利益を得ていることがわかった。

多様性の利点を示す証拠は，アメリカの領域をはるかに超えて見受けられる。2012年8月，クレディ・スイス・リサーチ・インスティテュートの研究者たちのチームは，企業を運営する取締役会における性の多様性と財務実績との関係性を探るため，2005年から2011年まで，世界の2,360社の企業を調査したレポートを発表した。予想通り，女性が1人以上取締役にいる企業は，平均の株主資本利益率が高く，ギアリング（自己資本に対する負債の比率）が低く，成長率も平均的に高いことを研究者たちは発見した。

大規模なデータ・セットの調査では明確な限界もある。それらは多様性と業績の良さに相関性があることを示すだけで，多様性が業績の良さをもたらしているということを示しているわけではない。しかし，小さな集団における人種の多様性に関する調査によって，多様性がどのように機能しているのか，以前よりもわかるようになってきている。この場合もやはり，わかったことは明白であった。イノベーションや新しいアイデアを評価する集団にとって，多様性は有益なものとなっている。

2006 年，同僚と私は，成功のためには情報の共有が必要な実験を行い，少人数で意思決定をする集団の中で，人種の多様性がもたらす影響について調査を始めた。私たちはイリノイ大学でビジネスコースを履修しているアメリカの大学生に集まってもらった。3 人 1 組になり――全員白人のグループと 2 人が白人で 1 人が非白人のグループ――殺人事件の推理小説の課題を解いてもらったのである。メンバー全員が必ず同じ手がかりのリストを与えられるようにしたが，それぞれのメンバーには他のメンバーに知らせていない重要な情報も教えていた。誰が殺人を犯したのか割り出すためには，議論の間，メンバーたちはグループで持っているすべての情報を共有しなければならなかったことであろう。人種に多様性があったグループの成績は，人種の多様性がなかったグループをはるかに上回っていた。よく似た人たちといると，私たちは皆，同じ情報を持っていて，同じ見解を共有していると考えるようになる。この態度は，全員白人のグループが効果的に情報を処理することを妨げ，創造性とイノベーションを邪魔するものとなっているのだ。

◀解　説▶

◆(i)　▶(1)第 5 段では，多様性が企業にもたらす利点について，アメリカの企業を対象にした調査が紹介されている。第 6 段では，世界中の企業を対象とした調査でもそのことが立証されていると述べられているので，多様性の利点を示す証拠はアメリカ以外の地域でも見受けられるという文脈にすればよい。したがって 4．「～をはるかに超えて」が正解。

▶(2)空所を含む文は，取締役に女性が含まれていると，その企業は財務実績がよいという内容。第 5 段ではアメリカ国内の企業に関する調査が紹介され，第6段では調査対象を世界中の企業に拡大した場合でも同様の結果が得られている。第5段第1文（Research on large, …）では，革新的組織に関する調査では，多様性の利点が繰り返し立証されているとあり，研究者たちはそのことをある程度理解していたことが読み取れる。したがって，2.「予想通り」が正解。1.「偶然に一致して」 3.「その上」 4.「驚いたことに」

◆(ii)　▶(3)多様性が難しいものになり得るという主張の根拠として挙げられているものを選ぶ問題。第1段第3～最終文（Supreme Court justices …）では最高裁の判事たちも多様性を実現する方法については意見が一致しておらず，企業もその実現に向け多くの資金を投入しているが，いまだに差別に関する訴訟を抱え，企業の幹部は圧倒的に白人と男性が占めていると述べられている。したがって4.「判事や企業から矛盾するメッセージを受け取っている」が正解。

1.「『多様性』という言葉に言及するだけで衝突を減らすことができる」

2.「すべての企業が多様性に何十億ドルものお金を費やす余裕があるわけではない」

3.「司法制度は一貫して少数派を差別している」

▶(4)専門知識の多様性の具体例を選ぶ問題。専門知識を持った複数の職種が挙げられているのは，3.「新たなゲームの開発に取り組んでいるプログラマー，戦略コンサルタント，販売業務の専門家」のみ。expertise「専門知識」

1.「新しい技術に共同で取り組んでいるグルーバル企業のさまざまな支社のエンジニア」

2.「ファッションショーに共同で取り組んでいる全国から集まった男性と女性のデザイナー」

4.「ある企業の支社から集まり，広告のキャンペーンに共同で取り組んでいるマーケティング担当者」

▶(5)多様性の良い面に関する筆者の見解と一致しないものを選ぶ問題。第3段第2～4文（Diversity enhances creativity. …）では，多様性が創造性を高め，新たな視点の探求を促し，企業の収益を増やす可能性があると述べられている。同段第3文（It encourages the …）では，多様性によって，より良い意思決定が促されるとはあるが，意思決定が速くなるとは述べられていないので，3.「それは企業の迅速な意思決定の誘因となる」が正解。

1.「それは創造的なアイデアを思いつく手助けとなる」

2.「それは新たな方法で世界を見つめる誘因となる」

4.「それは企業が総利益を増やす手助けとなる可能性がある」

▶(6)下線部直後のダッシュ以下で，多様性に関する筆者の見解は，さまざまな専門家たちと長年にわたる研究から導いた結論であるという内容が述べられている。したがって2.「それらは実証的証拠に基づいていることを強調する」が正解。empirical「(理論ではなく）実証に基づいた」

1.「それらは個人的な好みによって形成される場合が多いことを提示する」

3.「希望と思いによって違いが生まれる可能性があることを説明する」

4.「組織科学の専門家たちの仕事に異議を唱える」

▶(7)第4段第1～3文（The key to …）ではinformational diversity「情報の多様性」について述べられており，集団で問題を解決するために人々が集まると，さまざまな情報がもたらされるが，これは専門分野を背景にした多様性について考えてみれば理解しやすいとある。したがって，2.「専門知識の多様性は，情報の多様性の一種である」が正解。

1.「性の多様性は専門分野を背景にした多様性へとつながる」

3.「社会的多様性は民族の多様性と同じである」

4.「社会的多様性の一つは専門知識の多様性である」

▶(8)第5段最終文（They found that …）で，デジェーとロスの調査によって，女性が経営のトップにいる場合，イノベーションを優先する企業は，大きな財務利益を得ていると述べられている。したがって4.「イノベーションを重んじる企業は，女性をトップに置くことで利益を得ていた」が正解。

1.「彼らはアメリカの株式市場の少数の研究事例に絞って注目した」

2.「彼らの結果はこのテーマに関する以前の調査結果と矛盾していた」

3.「トップに女性の代表者がいない企業は急成長を示した」

▶(9)大規模なデータ・セットの調査における限界について説明したものを選ぶ問題。第7段第1文（Large data-set studies …）のコロン以下で，そうした調査は多様性と業績の良さの相関性を示しているだけで，多様性のおかげで業績が良くなったということを示すものではないとある。したがって１.「それらはある現象が別の現象の結果であるかどうかを示していない」が正解。

２.「それらはある現象が起こっている過程を説明しているだけで，その結果は説明していない」

３.「それらは調査した現象がお互いどのように関係しているのか示していない」

４.「それらは調査した現象の関係性が肯定的なものなのか否定的なものなのかを明らかにしていない」

▶⑽ 2006 年に筆者が行った実験は最終段で説明されており，被験者たちはグループ内で適切に情報を共有しなければ答えが出ない課題を与えられている。同段第６文（The groups with …）では，人種に多様性があったグループの成績は，多様性がなかったグループの成績をはるかに上回っていたとあるので，３.「多様性のあるグループは，より効果的にお互いの意思疎通を図っていた」が正解。

１.「多様性のないグループはより進んで情報を共有していた」

２.「多様性のあるグループの１人１人が異なる結論に到達した」

４.「多様性のないグループは多様性のあるグループよりも成績が良かった」

●語句・構文●

（第１段）inclusion「一体性」 Supreme Court「最高裁」 lawsuit「訴訟」 predominantly「圧倒的に」

（第２段）good「効用，よいこと」 ethnicity「民族性」 sexual orientation「性的指向」 cohesion「団結」 upside「よい面」

（第３段）revenue「収益」 breakthrough「飛躍的な」 innovation「イノベーション，革新」

（第４段）disciplinary「専門分野の」 interdisciplinary「異なる専門分野にまたがる」 dimension「側面」 bear on ～「～に関係する」

（第５段）Standard & Poor's「スタンダード・アンド・プアーズ社」 equity market「株式市場」 intensity「強さ」 research and development expense「研究開発費」 asset「資産」 prioritize「～を優先する」

（第 7 段）be correlated with ～「～と相関性がある」
（最終段）recruit「～を採用（募集）する」 undergraduate student「大学生」 clue「手がかり」 outperform「～を上回る」 hinder「～を妨げる」

Ⅱ 解答

(i)(11)－1　(12)－3　(13)－4　(14)－3
(ii)(15)－1　(16)－2　(17)－2　(18)－1　(19)－3

◆全　訳◆

≪転換的思考の重要性≫

あの夏，私たちは人里離れたスコットランドの海辺の町で 6 週間過ごした。ある日浜辺に座っている時，勇気を出して父に「経済学って何？」と尋ねてみた。

父はため息をついた。北海を満喫しているすべての家族連れを指差し，彼はこう言った。「君が首相だとして，昨年多くの子どもたちが悲劇的なことに海で泳いでいて溺死してしまったという情報を得たとしよう。君の仕事は首相官邸の階段に立ち，嘆き悲しむ親，憤慨している政治家，反感を抱く報道陣に，それが二度と起こらないよう，これから何をするのかだけを伝えることだ」

これは私が予想していた経済学の教えではなかった。11 歳の時，国家の悲劇に対する政府の対応を立案するように求められたことなどそれまでなかった。私は思ったことを言った。「じゃあ，父さん，水泳の授業を強制にするのはどう？　もう溺れる子どもはいなくなるでしょ。必ずみんなが泳げるようにしなきゃだめだよね？」

「それは政治学の話だよ。動揺している人たちに，君が行動しているように思わせているだけだ。そうではなく，経済学を利用して，実際に起こっていることに関する事実を時間をかけて理解して分析するんだ」 私は少し横柄な態度で，溺れて死んでしまった子どもに動揺してしまうのは当然で，水泳の授業によって命が救えるだろうと父に念を押した！

父は少し寛容な口調でこう尋ねた。「不幸にも亡くなってしまった時，子どもたちはどこにいた？」 彼らは海にいた――当たり前である。「泳げない人が普通，海に行くかい？」 もちろん行かない。「じゃあ，溺れてしまった子どもたちについてわかっていることは？」 ええと，泳ぎ方は知っていたはずだと思うけど……。

突然，謎が解けた。父は私が気づいたことに困惑しているのを察知し，少し待っていた。「では」と彼は最後に言った。「君の水泳の授業を強制するという政策の結果，海に行く子どもたちは増える，それとも減る？」

泳いで沖に出過ぎてしまった子どものように，私は急に困惑してしまった。「海には子どもたちが増えるよ，父さん」と私は認めた。

「そして，泳いでいる子どもたちの一定の割合が溺れるのであれば」と言って，父は私が間違えた問題を締めくくった。「海にいる子どもが増えることで，溺死してしまう子どもの数も増えてしまうんだよ」

「父さんが首相なら，どうするの？」と私は父に尋ねた。

海を見ながら，父はこう答えた。「泳ぐことができる子どもたちは，どのビーチが安全で，いつ泳ぐと危険なのかといった情報をもっと与えられれば恩恵が得られる」

どうすればそれが可能になるのか私は尋ねた。

「このビーチなら，海で泳ぐのが危険な場合，子どもや親に注意を呼び掛ける仕組みは簡単にできるだろう」

私の最初の経済学の授業は，風変わりなものであったが，典型的な需要と供給の問題であった。もし私が水泳の強制を要求すれば，イギリスの海岸線には，海で泳ぐ子どもたちがこれまでよりも増えることになるだろう。

私が経済学を教える時，高校生に対しても，経営者たちに対しても，今でもこの教えを使っている。なぜか？　年齢や経験に関係なく，「水泳の授業を強制すること」は最もよくある回答なのだ。目の前で悲しむ親を見つめる首相のロール・プレイングをすると，11 歳の時，私が思いついたことと同じような，感情的で心の底からの回答が促される。だから父は自分の授業にあのようなショッキングなシナリオを使ったのだ。自分が決定を下す状況は，その決定と同じくらい重要になる可能性があるということを私に教えるために。

彼は単に経済学とは何かということだけではなく，その背後にある要因――政治，感情，個人的な動機――にも気づかせてくれたのだが，それらはすべて数式で表せる数値にするのが難しい（不可能でないにしても）。しかし，それは経済学がわかりにくいものであるということではない。誰でも動機には共感できる。それらは経済学が現実世界とつながる部分なのである。

状況を改善しようとしたが，自分が提案したことが実際には状況を悪化させていたであろうと理解した時が，私の「わかった」瞬間となった。それによって私は経済学に夢中になった。何年も経ってから，私は同じような教えを知ることになる。今度は子どもが溺死するのを防ぐ最善の方法ではなく，戦時中の飛行機が空で撃墜されるのを防ぐ方法であった。

戦時中の有名な統計学者であるエイブラハム=ウォルドは，飛行機が任務を終えて戻ってくると，整備士たちが弾痕の位置に基づいて，飛行機のどこに防御装備を追加するのか決めていることに気づいた。これは彼らの合理的思考の結果であった。彼の転換的思考では，それらの飛行機は撃たれているにもかかわらず帰還に成功しているので，これは正しい解決法ではない。重要となる弾痕は，飛行機が帰還するのを妨げたものである。空軍は良い証拠ではなく，悪い証拠に注目する必要があったのだ。帰還した1つ1つの機体でなく，帰還しなかった機体に。私の父の教えと同じように。泳げない人に注目するのではなく，泳ぐことができるが，その危険に気づいていない人たちに目を向けるのだ。ウォルドは帰還した飛行機に注目するのではなく，代わりに帰還しなかった飛行機に注目するよう私たちに教えてくれた。

もし世界の問題が紛れもなく合理的な思考で解決できるなら――正しいデータを見つけ，適切な数式に入れることによって――これまでにそうしていただろう。しかし，今もなお，私たちは問題――社会的，経済的，政治的な――に囲まれており，それらに対する紛れもなく合理的な解決法はわかっていない。現実の世界には，理論的枠組みやＡからＢに至りＣへと続く所定の道筋では解決できない問題が実際に存在しているのだ。求められているのは「転換的思考」なのである。

◀解　説▶

◆(i)　▶(11)空所を含む文は「これは私が…していた経済学の教えではなかった」という意味。子どもの時，筆者が経済学とは何か父親に尋ねると，子どもが海で溺死しないためにどのような対策が必要か問われた場面。直後の第３段第２文（As an eleven-year …）では，そのようなことを考えるよう言われたことは経験したことがなかったと続いているので，自分が予想していた経済学の教えではなかったという意味になる１のみが文脈に合う。

▶⑿第4段第3文（But let's apply …）では，筆者の返答に対して，父親は経済学を利用して，実際に起こっていることを分析するよう提案している。筆者の考えを否定し，なおかつ文意が通じるのは3．「政治学」のみ。

▶⒀海で溺死する子どもを減らすため，水泳の授業を強制するという政策を取った結果，海に行く子どもの数が増えるか減るかを筆者が尋ねられた場面。泳ぐことができる子どもが増えれば，海に行く子どもの数も増えるので4が正解。

▶⒁空所を含む文は「私が提案したことが実際には状況を…させていただろう」という意味。筆者の提案は，海で溺死する子どもを減らすため，水泳の授業を強制するというものだったが，その場合，海に行く子どもたちの数が増え，結果的に海で溺死する子どもの数も増えてしまうことが本文前半の父親とのやり取りで説明されている。したがって3．「悪化する」が正解。

◆(ii)　▶⒂「仮定のシナリオに対して，筆者の父親が示した解決策は以下のうちどれか？」 第10段第1文（Looking out to …）のコロン以下で，子どもたちにどのビーチが安全で，いつ泳ぐと危険なのかといった情報を与えることで恩恵が得られると筆者の父親は発言している。したがって1．「水泳をするための状況を子どもたちに知らせること」が正解。

2．「学校で水泳の授業を義務付けること」

3．「すべての危険なビーチに護岸を建設すること」

4．「ビーチの監視員をもっと雇うこと」

▶⒃「筆者が言及している需要と供給の関係から推論できるのは以下のうちどれか？」 本文前半の筆者と父親とのやり取りでは，水泳の授業を強制すると，海に行く子どもたちの数が増え，結果的に海で溺死する子どもの数も増えてしまうことが説明されている。したがって2．「水泳の授業が義務付けられるほど，海で溺死する子どもの数が増える」が正解。

1．「状況を懸命に改善しようとすればするほど，状況はよくなる」

3．「泳ぎ方を知っている子どもが増えるほど，海で溺死する子どもは減る」

4．「水泳の授業を行う学校が増えるほど，授業料が高くなる」

▶⒄下線部に含まれる drivers は「原動力，誘因」という意味で使われている。直後のダッシュ以下でも emotions「感情」や personal incentives「個人的な動機」という具体例が挙げられているので，2.「人々が特定の行動を取るように誘導する要因」が正解。

1.「数値に変換できる経済的問題」

3.「人々の注目をある問題へと密かに向けている経済学者」

4.「量の点で表現できる社会文化的および個人的要素」

▶(18)ウォルドの飛行機の問題では，rational thinking「合理的思考」に基づくと，どのような飛行機を調べることになるか選ぶ問題。第 17 段第 1 文（Abraham Wald, a …）で，飛行機の整備士たちは，任務を終えて帰還した飛行機の弾痕の位置を調べて，防御装備の追加場所を決めていたが，これは彼らの合理的思考の結果だったとある。したがって 1.「銃弾を受けたが，帰還することができた」が正解。

▶(19)ウォルドの飛行機の問題では，pivotal thinking「転換的思考」に基づくと，どのような飛行機を調べることになるか選ぶ問題。第 17 段第 2 文（His pivotal thinking …）で，ウォルドの pivotal thinking「転換的思考」では，撃たれているにもかかわらず帰還した飛行機の弾痕に着目するのは正しい解決法ではなく，重要なのは飛行機が帰還するのを妨げた弾痕であると説明されている。したがって 3.「銃弾を受け，帰還することができなかった」が正解。

●語句・構文●

(第 1 段) gather up ～「(勇気) を奮い起こす」

(第 2 段) prime minister「首相」 10 Downing Street「ダウニング街 10 番地（首相官邸)」

(第 3 段) from the gut「腹を割って」 compulsory「強制的な」 ensure「～を確実にする」

(第 4 段) arrogantly「横柄に」

(第 5 段) tone「口調，調子」

(第 6 段) penny drops「謎が解ける，合点がいく」

(第 7 段) overwhelmed「圧倒された」

(第 8 段) close the loop「コミュニケーションを完結させる」 stumble「つまずく」

(第 12 段) as to ～「～に関して」

（第13段）albeit「～だけれども」 bizarre「風変わりな」
（第14段）CEO「最高経営責任者」 role-playing「ロール・プレイング」
（第15段）equation「等式，方程式」 approachable「わかりやすい」
（第16段）hook on ～「～に夢中になる」 wartime「戦時中の」
（第17段）statistician「統計学者」
（最終段）plug「（数字など）を当てはめる，～に栓をする」 theoretical「理論的な」 prescribed「所定の，規定の」

Ⅲ 解答

（i）⒇－3　(21)－1　(22)－1
（ii）(23)－2　(24)－1　(25)－3　(26)－4　(27)－3　(28)－4

◆全　訳◆

≪ラ・ゴメラ島の口笛言語≫

ラ・ゴメラ島の崖の上に座り，アントニオ=マルケスは「ブタを解体するから，こっちに来なさい」と一言も話さずに招待した。彼は口笛を吹いたのだ。71歳のマルケスは，自分が若い時なら――観光客ではなく地元の羊飼いたちがスペイン領カナリア諸島の1つであるラ・ゴメラ島の急勾配の険しい小道を歩いていたら――この知らせには，すぐに大きくはっきりとした口笛で返事があっただろうと語る。しかし，彼のメッセージはハイカーたちには通じず，彼らはすぐにトレッキングを再開した。

ラ・ゴメラの先住民族の口笛は，スペインによるラ・ゴメラ島征服への道を開いた探検家たちによる15世紀の記述で言及されている。数世紀の間に，この慣習はスペイン語によるコミュニケーションへと変化した。正式にはシルボ・ゴメロとして知られているこの言語は，文字の代わりに音程と長さが異なる口笛の音を使う。残念ながら，口笛の音はスペイン語のアルファベットの文字より少ないため，1つの音が複数の意味を持ち，誤解を招く可能性もある。「si」（はい）と「ti」（あなた）のように，いくつかのスペイン語の単語を表す音は同じで，「gallina」（雌鶏）と「ballena」（クジラ）のように，スペイン語の話し言葉で似たような音の少し長い単語にも同じ音が使われる。文の一部としてなら，どの動物のことを言っているかわかるが，その音だけを口笛で吹かれてもわからない。

2009年，この島の言語はユネスコによって人類の無形文化遺産のリストに加えられた。ユネスコはそれを「大規模なコミュニティによって十分に発達して使われている世界で唯一の口笛による言語」と表現している。しかし，口笛はラ・ゴメラ島 22,000 人の住人のコミュニケーションに不可欠なものではなくなってしまい，シルボの存続は，ラ・ゴメラ島の学校のカリキュラムで口笛を教えることを義務とする 1999 年の法律に頼るところが大きい。

最近のある朝，サンティアゴの港町にある学校では，教室の 6 歳の子どもたちは，さまざまな色や曜日に相当する口笛の音をほとんど苦労せずに特定していた。しかし，「青い靴を履いた子どもの名前は何ですか？」といった完全な文の長い口笛を聞かなければならなくなると，状況は難しくなる。2，3 人の子どもたちは「黄色」の音が聞こえたと言い張っていた。

カナリア諸島は独特の地形のため，そこで口笛が使われるようになった理由は理解しやすい。島々の大部分は，高い峰から海まで深い渓谷になっており，短い距離でさえ陸路で移動するには多くの時間と労力が必要となる。口笛の音は叫ぶよりもはるかに遠く――風の条件が良ければ渓谷をまたいで 2 マイル先――まで届くため，メッセージを伝えるのに適した代替手段として発達したのである。他のカナリア諸島の一部でも，独自の口笛言語があるが，それらは使われなくなってしまった。

ラ・ゴメラの年配の住民たちは，とりわけ警察が非合法的なものを探してパトロールをしていることに気づいた時には，シルボが注意を促す言葉として使われていたことを思い起こす。*The Whistlers* という最近のフィクション映画では，ギャングたちによって，シルボが秘密の暗号言語として使われている。最近では，ラ・ゴメラは観光に大きく依存しており，島のホテルで毎週口笛ショーを行っている 16 歳のルチア=ダリアスのような若い口笛吹きにはチャンスが訪れている。普段，ダリアスはスペイン語を口笛で吹くが，特にドイツ人に人気のある島なので，聴衆が話す他の言語にシルボを適合させることもできる。

コロナウイルスによって，そうしたショーが中止になっただけではなく，学校でも口笛の指導が制限されるようになった。マスクが強制となっている時期に，教師は生徒たちが口笛をうまく吹くために，口の中で指を正しい位置にもっていく手助けはできない。「小さな子どもたちは，たくさん空気を吹き出そうと頑張るので，口笛を吹くというより，唾を吐いてしまう子どもたちもいます」と学校のコーディネーターは説明する。それゆえ，子どもたちは現在，ウイルスの飛沫予防として，毎週の口笛の授業では口笛を吹くのではなく，録音されたシルボの音を聞いて過ごしている。

生徒たちにとってさらに難題となるのが，学校の外でシルボの練習をする機会が必ずしも多くないという点である。6歳の子どもたちのクラスでは，家で口笛を吹く機会があるかどうか尋ねられると，17人中わずか5人だけが手を挙げた。それでも，町で会った時，口笛でお互い挨拶をして楽しみ，周りの多くの大人たちにわからないようにおしゃべりをする機会を楽しむ10代の若者たちもいる。シルボを習得することが義務化される前に学校に通っていたり，大人になってから島に定住するようになったりした親を持つ者たちもいる。15歳のエリン=ガーハーズは口笛を上達して，自分の島の伝統を守る手助けをしたいと思っている。「口笛は過去にここで暮らした人たちに敬意を示す手段です」と彼女は言う。「それにあらゆるものはどこから来たのか，テクノロジーではなく，単純なことから始まったということを覚えておくためにも」

◀解　説▶

◆(i)　▶⑳空所を含む文の後半では，口笛の音は1つの音で複数の意味を表すため，誤解を招くことがあるという口笛言語のマイナス点が説明されている。したがって3.「残念ながら」が正解。multiple「複数の」　1.「試験的に」　2.「同時に」　4.「厳密に」

▶㉑第4段第2文（Things got trickier, …）では，逆接の however を伴って，口笛で表現する内容が完全な文の形で複雑になると子どもたちはそれを理解するのが難しくなるという内容が述べられている。空所の前には否定語の little があるので，have difficulty *doing*「～するのに苦労する」の形にすれば，子どもたちは単純な色や曜日に相当する口笛の音をほとんど苦労せずに特定していたとなり文意が通じる。

▶㉒空所直後には，警察が非合法なものを探してパトロールをしていることに気づいたという内容が続いている。口笛言語のシルボが注意を促す言葉として使われているときの様子を説明している部分なので，1.「特に～の時」が最も適切。spot「～を見つける」　注意を促す場合にシルボが使われるケースは他にもあるはずなので，2.「～する限り」，3.「～である場合に限って」，4.「～という条件で」は不適。

◆(ii)　▶㉓第2段第3文（The language, officially …）で，ラ・ゴメラ島

のシルボ・ゴメロという言語は，文字の代わりに口笛の音を使うと説明されている。したがって2．「言葉を伝えるため，文字ごとに口笛の音が使われている」が正解。

1．「ラ・ゴメラの口笛を吹く慣習は2009年以前には知られていなかった」 第2段第1文（The whistling of …）の内容に不一致。

3．「シルボはその土地の動物の鳴き声の巧みな模写が注目に値する」 本文中でこのような説明がされている部分はない。

4．「シルボはスペイン語に基づいているので，外国の単語には使えない」第6段最終文（While she normally …）の内容に不一致。

▶(24)第5段第1文（With its distinct …）で，ラ・ゴメラ島のあるカナリア諸島は，その大部分が高い峰から海まで深い渓谷になっていて，短い距離でも移動に苦労すると説明されている。したがって1．「山が多く，変化に富んだ」が最も適切。2．「なだらかで，丘の多い」 3．「平らで，岩の多い」 4．「緑が多く，広大な」

▶(25)ラ・ゴメラの住人とシルボの関係性について正しいものを選ぶ問題。最終段第3・4文（Still, some teenagers …）では，周りの大人にわからないように口笛でおしゃべりをしている若者のなかにはシルボの習得が義務化される前に学校に通っていたり，大人になってから島に定住したりした親を持つ者もいるとある。ラ・ゴメラの住人全員がシルボを理解できるわけではないので，3．「島の22,000人の住人すべてがシルボを話し，理解できるわけではない」が正解。

1．「10代の人々は，現代ではほとんど実用性がない言語を学ばなければならないことに怒っている」

2．「古い世代の人たちは，日中にハイキングをしている人たちと意思疎通を図るためシルボをかつて使っていた」

4．「ラ・ゴメラの先住民は彼らの言語が，時間が経っても変わらなかったことを誇りに思っている」 第2段第1・2文（The whistling of …）の内容に不一致。

▶(26)ユネスコがシルボ・ゴメロを貴重なものだと考えている理由を選ぶ問題。第3段第1文（In 2009, the …）のセミコロン以下で，ユネスコはシルボ・ゴメロを「大規模なコミュニティによって十分に発達して使われている世界で唯一の口笛による言語」と表現している。したがって4．「それは十分な規模のコミュニティによって，今も使われている独特の言語である」が正解。

1.「ラ・ゴメラの人々は情報交換をするために常にそれを頼りにしている」

2.「これまで，他の口笛言語は実際に存在したことはなかった」 第5段最終文（Some of the …）の内容に不一致。

3.「それは習得しにくい言語であるがゆえ，人類の功績の証である」

▶(27)シルボ・ゴメロが今日でも存在している主な理由を選ぶ問題。第3段最終文（But with whistling …）で，シルボの存続は，ラ・ゴメラの学校で口笛を教えることを義務とする 1999 年の法律によるところが大きいとあるので，3.「学校はそれを生徒たちに教えることが求められている」が正解。

1.「それが受けた国際的な承認」

2.「それは観光業と関連したビジネスチャンスを提供している」

4.「人気の映画でそれが幅広く使われていること」

▶(28)第7段最終文（So as a …）では，コロナウイルスの拡大以来，ウイルスの飛沫予防として，口笛の授業は口笛を吹くのではなく，録音されたシルボの音を聞いていると述べられている。したがって4.「学校の授業は口笛の技術よりも，むしろその理解に重点を置くようになった」が正解。

1.「ワクチン未接種の住人は公共の場で口笛を吹くことをやめさせられた」

2.「教育者は生徒が安全に口笛を吹けるよう指を正しい位置に置く手助けをするよう求められている」

3.「安全な物理的距離で意思疎通ができるように，ますます多くの人がシルボを習得したいと思っている」

●語句・構文●

(第1段) atop「～の上に」 cliff「崖」 issue「(声明など) を出す，発する」 slaughter「～を食肉処理（解体）する」 shepherd「羊飼い」 footpath「小道」 Canary Islands「カナリア諸島」 resume「～を再開する」 trek「トレッキング」

(第2段) indigenous people「先住民（族)」 pave the way「道を開く」 conquest「征服」 pitch「音程」 reference「言及」

(第3段) Intangible Cultural Heritage of Humanity「人類の無形文化遺産」 obligatory「義務的な」

(第4段) correspond to～「～に一致する」 trickier「より扱いにくい(trickyの比較級)」

(第5段) peak「山頂」 overland「陸路で」 alternative「代替の」 canyon「渓谷」 fade「消える」

(第6段) gangster「ギャング」 code「暗号」

(第7段) coronavirus「コロナウイルス」 reposition「～を別の場所に移す」 spit「唾を吐く」 precaution「予防」

(最終段) mandatory「義務的な」 settle on～「～に定住する」 keen to *do*「～したいと熱望する」 safeguard「～を守る」

Ⅳ 解答

(29)―3　(30)―4　(31)―1　(32)―2　(33)―1　(34)―2　(35)―1

◀解　説▶

▶(29)「彼らにあなたが抱えている問題を知らせるつもりはない。あなたが望まない限り，そうしないことを約束する」

空所を含む文の述語動詞promiseはpromise to *do*の語法が可能。不定詞の否定形はnot to *do*の形になり，同じ表現の反復を避けるため*do*以下の部分が省略された代不定詞の用法と考えて3を選べば，文法的にも文脈的にも適切。

▶(30)「2国間の国境に壁が建設されてしまったが，もしそうでなかったら，2国の間は容易に横断できるだろう」

空所を含む部分の述部がwould beとなっていることから仮定法だと判断できる。主節では2国の間に壁が建設されたという過去の事実が述べられているので，前述した事実に反する仮定を表すotherwiseを選べば「もしそうでなかったら(壁が建設されていなかったら)，2国の間は容易に横断できるだろう」となり文意が通る。

▶(31)「私の家のとなりのオープンスペースは正確には公園と呼べるものではなく，園芸用の土地のようなものである」

文脈を考慮すると，語句がその条件に当てはまらないことを示す時に用いる1が最も適切。not *A* as such「正確には*A*と呼べるものではない」

2.「多くても」 3.「独力で」 4.「自然から」

▶(32)「ある言語のネイティブ・スピーカーであっても，その言語において，必ずしも効果的なコミュニケーションを図れるというわけではない」
主語はBeing以下の動名詞句で，すべての選択肢の述語動詞が一般動詞のmeanとなっているため，否定文はdoesn'tを用いる。2を選べば部分否定になり文意が通る。

▶(33)「この国の暴力は地理的にある地域に集中している」
ある場所に何かが集中している時には*be* concentrated＋副詞表現（場所）の形を用いる。2.「濃縮された」 3.「汚染された」 4.「縮められた，契約した」

▶(34)「私たちは先月旅行へ行く計画を立てていたが，ウイルスに感染するリスクを冒したくなかったので，旅行には行かないことにした」
娯楽，屋外活動，スポーツなどを目的として「～しに行く」はgo *doing*の形となる。

▶(35)「ギャンブルをする人たちに自分の損失を示すフィードバックを与えると，勝敗に関する彼らの記憶違いの効果を打ち消す可能性がある。きっとそういうわけで，オンライン・ギャンブルを提供することで利益を得ている多くの会社は，顧客にいかなる形であってもフィードバックを与えないのだ」
空所を含む第2文はthis is why…「だから…」の形を取っており，第1文で述べられた原因の結果が述べられていることがわかる。因果関係に関して確信の度合いが高いことを表す語句を選べば文意が通るので，1.「きっと，疑いなく」が正解。2.「はるかに多く」 3.「決してない」 4.「はるかに超えて」

V　**解答**　(36)—3　(37)—2　(38)—4　(39)—3　(40)—2　(41)—4

◆全　訳◆

≪アプリという言葉の意味≫

著作権の都合上，省略。

著作権の都合上，省略。

◀解　説▶

▶(36)空所を含む文の最後にある as *applications* に着目し，refer to *A* as *B*「*A* を *B* と呼ぶ」の形にすればよい。

▶(37)空所直後の第 1 段第 3 文（However, since Apple …）では，逆接の however に続いて *App Store* の登場後，アプリという単語が違う意味を持つようになったとある。したがって，アプリとアプリケーションが同じ意味だったという文脈になるよう 2.「交換可能な」を選べばよい。take on *A*「*A*（性質など）を持つようになる」

▶(38)空所直後の a software program an app という表現に着目し，make O C の第5文型にすれば，「何をもってソフトウェア・プログラムをアプリとするのか，その一般的な技術的定義はない」となり文意が通じる。

▶(39)空所を含む文は「アプリはユーザー入力の基本…として，タッチスクリーンを使う傾向がある」という意味。選択肢の中では3．「手段」のみが文脈に合う。

▶(40)空所直後では，ウェブ・アプリの説明がされており，特定のOSと結びついているものではないとあるが，直前の第2段第7文（In other words, …）では，ネイティブ・アプリは，特定のOSのために作られたと説明されている。したがって対比を表す in contrast「対照的に」となるよう2を選べばよい。

▶(41)空所を含む部分は「ネイティブ・アプリは通常，アプリストアから…」という意味。選択肢の中では obtain「～を入手する」の過去分詞形を入れて受動態にした4のみが文脈に合う。1．「請求される」　2．「配置される」　3．「容易になる」

●語句・構文●

（第2段）target「～を対象とする」　capability「性能」

（最終段）browser「ブラウザー，閲覧ソフト」　render「～を提供する」

VI　解答　(42)—4　(43)—3　(44)—2　(45)—1

◀解　説▶

▶(42)「マーケティング担当者は，長い年月をかけて，非常に強力なモノの存在に気がついた。人々は合理的，あるいは論理的に決定を下すよりも，感情で決定を下すことの方が多いのだ。実際，多くの場合，完全に感情的に決められているのだ！　それゆえ，彼らは広告のキャンペーンにおいて感情に訴え始めるようになった。テレビが登場すると，非常に人を引きつけて物語を伝えることができる新しく強力な媒体の中に映像と音声が一緒に組み込まれた。興味深いことに，感情的な宣伝文句は科学的な証拠やデータに基づいた証拠を必要としなかったのである」

人々は感情的に決定を下すことが圧倒的に多く，映像と音声が一緒に組み込まれているテレビは，視覚と聴覚に訴えて消費者に影響を及ぼしていることが読み取れる。したがって 4．「消費者の視覚と聴覚を対象にすることで，感情レベルで彼らに影響を与えることができる」が正解。

1．「今日，広告で使われている物語は主としてデータ，論理，合理性に基づいている」

2．「最初から，マーケティング担当者は人間の感情の力に気づいていた」

3．「マーケティングの分野は科学技術の進歩には大きな影響を受けなかった」

marketer「マーケティング担当者」 come on the scene「姿を現す」

medium「媒体」 compellingly「従わざるを得ないで，強制的に」

▶(43)「21 世紀の“グローバル化”にのしかかっている深刻なパラドックスに関しては，一息ついて考えてみる価値がある。ある意味，私たちは標準化が進む世界，すなわち“コカ・コーラの世界進出”のような世界に暮らしている。商業，金融，情報，人の流れは，近年，ますます強く世界のさまざまな地域を結びつけている。その結果，コカ・コーラのボトル，あるいはコンピュータチップのようなものは，ほとんどあらゆる場所に伝わり，“文化的植民地化”とまでは言わないが“国際標準化”という印象が作り上げられた。しかし，たとえシンボル，アイデア，イメージ，モノが世界中を移動しても，それを使うすべての人々にとって，それらが同じ意味を持つわけではなく，まして，作り手の意図することが伝わるわけではない。コカ・コーラのボトルは世界中で物質的には同じに見えるかもしれないが，コカ・コーラはロシアではシワを伸ばし，ハイチでは死者を蘇らせ，バルバドス島では銅を銀に変えると信じられているのだ」

本文で述べられているパラドックス（矛盾）について最も適切に説明しているものを選ぶ問題。前半ではグローバル化が進み，コカ・コーラのような飲み物は世界中で手に入るようになったという内容が述べられている。最終 2 文（But even when …）では，さまざまな国におけるコカ・コーラの持つ意味を例示しながら，モノやアイデアが世界中に移動しても，使う人によって意味が変わる可能性があることが説明されている。したがって，3．「世界中で入手できるものは，異なる文化的背景において異なるものを意味することがある」が正解。

1．「グローバル化と植民地化が同時に起こっている」

2．「世界は均一化しつつあるが，伝統文化は保存されるだろう」

4．「グローバル化は大量消費と環境保護主義を同時に引き起こした」

ponder「～について熟考する」 hang over～「～にのしかかる」 standardization「標準化」 seeming「外見上の」 commerce「商業」 bound は bind「～を結びつける」の過去形・過去分詞形。 if not「～とは言わないまでも」 colonization「植民地化」 let alone「まして～(ない)」 identical「同一の」 wrinkle「シワ」 revive「～を蘇らせる」 copper「銅」

▶(44)「象牙の塔は実際に存在したわけではない。それは単なる比喩表現で，世界からの高尚な分離を示すために使われていたのだが，その理由は象牙が非常に高価で，主に芸術的または宗教的な象徴や描写に使われていたからである。それは宗教的な隠喩として始まり，その後，19 世紀の作家たちが芸術の世界について語るためにその表現を転用した。20 世紀後半になってようやく，大学が象牙の塔と呼ばれ始めた。大学の科学者たちは，ますます応用研究を行うようになり，薬，兵器，農薬の製造に貢献していた。その時でもなお基礎研究を行っていた学者たちは，象牙の塔に身を隠していることを非難されるようになった。1970 年代までに，象牙の塔はほぼ疑うことなく“悪い場所”，すなわちエリートたちが高い壁の向こうに逃げ込む場所と見なされるようになっていた」

Ivory Tower「象牙の塔」という言葉がどのような意味で使われてきたのかその変遷について説明されているので，2．「最初の使い方と比較すると，象牙の塔という用語はずいぶん異なる意味になった」が正解。

1．「より強固な防御体制を構築する私たちの能力は，数世紀に及ぶ研究を頼りにしている」

3．「いったん物理的に象牙の塔が建てられると，それはひどい場所だとわかった」

4．「1970 年代には，応用研究よりも芸術と宗教が評価された」

figure of speech「比喩表現」 lofty「高尚な」 detachment「分離」 metaphor「隠喩」 applied research「応用研究」 non-applied research「基礎研究」 indisputably「議論の余地なく」 retreat「逃げ込む，後退する」

▶(45)「経済学者たちの大部分は，インフレと戦うためには人々の苦痛を必要とするという50年前の学説に今もなおしがみついている。近年，少数の経済学者たちがアメリカの連邦準備銀行の枠組みに懸念を表明し，その手法を見直すべきだというオープンな態度を示した。しかし，ほとんどの経済学者たちは，支障なく失業率を下げるには限界があるという考えにいまだに固執している。インフレの加速という破壊的な影響を強いられないためには，人々の犠牲という形で，強制的に仕事がない状態にして，ある程度の不況を維持しなければならないのだ。

連邦準備銀行の経済学者たちは，インフレと失業は切り離すことができないトレードオフの関係にあるという考えを受け入れているため，インフレに対する一種の保険として，その仕組みの中で，失業をどの程度に保つのかという観点でしか物事を考えられない。彼らは単純に，インフレを抑え，安定させるための他の方法がわからないのだ」

第1段第1文（The majority of …）から，経済学者たちの大部分はインフレと戦うためには人々の苦痛が必要だと考えていることがわかる。また第1段最終2文（But most economists …）では，ほとんどの経済学者が失業率を下げるには限界があり，インフレの加速を防ぐためには，人々の犠牲，すなわち仕事がない状態にして，不況を維持する必要があると主張していることが説明されている。彼らは失業率が下がり過ぎるとインフレが加速すると考えているので，1.「(失業率が）ある水準を下回ると，急激にインフレが進む」が正解。

2.「(失業率が）下がると，インフレ率が危険な低水準まで下がる」

3.「(失業率が）上がると，インフレ率が非常に高い水準にまで到達する」

4.「(失業率が）ある割合を超えても，インフレ率は下がらない」

(第1段）adhere to～「～に固執する」 doctrine「学説，教義」 voice「～を表明する」 U.S. Federal Reserve「アメリカ連邦準備銀行」 openness「オープンな態度」 stick to～「～に固執する」 boundary「限界，境界」 slack「不景気」 idleness「仕事のない状態，怠惰」 lest「～しないように」 condemn「～に強いる，～を非難する」

(第2段）inherent「切り離せない，生まれつきの」 trade-off「トレードオフ，交換」 insurance「保険」

Ⅶ 解答

a．returned　b．preventing　c．laid
d．retains　e．evolving　f．proves

◆全　訳◆

≪ジョブズが行った組織改革≫

11年間離れた後，スティーブ=ジョブズが1997年にアップル社に復帰した時，アップル社にはその規模と領域において旧来の企業構造があった。事業分野ごとに分割され，それぞれに損益の責務が与えられていた。旧来の経営はイノベーションを妨げていると信じ，ジョブズはいくつか大きな変革を行った。彼はすべての事業分野の統括部長を解雇し（わずか1日で），会社全体を単一の損益の管理下に置き，個々に機能している事業分野を統合して，単一で機能する組織へと変えた。そのような体制は小さな企業では一般的であるが，1997年と比べ収益の面では約40倍になり，以前よりも会社がはるかに複雑になっているにもかかわらず，アップル社は，驚くべきことに，今でもその体制を保ち続けている。独自に絶えず進化する組織として，アップル社のイノベーションによる成果と指導者の資質を試す課題は，急速に変化する環境の中で競い合っている他の企業にとって参考になるかもしれない。今でも，アップル社の実績は，その利益を見ればリスクを取ることが正しいということを証明している。その手法は並外れた結果を生み出す可能性があるのだ。

◀解　説▶

▶a．空所直後のto Appleという前置詞句に着目し，return to～「～に復帰する，戻る」とすればよい。in 1997という副詞句があるので時制は過去形。

▶b．空所を含む文の主節ではジョブズが大きな変革を行ったとあるので，旧来の経営がイノベーションを妨げていると信じたという文脈にすればよい。空所直前にwasがあるので時制は過去進行形。

▶c．空所直後にoffがあり，目的語がthe general managersなので，lay off *A*〔*A* off〕「*A*を解雇する」とすれば文脈が合う。時制は過去形なのでlaidとなる。

▶d．空所直後のitは，事業分野を統合した単一の体制のことを指している。収益が大幅に増え，会社が複雑になっているにもかかわらず，アップル社は今でもその体制を保ち続けているとすれば文意が通じる。

▶ e．直後の organization「組織」を修飾する語句を入れる。アップル社の説明なので ever-evolving「絶えず進化する」とすれば文脈に合う。

▶ f．空所直後は接続詞 that に導かれた名詞節が目的語となっているので，語法的に入れられるのは prove のみ。三単現の s を忘れないこと。

●語句・構文●

conventional「旧来の」 scope「領域」 P&L「損益」 functional department「事業分野」 revenue「収益」 track record「実績」

Ⅷ 解答

a．products　b．bath　c．pleasure
d．statement　e．readers

◆全　訳◆

≪よい文章に触れた時に脳内で起きていること≫

うまく文章を書くというスキルは，仕事において誰にとっても必要不可欠なものである。同僚，従業員，上司と効果的にコミュニケーションを図り，提供するアイデア，消費者製品，サービスを売るためにはそのスキルが必要となる。多くの人はよい文章を書くことは技術であり，それがうまくできる人は，経験，直観，多くの幅広い読書習慣から育んできた天賦の才能があると考えている。しかし，私たちはうまく文章を書く技法について多くのことを日々学んでいるのだ。神経生物学と心理学の進歩により，言葉，言い回し，説明に対して脳がどのように反応しているのか正確にわかるようになった。そして，より優れた文面選択の基準は，思っている以上に客観的なものとなっているのだ。

よい文章に触れると，報酬回路として知られている脳の部位にドーパミンが出る。素晴らしい文章は報酬系のホットスポットを作動させる化学物質を放出するのだ。おいしい食べ物を食べること，温泉に入ることや心地よいハグのように，うまく考えられた散文は，私たちに喜びをもたらしてくれるので読み続けたくなるのである。科学者たちは，MRI や PET 機器を使い，人々がある種の文章を読んだり，読み聞かせられたりした時，中脳に集まる報酬領域が活性化している様子を，文字通り見ることができるようになった。1つ1つの言葉，言い回し，見解が刺激となり，絶え間なく続く問いかけに対して，即座に脳が返答していくのである。これは価値を与えてくれるものなのか？　私はこれを好きになるだろうか？　ここから学ぶことはあるのか？　メールで述べた短い発言であろうが，レポートで述べた複雑な主張であろうが，あなたが書いたものは読み手の脳の神経回路を活性化させる可能性があるのだ。

◀解　説▶

▶ a．空所は sell の目的語になっており，直前に consumer があるので consumer products「消費者製品」とすればよい。

▶ b．空所直前の hot-spring に着目し，hot-spring bath「温泉入浴」とする。

▶ c．第 2 段はよい文章に触れることで，脳の報酬領域が活性化することが説明されている。したがって，well-executed prose「うまく考えられた散文」は喜びをもたらしてくれるという文脈になる pleasure が正解。

▶ d．空所を含む部分は，書かれた文章の例が挙げられている部分。「メールで述べた短い発言」となるよう statement とすればよい。declarative「陳述の」

▶ e．よい文章を読むと読み手の脳の神経回路が活性化されるので readers が正解。空所直後にアポストロフィがあるので複数形の所有格となることがわかる。

●語句・構文●

（第 1 段）art「技術」 innate「天賦の，生まれつきの」 nurture「～を育む」 intuition「直観，直感」 neurobiology「神経生物学」 criteria「基準」

（第 2 段）dopamine「ドーパミン」 reward circuit「報酬回路」 cluster「～を集める」 midbrain「中脳」 activate「～を活性化させる」 stimulus「刺激」 neural circuitry「神経回路」

❖講　評

2022 年度も大問 8 題の構成で，2020 年度に復活した短めの英文に関する内容一致英文の完成問題も引き続き出題された。2021 年度と比べ，全体的に英文量が増えたが，設問数に大きな変化はない。語形変化を伴う記述式の出題は例年通り。2021 年度と比較するとⅠ～Ⅲの長文問題の語数が増え，主題を問うタイプの設問が出題されなかった。

Ⅰは多様性がもたらす利点について述べられた英文で，イノベーションを起こす組織を作るためには多様性が必要であるという主旨は捉えやすい。設問も一定の語彙レベルがクリアできていれば迷う選択肢は少なかった。

Ⅱは pivotal thinking「転換的思考」という思考法の重要性について述べた英文。本文前半は海で溺死する子どもを減らすため，水泳の授業を強制すると，海に行く子どもの数が増え，結果的に海で溺死する子どもの数も増えてしまうという内容を押さえておく。終盤の飛行機の問題では，rational thinking「合理的思考」と pivotal thinking「転換的思考」を対比的に読み進めることがポイント。設問はすべて標準レベル。

Ⅲは，ラ・ゴメラ島の口笛言語について述べられた英文で，見慣れない単語も見られたが，内容は抽象的なものではない。シルボ・ゴメロという口笛言語の存続は，学校で口笛を教えることを義務化した法律に頼るところが大きいという点を押さえておく。設問も一定の語彙レベルがクリアできていれば，比較的正解は絞りやすかったと思われる。

Ⅳの文法・語彙問題は2021年度と同様7問。基本レベルの出題も見られるが，(31)・(33)はやや難しかった。

Ⅴは中文の空所補充問題で，アプリという用語の意味について説明した英文。コンピュータ関連の用語が難しく，読みづらいと感じた受験生もいたかもしれない。設問は(37)・(38)がやや難しかった。

Ⅵは短めの英文が与えられ，そこから読み取れる内容を選ぶ問題。(42)・(43)は標準レベルだが，(44)・(45)は難しい。

Ⅶは与えられた動詞を適切な語形にして答える形式ですべて標準レベル。

Ⅷは与えられた動詞を名詞形にして答える問題。派生語の知識だけでなく，よい文章に触れると，脳内の神経回路が活性化されるという内容を理解しながら読み進めていく必要がある。

難易度としては，例年通りの出題レベル。全体的に英文量が増えているが，設問の選択肢は絞りやすいものが比較的多かった。文法・語彙問題および語形変化の問題は，基本事項をおろそかにせず，標準的な問題で取りこぼしがないようしっかり対策をしておきたい。

日本史

I　解答

問1．(1)(2)—37　(3)(4)—31　(5)(6)—25　(7)(8)—14　(9)(10)—28　(11)(12)—24　(13)(14)—21　(15)(16)—53　(17)(18)—69　(19)(20)—44　(21)(22)—38　(23)(24)—57　(25)(26)—46　(27)(28)—45　(29)(30)—59　(31)(32)—66　(33)(34)—60　(35)(36)—65　(37)(38)—64

問2．a．風姿花伝〔花伝書〕　b．侘茶　c．池坊専慶　d．菟玖波集

問3．岩石や砂利で象徴的な自然を表現した庭園。(20字以内)

問4．天皇らの命で編纂された詩文集。(15字以内)

◀解　説▶

≪中世～近代の文芸≫

▶問1．(1)(2)猿楽は散楽の流れを汲むといわれる。散楽とは，曲芸・奇術・滑稽技などの多様な芸を指す言葉で，奈良時代に中国から伝来した。

(3)(4)大和猿楽四座は興福寺を本所とした。「四つの座」とは，観世座・宝生座・金剛座・金春座を指し，興福寺の法要や春日大社の神事に奉仕していた。

(5)(6)観阿弥・世阿弥父子は観世座に出た。大和国結崎を本拠としていたことから，古くは結崎座とよばれた。

(7)(8)観阿弥・世阿弥父子は，京都での勧進能を観た3代将軍足利義満によって保護を受けた。父子ともに，将軍の同朋衆として阿弥号を名乗った。

(9)(10)風刺性が強く平易な内容であり，能の間に演じられるようになったのは狂言である。猿楽の滑稽な物まねを継承しつつ，日常生活のおかしさを題材としている。

(11)(12)室町時代に当時の口語で書かれた物語は御伽草子とよばれる。『物くさ太郎』『一寸法師』『浦島太郎』などがある。

(13)(14)喫茶の習慣を宋より持ち帰ったのは栄西である。茶の名称や薬物としての効果を説いた『喫茶養生記』を著している。

(15)(16)室町時代を通じて広く行われた，酒食を楽しみ茶を飲むことを茶寄合とよぶ。茶が社交の道具となり，武家や庶民の間で娯楽的な茶会が流行した。

⒄⒅応仁の乱後，茶の飲み方に精神性を求めるようになったのは村田珠光である。大徳寺の一休宗純に参禅した後，茶の湯に禅の精神を取り入れた。

⒆⒇堺の町衆で，茶道を確立したのは千利休である。武野紹鷗に茶を学んだ後，侘茶の様式を完成させた。

(21)(22)東山文化で出現した建築様式で，近代の和風住宅の原型となったものは書院造である。主室である書院には床の間・違い棚・付書院を設け，仕切りには襖・明障子を用いた。

(23)(24)技芸をもって将軍に仕える集団は同朋衆とよばれる。阿弥号を名乗り，身分差を超えて将軍の側に仕えることができた。能の観阿弥・世阿弥，作庭の善阿弥らが知られる。

(25)(26)正風連歌を確立したのは宗祇である。『新撰菟玖波集』を撰したほか，一座の句集『水無瀬三吟百韻』でも知られる。

(27)(28)自由な気風を持つ俳諧連歌をつくり，『犬筑波集』を編集したのは宗鑑である。当時の連歌の形式主義を排し，滑稽機知を主とした俳諧連歌は，発句の独立性を高めた俳諧を生み出す母胎となった。

(29)(30)自由かつ奇抜な談林風俳諧の中心人物は西山宗因である。松永貞徳を中心とする貞門派が作法を重視したのと異なり，自由で平易な作風で俳諧を庶民の文学にした。

(31)(32) 17 世紀後半に活躍した人物で，俳諧をひとつの詩文芸として大成したのは松尾芭蕉である。『奥の細道』『笈(おい)の小文』などの俳諧紀行文でも知られる。

(33)(34)近代以降，俳諧は俳句という呼称で親しまれるようになった。松尾芭蕉の登場で発句の独立性が高まった後，近代に入ると個人の創作である発句が完全に独立して俳句とよばれるようになった。

(35)(36)明治時代に写生を重視して俳句革新運動を起こしたのは正岡子規である。従来の発句の写実性と洋画家の「写生」を調和的に発展させた。

(37)(38)正岡子規は『ホトトギス』誌上で作品を発表した。正岡子規と高浜虚子が主宰した俳句雑誌『ホトトギス』は，一貫して写生主義をとり，近代俳壇の主流となった。

▶問２．ａ．世阿弥の著書で，幽玄の美を求めた理論が述べられているのは『風姿花伝』である。習道論，幽玄論，能の生命の「花」などについて，世阿弥自身の体験や意見を加えて整理されている。

b．村田珠光が考案し，その後の茶文化の主流となったのは侘茶である。臨済禅の修行として始まった禅院茶の湯や豪華な書院の茶とは異なり，簡素な雰囲気の中で精神的な深さを味わうのが特徴である。

c．15世紀半ばの京都頂法寺（六角堂）の僧で，立花様式を確立したのは池坊専慶である。華道池坊流の開祖となり，その系統からは池坊専応や池坊専好が出た。

d．二条良基らの撰で，勅撰集と同格と見なされた連歌集は『菟玖波集』である。南北朝時代の北朝方で摂政・関白などを歴任した二条良基は和歌と連歌に優れ，連歌の規則集である『応安新式』も定めている。

▶問3．立石で滝を表現し，白砂で水流を表現するなど，水を用いずに山水を表現し，自然を象徴的にあらわした庭園様式を枯山水とよぶ。枯山水の代表的庭園として龍安寺庭園や大徳寺大仙院庭園などがある。

▶問4．勅撰とは，天皇や上皇の命で詩文を選び，編纂することであり，その結果，漢詩集や和歌集のような書物となったものが勅撰集である。勅撰漢詩集には『凌雲集』『文華秀麗集』『経国集』があり，勅撰和歌集は『古今和歌集』に始まる。

II 解答

問1．(39)(40)―44 (41)(42)―38 (43)(44)―19 (45)(46)―36 (47)(48)―59 (49)(50)―14 (51)(52)―25 (53)(54)―39 (55)(56)―69 (57)(58)―63 (59)(60)―54 (61)(62)―11 (63)(64)―45 (65)(66)―48 (67)(68)―64 (69)(70)―13 (71)(72)―27 (73)(74)―42 (75)(76)―23

問2．a．姜沆 b．大学頭 c．雨森芳洲

問3．(1)十刹 (2)上げ米 (3)札差〔蔵宿〕 (4)学問吟味

◀解 説▶

≪近世の儒学≫

▶問1．(39)(40)朱子学を大成した朱熹は宋代の人物である。朱熹の朱子学は鎌倉時代に日本に伝わり，宋学とよばれた。

(41)(42)藤原惺窩は五山の1つである相国寺の僧である。京都五山の第2位の寺院である相国寺は五山文学の中心であり，水墨画で知られる雪舟も相国寺で修行していた。

(43)(44)藤原惺窩に始まる朱子学の門流は京学とよびあらわされている。京

都を中心に発展し，禅僧必修の教養であった朱子学を，詩文を中心に体系化した。

(45)(46)幕府の命を受けた林鵞峰は，父である林羅山の草稿に修正を加えつつ書き継ぎ，神武天皇から後陽成天皇の時代を対象とする編年体の日本通史である『本朝通鑑』を完成させた。

(47)(48)朱子学者の木下順庵は，加賀藩主の前田綱紀に用いられ，5代将軍徳川綱吉の侍講にもなった。儒学者が幕府や諸藩の官僚に登用される文治政治の風潮の中，弟子である新井白石・室鳩巣・雨森芳洲らも儒官となった。

(49)(50)・(51)(52)・(53)(54) 5代将軍徳川綱吉の治世下で，悪化した幕府財政の改善を意図して貨幣改鋳策を推進したのは荻原重秀である。慶長小判に含まれていた金の比率を減らし，貨幣の質を落とした元禄小判を発行することで，その改鋳益金（出目）で財政を補おうとした。しかし，通貨の価値の下落は，物価の上昇をもたらし，人びとの生活を圧迫した。荻原重秀による貨幣改鋳策が十分な成果をあげていないと判断した新井白石は元禄小判を改め，質・量ともに慶長小判と同水準の正徳小判を鋳造することで，物価の上昇を抑えようとした。

(55)(56)木下順庵の門人である室鳩巣は『六諭衍義大意』を編集した。明の洪武帝が発令した6つの教えを解説した『六諭衍義』を室鳩巣がやさしく要約したもので，寺子屋などで教科書としても用いられた。

(57)(58)陽明学を創始した王陽明は明代の人物である。王陽明は明代を通じて武功をあげつつ，はじめは朱子学を修めていたが，やがて心即理を根本原理とし，知行合一などを主張する陽明学を確立した。

(59)(60)熊沢蕃山は，近江聖人とよばれ日本陽明学の祖とされる中江藤樹の門人である。中江藤樹は朱子学を学んでいたが，王陽明の実践主義に出会ってからはその思想に傾倒し，人の道は愛し敬う「孝」が基本であると説いた。郷里に藤樹書院を開き，著書には『翁問答』がある。

(61)(62)熊沢蕃山は岡山藩主の池田光政に仕えて活躍した。池田光政は儒教主義による藩政改革を行い，郷学閑谷学校を建てるなど，武士・庶民の教育を推進した。

(63)(64)熊沢蕃山は著書『大学或問』などで幕政を批判した。『大学或問』では，君主の天職は愛にあるとして幕藩領主の農政・財政を批判し，武士の帰農や参勤交代の緩和を主張した。

(65)(66)大塩平八郎は，天保の飢饉にともなう窮民増大に対する幕府の無策と腐敗を批判して武装蜂起した。1830 年代の全国的飢饉である天保の飢饉の中でも 1836 年の被害はひどく，大塩平八郎は民衆救済を町奉行所へ訴えた。しかし，訴えは受け入れられず，豪商が物価をつり上げて利益をはかっていたことにも憤慨し，1837 年に蜂起した。

(67)(68)会津出身で『聖教要録』などを著したのは山鹿素行である。朱子学の抽象的な議論に満足できず，武士の日常生活に役立つ学を提唱して自ら聖学とよび，儒学の立場から武士道理論の確立につとめた。幕府にとがめられて赤穂へ配流となったが，配流中に『中朝事実』を著して日本主義を主張した。

(69)(70)京都の町人出身で，堀川に私塾の古義堂を開いたのは伊藤仁斎である。朱子学の解釈にたよらずに孔子・孟子の原典にさかのぼって古義（古聖人の精神）を明らかにすることを重視した。私塾を開いた地名から，伊藤仁斎の学派は堀川学派（古義学派）とよばれる。伊藤仁斎の長男伊藤東涯は父の学統を忠実に継承し，堀川学派を大成した。

(71)(72) 18 世紀初めに荻生徂徠が江戸茅場町に開いた私塾は蘐園塾である。荻生徂徠は古典を成立当時のことばで解釈することで本質にせまる方法を用い，一門は古文辞学派とよばれた。

(73)(74)荻生徂徠が将軍の諮問に応じてまとめた幕政改革案は『政談』である。武士の貧困と商人の富裕は，武士を農村から都市へ移住させたことが原因と考え，武士土着論を説いている。参勤交代の弊害にも言及している。

(75)(76)太宰春台の代表作とされるのは『経済録』である。太宰春台は荻生徂徠の門に入って特に政治経済分野を学び，『経済録』では幕藩体制への多くの改善策を示している。

▶問２．ａ．藤原惺窩と交流があった朝鮮の儒学者は姜沆（きょうこう）である。姜沆は慶長の役で捕らえられて京都へ連行され，そこで藤原惺窩らと交流し，日本の儒学者に大きな影響を与えた。

ｂ．５代将軍徳川綱吉は湯島聖堂を建て，林鳳岡（信篤）を大学頭に任じた。大学頭は律令制下の大学寮長官にちなむ官名であり，江戸時代に林鳳岡が任ぜられてからは林家の当主が世襲するようになった。

ｃ．木下順庵の門人で，対馬藩に仕え，同藩の文教や朝鮮との外交にも尽力したのは雨森芳洲である。雨森芳洲は朝鮮語に通じ，隣国との誠信外交を説いた。

▶問3．(1)五山の次の格の官寺は十刹とよばれる。室町幕府は天下十刹を定めたが，そこに入る寺院と順位は変動した。五山・十刹より下の官寺は諸山とよばれる。

(2)8代将軍徳川吉宗が幕府財政を補塡するために踏みきった策で，それまでの将軍と大名の間の主従関係の基本に関わるものは，上げ米である。参勤交代の軽減とひきかえに，諸大名に1万石につき100石の幕府への献米を命じた。『御触書寛保集成』の史料文中に「御恥辱を顧みられず，仰せ出され候」とあるように，幕府財政の深刻な危機の中，吉宗が恥をかえりみずに実施した政策である。

(3)旗本や御家人の俸禄米の受取・売却の代行から俸禄米を担保とする金融へと業務を広げていた商人たちは札差（蔵宿）とよばれる。札差の名称は，米俵に旗本・御家人の名を記した札を差したことに由来する。

(4)聖堂学問所で行われた，朱子学の理解を試す試験は学問吟味とよばれる。試験科目は四書・五経・歴史・作文などであった。

Ⅲ 解答

問1．(77)(78)―51　(79)(80)―11　(81)(82)―27　(83)(84)―43　(85)(86)―21　(87)(88)―68　(89)(90)―53　(91)(92)―50　(93)(94)―19　(95)(96)―28　(97)(98)―78　(99)(100)―36　(101)(102)―29　(103)(104)―24　(105)(106)―31　(107)(108)―37　(109)(110)―57　(111)(112)―30　(113)(114)―59　(115)(116)―64　(117)(118)―79　(119)(120)―74

問2．(1)板垣退助　(2)穂積八束　(3)新婦人協会　(4)後藤新平　(5)統帥権　(6)柳条湖事件

◀解　説▶

≪自由民権運動と政党政治の進展≫

▶問1．(77)(78)・(79)(80)西郷隆盛・板垣退助らが唱えた征韓論は，朝鮮の鎖国政策を武力で打破し，日本の勢力拡張を目指す主張であったが，大久保利通・木戸孝允ら内治優先派の反対で実現せず，征韓派は一斉に下野した（明治六年の政変）。

(81)(82)明治六年の政変後，内務卿に就いて政権を主導したのは大久保利通である。1873年に設置された内務省は，富国強兵のための勧業行政や治

安対策などを担当し政府の中心となった。

(83)(84) 1911年に小村寿太郎外相が日米通商航海条約に調印したことで，日本は関税自主権の完全回復を実現した。

(85)(86)明治六年の政変で参議を辞した江藤新平らが設立したのは愛国公党である。愛国公党は板垣退助・副島種臣・江藤新平・後藤象二郎らが結成したが，江藤新平が佐賀の乱に参加したこともあり，まもなく解体している。

(87)(88)愛国公党は民撰議院設立の建白書を太政官の左院に提出した。民撰議院設立の建白書は藩閥官僚の有司専制政治を批判して国会の開設を求めた意見書で，却下されたが，自由民権運動の出発点となった。

(89)(90)自由民権運動への対応を迫られた政府は1875年に漸次立憲政体樹立の詔を出し，元老院・大審院の設置，地方官会議の開催などにより漸進的に立憲政体を樹立する方針を示した。

(91)(92)民権運動家たちの政府への攻撃をきびしく取り締まるために1875年6月に制定されたのは讒謗律と新聞紙条例である。語群には讒謗律がないので，新聞紙条例を選ぶ。

(93)(94)自由民権運動への「処置」の在り方をめぐって起こった政変で，伊藤博文の主導権を決定づけたのは明治十四年の政変である。憲法制定と国会即時開設の意見書を出した大隈重信が，伊藤博文ら薩長の主流派と対立した結果，政府を追放された。

(95)(96)明治十四年の政変で政府を追われ，立憲改進党を立ち上げた大隈重信は，前官僚や慶應義塾出身者を幹部とし，イギリス流の立憲君主制を主張した。都市商工業者や知識人が立憲改進党の支持基盤となった。

(97)(98)大日本帝国憲法の制定に際し助言を与えたドイツ人の政府顧問はロエスレルである。国権を重視した法治国家を目指すロエスレルの考えは，憲法草案の中心人物である井上毅に影響を与えた。

(99)(100)大日本帝国憲法が発布されたときの首相は黒田清隆である。黒田清隆は憲法発布の翌日に，政府の政策は政党の意向に左右されないという超然主義の考えを表明した。

(101)(102)第一次護憲運動の中心となった立憲政友会の人物は尾崎行雄である。尾崎行雄は1890年の第1回総選挙から1952年まで連続25回当選し，「憲政の神様」と称された。

⑽⑽第一次護憲運動の中心となった立憲国民党の人物は犬養毅である。立憲国民党は 1910 年に憲政本党の犬養毅を中心に結成されたが，1913 年に多くの議員が桂太郎の立憲同志会結成に参加したことで分裂した。

⑽⑽第一次護憲運動を受けて，第 3 次桂太郎内閣が退陣した。組閣前に桂太郎が大正天皇の侍従長と内大臣の職にあったことや，桂首相の議会軽視の態度などを批判され，第 3 次桂内閣はわずか 53 日で退陣した。

⑽⑽第二次護憲運動を受けた選挙の結果，圧勝した護憲三派のうち，加藤高明が所属していたのは憲政会である。1916 年に立憲同志会などが合同して成立した憲政会は，1927 年に政友本党と合同し，立憲民政党へ発展する。

⑽⑾護憲三派のうち，立憲政友会の中心人物は高橋是清である。高橋是清は，1921 年の原敬暗殺後に首相となり，同時に立憲政友会の第 4 代総裁になっていた。

⑾⑾護憲三派のうち，犬養毅が所属していたのは革新倶楽部である。革新倶楽部は 1925 年に分裂し，多くは立憲政友会に吸収された。

⑾⑾国体の変革と私有財産制度の否認を目指す者を取り締まるために成立させたのは治安維持法である。普通選挙の実施による社会主義の拡大を取り締まることを目的としていた。

⑾⑾・⑾⑾・⑾⑿1929 年に成立した浜口雄幸内閣は協調外交を方針とし，幣原喜重郎を外務大臣に起用した。翌年のロンドン海軍軍縮会議の結果，補助艦の総トン数の対英米約 7 割は認められたものの，大型巡洋艦の対米 7 割は受け入れられなかった。それでも浜口内閣は軍縮条約調印に踏みきったため，海軍軍令部や犬養毅率いる野党立憲政友会などは強く反発した。

▶問 2．⑴フランス流の急進的な自由主義を唱えた自由党の初代総理（党首）は板垣退助である。自由党は，板垣退助をはじめ高知県出身者が幹部の多数を占めており，士族・豪農を支持基盤とした。

⑵フランスの法学者が起草した民法を，日本の伝統的な家族制度を破壊すると論じて批判した帝国大学憲法学者は穂積八束である。フランスの法学者とはボアソナードのことであり，ボアソナードが起草した民法をめぐり，「民法出デ、忠孝亡ブ」との論文を発表して反対派の中心人物となった穂積八束らと，フランス民法の導入を主張する梅謙次郎らが対立した。

⑶ 1920 年に，平塚らいてうらが女性の参政権などの政治参加を求めるた

めに立ち上げた組織は新婦人協会である。平塚らいてう・市川房枝らが設立し，1922 年には女性の政治運動参加を禁じた治安警察法第 5 条の一部改正に成功している。

⑷関東大震災後の復興事業を担うために設置された帝都復興院の初代総裁は後藤新平である。後藤新平は，台湾総督府民政局長・南満洲鉄道株式会社初代総裁・逓信大臣・内務大臣・外務大臣・東京市長などを歴任している。

⑸ロンドン海軍軍縮条約の批准を進める浜口雄幸内閣に対して，犬養毅が率いる野党立憲政友会は軍部などとともに，統帥権の干犯であると論じて非難した。軍部などは，海軍軍令部の同意を得ずに政府が兵力量を決定することは大日本帝国憲法第 11 条の「統帥権」に違反すると主張した。一方，政府は，同憲法第 12 条の「陸海軍ノ編制」にあたる内容であり，内閣の輔弼事項と考えていた。

⑹満州事変の発端となった関東軍による爆破事件は柳条湖事件である。関東軍が奉天郊外の柳条湖で南満洲鉄道を爆破し，これを中国国民党軍による行為と主張して軍事行動を開始した。

❖講　評

大問数は 3 題で例年と変わりなかった。解答個数は 2021 年度から 3 個減少して 79 個だった。選択問題が 60 個（すべて語句選択），記述問題が 17 個，短文論述問題が 2 個となっている。年代配列問題と正文・誤文判定問題は，2020 年度以降，出題されていない。選択問題は 2021 年度の 62 個から 60 個に減少し，記述問題も 2021 年度の 18 個から 17 個に減少している。短文論述問題は 20 字以内が 1 個，15 字以内が 1 個であった。

難易度は 2018 年度以降，全体的に易化傾向にあると言ってよいだろう。2022 年度も選択・記述問題は基本的な用語が大半であり，論述も短文のみであった。

時代・分野別ではⅠが中世～近代の文化史，Ⅱが近世の文化史・政治史・社会経済史，Ⅲが近代の政治史・外交史・社会経済史となっている。時代別では近代からの出題が最も多く，続いて近世，中世の順である。2022 年度は戦後史からの出題がなかった。分野別では政治・外交史を主とする年度が多いが，2019・2021・2022 年度は文化史が出題されており，特に 2022 年度は文化史の比重が高かった。時代・分野は年度によってバラつきがあるので，全時代・全分野の学習が必要である。

Ⅰは中世～近代の文芸に関する出題。基本的な問題ばかりであった。ここで高得点を狙いたい。難易度はやや易。

Ⅱは近世の儒学に関する出題。⑷⑷「相国寺」，⑷⑷「後陽成」，問２．ａの姜沆，問３．⑷の学問吟味がやや難しかったかもしれない。難易度は標準。

Ⅲは自由民権運動と政党政治の進展に関する出題。Ⅰと同様，基本的な問題ばかりであり，ここでも高得点を狙いたい。難易度はやや易。

全体として問題量は多いが，基本事項が中心である。教科書に記載のないような難問が出題されることもあるが，数としては少ないので，教科書の範囲内で解ける問題を取りこぼさないように学習することが重要である。

世界史

I 解答

問1．(1)(2)—17 (3)(4)—13 (5)(6)—32 (7)(8)—35 (9)(10)—26 (11)(12)—29 (13)(14)—46 (15)(16)—38 (17)(18)—27 (19)(20)—40 (21)(22)—30 (23)(24)—54 (25)(26)—33 (27)(28)—50 (29)(30)—53 (31)(32)—59 (33)(34)—16 (35)(36)—58 (37)(38)—24

問2．軍役・貢納 問3．塩・鉄・酒 問4．赤眉の乱

問5．郷挙里選では儒学を学んだ地方の豪族の子弟が中央官吏に推薦されたから。

問6．形勢戸 問7．崇禎暦書

◀解 説▶

≪周～明代の政治体制と統治機構≫

▶問1．(1)(2)渭水は黄河の支流で，甘粛省に発し陝西省を東流して黄河に合流する。関中とよばれた函谷関の西側の渭水盆地は，古代中国の中心となり，周の鎬京，秦の咸陽，漢と隋・唐の長安（現在の西安）と歴代王朝の都が築かれた。

(3)(4)異民族の犬戎に鎬京を攻略された周は，前8世紀前半に都を黄河中流の洛邑（現在の洛陽）に移した。これ以降を東周という。

(5)(6)周の56周の封建制は西欧の封建制と異なり，血縁関係に基づく氏族制度を基盤としていた。同姓の父系集団である宗族を維持するため，親族関係の秩序やそれに応じた祭祀の仕方を定めた宗法がつくられた。

(7)(8)商鞅は法家の思想家。秦の孝公に仕え，連帯責任制である什伍の制など，「商鞅の変法」とよばれる改革を行い，秦の強大化に貢献した。

(9)(10)郡国制は秦の郡県制と周以来の封建制を併用した地方行政制度。直轄地には郡県制，それ以外の地には封建制を用いた。呉楚七国の乱を平定した後は，事実上郡県制に移行した。

(11)(12)五銖銭は前漢の武帝が半両銭に代えて発行した統一通貨。以後，唐の高祖が開元通宝を発行するまで長く使われた。

(13)(14)屯田制は戦乱で荒廃していた支配地を復興させるために流民や兵士に官有地を耕作させ，生産物を地代として納めさせた制度。地代は5割を

超え，魏の有力な財源となった。

⒂⒃晋の都は洛陽。司馬炎の死後に起きた八王の乱の際に，諸王が異民族の武力に頼ったため，五胡の侵入を招き匈奴により滅ぼされた。一族の司馬睿が建康を都として晋を復活させ，以後は東晋とよぶ。

⒄⒅呉は孫権が江南に建国した王朝。都の建業は東晋の都として建康と改称され，明の永楽帝の時に現在の南京に改称された。

⒆⒇鮮卑は五胡の１つ。北魏を建国した拓跋氏の血統は隋・唐の時代にも支配層として続き，北朝から隋・唐にいたる諸王朝は総称して拓跋国家とよばれる。

㉑㉒三長制は均田制実施の前提として，農民の戸籍を明確にすることを目的とした村落制度。５家を隣，５隣を１里，５里を１党とし，それぞれに隣長・里長・党長を置いたのでこの名がある。三長は力役を免除されたが，戸口調査や租税徴収の義務を課された。

㉓㉔北魏の孝文帝は，平城（現在の大同）から洛陽に遷都した。

㉕㉖漢代には郡県制の上に，郡を管轄する州が置かれ，州—郡—県の三段階で地方統治を行った。南北朝末期に州の数が増えたため，隋は郡を廃止して県を州が直接統括する州県制に改め，唐もこれを踏襲した。

㉗㉘府兵制は西魏で始まり，隋・唐に継承された兵農一致の徴兵制度。均田制の崩壊にともない，玄宗時代の 749 年に廃止され募兵制に切りかえられた。

㉙㉚楊炎は徳宗に仕えた宰相である。

㉛㉜両税法では土地公有の原則をやめ，農民の土地所有を公認した。現住地で資産額に応じて課税し，銭納を原則に，麦と米の収穫期にあたる夏（６月）と秋（11 月）の２回徴税したのでこの名がある。

㉝㉞宋の建国は 960 年。後周の有力武将だった趙匡胤が部下におされて即位し，都を開封（卞京）においた。

㉟㊱遼は契丹族の耶律阿保機が 916 年に建国，936 年に後晋の建国を援助した代償として燕雲十六州を獲得した。宋の成立後も華北に侵入して宋をおびやかし，1004 年宋との間に澶淵の盟を結んだ。この和約は宋と遼の関係を兄と弟の関係とし，宋が多額の銀・絹を贈ることを約したものである。

㊲㊳明では，16 世紀中頃から日本銀やメキシコ銀が大量に流入し，地税

（土地税）と丁税（人頭税）を一本化して銀で納めさせる一条鞭法の改革が実施された。日本銀はⅡの問4の石見銀山などで産出された。メキシコ銀はアメリカ大陸で採掘された銀が，メキシコのアカプルコからマニラまで運ばれ，中国船がもたらした絹織物・陶磁器と交換された。これをアカプルコ貿易，または使用された船からガレオン貿易とよぶ。

▶問2．周王や諸侯の下には卿・大夫・士とよばれる世襲の家臣団が存在し，封土を与えられる代わり，諸侯と同じく軍役・貢納の義務を課せられた。

▶問3．塩・鉄・酒の専売制は桑弘羊らの提案によって実施されたが，商人の反対が強く，武帝の死後に論争が起こった。この議論の結果，塩・鉄の専売は継続されたが，酒の専売は廃止された。宋代には茶を専売としている。

▶問4．五行思想（木→火→土→金→水の循環）で漢王朝は火徳と考えられていたので，眉を赤く染めることで，漢王朝の復活を願ったとされる。

▶問5．「学問」として儒学を，「官吏任用制度」として漢代に成立した郷挙里選を指摘し，地方の豪族が推薦によって中央の政治に参加したことを説明すればよい。なお，三国の魏では九品中正が導入されたが，これは中央から派遣された中正官が地方での評判によって9等級に人材を評定して中央に報告し，中央は評価に見合った官位を与えて官吏を任用する制度である。

▶問6．形勢戸には科挙に合格し官僚となるものが多く，一般人民の戸籍と区別されて官戸となった。官戸は徭役が免除され，刑法上でも優遇措置がとられた。

▶問7．『崇禎暦書』は，アダム=シャールから西洋暦法を学んだ徐光啓らが編纂した暦書。暦は清代に修正された後，「時憲暦」として施行された。

Ⅱ　解答

問1．(39)(40)—11　(41)(42)—39　(43)(44)—47　(45)(46)—53
(47)(48)—32　(49)(50)—49　(51)(52)—16　(53)(54)—50　(55)(56)—57
(57)(58)—29　(59)(60)—58　(61)(62)—18　(63)(64)—48　(65)(66)—37　(67)(68)—30
(69)(70)—24　(71)(72)—56　(73)(74)—21

問2．Black Lives Matter　問3．バルバロイ　問4．石見銀山〔石見〕
問5．コッホ

問6．主要産業の綿花プランテーションの労働力として黒人奴隷は必要不可欠だったから。

問7．ジャクソン　問8．マーク=トウェイン〔トウェイン〕

◀解　説▶

≪アメリカの奴隷制度と黒人問題≫

▶問1．(41)(42)コルテスは1521年にメキシコ高原のテノチティトランを占領し，アステカ王国を滅ぼした。テノチティトランは現在のメキシコシティ。

(43)(44)ピサロはパナマ地峡を横断して太平洋に到達したバルボアの部下であった人物。1533年，皇帝アタワルパを捕らえて処刑し，インカ帝国を滅ぼした。

(45)(46)奴隷貿易を最初に担ったのは，西アフリカに進出したポルトガル。ポルトガルは，カブラルの漂着によってブラジルをラテンアメリカ唯一の領土とすると，そこでサトウキビのプランテーションを大規模に展開し，労働力としてアフリカ西海岸から黒人奴隷を輸出した。

(47)(48) 17世紀初頭にスペインから独立を達成したオランダがポルトガルに次いでアフリカ西海岸からの奴隷貿易を担った。

(49)(50)ベニン王国は現在のナイジェリア西部で繁栄した黒人王国。

(51)(52)フランス第二共和政は1848年の二月革命で成立した。1852年12月，ナポレオン3世の即位により第二共和政は終わり，第二帝政へと移行した。

(53)(54)シモン=ボリバルはベネズエラのクリオーリョ出身。ベネズエラ・コロンビア・エクアドル・ボリビアなどの独立運動を指導した。

(55)(56)イダルゴは「メキシコ独立の父」といわれる，クリオーリョの神父。1810年に独立運動を開始したが，翌年捕らえられ処刑された。

(57)(58)エチオピアには紀元前後にアクスム王国が成立して以来，国家が存続し，19世紀のアフリカ植民地化の中でも独立を維持した。

(59)(60)リベリアは1847年に独立した黒人共和国。アメリカ植民協会がギニア湾岸の西部に解放奴隷を送り込んで建国された。国名はLiberty（自由）からとられ，首都モンロビアは植民開始時のアメリカ大統領モンローにちなんでつけられた。

(61)(62) 1861年は南北戦争が開始された年。終結は1865年である。1861年はイタリア王国の成立，アレクサンドル2世による農奴解放令，ナポレオン3世によるメキシコ出兵開始があり，重要な年である。

⑹⑹ベトナム戦争への反対運動を契機として既存の文化や体制を否定し，それに敵対するカウンター=カルチャー（対抗文化）が生まれた。1960年代後半にアメリカで生まれ，1970年代には世界中に広がった。

⒂⒃公民権運動は1955年のバス・ボイコット運動から高まりをみせるが，この運動を指導したのがキング牧師である。1963年に行われたワシントン大行進で，キング牧師は「私には夢がある」の演説を行い，アメリカ独立宣言にうたわれた「平等」の完全な実現を訴えた。1964年，ジョンソン大統領によって公民権法が成立したが，キング牧師は1968年に暗殺された。

⒄⒅オーストラリアでは19世紀半ばに金鉱が発見され，低賃金で働く中国人労働者が大量に流入した。そのため雇用を奪われた白人労働者が，白人以外の移民を制限するよう要求したことが，有色人種を排除する移民政策である白豪主義の背景となった。1901年の移民制限法で白人以外の移民は事実上禁止となった。

⒆⒇アボリジニーはオーストラリアの原住民。なお，アボリジニーは民族名や人種名ではなく，「原住民」を意味する英語の普通名詞である。

(71)(72)南アフリカでは1991年に一連のアパルトヘイト関連法がデクラーク大統領によって撤廃された。

(73)(74)現在のバイデン大統領が当選したのは2020年（翌年に大統領に就任）。トランプ大統領は1期4年，オバマ大統領は2期8年の任期を務めているから，オバマが大統領に当選したのは2008年になる。

▶問2．現代情勢に注意を払っていないと難問となる。“Black Lives Matter”は直訳すれば，「黒人の命は大事だ」となる。BLM運動が広がる中で，2020年11月にアメリカ大統領選挙が行われ，「人種間の融和」や「差別撤廃」を訴えた民主党のバイデンが勝利する結果となった。

▶問3．ギリシア人は自らを英雄ヘレンの子孫でヘレネス，異民族をバルバロイとよんだ。バルバロイは英語のbarbarian（野蛮人）の語源となった。

▶問4．石見銀山は島根県大田市にある日本最大の銀山。2007年に世界遺産に登録されているので，世界史選択者でも覚えておいてほしい。

▶問5．コッホは「近代細菌学の祖」とされ，ベルリン大学で多くの弟子を育てたが，北里柴三郎もその１人である。

▶問６．アメリカ南部の主要産業が綿花プランテーションであり，それには労働力として黒人奴隷が必要であったことをまとめればよい。ホイットニーの綿繰り機の発明（1793 年）によって綿花から種子が容易に取り除けるようになったことを背景に，アメリカ南部では綿花プランテーションが拡大し，黒人奴隷の使用が増加した。

▶問７．ジャクソンは初の西部出身大統領。白人男性普通選挙制を普及させたことなどからジャクソニアン=デモクラシーとよばれているが，先住民強制移住法を制定し，労働運動や奴隷解放運動にも反対するなど保守的な側面があった。

▶問８．難問。マーク=トウェインは『トム=ソーヤーの冒険』で知られるアメリカの国民的作家。この時代の呼称の由来となった『金ぴか時代』という小説を，チャールズ=ウォーナーとの共著で発表している。

III 解答

問１．(75)(76)―51　(77)(78)―15　(79)(80)―38　(81)(82)―14
(83)(84)―52　(85)(86)―40　(87)(88)―16　(89)(90)―12　(91)(92)―19
(93)(94)―22　(95)(96)―21　(97)(98)―23　(99)(100)―57　(101)(102)―31　(103)(104)―39
(105)(106)―35　(107)(108)―34　(109)(110)―26　(111)(112)―43　(113)(114)―45　(115)(116)―25
(117)(118)―53

問２．(119)―４　問３．グロティウス　問４．ヘーゲル

問５．無併合・無償金〔無賠償〕・民族自決

問６．総会は多数決制とし，安全保障理事会常任理事国に拒否権を与え，武力制裁を認めた。（40 字以内）

◀解　説▶

≪戦争の歴史と核問題≫

▶問１．(75)(76)ヘロドトスは小アジア南部出身の歴史家。その著書『歴史』の中で，「エジプトはナイルのたまもの」と評した。

(77)(78)ペルシア戦争の開始は前 500 年。アケメネス朝のダレイオス１世に対し，ミレトスを中心としたイオニア植民市が反乱を起こしたことから始まった。

(79)(80)デロス同盟が結成されたのは，ギリシア連合軍がプラタイアの戦いでペルシアに勝利した翌年の前 478 年頃。ペルシアの再侵攻に備えて，ア

テネを盟主に結成され，同盟の本部はデロス島に置かれた。

(81)(82)・(83)(84)ペロポネソス戦争の開始は前431年。スパルタ王の率いるペロポネソス同盟軍が，アテネの本拠地であるアッティカ地方に侵入して始まった。ペロポネソス戦争の際，スパルタはペルシアの資金援助を受けて海軍の増強をはかり，アテネに勝利した。

(85)(86)ヘロドトスの物語風歴史記述に対して，トゥキディデスは厳密な史料批判に基づき記述したので，後に客観的な歴史叙述の祖とされた。

(87)(88)アウグストゥスは元老院から贈られた尊称で，「尊厳者」の意味。

(89)(90)パクス=ロマーナはアウグストゥスが即位した前27年から，五賢帝時代が終わる180年までの約200年間をいう。

(91)(92)イタリア戦争は1494～1559年，フランスのシャルル8世のナポリ遠征から，カトー=カンブレジ条約で講和するまで。この戦争で領土の概念や常備軍の必要性が認識されるようになり，フランスとスペインを中心に主権国家の形成が始まったとされる。

(93)(94)ウェストファリア条約は，多くのヨーロッパ諸国が参加する国際会議でまとめられたため，この条約によりヨーロッパにおける主権国家体制が確立したとされる。

(95)(96)ウィーン体制は1815～48年の約30年間。正統主義と勢力均衡の考えに基づき，自由主義とナショナリズムの抑圧をはかった保守反動体制で，指導的立場にあったのがオーストリアのメッテルニヒだったので，メッテルニヒ体制ともいわれる。

(97)(98)ヴェルサイユ体制は戦勝国の報復的色彩が濃厚で，敗戦国ドイツに対する過酷すぎる講和は第二次世界大戦の一因となった。

(99)(100)「平和に関する布告」を各国が無視したため，レーニンは旧政権下での秘密外交を暴露した。

(101)(102)第二次世界大戦後の国際連合は本部をニューヨークに移したが，ジュネーヴには現在も国際労働機関（ILO）をはじめ多くの国際機関の本部が残されている。

(103)(104)ドイツは軍備平等権を主張していたが，ジュネーヴ軍縮会議でこれが認められなかったことを口実に，1933年10月に国際連盟を脱退した。

(105)(106)ソ連は第二次世界大戦開始直後の1939年11月にフィンランドに侵入した。国際連盟はこれを連盟加盟の独立国に対する侵略行為として，同年12月にソ連を除名した。

⑽⑽国際連盟の最高機関が総会で，主要執行機関が56の理事会である。

⑽⑾キューバ危機の反省から1963年に直通通信協定が結ばれ，米ソ両国首脳はホットラインで直接対話できるようになった。

⑾⑿パグウォッシュ会議は1955年のラッセル・アインシュタイン宣言を引き継いで開催された科学者の国際会議。世界10カ国22名の科学者が参加したが，日本からは湯川秀樹・朝永振一郎ら3名が参加した。

⒀⒁部分的核実験禁止条約では大気圏内外および水中での核実験が禁止されたが，地下実験は除かれた。フランス・中国は，米・英・ソによる核の寡占であるとして，参加しなかった。

⒂⒃核拡散防止条約（NPT）は，すでに核兵器を持っている米・英・ソ・仏・中の5カ国以外の国の核保有を禁止した条約。核保有国のインド・パキスタン・イスラエルは未加盟，北朝鮮が1993年に脱退するなど，困難な問題を抱えている。

⒄⒅包括的核実験禁止条約（CTBT）は全面的な核実験の禁止を定めているが，発効するためには特定の44カ国すべての批准が必要とされており，未だ発効していない。

▶問2．パクス=ブリタニカとよばれる時代の時期区分には諸説あるが，おおむね19世紀半ばを中心とした時期としてとらえられている。

▶問3．グロティウスの主著には，国際法による海洋自由の原則確立に寄与した『海洋自由論』もある。

▶問4．ヘーゲルは，世界は唯一絶対の理性の自己発展であり，世界史はこの絶対精神の弁証法的発展過程であるとした。

▶問5．連合国は「平和に関する布告」を無視したが，ドイツだけが講和交渉に応じた。ソヴィエト政権は布告で打ち出した無併合・無償金を講和の前提としたがドイツはこれに応じず，ブレスト=リトフスク条約で領土の割譲と賠償金の支払いを約束した。

▶問6．国際連盟総会が全会一致の原則を採用したのに対し，国際連合総会では多数決制を導入して意思決定の迅速化をはかった。また，安全保障理事会では，アメリカ・イギリス・フランス・ソ連・中国の5大国を常任理事国として拒否権を与え，大国一致の原則が導入された。制裁手段として，国際連盟では経済制裁のみであったが，国際連合では国連軍の派遣などの武力制裁が可能になったことも指摘したい。

❖講　評

Ⅰは周代から明代の政治体制と統治機構に関する問題。封建制・郡国制・州県制などの統治制度や，専売制・両税法などの経済政策を中心に問われている。空所補充問題はおおむね教科書レベルの標準的問題であるが，問１の(5)(6)の氏族制度は語群に宗族がないため戸惑うかもしれない。封建制の基盤が血縁関係にあったことを考えれば氏族制度と判断できる。問５の短文論述問題はコンパクトにまとめるのに注意が必要。

Ⅱはアメリカの奴隷制度と黒人問題に関する問題。2020年に起こったBLM運動を切り口に，アメリカ大陸の征服，黒人奴隷貿易，ラテンアメリカの独立，南北戦争，ベトナム戦争，公民権運動，オバマ大統領の誕生などが問われており，オーストラリアの白豪主義やアパルトヘイトなどに関しても出題されている。問１では(45)(46)と(47)(48)に苦労した受験生が多かったと思われるが，世界の海上覇権を握った国を思い出せば難しくはない。(73)(74)のオバマ大統領の当選した年は，現在のバイデン大統領から逆算できる。問２は2020年の出来事である上に，英語で答えなければならず，現代情勢にいかに関心を払っているかが問われている。問４の石見銀山は，明の一条鞭法やアカプルコ貿易との関連でも覚えておきたい事項である。問６の論述問題は書きやすい。問８のマーク＝トウェインは，「金ぴか時代」との関連であったため難問となった。

Ⅲはペルシア戦争から第二次世界大戦にいたる戦争の歴史と第二次世界大戦後の核問題に関する問題。ペルシア戦争・ペロポネソス戦争，イタリア戦争・三十年戦争，２度の世界大戦，国際連盟と国際連合，核軍縮条約などについての知識が問われている。教科書レベルの基本的問題からの出題ではあるが，問１の(113)(114)・(115)(116)・(117)(118)の核軍縮条約は年号しか決め手がなく，迷った受験生もいたと思われる。問６の論述問題は標準的。

2022年度は空所補充形式の語句選択問題が2021年度の63問から59問に減少し，論述問題も４問から３問に減少した。全体的には易化した印象で，対応しやすい出題であったため，失点を最小限に抑えたい。

地理

I　解答

問１．⑴⑵―31　⑶⑷―18　⑸⑹―16　⑺⑻―17　⑼⑽―26　⑾⑿―23　⒀⒁―13　⒂⒃―28　⒄⒅―21　⒆⒇―29　(21)(22)―32　(23)(24)―11

問２．(25)―２　(26)―１　(27)―※　(28)―４

問３．あ．ナショナリズム　い．多角化　う．先端技術

問４．リデュース，リユース，リサイクル

問５．資源の領有をめぐる国家間の対立（15 字以内）

※問２(27)については，語群に不備があり適切な解答が得られないことが判明したため，全受験者が正解を解答したものとみなして加点する対応を取ったことが大学から公表されている。

◀解　説▶

≪地球温暖化と資源・エネルギー問題≫

▶問１．⑴⑵・⑶⑷地球温暖化の防止については，1992 年に開かれた国連環境開発会議（地球サミット）で気候変動枠組み条約が採択され，国際的な取り組みが進められている。その中心になるのが締約国会議（COP）で，1997 年の第３回締約国会議（COP3）は京都で開かれ，この会議で先進国に二酸化炭素削減の具体的な数値目標を定めた京都議定書が採択された。この京都議定書にかわる新たな枠組みとして，2015 年にパリで開かれた第 21 回締約国会議（COP21）で採択された協定がパリ協定である。この協定では，産業革命以前と比べた世界の平均気温上昇抑制の数値を設定した長期目標のもとで，すべての締約国が温室効果ガスの削減に取り組み，削減目標を決定することなどが定められた。

⑸⑹・⑺⑻地球温暖化の原因は温室効果ガスの増加にあるといわれるため，その抑制には温室効果ガスの削減が有効と考えられよう。主な温室効果ガスには二酸化炭素やメタンがあり，特に二酸化炭素は石炭や石油などを燃やした時に発生する。石炭や石油など，地質時代の動植物に由来するエネルギー資源は，化石燃料とよばれる。

⑼⑽繰り返し利用可能な再生可能エネルギーには水力も含まれるが，太

陽光，風力と並び，「利用拡大で，成長が期待されている分野」と示されているエネルギー源を考えると，地熱が適当であろう。

⑾⑿ 2010 年の中国漁船と日本の巡視船との衝突は，尖閣諸島の沖合で起こった。操業中の中国漁船を違法操業として日本の海上保安庁が取り締まりを行ったが，外交問題に発展し中国からのレアアースの供給が一時ストップした。レアアースは 17 種類の元素の総称で，中国が世界生産の多くを占め，電気自動車や光ディスクなど先端技術産業には欠かせない鉱物である。

⒀⒁豊羽鉱山は札幌市西部の鉱山で，亜鉛や鉛の産出が多く，それらに伴ってレアメタルのインジウムも含まれ，かつては世界でも有数のインジウムの産出量を誇った。インジウムは先端技術産業には欠かせない鉱物であるが，豊羽鉱山は鉱脈が地下深くにあり，地熱による高温の中での操業の過酷さに加え，資源の枯渇により 2006 年に閉山となった。

⒂⒃都市部でごみとして大量に廃棄される電子機器には，回収して再利用が可能なレアメタルなどの有用な金属が大量に蓄積されている。これらの資源を鉱山に見立てて都市鉱山とよんでいる。

⒄⒅廃棄物を資源ととらえ，さらにリサイクルを進めることで，天然資源の消費抑制・循環利用を基本とする社会は循環型社会とよばれる。

⒆⒇領海の外側にあり，沿岸から 200 海里沖まで広がる海域は排他的経済水域で，国連海洋法条約で規定されている。この水域では，水産資源や海底の鉱物資源などの海洋資源を沿岸国が排他的に利用，管理することが認められている。

㉑㉒日本の領土のうち，東端に位置するのは南鳥島である。東京都小笠原村に属し，東京から約 2000㎞離れた東経 153 度 59 分に位置する。2013 年に周辺の排他的経済水域内の海底の泥の中に大量のレアアースが存在していることが発見されている。

㉓㉔資源の調達先の多様化にも寄与する「資金援助や技術支援」から，先進国が発展途上国に対して行っている援助と考え，ODA（政府開発援助）が該当する。日本の ODA の実績は世界 4 位である（2020 年度）。

▶問 2．㉕中国で生産するレアメタルの種類は多いが，その中でもタングステンとレアアースはともに中国の生産量が世界で高い割合を占めるため，判断が難しい。タングステンは融点が高く特殊鋼や超硬工具などに利用される。中国のレアアースの世界での生産割合は63.2％である（2018年）。
㉖コンゴ民主共和国が生産量の多くを占めることからコバルトと判断したい。シャバ地方は銅の生産で知られるが，コバルトの生産量も多い。コバルトは耐熱合金や磁性材料などに使用される。
㉘南アフリカ共和国で生産するレアメタルの種類も多いが，ガボンに注目すると，マンガンが該当する。マンガンは合金にして特殊鋼や電池などに使用される。

▶問3．あ．発展途上国でみられる，自国の資源に関する権利を主張し経済発展に結びつけようとする動きは，資源ナショナリズムとよばれる。1950年代から動きが活発化し，1960年にはOPEC（石油輸出国機構）が結成された。
い．モノカルチャー経済は，国の経済が特定の一次産品の生産や輸出に依存する経済体制をいう。そのため，生産品の国際価格の変動などで国の経済の動向が左右される。そこで，モノカルチャー経済から脱却するには，工業や観光業など複数の産業の育成が必要と考えると，ふさわしい語としては多角化が適当であろう。
う．レアメタルは，現在，電子工業などに広く利用されているが，さらに新たな産業分野でも不可欠な素材として需要が高まると考えられる。今後，先進国を中心に開発が進む可能性のある産業としては，新たな情報関連の電子工業，新素材，バイオテクノロジー関連，航空宇宙産業などが考えられようが，これらを含む用語としては先端技術産業が適当であろう。

▶問4．「3R」は，循環型の資源利用の活動を示す英語の頭文字がRで始まる3つの標語を想起しよう。ごみの発生抑制を表すリデュース（reduce），製品の再使用を表すリユース（reuse），資源の再生利用を意味するリサイクル（recycle）を指す。

▶問5．海底資源の利用にあたっては，採算が合うかどうかなどの経済性の課題，採掘により周辺海域に及ぼす環境破壊などの課題は浮かんでこよう。それら以外の課題としては，資源をめぐる国家間の領有権争いをあげたい。たとえば，南シナ海の南沙群島（スプラトリー諸島）では，周辺の水産資源や海底資源の確保をめぐって，中国，ベトナム，フィリピンなどが領有権を主張し対立が続いているが，これらは「最も解決が困難」と予想される課題といえよう。

II 解答 問1．(29)(30)—47 (31)(32)—59 (33)(34)—44 (35)(36)—16
(37)(38)—33 (39)(40)—19 (41)(42)—58 (43)(44)—38 (45)(46)—46
(47)(48)—54 (49)(50)—35 (51)(52)—14 (53)(54)—12 (55)(56)—27 (57)(58)—39
(59)(60)—28 (61)(62)—50 (63)(64)—25 (65)(66)—29 (67)(68)—17 (69)(70)—22

問2．あ．干渉 い．統治

問3．ユダヤ人に対しパレスチナの地にユダヤ人国家の建設を認めた。（30字以内）

問4．経済発展に伴い多くの労働力を必要とした。（20字以内）

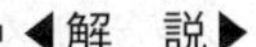◀解 説▶

≪国家と民族紛争≫

▶問1．(29)(30)・(31)(32)言語戦争とよばれるベルギーの言語問題は，ベルギー北部のフラマン地区に多く住んでいるオランダ語を使用するフラマン人と，南部のワロン地区に多く住んでいるフランス語を使用するワロン人との対立をいう。そのため，ベルギーでは1993年からドイツ語を含めた3言語共同体で構成される連邦制が採用されている。

(33)(34)・(35)(36)・(37)(38)第二次世界大戦後，国際連合はパレスチナをユダヤ人の国家とアラブ人の国家に分割するパレスチナ分割（決議）案を提案し，これを受け入れたユダヤ人は1948年にイスラエルの建国を宣言した。しかし，イスラエル建国後，国連による分割案が不公平と考える周辺のアラブ諸国とイスラエルとの間で，第一次中東戦争が起こった。中東戦争はその後，オイルショックを招いた1973年の第四次中東戦争まで3回起こっている。

(39)(40)イスラエルのパレスチナの占領や入植に対し，アラブ連盟のもとにパレスチナのアラブ人が1964年に創設した組織がPLO（パレスチナ解放機構）である。パレスチナ難民の祖国復帰やアラブ人によるパレスチナ国家の再建をめざしている。

(41)(42)・(43)(44)・(45)(46)旧宗主国ベルギーの分断統治によって民族紛争が起こったのはルワンダである。ルワンダでは，支配民であった少数派で牧畜民のツチ族と，多数派で農耕民のフツ族が長年共存していた。しかし，ベルギーの植民地時代にツチ族を優遇する政策が採られたため，独立後も紛争が続いた。1973年にクーデタでフツ族が政権を握ったが，1994年，フツ族の大統領暗殺を契機にフツ族によるツチ族に対する大量虐殺が起こった。

(47)(48)スーダンでは，北部にイスラーム（イスラム教）を信仰するアラブ系の住民が多く住み，一方，南部にはキリスト教徒が多いアフリカ系の住民が多く住んでいた。1956年の独立後，実権を握った北部のアラブ系勢力はイスラームに基づく国づくりをめざしたため，南部の非アラブ系住民との対立が絶えず，内戦まで発展した。その後，住民投票の結果，2011年にスーダンから南スーダンが分離独立した。

(49)(50)スーダン西部で紛争が起こったのはダルフール地方である。ダルフール地方にも非アラブ系のアフリカ系住民が居住していたが，2003年，アフリカ系住民が反政府組織を結成し，ダルフール地方での自治権の拡大を要求したことで，アラブ系民兵によるアフリカ系住民への弾圧が頻発した。

(51)(52)・(53)(54)国境の形態のうち，人為的国境は経緯線や建造物で領土が分けられ，そのうち経緯線を用いた国境は数理国境とよばれる。エジプトは国土の西側と南側で経緯線による国境が引かれ，西側のリビアとの国境は東経25度，南側のスーダンとの国境は北緯22度が用いられている。

(55)(56)・(57)(58)クルド人はインド=ヨーロッパ語族に属し，インド=イラン語派のクルド語を話す。人口は2500～3500万人といわれ，その居住地はトルコ南東部の山岳地帯を中心としてクルディスタンとよばれる。クルディスタンはかつてオスマン帝国内にあり，第一次世界大戦でオスマン帝国が敗れたことによりこの地域に国境線が引かれた際に，居住地域がトルコ，イラク，イランなどに分断された。

(59)(60)～(65)(66)東西冷戦の終結に伴い，1991年からユーゴスラビア連邦の各共和国が次々と独立を宣言しはじめた。その中で，セルビアを中心とする連邦維持派と分離独立をめざす勢力との間で紛争が激化し，一連のユーゴ紛争が起こった。まず，1991年に北部のスロベニアとクロアチアが独立を宣言した。この両国はセルビア中心の政策に不満をもち，旧ユーゴの中でも経済的に豊かで西ヨーロッパの文化の影響を受けカトリックが信仰されていた。セルビア中心の連邦軍が侵攻し，特にクロアチアとの間では1995年まで内戦が長期化したが，両国とも独立を果たした。続くボスニア・ヘルツェゴビナは1992年に独立を宣言したが，民族間の対立が激化し凄惨な内戦となった。セルビア人，クロアチア人，ムスリムの3つの勢力が拮抗して混在していたことが大きな要因である。1998年にはセルビア内の非スラブ系でイスラームを信仰するアルバニア人が多く住むコソボ自治州で，独立をめざす紛争が発生した。武力闘争に発展したが，2008年にコソボ共和国として独立した。

(67)(68)ボスニア・ヘルツェゴビナ紛争とコソボ紛争の際に，いずれもセルビア勢力に対して空爆などの軍事介入を行ったのはNATO（北大西洋条約機構）である。民族浄化などの残虐な行為を阻止する人道的介入を名目として行われた。

(69)(70) 2019年の統計では世界で約2045万人の難民が発生しているが，難民の保護や人道的支援にあたっている国連の機関はUNHCR（国連難民高等弁務官事務所）である。

▶問2．あ．主権とは，対外的には自国のあり方は他国に指図されずに自国で決めることと考えると，「干渉」の語が適当といえよう。国際慣習法に内政不干渉の原則がある。

い．国家の三要素は，領域，国民，主権であるが，主権とは国内的には領土，国民を治める最高の権力と考えると，「統治」が適当といえよう。

▶問3．バルフォア宣言は，第一次世界大戦を戦っていた当時のイギリスの外相バルフォアが，1917年にユダヤ人の大資産家でシオニズム運動の代表でもあったロスチャイルドへの書簡の中で明らかにした見解である。中東への利権拡大のため，パレスチナを支配していたオスマントルコとの戦いを有利に進めるために，ユダヤ人の協力を期待したことが背景にある。シオニズム運動が活発になりつつあったことから，パレスチナの地にユダヤ人国家の建設を約束した内容である。一方のフサイン・マクマホン協定がアラブ人国家の建設を認めた協定であることと対比させて，明確に述べたい。

▶問4．白豪主義は，オーストラリアで20世紀初頭から行われていた，白人を中心とした国家の建設をめざして白人以外の人々の移住を制限する政策である。オーストラリアには先住民が居住していたが，19世紀半ばのゴールドラッシュで多くの人々が流入したように，もともと人口が少ないことを念頭に考えるとよい。オーストラリアでは，第二次世界大戦後，製造業が発展し，鉱産物，農産物の生産，輸出が増加するにつれて，多くの労働力が必要となった。1970年代の半ばまでに白豪主義が撤廃されたことにより，その後，アジアなどヨーロッパ以外からの移民が急増した。

III 解答

問1．(71)(72)―15　(73)(74)―18　(75)(76)―38　(77)(78)―41
(79)(80)―33　(81)(82)―16　(83)(84)―24　(85)(86)―26　(87)(88)―40
(89)(90)―34　(91)(92)―23　(93)(94)―30　(95)(96)―19　(97)(98)―28　(99)(100)―36
(101)(102)―44　(103)(104)―48　(105)(106)―12　(107)(108)―42　(109)(110)―50

問2．あ．大土地所有制　い．USMCA　う．MERCOSUR

問3．食料の供給減少や価格上昇を招く（15字以内）

問4．え．カラジャス　お．新期造山帯　か．銅

◀解　説▶

≪ラテンアメリカの地誌≫

▶問1．(71)(72)ラテンアメリカの先住民族はインディオである。ラテンアメリカでは，アンデス地方のインカ帝国に代表されるように，インディオによる高度な文明が栄えていたことで知られる。

(73)(74)南アメリカ大陸北東部のギアナ地方にはスペインの植民地支配が進まなかったので，イギリス，オランダ，フランスが進出した。そのうち，西側の地域は1814年からイギリスの植民地になり，1966年にガイアナとして独立した。南アメリカで唯一，英語が公用語になっている。

(75)(76)アンデス地方はもともと先住民の人々が多かったため，現在でもボリビアの他，ペルーでも先住民の割合が高い。両国とも先住民が人口の約半数を占め，先住民と白人との混血のメスチソを加えると両国とも人口の約8割を占める。

(77)(78) 16世紀に入ると，当時軍事的に強国であったスペインとポルトガルが南アメリカに植民地を作ったが，このうちポルトガルは1500年にカブラルがブラジルに到達し，この地をポルトガル領とした。

(79)(80)・(81)(82)ブエノスアイレスを中心にアルゼンチンからウルグアイにかけて広がる広大な平原はパンパとよばれる。パンパにはラプラタ川とその支流によって運ばれた土砂が堆積した肥沃な土壌が広がっている。

(83)(84)・(85)(86)・(87)(88)パンパは一般に年降水量550mmの等降水量線に沿って東側の湿潤パンパと西側の乾燥パンパに区分され，農業形態も異なっている。東部では湿潤であるため，企業的穀物農業や混合農業が行われ，小麦やトウモロコシの世界的な生産地域となっている。また，アルファルファなどの牧草が広く栽培され，牛の飼育が行われている。一方，西部の乾燥パンパはステップ気候区にあるため，企業的牧畜が行われ，乾燥に強い

羊などの放牧が行われている。

(89)(90)ラテンアメリカでは，地主が広大な土地を所有し，多くの農業従事者を雇用する大土地所有制に基づく大農園がスペインやポルトガルから持ち込まれ，農業開発の基盤となった。大土地所有制に基づく大農園は地方によってさまざまな名称でよばれ，ブラジルではファゼンダとよばれる。

(91)(92)・(93)(94)ブラジル高原の南部に分布する肥沃な間帯土壌がテラローシャであることが想起できると，この地域で栽培されている作物はコーヒーであると考えられる。

(95)(96)・(97)(98)ブラジル高原に広く分布する熱帯草原はカンポセラードとよばれる。カンポセラードは不毛な草原であったが，日本の政府開発援助（ODA）によって大豆畑として開発され，大型機械を導入した大豆の大規模栽培地域が形成されている。大豆の生産量はブラジルが世界1位を占め（2019年），中国などに大量に輸出されている。

(99)(100)西インド諸島やエクアドルでは，アメリカ合衆国やヨーロッパの資本により大農園で商品作物が単一栽培されている。このような熱帯や亜熱帯の大農園で行われている農業は，プランテーション農業とよばれる。

(101)(102)工業化の型としては輸入代替型と輸出指向型の2つに分類されるが，ブラジルなどで導入されたのは，それまで輸入していた工業製品を国内で生産する輸入代替型の工業化である。発展途上国では，工業化は当初，外貨の輸出を抑えるため，工業化を進めやすい消費財などの自国生産を進めることが多い。

(103)(104)ラテンアメリカ諸国では，急速な工業化や大規模な開発計画が外国資本や借金に過度に依存して進められたため，中には対外債務が巨額に膨れ上がり，物価上昇も加わって深刻な経済危機に陥った国が少なくない。メキシコやアルゼンチンは現在も巨額の累積債務を抱えている。

(105)(106)メキシコがアメリカ合衆国との経済関係を深める目的で加盟した組織はNAFTA（北米自由貿易協定）である。カナダを加えた3カ国で締結された。関税の段階的な撤廃や投資の自由化などによる経済発展をめざした。

(107)(108)ブラジルは，アマゾン開発の拠点としてアマゾン川中流域のマナオスに自由貿易地区を設けた。自由貿易地区は輸出入にかかる税金が免除される特別地区で，日本を含む多くの外国企業が誘致された。オートバイや家電製品の生産が盛んである。

⑽⑾BRICSは1990年代から著しい経済成長が注目されている国々で，5カ国の英語表記の頭文字をとって名づけられた。5カ国とも国土面積が広く，人口，資源が豊富な点が特徴である。ブラジルとインド，中国以外には，ロシアと南アフリカ共和国が含まれるので，選択肢からロシアを選ぶとよい。

▶問2．あ．ラテンアメリカの農業の経営形態は，ヨーロッパから持ち込まれた大土地所有制がみられることが特徴である。ブラジルのファゼンダ以外では，アルゼンチンのエスタンシアなどが知られる。

い．NAFTAが発展し，2020年に新たに発効した貿易協定はアメリカ合衆国，メキシコ，カナダのそれぞれの国の英語表記の頭文字をとったUSMCAである。NAFTAに比べて知的財産やデジタル貿易などの条項が新たに加わっている。

う．1995年にラテンアメリカで締結された地域協定はMERCOSUR（南米南部共同市場）で，ブラジル，アルゼンチンを中心に2022年現在6カ国が加盟している（ベネズエラは加盟資格停止中，ボリビアは批准待ち）。域内での関税撤廃と域外共通関税の実施をめざしている。

▶問3．世界全体でみると，食料の需要と供給に大きなアンバランスがあり，食料不足に苦しむ地域がある現状をふまえて考えたい。燃料用のさとうきび栽培が拡大すると，食用に回す分が減少し，さらに他の食用作物の栽培地までも減少することが起こりうる。このことによって起こる課題をまとめるとよい。ブラジルのさとうきびと同じ例は，アメリカ合衆国で用いられているトウモロコシについてもいえよう。

▶問4．え．安定陸塊のうち，先カンブリア時代の岩石が地表にあらわれた楯状地には鉄鉱石の鉱床が広く分布している。ブラジル高原はブラジル楯状地にあり，南東部のイタビラ鉄山と北部のカラジャス鉄山はともに埋蔵量が豊富で良質の鉄鉱石を産出することで知られる。

お．鉄山が安定陸塊に分布することと対比させて考えよう。メキシコやアンデス山脈は，大地形では新期造山帯に分類される。銅，銀，すずなどの非鉄金属を多く含む鉱床は，新期造山帯に多く形成されている。

か．チリは世界最大の銅の産出国であり，貿易額では，銅鉱と銅（地金）の合計が輸出品の50%近くを占める（2019年）。

❖講　評

2022年度も例年通り大問3題の構成で，選択式による問題文の空所補充が設問の中心であった。リード文は3題とも長文ではあるが，教科書の内容が素材となり，設問は基本事項が多く含まれているため，学習内容を正確に理解していれば解答できるものが大半であった。総解答個数は73個で，2021年度の67個よりやや増加した。また，2021年度には出題されなかった論述問題が4問出題され，総字数は80字であった。細かい内容や統計がいくつか出題されたこともあり，難易度は2021年度に比べ，やや難化したといえよう。2022年度は2題が系統地理的内容，1題はラテンアメリカについての地誌的な内容であった。例年，設問数が多く，各分野や地域に関する深く広い知識が要求される。難問も含まれるが，まずは基本問題に正確に解答したい。

Ⅰは地球温暖化と資源・エネルギー問題に関する問題で，地球温暖化から展開し，再生可能エネルギー，レアメタルの需要拡大と開発の問題点など幅広い観点からの出題がみられた。豊羽鉱山の鉱産物，レアメタルの生産国の問題は選択肢が少なかったがやや難しかった。

Ⅱは国家と民族紛争の問題で，さまざまな原因による世界各地の民族紛争が出題された。バルフォア宣言など世界史的な内容も含まれ，民族紛争について深く掘り下げた学習をしていなければ，骨が折れたであろう。国家の主権の定義は，適切な語を探すのが難しかったかもしれない。

Ⅲはラテンアメリカの地誌の問題で，ラテンアメリカの特徴をふまえた民族，農業，経済統合など幅広い分野の内容が問われた。基本事項の出題が多く，選択肢の数も少なかったため取り組みやすかった。NAFTAからUSMCAへの発展など，時事的な問題も出題された。

数学

I

◇発想◇　(i)　1から1000までの整数で2の倍数，3の倍数，5の倍数，6の倍数，15の倍数，10の倍数，30の倍数の個数を調べ，ベン図を描いてどの部分の個数が問われているかを確認して求める。

(ii)　2次方程式が異なる2つの実数解をもつ条件は判別式をDとするとき$D>0$である。これより得られる不等式を解く。

(iii)　接線の傾きがmならば法線の傾きは$-\frac{1}{m}$（$m\neq 0$）であることに注意して法線の方程式を求める。後半はC_2上の点$(b,\ -(b-p)^2+q)$における法線の方程式をつくり，C_1上の点$(1,\ 1)$における法線と一致することから得られるb，p，qを含む2つの関係式からbを消去する。

解答　(i)　(1)(2)(3) 266　(4)(5)(6) 568

(ii)　(ア) $2n\pi-\frac{5}{4}\pi<\theta<2n\pi+\frac{\pi}{4}$　（nは整数）

(iii)　(イ) $-\frac{1}{2a}x+a^2+\frac{1}{2}$

(ウ) $-\frac{1}{2}p+3$

◀解　説▶

≪小問3問≫

▶(i)　1から1000までの整数のうち

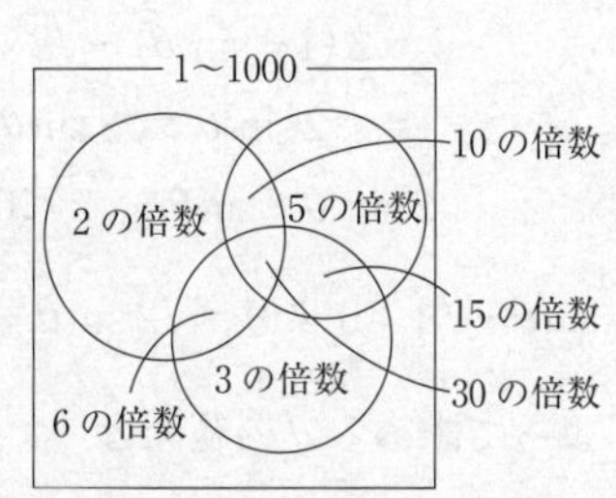

2の倍数は

$2\times 1,\ 2\times 2,\ \cdots,\ 2\times 500$

の500個。

3の倍数は

$3\times 1,\ 3\times 2,\ \cdots,\ 3\times 333$

の333個。

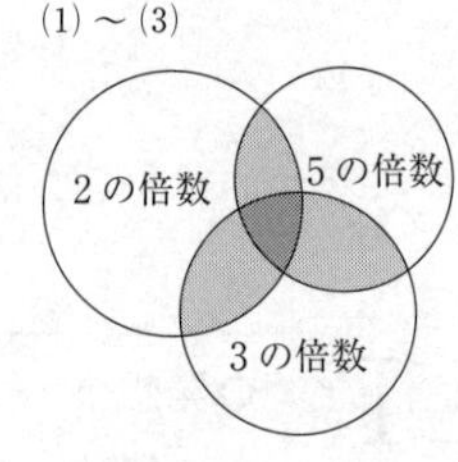

5の倍数は

$$5\times1,\ 5\times2,\ \cdots,\ 5\times200$$

の200個。

2の倍数かつ3の倍数，つまり6の倍数は

$$6\times1,\ 6\times2,\ \cdots,\ 6\times166$$

の166個。

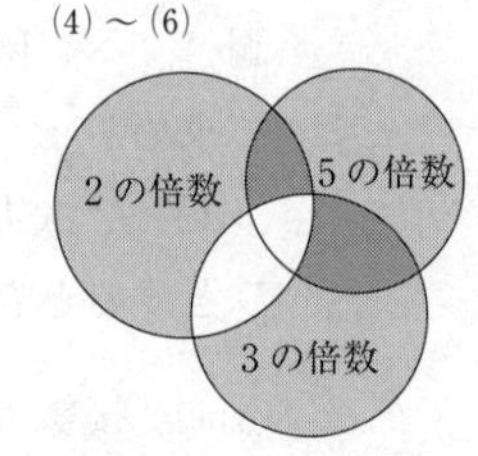

3の倍数かつ5の倍数，つまり15の倍数は

$$15\times1,\ 15\times2,\ \cdots,\ 15\times66$$

の66個。

2の倍数かつ5の倍数，つまり10の倍数は

$$10\times1,\ 10\times2,\ \cdots,\ 10\times100$$

の100個。

2の倍数かつ3の倍数かつ5の倍数，つまり30の倍数は

$$30\times1,\ 30\times2,\ \cdots,\ 30\times33$$

の33個。

2，3，5の少なくとも2つで割り切れる数は

$$166+66+100-2\times33=266\text{個}\quad\to(1)\sim(3)$$

2，3，5の少なくとも1つで割り切れ，かつ6で割り切れない数は

$$(500+333+200-166-66-100+33)-166=568\text{個}\quad\to(4)\sim(6)$$

▶(ii)　$x^2+(2\sqrt{2}\cos\theta)x+\sqrt{2}\sin\theta=0$ が異なる2つの実数解をもつ条件は，判別式を D とすると，$\dfrac{D}{4}>0$ であるから

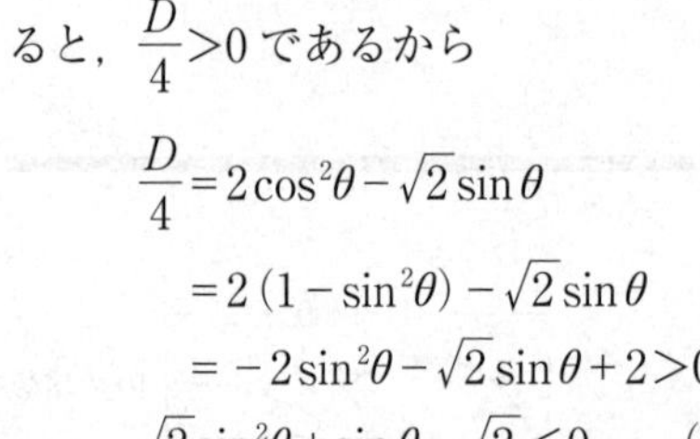

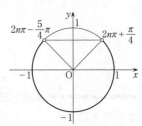

$$\frac{D}{4}=2\cos^2\theta-\sqrt{2}\sin\theta$$
$$=2(1-\sin^2\theta)-\sqrt{2}\sin\theta$$
$$=-2\sin^2\theta-\sqrt{2}\sin\theta+2>0$$

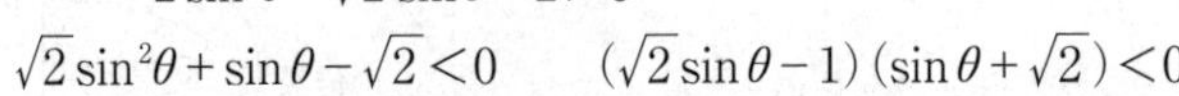

$$\sqrt{2}\sin^2\theta+\sin\theta-\sqrt{2}<0\qquad(\sqrt{2}\sin\theta-1)(\sin\theta+\sqrt{2})<0$$

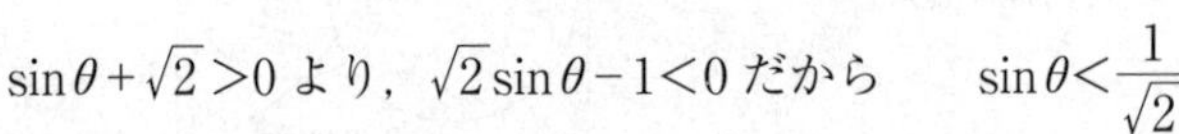

$\sin\theta+\sqrt{2}>0$ より，$\sqrt{2}\sin\theta-1<0$ だから　　$\sin\theta<\dfrac{1}{\sqrt{2}}$

よって求める θ の範囲は

$$2n\pi-\frac{5}{4}\pi<\theta<2n\pi+\frac{\pi}{4}\quad (n\text{ は整数})\quad \to(ア)$$

▶(iii)　$y=x^2$ より　　$y'=2x$

点 $\mathrm{P}(a,\ a^2)$ における接線の傾きは $2a$ だから，法線の傾きは $-\frac{1}{2a}$ である。

よって，$\mathrm{P}(a,\ a^2)$ における法線の方程式は

$$y-a^2=-\frac{1}{2a}(x-a)\qquad \therefore\quad y=-\frac{1}{2a}x+a^2+\frac{1}{2}\quad \to(イ)$$

C_2 上の点 $(b,\ -(b-p)^2+q)$ における法線の方程式は

$$y'=-2(x-p)\text{ より}\qquad y+(b-p)^2-q=\frac{1}{2(b-p)}(x-b)$$

$$y=\frac{1}{2(b-p)}x-\frac{b}{2(b-p)}-(b-p)^2+q$$

これが C_1 上の点 $(1,\ 1)$ における法線 $y=-\frac{1}{2}x+\frac{3}{2}$ と一致するから

$$\begin{cases}\dfrac{1}{2(b-p)}=-\dfrac{1}{2} & \cdots\cdots①\\ -\dfrac{b}{2(b-p)}-(b-p)^2+q=\dfrac{3}{2} & \cdots\cdots②\end{cases}$$

①より　　$1=-b+p$　　$b=p-1$

これを②へ代入して

$$-\frac{p-1}{2(p-1-p)}-(p-1-p)^2+q=\frac{3}{2}\qquad \frac{1}{2}(p-1)-1+q=\frac{3}{2}$$

$$\therefore\quad q=-\frac{1}{2}p+3\quad \to(ウ)$$

II

◆発想◆　(i)　$\overrightarrow{\mathrm{OA}}$，$\overrightarrow{\mathrm{OB}}$ の成分がわかっているので，面積公式 $\triangle\mathrm{OAB}=\frac{1}{2}\sqrt{|\overrightarrow{\mathrm{OA}}|^2|\overrightarrow{\mathrm{OB}}|^2-(\overrightarrow{\mathrm{OA}}\cdot\overrightarrow{\mathrm{OB}})^2}$ より求める。

(ii)　点 C の座標を文字を用いて表し，$\overrightarrow{\mathrm{OA}}\cdot\overrightarrow{\mathrm{OC}}=0$，$\overrightarrow{\mathrm{OB}}\cdot\overrightarrow{\mathrm{OC}}=0$，$|\overrightarrow{\mathrm{OC}}|=8\sqrt{3}$ より得られる 3 つの関係式を連立させる。

(iii)　四面体 OABC の体積は $\frac{1}{3}\cdot\triangle\mathrm{OAB}\cdot|\overrightarrow{\mathrm{OC}}|$ により計算できる。

(iv)　平面 ABC 上の任意の点を P $(x,\ y,\ z)$ とおく。平面 ABC に垂直なベクトル $\vec{n}$ を $\overrightarrow{AB}\cdot\vec{n}=0$, $\overrightarrow{AC}\cdot\vec{n}=0$ より 1 つ求め，$\overrightarrow{AP}\perp\vec{n}$ より $\overrightarrow{AP}\cdot\vec{n}=0$ から $x,\ y,\ z$ の関係式が得られる。

(v)　(iv)で求めた $\vec{n}$ を利用して $\overrightarrow{OH}=k\vec{n}$（$k$ は実数）となるので，これより H の座標を k で表し，平面 ABC の方程式へ代入すると k の値が決まる。

解答

(i)　(7) 4　(8) 3

(ii)　(9) 8　(10)(11) −8　(12) 8

(iii)　(13)(14) 32

(iv)　(15) 5　(16) 7　(17)(18) 24

(v)　(19) 8　(20)(21) 25　(22) 8　(23) 5　(24)(25) 56　(26)(27) 25

◀解　説▶

≪空間ベクトル，三角形の面積，四面体の体積，平面の方程式，垂線の足の座標≫

▶(i)　$\overrightarrow{OA}=(2,\ 3,\ 1)$，$\overrightarrow{OB}=(-2,\ 1,\ 3)$ より

$\overrightarrow{OA}\cdot\overrightarrow{OB}=-4+3+3=2$，$|\overrightarrow{OA}|^2=4+9+1=14$，

$|\overrightarrow{OB}|^2=4+1+9=14$

であるから，△OAB の面積は

$$\frac{1}{2}\sqrt{|\overrightarrow{OA}|^2|\overrightarrow{OB}|^2-(\overrightarrow{OA}\cdot\overrightarrow{OB})^2}=\frac{1}{2}\sqrt{14\cdot 14-2^2}=\frac{1}{2}\sqrt{192}$$

$$=\frac{1}{2}\cdot 8\sqrt{3}=4\sqrt{3}\quad\to(7),\ (8)$$

▶(ii)　C $(a,\ b,\ c)$ $(a>0)$ とおく。

$\overrightarrow{OA}\perp\overrightarrow{OC}$，$\overrightarrow{OB}\perp\overrightarrow{OC}$ より

$\overrightarrow{OA}\cdot\overrightarrow{OC}=0$

ゆえに　$2a+3b+c=0$　……①

$\overrightarrow{OB}\cdot\overrightarrow{OC}=0$

ゆえに　$-2a+b+3c=0$　……②

$|\overrightarrow{OC}|=8\sqrt{3}$ より

$|\overrightarrow{OC}|^2=192$

ゆえに　$a^2+b^2+c^2=192$　……③

①×3−②より　$8a+8b=0$

ゆえに　$b=-a$

これを①へ代入して　$2a-3a+c=0$

ゆえに　$c=a$

$b=-a,\ c=a$ を③に代入して

$$a^2+a^2+a^2=192 \qquad 3a^2=192$$

$$a^2=64$$

$a>0$ より　$a=8$

このとき $b=-8,\ c=8$

よって　C (8, −8, 8)　→(9)〜(12)

▶(iii)　四面体 OABC の体積を V とすると，底面が△OAB，高さが $|\overrightarrow{\mathrm{OC}}|$ であるので

$$V=\frac{1}{3}\cdot 4\sqrt{3}\cdot 8\sqrt{3}=32 \quad \rightarrow(13)(14)$$

▶(iv)　平面 ABC 上の任意の点を P $(x,\ y,\ z)$ とおく。

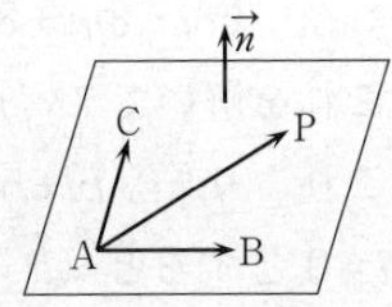

$$\overrightarrow{\mathrm{AB}}=\overrightarrow{\mathrm{OB}}-\overrightarrow{\mathrm{OA}}=(-4,\ -2,\ 2)$$

$$\overrightarrow{\mathrm{AC}}=\overrightarrow{\mathrm{OC}}-\overrightarrow{\mathrm{OA}}=(6,\ -11,\ 7)$$

$$\overrightarrow{\mathrm{AP}}=\overrightarrow{\mathrm{OP}}-\overrightarrow{\mathrm{OA}}=(x-2,\ y-3,\ z-1)$$

平面 ABC に垂直なベクトルを $\vec{n}=(d,\ e,\ f)$ とおくと $\overrightarrow{\mathrm{AB}}\perp\vec{n}$，$\overrightarrow{\mathrm{AC}}\perp\vec{n}$ より

$\overrightarrow{\mathrm{AB}}\cdot\vec{n}=0$ であるから　$-4d-2e+2f=0$

ゆえに　$2d+e-f=0$　……④

$\overrightarrow{\mathrm{AC}}\cdot\vec{n}=0$ であるから　$6d-11e+7f=0$　……⑤

④×3−⑤ より　$14e-10f=0$　$e=\dfrac{5}{7}f$

これを④へ代入して　$2d+\dfrac{5}{7}f-f=0$　$d=\dfrac{1}{7}f$

ここで $f=7$ として $\vec{n}=(1,\ 5,\ 7)$ としてよい。

$\overrightarrow{\mathrm{AP}}\perp\vec{n}$ より $\overrightarrow{\mathrm{AP}}\cdot\vec{n}=0$ であるから　$x-2+5(y-3)+7(z-1)=0$

ゆえに　$x+5y+7z-24=0$

したがって，平面 ABC の方程式は

$$x+5y+7z-24=0 \quad \rightarrow(15)\sim(18)$$

▶(v)　$\overrightarrow{\mathrm{OH}}$ は平面 ABC に垂直だから実数 k を用いて $\overrightarrow{\mathrm{OH}}=k\vec{n}$

$=(k,\ 5k,\ 7k)$ とおける。$\mathrm{H}(k,\ 5k,\ 7k)$ は平面ABC上の点であるから

$$k+5\cdot 5k+7\cdot 7k-24=0$$

これより　$75k=24$

ゆえに　$k=\dfrac{24}{75}=\dfrac{8}{25}$

よって　$\mathrm{H}\left(\dfrac{8}{25},\ \dfrac{8}{5},\ \dfrac{56}{25}\right)$　→(19)〜(27)

別解 (iv)　教科書では発展項目として扱われている「空間における平面の方程式は $lx+my+nz+p=0$ と表すことができる」を用いる。平面ABCの方程式を $lx+my+nz+p=0$ （$(l,\ m,\ n)\neq(0,\ 0,\ 0)$）とおくと，これが3点 $\mathrm{A}(2,\ 3,\ 1)$，$\mathrm{B}(-2,\ 1,\ 3)$，$\mathrm{C}(8,\ -8,\ 8)$ を通るから

$$\begin{cases} 2l+3m+n+p=0 \\ -2l+m+3n+p=0 \\ 8l-8m+8n+p=0 \end{cases}$$

これを解いて　$m=5l,\ n=7l,\ p=-24l$

これより　$lx+5ly+7lz-24l=0$

$l=0$ とすると $(l,\ m,\ n)=(0,\ 0,\ 0)$ となるから　$l\neq 0$

よって　$x+5y+7z-24=0$

III

◇発想◇　(i)　$y=|x^2-5x+4|$ のグラフを描いて，直線 $y=mx$ との共有点の個数が変わるときの傾き m の値を求め，グラフを見ながら答えていく。

(ii)　グラフを参考にして，連立方程式を解く。

(iii)　2つの定積分の和として面積を計算する。

解答　(i)　(28)(29) −9　(30) 0　(31)(32) −9　(33)(34) −9　(35) 0　(36) 1　(37) 1　(38) 0　(39) 1

(ii)　(40) 3　(41) 5　(42) 2　(43) 3　(44) 5

(iii)　(45) 6　(46)(47) 10　(48) 5　(49) 3

◀解　説▶

≪絶対値を含む 2 次関数，直線との共有点，面積≫

▶(i)　$x^2-5x+4=(x-1)(x-4)$ より

$$y=\begin{cases} x^2-5x+4 & (x\leqq 1,\ 4\leqq x) \\ -x^2+5x-4 & (1<x<4) \end{cases}$$

となるので $y=|x^2-5x+4|$ のグラフは右図のようになる。

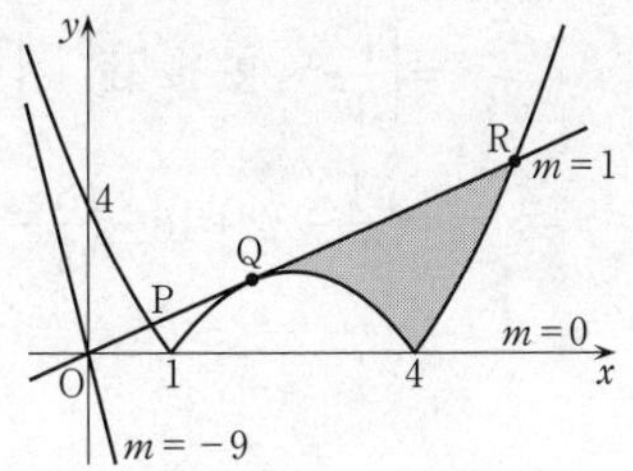

l と放物線 $y=x^2-5x+4$ が接するときの m の値は

$$x^2-5x+4=mx$$

$$x^2-(m+5)x+4=0 \quad \cdots\cdots ①$$

①の判別式を D_1 とすると，$D_1=0$ より

$$(m+5)^2-16=(m+9)(m+1)=0$$

ゆえに　$m=-9,\ -1$

グラフより　$m=-9$

l と放物線 $y=-x^2+5x-4$ が接するときの m の値は

$$mx=-x^2+5x-4 \qquad x^2+(m-5)x+4=0 \quad \cdots\cdots ②$$

②の判別式を D_2 とすると，$D_2=0$ より

$$(m-5)^2-16=(m-1)(m-9)=0$$

ゆえに　$m=1,\ 9$

グラフより　$m=1$

また l が 2 点 $(1,\ 0)$，$(4,\ 0)$ を通るとき，$m=0$ であるから l と C の共有点の個数は

$-9<m<0$ のとき　0 個　→(28)～(30)

$m=-9$ のとき　1 個　→(31)(32)

$m<-9$，$m=0$，または $m>1$ のとき　2 個　→(33)～(36)

$m=1$ のとき　3 個　→(37)

$0<m<1$ のとき　4 個　→(38)，(39)

▶(ii)　C と l の共有点が 3 個だから　$m=1$

このとき①より　$x^2-6x+4=0$　$x=3\pm\sqrt{5}$

②より　$x^2-4x+4=0$　$(x-2)^2=0$　$x=2$

であるから，P，Q，R の x 座標は順に

$3-\sqrt{5}$，2，$3+\sqrt{5}$　→(40)〜(44)

▶(iii)　求める面積を S とすると

$$S=\int_2^4\{x-(-x^2+5x-4)\}dx+\int_4^{3+\sqrt{5}}\{x-(x^2-5x+4)\}dx$$

$$=\int_2^4(x^2-4x+4)\,dx+\int_4^{3+\sqrt{5}}(-x^2+6x-4)\,dx$$

$$=\left[\frac{1}{3}x^3-2x^2+4x\right]_2^4+\left[-\frac{1}{3}x^3+3x^2-4x\right]_4^{3+\sqrt{5}}$$

$$=\frac{64}{3}-32+16-\left(\frac{8}{3}-8+8\right)-\frac{1}{3}(3+\sqrt{5})^3+3(3+\sqrt{5})^2$$

$$-4(3+\sqrt{5})-\left(-\frac{64}{3}+48-16\right)$$

$$=-8-\frac{1}{3}(27+27\sqrt{5}+45+5\sqrt{5})+3(9+6\sqrt{5}+5)-4(3+\sqrt{5})$$

$$=-2+\frac{10\sqrt{5}}{3}$$

$$=\frac{-6+10\sqrt{5}}{3}$$　→(45)〜(49)

参考　＜1＞　$\displaystyle\int_4^{3+\sqrt{5}}(-x^2+6x-4)\,dx=\left[-\frac{1}{3}x^3+3x^2-4x\right]_4^{3+\sqrt{5}}$（これを I とおく）の計算では，$\beta=3+\sqrt{5}$ とおくと β は $\beta^2-6\beta+4=0$ をみたすので，これを用いて

$$-\frac{1}{3}\beta^3+3\beta^2-4\beta=(\beta^2-6\beta+4)\left(-\frac{1}{3}\beta+1\right)+\frac{10}{3}\beta-4$$

$$=\frac{10}{3}(3+\sqrt{5})-4=6+\frac{10\sqrt{5}}{3}$$

であるから

$$I=\left[-\frac{1}{3}x^3+3x^2-4x\right]_4^{\beta}=-\frac{1}{3}\beta^3+3\beta^2-4\beta-\left(-\frac{64}{3}+48-16\right)$$

$$=6+\frac{10\sqrt{5}}{3}-\left(-\frac{64}{3}+48-16\right)$$

とすることができる。

参考　＜2＞　「数学Ⅲ」で学習することであるが

$$\int(x+p)^2dx=\frac{1}{3}(x+p)^3+C$$（C は積分定数）

である。これを用いると

$$S=\int_2^4 (x^2-4x+4)\,dx+\int_4^{3+\sqrt{5}} (-x^2+6x-4)\,dx$$

$$=\int_2^4 (x-2)^2dx+\int_4^{3+\sqrt{5}} \{-(x-3)^2+5\}\,dx$$

$$=\left[\frac{1}{3}(x-2)^3\right]_2^4+\left[-\frac{1}{3}(x-3)^3+5x\right]_4^{3+\sqrt{5}}$$

$$=\frac{8}{3}+\left\{-\frac{5\sqrt{5}}{3}+15+5\sqrt{5}-\left(-\frac{1}{3}+20\right)\right\}=-2+\frac{10\sqrt{5}}{3}=\frac{-6+10\sqrt{5}}{3}$$

とかなり楽に計算できる。

Ⅳ

◇発想◇　(i)　10 日のうち価格が前日より上昇した日数を x 日として 10 日目の価格を求める。それが A より大となる不等式をつくり，対数を利用して x の範囲を調べる。確率は反復試行の確率として考える。

(ii)　5 日目の価格が A より低いという事象を E，10 日目の価格が A より高いという事象を F としたときの条件付き確率 $P_E(F)$ が問われている。$P(E)$ は(i)と同様に対数を利用して日数の範囲を調べ，確率の計算をする。$P(E\cap F)$ は(i)の日数の範囲を考慮して計算する。

(iii)　1 日目と 2 日目のうち少なくとも 1 回価格が下落しているという事象を G としたとき，$P_F(G)$ を求める。$P(F\cap G)$ は余事象の確率を利用する。

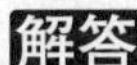

(i)　(50) 4　(51)(52) 53　(53)(54) 64

(ii)　(55)(56) 43　(57)(58) 96

(iii)　(59)(60)(61) 601　(62)(63)(64) 848

◀解　説▶

≪常用対数，反復試行の確率，条件付き確率≫

▶(i)　価格が前日より上昇する日数を x 日とすると，下落する日数は $(10-x)$ 日であるから，10 日目の価格は $(1.08)^x(0.96)^{10-x}A$ となる。これが A より高いので

$$(1.08)^x(0.96)^{10-x}A>A$$

これより $(1.08)^x(0.96)^{10-x}>1$ であるから

$$\left(\frac{27}{25}\right)^x\left(\frac{24}{25}\right)^{10-x}>1 \qquad 3^{3x}\cdot 2^{30-3x}\cdot 3^{10-x}>25^{10} \qquad 2^{30-3x}\cdot 3^{10+2x}>5^{20}$$

両辺の底が 10 の対数をとると

$$(30-3x)\log_{10}2+(10+2x)\log_{10}3>20\log_{10}5$$

$$(2\log_{10}3-3\log_{10}2)x>20(1-\log_{10}2)-30\log_{10}2-10\log_{10}3$$

$2\log_{10}3-3\log_{10}2>0$ であるから

$$x>\frac{20-50\log_{10}2-10\log_{10}3}{2\log_{10}3-3\log_{10}2}=\frac{20-50\times0.3010-10\times0.4771}{2\times0.4771-3\times0.3010}$$

$$=\frac{0.179}{0.0512}=\frac{895}{256}$$

$3<\frac{895}{256}<4$ より，10 日目の価格が A より高くなるのは，4 日以上価格が上昇したときである。 →(50)

確率は余事象，つまり 3 日以下価格が上昇するときの確率を利用して

$$1-\left(\frac{1}{2}\right)^{10}-{}_{10}\mathrm{C}_1\cdot\frac{1}{2}\cdot\left(\frac{1}{2}\right)^9-{}_{10}\mathrm{C}_2\cdot\left(\frac{1}{2}\right)^2\left(\frac{1}{2}\right)^8-{}_{10}\mathrm{C}_3\left(\frac{1}{2}\right)^3\left(\frac{1}{2}\right)^7$$

$$=1-(1+{}_{10}\mathrm{C}_1+{}_{10}\mathrm{C}_2+{}_{10}\mathrm{C}_3)\cdot\left(\frac{1}{2}\right)^{10}=1-\frac{11}{64}=\frac{53}{64} \quad \to(51)\sim(54)$$

▶(ii)　5 日目の価格が A より低いという事象を E，10 日目の価格が A より高いという事象を F とする。

5 日のうち価格が前日より上昇する日数を y 日とすると，下落する日数は $(5-y)$ 日であるから，5 日目の価格は $(1.08)^y(0.96)^{5-y}A$ となる。これが A より低いので

$$(1.08)^y(0.96)^{5-y}A<A \qquad (1.08)^y(0.96)^{5-y}<1$$

$$\left(\frac{27}{25}\right)^y\left(\frac{24}{25}\right)^{5-y}<1 \qquad 3^{3y}\cdot 2^{15-3y}\cdot 3^{5-y}<25^5 \qquad 2^{15-3y}\cdot 3^{5+2y}<5^{10}$$

両辺の底が 10 の対数をとると

$$(15-3y)\log_{10}2+(5+2y)\log_{10}3<10\log_{10}5$$

$$(2\log_{10}3-3\log_{10}2)y<10(1-\log_{10}2)-15\log_{10}2-5\log_{10}3$$

$$y<\frac{10-25\log_{10}2-5\log_{10}3}{2\log_{10}3-3\log_{10}2}=\frac{10-25\times0.3010-5\times0.4771}{0.0512}=\frac{0.0895}{0.0512}$$

$$=\frac{895}{512}$$

$1<\dfrac{895}{512}<2$ より，５日目の価格が A より低くなるのは価格が上昇する日数が１日以下のときである。これより

$$P(E)=\left(\frac{1}{2}\right)^5+{}_5\mathrm{C}_1\cdot\frac{1}{2}\cdot\left(\frac{1}{2}\right)^4=(1+{}_5\mathrm{C}_1)\left(\frac{1}{2}\right)^5=\frac{6}{32}=\frac{3}{16}$$

５日目の価格が A より低く，10 日目の価格が A より高くなるのは

(ア) ５日目まですべて価格が下落し，６日目から 10 日目までで４日以上価格が上昇する。

(イ) ５日目までで１日だけ価格が上昇し，６日目から 10 日目までで３日以上価格が上昇する。

のいずれかである。

$$P(E\cap F)=\left(\frac{1}{2}\right)^5\left\{{}_5\mathrm{C}_4\cdot\left(\frac{1}{2}\right)^4\cdot\frac{1}{2}+{}_5\mathrm{C}_5\left(\frac{1}{2}\right)^5\right\}$$
$$+{}_5\mathrm{C}_1\cdot\frac{1}{2}\cdot\left(\frac{1}{2}\right)^4\left\{{}_5\mathrm{C}_3\left(\frac{1}{2}\right)^3\left(\frac{1}{2}\right)^2+{}_5\mathrm{C}_4\left(\frac{1}{2}\right)^4\cdot\frac{1}{2}+{}_5\mathrm{C}_5\left(\frac{1}{2}\right)^5\right\}$$
$$=\left(\frac{1}{2}\right)^{10}({}_5\mathrm{C}_4+{}_5\mathrm{C}_5)+{}_5\mathrm{C}_1\left(\frac{1}{2}\right)^{10}({}_5\mathrm{C}_3+{}_5\mathrm{C}_4+{}_5\mathrm{C}_5)$$
$$=86\cdot\left(\frac{1}{2}\right)^{10}=\frac{43}{512}$$

よって　$P_E(F)=\dfrac{P(E\cap F)}{P(E)}=\dfrac{\frac{43}{512}}{\frac{3}{16}}=\dfrac{43}{512}\times\dfrac{16}{3}=\dfrac{43}{96}$　→(55)〜(58)

▶(iii)　１日目と２日目のうち少なくとも１回は価格が下落しているという事象を G とする。

(i)より　$P(F)=\dfrac{53}{64}$

$P(F\cap G)$ は $P(F)$ から１日目と２日目にともに価格が上昇し，10 日目の価格が A より高くなる確率 $P(F\cap\overline{G})$ を引いたものなので

$$P(F\cap G)=P(F)-P(F\cap\overline{G})$$
$$=\frac{53}{64}-\left(\frac{1}{2}\right)^2\left\{{}_8\mathrm{C}_2\left(\frac{1}{2}\right)^2\left(\frac{1}{2}\right)^6+{}_8\mathrm{C}_3\left(\frac{1}{2}\right)^3\left(\frac{1}{2}\right)^5+{}_8\mathrm{C}_4\left(\frac{1}{2}\right)^4\left(\frac{1}{2}\right)^4\right.$$
$$\left.+{}_8\mathrm{C}_5\left(\frac{1}{2}\right)^5\left(\frac{1}{2}\right)^3+{}_8\mathrm{C}_6\left(\frac{1}{2}\right)^6\left(\frac{1}{2}\right)^2+{}_8\mathrm{C}_7\left(\frac{1}{2}\right)^7\cdot\frac{1}{2}+{}_8\mathrm{C}_8\left(\frac{1}{2}\right)^8\right\}$$

$$=\frac{53}{64}-\left(\frac{1}{2}\right)^2\left\{1-{}_8C_0\left(\frac{1}{2}\right)^8-{}_8C_1\frac{1}{2}\cdot\left(\frac{1}{2}\right)^7\right\}$$

$$=\frac{53}{64}-\frac{1}{4}\left(1-\frac{1}{256}-\frac{8}{256}\right)=\frac{53}{64}-\frac{247}{1024}=\frac{848-247}{1024}=\frac{601}{1024}$$

よって　$P_F(G)=\dfrac{P(F\cap G)}{P(F)}=\dfrac{\frac{601}{1024}}{\frac{53}{64}}=\dfrac{601}{1024}\times\dfrac{64}{53}=\dfrac{601}{848}$　→(59)～(64)

❖講　評

2022 年度は 2021 年度と同様に大問 4 題の出題であったが，Ⅰの小問が 1 問増えて 3 問となった。しかし，全体的に典型的な問題が多く解きやすい。

Ⅰは独立した小問 3 問である。(i) 3 つの集合について集合の要素の個数を求める問題。ベン図を描いてどの部分の要素の個数が問われているかを把握してミスなく解答したい。(ii)係数に三角関数を含む 2 次方程式が実数解をもつ条件を求める問題。三角不等式を解く際に θ の範囲がないので一般角で答えなければならない。(iii)放物線の法線についての問題。(イ)は基本的である。(ウ)は C_2 上の点の座標を文字を使って表し，その点における法線の方程式をつくり，(イ)で $a=1$ とおいた法線の方程式と一致する条件を求める。

Ⅱは空間ベクトルの問題。(i)三角形の面積であるが，公式は受験生はよく学習しているものと思われる。(ii) $C(a,\ b,\ c)$ とおいて，$\overrightarrow{OC}\perp\overrightarrow{OA}$，$\overrightarrow{OC}\perp\overrightarrow{OB}$，$|\overrightarrow{OC}|=8\sqrt{3}$ より $a,\ b,\ c$ についての連立方程式をつくって解けばよい。(iii)四面体 OABC は△OAB を底面とし，高さが $|\overrightarrow{OC}|$ の四面体であるから容易に体積が計算できる。(iv)平面上の任意の点を $P(x,\ y,\ z)$ とおいて，平面 ABC の法線ベクトルを 1 つ求めて，$\overrightarrow{AP}\cdot\vec{n}=0$ として点 P の軌跡の方程式を求める。教科書の「発展」にある知識を使うと，$lx+my+nz+p=0$ とおいて，3 点 A，B，C の座標を代入して求めることもできる。(v) $\overrightarrow{OH}$ が(iv)で求めた平面 ABC の法線ベクトルと平行であることを活用することがポイント。

Ⅲは絶対値を含む 2 次関数のグラフと直線の共有点の個数，共有点の座標，面積についての問題。(i)グラフ C を描いて，直線 l との共有点の個数が変わるときの m の値を調べ，グラフを見ながら答えていけばよい。(ii)は連立方程式を解くことにより容易に求めることができる。(iii)グラフをよく見て，S を 2 つの定積分の和で表し，計算する。計算は工夫して楽にすることもできる。

Ⅳは対数，確率についての問題。(i) 10 日のうち x 日価格が上昇したときの価格を求め，これが A より大として得られる不等式を解く際に常用対数を用いる。確率の計算は反復試行の確率として考える。(ii)・(iii)はいずれも条件付き確率であることをしっかり押さえて解きたい。

論文テスト

Ⅰ

解答

問1．(1)(2)―21　(3)(4)―19　(5)(6)―16　(7)(8)―32　(9)(10)―25　(11)(12)―26　(13)(14)―31　(15)(16)―22　(17)(18)―33　(19)(20)―24

問2．(21)―2　(22)―4　(23)―3

問3．(24)―2　(25)―4　(26)―1

問4．ア．男性　イ．X　ウ．女性　エ．組織規範（組織の規範も可）

問5．違反の目撃者が自発的に制裁を加えるから（20字以内）

問6．組織規範とジェンダー規範の要求が矛盾する（20字以内）

◀解　説▶

≪ジェンダー規範≫

▶問1．(1)(2)男性と女性の違いは遺伝的違いを反映しているという立場の説明だから「生物学的」が該当する。

(3)(4)ジェンダー規範は家庭や学校，メディアなどとの接触を通して学んでいくとの立場だから「社会的」が該当する。

(5)(6)周囲から感情的な反発（制裁）を受けやすいのは女性の中でも「女らしく」生きることを「拒否」する女性である。

(7)(8)マスメディアなどから批判の対象になるのはあからさまな男女差別である。

(9)(10)人材起用に性別は関係ないという意味だから「適材適所」が該当する。

(11)(12)実際は優遇されているのに男性がそう自覚していない地位を指すから「特権的」が該当する。

(13)(14)「例えば」以降の具体例はいずれも女性が男性を「補佐」する形になっている。

(15)(16)直後の文章「そこには」以下の内容は直接には「性別」によって定義されるわけではない。

(17)(18)競争で勝ち抜いたり権力を掌握したりすることは，他人を押しのけて勝利することを意味するので，「野心的」が該当する。

⒆⒇組織規範は表面上は性別で差別するものではないのでジェンダー「中立的」である。

▶問２．㉑空欄Ａ．法的ルールと社会規範の相違点を述べている文脈なので，２の「それに対して」があてはまる。

㉒空欄Ｂ．明示的な男女差別を行えば批判される。だから企業や官庁の人事採用においては適材適所で起用していることになっているという展開なので，４の「それゆえ」が適当。

㉓空欄Ｃ．男性の多くは自分が特権的な地位を享受している感覚を持っていない。しかしながらやはり世の中は男性優位であるという文脈なので，３の「それにもかかわらず」が適当。

▶問３．㉔空欄あ．男性が「男らしく」振る舞うことができない場合に言われる言葉だから，２の「情けない」が該当する。

㉕・㉖空欄い・う．男性にかけられる言葉は「リーダーシップがある」で，それと対になる女性にかけられる言葉は「偉そうだ」となる。どちらも人をリードしようとする行為に向けられるが，前者が肯定的なニュアンスをもつのに対して，後者は否定的なニュアンスをもつ。

▶問４．組織規範に求められる資質Ｘと男性に求められるジェンダー規範が重なっているということを提示している箇所なので，男性＝Ｘ，女性＝Ｙとなる。

▶問５．法的ルールと対比して，社会規範に違反した場合どのような制裁を受けるかについて記述している箇所を見つければよい。

- 法的ルール→物理的・経済的な制裁を受ける。
- 社会規範→避けられたり冷たくされたり感情的な制裁を受ける。

課題文の引用にこだわらず「社会から疎外されるなどの制裁を避けるため」など論旨を踏まえた解答であればよい。

▶問６．「ダブル・バインド」とは「二つの矛盾する要求で板挟みになること」と説明されている。二つの矛盾する要求とは組織規範とジェンダー規範である。

Ⅱ 解答

問１．㉗㉘㉙ 098　㉚㉛ 07　㉜㉝ 12

㉞㉟ 05　㊱㊲㊳ 102　㊴㊵㊶㊷ 1040

㊸㊹㊺㊻㊼㊽㊾ 1404956　㊿(51)(52)(53)(54) 27548

問２．(55)─２

問３．(56)─４　(57)─１　(58)─５

問４．1000×1.02^{x}

問５．ＢとＣとの差額（８字以内）

問６．局所的に見ると一定期間の増加量が一定であるように見える（30字以内）

◀解　説▶

≪指数関数的増加の特徴≫

▶問１．(27)(28)(29)親14匹＋子(7対×12匹)＝98匹

(30)(31)１カ月経つ毎に１対＝2匹が14匹に増えるので７倍になる。

(32)(33)最初は２匹だったのが，１カ月毎に７倍になっていくので，12カ月後のネズミの数は2×7^{12}匹である。

(34)(35)毎年５千万円ずつ増えていくのだから，10年経ったら5千万円×10＝5億円増える。

(36)(37)(38)１週間後に２％値上がりするので，１週間後の価格は1,000円に1＋0.02＝1.02を乗じた価格となる。

(39)(40)(41)(42)２週間後だから1,000円×1.02×1.02≒1,040円（小数点以下四捨五入）である。

(43)(44)(45)(46)(47)(48)(49) 365週目が1,377,408円だから，366週目は1,377,408×1.02≒1,404,956円（小数点以下四捨五入）となる。

(50)(51)(52)(53)(54) 366週目の価格と365週目の価格の差は，1,404,956円－1,377,408円＝27,548円となる。

▶問２．課題文から368週目時点の販売価格は1,404,956円＋28,099円＋28,661円＝1,461,716円である。Ｂさんは368週目以降は毎週28,000円ずつ値上がりすると考えたのだから，420週目の予想価格は1,461,716円＋28,000円×(420－368)＝2,917,716円となる。これに最も近い金額は２の300万円である。

▶問３．(56)下線部(a)．年間売上高が定数倍ずつ増えているので経過年数と年間売上高が比例関係にある。

(57)下線部(b)．2018年度以前は毎年同程度の年間売上高であり，その後比例的に増加したということから１が該当する。

(58)下線部(c)．「指数関数的な増加」の典型例として，続く２段落で「ねず

み算」が挙げられている。「指数関数的」とは「短い期間に激しく増える」ということだから5が該当する。

▶問4．ねずみ算の例と下線部(d)の直後に示されている事例にあてはめて考えればよい。最初の週は $x=0$，1週間後は $x=1$ となる。

▶問5．この「勘違い」とは約1年後の販売価格の予想に関する勘違いである。Bさんは368週目以降は1週間毎に28,000円ずつ価格が上昇するとみて1年後の価格をCと考えたが，実際の価格はBだった。その差額を求めている。

▶問6．人が予測を誤ってしまう原因となる指数関数的増加の特徴を文中から読み取る。原因のひとつである「急激な増加」は書かれているので，その他の特徴を書く。課題文第4段落最終2文に「指数関数的に増加する場合には，時間経過に伴って増加する値を過小に見積もってしまうことがある。その原因として，指数関数的増加の特性が考えられる」とある。また，最終段落文頭の「こうした特性」が指すのは，第5段落最終文にある「局所的には一定期間に一定数増加しているように見え，ずっとそのペースで値上がりが続くと感じてしまう」ことだと読み取れる。

❖講　評

大問数・設問数・解答形式ともに例年と大きな変化はない。2022年度は，2021年度に続きグラフを用いた問題が出された。計算問題も2020年度から続いて出題されている。

Ⅰ　課題文は新書が出典で，主に文章読解力が問われている。ジェンダー規範というテーマは経済学・商学分野とは直接関係ないように思えるが組織論という点で関連性がある。問1～問4では課題文の論理展開を正確に把握できるかどうかが問われた。論旨が理解できていれば語句の選択は難しくないが，ミソジニーに直面しやすいのはどういう女性かが問題となる(5)(6)だけが勘違いしやすい。問5と問6の内容は容易だが，本文の論旨を制限字数内に過不足なく収められるかがポイントだった。

Ⅱ　課題文はオリジナルと思われる。計算・グラフの分析・式の補充を含み，主に数理的推論能力が問われている。指数関数的増加というテーマに関しては新型コロナ陽性患者の増加という事象が想起される。問

1・問 2 は初歩的な計算問題ではあるが，やや煩雑さもあるので計算ミスがないよう丁寧に処理したい。問 3・問 5 のグラフ分析の問題は容易であった。問 4 は式を書かせる珍しい問題だが，受験生の数理的思考力をみる良問だった。課題文を正確に読み取る読解力と論理的思考力に加え数理的推論能力が問われているという点でも 2021 年度と同様であった。課題文自体は読みやすく特に難度の高い設問もなかったということから，難易度は 2021 年度と比較してやや易化した。

2021
年度

解答編

解答編

英語

I　**解答**　(i)(1)―4　(2)―4　(3)―2
(ii)(4)―1　(5)―2　(6)―4　(7)―4　(8)―2　(9)―4

◆全　訳◆

≪労働環境の改善に尽力した女性政治家≫

フランシス=パーキンスは，アメリカ合衆国初の女性閣僚で，ニューディール政策を作り上げた中心人物として最も有名かもしれないが，彼女の初期の成功は，あまりにも危険な労働環境から労働者たちを守ることに関係するものであった。労働者の安全に対する彼女の積極的な行動主義に新たな転機が訪れたのは，ニューディール政策が開始される丸 20 年前，1911 年のある春の午後に，ニューヨークのワシントンスクエアで友人とお茶を飲んでいる時のことであった。その時，パーキンスはちょうど 30 歳で，全国消費者連盟のニューヨーク支部を率いる任務を任され，労働者の権利を勝ち取る戦いに深く身を捧げていた。

その日，パーキンスはトライアングル・シャツウェスト工場から助けを求める叫び声がするのを聞き，その場所へ走っていくと，50 名以上の若い女性労働者たちが，燃え盛る建物から身を投げ出さざるを得なくなっている恐ろしい光景を目の当たりにした。パーキンスは，女性たちが「炎と煙が迫り，次々と他の人たちが押し寄せてくる中，窓の下枠の所に立って，身を投げ出すまで持ちこたえていた」のを目にしたことを記憶していた。9 階の出口は，窃盗を防ぎ，労働組合の人たちを入らせず，労働者が外に逃げ出さないようにしようとした経営者側によって閉められていた。ニューヨークの消防署のはしご車は短すぎて工場のあるフロアまで届かず，非常階段は熱と逃げようとした労働者たちの重みによって崩れ，非常階段にたどり着いた多くの人たちが亡くなった。これはニューヨークの歴史上，最悪の工場災害の一つだった。

トライアングル・シャツウェストの大惨事を，予見できない事故や不運と言い表すことなどは決してできなかった。ニューヨークの衣料産業で働く労働者たちは，こうした危険な労働環境が作り出すリスクを長い間注視しようと試みていた。火災の前，2 年も経過していないが，2 万人の蜂起として知られる，それまでで最大の女性主導のストライキがあり，街の衣料業界で働く 30,000 人の労働者のうちの大部分が，危険な労働環境，賃金，労働時間，労働組合の権利がないことに抗議してストライキを起こした。このストライキを終え，街のブラウスを製造する労働者の 85 パーセントが国際婦人服労働組合（ILGWU）に加盟したが，トライアングル・シャツウェスト工場は反労組のままであった。当時，大半の州と同様，ニューヨークには工場の安全に関する新たな法律が定められていたが，ほとんど強制力はなく，実施できる工場だけが，ニューヨークの消防訓練，非常階段，スプリンクラー装置の基準に従っていた。ニューヨーク市消防局は，十分な火災避難設備が備わっていないとして何度もトライアングル・シャツウェスト工場に言及していたが，工場の所有者たちに対する有効な手立てを講じようとはしなかった。

痛ましい火災の後，職場の安全性に関する法案を促進するため，市民による安全委員会が設立された。セオドア=ルーズベルト元大統領は，フランシス=パーキンスが委員会を指揮することを推奨した。パーキンスの尽力によって，労働規則と公衆の安全規約が抜本的に改革された。改革と調査は，職場の安全性の枠を超え，低賃金，長時間労働，不衛生な環境，児童労働の問題にも取り組み，市と州レベルで 36 の新たな法律が採択されたが，これは最終的に他の州や 1930 年代のニューディール政策における労働法のモデルとしての役割を果たすこととなった。後にパーキンスは，ニューヨークのあの時の法律制定が「社会的責任に対するアメリカの政治的態度と政策」における「ターニングポイント」だったと語り，トライアングル・シャツウェスト工場の火災を「ニューディール政策が生まれた日」と表現した。

その後，労働長官としての任務において，パーキンスは 1934 年に政府機関を率いて，主に労働者の安全と健康を促進するために作られた最初の常設の連邦政府機関である労働基準局を創設した。これは 1971 年に創設された労働安全衛生局（OSHA）の前身の機関となった。

◀解　説▶

◆(i)　▶(1)空所を含む文は「1911 年のある春の午後に，ニューヨークのワシントンスクエアで友人とお茶を飲んでいる時，労働者の安全に対する彼女の積極的な行動主義に…」という意味。第２・３段ではパーキンスがトライアングル・シャツウェスト工場の火災を目撃し，安全対策が不十分であったことが説明されている。第４段以降では，火災の後，パーキンスが労働者の安全のために尽力したことが述べられているので，この火災を目撃したことが彼女の転機となったという文脈にすればよい。したがって，４の「新たな転換期を迎えた」が正解。１.「それと最後まで戦った」２.「努力した」３.「終わった」

▶(2)空所を含む部分は，工場の火災現場の様子を描写した部分で，「女性たちが炎と煙が迫り，次々と他の人たちが押し寄せてくる中，窓の下枠の所に立って，その時まで…していた」という意味。空所の直後の until that time は，女性労働者たちが燃え盛る建物から身を投げ出した時のことを指しているので，彼女たちが身を投げ出すまで持ちこたえていたという文脈にすればよい。したがって，４の「持ちこたえる，頑張り抜く」が正解。１.「～の面倒をみる，～を扱う」２.「～をやり遂げる，～を運び去る」３.「～に偶然出会う」

▶(3)第３段では，当時の衣料産業で働く人たちの労働環境は危険なもので，十分な安全対策が取られていなかったという内容が述べられている。事故がいつ起きてもおかしくない状況だったことが読み取れるので，トライアングル・シャツウェストの大惨事は，予見できない事故や不運と言い表すことはできないという意味になる２の「決して～ない」が正解。１.「どんな犠牲を払っても」３.「それにもかかわらず」４.「ぜひとも」

◆(ii)　▶(4)下線部を含む文は工場の安全に関する法律について言及されている部分なので，ニューヨークではそういった新しい法律が定められていたという文脈になる１の「立法機関によって可決された一連の記載条項として」が正解。on the books「法律となって」

２.「法令に違反した施設の公式記録と共に」

３.「広く認められている法律の学識と専門家の知識に基づいて」

４.「都市計画に関する特殊な専門知識に由来して」

▶(5)第３段第５・６文（At the time,…）で，当時ニューヨークには工場の安全に関する法律が定められていたが，ほとんど強制力はなく，従うのは実施できる工場だけで，工場の所有者に対する有効な手立てが講じられていなかったという内容が述べられている。したがって，2の「その災害が起きる前，安全に関する法律を実質的に工場に適用できていなかった」が正解。

1．「施設に防火器具を設置するよう各機関に積極的に促していた」

3．「全州の中で最も効率的な防火法規を制定した」

4．「ニューヨーク市消防局の行った仕事を批判した」

▶(6)安全委員会のリーダーとしてパーキンスが行ったことが抜本的なものであったと言える理由を選ぶ問題。第4段第3・4文（Perkins's service led …）では，パーキンスの尽力によって労働規則と公衆の安全規約の sweeping changes「抜本的な改革」がもたらされ，その改革は職場の安全性の枠を超え，賃金，労働時間，衛生面，児童労働の問題にまで及んだという内容が述べられている。したがって，4の「彼女は改革政策を拡大し，ニューヨーク市民のために，包括的な労働者の保護を促進した」が最も適切。

1．「彼女は労働環境を調査し，労働者の生活に関する戸別調査を実施して改革計画を作った」

2．「彼女はニューディール政策の最初期に大統領の防災努力を阻んだ」

3．「ニューディール政策によって確立された前例に従い，すぐに彼女は革新的な労働政策をニューヨークに導入した」

▶(7)筆者の見解に一致しないものを選ぶ問題。

1．「セオドア=ルーズベルトは，大統領の職を退いた後でさえも，有望な社会活動家を適切に判断できる人物だと判明した」　第4段第2文（Former president Theodore …）では，セオドア=ルーズベルト元大統領が安全委員会を指揮する人物として，パーキンスを推奨したとある。続く同段第3文（Perkins's service led …）以降，パーキンスが労働規則と安全規約を抜本的に改革するなどの活躍を見せたという内容が述べられているので，筆者の見解に一致。

2．「ニューヨーク市の衣料産業で働く人々は，危険な労働環境によって災害が起こる可能性があることを予測していた」　第3段第2・3文（The workers in …）では，衣料産業で働く人々は危険な労働環境が作り出すリスクを注視し，その労働環境に抗議して火災よりも前にストライキも起こしていたことが述べられているので，筆者の見解に一致。

3.「地方レベルで非常に多くの法令を成立させることで，フランシス=パーキンスはニューディール政策における労働政策の作成に貢献した」 第4段第4文（The reforms and …）の後半で，市と州レベルで36の法律が採択されたが，これが最終的にニューディール政策における労働法のモデルとして役割を果たすことになったと述べられているので，筆者の見解に一致。

4.「ニューヨーク市消防局はトライアングル・シャツウェスト工場の不十分な設備に気づかないままであった」 第3段最終文（The Fire Department …）で，ニューヨーク市消防局は，十分な火災避難設備が備わっていないことをトライアングル・シャツウェスト工場に指摘しているので，筆者の見解と不一致。したがって，これが正解。

▶(8)下線部を含む文は「ニューヨークでの法律制定が『社会的責任に対するアメリカの政治的態度と政策』における『ターニングポイント』だった」という意味。第4段第3・4文（Perkins's service led …）で，パーキンスの尽力によって，労働問題に関する新たな法律が数多く採択されたことが述べられているので，彼女の考える社会的責任に含まれるものとしては，2の「災害を防ぐためのより厳格な労働環境の安全に関する法律の施行」が最も適切。

1.「別の政府機関によって労働基準局を置き換えること」

3.「治安のための，労働組合に関する政府の規制の強化」

4.「経済を刺激するための経営者側の利益の最大化」

▶(9)アメリカ合衆国初の女性閣僚であるフランシス=パーキンスが，悲劇的な工場火災を目撃したことをきっかけに，労働者たちの危険な労働環境の改善に尽力し，多くの成果を上げていったことが本文全体を通して述べられている。したがって，4の「政策立案者の出現：職場の安全基準の向上」が最も適切。

1，「労働者たちの権利を守ることに対する市民団体の貢献」

2.「歴史的協力：労働組合，ニューヨーク市，ニューディール政策」

3.「経営者側の怠慢によって引き起こされた悲劇的な工場災害」トライアングル・シャツウェスト工場の火災は経営者側の怠慢が原因だというこ

とは本文から読み取れるが，本文の主旨を捉えたタイトルとしては不適。

●語句・構文●

(第 1 段) cabinet secretary「閣僚」 central figure「中心人物」 craft「～を作る」 the New Deal「ニューディール政策」 victory「成功」 grossly「ひどく」 activism「行動主義」

(第 2 段) jump to *one's* death「身を投げる」 windowsill「窓の下枠，窓台」 theft「窃盗」 union「労働組合」 walkout「外に出ること，退場」 ladder「はしご」 fire escape「非常階段」 collapse「崩壊する」 flee「逃げる」

(第 3 段) unforeseeable「予見できない」 misfortune「不幸」 garment「衣料」 up to that point「その時点までに」 anti-union「反労組」 enforce「～(法律など) を守らせる，～を強制する」 fire drill「消防訓練」 practicable「実施できる」 cite「～の名を挙げる，～に注意を喚起させる，～を召喚する」 multiple「多数の」

(第 4 段) tragic「悲劇的な」 spur「～を促進する」 legislation「法律(制定)」 endorse「～を推奨する，～を承認する」 sweeping change「抜本的改革」 code「規約」 address「(問題など) に取り組む」

(最終段) secretary of labor「労働長官」 agency「政府機関」 bureau「(官庁などの) 局」 permanent「常設の」 federal「連邦政府の」 primarily「主に」 predecessor「前身，前任者」

II 解答

(i)(10)－3 (11)－1 (12)－4 (13)－2

(ii)(14)－1 (15)－1 (16)－4 (17)－2 (18)－3 (19)－2

◆全 訳◆

≪脱成長を掲げるドーナツ経済学≫

経済学者のケイト=ラワースは，GDP の終わりなき追求があまりにも多くの人々を欺き，同時に地球を破壊していると主張している。彼女は経済理論を書き改める必要があると主張し，『ドーナツ経済学が世界を救う』という本の中でそれを試みている。経済学には解決策を見つける手立てがあると彼女は信じているが，主流の経済学は人類と環境の関係を考慮できていないと主張する。

この考えを示すため，ラワースはドーナツに似た新たな経済に関する図を創った。この図は，ドーナツの輪の部分が，経済の安定と環境の持続可能性のバランスが取れているゾーンを表している。中心部の穴は健全な生活に不可欠なもの――食料，水，医療，住居，教育，政治的な発言権――が不足しているゾーンを表している。一方，この隠喩によれば，外側の生地の部分を超えてしまうと，地球の限りある資源に重荷を掛け過ぎていることになるのだ。

ドーナツは愛すべきものだが，今までバランスの象徴と見なされることはなかった。しかしこのドーナツモデルは，資源を再生し，廃物を吸収する地球の能力と両立できる経済システムを提示している。標準的な経済モデルは地球の限られた能力を考慮せず，終わることのない成長を目指している。対照的に，ドーナツモデルでは，地球は微妙なバランスがとれているという仮定からスタートし，成長は絶対的によいものだという仮定を放棄している。「私たちは成長の観点から国家の成功を語っており，費用便益の計算のことばかり考えています。しかし，私たちはより大きな全体像を見失っています。私たちを短期的な計算と結びつける，そのような手立てから解放される必要があるのです」とラワースは述べている。

以前，ラワースは生活水準，教育，平均寿命のような要因を測定するため人間開発指数を作った。この考えは，国民総幸福量のような要因を強調した人間の幸福に関する他の多くの指数を生み出してきた。しかし，ラワースの新たなドーナツモデルでは，人類の発展に焦点を当てることは，同時に地球の健康状態にも焦点を当てることとセットでなければならないという認識がここに加えられている。

新型コロナウイルス感染症が世界の GDP を壊滅させる前から，高所得の国々に意図的に GDP を下げる――「成長なき繁栄」と評されてきたものを追求する――よう求められていた。この脱成長という考えの中心にあるのは，資源とエネルギーの使用を縮小することである。その目標は私たちの経済活動を 100 パーセント再生可能なエネルギーに移行させることだ。しかしながら，エコロジー経済学の研究によると，経済成長を維持するために必要なエネルギーは，再生可能なエネルギーで達成できるレベルを上回っており，これは経済成長と環境維持の両方を追求することは難しいことを意味する。

GDP の成長に対する主な擁護としては，それは人間の幸福を向上させるために重要なものだという点である。しかし，アメリカよりも平均寿命や幸福度指数が高いが，一人当たりの GDP は 80 パーセントも少ないコスタリカのケースを考えてみてほしい。発展のある段階を過ぎると，GDP と人間の幸福の間に基本的な関係性がないことは明らかである。これは非常に解放的な感覚を与えてくれる認識となる，なぜなら GDP の成長がこれ以上なくても，私たちは人間の繁栄の頂点にまで達することができるということを意味するからである。

絶え間ない成長戦略のマイナス面は，必ず地球の限界にぶつかるという点である。これが，ラワースのドーナツの外側の生地を超えてしまったところにあるものだ。今まさに高所得の国々がこの境界線に侵入しているが，もし裕福な国の人たちが，残りの世界の平均的な人たちのような消費活動をすれば，私たちは限界点の内側にいられるだろう。そのカギとなるのは，高所得の国々は資源の使用を縮小しなければならないと認識することで，それは人間の幸福を害することなくすることが可能なのだ。

反論としては，資本主義によって技術的な効率性が生み出されれば，理論的には必要なエネルギーは少なくなり，長期的に見れば，より少ないエネルギーでより大きな成長を遂げる機会を作り出せるという主張がある。しかし，資源やエネルギー利用の効率性が急速に改善しても，それらのどちらの利用も絶対的に減少したことは今までにない。したがって，直接，私たちが望むような技術革新や効率性の向上に的を絞ることが重要なのである。私たちの目的がより効率的な鉄道や太陽光パネルを作ることなのであれば，経済成長にたいてい付随するとされている技術革新の副産物としてそのような進歩が起こることを望むのではなく，そういった目的に直接投資するべきなのである。

人々が脱成長と初めて耳にすると，それは後退のようだと思うかもしれない。しかし，後退とは成長志向の経済の成長が止まった時に起こるものである。そうではなく，脱成長では長期的な利益を重視した別の経済への転換が求められている。脱成長は緊縮政策のように思われるかもしれないが，それとは真逆である。緊縮政策という言葉は，成長を促すために公共サービスや賃金を削減する政策のことを指している。脱成長では，人間の繁栄のために成長は必要ないということを確かなものにするため，公共サービスへの投資と既存の収入の公平な分配が求められるのである。

◀解　説▶

◆(i)　▶(10)第２段ではラワースのドーナツモデルが説明されており，ドーナツの輪の部分，中心部の穴の部分，輪の外側の部分がどのようなゾーンなのか意識しながら読み進める。空所を含む文は「外側の生地の部分を…することは，地球の限りある資源に重荷を掛け過ぎることになるだろう」という意味なので，３の「～を超える」を選べば文意が通じる。outer crust「外側の生地の部分」　1．「ぼやける」　2．「～を破壊する」　4．「～を味わう」

▶(11)空所を含む部分は直前の Earth's capacity「地球の能力」を修飾する不定詞句の一部。「資源を…し，廃物を吸収する地球の能力」という文脈を考慮すると，１の「～を再生する」が適切。2．「～を再評価する」　3．「～を繰り返し言う」　4．「～を取り戻す」　re- は「再び」を表す接頭辞。

▶(12)空所を含む部分は生活水準のような要因を測定する Human Development Index「人間開発指数」について説明した部分。「この考えは人間の幸福に関する他の多くの指数を生み出した」という意味になる４のみ文脈に合う。1．「～に値をつける」　2．「～を裏切る」　3．「～を当惑させる」

▶(13)空所を含む文の主語 This は，第６段第３文（Clearly, past a …）の GDP と人間の幸福には関係性がないという内容を指している。後方の because 以下は，空所を含む主節の内容を，なぜそのように言えるのかを説明する従属節である。because 以下では，GDP の成長がなくても人間は繁栄できるという前向きな理由が述べられている。よって，空所を含む主節の内容も肯定的なものになると考えられる。したがって，否定的な語である３の「歓迎されない」や４の「心配な」は不適。１の「栄養のある」では意味をなさない。よって，２の「解放的な」が正解となる。

◆(ii)　▶(14)ラワースがこれまでの経済理論を書き改める必要があると考えている理由を選ぶ問題。第１段最終文（While she believes …）の主節で，ラワースは，主流の経済学は人類と環境の関係を考慮できていないと主張していると述べられているので，１の「それは地球と人々の関係性に十分に焦点を合わせていない」が正解。

2．「その手法はあまりにも理論によって動かされているので，もっと実践的なものにするべきである」

3.「GDPの終わりなき追求によって，それは短期的な利益よりも長期的な利益をあまりに強調している」

4.「それは成長と幸福の直接的な関係を考慮していない」

▶⒂ラワースのドーナツの図がより良い経済システムをどのように表しているのか選ぶ問題。第2段でドーナツの図の説明がされており，ドーナツの輪の部分が，経済の安定と環境の持続可能性のバランスが取れているゾーンだと述べられている。さらに中心部の穴は健全な生活に不可欠なものが不足しているゾーンで，ドーナツの外側の生地を超えた部分は地球の資源を使い過ぎているゾーンだと説明されている。したがって，1の「ドーナツの形はバランスのとれた状態を表し，穴の部分にいる人々は持っているものが少なすぎて苦しんでいるが，ドーナツの外側の人々はあまりにも多くの資源を使っている」が正解。

2.「ドーナツは円形をしている。したがって，それは需要と供給のサイクルを映し出しており，そこでは購買が成長へとつながり，より多くの幸福をもたらしている」

3.「ドーナツが人間の健康に悪いのと同じように，現在のシステムは地球にとって有害なので，経済ルールを『書き改める必要』がある」

4.「ドーナツの中心は過剰消費と環境への害を表しているが，外側は資源不足を表している」

▶⒃ degrowth「脱成長」という考えに合致しないものを選ぶ問題。最終段第4文（Degrowth might sound …）では，脱成長は austerity「緊縮政策」のように思われるかもしれないが，それとは真逆であると述べられている。したがって，4の「それは緊縮政策の考えと類似するもので，それによって人々は収入とサービスを失う」が正解。degrowth の de- は「下へ」を表す接頭辞。austerity は難易度の高い単語だが，最終段第5文（The term austerity …）で，成長を促すために公共サービスや賃金を削減する政策だと説明されている。

1.「それはGDPの増加目標を無視し，代わりに長期的な経済利益に着目している」

2.「それはエネルギーと資源の使用を減らすことを目指し，経済成長に重きを置かない」

3.「それは経済成長を伴わず，健全な生活と幸福度を増やすことを意図している」

▶⒄「筆者はGDPの成長が必ずしも人間の幸福度を上げることに結びつかないという考えをどのように擁護しているか？」 第6段第2文（However, consider the …）で，アメリカよりも平均寿命や幸福度指数が高いが，一人当たりのGDPがはるかに少ないコスタリカのケースが引用されている。したがって，2の「彼は裕福なアメリカの人たちよりも，幸せで長生きをしている人たちが暮らすコスタリカの例を指摘している」が正解。

1.「彼は，高度な先進国の場合には，幸福のために必要なものとしてGDPの成長を実際に擁護している」

3.「もし私たち全員が先進国の平均的な人々のように消費すれば，GDPの成長がないとしても幸福を見つけられる」

4.「もし私たちがエネルギー生産を増やすために，資本主義の効率性を利用し続ければ，成長をベースにした経済を追求し続けることができる」

▶⒅「筆者によると，エネルギー生産が成長と釣り合う（あるいは上回る）経済をどのように計画すべきか？」 第7段第1文（The downside of …）では，GDPの成長を追い求める成長戦略は，必ず地球の限界にぶつかるという内容が述べられ，第8段第2文（However, despite rapid …）では，資源やエネルギー利用の効率性が改善しても，その絶対的な消費量が減少したことはないと説明されている。同段第3・最終文（It is thus …）では，経済成長のためにエネルギーの効率性を追求するのではなく，効率的にエネルギーが利用できる技術革新そのものに直接投資すべきだという内容が述べられているので，3の「政府は誤って全体の成長を目標にしてきたが，効率的なインフラのような特定の分野を優先するべきである」が最も適切。

1.「資本主義の効率的な性質のおかげで，エネルギー生産が必要な量を上回るのは時間の問題にすぎない」

2.「州は緊縮政策を行い，サービスと仕事を削減し，それによって全体として経済を大幅に縮小するべきである」

4.「豊かな国は，発展途上国が追いついてくるのを許容しながら，自国のエネルギーの消費ニーズを優先すべきである」

▶⒆本文全体を通して，ドーナツモデルという図を使いながら，GDPの成長を追い求める経済政策ではなく，地球の状態も考慮した経済理論が必要だということが論じられている。ドーナツモデルにおいては，中心の穴の部分は健全な生活に必要なものが不足しているゾーンで，ドーナツの外側は地球の資源を使い過ぎているゾーンになっている。ドーナツの輪の部分は経済の安定と環境の持続可能性のバランスが取れているゾーンであり，外側や内側の境界線に近づくことなく輪の範囲内で経済を回していく必要があると述べられている。したがって，２の「端に近づかないこと：経済発達と地球の健全性の両立」が最も適切。

１．「『脱成長』の危険性：成長抑制による代償の苦しみ」

３．「ドーナツ経済学：GDP から国民総幸福量への目標転換」

４．「経済学の失敗：先進国における GDP 拡大の必要性」

●語句・構文●

(第１段) pursuit「追求」 trash「～を破壊する」 mainstream「主流の」

(第２段) diagram「図（表)」 stability「安定性」 sustainability「環境の持続可能性」 political voice「政治的発言権」 metaphor「隠喩」

(第３段) compatible「両立できる」 delicately「微妙に，繊細に」 in terms of ～「～の観点から」 obsession「取りつかれていること，強迫観念」 cost-benefit calculation「費用便益計算」

(第４段) the Human Development Index「人間開発指数」 life expectancy「平均寿命」 gross「総計の」 pair「～をセットにする」

(第５段) COVID-19「新型コロナウイルス感染症」 intentionally「意図的に」 label *A* *B*「*A* を *B* と評する，呼ぶ」 prosperity「繁栄」 scale down ～「～を縮小する」 objective「目標」 renewable energy「再生可能エネルギー」 ecological economics「エコロジー経済学」 sustain「～を維持する」

(第６段) defense「擁護」 past「～を過ぎて（前置詞)」 flourish「繁栄する」

(第７段) downside「マイナス面」 strategy「戦略」 inevitably「必然的に」 violate「～を侵害する」 boundary「境界（線)」

(第８段) counterargument「反論」 capitalism「資本主義」 efficiency「効率」 theoretically「理論的に」 to date「今まで」 innovation「イノベーション，革新」 side effect「副産物，副作用」

(最終段) recession「後退,(一時的な) 不況・不景気」 distribution「分配」 ensure「～を確実にする」

III **解答** (i)(20)―4 (21)―2 (22)―4
(ii)(23)―1 (24)―1 (25)―2 (26)―1 (27)―1 (28)―4 (29)―1

◆全 訳◆

≪植物研究に身を置いたダーウィンの晩年≫

チャールズ=ダーウィンは常に私たちと共にいる。この人物,彼の人生,研究,影響力に関する新しい書籍が発売されることなく一カ月が経過することはめったにない。このおびただしい数の本は「ダーウィン産業」と呼ばれている。このこと全てから得られる教訓はダーウィンの名前を使えば売れるということである。これをより商業的ではない観点から見れば,ダーウィンの名前は「これまでで得られた唯一最高の考え」と呼ばれてきたものを象徴しており,それゆえ,非常に深く,幅広い科学的かつ哲学的考察へと導いてくれるものとしてその役割を果たしている。ダーウィンの理論は非常に壮大かつ衝撃的で説得力もあるが,彼が亡くなった 1882 年の段階では未完成だったので,多くの取り組むべき課題が常に存在しており,死後 138 年がたっても,私たちは彼の書籍を読んだり,彼について語ることがやめられないのである。私たちは今でも自然淘汰による進化が,地球上の生命のあらゆる側面にどのように当てはまるのか解明しようとしている。科学の歴史におけるダーウィンの立ち位置と,生物界とその中における人間の立場を理解する上で,彼がどのような影響を与えたのかについて取り組むには,多くの書物が必要なのである。

ケン=トンプソンの *Darwin's Most Wonderful Plants* は,この偉大な科学者に関する新しい重要な研究で,『種の起源』を発表した後のダーウィンの経歴に関して新たな見解を示してくれている。ダーウィンは大衆が参加する論争を決して好まなかった。他人とのストレスが溜まる交流によって,彼は文字通り吐き気をもよおしていた。彼の進化に関する理論と人類の進化上の起源が批評家たちに激しく攻撃された後,彼は少し疲れ果てたように感じていたようだ。ダーウィンは周囲の論争に加わるよりも,自分の庭にこもり,主に植物に関する本を次々に発表し始めるようになった。

トンプソンの本では，ダーウィンの老後の時間を占めていた実験と理論化について調査がなされる。この本の中では，ボタニスト，つまり植物学者としてのダーウィンの姿が垣間見られる。この本には「もちろん，どんな愚か者でもハエトリグサには感銘を受ける」という秀逸な文があり，それと対照をなすように「ダーウィンの天才ぶりは，ありふれたものの中に驚きとその意味を見出すところであった」と付け加えるのである。ダーウィンは3月と4月に一区画の裸の土地から雑草が生えてくるのを観察し，5月までには主にナメクジによって，その4分の3が食べられてしまうことに気がついた――あらゆる庭で生存競争が繰り広げられているのだ。ダーウィンのガーデニングは取るに足らない趣味などではない，なぜなら，彼の進化論を本格的に強固なものにすることと関係していたからである。彼の植物の本全てにおいて，自然淘汰の話が形を変えて語られているのだ。

なぜダーウィンは晩年，平凡だが詳細な植物の研究を始めたのだろう？おそらく，そういった科学的研究は，進化論の批評家たちからほとんど注目されなかったからではないだろうか。類人猿と天使と霊魂を巡って言い争っている批評家たちが，彼を放っておくようにと考え，彼はそうした難しい植物学研究に転じた――強固に科学的で，控えめに進化論を扱っているが「恐ろしく退屈な」2冊以上の本を出版して――というところが少なくともいくぶんかはあったのではないかという見解が，私の長年のお気に入りなのだ。

1882年4月19日，ダーウィンが心臓病で痛々しくはあったが静かな尊厳を保って亡くなるまでに，彼は73年の生涯を過ごし，十数冊の本を書き上げた。それらの本の一部はあっさりと無視されたり，忘れ去られた。面白くて魅力的なものもある。重要な題材を通して磨かれてきたものもある。そのうちの一冊は勢いよく出回り，世界を変えた。残念ながら，今日，『種の起源』を読んでいる人たちが十分にいるとは言えないが――進化生物学を専攻する大学院生さえも全員が読んでいるとは限らない――その意義と影響を避けて通ることは誰もできない。ダーウィンの最大の功績は，どのように生命が機能するか，またどのように多様性，複雑性，適応という驚くべきことが現れたかを理解することに向けて素晴らしいスタートを切ったことであり，そこから導かれることを完全に理解するためには，さらに多くの優れた本が必要になるだろう。

◀解 説▶

◆(i) ▶(20)空所を含む文は「ダーウィンの名前は『これまでで得られた唯一最高の考え』と呼ばれてきたものを…している」という意味。選択肢の中では4の「～を象徴する」のみ文脈に合う。1.「～に対して威張り散らす」 2.「～を発達させる」 3.「～を拡大する」

▶(21)直後の第2段第3文（Stressful interactions with …）では，他人とのストレスが溜まる交流はダーウィンにとって吐き気がするものだったとある。同段最終文（Rather than embracing …）でも，ダーウィンは周囲の論争に加わるよりも，自分の庭にこもっていたという内容が述べられているので，2の「論争」が正解。1.「球体」 3.「偽善」 4.「関係」

▶(22)空所を含む文は「ダーウィンの天才ぶりは…の中に驚きとその意味を見出すところであった」という意味。直後の第3段第4文（Darwin monitored the …）では，ダーウィンがどこにでもある普通の庭でも生存競争が繰り広げられていることに気づいたという内容が述べられているので，ありふれたものの中に驚きとその意味を見出すという文脈にすればよい。したがって，4の「日常的なこと」が正解。なお，ordinary と constant は形容詞の他に名詞の用法があるが，1と2は形容詞なので文法的にも不適。1.「ばかげた」 2.「多様な」 3.「絶え間ない，定数」

◆(ii) ▶(23)ダーウィンに関する著作を商業的観点から見た場合の説明を選ぶ問題。第1段第2～4文（A month seldom …）では，ダーウィンに関する書籍は非常に多く発売されており，ダーウィンの名前を使えば売れるという内容が述べられている。したがって，1の「ダーウィンに関する著作は売買する上で価値のある商品である」が正解。mercantile「商業の」

2.「ダーウィンに関する著作は科学的知識の重要な情報源である」

3.「ダーウィンに関する著作はこれまでで得られた唯一最高の考えを促進する」

4.「ダーウィンに関する著作は科学的かつ哲学的考察を促す」

▶(24)「ダーウィンのガーデニングは，彼の進化論を本格的に強固なものにすることにどのように関係していたのか？」 第3段第4文（Darwin monitored the …）では，ダーウィンが庭の何もない地面から雑草が生え，その雑草がナメクジに食べられる様子を観察し，ここでも生存競争が繰り広げられていることに気づいたという内容が述べられている。同段最終文

(His plant books …) でも，彼の植物に関する本では自然淘汰の話が形を変えて語られているとあるので，1の「ダーウィンはナメクジと雑草のライフサイクルの中で自然淘汰を観察していた」が正解。slug「ナメクジ」 weed「雑草」

2.「ダーウィンは自分の裏庭で植物の進化を確認できなかった」

3.「ガーデニングによって，ダーウィンは植物科学を考案することができた」

4.「ダーウィンはハエトリグサ，ナメクジ，雑草の進化を観察した」

▶(25)ケン=トンプソンの本が主として貢献したことを選ぶ問題。第2段第1文（Ken Thompson's *Darwin's* …）で言及されている *Darwin's Most Wonderful Plants* という本の中で，ケン=トンプソンはダーウィンが『種の起源』を発表した後，自分の庭にこもって植物に関する本を発表するようになったことを紹介している。第3段第3文（It contains the …）で，この本の中にはダーウィンの天才ぶりはありふれたものの中に驚きと意味を見出すことだという記述があり，自分の庭でも生存競争が繰り広げられている様子を観察するダーウィンの姿を描いていることが述べられている。したがって，2の「トンプソンは，この偉大な科学者が自分の裏庭でさえも驚くべきことを発見しているのを示すことで，ダーウィンの経歴のより詳細な状況を描いた」が正解。

1.「トンプソンは，ダーウィンが退屈な作家で内気な人間だったにもかかわらず，卓越した想像力によって成功したことを示すため，ダーウィンの人生を見直した」

3.「トンプソンは，ダーウィンの植物に関するこれまで見過ごされてきた研究が，進化論の基礎を確立したことを示している」

4.「トンプソンは，ガーデニングによって科学調査が容易になることを示すため，長い間忘れ去られていたダーウィンのナメクジに関する研究を紹介した」

▶(26) pet は形容詞で使われると「お気に入りの」という意味がある。下線部直後の that は同格の that で，筆者のお気に入りの持論の中身を説明している。その内容は，ダーウィンは，自分を批判する人たちが彼を放っておくようにするために，意図的に難しい植物の研究に転じ，控えめに進化論を扱っているものの「恐ろしく退屈な」本を出版するなどしたのではないかと筆者が考えているということである。したがって，この考えに一致しないものとしては，1の「植物に関するダーウィンの研究は，大半の人が思っているほど退屈なものではない」が適切。筆者の持論では，植物に関するダーウィンの研究が退屈であること自体は否定されていないことに注意。

2.「ダーウィンは論争を避けるために植物というテーマを選んだ」

3.「植物に関するダーウィンの研究は進化論に基づいていた」

4.「ダーウィンの植物の本は,『種の起源』と比べると退屈なものである」

▶㉗下線部を含む文の and we'll need 以前の部分は「ダーウィンの最大の功績は，どのように生命が機能するか，またどのように多様性，複雑性，適応という驚くべきことが現れるかを理解することに向けて素晴らしいスタートを切ったことである」という意味。直前の最終段第6文（Sadly, not enough …）後半では，彼の著作である『種の起源』について，その意義と影響を避けて通ることは誰にもできないと筆者は高く評価しており，a brilliant start toward understanding how life works, … とは,『種の起源』で彼が進化論を初めて世に知らしめたことだと読み取れる。したがって，1の「『種の起源』で進化論を展開したこと」が最も適切。

2.「進化に関する十数冊の本を出版したこと」

3.「出版業界で利益の出る『ダーウィン産業』を起こしたこと」

4.「全く新たな植物の科学的専門分野を確立したこと」

▶㉘筆者が賛同する確率が最も高いものを選ぶ問題。

1.「植物学者としてのダーウィンの遺産は，これまで議論されていない」植物学者としてダーウィンが残したことについて議論があったかどうかは本文中で言及されていないので，判断ができない。

2.「植物に関するダーウィンの本を読んだ人の大半は，それが退屈だとは思わないだろう」 第4段最終文（I've long cherished …）で筆者は，ダーウィンの植物に関する本を horrid bore「恐ろしく退屈」と表現しているので不適。

3.「ダーウィンと同じように，誰でも自分たちの裏庭で驚くべきことを発見できる」 第3段第3文（It contains the …）で，ケン=トンプソンの文章を引用する形で「ダーウィンの天才ぶりは，ありふれたものの中に驚きとその意味を見出すところであった」とされており，誰でもできるわけではなく天才だからそのようなことができた，ということが読み取れるため不適。

4．「ダーウィン産業は学問に重要な貢献をしている」 第1段では，ダーウィンに関する多くの書籍が出版されていることをダーウィン産業と呼び，同段第5文（A less mercantile …）では，ダーウィンは非常に深く幅広い科学的かつ哲学的な考察へ導いてくれるものとして，商業的な影響力だけではない学問的な影響力についても言及されている。したがって，選択肢の中で筆者が賛同する確率が最も高いものとしては4が適切。

▶㉙本文は，ケン=トンプソンの著書を引用しながら，『種の起源』を発表した後のチャールズ=ダーウィンの経歴を紹介している。ダーウィンは彼を批判する批評家たちとの論争を好まず，自分の庭にこもって，彼らが興味を示さないような植物学の研究に身を置いていた。しかし，そこでもありふれたものの中に，驚きとその意味を見出し，自分の進化論を補強するような研究を続けていた様子が述べられている。したがって，1の「ダーウィンの庭：科学研究所と私的隠れ家」が最も適切。

2．「進化論の庭：植物に関するダーウィンの忘れ去られた研究」

3．「批評家たちとの対峙：ダーウィンの植物研究が敵に挑む」

4．「進化論を超えて：革命的植物学者チャールズ=ダーウィン」

●語句・構文●

（第1段） reflection「考察」 startling「衝撃的な」 forceful「説得力のある」 evolution「進化」 natural selection「自然淘汰」 grapple with ～「～に取り組む」

（第2段） perspective「見解，見方」 interaction「交流」 sick to *one's* stomach「吐き気がする」 fiercely「激しく」 critic「批評家」 beat up「(受身形で) 疲れ果てる，～を打ちのめす」 embrace「～を受け入れる，～を抱く」 controversy「論争」 retreat「引きこもる」 volume「(刊行物の) 1巻」

（第3段） experimenting「実験」 theorizing「理論化」 golden years「老後」 glimpse「一瞥，垣間見ること」 botanist「植物学者」 contrastingly「対照をなすように，対照的に」 monitor「～を観察する」 patch「(土地の) 一区画」 bare ground「裸の地面」 struggle for existence「生存競争」 play out「繰り広げる，展開する」 frivolous「取るに足らない，不真面目な」 retell「～を再び語る，～を形を変えて語る」

(第4段) cherish「～を心に抱く，～を大切にする」 botanical「植物の」 solidly「強固に」 discreetly「控えめに」

(最終段) dignity「尊厳」 grind「磨かれる，すりつぶされる」 stuff「題材，もの」 briskly「勢いよく」 graduate student「大学院生」 evolutionary biology「進化生物学」 implication「影響，含意」 diversity「多様性」 complexity「複雑性」 adaptation「適応」 comprehend「～を理解する」

Ⅳ 解答

(30)―1　(31)―1　(32)―4　(33)―2　(34)―4　(35)―2　(36)―3

◀解　説▶

▶(30)「すぐに許される過ちもあれば，許されない過ちもある。簡単に忘れ去られる歴史上の問題もあれば，永遠に続く憤りの原因となるものもある」

簡単に忘れられる歴史上の問題と対比されている部分なので，選択肢の中では，1の「憤り，憤慨」が最も文脈に合う。2.「無関心」 3.「無知」 4.「点火」

▶(31)「かつて当たり障りがないと考えられていた言葉が，時間とともに否定的な意味の含みを持つようになる可能性がある」

新たな性質を持つようになることを意味するのは develop が適切。3の fall into *A* は「急に *A* の状態になる」という意味なので不適。

▶(32)「大半の人々が化石燃料を燃やすことが地球温暖化の一因となっていることを認識しているが，この事実によって，大衆が核エネルギーを以前より支持するようにはなっていない」

文脈を考慮すると否定文が適切。空所の後方が the public any more supportive … となっているので，SVOC の第5文型が可能な make を選ぶ。cause は cause *A B*「*A* に *B* をもたらす」という第4文型，または cause *A* to *do*「*A* に～させる」という語法になるので不適。

▶(33)「万一，何か思っていることがあれば，私たち全員とそれを共有しましょう，なぜならそれによって，新たな考えが生まれる可能性が広がるからです」

if S should *do*～「万一～すれば」の構文の if が省略され，倒置形の Should S *do*～となるパターン。この構文の主節は仮定法の他に，直説法や命令文も可能。

▶(34)「政府の財政援助がなかったら，昨今の景気低迷は加速していただろう」

if it had not been for *A*「もし *A* がなかったら（仮定法過去完了）」の構文。

▶(35)「サッカーの代表チームは，断固とした精神で試合の困難な状況を耐え抜いた」

空所の直前の resolute は「断固とした，意思の固い」という意味の形容詞なので，2の「精神」が正解。1の mental は「精神の」という意味の形容詞なので不適。3.「瞑想」　4.「熟慮，思いやり」

▶(36)「内部規定では，給与は実際の労働時間に応じて支払われると書かれている」

文脈を考慮すると，3の「～に応じて，～に従って」が最も適切。1.「～に賛成の」　2.「～と首尾一貫して，～と変わらない」　4.「～を支持して」

V　解答

(37)－4　(38)－1　(39)－4　(40)－4　(41)－3　(42)－4
(43)－2

◆全　訳◆

≪イギリスの女子サッカーの歴史≫

In a League of their Own というゲイル=ニューシャムの本は，イングランドの女子サッカーの起源について年代順に記録したもので，女子サッカー全般に関する多くの疑問に答えを与えてくれる。女子チームは人気があったのか？　彼女たちはプロのスポーツ選手だったのか？　女子サッカーに反対した人は誰かいたのか？　これら全ての質問に対する答えはイエスである。女子チームは公開試合を行い，海外の代表チームと戦った。このスポーツの人気が実際に高まる可能性が出てきた時期もあり，女子サッカーは自立したスポーツになる可能性があった。しかし，そうはならなか

った。なぜなのか？

フットボール・ユニオン（F.U.）は，イングランドのサッカーの運営機関である。1902 年という早い段階で，フットボール・ユニオンは女子サッカーに強く反対しており，関連団体に女性チーム同士の試合を認めないよう提言していた。カーレディースサッカーチームがエヴァートンの本拠地で 50,000 人以上のファンを集めた 1920 年の試合の後，何が起きたのか？　男子プロチームのオーナーたちは，女子サッカーをライバルとみなしていたので，エヴァートンでの試合について抗議したのである。女子サッカーの人気が高まり，それほどの観客を集めるとなれば，女子サッカーが男子のプロチームの価値を減ずることを男性たちは心配していたのだ。彼らは以下のように書かれた決議案を可決するようにフットボール・ユニオンを説得した。「評議会は，サッカーの試合は女性にとって不適当であり，推奨しないと宣言しなければならないと感じている。したがって，評議会はクラブが女子チームの試合のためにグラウンドの使用を許可しないことを要望する」　そして女子チームの試合は禁止されることになった。女性がプレーできなくなったので，学校でも女子チームがなくなり，女子学生たちもプレーできなくなった。この禁止によって，50 年以上にわたり，イングランドや他の国々で女子のプロサッカーが行われる可能性が排除されてしまったのである。

◀解　説▶

▶(37)空所を含む文は「*In a League of their Own* というゲイル=ニューシャムの本は，イングランドの女子サッカーの起源を…」という意味。選択肢の中では 4 の「～を年代順に記録する」のみ文脈に合う。難易度の高い動詞なので消去法で解答したい。

▶(38)空所の直前には女子サッカーに関するいくつかの疑問が挙げられているので，それら全てに対する答えはイエスであるという意味になる above が適切。この above は「上記のこと」という意味の名詞として機能している。

▶(39)空所部分の主語である the sport は女子サッカーを指している。また，第 2 段ではイングランドにおいて女子サッカーの人気が高まりそうになった時，男性からの圧力で試合が禁止されたという内容が述べられている。したがって，女子サッカーの人気が高まる可能性があったという意味になる4が正解。take off には「離陸する」という意味の他に，「突然人気が出る，あっという間に広まる」という意味がある。

▶(40)空所を含む文の後半 suggesting 以下で，フットボール・ユニオンは関連団体に女子チーム同士の試合を認めないよう提言していたことが述べられているので，女子サッカーに反対していたことがわかる。よって，4が正解。be hostile to～「～に断固反対である，～に敵意を持っている」 1．「異質な」 2．「軽蔑された」 3．「転換された」

▶(41)直後の第2段第5文（The men worried …）では，男子プロチームのオーナーたちが，女子サッカーの人気が高まると男子チームの価値を減ずることになると心配していたとあるので，3の「ライバル，競争相手」が正解。1．「悪名高い」 2．「奮闘」 4．「困惑させる」

▶(42)空所直後の the F. U. to pass の形に着目して，persuade *A* to *do*「*A* に～するよう説得する」とすれば文意も合う。よって，4が正解。1．「関係する」 2．「固執する」 3．「～を購入する」

▶(43)主語の This ban は女子のサッカーチームの試合が禁止されたことを指しているので，この禁止によって女子のプロサッカーが行われる可能性が排除されたという意味になる2が正解。1．「～を衝突させる」 3．「～を保存する」 4．「～を配置する」

●語句・構文●

（第1段） exhibition game「公開試合」 in its own right「それ自体で」

（第2段） governing body「運営機関」 affiliated「関連のある」 take away from～「～の価値を落とす」 resolution「決議（案）」 feel impelled to *do*「～しなければならないと感じる」 unsuitable「不適当な」 council「評議会」

Ⅵ　解答　(44)－4　(45)－2　(46)－4　(47)－3

◀解　説▶

▶(44)「結婚がうまくいくための秘訣は何か？　私はこの質問を見知らぬ人にさえも投げかけてみた。皮肉なことに，私の記憶に一番長く残っている答えをくれたのは，電車の中で出会った見知らぬ人だった。『許すこと』一緒にいた友人は後で，これはずいぶん無粋な話だと思ったと告白したが，私はもっと年齢を重ねた紳士とその妻が言っていたことを忘れられなかった。許すということは，じっと耐えている人のことではなく，他人は自分と同じ考え方をしないかもしれない，そして行動や意見が異なるかもしれないという事実を受け入れることである。それは思考の独立性を懲らしめようとするのではなく，寛大になることなのだ」

結婚がうまくいくための秘訣は，ロマンチックではないかもしれないが，許すことが大切であるということが述べられている。したがって，4の「結婚がうまくいくためには，恋愛感情だけでは実際のところ不十分である」が適切。

1.「恋愛感情は成功する結婚の重要な要素である」

2.「寛容であることは，周りの人たちと同じ信念を持つことである」

3.「寛容であることは，いかなる要求や意見にも抵抗することなく従うことである」

confess「～を告白する」 doormat「(比喩的に) 踏まれてもじっと耐えている人」 diverge「異なる」 gracious「寛大な」

▶(45)「残念ながら，今日，多くの人はウィンストン=チャーチルの引用で言い表すことができる。『人間は時々真実につまずくことがあるが，たいていの人は起き上がって，まるで何もなかったかのように急いでその場を離れる』 最近になって，テレビのジャーナリストであるテッド=コッペルは『私たちの社会は，真実を最も純粋な形では強力すぎて消化できない薬物だと考えている。真実は肩を優しく叩いてくれるものではない。それは辛辣な叱責である』と述べた」

チャーチルの引用では，人々が真実に触れても，何もなかったようにそこから離れる，つまり真実と向き合いたくないという人々の心理が説明されている。テッド=コッペルの引用でも真実は辛辣な叱責であると表現されているので，選択肢の中では2の「真実によって自由になれるが，最初はそれと向き合うのが難しいかもしれない」が最も適切。

1.「不安定な状態の中では，人々は不運を誇張する傾向がある」

3.「コッペルはチャーチルの発言の中に真実があると気づき，放送でそれを広めた」

4.「あまりにも楽観的で真実が見えない人々を治療できる薬はない」

stumble over ～「～につまずく」 pick *oneself* up「起き上がる」 hurry

off「急いで立ち去る」 digest「〜を消化する」 harsh「辛辣な，厳しい」 reproach「叱責・非難，恥辱」

▶(46)「演説者として，アブラハム=リンカーンは，後のマーク=トウェインが持っていた洞察を理解していた。『教会で行われる説教の最初の 20 分より後に救われる魂はほとんどない』 もちろん，その秘訣は単に話が短いだけでなく，最小限の語数で多くのことを語ることであった。リンカーンが自身の 2 度目の大統領演説が 700 語であったことについて『この公文書には多くの英知がつまっていると思う』と言って自慢していたのも無理はない。これはゲティスバーグ演説にはさらに見事に当てはまっており，その半分以下の数の単語しか使われていないのだ」

リンカーンもマーク=トウェインも演説をする際は，できるだけ少ない単語を使って，多くのことを伝えることが重要であることを理解していたという内容。演説の時間については，第 1 文（As a speaker, …）のトウェインの洞察や第 2 文（The trick, of …）の前半部分に，短いほうが良いと解釈できる記述はあるものの，自ら時間制限を設定することには言及がない。よって，4 の「自ら設定した時間制限の遵守」が正解。

1.「無駄に単語を使うのを嫌がること」

2.「表現の選別に気を使うこと」

3.「伝えるメッセージの濃さ」

grasp「〜を把握する」 insight「洞察」 sermon「（教会で行われる）説教」 trick「秘訣，コツ」 address「演説」 document「（公）文書」

▶(47)「所得と富が最上部の人々に集中するにつれ，政治的な影響力もそこに集中するようになっている。この悪循環がもたらす結果は，90 パーセントの下層から最上部へ向かう巨大ではあるが隠された所得と富の分配である。もう一つの結果は，かつてないほど懸命に働いているにもかかわらず，なんら成果を得られない人々の怒りと不満が増大し，それに伴って私たちの民主主義に対して懐疑的な見方が深まっていることである。この悪循環を終わらせる方法は，それを煽る莫大な富の蓄積を減らし，政治から多額のお金を引き揚げることである。悲しいかな，富と権力が最上部に蓄積されている現状では，それを成し遂げることはできない。これは卵が先かニワトリが先かというジレンマである。組織的な搾取を逆転しなければならないのだ」

一部の上位層に所得と富が集中している仕組みについて述べられた英文。第４・５文（The way to…）で，その悪循環を終わらせる方法は，富の蓄積を減らすことだが，富と権力が最上部に蓄積されている現状ではそれを成し遂げることはできないという内容が述べられ，これを卵が先かニワトリが先かというジレンマだと表現している。つまり，一部の上位層は，富の集中が続いていく循環を途切れさせないよう，今も着々と富を蓄積しているということなので，３の「特権階級の人々は，次の周回の搾取をするための土台作りをしている」が正解となる。

１．「悪循環は以前逆転したが，もう一度繰り返されつつある」

２．「いったん民主主義に対する懐疑主義が大きくなると，国民感情を変えるのは難しい」

４．「労働者階級は，不公正に対する政治勢力として再び生まれ変わらなければならない」

vicious cycle「悪循環」 upward「上方へ向かう」 distribution「分配」 get nowhere「なんら成果が得られない」 skepticism「懐疑主義」 fuel「～を煽る」 systemic「組織的な」 exploitation「搾取」 reverse「～を逆転させる」

Ⅶ 解答

a．meaning　b．interpreted　c．opposed
d．result　e．causing

◆全　訳◆

≪グローバル化に対する懸念≫

「グローバル化」という言葉自体は，何かが全世界規模になるという意味で，一見したところ，害もなく，単純なことである。しかし，グローバル化は勝者と敗者を生み出すため，異なるレンズを通して解釈され，さらに，地域的な境界線を越えて影響が広がるので，懸念されることも崇拝されることもあるのだ。意見や情報を交換することで，教育を発達させ，他の文化に対する理解を促進させることができる。さらに，地域が比較優位に従って特化し，お互いに商品とサービスが望ましいバランスになるよう取引ができることは経済的にも効率がよい。では，なぜ一部の人々はグローバル化に強く反対しているのだろう？　批判している人たちはいくつかの懸念を表明している。彼らは，多国籍企業の威力が，利益追求という動機によって駆り立てられる人々の間における，人々を不安にさせるような権力の集中を表していることを心配しているのだ。行き過ぎたグローバル化は相対的に均一な世界市場に帰着し，文化はそのアイデンティティを失ってしまう可能性がある。私たちは国際的な協力を伴う対策を見つけ出す必要があるのだ。

◀解　説▶

▶a．空所を含む部分は，「グローバル化」という言葉が一見したところ害がないという内容を補足説明した部分で，接続詞がないため分詞構文にする必要がある。空所直後の that 節では，何かが全世界規模になるという内容が続いているので，meaning を入れればグローバル化の意味を説明する形になり文意が合う。

▶b．空所を含む文の主語 it は globalization を指しており，「グローバル化は勝者と敗者を生み出すため，異なるレンズを通して…」という意味。選択肢の中では interpret「～を解釈する」のみ文意が合う。受動態なので過去分詞形にしておく。

▶c．直後の第6文（Critics voice several …）で，グローバル化を批判している人たちについて言及されているので，なぜ一部の人たちはグローバル化に反対しているのかという文意にすればよい。be opposed to ～「～に反対している」

▶d．空所直後の in に着目し，result in ～「～という結果になる」とすれば，「行き過ぎたグローバル化は相対的に均一な世界市場に帰着する」となり文意も合う。

▶e．接続詞がないため分詞構文の形にしておく。空所は動詞であり，直後が名詞＋to 不定詞になっているので，cause *A* to *do*「*A* が～する原因となる」とすれば文意も合う。

●語句・構文●

seemingly「外見上」 straightforward「単純な，わかりやすい」 take on ～「～（性質）を帯びる」 revere「～を崇拝する」 boundary「境界（線）」 comparative advantage「比較優位」 fervently「熱烈に」 homogeneous「同質の，均一の」 remedy「対策，治療」

Ⅷ　解答

a．foundation　b．analysis　c．error
d．associations　e．exposure　f．fusion

◆全　訳◆

≪AI を活用した新たなソフトウェア≫

胸を躍らせる新たな研究ソフトウェアの根底にある土台は，「言語モデル」という考えである。このソフトウェアはある言語を統計的に表示し，ある単語が他の単語の後に続く可能性を詳細に示すことができる。例えば，どのくらいの頻度で「赤い」の後に「バラ」が続くのか，といったことである。同様の定量分析は，文やパラグラフにさえ応用することができる。さらにそのような言語モデルには，何かを促す問いかけ――例えば「シルヴィア=プラスの文体で赤いバラについての詩」――をすることも可能で，その問いかけからデータベースを検索し，その表現に合致する文を見つけ出すこともできるのだ。

実際にそのような言語モデルを構築することは大変な作業である。そこはAI――つまり機械学習，すなわちAIが行う特殊分野――が登場する領域である。膨大な量の書かれた文を全て検索し，何百万もの文章予測を試み，試行錯誤して学習することで，コンピュータは，単語の様々な関連性を詳細に示すという骨の折れる作業を高速で処理することができるのだ。

このソフトウェアは，デジタル化された文に一度触れるだけで多くのことを学習するし，研究者が多くのデータを入力すればするほど，そのパフォーマンスが上がる。この新しいタイプのソフトウェアは，一方で機械学習のプロセスと，もう一方でデジタル化された膨大な文の保管記録が融合して生み出されたハイブリッド型のソフトウェア――最新のAIとこれまでで最高のデジタル図書館との結合――である。その結果，言語研究のために検索可能な膨大な数の表現を備えたデータベースが生まれたのである。

◀解　説▶

▶ a．空所直後の underlying 以下は空所の名詞を説明する形容詞句で「胸を躍らせる新たな研究ソフトウェアの根底にある…は『言語モデル』という考えである」という意味。選択肢の中では found の名詞形 foundation「土台」のみ文脈に合う。

▶ b．第1段第2文（This software can …）で，ある研究ソフトは言語を統計的に表示し，ある単語が他の単語の後に続く可能性を示すことができると説明されている。空所の前には similar があるので，同様の分析が文やパラグラフに応用できるとすれば文意が通じる。quantitative analysis「定量分析」

▶ c．空所直前の trial and に着目し，trial and error「試行錯誤」とすればよい。

▶ d．空所直後の between words は空所を修飾する形容詞句。単語や文のつながりを分析するソフトウェアについての記述なので，「単語と単語の間にある様々な関連性を示す」となる associations が適切。具体的な関連性を表す時には可算名詞になるので複数形にしておく。

▶ e．空所直後の to a digitized text に着目し，expose *A* to *B*「*A* を *B* にさらす，触れさせる」の名詞形 exposure to ～「～に触れること」とすれば文意も通じる。

▶ f．空所の後方には，on the one hand と on the other という表現を伴った 2 つの名詞 machine learning processes「機械学習のプロセス」と an enormous archive of digitized texts「デジタル化された膨大な文の保管記録」が with で結ばれているので，この 2 つの「融合」という意味になるよう fusion とすればよい。

●語句・構文●

(第 1 段) statistically「統計的に」 prompt「問いかけ，促すもの」
(第 2 段) subfield「従属する部分，下位分野」 crunch「高速処理する，粉々にする」 laborious「骨の折れる」
(第 3 段) feed「～を入力する，～に食べ物を与える」 hybrid「ハイブリッド型のもの，混成物」

❖講　評

2021 年度は 2020 年度と同様，大問 8 題の構成で，2020 年度に引き続き，数種類の短めの英文に関する内容説明問題が出題された。2020 年度と比べ，英文量はやや減少したものの大きな変化はなかったが，設問数はやや増加している。語形変化を伴う記述式の出題は例年通り。

Ⅰ～Ⅲの長文問題は例年よりもやや難しかった印象を受ける。読解問題の英文のテーマは，労働者の労働環境の改善に尽力した女性政治家や，

GDP の成長を追求する経済理論の批判，イギリスの女子サッカーが不当に扱われた歴史，グローバル化に対する懸念など，社会の負の側面に焦点を当てたテーマが多かった。

Ｉは労働者たちの労働環境の改善に尽力した女性政治家であるフランシス=パーキンスについて述べられた英文。ある工場火災を目撃したことをきっかけに，労働環境改善のため，次々と法整備を行っていったという内容を読み取る。設問は，一定の語彙レベルがクリアできていれば比較的正解は絞りやすかったと思われる。

Ⅱは degrowth「脱成長」を掲げたドーナツ経済学について説明された英文。GDP の成長を追い求める経済政策ではなく，地球の状態も考慮した経済理論の必要性を訴えている。ドーナツの輪の部分，その中心部，外側がどのようなゾーンなのか意識して読み進めたい。本文の語彙レベルが高く，設問の英文量が多かったため，やや難しかった。

Ⅲは『種の起源』を発表した後のチャールズ=ダーウィンの経歴を紹介した英文。彼を批判する批評家たちとの論争を避けるため，ダーウィンは自分の庭にこもり，彼らが興味を示さないような植物学の研究に身を置くが，そこでも自分の進化論を補強するような研究を続けていたという内容となっている。本文はわかりにくい言い回しや，難易度の高い単語が見られ，設問も全体的に難しかった。

Ⅳの文法・語彙問題は 2020 年度から 1 問増えて 7 問となった。基本レベルの出題も見られるが，(30)，(31)，(35)はやや難しかった。

Ⅴは中程度の長さの英文の空所補充問題で，イギリスの女子サッカーの歴史について説明されている。設問では，誤りの選択肢にも難しい語句が含まれていたため判断に迷ったかもしれない。

Ⅵは短めの英文が与えられ，そこから読み取れる内容を選ぶ問題。いずれの問題も抽象度が高く，難しかったと思われるので，消去法をうまく使って対処したい。

Ⅶは与えられた動詞を適切な語形にして答える形式で，標準レベル。

Ⅷは与えられた動詞を名詞形にして答える問題で，派生語の知識だけでなく本文の内容を理解しながら読み進める必要があった。

難易度としては，例年よりもやや難しく，語彙レベルも高かった。語形変化の問題は，文法的な基本事項をおろそかにせず，動詞を名詞形にする場合は接尾辞などを意識しながら取り組むとよい。

日本史

I　解答

問１．⑴⑵―12　⑶⑷―57　⑸⑹―18　⑺⑻―41　⑼⑽―61　⑾⑿―52　⒀⒁―70　⒂⒃―51　⒄⒅―54　⒆⒇―36　(21)(22)―29　(23)(24)―66　(25)(26)―49　(27)(28)―37　(29)(30)―50　(31)(32)―32　(33)(34)―22　(35)(36)―17　(37)(38)―14

問２．ａ．宣旨枡　ｂ．公暁　ｃ．雑訴決断所　ｄ．奉公衆

問３．⑴記録荘園券契所〔記録所〕⑵連署　⑶半済令

◀解　説▶

≪中世の政治と争乱≫

▶問１．⑴⑵後三条天皇が即位したのは 1068 年である。摂関家と外戚関係がなく，即位後に天皇親政を行った。

⑶⑷白河上皇は院の御所を警固する北面の武士を創設した。院政を支える重要な武力となり，武士の中央進出の契機となった。

⑸⑹平清盛は安徳天皇の外祖父として影響力を誇った。安徳天皇は高倉天皇の第１皇子であり，母は平徳子（清盛の娘）である。

⑺⑻藤原成親ら院の近臣が平氏打倒を企てた陰謀は鹿ヶ谷の陰謀である。事前に発覚して首謀者は処罰され，平氏と院の対立が決定的となった。

⑼⑽問注所の初代執事は三善康信である。公家出身で，1184 年に源頼朝に招かれて鎌倉へ下向している。

⑾⑿２代将軍源頼家の妻の父は比企能員である。外戚として権勢をふるったことで北条氏と対立し，滅ぼされた。

⒀⒁北条義時によって滅ぼされた侍所別当は和田義盛である。和田一族滅亡後，北条義時は政所別当と侍所別当を兼ねた。

⒂⒃裁判の迅速化をはかるべく北条時頼が設置したのは引付である。引付の構成員である引付衆は，評定衆とともに訴訟の審議にあたった。

⒄⒅北条高時は 14 代執権であったが，闘犬・田楽に熱中しており，実権は内管領の長崎高資が掌握した。

⒆⒇ 1331 年の討幕計画は元弘の変である。1324 年の正中の変に際して後醍醐天皇は無関係を釈明したが，元弘の変では天皇が捕らえられ，幕府は

持明院統の光厳天皇を擁立した。

⑵⑵元弘の変の発覚後に後醍醐天皇が流されたのは隠岐である。その後討幕の機運がひろがると，後醍醐天皇は 1333 年に隠岐を脱出した。

⑵⑵護良親王は仏門に入って尊雲と称し，天台座主となっていたが，元弘の変後に武士や僧侶を組織して反幕府運動を展開した。

⑵⑵ 1335 年に足利尊氏によって鎮圧された乱は中先代の乱である。北条高時の子である北条時行が建武政権に対して反乱を起こし，鎌倉の足利直義の軍を破ったが，関東に下った足利尊氏によって鎮圧された。

⑵⑵足利尊氏の執事高師直は尊氏の軍事的優勢に貢献したが，尊氏の弟である足利直義と対立し，1351 年に敗死した。

⑵⑶花の御所は室町殿とも呼ばれ，幕府名の由来となった。

⑶⑶室町幕府の将軍を補佐して政務を統轄する職は管領である。細川・斯波・畠山の 3 有力守護家が交代で就任し，三管領と呼ばれる。

⑶⑶侍所の長官に任命された四職は赤松・一色・山名・京極の 4 氏である。侍所は 3 代将軍足利義満以降，京都の治安維持・訴訟裁判を主な任務とし，長官は所司または侍所頭人といった。

⑶⑶鎌倉府の長官である鎌倉公方は足利基氏の子孫によって世襲された。鎌倉で関東の平定につとめていた足利義詮が京都に移った後，弟の足利基氏が鎌倉に下向し，関東における足利氏の勢力を固めた。

⑶⑶播磨の守護であった赤松満祐は，将軍足利義教を自邸に招いて謀殺したが，山名持豊以下の幕府軍に攻められて敗死した。

▶問 2．a．延久の荘園整理令が出された後に制定された公定枡は宣旨枡である。当時律令で期待された枡は権威がなく，他にも多くの枡が存在したが，宣旨枡は鎌倉時代にも権威を保った。

b．2 代将軍源頼家の遺児公暁は 3 代将軍源実朝を父の仇と信じ，1219 年，実朝の右大臣拝賀の日に鶴岡八幡宮で殺害した。

c．建武の新政で所領に関する訴訟を扱ったのは雑訴決断所である。鎌倉幕府の引付に相当する。

d．室町幕府の直轄軍は奉公衆と呼ばれる。平時は御所の警護や将軍の護衛にあたった。

▶問 3．⑴延久の荘園整理令の実施にあたり，関連する証拠書類の審査のために設置された役所は記録荘園券契所である。券契（土地に関する権利を示す証文）を中央で審査するため太政官に設けられた。

⑵執権の補佐役として3代執権北条泰時のときに新設された役職は連署である。泰時は叔父の北条時房を初代連署に任じた。

⑶半済令は1352年に近江・美濃・尾張の3国で1年限りとして実施されたが，後に諸国に拡大し恒常化した。

II 解答

問1．(39)(40)―85 (41)(42)―34 (43)(44)―27 (45)(46)―69 (47)(48)―67 (49)(50)―70 (51)(52)―72 (53)(54)―22 (55)(56)―47 (57)(58)―48 (59)(60)―53 (61)(62)―74 (63)(64)―79 (65)(66)―64 (67)(68)―61 (69)(70)―50 (71)(72)―71 (73)(74)―29 (75)(76)―30 (77)(78)―31

問2．a．江戸参府 b．蘭学階梯 c．芝蘭堂

d．ABCD包囲陣〔ABCDライン，ABCD包囲網〕

問3．⑴耶揚子 ⑵志筑忠雄

⑶①日本の関税自主権欠如（協定関税制の導入）（10字以内）

②米国の領事裁判権承認（治外法権の承認）（10字以内）

◀解 説▶

≪近世～現代のオランダと日本の関係≫

▶問1．(39)(40) 1600年に豊後に漂着したオランダ船はリーフデ号である。これをきっかけに，オランダとイギリスの東インド会社が平戸に商館を開き貿易を開始した。

(41)(42)当時，オランダ人・イギリス人は紅毛人と呼ばれた。南蛮人と呼ばれたポルトガル人・スペイン人に対しての呼称である。

(43)(44)オランダ商館長はカピタン（甲比丹）と呼ばれた。幕府の方針で1年交代とされ，オランダ風説書と呼ばれる海外情報書を幕府に提出した。

(45)(46)オランダが東インド会社をおいたのはバタヴィアである。現在のジャカルタで，1619年にオランダが占領して東アジア経営の基地とした。インドを拠点としたイギリスと同様，オランダは会社組織による貿易で，利益を重視した。王室により布教と不可分の事業として展開したポルトガル・スペインとは貿易手法が異なっていた。

(47)(48) 8代将軍徳川吉宗の命により，青木昆陽らとともにオランダ語を学んだのは野呂元丈である。野呂元丈は稲生若水に本草学を学び，幕府仕官後はオランダ薬物を研究して『阿蘭陀本草和解』を著した。

(49)(50)稲村三伯が著した蘭日辞書『ハルマ和解』は，オランダ人ハルマの蘭仏辞書を土台に，長崎通詞や江戸蘭学者の協力を得て編纂された。

(51)(52)秋田藩士の小田野直武が西洋画法を学んだ人物は平賀源内である。平賀源内は寒暖計，エレキテル，石綿による火浣布（燃えない布）を製作するなど多彩な能力を発揮した。洋画にも優れ，『西洋婦人図』を描いた。

(53)(54)ドイツの解剖学者クルムスが著した『解剖図譜』のオランダ語訳書『ターヘル・アナトミア』を前野良沢・杉田玄白らが翻訳した『解体新書』の完成には，解剖図を描く画家が必要だった。そこで，平賀源内の紹介により，小田野直武が原画を担当した。

(55)(56)陸奥国水沢出身で，シーボルトの鳴滝塾で学んだのは高野長英である。その後，高野長英は江戸で医者として開業したが，モリソン号事件に際し，『戊戌夢物語』で幕府の政策を批判したことで蛮社の獄に連座し，永牢処分を受けた。

(57)(58)シーボルトは帰国の際，高橋景保から受け取った日本地図を持ち出そうとした。高橋至時の子の高橋景保は，天文方で伊能忠敬を助けたことでも知られるが，シーボルト事件により獄死した。

(59)(60)オランダ留学後，西洋法学書『泰西国法論』を翻訳したのは津田真道である。津田真道は明治新政府に仕え，明六社にも参加している。

(61)(62) 1808 年，オランダ船を捕獲するために長崎に侵入したイギリス軍艦フェートン号は，オランダ商館を襲い，薪水・食料を奪って退去した。

(63)(64)フェートン号事件の責任をとって自刃した長崎奉行は松平康英である。国交のないイギリス軍艦の不法侵入に対処できなかった責任を重く受けとめた。

(65)(66)アヘン戦争でイギリスに敗れた清国が結んだ南京条約は，香港の割譲，多額の賠償金支払い，協定関税制などを定めた不平等条約であった。

(67)(68)オランダ国王が開国を勧める親書を送った際の将軍は，12 代の徳川家慶である。幕府は鎖国厳守を貫き，勧告を拒絶した。

(69)(70)オランダ国王の開国勧告を収める幕府の資料集は『通航一覧続輯』である。1566～1825 年までの外交に関する史料は幕府が編纂した『通航一覧』に残っており，それ以降の史料は『通航一覧続輯』に残っている。

(71)(72)ハリスの通訳をつとめていたオランダ人で，後に暗殺されたのはヒュースケンである。過激な攘夷運動が増える中，ヒュースケンは 1861 年に麻布善福寺のアメリカ公使館に帰る途中で殺害されている。

(73)(74)咸臨丸は 1860 年，日米修好通商条約批准の遣米使節の随行艦となった。太平洋横断成功はアメリカ海軍軍人の技術に負うところが大きかった。

(75)(76)ワシントン会議の際に中国問題に関して結ばれた九カ国条約は，1922 年，英・米・日・仏・伊・ベルギー・オランダ・ポルトガル・中国の間で締結された。中国の主権尊重，門戸開放，機会均等を約している。

(77)(78)第二次世界大戦後，ワシントンに設置された連合国による対日占領政策決定の最高機関は極東委員会である。当初は 11 カ国で構成されており，主導権はアメリカが握った。

▶問２．ａ．1633 年からオランダ人の江戸参府が制度化された。オランダ商館長（カピタン）は年に１回（1790 年からは４年に１回）江戸参府し，将軍に拝謁して海外情報などを伝達した。

ｂ．『蘭学階梯』では，杉田玄白にオランダ医学，前野良沢にオランダ語を学んだ大槻玄沢が，蘭学の歴史とオランダ語の初歩を説いている。

ｃ．大槻玄沢が江戸に開いた私塾は芝蘭堂である。江戸の蘭学研究の中心として，稲村三伯ら多くの蘭学者を育成した。

ｄ．1941 年の日本軍による南部仏印進駐後強化された対日経済封鎖は，ABCD 包囲陣である。ABCD とは米英中蘭を指しており，米・英・蘭の防衛兵力増強や戦略資源の禁輸措置などに対して，日本の軍部や報道当局が使用した呼称である。

▶問３．(1)ヤン=ヨーステンが称した日本名は耶揚子である。江戸の屋敷地はその名にちなみ八重洲河岸と呼ばれた。

(2)『日本誌』を和訳した際に，閉ざされた状態を鎖国と訳した元オランダ通詞は志筑忠雄である。1690 年にオランダ商館医として来日したドイツ人医師ケンペルが著述した『日本誌』を，志筑忠雄が 1801 年に訳し，その１章を「鎖国論」と名づけた。

(3)①日米修好通商条約の第４条に基づいて，別冊の貿易章程で貿易手続きについての細則や関税率が定められた。国家が輸出入品に自由に課税することができる権利（関税自主権）が日本には認められていなかった。

②日米修好通商条約の第６条では，日本人に対し犯罪行為のあったアメリカ人が，アメリカ領事裁判所で取り調べのうえ，アメリカの法律で処罰すること（米国の領事裁判権）が認められている。

Ⅲ　解答

問１．(79)(80)—37　(81)(82)—40　(83)(84)—12　(85)(86)—21
(87)(88)—56　(89)(90)—54　(91)(92)—43　(93)(94)—44　(95)(96)—47
(97)(98)—27　(99)(100)—35　(101)(102)—14　(103)(104)—52　(105)(106)—51　(107)(108)—36
(109)(110)—29　(111)(112)—46　(113)(114)—49　(115)(116)—53　(117)(118)—48　(119)(120)—22
(121)(122)—45　(123)(124)—25

問２．(1)文官任用令　(2)広田弘毅　(3)警察予備隊　(4)立憲民政党
(5)普天間基地

◀解　説▶

≪近現代の長期政権≫

▶問１．(79)(80)桂内閣が結んだ欧米との初めての対等条約は日英同盟協約である。1902 年にロンドンで調印され，両国の一方が第三国と戦争になった場合に他方は厳正中立を守ることなどを協定した。

(81)(82) 1965 年，佐藤栄作内閣によって結ばれた条約は日韓基本条約である。一切の旧条約の失効を確認し，韓国政府を「朝鮮における唯一の合法政府」とした。また，付随協定で在日韓国人の法的地位，対日請求権の放棄，韓国への３億ドルの無償贈与などを定めた。

(83)(84) 1971 年に調印された沖縄返還協定によって，沖縄をアメリカ統治から日本の施政下に復帰させることが決定し，翌 1972 年の５月 15 日に返還が実現した。

(85)(86) 1971 年に設置されたのは環境庁である。各省庁間で行われていた環境行政を一元化するために設置され，公害問題も担当した。2001 年には環境省になっている。

(87)(88)桂太郎は長州出身の陸軍軍人であった。桂は台湾総督・陸軍大臣などを歴任し，山県有朋の後継的な側面はあったが，首相としての経験を積む中で，次第に山県からの自立をはかるようになった。

(89)(90)桂太郎の後ろ盾として大きかったのは，山県有朋が築いた藩閥勢力である。山県有朋は陸軍の基礎確立につとめ，大将・元帥として陸軍第一人者の地位を保っていた。元老となってからは自派の官僚を各機関に配するなどして，大きな権力を持っていた。

(91)(92) 1946 年，公職追放となったときに鳩山一郎が総裁をつとめていた政党は日本自由党である。日本自由党は翼賛体制に非協力的であった議員を中心に結成された保守政党で，1946 年の総選挙で第一党となった。その

後，鳩山一郎が公職追放になったことで吉田茂を総裁とし，日本進歩党と連立の第１次吉田茂内閣が組織された。

(93)(94) 1951 年の公職追放解除後に政界復帰した鳩山一郎を中心に，1954 年に結成された政党は日本民主党である。重光葵が総裁をつとめていた改進党と日本自由党の反吉田派が合同し，鳩山を総裁として結成された。

(95)(96)自由民主党の初代総裁は鳩山一郎である。衆議院の３分の２に近い議席を占める自由民主党に，改憲阻止に必要な３分の１の議席を維持する日本社会党が対抗する 1955 年以降の状態を，55 年体制と呼ぶ。

(97)(98) 1985 年にソビエト連邦共産党書記長としてペレストロイカ（改革）を始めたのはゴルバチョフである。改革は，グラスノスチ（情報公開），民主化，軍縮と緊張緩和の実現など多岐にわたった。

(99)(100)中距離核戦力（INF）全廃条約では，射程 500～5500 km の各種ミサイルの廃棄が協定された。

(101)(102)政情不安定なアフガニスタンに対し，1979 年にソ連が軍事介入を行ったが，ゴルバチョフの下 1989 年に撤兵した。

(103)(104)1989 年 12 月に米ソ両国首脳が会談し，冷戦の終結を宣言した場所は地中海のマルタ島である。ソ連のゴルバチョフとアメリカのブッシュ（父）大統領が冷戦終結を宣言し，米ソ新時代到来の確認を行った。

(105)(106)1993 年８月に成立した細川護熙内閣は，日本新党の細川を首班とした，非自民・非共産の８党派による連立内閣であった。

(107)(108)細川護熙内閣以前の衆議院の選挙制度は中選挙区制である。１選挙区からほぼ３～５名の代表者を選出した。

(109)(110)細川護熙内閣が導入した衆議院の選挙制度は，小選挙区制と比例代表制の並立制である。小選挙区制は１選挙区につき定数１名を選出し，比例代表制では各党派の得票数に比例して議席配分がなされる。

(111)(112)細川護熙内閣の次の内閣で，通算在職日数が歴代２番目に短い 64 日で終わっているのは羽田孜内閣である。日本社会党が参加しなかったことで少数与党となり，短命に終わった。

(113)(114)歴代最短の内閣は 1945 年終戦直後の東久邇宮稔彦内閣である。GHQ が出した人権指令の実行をためらい総辞職した。在職日数は 54 日。

(115)(116)羽田孜内閣の次の内閣で，自由民主党，日本社会党，新党さきがけの連立政権として誕生したのは村山富市内閣である。日米安全保障条約と自衛隊を日本社会党が容認するきっかけとなった。

(117)(118)・(119)(120)・(121)(122)民主党政権下の最初の内閣は鳩山由紀夫内閣である。民主党・社会民主党・国民新党による連立内閣であった。続く菅直人内閣は，参議院議員選挙の敗北で政権基盤を弱め，2011 年 3 月の東日本大震災と福島第一原子力発電所事故への対応に苦慮する中で辞職した。民主党政権下の 3 番目の内閣野田佳彦内閣は，消費税増税，TPP 参加の実現を目指したが，衆議院議員選挙で敗北して辞職した。

(123)(124)第二次世界大戦後の首相の通算在職日数で安倍晋三，佐藤栄作，吉田茂に次ぐのは小泉純一郎内閣である。「聖域なき構造改革」を掲げ世論の支持をバックに長期政権を維持した。

▶問 2．(1) 1899 年に政党の影響力が官僚に及ぶのを防ぐために改正された法律は文官任用令である。第 2 次山県有朋内閣によって改正され，勅任官の自由任用を制限し，文官高等試験合格の奏任官から任用することとした。

(2)東京裁判（極東国際軍事裁判）で死刑判決となった唯一の文官は広田弘毅である。侵略戦争計画者として「平和に対する罪」に問われたA級戦犯 28 名の戦争責任が追及された裁判により，7 名が絞首刑となった。7 名のうち文官は広田だけであり，他の 6 名はすべて陸軍の大将または中将であった。

(3)マッカーサーの指示で 1950 年に作られ，後に自衛隊になる組織は警察予備隊である。朝鮮戦争に出動した在日米軍の空白を埋めるため，第 3 次吉田茂内閣がポツダム政令として警察予備隊令を公布し，約 7 万 5 千名で発足した。

(4) 1927 年，浜口雄幸を総裁として成立した立憲民政党は，憲政会と政友本党が合同して結成され，浜口内閣・第 2 次若槻礼次郎内閣の与党となった。

(5) 2009 年 8 月の総選挙の際，民主党のマニフェストには普天間基地への直接的な言及があったわけではないが，鳩山由紀夫代表が「最低でも県外移設」と主張し注目された。しかし，政権発足後，鳩山内閣は基地の沖縄県外移設でアメリカを説得することができず，辞職に追い込まれた。

❖講 評

大問数は3題で例年と変わりなかった。解答個数は2020年度から5個増加して82個だった。選択問題が62個（すべて語句選択），記述問題が18個，短文論述問題が2個となっている。年代配列問題と正文・誤文判定問題は2020年度同様出題されなかった。短文論述問題は10字以内という短い字数のものが2個出題された。選択問題が2020年度の55個から62個に増加したが，記述問題は2020年度の21個から18個に減少している。

難易度は2018年度以降，全体的に易化傾向にあると言ってよいだろう。2021年度も選択・記述問題は基本的な用語が大半であり，論述も短文のみであった。

時代・分野別ではⅠが中世の政治史，Ⅱが近世～現代の外交史・文化史，Ⅲが近現代の政治史・外交史となっている。例年，時代別では近現代からの出題が最も多く，続いて中世，近世の順である。2021年度は戦後史からの出題が多かった。分野別では例年，政治・外交史を主としているが，2021年度は文化史も出題されているので注意が必要である。時代・分野は年度によってバラつきがあるので，全時代・全分野の学習が必要である。

Ⅰは中世の政治と争乱に関する出題。基本的な問題ばかりであった。ここで高得点をねらいたい。難易度はやや易。

Ⅱは江戸時代から戦後史までのオランダと日本の関係についての出題。(59)(60)「津田真道」，(69)(70)『通航一覧続輯』，問2のaの「江戸参府」がやや難しかったかもしれない。難易度は標準。

Ⅲは近現代の長期政権に関する出題。(117)(118)「鳩山由紀夫」，(119)(120)「菅直人」，(121)(122)「野田佳彦」，問2の(5)の「普天間基地」など2000年以降の政治史の知識が問われており，戦後史の学習に時間をかけられなかった受験生にはやや難しかったかもしれない。難易度は標準。

全体として問題量は多いが，基本事項が中心である。教科書に記載のないような難問が出題されることもあるが，数としては少ないので，教科書の範囲内で解ける問題を取りこぼさないことが重要である。

世界史

I 解答

問1．(1)(2)—13　(3)(4)—12　(5)(6)—57　(7)(8)—58
(9)(10)—67　(11)(12)—54　(13)(14)—34　(15)(16)—59　(17)(18)—26
(19)(20)—38　(21)(22)—17　(23)(24)—14　(25)(26)—50　(27)(28)—51　(29)(30)—68
(31)(32)—20　(33)(34)—15　(35)(36)—53　(37)(38)—70　(39)(40)—43　(41)(42)—71

問2．(あ)ヴィジャヤナガル王国　(い)ヒンドゥー教

問3．トルデシリャス条約

問4．アカプルコ，マニラ

問5．朝貢国が貢物を皇帝に献上し，多くの返礼品を下賜されたから。（30 字以内）

問6．アフリカに拠点を持っていなかったから。（20 字以内）

◀解　説▶

≪15～21 世紀の世界の一体化の歴史≫

▶問1．(1)(2)イベリア半島はヨーロッパ最西端に位置し，地理的に大西洋や北アフリカに近く，またレコンキスタを推し進めてきたエネルギーが外に向かうことで大航海時代を切り開いていった。

(3)(4) 1469 年，アラゴン王子フェルナンドとカスティリャ王女イサベルが結婚し，それぞれの国の国王に即位したことから 1479 年に両国が合併してスペイン王国が誕生した。

(5)(6)ナスル朝はグラナダを都としたイベリア半島最後のイスラーム王朝。ナスル朝の王宮であったアルハンブラ宮殿はイスラーム建築の代表である。

(7)(8)バルトロメウ=ディアスはアフリカ南端の岬を「嵐の岬」と命名したが，ポルトガル国王ジョアン２世が「喜望峰」と改称した。

(9)(10)モルッカ諸島はクローブ（丁字）とナツメグ（ニクズク）の原産地で，香辛料を豊富に産することから「香料諸島」とも呼ばれた。ポルトガル・オランダ・イギリスなどが激しい争奪戦を繰り広げたが，1623 年のアンボイナ事件でオランダの領有が確定した。

(11)(12)トスカネリは 15 世紀の天文学者で，西回り航路がアジアへの最短ルートであることを提唱した。

⒀⒁サンサルバドルは「聖なる救世主」の意味。コロンブスによる命名である。

⒂⒃バルボアはスペインの探検家。1513年，パナマ地峡を横断して太平洋に到達し，「南の海」と名づけた。「太平洋」はマゼランの命名。

⒄⒅紅巾の乱（1351～66年）は白蓮教徒を中心とした農民反乱。白蓮教は南宋に始まる仏教系の民間信仰で，元末には，弥勒仏が民衆を救うためにこの世に現れるという下生信仰と結びついて拡大した。白蓮教徒は清代の18世紀末から19世紀にかけても反乱を起こしている。

⒆⒇朱元璋は貧農出身の流浪僧であったが，紅巾の乱に加わって頭角を現し，1368年に明を建国した。中国の歴史上，農民から皇帝になったのは漢の高祖（劉邦）と朱元璋（洪武帝）の2人だけである。

㉑㉒洪武帝は倭寇対策として海禁政策をとり，民間の海上交易，大型船の建造を禁止し，朝貢貿易のみを認めた。しかし，明代中期になると密貿易が盛んとなり，その取り締まりが倭寇の大規模な侵入を引き起こしたため，16世紀中頃に海禁は緩和された。

㉓㉔永楽帝は明の第3代皇帝。燕王に封じられて，北平（現在の北京）一帯を治めていたが，靖難の役で甥の建文帝から帝位を奪い即位した。

㉕㉖鄭和は雲南出身でムスリムの宦官。1405年から7回南海遠征を行い，マラッカ王国を根拠地として南海諸国に明への朝貢を促した。

㉗㉘テオティワカン文明は，前1～後6世紀にメキシコ高原に成立した文明で，「太陽のピラミッド」や「月のピラミッド」で知られる。

㉙㉚ユカタン半島は，メキシコ湾とカリブ海を分けるように突き出た半島で，前1000年頃から16世紀にかけてマヤ文明が栄えた。

㉛㉜クスコは標高3400mに位置するインカ帝国の首都。クスコからは国内各地に道路網が延び，駅伝制が整備されていた。

㉝㉞エンコミエンダはスペイン語で「委託」の意味。ラテンアメリカにおける先住民の保護とキリスト教化を条件として，スペイン国王が先住民とその土地に対する支配をスペイン人植民者に委託した。しかし，先住民は鉱山などで実質的に奴隷として酷使されたために人口が激減したことから，エンコミエンダ制は16世紀には衰退し，アシエンダ制に移行した。

㉟㊱ラテンアメリカにおける先住民人口減少の原因の多くは，天然痘や麻疹など，ヨーロッパから持ち込まれた伝染病によるものであった。先住

民には免疫がなかったため，こうした伝染病が急速に蔓延した。

(37)(38)ラス=カサスはスペインのドミニコ修道会の聖職者。エンコミエンダ制下の先住民の悲惨な状況を国王カルロス 1 世に訴えた。

(39)(40)世界貿易機関の略称は WTO で，本部はジュネーヴに置かれている。

(41)(42)難問。2004 年にヨーロッパ憲法条約が採択されたが，翌年にフランス・オランダが批准を拒否したため，リスボン条約では「憲法」の文言を廃し，共通の旗や国歌の規定を削除して中央集権的な色彩を弱めている。

▶問 2．ヴィジャヤナガル王国（1336～1649 年）はデカン高原中南部から南インドを支配したヒンドゥー王国。この王国はインド洋交易を通じて西アジアから馬を大量に入手して軍事力を高め，南インドに支配を拡大し，ムスリム政権に対抗した。

▶問 3．1493 年にローマ教皇アレクサンデル 6 世が植民地分界線（教皇子午線）を設定した。しかし，これに不満を持ったポルトガル国王ジョアン 2 世が直接スペインと交渉し，翌 1494 年に両国間で結ばれたのがトルデシリャス条約。教皇子午線を修正して，西方へ約 1500km 境界線を移動した結果，その後，ポルトガル人カブラルが漂着したブラジルがポルトガル領となった。

▶問 4．スペイン商人がメキシコのアカプルコとフィリピンのマニラを結んで行った貿易は，アカプルコ貿易やガレオン貿易と呼ばれる。アカプルコからマニラにメキシコ銀を運び，中国商人がマニラに運んだ絹・陶磁器などと交換した。

▶問 5．やや難。朝貢では，朝貢国から臣従の証として特産物などの貢物が皇帝に捧げられたが，皇帝からその貢納を上回る返礼品が与えられたため，二国間に貿易としての関係が成立したと考えればよい。中華思想（華夷思想）では，夷狄に対しての返礼は中国が与える恩恵であると考えられた。そのため皇帝からの返礼品は貢物の数倍から数十倍となった。

▶問 6．アシエントはスペイン領アメリカに対する奴隷供給請負契約のこと。スペインは黒人奴隷の労働力を必要としたが，トルデシリャス条約によって奴隷供給地のアフリカに貿易拠点を持つことができなかった。そのため，ポルトガル，オランダ，フランス，イギリスなどの商人と奴隷貿易のアシエントを結んだ。

Ⅱ 解答

問１．⒀⒁―17　⒂⒃―58　⒄⒅―53　⒆⒇―62
(51)(52)―33　(53)(54)―68　(55)(56)―36　(57)(58)―26　(59)(60)―74
(61)(62)―50　(63)(64)―51　(65)(66)―64　(67)(68)―29　(69)(70)―22　(71)(72)―25
(73)(74)―41　(75)(76)―16　(77)(78)―59　(79)(80)―40　(81)(82)―14

問２．ガール水道橋

問３．パンと見世物〔パンとサーカス〕

問４．(あ)綿布

(い)中国へのアヘン・綿花の輸出などでインドの貿易赤字を補った。

問５．リヴァプール

問６．アングロ=サクソン系白人のプロテスタント。

◀解　説▶

≪都市の歴史≫

▶問１．(43)(44)ウルはユーフラテス川流域に位置するシュメール人の都市国家で，20 世紀前半にイギリスによって発掘された。

(45)(46)セム系のフェニキア人は，現在のレバノンを中心とする地域を拠点に海上交易で活躍した。

(47)(48)やや難。語群から「1 世紀」のローマ皇帝を選択すればよい。ネロ帝は 64 年にキリスト教徒への大迫害を行ったことで知られる。五賢帝の一人であるアントニヌス=ピウス帝は 2 世紀の皇帝，カラカラ帝は 3 世紀（212 年）にアントニヌス勅令を発布した。

(49)(50)難問。ブダペストがローマ都市であったことは，かなり細かい知識であるが，消去法で解答は可能。コペンハーゲンやストックホルムは北欧で，ローマ帝国の支配下に入っていない。また，ブダペストがドナウ川沿いの都市であることを知っていれば，ローマ帝国の境界線がライン・ドナウ川であったことからも推測できる。

(51)(52)サータヴァーハナ朝はドラヴィダ系の王朝で，アーンドラ朝ともいう。

(53)(54)綿布，胡椒の他に香辛料，真珠，象牙などがローマにもたらされ，インドには金貨，ガラス器，ブドウ酒などがもたらされた。サータヴァーハナ朝の遺跡からは大量のローマ金貨が出土している。

(55)(56)『三大陸周遊記』は『旅行記』ともいう。イブン=バットゥータはモロッコ生まれ。1325 年メッカ巡礼に出かけたあと，ロシア・インド・中国・北アフリカなどを遍歴し，帰国後，『三大陸周遊記』が口述筆記された。

(57)(58)リード文に「手工業製品」と明記されているので，(53)(54)の正解である綿布を除けば，毛織物しか当てはまらない。フランドルやフィレンツェ産の毛織物が，ヨーロッパからイスラーム世界に輸出された。

(59)(60)ワクフは公共施設を運営するために富裕層が私有財産を寄進すること，および寄進財産を意味する。

(61)(62)アイバクがゴール朝のマムルーク（奴隷身分の軍人）出身であり，歴代のスルタンに奴隷出身者が多いことから奴隷王朝と呼ばれた。

(63)(64)トンブクトゥはニジェール川湾曲部に位置する交易都市。マリ王国やソンガイ王国の経済・文化の中心として栄えた。

(65)(66)フラグは 1258 年にバグダードを攻略してアッバース朝を滅ぼした。

(67)(68)工場法は 1802 年以来度々出されているが，1833 年の工場法は，児童労働の制限や工場監督官の設置などが定められ，実効力のある法律となった。

(69)(70)アメリカ=メキシコ戦争の結果，アメリカがカリフォルニアを獲得したのが 1848 年 2 月。カリフォルニアで金鉱が発見されたのは，その直前の 1848 年 1 月のことであった。これがゴールドラッシュの始まりとなり，全世界から人々が殺到して人口が急増したことから，1850 年にカリフォルニアは一挙に州に昇格した。

(71)(72)クーリーはもともとインド人労働者を意味する言葉であったが，アロー戦争後に中国人労働者の海外移住が増加すると「苦力」の字が当てられ，アジア系移民労働者を指すようになった。アメリカではゴールドラッシュ時代の鉱山や大陸横断鉄道の建設現場で，低賃金の過酷な労働を強いられた。

(73)(74)スエズ運河は，フランス人レセップスによって 1869 年に開通した。

(75)(76)岩倉具視を全権とする遣欧使節は，1871 年に横浜からカリフォルニアに渡り，アメリカ大陸を横断してワシントンに到着，さらに大西洋を渡り，ヨーロッパ各国を歴訪して 1873 年に帰国した。

(77)(78) 1908 年にT型フォードの製造販売を開始したフォードは，1914 年には組み立てライン方式導入による作業効率化で低価格化に成功し，自動車の大衆化を実現した。

⑺⑻公民権法は投票・教育・公共施設利用上の人種差別を禁止した法律。ケネディ大統領によって取り組まれたが，その暗殺後，後任のジョンソン大統領が1964年に成立させた。

⑻⑻難問。アラブ首長国連邦は7つの首長国からなる連邦国家。19世紀末にイギリス保護領となったが，1968年にイギリスがスエズ運河以東からの撤退を宣言したことから，1971年に独立した。

▶問2．ガール水道橋は南フランスのガール県のガルドン川に架かる水道橋で，帝政ローマ初期の50年頃に建設された。

▶問3．パンは食糧（穀物），見世物（サーカス）は円形闘技場で行われた剣闘士の試合などの娯楽のこと。皇帝や富裕者は民衆の不満を抑えて社会の安定を図るため，穀物を無料配布したり，剣闘士の試合を主催して娯楽を市民に無料で提供したりした。

▶問4．(あ)問1の(53)(54)と同じ綿布が正解。

(い)難問。設問文の「その主要品（綿布）の輸入額が輸出額より多くなった側」はインドである。このインドの貿易赤字を補うため，インドは中国へアヘンや綿花を輸出している。この他，東南アジアやアフリカなどにも綿布を輸出し，イギリスへも綿花などの原料を輸出することで貿易赤字を補おうとした。〔解答〕では中国への輸出について説明したが，他の地域への輸出について言及してもよいだろう。

▶問5．リヴァプールには大西洋三角貿易の一環である奴隷貿易を通じて巨額の資本が蓄積された。この資本が後背地のマンチェスターに木綿工業を発展させる背景となった。

▶問6．WASPはWhite，Anglo-Saxon，Protestantの略。アングロ=サクソン系は実質的にはイギリス人を指すので，「イギリス人」としてもよい。

Ⅲ　解答

問1．(83)(84)―17　(85)(86)―20　(87)(88)―13　(89)(90)―22
(91)(92)―23　(93)(94)―33　(95)(96)―29　(97)(98)―47　(99)(100)―36
(101)(102)―28　(103)(104)―49　(105)(106)―40　(107)(108)―37　(109)(110)―45　(111)(112)―25
(113)(114)―32　(115)(116)―34　(117)(118)―30　(119)(120)―24　(121)(122)―46　(123)(124)―14
(125)(126)―12

問2．(127)―4　(128)―4

問３．(129)―３　(130)―４　(131)―２　(132)―１

問４．貴族，ブルジョワジー〔有産市民層〕，農民，都市民衆（順不同）

問５．経済開発を効率的に行うために正当化された，強権的な支配体制。

◀解　説▶

≪革命の歴史≫

▶問１．(83)(84)価格革命は，アメリカ大陸との交易が始まった結果起こったヨーロッパの物価騰貴。1545 年に発見されたポトシ銀山などから大量の銀が流入した結果，ヨーロッパの銀価格が下落し，物価が２～３倍に上昇，定額固定地代の収入で生活する封建領主の没落を決定的にした。

(85)(86)産業革命で大規模な機械制工業が発達すると，大量の原料・製品・石炭などをできるだけ早く安く輸送するため，交通革命が起こった。産業革命初期には運河の建設が盛んに行われ「運河時代」と呼ばれたが，19 世紀半ばから鉄道が交通の主力となっていった。

(87)(88)イギリス革命はピューリタン革命（1640～60 年）のこと。ステュアート朝の絶対王政を倒し，立憲君主政を実現させた市民革命。なお，ピューリタン革命と名誉革命（1688～89 年）を合わせてイギリス革命という場合もある。

(89)(90)国民議会は 1789 年６月に成立し，７月には憲法制定国民議会と改称した。封建的特権の廃止や人権宣言などの重要な決定を行い，立憲君主政を定めた 1791 年憲法を制定して解散，代わって立法議会が誕生した。

(91)(92)国民公会は 1792 年９月に開催され，直後に王政の廃止と共和政の宣言が行われ（第一共和政），翌 1793 年にはルイ 16 世の処刑を決議している。

(93)(94)ジロンド派はブルジョワジーを中心とする穏健共和派。立法議会では立憲君主政を主張するフイヤン派と対立したが，1792 年に政権を握り，オーストリアに宣戦した。国民公会では急進共和派のジャコバン派と対立し，1793 年に国民公会から追放された。

(95)(96) 1789 年パリのジャコバン修道院で結成されたジャコバン=クラブから，1791 年にフイヤン派，1792 年にジロンド派が離脱していった。その結果，残った急進共和派がジャコバン派と呼ばれるようになった。議場の高い場所に席を占めたため，山岳派とも呼ばれる。

(97)(98)共和暦２年テルミドール９日は 1794 年７月 27 日。このクーデタによりジャコバン派は失脚し，穏健共和派が国民公会の主導権を握り，総裁政府が樹立された。

(99)(100)フランスの帝政は 2 回。ナポレオン 1 世の第一帝政は 1804～1814 年（1815 年までとされる場合もある），ナポレオン 3 世の第二帝政は 1852～1870 年。

(101)(102)七月革命は 1830 年 7 月に復古王政のシャルル 10 世を倒した革命。ルイ=フィリップの七月王政が成立した。

(103)(104)二月革命は七月王政が普通選挙の実現を拒否したことに対して起きた革命。1848 年 2 月，パリ市民が蜂起し，国王ルイ=フィリップがイギリスに亡命し七月王政が倒された。

(105)(106)第二共和政は，1848 年の二月革命で成立した臨時政府から，1852 年にナポレオン 3 世による第二帝政が開始されるまでの共和政体。

(107)(108)第五共和政は，1958 年に大統領権限を強化した第五共和国憲法が制定されて成立，現在まで継続している。

(109)(110)チャーティスト運動は第 1 回選挙法改正で選挙権が認められなかった都市労働者による普通選挙を議会に要求する請願運動。1848 年の二月革命の影響で再燃したが，内部対立もあって衰退した。

(111)(112)ウィーン三月革命でオーストリア宰相のメッテルニヒが失脚してイギリスに亡命し，ウィーン体制は崩壊した。

(113)(114)ヨーロッパ各地でナショナリズムが高揚した「諸国民の春」は，1848 年 6 月にフランスの労働者蜂起（六月蜂起）が鎮圧されて以降は，一斉に反動化して急速に終焉を迎えた。ウィーンとベルリンの三月革命は，それぞれ 10 月と 11 月に鎮圧され，独立を宣言したハンガリーの民族運動も 1949 年に敗北した。

(115)(116)難問。ロシア二月革命が勃発した時，レーニンはスイスにいた。レーニンは敵国であるドイツを通過する際に，ドイツ市民と接触しないことを条件とした「封印列車」でロシアに帰国している。なお，二月革命はロシア暦で，グレゴリウス暦では 3 月にあたるため，三月革命ともいう。

(117)(118)十月革命は，ロシア暦の 1917 年 10 月（グレゴリウス暦では 11 月）に臨時政府を倒して政権を奪取，ボリシェヴィキ独裁を実現した。

(119)(120)1910 年，マデロがメキシコ革命を開始すると，サパタは農民軍を組織してこれに参加，ディアス独裁政権を倒すことに成功した。しかし，農地改革を主張したことからマデロと対立，政権から排除された。その後も農民運動を継続したが，その存在を危険視したカランサ派により 1919 年に暗殺された。

⑿⑿ディアスはメスティーソ出身の軍人。1876 年のクーデタで大統領となり，長期にわたり独裁体制を維持した。

⒀⒁イランでは 1905 年にイラン立憲革命が起こり，翌年にはイラン最初の議会が開催されたが，イギリス・ロシアの干渉により 1911 年に挫折した。

⒂⒃やや難。「アラブの春」はチュニジアでの民衆蜂起（ジャスミン革命）を契機に，2011 年にアラブ諸国に広がった民主化と自由を求める運動。チュニジアではベン=アリ大統領，エジプトではムバラク大統領，リビアではカダフィ大佐，イエメンではサレハ大統領の独裁政権が倒された。

▶問２．ユゴーの『レ・ミゼラブル』は，ナポレオン１世の没落直後から七月王政までを時代背景に，虐げられた人々を人道的に描いた長編小説。

▶問３．１．イラン立憲革命と間違わないように。ホメイニを指導者としてパフレヴィー朝を倒したイラン革命は 1979 年。

２．カストロがバティスタ政権を倒したキューバ革命は 1959 年。

３．アブデュルハミト２世の専制政治を倒し，立憲政治を復活させた青年トルコ革命は 1908 年。

４．マデロらがメキシコ革命を起こしたのは 1910 年。

したがって，３．青年トルコ革命→４．メキシコ革命→２．キューバ革命→１．イラン革命の順となる。

▶問４．やや難。フランス革命は王権に対する貴族の反抗をきっかけに始まったが，ブルジョワジー（有産市民層）がそれまでの身分制であるアンシャン=レジームを打ち壊して，その政治的発言力を確立することになった。農民や都市民衆もこれに重要な役割を果たしたが，同時に，ブルジョワジーが推進した資本主義経済に対しては，それぞれの立場から対立している。このため，フランス革命は「複雑な経過をたどった」のである。

▶問５．難問。開発独裁は 1950～70 年代のアジア・アフリカ・ラテンアメリカなどの開発途上国で多く見られ，大韓民国の朴正熙政権，フィリピンのマルコス政権，インドネシアのスハルト政権，イランのパフレヴィー政権などがその典型例とされる。

❖講　評

Ⅰは世界の一体化をテーマとした問題。大航海時代，明の交易体制，アメリカ大陸の征服と黒人奴隷貿易，欧州連合などについて問われている。空所補充では問1の(41)(42)のリスボン条約が難しい。年号に注意して，マーストリヒト条約と早とちりしないこと。問5は，朝貢を理解していても，どのように書いていいのかすぐに判断できなかった可能性がある。問6はやや意表をついた問題で戸惑った受験生もいたと思われるが，トルデシリャス条約との関連で，スペインがアフリカに拠点を持たなかったことを推測したい。

Ⅱは「都市の歴史」をテーマにした経済史に関する問題で，商学部らしい出題である。古代オリエントの都市，ローマ都市，イスラームの都市，産業革命期の都市，近代アメリカの都市などを中心に問われている。おおむね教科書レベルの知識で対応できるが，問1の(47)(48)のネロや(49)(50)のブダペストは消去法での対応が必要。また，(81)(82)のアラブ首長国連邦の旧宗主国イギリスは難問。問4の経済史の論述問題については教科書を丁寧に学習していれば対応できるが，見逃しやすく，書きにくい問題であった。

Ⅲは「革命の歴史」をテーマにした問題。フランス革命を中心に，価格革命・交通革命・イギリス革命・ロシア革命・メキシコ革命などが問われている。問1では(115)(116)のレーニンとスイスの関係は，かなり詳細な事項である。(125)(126)の「アラブの春」は現代情勢について注意を払っていないと，やや難しい。また，(119)(120)のサパタや(121)(122)のディアスなどメキシコ革命に関わる人物は，学習量が少ないと対応が苦しくなる。問4のフランス革命に参加した4つの社会層は，フランス革命の推移を構造的に理解していることが求められており，一部の教科書で言及はあるが，読み流してしまいがちな説明であるため得点差が生じやすいと思われる。問5の開発独裁を説明する論述問題も書きにくい内容だった。

2021 年度は，空所補充形式の語句選択問題が 2020 年度の 56 問から 63 問に増加したが，論述問題は6問から4問に減少し，全体的には易化した。しかし，解答そのものは標準的なものであっても，それを導き出すのにかなり考えなければならないものが多く，時間的余裕はあまりないと思われる。総合的に考えると，かなりレベルの高い出題である。

地理

I 解答

問1．(1)(2)—38　(3)(4)—23　(5)(6)—29　(7)(8)—24
(9)(10)—27　(11)(12)—40　(13)(14)—28　(15)(16)—12　(17)(18)—32
(19)(20)—19　(21)(22)—43

問2．あ．東北地方太平洋沖　い．ケスタ　う．第3のイタリア〔サードイタリー〕

問3．チェルノブイリ

問4．ボルドー

問5．シリコンヴァレー

◀解　説▶

≪エネルギー資源と産業≫

▶問1．(1)(2)福島県には福島第一と福島第二の2つの原子力発電所があるが，そのうち原発事故が発生したのは福島第一原子力発電所である。地震，津波の被害に伴う電源喪失のため原子炉の冷却ができず，燃料が融けて炉心溶融が起き，原子炉建屋の水素爆発などの重大事故が起こった。この事故により大量の放射性物質が広範囲に放出され，周囲の環境が汚染された。

(3)(4)地球環境への負荷が小さく持続的に利用可能な非枯渇性のエネルギーを再生可能エネルギーという。太陽光など自然の力を利用したものや，廃棄物を燃料とするもの，生物由来のバイオマスエネルギーなどがある。

(5)(6)原子力発電の燃料はウランであるが，燃料使用後に発生した使用済み核燃料から燃え残ったウランとプルトニウムを分離，回収する再処理を行い，燃料として再利用する行程を核燃料サイクルという。この循環が働くとウランの利用の効率化を高められるが，再処理は技術的に難しい。

(7)(8)大隅半島は鹿児島湾の東側に位置する半島で，湾の西側の薩摩半島との間に位置する活火山が桜島である。かつて桜島は鹿児島湾内に位置する島であったが，1914年の大正噴火で発生した溶岩流により大隅半島と陸続きになった。鹿児島県北西部の薩摩川内市には川内原子力発電所がある。

(9)(10)地震災害や火山災害など，危機的な自然現象によって起こる人間社会や環境に対する被害は自然災害とよばれる。自然災害の中でも暴風などを特に気象災害ということがある。

(11)(12)・(13)(14)フランスで酒造に利用される栽培作物はブドウである。フランスではブドウは各地で栽培され，生産量は世界5位である（2018年）。ケスタが発達したパリ盆地の東部で，ブドウの栽培がさかんなシャンパーニュ地方は，発泡性ワインのシャンパンの醸造で知られる。

(15)(16)ブドウは夏季に高温乾燥の地中海性気候での栽培が知られるが，地中海沿岸以外にパリ盆地周辺やドイツのモーゼル川流域でも栽培されている。ブドウ栽培の北限の線は教科書等でも図示されているが，パリ北部からドイツ中央部を横切り，ハンガリー，ルーマニアの北部を結んで描かれている。よって，北緯50度が最も適当といえる。

(17)(18)二酸化炭素やメタンは温室効果ガスとよばれ，これらの排出量が増大することにより地球規模で大気や海水の平均温度が上昇する現象は地球温暖化とよばれる。地球温暖化は異常気象や海面上昇などを招き，地球環境や人間社会に大きな影響を及ぼしている。

(19)(20)ブドウ栽培は地中海沿岸地方でさかんなことから，地中海性気候がみられるアメリカ南西部の太平洋岸に位置するカリフォルニア州が該当する。アメリカ合衆国のブドウの生産量は世界3位である（2018年）。

(21)(22)「起業」，「創造的」などの語に注目しよう。革新的な技術や独創的で高度な知識をもとに，新たな経営を行う企業活動はベンチャービジネスとよばれ，先端技術産業などの知識集約的な産業分野に顕著にみられる。

▶問2．あ．2011年に発生し，原発事故を誘発した地震は，東北地方太平洋沖地震である。マグニチュード9.0の巨大地震で，太平洋プレートの沈み込み帯にあたる日本海溝で発生した海溝型地震のため，東日本の太平洋岸を中心に大きな津波が起こった。この地震によって引き起こされた災害は東日本大震災とよばれる。

い．急崖と緩斜面の双方がみられる地形はケスタである。構造平野が発達し，軟らかい地層と硬い地層が交互に堆積した地層が緩やかに傾斜した地域では，地層の侵食の違いにより，斜面と急崖をもつ丘陵が形成される。

う．プラートはやや細かい都市名であるが，イタリア中部のフィレンツェ近郊に位置し，伝統的に毛織物を生産する繊維工業がさかんで，中世以来のすぐれた技術をもつ職人が集まっているとされる。イタリアではプラートのほかフィレンツェやヴェネツィアなど，繊維，革製品，家具などの工業で，伝統技術を生かし小規模で多種少量生産を特徴とする地域が近年注目されている。イタリア国内で，近代工業が発達した北部や農業中心の南部に対し，こうした地域は第3のイタリア（サードイタリー）とよばれる。

▶問3．1986年にレベル7の原子力発電事故を起こした発電所は，ウクライナの首都キエフ北方にあるチェルノブイリ原子力発電所である。事故により4号機の建物が破壊され，多数の被曝者を出し，地球規模の放射能汚染をもたらした。国際原子力機関（IAEA）などが策定した原子力事故の国際評価尺度はレベル1からレベル7に分類され，そのうち深刻な事故とよばれる最高のレベル7に相当するのは，チェルノブイリ原子力発電所と福島第一原子力発電所の2つの事故である。

▶問4．ガロンヌ川はピレネー山脈に源を発し，フランス南西部を流れ下流のメドック地方でビスケー湾にそそいでいる。河口部にはエスチュアリー（三角江）が発達していることで知られる。このメドック地方の中心都市がボルドーで，古くからワインの積み出し港として機能し，付近で生産されるワインはボルドーワインとして世界的に知られる。

▶問5．半導体製品の原料の多くを占めるのは，日本語ではケイ素とよばれるシリコンであることからも解答が導けるだろう。アメリカ南西部カリフォルニア州サンフランシスコ近郊のサンタクララヴァレーにあるサンノゼを中心とした地域はシリコンヴァレーとよばれ，半導体やインターネット関連などの先端技術産業が集積している。この地域からは今日の世界的なソフトウェア，ネットサービス企業が多数生まれている。

Ⅱ 解答

問1．(23)(24)—14　(25)(26)—24　(27)(28)—22　(29)(30)—19
(31)(32)—16　(33)(34)—35　(35)(36)—25　(37)(38)—39　(39)(40)—37
(41)(42)—32　(43)(44)—34　(45)(46)—28　(47)(48)—31　(49)(50)—23　(51)(52)—29

問2．(53)—1　(54)—6　(55)—8　(56)—3　((53)，(54)は順不同)

問3．あ．国際河川　い．運河

問4．a．船舶　b．航空機

◀解　説▶

≪交通の種類と発達≫

▶問1．(23)(24)トルコの都市で，「現在でもアジアとヨーロッパを結ぶ要地」であることからイスタンブールが導けるだろう。イスタンブールは古くから東西交通の要地として繁栄した。ボスポラス海峡をはさんで西のヨーロッパ側と東のアジア側に分けられる。

(25)(26)東西交易路は古代からアジアとヨーロッパを結ぶ交流のルートで，内陸アジアの北部を東西に結ぶ草原の道，砂漠地帯に点在するオアシスを結ぶオアシスの道，南方の海上を船で往来する海上の道が知られる。そのうちオアシスの道は，狭義のシルクロードとよばれる。また，ドイツの地理学者のリヒトホーフェンが用いた語句としても知られる。

(27)(28)イスタンブールを含めて，トルコの北側に面する海を考えると黒海が該当する。イスタンブールの南側にはマルマラ海が広がり，エーゲ海を経て地中海につながっている。

(29)(30)・(31)(32)オアシスの道が通る中央アジア，西アジアは，中緯度の内陸地域に位置し，砂漠やステップが広がる乾燥帯となっている。乾燥地帯で貴重な水が得られるオアシスは，地下水が湧く場所や大山脈の山麓などに分布し，早くから集落が発達して，隊商による交易で経済が繁栄した。

(33)(34)ライン川はスイスのアルプス山脈に水源をもち，ドイツ西部を流れ，オランダのロッテルダム付近で北海にそそいでいる。

(35)(36)ライン川流域では鉄鉱石とならんで石炭が産出される。ルール炭田，ザール炭田などの石炭産地があり，原料指向型の製鉄業が発達した。

(37)(38)リッペ川と同じライン川の支流で，リッペ川の南側を平行するように流れる川はルール川で，この2つの川の間に位置する工業地帯がルール工業地帯である。ヨーロッパ最大の工業地帯で，ルール炭田とライン川の水運を背景に，金属，機械，化学などの工業が発達した。しかし，石炭産業の衰退などにより従来の重工業が衰退し，近年はエレクトロニクスなどの先端技術産業が発達しつつある。

⑶⑷陸上交通の主役が鉄道交通から自動車交通へ入れ替わり，日常生活での自動車への依存が高まる現象はモータリゼーションとよばれる。自動車の性能の向上や国民所得の上昇，自動車専用道路の拡大が背景にある。

⑷⑷自動車の動力源に用いられるガソリンや軽油の主成分は炭素と水素であり，燃焼すると，一酸化炭素，二酸化炭素，窒素酸化物などが排出される。自動車の排気ガスの増大は温室効果ガスの増大につながるため，地球温暖化の進行が懸念される。

⑷⑷各地域の拠点となる空港は，周囲に放射状に航空路をもち，自転車の車輪の中心（ハブ）にたとえてハブ空港とよばれる。幹線航空路のハブ空港に発着便を集中させ，周囲の空港へは乗り換え便を利用することで，航空路の効率的な利用をはかっている。

⑷⑷航空機を利用する貨物は輸送費が高額なため，半導体，貴金属など，比較的小型，軽量で単価が高い貨物や，生鮮食品，花卉など鮮度が重視される貨物の輸送に利用される。

⑷⑷日本の輸出入総額における最大の貿易港は成田国際空港である。輸出額は自動車関連の輸出額が多い名古屋港に次いで2位であるが，輸入額は1位である（2019 年）。主な輸出品目は半導体製造装置，科学光学機器で，主な輸入品目は通信機，医薬品である。

⑷⑸交通技術の発達により短縮されたと考えられる距離は時間距離とよばれる。地球上の2地点間の距離について，長さで表した絶対的な距離ではなく，移動にかかる時間で表した距離のことを指す。

⑸⑸インターネットの普及など通信技術の発達によって，情報を得たり情報技術を利用したりできる地域や人々と，そうでない地域や人々との間に生じる格差はデジタルデバイド（情報格差）とよばれる。今日，先進国と発展途上国との間で，また発展途上国の中でも社会階層の違いによって大きな格差があることが問題となっている。

▶問2．⑸・⑸水上交通は船舶を利用するため迅速さには欠けるが，重い貨物や容積の大きい貨物を安価かつ大量に輸送することには適している。

⑸鉄鉱石をはじめ，穀物，木材チップなど，梱包されない状態で大量に輸送される貨物をばら積み貨物といい，これらを運搬する船はばら積み船

（バルクキャリア）とよばれる。

(56)荷物の荷造りや積み替えの効率化をはかるために利用する，規格化された金属製の大型の容器をコンテナといい，コンテナを専門に輸送する船をコンテナ船という。さまざまな貨物の輸送に用いられ，今日，国際間の貨物輸送の主要な輸送手段となっている。

▶問３．あ．国際河川が該当する。複数の国の領域を流れる大河川は，船舶による物資の移動やダム建設など，多用途に利用されるため，世界でも早くから利害関係を調整する機関が設置され，条約が結ばれてきた。

い．運河が該当する。陸地を掘り下げ作る運河には，河川，湖沼を利用し内陸水路交通を支える内陸運河のほかに，２つの海洋を結ぶ海洋運河もある。

▶問４．ａ．輸送用機器が問われているため，船舶，鉄道，自動車，航空機のいずれかが該当すると考えるとよい。表中，シャンハイ（上海）などの中国の都市が多く，中継貿易港のシンガポールが上位にあることから，コンテナ取扱量の統計を想起したい。また，ポートヘッドランドは，オーストラリア北西部に位置し，ピルバラ地区などの鉄鉱石の積出港として知られる。いずれの点からも船舶と判断できる。

ｂ．航空機が該当する。ともに航空交通の要地であるアメリカのメンフィスとアンカレッジが上位に含まれることに注目しよう。メンフィスはややなじみが薄い地名であるが，テネシー州にあり，アメリカ各地の大都市への輸送に便利な位置にあることでハブ空港の役割をもち，世界最大級の貨物航空会社が拠点としている。また，アンカレッジはアラスカ州南部にあり，こちらは北半球の主要都市への連絡が便利な位置にある。航空機は積載燃料を少なくすると，より多くの貨物を積むことができるため，給油中継地となることでハブ空港としての役割をもつと考えられる。

III　解答

問1．(57)(58)―51　(59)(60)―39　(61)(62)―45　(63)(64)―56
(65)(66)―47　(67)(68)―28　(69)(70)―49　(71)(72)―19　(73)(74)―61
(75)(76)―24　(77)(78)―55　(79)(80)―12　(81)(82)―58　(83)(84)―34　(85)(86)―57
(87)(88)―16　(89)(90)―25　(91)(92)―38　(93)(94)―41　(95)(96)―48

問2．あ．地形性　い．農村　う．スラム

問3．塩性化〔塩類化〕

問4．a．原料　b．労働力　c．集積

◀解　説▶

≪インドの地誌≫

▶問1．(57)(58)・(59)(60)稲は植え付け時期をはじめ生育期に多量の水を必要とし，灌漑に便利な低平な耕地が耕作に適する。そのため主に河川による堆積作用で形成された沖積平野で栽培されている。インドでは米は年間降水量1000mm以上の温暖な平野部で生産され，北部のガンジス川流域の沖積平野であるヒンドスタン平原が主な生産地である。

(61)(62)・(63)(64)インドの気候は，季節によって異なる方向から吹く季節風（モンスーン）の影響を強く受ける。冬季には北東方向から，夏季には南西方向から，すなわちインド洋からインド半島や東南アジアへ向かって，高温多湿な南西モンスーンが吹く。

(65)(66)インド半島のアラビア海側には，海岸に沿って南北に西ガーツ山脈が位置する。山脈西側は急斜面で，夏のモンスーンが風下側に大量の降水をもたらすため，弱い乾季がある熱帯雨林（熱帯モンスーン）気候となる。

(67)(68)インドで米に次いで生産量が多く，北部の比較的乾燥した地域で栽培がさかんな穀物は小麦である。米は約1億7300万t，小麦は約1億tと，いずれもインドは中国に次いで世界2位の生産量を誇る（2018年）。

(69)(70)小麦の世界的産地としては，インダス川中流域のパンジャーブ地方が知られる。イギリス植民地時代から灌漑施設が発達し，綿花生産も多い。

(71)(72)インド半島はかつてゴンドワナ大陸の一部であった安定陸塊で，半島の大部分を占めるデカン高原は溶岩台地に覆われた楯状地となっている。

(73)(74)・(75)(76)・(77)(78)デカン高原に広く分布する土壌はレグールである。玄武岩が風化して生成されたレグールは，母岩の影響を強く受けた間帯土壌で，気候や植生の影響を強く受け広範囲に分布する成帯土壌と区別される。肥沃な黒色土のレグールは綿花栽培に適しており，インドは綿花の生産量も中国に次いで世界 2 位である（2018 年）。

⑺⑻インドは 1947 年に独立した。南アジアは 18 世紀ごろからイギリスの植民地支配を受け，第二次世界大戦後，イギリス支配下にあったインド帝国から，ヒンドゥー教徒が多いインド連邦とムスリムが多いパキスタンに分離独立した。1948 年にはスリランカが当時セイロンとして独立した。

⑻⑻インドでは，独立後，当初は公営企業と民間企業による混合経済体制のもとで工業化が進められ，軽工業品から重化学工業品まで，ほぼあらゆる製品を国内でまかなった。国内産業育成のため，輸入に依存してきた消費財を国内生産するこのような工業形態は，輸入代替型工業とよばれる。

⑻⑻民間資本による工業の例として，ジャムシェドプルに近代的な製鉄所を設立したタタ財閥が知られる。ジャムシェドプルには，付近のダモダル炭田の石炭とシングブーム鉄山などの鉄鉱石を背景に製鉄業が立地した。

⑻⑻アジア NIEs（新興工業経済地域）とよばれる韓国，台湾，ホンコン，シンガポールの 4 つの国と地域は，国内の市場規模が小さく，外国から資本や技術を導入し豊富で比較的安価な労働力を利用して積極的に工業化を進めることで輸出が拡大した。こうした輸出を目的に製品を生産する工業形態は，輸出指向型工業とよばれる。

⑻⑻・⑻⑼混合経済体制のもとでは，技術革新が遅れ国際競争力も低下するなどの問題が生じた。そこでインド政府は 1980 年代から経済統制を徐々に緩和し，1991 年に経済開放政策に転換した。海外の資本と技術を積極的に導入することで工業生産は急成長している。

⑼⑼・⑼⑼インドは 2018 年現在で世界 4 位の自動車生産台数を誇るが，生産の中心となっているのはベンガル湾に面したインド南東部の商工業都市チェンナイと，首都デリーの近郊である。デリーとその近郊には複数の日系企業が自動車関連の工場を設立している。

⑼⑼インドでは情報通信技術（ICT）産業が急速に発展しており，ICT 産業がさかんな都市が各地にみられるが，デカン高原上に位置する都市としてはバンガロールが該当する。バンガロールには理系の優れた大学があり，アメリカ合衆国との時差を利用した業務の受託が可能で，英語が堪能な人材が多いことなどが立地の要因になっている。

▶問 2．あ．降雨は，上昇気流が発生し雨雲が発達することで起こる。上昇気流が生じる原因は低気圧の発生などいくつかあり，そのうち山地などの地形の影響によりもたらされる降雨は地形性降雨とよばれる。湿った空気を含む気流が山地の斜面に沿って上昇すると，上空で冷やされて雨雲ができ，山地の風上側に雨を降らせる。

い．就業機会を求めて膨大な人口が「都市へ移動する」地域なので，農村が該当する。インドの都市人口率は約 33％で農村居住者が多い（2015 年）。

う．失業者や低所得者層が集住している劣悪な居住環境の住宅街は，スラムとよばれる。発展途上国の大都市によくみられるが，都市内部のインフラが十分に整備されないまま人口が急増する場合に形成される。

▶問３．乾燥した地域は蒸発作用が大きいため，灌漑耕作を行うと，地中にしみこんだ水が土壌中の塩分を溶かし，その塩分を含んだ水が毛細管現象によって吸い上げられ，地表に塩類を集積する現象を引き起こす。この現象は土壌の塩性化や塩類化とよばれる。

▶問４．ａ．製鉄業は，原料となる鉄鉱石や石炭の産地が特定の場所に限られており，製品にすると重量が減るので，輸送費を抑えるために原料産地に立地する傾向がある。このような工業は原料指向型工業とよばれ，ほかにセメント工業や製紙業などがあげられる。

ｂ．生産に多くの労働力を必要とするため，労働力が得やすい場所に立地する工業は労働力指向型工業とよばれる。衣類や電気部品など比較的安価で豊富な労働力が必要な場合と，ICT 産業などのように高度な技術をもつ人材が必要な場合とがある。

ｃ．自動車工業など，多数の部品の調達が必要な工業は，各種の関連する工業が一定の場所に集まって立地することが多い。立地が集中することで，原料や部品の取引の輸送費や時間の節約，施設・設備の共同利用が可能になるなどの利点がある。これらの工業は集積指向型工業とよばれる。

❖講　評

2021 年度も例年通り大問 3 題構成で，選択式による問題文の空所補充が設問の中心であった。問題文は 3 題とも長文ではあるが，教科書の内容が素材となっている。設問には基本事項が多く含まれ，学習内容を正確に理解していれば解答できるものが大半であった。総解答個数は 67 個で，2020 年度の 69 個よりやや減少した。ここ数年出題されていた論述問題は出題されず，記述問題も基本的な内容が問われたため，難易度は 2020 年度に比べ，やや易化した。2021 年度は 2 題が系統地理的内容，1 題はインドについての地誌的内容であった。例年，設問数が多く，各分野や地域に関する深く広い知識が要求される。難問も含まれるが，まずは基本問題に正確に解答したい。

Ⅰはエネルギー資源と産業の問題で，福島の原発事故と関連づけたエネルギー分野から展開し，フランスの農業，アメリカの工業と幅広い観点から出題された。リード文中に同じ空欄が何度も用いられているので注意しよう。地震名には戸惑ったかもしれないが，大半は基本的事項が出題され，選択肢の語群も紛らわしいものは少なかった。

Ⅱは交通の種類と発達の問題で，2019 年度にも交通の問題が出題されている。歴史的な発達が大きなテーマとなっているが，陸上，水上，航空の各交通機関の特徴が押さえられていれば，取り組みやすかったであろう。統計表もポイントとなる地名に注目すれば判断しやすい。

Ⅲはインドの地誌の問題で，自然環境，農業，工業など多分野から出題され，年代を問う設問がやや難しかった。農業分野は，自然環境，環境問題と関連づけて問われており，地理的事象を幅広い観点から考察する学習を心がけたい。

数学

I

◇発想◇　(i)　x と y の相加平均 $\dfrac{x+y}{2}$ と，X と Y の相加平均 $\dfrac{X+Y}{2}$ が与えられているので，この条件から得られる２つの x，y の関係式を連立させて x，y の値を求める。

(ii)　２つの放物線 C_1，C_2 がともに点Aを通り，点Aにおけるそれぞれの接線が同一であるから，$f(x)=x^2$，$g(x)=-3(x-p)^2+q$ とおくとき，$f(a)=g(a)$，$f'(a)=g'(a)$ である。面積については，グラフを描き，上下関係を確認して定積分を計算する。

解答

(i)　(1) 2　(2) 8

(ii)　(3) 4　(4) 3　(5) 4　(6) 3　(7) 1　(8)(9) 27

◀解　説▶

≪小問２問≫

▶(i)　$\dfrac{x+y}{2}=5$ より　　$x+y=10$　……①

$X=\log_4 x$，$Y=\log_4 y$ であり，$\dfrac{X+Y}{2}=1$ より

$$\log_4 x+\log_4 y=2 \qquad \log_4 xy=2 \qquad xy=16 \quad \cdots\cdots②$$

①，②より，x，y は２次方程式 $t^2-10t+16=0$ の２解である。

$$(t-2)(t-8)=0 \qquad \therefore \quad t=2,\ 8$$

$x<y$ であるから　　$x=2$，$y=8$　→(1)，(2)

▶(ii)　$f(x)=x^2$，$g(x)=-3(x-p)^2+q$ とおくと，点 $\mathrm{A}(a,\ a^2)$ は C_1，C_2 上の点であるから，$f(a)=g(a)$ より

$$a^2=-3(a-p)^2+q \quad \cdots\cdots③$$

点 $\mathrm{A}(a,\ a^2)$ における接線の傾きが等しいことから

$$f'(a)=g'(a)$$

$f'(x)=2x$，$g'(x)=-6(x-p)$ より

$$2a=-6(a-p) \quad \cdots\cdots ④$$

④より　　$6p=8a$　　$\therefore$　$p=\dfrac{4}{3}a$　→(3), (4)

③へ代入して

$$a^2=-3\left(a-\frac{4}{3}a\right)^2+q \qquad \therefore \quad q=\frac{4}{3}a^2 \quad →(5),\ (6)$$

直線 l は点 $\mathrm{A}(a,\ a^2)$ を通り，傾き $2a$ の直線だから，その方程式は

$$y-a^2=2a(x-a) \qquad y=2ax-a^2$$

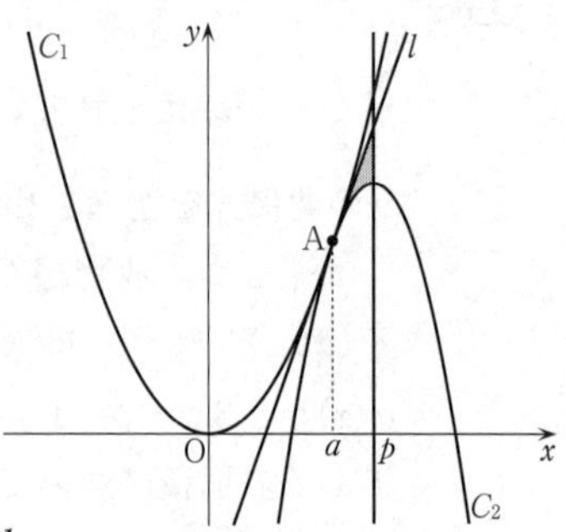

グラフは右図のようになるので，求める面積を S とすると，$p=\dfrac{4}{3}a$，$q=\dfrac{4}{3}a^2$ より

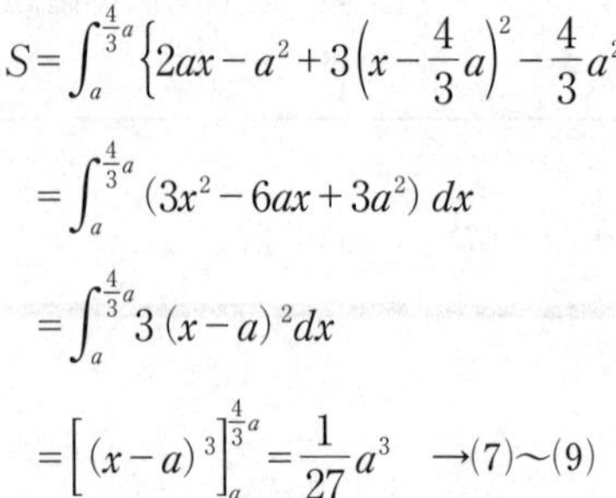

$$S=\int_a^{\frac{4}{3}a}\left\{2ax-a^2+3\left(x-\frac{4}{3}a\right)^2-\frac{4}{3}a^2\right\}dx$$

$$=\int_a^{\frac{4}{3}a}(3x^2-6ax+3a^2)\,dx$$

$$=\int_a^{\frac{4}{3}a}3(x-a)^2dx$$

$$=\Big[(x-a)^3\Big]_a^{\frac{4}{3}a}=\frac{1}{27}a^3 \quad →(7)〜(9)$$

II

◇発想◇　袋から1個の玉を取り出し，色を調べてから袋に戻すとともに，その玉と同色の玉を n 個袋に追加するとあるので，反復試行の確率ではないことを確認しておこう。n 回目に赤玉，青玉が出る事象をそれぞれ R_n，B_n と表すことにする。

(i)　条件つき確率 $P_{R_1}(R_2)$ を求める。

(ii)　$P(R_2)=P(R_1)P_{R_1}(R_2)+P(B_1)P_{B_1}(R_2)$ により，2回目に赤玉が出る確率が求められる。

(iii)　条件つき確率 $P_{B_2}(R_1)=\dfrac{P(R_1\cap B_2)}{P(B_2)}$ を求める。

(iv)　得点が4点となるのは，3回の操作で赤玉が2回，青玉が

1回出るときに限られる。

解答 (i)　(ア)$\dfrac{a+n}{k+n}$　　(ii)　(イ)$\dfrac{a}{k}$　　(iii)　(ウ)$\dfrac{a}{k+n}$

(iv)　(エ)$\dfrac{3a(a+n)(k-a)}{k(k+n)(k+2n)}$

◀解　説▶

≪袋から玉を取り出す試行についての確率，確率の乗法定理，条件つき確率≫

n 回目に赤玉，青玉が出る事象をそれぞれ R_n，B_n と表す。

▶(i)　1回目に赤玉が出たとき，2回目は赤玉 $a+n$ 個，青玉 $k-a$ 個，合計 $k+n$ 個の中から1個取り出すので，取り出した玉が赤玉である確率 $P_{R_1}(R_2)$ は

$$P_{R_1}(R_2)=\frac{a+n}{k+n}\quad\rightarrow(ア)$$

▶(ii)　2回目に赤玉が出るのは，次の2つの場合である。

①1回目に赤，2回目に赤が出る

②1回目に青，2回目に赤が出る

R：赤玉　B：青玉

$$\begin{pmatrix} R\ a\text{個} \\ B\ k-a\text{個}\end{pmatrix} \begin{matrix} \overset{R}{\nearrow} \\ \underset{B}{\searrow} \end{matrix} \begin{matrix} \begin{pmatrix} R\ a+n\text{個} \\ B\ k-a\text{個}\end{pmatrix} \xrightarrow{R} \\ \begin{pmatrix} R\ a\text{個} \\ B\ k-a+n\text{個}\end{pmatrix} \xrightarrow{R} \end{matrix}$$

1回目　　　2回目

したがって

$$\begin{aligned}P(R_2)&=P(R_1)P_{R_1}(R_2)+P(B_1)P_{B_1}(R_2)\\&=\frac{a}{k}\cdot\frac{a+n}{k+n}+\frac{k-a}{k}\cdot\frac{a}{k+n}\\&=\frac{a(a+n)+a(k-a)}{k(k+n)}\\&=\frac{a(k+n)}{k(k+n)}=\frac{a}{k}\quad\rightarrow(イ)\end{aligned}$$

▶(iii)　2回目に青玉が出るのは，次の2つの場合である。

③1回目に赤，2回目に青が出る

④1回目に青，2回目に青が出る

したがって

$$P(B_2)=P(R_1)P_{R_1}(B_2)+P(B_1)P_{B_1}(B_2)$$
$$=\frac{a}{k}\cdot\frac{k-a}{k+n}+\frac{k-a}{k}\cdot\frac{k-a+n}{k+n}$$
$$=\frac{a(k-a)+(k-a)(k-a+n)}{k(k+n)}$$
$$=\frac{(k-a)(k+n)}{k(k+n)}=\frac{k-a}{k}$$

また　$P(R_1\cap B_2)=P(R_1)P_{R_1}(B_2)=\dfrac{a(k-a)}{k(k+n)}$

よって　$P_{B_2}(R_1)=\dfrac{P(R_1\cap B_2)}{P(B_2)}=\dfrac{\dfrac{a(k-a)}{k(k+n)}}{\dfrac{k-a}{k}}=\dfrac{a}{k+n}$　→(ウ)

▶(iv)　操作を 3 回繰り返すとき得点の合計が 4 点となるのは，赤玉が 2 回，青玉が 1 回出るときに限られる。

したがって，得点の合計が 4 点になるのは，次の 3 つの場合である。

⑤ 1 回目に赤，2 回目に赤，3 回目に青が出る

⑥ 1 回目に赤，2 回目に青，3 回目に赤が出る

⑦ 1 回目に青，2 回目に赤，3 回目に赤が出る

よって

$$\frac{a}{k}\cdot\frac{a+n}{k+n}\cdot\frac{k-a}{k+2n}+\frac{a}{k}\cdot\frac{k-a}{k+n}\cdot\frac{a+n}{k+2n}+\frac{k-a}{k}\cdot\frac{a}{k+n}\cdot\frac{a+n}{k+2n}$$
$$=\frac{3a(a+n)(k-a)}{k(k+n)(k+2n)}$$　→(エ)

III

◇発想◇　平面上の位置ベクトルに関する問題。

(i)　内積の定義より，$\cos\theta=\dfrac{\vec{a}\cdot\vec{b}}{|\vec{a}||\vec{b}|}$ であるから，これを用いて $\cos\theta$ の値を計算し，$\sin^2\theta+\cos^2\theta=1$ へ代入して，$\sin\theta$ の値を求める。

(ii)　点 P と点 Q が一致するのは $\overrightarrow{OP}=\overrightarrow{OQ}$ のときであり，これより $f(t)=f(t+2)$ が得られる。3 点 P，Q，R が一直線上に

並ぶ条件は，３点O，P，Qが一直線上にあることを考慮すると，$\overrightarrow{\mathrm{OR}}=k\overrightarrow{\mathrm{OP}}$ としてよい。

(iii)　$\triangle\mathrm{PQR}=|\triangle\mathrm{OQR}-\triangle\mathrm{OPR}|$ であるから，(i)の $\sin\theta$ の値を利用して計算する。絶対値を含む t の３次関数となるが，絶対値の中の３次関数の増減を調べることで，△PQR の最大値が求められる。

解答

(i)　(10) 3　(11) 5　(ii)　(12) 1　(13) 3

(iii)　(14) 1　(15) 3　(16)(17) 64

◀解　説▶

≪内積の定義，位置ベクトル，２点が一致する条件，３点が一直線上にある条件，三角形の面積の最大値≫

▶(i)　$\cos\theta=\dfrac{\vec{a}\cdot\vec{b}}{|\vec{a}||\vec{b}|}=\dfrac{2+2}{\sqrt{4+1}\sqrt{1+4}}=\dfrac{4}{5}$

これを $\sin^2\theta+\cos^2\theta=1$ へ代入して

$$\sin^2\theta+\frac{16}{25}=1\qquad \sin^2\theta=\frac{9}{25}$$

$0\leqq\theta\leqq\pi$ より，$\sin\theta\geqq0$ であるから　$\sin\theta=\dfrac{3}{5}$　→(10)，(11)

▶(ii)　点Pと点Qが一致する条件は，$\overrightarrow{\mathrm{OP}}=\overrightarrow{\mathrm{OQ}}$ である。

$f(t)\vec{a}=f(t+2)\vec{a}$，$\vec{a}\neq\vec{0}$ より　$f(t)=f(t+2)$

$$9t^2+1=9(t+2)^2+1\qquad t^2=(t+2)^2\qquad t^2=t^2+4t+4$$

$$4t=-4\qquad \therefore\quad t=-1\quad \to(12)$$

$\overrightarrow{\mathrm{OP}}/\!/\vec{a}$，$\overrightarrow{\mathrm{OQ}}/\!/\vec{a}$ より，$\overrightarrow{\mathrm{OP}}/\!/\overrightarrow{\mathrm{OQ}}$ であり，３点O，P，Qは一直線上にあるから，３点P，Q，Rが一直線上にあるためには，$\overrightarrow{\mathrm{OR}}=k\overrightarrow{\mathrm{OP}}$（$k$ は実数）であればよい。

$$g(t)\vec{b}=kf(t)\vec{a}$$

$\vec{a}\neq\vec{0}$，$\vec{b}\neq\vec{0}$，$\vec{a}\not\parallel\vec{b}$ であるから

$$g(t)=0\quad\cdots\cdots①,\quad kf(t)=0\quad\cdots\cdots②$$

①より　$\dfrac{1}{8}(t-3)^2=0$

ゆえに　$t=3$

②より，$f(t)>0$ であるから　$k=0$

よって　　$t=3$　→(13)

別解　$t\neq -1$ のとき，点P，Qは直線 $y=\dfrac{1}{2}x$ 上の異なる2点であり，点Rは直線 $y=2x$ 上の点である。この3点P，Q，Rが一直線上に並ぶのは，点Rが原点にくるときである。

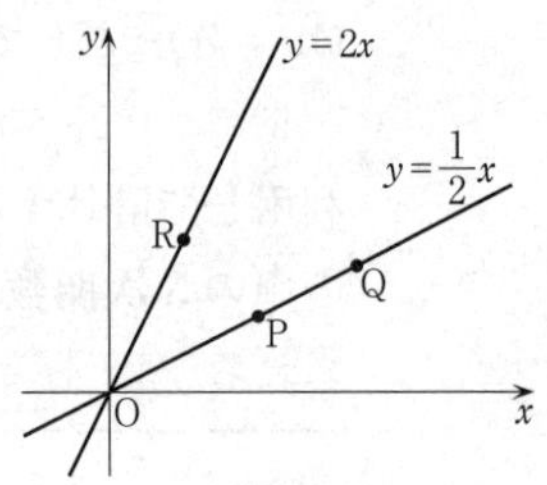

$\overrightarrow{\mathrm{OR}}=g(t)\vec{b}=\vec{0}$，$\vec{b}\neq\vec{0}$ より

$$g(t)=0$$

$$\frac{1}{8}(t-3)^2=0 \qquad \therefore \quad t=3$$

▶(iii)　$f(t)=9t^2+1>0$，$g(t)=\dfrac{1}{8}(t-3)^2\geqq 0$ に注意すると

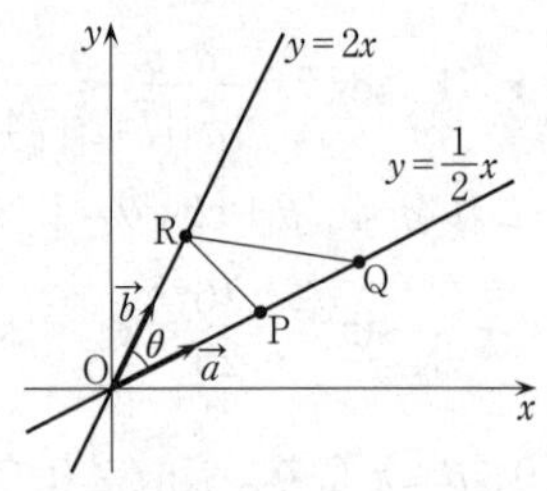

$$\begin{aligned}\triangle\mathrm{OQR}&=\frac{1}{2}|\overrightarrow{\mathrm{OQ}}||\overrightarrow{\mathrm{OR}}|\sin\theta\\&=\frac{1}{2}|f(t+2)\vec{a}||g(t)\vec{b}|\times\frac{3}{5}\\&=\frac{3}{10}f(t+2)g(t)|\vec{a}||\vec{b}|\\&=\frac{3}{10}f(t+2)g(t)\sqrt{5}\cdot\sqrt{5}\\&=\frac{3}{2}f(t+2)g(t)\end{aligned}$$

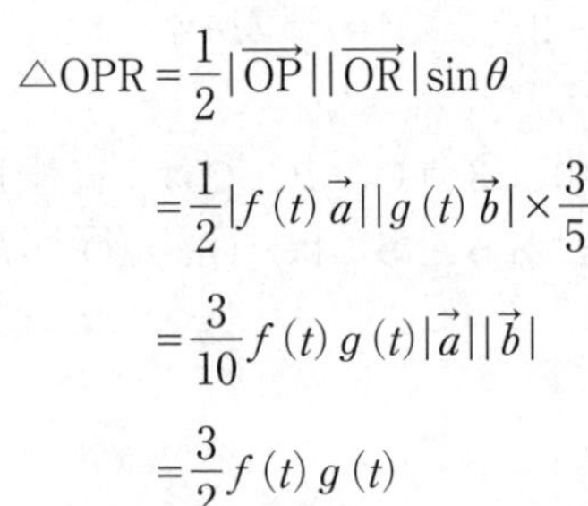

$$\begin{aligned}\triangle\mathrm{OPR}&=\frac{1}{2}|\overrightarrow{\mathrm{OP}}||\overrightarrow{\mathrm{OR}}|\sin\theta\\&=\frac{1}{2}|f(t)\vec{a}||g(t)\vec{b}|\times\frac{3}{5}\\&=\frac{3}{10}f(t)g(t)|\vec{a}||\vec{b}|\\&=\frac{3}{2}f(t)g(t)\end{aligned}$$

より

$$\begin{aligned}\triangle\mathrm{PQR}&=|\triangle\mathrm{OQR}-\triangle\mathrm{OPR}|\\&=\left|\frac{3}{2}f(t+2)g(t)-\frac{3}{2}f(t)g(t)\right|\end{aligned}$$

$$=\frac{3}{2}g(t)|f(t+2)-f(t)|$$

$$=\frac{3}{2}\cdot\frac{1}{8}(t-3)^2|9(t+2)^2+1-9t^2-1|$$

$$=\frac{3}{16}(t-3)^2|36t+36|$$

$$=\frac{27}{4}(t-3)^2|t+1|$$

$$=\frac{27}{4}|(t-3)^2(t+1)|$$

$$=S(t)$$

とおく。ここで

$$h(t)=(t-3)^2(t+1)=t^3-5t^2+3t+9$$

とおくと

$$h'(t)=3t^2-10t+3=(3t-1)(t-3)$$

$h(t)$ の増減表は左下のようになる。

したがって，$y=S(t)$ のグラフは右下図のようになる。

以上より，$-\frac{4}{3}\leqq t\leqq 4$ において，$S(t)$ は $t=\frac{1}{3}$ のとき最大値 64 をとる。

→(14)〜(17)

t	$-\frac{4}{3}$	$\cdots$	$\frac{1}{3}$	$\cdots$	3	$\cdots$	4
$h'(t)$		$+$	0	$-$	0	$+$	
$h(t)$	$-\frac{169}{27}$	↗	$\frac{256}{27}$	↘	0	↗	5

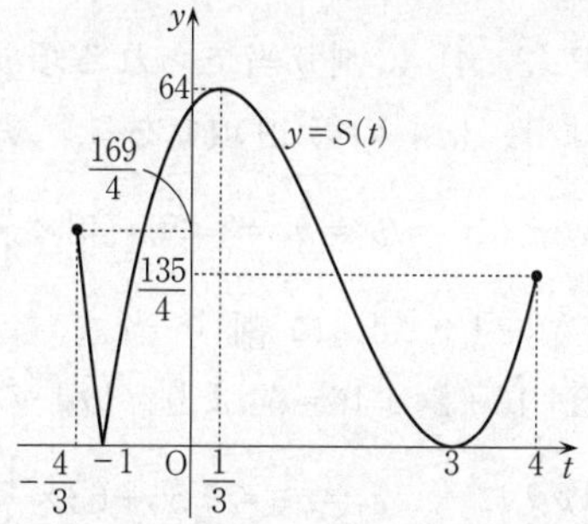

Ⅳ

◇発想◇　$\{a_k\}$ を J_1, J_2, J_3, … に割り当てられる項で群に分けて考える。

（i）p_4 は J_4 の初項，c_4 は J_4 の第 16 項であるから，それぞれ $\{a_k\}$ の第何項かを考え，一般項 a_k に代入する。

（ii）p_n は J_n の初項であるから，(i)と同様にして p_n を求める。$q_n=\sum_{k=1}^{n}p_k$ として $\sum$ の公式を用いる。

(iii)　$\{p_n\}$ は初項が -56 で単調増加の数列になるので，q_n が最小となる n は $p_n\leqq 0$ となる n の範囲を調べるとわかる。

解答　（i）(18)(19) 44　(20)(21)(22) 161　(23) 4

（ii）(24) 1　(25) 3　(26)(27)(28) 169　(29) 3

(iii)　(30) 7　(31) 8　(32)(33)(34) 280

◀解　説▶

≪数列の各項を格子点に割り当ててできる群数列，一般項，和，和の最小値≫

J_1 には a_1〜a_8 の 8 項，J_2 には a_9〜a_{24} の 16 項，J_3 には a_{25}〜a_{48} の 24 項，…，J_n には $8n$ 項が割り当てられる。

▶(i)　$a_k=-56+(k-1)\times\dfrac{1}{4}$

$P_4(3,\ 4)$ に割り当てられる項 p_4 は J_4 の初項であり，$8+16+24+1=49$ より，$\{a_k\}$ の第 49 項である。

ゆえに　$p_4=a_{49}=-56+48\times\dfrac{1}{4}=-44$　→(18)(19)

$C_4(-4,\ -4)$ に割り当てられる項 c_4 は J_4 の第 16 項であり，$8+16+24+16=64$ より，$\{a_k\}$ の第 64 項である。

ゆえに　$c_4=a_{64}=-56+63\times\dfrac{1}{4}=-\dfrac{161}{4}$　→(20)〜(23)

▶(ii)　$P_n(n-1,\ n)$ に割り当てられる項 p_n は J_n の初項であるから

$$8+16+24+\cdots+8(n-1)+1$$
$$=8\{1+2+3+\cdots+(n-1)\}+1$$
$$=8\times\frac{1}{2}(n-1)n+1$$

$=4n^2-4n+1$

より，$\{a_k\}$ の第 $(4n^2-4n+1)$ 項である。

$$p_n=a_{4n^2-4n+1}=-56+(4n^2-4n)\times\frac{1}{4}=n^2-n-56$$

$$q_n=\sum_{k=1}^{n}p_k=\sum_{k=1}^{n}(k^2-k-56)$$

$$=\frac{1}{6}n(n+1)(2n+1)-\frac{1}{2}n(n+1)-56n$$

$$=\frac{1}{3}n^3-\frac{169}{3}n \quad \to(24)\sim(29)$$

▶(iii)　$p_n=n^2-n-56=(n+7)(n-8)$ であるから

$1\leqq n\leqq 7$ のとき，$p_n<0$

$n=8$ のとき，$p_n=0$

$n\geqq 9$ のとき，$p_n>0$

したがって

$$q_1>q_2>\cdots>q_7=q_8<q_9<q_{10}<\cdots$$

となるので，q_n が最小となるのは，$n=7,\ 8$ のときである。→(30)，(31)

その値は

$$q_7=\frac{1}{3}\times 7^3-\frac{169}{3}\times 7=\frac{(49-169)\times 7}{3}=-280 \quad \to(32)(33)(34)$$

❖講　評

2021 年度は例年同様に大問 4 題の出題であったが，Ｉの小問が 2 問だけとなり，2020 年度と比べ分量が減少している。また，内容も標準的な問題が多く解きやすい。

Ｉは独立した小問 2 問である。(i) 2 つの正の実数の相加平均と，対数で表された 2 つの数の相加平均についての問題で，基本的。(ii) 2 つの放物線の共通接線，面積についての頻出問題であり，受験生は演習しているだろう。

Ⅱは袋から玉を取り出す試行の確率の問題。玉を取り出し，その玉を袋に戻すとともに，その玉と同色の玉を n 個袋に追加するので，反復試行の確率ではないことをしっかり押さえたい。樹形図を作成して考えるとスムーズに解ける。

Ⅲはベクトルと微分法の融合問題。2020 年度にも出題されている。(i)は基本的な内容である。(ii)は計算でもできるが，グラフを活用する方法もある。(iii)は△PQR の面積を計算すると，絶対値を含む形になるが，うまく処理できたかどうか。

Ⅳは格子点に数列の項を割り当てていく群数列の問題。問題文をしっかり読み，割り当てのルールを理解することが大切である。J_1，J_2，J_3，… に割り当てられる数列の項を群と考えることができれば，受験生が演習している問題と同じであることに気づくだろう。

論文テスト

Ⅰ 解答

問１．(1)(2)06　(3)(4)(5)(6)(7)02940
(8)(9)(10)(11)(12)01140　(13)(14)(15)(16)(17)04080
(18)(19)(20)068

問２．(21)(22)―27　(23)(24)―16　(25)(26)―13　(27)(28)―22　(29)(30)―23

問３．間違いを起こす（８字以内）

問４．(1)グラフ２
(2)メタフルミゾンには摂取許容量があり，しきい値を超えない摂取量であれば有害ではないと考えられるため。(50 字以内)

問５．(1)グラフ１
(2)発がん性の化学物質は，「しきい値なし仮説」により，摂取量がゼロを超えれば有害とみなされるため。(50 字以内)

◀解　説▶

≪リスク管理≫

▶問１．(1)(2)体重 50kg の人のメタフルミゾンの摂取許容量：

$0.12 \times 50 = 6$〔mg/日〕

(3)(4)(5)(6)(7)１日当たりのハクサイの摂取量に含まれるメタフルミゾン：

29400〔mg〕$\times 0.00001 = 0.294$〔mg/日〕

(8)(9)(10)(11)(12)１日当たりのキャベツの摂取量に含まれるメタフルミゾン：

22800〔mg〕$\times 0.000005 = 0.114$〔mg/日〕

(13)(14)(15)(16)(17)上述の２つのメタフルミゾンの合計値：

$0.294 + 0.114 = 0.408$〔mg/日〕

(18)(19)(20)体重 50kg の人のメタフルミゾンの摂取許容量に対する上記合計値の割合：

$(0.408 \div 6) \times 100 = 6.8$〔%〕

▶問２．(21)(22)空欄Ａ．ゼロリスク論は多くの人が賛同する「理想」論である。

(23)(24)空欄Ｂ．第３段落では，リスクをゼロにはできないので，リスクを下げる（減らす）という考え方が示されている。「リスクを減らす作業」

は，第１段落にあるように,「リスク管理」であり，それには「リスク最適化」という観点が必須である。このことから,「最適化」が入る。

(25)(26)空欄Ｃ．空欄Ａの理想論との対比から「現実」論が入る。

(27)(28)空欄Ｄ．事業者にはメリットである一方，消費者はリスクだけ負わされるという文脈から,「不公平感」が適当。

(29)(30)空欄Ｅ．作業員の教育訓練・マニュアル作成・ダブルチェックなどは，間違いを「防止」するための対策である。

▶問３．空欄アの直後の文章で「間違いへの対策」が挙げられていることから，人間が間違いを犯しやすい（ミスしやすい）動物であると捉えられていることがわかる。

▶問４．グラフ１にはしきい値がなく，グラフ２にはしきい値がある。【資料２】の化学物質の有害性評価では，しきい値とは，その値を超えれば安全ではなくなる，言い換えれば，有害影響がでる値である，と説明されている。下線部(a)の物質には摂取許容量が設けられており，この事実からしきい値が存在するとわかる。したがって，グラフ２が該当する。

▶問５．下線部(b)の物質は,「食品添加物や農薬として使用」されることが禁止されており，摂取そのものができないようになっている。これは,「発がん性の（遺伝子に悪影響を与える）化学物質」に対しては,「しきい値なし仮説」が適用されているからである。しきい値がないということは，すなわち，摂取許容量はゼロであることになる。したがって，グラフ１が該当する。

Ⅱ　解答

問１．(31)(32)―41　(33)(34)―39　(35)(36)―11　(37)(38)―27　(39)(40)―29　(41)(42)―38　(43)(44)―36　(45)(46)―45　(47)(48)―32　(49)(50)―12　(51)(52)―34　(53)(54)―25

問２．３

問３．人の行動を変えることができる（15 字以内）

問４．この品物は生まれない（10 字以内）

◀解　説▶

≪インセンティブの与え方≫

▶問１．(31)(32)たとえば無断欠勤などの好ましくない行動が起こる背景には，仕事に対して給与が安すぎるというように，インセンティブが「不当」である可能性が考えられる。

(33)(34)違法投棄を防ぐ手段だから，高額の報酬はありえず「罰金」が該当する。

(35)(36)違法投棄防止の手段に言及している文脈だから，違法投棄のコストを「上げる」が該当する。

(37)(38)「無駄な電気は消しましょう」という節約キャンペーンは，個人に対して，その人の「習慣」を変えるよう呼びかけている。

(39)(40)当該段落は，人々に特定の行動をさせるためには，インセンティブを与えるだけではなく，それを「前もって…確認し約束しあう」ことが必要であると述べている。目的遂行のためのこうした方策のことを「戦略的」であるという。

(41)(42)インセンティブをはっきりわからせるということだから「認識」が該当する。

(43)(44)「インセンティブがないにもかかわらず…努力をしていた」という状態は，外部的な利害得失ではなく，内面的な義務感，たとえば，良心に従っていると捉えられる。このように理解すれば，「道徳的」が入る。

(45)(46)勤労の成果に対する報酬が見えにくくなっているということから，インセンティブの強度が低下しているという意味の「劣化」が該当する。

(47)(48)条件付罰則戦略は，「現在の行動を条件にして将来に罰を与える」。「将来に」とあるように，これは「長期的」な関係を前提としている。

(49)(50)談合破りをして熾烈な価格競争が起これば，利益は縮小する。つまり，談合破りは利益を「圧迫」するということ。

(51)(52)空き缶拾いの例からわかるように，インセンティブは，ただ強めればよいというわけではない。費用対効果の観点から，ある行動を促すためのインセンティブには適当な程度，「適量」が存在する。

(53)(54)この段落の事例からわかるように，単純な取引の場面では，ある商品にいくらの価格をつけるかが，インセンティブの発生についての直接的な条件となっている。だから，商品にある一定の価格を与えることが適度なインセンティブを「自動的」に与えると期待できる。

▶問２．空欄Ａに関わる例では，生産者に作るインセンティブを与え，かつ，買い手にも買うインセンティブを与えるのは，2000円以上かつ3000円以下の製品である。

▶問３．「インセンティブが人の行動を決めている」という言説から，インセンティブの構造を変えれば人の行動も変わる，あるいは人の行動を変えることができるという結論になる。

▶問４．生産コストが2000円である品物に買い手が1000円までしか払わないとすると，1000円で売れても生産者はコスト割れになるから生産のインセンティブはなく，品物は生産されない。

❖講　評

大問数・設問数・解答形式ともに例年と大きな変化はない。2021年度は，2019年度と2020年度になかったグラフの提示がされ，計算問題は2020年度に引き続き出題された。Ⅰの課題文は，2020年度にも出題されたリスク管理をテーマとしたものであった。課題文自体は読みやすく，特に難度の高い設問もない。課題文の論点を正確に読み取る読解力と課題文の内容を踏まえた論理的思考力が求められた。短時間で，数多い設問に着実に解答していくことが重要であった。

Ⅰ　課題文は食品の安全性に関するリスク評価やリスク管理について述べられている２つの資料で構成されている。【資料２】は【資料１】を補完する内容であり，２つの資料を一連のものとして読むことができる。問１は課題文の論理に沿った計算問題である。問２では課題文の論理展開を正確に把握できているかが問われた。問３は推論であるが，空欄前後の論点を把握できていれば制限字数とも合わせて容易に解答できるだろう。問４と問５は，「量と作用の関係」を示すグラフと結び付けて，しきい値という概念を理解できているか，それを簡潔に要領よく説明できるかが問われた。

Ⅱ　課題文はインセンティブの与え方に関する戦略的な問題を扱っている。問１は課題文の論点を踏まえて，数多い選択肢のなかから最適な語句を選ばなければならず読解力が問われた。問２は論理的思考力が問われたが難しくはない。問３と問４は推論だが，課題文の論点を正確に理解していればさほど難しくはない。

2020
年度

解答編

解答編

英語

I

解答　(i)(1)—4　(2)—1　(3)—2　(4)—3
(ii)(5)—1　(6)—2　(7)—1　(8)—2　(9)—3　(10)—4

◆全　訳◆

≪セオドア=ルーズベルトのリーダーシップ≫

53歳になったセオドア=ルーズベルトは腰を下ろし，ニューヨーク州議会下院の職に初めて立候補した時から大統領に就任するまでの，自身の政治キャリアに関する物語を振り返った。その中で，自分がリーダーとなる助けとなった資質について，時として誤解を招く恐れもあるが有益な説明をしている。

論考を組み立てるにあたり，彼は2つのタイプの成功を整然と区別している――芸術であれ，戦いであれ，政治であれ。1つ目のタイプの成功は，「他の誰にもできないようなことや，トレーニングの量や忍耐力や意志の力では普通の人にはどうにもならないようなことができる天性の力を持つ」人に見られると彼は主張している。彼は天才の出現として「ギリシアの壺に寄す」を書いた詩人，トラファルガーの海戦を指揮した司令官，ゲティスバーグの演説を行った大統領など，並外れた天賦の才能を与えられた人物たちの例を引き合いに出している。

より一般的な2つ目のタイプの成功は，前述したような類まれな生まれつきの特性によって決まるのではなく，大志と熱心な継続的努力を通して，普通の資質を並外れた程度にまで押し上げる能力によって決まると彼は主張している。周囲をワクワクさせられるが教えることはできない天才とは違い，独力で成功するということは平等なものであり，「並外れた精神的または肉体的特性がない」，しかし自分のそれぞれの特性を最大限にまで引き上げるような，「普通の人にも開かれたもの」であるのだ。彼は「この2つ目のタイプの成功について学んだ方が有益」だと提言しているが，それは，決意があるなら，誰でも「望めば同じような成功を手にする方法を自力で見つけられる」からである。

リーダーシップを培う道のりに関するルーズベルトの冒頭の話から，彼が間違いなくこの2つ目のタイプの成功に自分を重ね合わせていることがわかる。彼の話は，意志の力を信じて自分の体を変え，精神を鼓舞する内気で病弱な少年の物語である。多くの努力と鍛錬を通して，彼の弱い体は強くなる。メンタルトレーニングとその実践によって，彼は恐怖に立ち向かい，勇敢になる。「大した才能がなくても成し遂げたことによって，私は自分がアメリカ人たちにとって励ましの源になるかもしれないと信じたい」

幼い少年が少しずつ人格を形成し，ついにはその人格に基づくリーダーシップに関する道徳的な考えを作り上げる，というこの描写は，あまりにも単純化されており不完全である。一つの理由は，それが恵まれた幼少期によって与えられた機会を覆い隠しているからである。しかし，そこには真理を構成する大きな要素が含まれている。実際，「テディ」=ルーズベルトは気が小さくて健康が優れない虚弱な子供で，幼少期は恐ろしいぜんそくの発作に見舞われていた。発作はしばしば深夜に起こり，息が詰まるような，溺れるような感覚をもたらした。息子がせき込んで，息を切らし，息をしようと苦しんでいるのを聞き，ジーという呼び名で知られているセオドア=シニアは寝室に駆け込んできたものである。彼は息子を腕に抱え，呼吸ができるようになって寝入るまで，何時間も家の中を抱いて歩いた。「誰も私が生きられるとは思っていないようだった」とルーズベルトは後に回想している。「私の父は――私の呼吸を取り戻してくれた，私に肺，強さ，…そして命を与えてくれた」

ぜんそくのため，若き日のルーズベルトは体が弱かったが，そのことが間接的に彼の精神の発達を促すこととなった。「当初は最も激しい活動には参加できないというまさにその現実があったので，彼は常に」並外れた「集中力」で，「読書をしたり，ものを書いたりしていた」と妹のコリーヌは述べている。彼の知的な熱意，好奇心，鮮やかな想像力に関して平凡な点はなかった。絶え間なく息子の知力と精神の発達を促していた父の先導の眼差しのもと，テディは猛烈な読書家になり，彼が最も敬服する冒険好きのヒーロー――並外れて屈強な体の男たち――戦いでも恐れを知らない兵士，アフリカの探検家，荒野のはずれに住みシカを狩る人たちの人生を生きているような感覚になった。数年後にジェイムズ=フェニモア=クーパーの『レザーストッキング物語』の登場人物を知っているかどうかを尋ねられた時，彼は笑って答えた。「彼らを知っているかだって？ これまでずっと彼らと旅をして，食事を共にしてきたし，彼らの強さと弱さもわかっているよ」

ルーズベルトには並外れた想像力だけでなく，驚くべき記憶力があったことは，卓越した才能はないという彼の主張と相反している。何年も前に読んだ本について会話をしている時，心の目でもう一度その本のページを読むことができるかのように，ページが彼の前に現れてきた。彼はまるで「自分が読んだ全てのものを記憶」できるかのようだったと一人の友人が驚いている。彼は一度何かを読みさえすれば，それが自分のものになり，いつまでもそれを検索して，本文全体だけでなく，自分が最初に読んだ時に生じた感情も思い出すことができた。

後にルーズベルトは，あらゆる分野におけるリーダーは，「何にもまして人間の本質を知り，人間の精神が必要としているものを知っておかなければならない。そうすれば，散文であれ詩であれ，想像力に富んだ偉大な作家たちによって，他のどこにも見られない，人間の本質と精神が必要としているものが明らかにされるだろう」と記している。

◀解　説▶

◆(i)　▶(1)空所を含む部分はセオドア=ルーズベルトの政治キャリアについて述べられている。空所直後に office in the New York State Assembly「ニューヨーク州議会下院の職」という表現が続いているので，4の「～に立候補した」が正解。1.「～に投げた」 2.「立ち上がった」 3.「成長して～になった」

▶(2)空所直後に to the man という前置詞句が続いているので，forget と would like は語法上不適。talk back to ～「～に口答えする」は文脈に合わない。したがって1の belong to ～「～に属する」が正解となる。

▶(3)空所を含む部分は「決意があるなら，誰でも望めば同じような成功を手にする方法を自分で…できる」という意味。選択肢の中では2の「～を見つける」のみ文脈に合う。1.「目を覚ます」 3.「～に居残る」 4.「～の中をのぞく」

▶(4)空所を含む文は「大した才能がなくても，自分が成し遂げたことによって，私は自分がアメリカ人たち…の源になるかもしれないと信じたい」という意味。選択肢の中では「アメリカ人たちにとって励ましの源」という意味になる3の encouragement to が最も文脈に合う。1．「～に対する誇り」 2．「～による希望」 4．「～にとっての正義」

◆(ii)　▶(5)下線部を含む文の the man “who 以下で，他の誰にもできないことができる天性の力を持つ人と説明されている。また第2段最終文（He cites the …）でも，天賦の才能を持つと考えられる具体的な人物を引用しているので，1の「それは人が生まれつき持った傑出した能力によってもたらされる」が正解。

2．「それは詩人，指揮官，政治家にしか成し遂げられない」

3．「それは成人期に習得する優れた才能と技術に起因する」

4．「それは純粋な粘り強さと懸命な努力を通して達成できる」

▶(6)第3段第1文（The second and …）で2つ目のタイプの成功は生まれつきの特性ではなく，大志と継続的な努力で手にすることができると述べられている。また同段第2文（Unlike genius, which …）でも，この2つ目のタイプの成功は普通の人にも開かれたものだという内容が続いている。したがって，2の「この種の成功は普通の人には手が届かない」はルーズベルトの考えと一致しないことがわかる。

1．「この種の成功は1つ目のタイプよりも役に立つ可能性がある」 第3段最終文（He suggests that …）前半の内容からルーズベルトの考えと一致。

3．「これは大志と努力の両方が必要な類の成功である」

4．「これはルーズベルト自身が達成した類の成功である」 第4段第1文（It is clear …）でルーズベルトは2つ目のタイプの成功に自分を重ね合わせているとある。

▶(7)「ルーズベルトがどのようにして成功を手にしたのかに関する描写はあまりにも単純化されており不完全である。なぜなら…」 直後の第5段第2文（For one thing, …）で，ルーズベルトの成功の描写は，恵まれた幼少期によって与えられた機会を覆い隠している（gloss over）と述べられている。この opportunities には「（出世・成功の）見込み」という意味が含まれているので，1の「彼は自分の並外れた可能性の一部を考慮していない」が最も適切。portrayal「描写」 discount「～を割り引いて考える」

2．「彼は家族の財産をあまりにも信頼している」

3．「彼は幼少期の病気を誇張している」

4．「彼の主張は不正確で，不誠実で，悪意がある」

▶(8)「筆者によると，ルーズベルトがどのようにして成功を手にしたのかに関する描写には，真理を構成する大きな要素が含まれている。なぜなら…」 第4段第2・3文（His story is …）で，ルーズベルトは多くの努力と鍛錬によって体が強くなり，精神を鍛えることで恐怖に立ち向かい勇敢になったという内容が述べられている。したがって，2の「彼は考え方を広げ，体を強くすることに多くの努力を費やした」が最も適切。depiction「描写」

1．「彼は人間の考え方や振る舞い方について学ぶことに興味がなかった」

3．「彼は事故で溺れそうなところを用心深い父親に救われた」

4．「彼は想像の世界と現実を区別するのに苦労した」

▶(9)下線部を含む文の後半で，筆者は「自分に great gifts はない」というルーズベルトの主張と矛盾するものとして his remarkable power of imagination「彼の並外れた想像力」と his prodigious memory「彼の驚くべき記憶力」について言及しているので，3の「活発な精神と物事を正確に記憶する能力」が正解。

1．「彼の父親とは対照的な強い精神とカリスマ性のある性格」

2．「同じ本をもう一度読むことができる回復力に富んだ精神」

4．「過去の嫌な交流を忘れることができる広い心」

▶(10)本文全体を通してセオドア=ルーズベルトがリーダーとなったその資質について述べられている。第3段以降では，大志と継続的な努力の必要性について言及され，第6段第3文（There was nothing …）では，ルーズベルトの知的な熱意，好奇心，想像力に関して平凡な点はなかったと述べられている。また第7段第1文（Roosevelt's insistence that …）でも彼の驚くべき記憶力について言及されているので，彼にはそれらの才能が備わっていたことがわかる。したがって，4の「セオドア=ルーズベルトのリーダーシップへの道のり：努力と才能の融合」が最も適切。

1．「無一文から大金持ちに：セオドア=ルーズベルトのアメリカンドリーム」

2.「名高い父親たち：セオドア=ルーズベルト自身の闘争」

3.「ぜんそくとの闘い：称賛すべきセオドア=ルーズベルト」

●語句・構文●

(第1段) narrative「物語」 inauguration「就任（式）」 albeit「～だけれども」

(第2段) methodically「整然と，系統的に」 perseverance「忍耐（力）」 manifestation「現れ，表明」

(第3段) inborn「生まれつきの」 attribute「特性」 application「適用」

(第4段) timid「内気な，臆病な」 embolden「～を勇気づける」

(第5段) brick by brick「一つ一つ」 fragile「虚弱な，壊れやすい」 sensation「感覚」 suffocate「息が詰まる」 gasp「息を切らす」

(第6段) spur「～を促進する」 vigorous「激しい，精力的な」 vitality「熱意，活気」 ceaselessly「絶え間なく」 ferocious「猛烈な」 deerslayer「シカを狩る人」

(第7段) insistence「主張」 marvel「驚嘆する」 retrieve「～を検索する，～を取り戻す」 summon「～を呼び出す」 evoke「～を呼び起こす」

(最終段) set forth ～「～を表明する」 prose「散文」

Ⅱ　解答

(i)(11)―3　(12)―2　(13)―1

(ii)(14)―3　(15)―4　(16)―1　(17)―3　(18)―2

◆全　訳◆

≪よい議論に不可欠な論理と感情の融合≫

私は論理的要素と感情的要素が融合している優れた議論をもっと見たい。よい議論とは，よく書けた数学の論文に似ている。全くスキのない論理的証拠を含んでいるが，私たち人間が論理を少しずつ理解するだけでなく，その考えの中を手探りで進めるように，考えの概略が述べられた上手な説明も含んでいるからだ。またよい議論は，見たところ論理が直観と相反する矛盾と思しきものにも取り組んでいる。

ある議論において，もしお互いに意見が一致しないのであれば，重要な最初の一歩は，意見の相違の真の原因を見つけ出すことである。これは，議論の両側から長いひと続きの論理にしたがって行われなければならない。

次に，異なる立場の間に何らかの架け橋をかけるべきである。実際には自分たちは同じ原理の上のどちらにも属するような領域の中の異なる場所にいるだけであると理解するため，物事を抽象的に捉える能力を使うべきなのだ。そして，自分たちが感情的にどうなっているのか把握し，全員が歩み寄れる所へゆっくりと進んでいけるよう，自分たちの感情をかみ合わせていかなければならないのだ。

よい議論とは，根本において，全ての人を理解することが主な目的となっている議論だと私は考えている。実際にそういったケースはどれくらいあるだろう？　残念ながら，ほとんどの場合，人々は他人を打ち負かすという目標を掲げて論争している——ほとんどの人は自分が正しく，他のみんなが間違っていると証明しようとしているのだ。これは最も重要な目的として建設的なものだとは思えない。私もかつては誰よりもこの罪を犯していたが，議論が争いである必要は全くないと気づくようになった。まず私たちは，ある人が正しく，もう一方の人が間違っているというのは必ずしも事実ではないという明白な真実を理解しなければならない。むしろ，人々の意見が一致していない時は，異なる思考体系が反映されている場合が多い。彼らの意見はお互いに矛盾しているかもしれないが，通常，それぞれが独自の論理を内部に持っている。そうは言っても，そのことが，人々が自分たちの思考体系の中で矛盾した意見を持つことを妨いでいるわけではないが。

攻撃と反撃の応酬となる議論はあまりにも多い。しかしよい議論においては，誰も攻撃されているとは感じない。異なる意見や異なる立場に脅かされているとは感じないのだ。ある議論に参加している全ての人が，この種の安全な環境を作り上げることに対して責任を持つべきである。私は意見の対立が起こる可能性がある場合ならいつでも，できる限り「これは争いではない」と自分に言い聞かせている。そして，実際，ほとんどの場合，それが争いになることなどないのだ。

よい議論は感情を呼び起こすが，脅迫や軽蔑のためではない。それは人々とつながり，理性だけではなく，心にまで論理が入ってくる道筋を作り上げる感情を呼び起こすのだ。これはお互いに嫌味なことを言ったり，議論を終わらせる「致命的な一撃」を浴びせようとしたりするよりも時間がかかる。素早い決定が必要な時，論理は遅く，役に立たないこともある。

しかし，緊急事態でない時は，ゆっくりと議論をした方がよい。残念ながら，世界は物事がもっと速く進むよう急かす傾向にあり，集中力の続く時間がどんどん短くなることで，私たちは 280 文字や，楽しい画像付きの短いコメントや，気の利いた短いジョークで――正しかろうがそうでなかろうが――人々を説得し，誰かが「mind = blown（びっくり）」か「mic drop（もう誰も話す必要はない）」と言えるようにすることを強いられている。しかしこれでは，微妙な違いや究明の余地，あるいは意見のどこが一致していて，どこが一致していないのかを理解する余地がほとんど残されない。架け橋をかける時間がなくなってしまうのだ。

私は全ての人に，意見が一致しない人たちと自分たちとを結ぶ架け橋をかけてほしいと願っている。しかし，架け橋を望まない人はどうすればよいだろう？　本当に賛成したくない人はどうすればよいだろう？　ここにはメタ問題が存在している。言い換えれば，架け橋がかかることを期待する前に，まずその架け橋を望むよう人々に納得させる必要があるのだ。

ある社会に暮らす人間として，お互いのつながりは，実際，あらゆることに関連している。もし誰もが孤独に暮らす世捨て人なら，人類は今のような状態になっていなかっただろう。通常，人間同士のつながりは感情に基づくものだと考えられ，論理は感情から切り離され，それゆえ人間性からも切り離されたものだと考えられていることが多い。しかし，私は論理が感情と結びついて利用されると，より良好で思いやりのある人間同士のつながりを構築する手助けとなることを確信している。さらに私たちはそれを繊細な方法で行わなければならない。白か黒かの議論では対立と極端な見解が生まれる。論理と感情の対立や異なる意見の対立は見せかけであり，誤解を招きやすいのだ。

この地球で共存していこうとしている他の人たちとの無益な争いに身を置いてはいけない。さらに論理と感情を戦わせてはいけない。よい議論とは戦いではない。それは争うことではない。それは共同制作の芸術作品なのである。論理と感情が一体となれば，より賢明に考えられるようになり，世界について，そしてお互いについて最大限に理解できるようになるだろう。

◀解　説▶

◆(i)　▶(11)空所直後に SV を含む文構造が続いており，助動詞 can もあるので，3の so that S can *do*「Sが〜できるように」という目的の意味を表す構文にすればよい。

▶⑿空所直後の be 動詞が is なので，単数扱いの主語を選ぶ。選択肢の中で単数扱いになるのは，2の everyone else のみ。most of 〜 が主語になった場合は，〜の数に動詞を合わせる。

▶⒀空所直前の第4段第5文（I tell myself …）で，筆者は議論で意見の対立が起こりそうな場合はこの議論は争いではないと自分に言い聞かせているという内容が述べられている。空所を含む文では，ほとんどの場合，それが争いになることはないと続いているので，1の「実際」のみ文脈に合う。2.「それにもかかわらず」 3.「念のため」 4.「さらに悪いことに」

◆(ii)　▶⒁下線部直後の2文（Their opinions may …）で，人々は自分なりの論理を持っているが，そのことが同じ思考体系の中で矛盾する意見を持つことを防ぐわけではないと述べられている。したがって，3の「人々は自分自身の思考体系の中で矛盾した意見を持つ可能性がある」が正解。

1.「人々の思考体系は本質的に矛盾している」

2.「思考体系の違いは合意に達するために不可欠である」

4.「誰の思考体系が正しいのかを決めることは有意義な議論にとって決定的に重要なことである」

▶⒂1.「私たちは論理的なプロセスよりもスピードを優先する傾向がある世界に住んでいる」 第5段第6文（Unfortunately, the world …）で，世界は物事を速く進むよう急かし，私たちは短い表現で人々を説得する必要に迫られていると述べられている。

2.「急いだ議論では微妙な細部や含みが無視されることが多い」 第5段第7文（But this leaves …）で，短い時間で人々を説得しようとすると，微妙な違いを理解する余地がなくなるという内容が述べられている。

3.「感情によって，議論の論理が聞き手に届きやすくなる」は，第5段第1・2文（A good argument …）で，よい議論では，心にまで論理が入ってくる道筋を作り上げる感情が呼び起こされるという内容が述べられている。

4.「洗練された論理的議論は，通常，危機管理を加速させる」 第5段でこのような内容が述べられている部分はない。したがって，4が正解。

▶⒃「第6段で言及されているメタ問題を最も適切に言い表しているのは以下のうちどれか？」 下線部直後の第6段最終文（In other words, …）で，架け橋がかかることを期待する前に，まずその架け橋を望むよう人々に納得させる必要があると説明されている。したがって，1の「架け橋が必要かどうかという論点が，それをどのようにかけるのかという論点よりも先である」が正解となる。

2.「架け橋のかけ方に関する論点が，架け橋が必要かどうかという論点よりも先である」

3.「架け橋をかけることは，その意義に疑いの余地がない時，大半の人に恩恵をもたらす」

4.「架け橋をかけることは，疑いの余地がある時，ほんのわずかな人にしか恩恵をもたらさない」

▶⒄「異なる考えを持つ人とつながることに関する筆者の観点と一致しているのは以下のうちどれか？」 第7段最後の2文（Black-and-white arguments cause …）では，白か黒かの議論では対立と極端な見解が生まれるが，そういった意見の対立は artificial「見せかけの」ものであり，誤解を招きやすいと述べられている。したがって，3の「人々の間の『対立』とされているものは白か黒かの考え方によって作られる幻想であることが多い」が正解。

1.「他人に悩まされたくない人は，自主的に孤立して生活することを許されるべきだ」

2.「意見の一致しない人との関係を構築するにあたり，感情は論理ほど役に立たない」

4.「論理は正しいか間違っているかの答えを出すことが目的であり，多くの矛盾した見解を理解することではない」

▶⒅本文全体を通して，よい議論とはどのような議論なのかを説明しており，最終段最終文（With logic and …）では，論理と感情が一体となれば，賢明に考えられるようになり，お互いについて最大限に理解できるようになるとまとめられている。したがって，2の「論理と感情が一体になると，人間の現実の複雑さが理解でき，効果的に意思疎通をすることができる」が最も適切。

1.「論理は日常生活の経験の細部を隠し，私たちを解決策へと押し進めてくれる」

3.「感情よりも論理を優先すると，対立している2グループ間の議論で誤りを取り除くことができる」

4.「つじつまが合わなくなったり，非論理的になったりしないように，議論は自分たちの思考体系にしっかり基づく必要がある」

●語句・構文●

(第1段) fuse「融合する」 watertight「スキのない，防水の」 sketch out ～「～の概略を述べる」 inconsistency「矛盾」 seemingly「外見上は」 contradict「～と矛盾する」 intuition「直観」

(第2段) in the abstract「抽象的に，理論上は」 edge「ゆっくり進む」

(第3段) defeat「～を打ち負かす」 that said「そうは言っても」 inconsistent「矛盾した」

(第4段) counterattack「反撃」 potentially「潜在的に」

(第5段) invoke「～を呼び起こす」 intimidation「脅迫」 belittlement「軽蔑」 sarcastic「嫌味な」 killer shot「致命的な一撃」 nuance「微妙な違い，ニュアンス」

(第7段) hermit「世捨て人」 in conjunction with ～「～とともに」 compassionate「思いやりのある」 nuanced「繊細な」

(最終段) futile「無益な」 coexist「共存する」 collaborative「協力による」

III 解答

(19)－2　(20)－1　(21)－1　(22)－2　(23)－3　(24)－2
(25)－2　(26)－1　(27)－4

◆全　訳◆

≪ビジネスにおける倫理基準順守の重要性≫

「個人的な感情ではない…これは完全にビジネスだ」 アメリカの犯罪映画『ゴッドファーザー』に登場する冷酷なマフィアのボス，マイケル=コルレオーネのこの有名なセリフは，2つの全く異なる世界を思い起こさせる。愛と忠誠心の絆で結ばれた家族と友人の世界がある。そして，その世界とは全くかけ離れた，取引と金を重視するビジネスの世界がある。マイケルに関する限り，その2つの領域が交わることは決してない。

営利を目的とする企業は単にお金を稼ぐためだけに存在していると信じている者にとって，これはビジネスの仕組みに関する十分もっともらしい考え方である。要するに，ビジネスとは利益を生み出すことが目的なのだ。どれだけ適切に行動するのか，商取引の途中で人をどれだけ丁寧に扱うのかは自分にとって重要かもしれないし，重要でないかもしれないが，それらが成功するための中心的な役割を果たすことは絶対にない。結局のところ，利益の追求が何よりも優先されなければならないのだ。

そのような倫理観のない経営手法は，多くの人にとって不快に思えるかもしれない。しかし，厳密に商業的観点から判断しても，それは効果があるのだろうか？　少なくともその手法は，純粋に金銭的観点において成功している会社を生み出しているのだろうか？

数年前，アメリカでビジネスを専攻している学生たちのチームが，コンピューター経由で質問に答えていく問題解決の大会に招待された。彼らはもし1回戦で成績が良ければ，次の対戦で優位になれると伝えられていた。しかし，その試合には設計上の大きな欠陥があることがすぐにわかった。得点が正当なものであるか第三者的立場から確認されなかったので，やろうと思えば，チームのリーダーは自分のチームの成績を不正確に報告することができたのだ。言い換えれば，不正をして好き勝手にやれるのだ。その試合で，ある参加者たちのグループは自分たちの成績を正確に報告したが，もう一つのグループは67パーセントの点数をそっと80パーセントにするというリーダーの決定を喜んで受け入れた。彼らのごまかしの行為が問題になることはなかった。

参加者の誰一人として知らなかったことは，この試合が著名な社会心理学者のロバート=チャルディーニによって仕組まれたものだったということである。しかし，彼の実験はチャンスがあれば人間は不正をするかどうかを確かめるためのものではなかった――私たちは苦々しい経験から，一部の人々は必ずそうすることを知っている。そうではなく，彼は不正をすることが，その人たちの後の行動にどのような影響を及ぼすのかを調べることに興味を持っていたのである。したがって，2回戦が本当の実験だった。ここでチャルディーニ教授は，それぞれのグループの各メンバーに，ある経営史の事例を与え，それに関する一連の問題にチームメイトの誰にも相談することなく答えてもらった。興味深いことに，この時，1回戦で偽って成績が良いことを主張していたメンバーは，正直だったメンバーよりも一様に成績が悪かったのである。1 回戦の本当の点数は，彼らがほとんど互角だったことを示している。しかし今度は不正をしたチームの点数が，正直なチームの点数よりも平均で 20 パーセント低くなったのだ。チャルディーニ教授は彼らの解答を詳細に調べ，このような結果になった理由は，問題が難しくなると彼らは諦める傾向にあるからだという結論に達した。それはまるで「続けていくエネルギーやモチベーション」がないかのようだったと彼は語っている。

この一見したところ驚きの行動に対するチャルディーニ教授の説明は，完全に説得力があるように思える。私たちは時として不正を行い，時としてごまかしたり，うそをついたりしてしまうものだが，大半の人々は善悪の観念を持っている。私たちは，何世紀にもわたり独自の社会的慣習を築き上げてきた社会に暮らしており，それらは宗教的な考え方に基づいたものであるかもしれないし，社会がうまく共存していく上で必要なことに関する実際の経験に由来しているのかもしれない。他人に正直であり，可能な時は彼らを助け，彼らに害を及ぼす可能性があることをしないようにすることは，長期的に見て自分の利益になることだと私たちは知っている――つまり，自分たちが同じように扱われることを望むのであれば。したがって，そういった規範から逸脱するよう促されると，基本的に正しいと考えていることと促されていることとの間に緊張が生じ，この緊張が私たちを徐々に弱らせていくのだ。

闇雲に利益を追求する――顧客からできるだけ搾り取り，法令も無視する――ようになっている職場は従業員たちの気力を枯渇させることもある。これが個人のストレスレベルを上げることを示す膨大な証拠もある。しかし，チャルディーニ教授が最も印象的だと思ったことは，従業員たちにそういった辛辣な行為をするように仕向けている企業自体が，その従業員たちに裏切られ，だまされる可能性が非常に高いということだ。彼は次のように指摘している。「あなたのために不正を働く者は，あなたに対しても不正を働く」 倫理基準のない組織で働いていることに気づくと，自分自身の行動がその文化を反映するようになる。結局，雇用主がいつも人を利用して満足しているのであれば，なぜそれと違う行動を取る必要があるだろう？　自分自身の行動は，自分が勤めている組織の行動を真似し始めるのだ――そしてそれは必ずしもその組織のためになるとは限らない。

◀解　説▶

▶⒆主語の the two realms「その 2 つの領域」とは，愛と忠誠心で結ばれた家族と友人の世界と，取引と金を重視するビジネスの世界を指している。第 1 段第 1 文（“It's not personal …）の個人的な感情ではなく完全にビジネスであるというマイケルのセリフから，彼にとってこの 2 つの世界は分離しており，交わることはないという内容にすればよい。したがって，2 が正解。

▶⒇下線部を含む文は「営利を目的とする企業は単にお金を稼ぐためだけに存在していると信じている者にとって，これはビジネスの仕組みに関する十分 plausible な考え方である」という意味。主語の this は第 1 段で述べられているビジネスに私情を挟まないという考えを指しており，第 2 段第 2 文（At base, it's …）以降，ビジネスでは利益を生み出すことが優先されるという内容が続いているので，1 の「見たところ根拠がある」が適切。plausible「もっともらしく思われる」　2.「決定的な欠点がある」　3.「ひどく動揺させる」　4.「少し驚きの」

▶㉑下線部を含む部分は「そのような倫理観のない経営手法」という意味で，第 2 段最終文（Ultimately, the pursuit …）の利益を何よりも優先する考え方のことを指している。したがって 1 の「自己の利益を追求するため倫理を無視する」が正解。

2.「自分自身の倫理的行為の規範を改良する」

3.「社会で広く受け入れられている倫理観に従う」

4.「ある倫理的問題に対する解決策を拒否する」

▶㉒ 1.「1 回戦において，少なくとも 1 つのチームが自分たちの結果を不正確に報告した」 第 4 段第 5 文（In the event, …）の後半で，あるチームが 67 パーセントの点数を 80 パーセントの点数で報告したと述べられている。

2.「1 回戦で不正をしたチームは 2 回戦で罰を与えられた」 第 4 段最終文（Their deception went …）で，あるチームが 1 回戦で行ったごまかし行為は問題にならなかったとあり，本文の内容に反するため正解。deception「だますこと，ごまかし行為」 unchallenged「問題にされない」

3.「そのシステムでは，1回戦で参加者が自分たちの得点を偽ることが可能だった」 第4段第3文（It swiftly became …）で，試合には設計上の大きな欠陥があり，やろうと思えば得点を不正確に報告できたとある。

4.「全てのチームのリーダーが1回戦の結果を正確に記録したわけではない」 第4段第5文（In the event, …）より，結果を偽って報告したリーダーがいたことがわかる。

▶(23)「2回戦では，1回戦の正直な参加者と不正を行った参加者を比較するとどのようになったか？」 第5段第6文（Intriguingly, this time, …）で，2回戦では，1回戦で不正をしたチームのメンバーは正直だったメンバーたちよりも一様に成績が悪かったとある。さらに続く同段第7文（The true scores …）では，1回戦の本当のスコアは両者ともほぼ互角だったとあるので，3の「不正をした人たちは，正直な参加者たちと有能さは同じだったが，得点は低かった」が正解。

1.「正直な参加者たちは不正をした人たちより有能ではなかったが，得点は高かった」

2.「不正をした人たちは正直な参加者たちより有能ではなかったが，得点は高かった」

4.「正直な参加者たちは不正をした人たちと有能さは同じだったが，得点は低かった」

▶(24)「チャルディーニ教授によると，不正をした人たちの2回戦での姿勢を最もよく表しているのは以下のうちどれか？」 第5段最終文（It was, he …）で，不正をした人たちは続けていくエネルギーやモチベーションがないかのようだったとチャルディーニ教授は語ったとある。したがって2の「やる気がない」が正解。1.「心が狭い」 3.「あまりにも攻撃的」 4.「議論好きな」

▶(25)チャルディーニ教授が指摘している内容に当てはまらないものを選ぶ問題。

1.「私たちは皆，時々，無責任な行動をとる」 第6段第2文（Although we will …）で私たちは時として不正をし，ごまかしたり，うそをついたりするとある。once in a while「時々」

2.「全ての人間が同じ社会的慣習を共有している」 第6段第2文（Although we will …）に大半の人々は善悪の概念を持っているとある

が，全ての人間が同じ社会的慣習を共有しているわけではないので，これが正解。convention「慣習」

3.「他人を敬うことは，結局，私たちに恩恵をもたらす」 第6段第4文（We know it's …）で，他人に正直であり，他人を助けることは，長期的に見て自分の利益になることを私たちは知っていると述べられている。

4.「私たちにとって，社会的なルールや規範を破ることはストレスになる」 第6段最終文（So when we're …）で，社会規範から逸脱するように促されると，不安が生じ，私たちを徐々に弱らせるとある。norm「規範」 undermine「〜を徐々に弱らせる」

▶(26)下線部の前には指示形容詞の such があるので，そういった行為とはどのようなことなのか具体例を探すと，最終段第1文（A workplace that …）で，顧客からできるだけ搾り取り，法令も無視するという行為が挙げられている。したがって1の「不誠実な行為」が最も意味が近い。sharp「辛辣な，厳しい」 extract「〜を抜き出す」 regulation「法令，規則」 2.「適度な報酬」 3.「暴力的な訓練」 4.「無欲の献身」

▶(27)第3段で，利益だけを追求する倫理観のない経営手法は金銭的観点で成功している会社を生み出しているのかという問題提起がされ，第4段以降，チャルディーニ教授の実験を通して，それを検証していく構成となっている。最終段では，従業員に倫理観のない行動をさせると従業員たちの気力がなくなることがあり，その従業員たちに裏切られる可能性も高くなるとまとめられている。したがって，4の「長期的に見ると，企業にとって，従業員を公正に扱い倫理的に振る舞うことは利益をもたらす」が最も適切。

1.「企業は，長期的な利益を犠牲にしてでも，社会的責任と誠実さを優先するべきである」 本文の主旨として，企業が長期的な利益を犠牲にしてもよいという内容は述べられていない。

2.「企業は，社会的慣習を無視し，新たなルールを作ることで利益を最大にすることができる」

3.「従業員の意欲を高めるための手段として，企業は家族手当を増やす必要がある」

●語句・構文●

（第1段）ruthless「冷酷な」 conjure up 〜「〜を思い起こさせる」

(第 2 段) enterprise「企業」 dealing「取引」
(第 3 段) distasteful「不快な」
(第 4 段) via「〜を経由して」 flaw「欠陥」 validate「〜を正当だと証明する」 get away with 〜「〜をしても罰を受けない」 nudge「〜をそっと動かす」
(第 5 段) set-up「仕組まれたもの, でっちあげ」 subsequent「その後の」 intriguingly「興味深いことに」 uniformly「一様に, 均一に」 evenly「互角に」 motivation「動機, モチベーション」
(第 6 段) misbehave「不正を行う」 tension「不安, 緊張」
(最終段) be geared to 〜「〜に適合する」 drain「〜を枯渇させる」 overwhelming「圧倒的な」 striking「印象的な, 顕著な」 betray「〜を裏切る」 defraud「〜をだまし取る」 take advantage of 〜「〜を利用する」 mimic「〜を真似る」

Ⅳ 解答 ㉘−1 ㉙−4 ㉚−3 ㉛−1 ㉜−4 ㉝−4

◀解　説▶

▶㉘「大部分の証拠は彼が戦争犯罪で有罪であることを示していましたよね？」
主節の主語が the large body of evidence なので，付加疑問文の代名詞は it になるので，1が正解。

▶㉙「首相はいつ戦争が終結すると考えているのですか？」
1・2は疑問文の倒置形になっていないので不適。3は従属節も will the war と倒置形になっているので不適。

▶㉚「ジョンは余裕があればその不動産を買うつもりだったが，価格が急騰した」
affordable「手頃な価格の」と consumable「消費できる」はモノを修飾するので不適。consume「〜を消費する」も目的語に property「不動産」が続くのは不自然。したがって3の afford「〜を持つ余裕がある」が正解。

▶㉛「一部のビジネス分野には高い参入障壁がある。航空業界がそのわかりやすい事例だ。航空機を購入する費用だけで，ほとんどの新規参入者を思いとどまらせるのに十分である」

高い参入障壁がある航空業界に関する内容。1の deter「～を思いとどまらせる，～を抑止する」を選べば，航空機を購入する高額な費用が新規参入者たちを思いとどまらせるとなり文意が通じる。in point「適切な」 entrant「参加者」

▶(32)「真実を語ることがいつも良い結果を生むという事実があっても，子供たちがそれを望んで受け入れるようになることはもうない。真実に直面することはあまりにも大きな痛みを伴うことが多いのだ」

空所後方の eager は補語として機能しているので，動詞は第5文型（SVOC）が可能な make になる。真実に直面するのは大きな痛みを伴うことが多いと続いているので，子供たちが真実を望んで受け入れるようにはならないという文脈になるよう否定文にすればよいので，4が正解。否定文で用いられる any more があることもヒントになる。invariably「いつも」 pay off「良い結果を生む」 embrace「～を受け入れる，～を抱く」

▶(33)「言語が進化するにつれ，単語は新たな意味を持つようになる」

主語が words で空所直後に new meanings が続いているので，4の「(性質，外観など) を持つようになる，帯びる」を選べば文意が通じる。2.「～を提出する」 3.「やって来る」

V　解答

(34)—4　(35)—2　(36)—3　(37)—2　(38)—1　(39)—1　(40)—3

◆全　訳◆

≪女性起業家に対する資本投資の状況≫

サミュエル=ベケットの「もう一度挑戦しよう。また失敗すればいい。前より上手に失敗すればいい」という言葉は，多くの起業家たちを奮い立たせてきた。しかし，誰が挑戦し，失敗し，さらに失敗しているのだろうか？　それは男性である。型にはまらないアイデアで成功している分野にしては，女性主導のイノベーションへの資金提供ということになると，新規事業立ち上げの世界は驚くほど遅れを取っている。英国ビジネスバンクの最近の調べでは，イギリスにおけるベンチャー資本投資1ポンドに対して得られる額は，創業者全員が女性のチームでは1ペンス未満，全員が男性のチームで89ペンス，男女混合のチームでは10ペンスであるという。

この状況はヨーロッパ全土に反映されており，ベンチャー資本1ユーロにつき93セントが，創業チームに女性が一人もいない会社へと渡っている。これは投資家にとっても世界にとっても損失である。多様性は新しいアイデアを促進しており，その証拠に女性が設立，または共同設立した新会社は，はるかによい金融投資に貢献していることが示されている。世界のトップ100社のベンチャー企業のパートナーのわずか8％が女性である。私たちは自分と似ている人たちに対して最も安心感を持つ。ベンチャー資本において，これは男性が自分と同じ他の男性に投資する選択が多くなることを意味する。女性の起業家たちは，投資家はいつも決まって女性には自社製品に関する専門的な知識が不足していると決めつけると報告している。その結果，彼女たちの売り込みに対しては質問が多く，女性たちは自分の価値を証明するためより懸命に戦わなければならない。この文化が，女性たちに挑戦することさえ思いとどまらせているのだ。

◀解　説▶

▶(34)空所を含む部分は主格の関係代名詞に導かれた形容詞節の一部。空所直後に前置詞の on があるので自動詞の scatter「散る」か thrive「繁栄する」に絞られる。thrive on ～ で「(特定の状況）で成功する，（人が嫌がりそうなこと）を厭わない」となるため，4が正解。残りの2つは他動詞で意味は以下の通り。1.「～を見つける」　2.「～を延期する」

▶(35)女性創業者のチームへの資本投資が少ない状況を説明している部分。2の across を選べばその状況がヨーロッパ全土に反映されているという意味になり文意が通じる。

▶(36)主語が単数形の diversity で空所直後には new ideas という目的語が続いているので，文法的に入れられるのは現在形の3の fuels のみ。

▶(37)空所直前に much があるため，2の better を選べば，much が比較級を強調する用法で機能することになり文法的に問題がなくなる。

▶(38)空所を含む文は「私たちは自分と似ている人たちに対して最も…」という意味。後方のセミコロン以下には，男性は自分と同じ男性に投資する選択が多くなるという内容が述べられているので，1の「安心できる」を選べば文脈に合う。2.「湿気の多い」　3.「無作為の」　4.「単独の，孤独な」

▶(39)空所を含む文は「投資家はいつも決まって女性には自社製品に関する

専門的な知識が不足していると…」という意味。空所直後がSVを含む文構造になっているので，語法的に入れられるのはassume (that) ～「～と思い込む」またはdeny (that) ～「～ということを否定する」となる。直後の文の前半は語彙レベルが高く内容が読み取りづらいが，後半で女性たちは自分の価値を証明するためより懸命に戦わなければならないと続いているので，1のassumeを選べば文脈に合うことがわかる。2.「従う」4.「～を差し控える」

▶⑷主語のthis cultureとは，女性は男性よりも投資家から多くの質問をされ，自分たちの価値を証明するため懸命に戦わなければならない状況を指している。空所直後が*A* from *doing*の形になっているので，3のdiscourage *A* from *doing*「*A*に～するのを思いとどまらせる」とすれば語法，文脈とも適切になる。

●語句・構文●

entrepreneur「起業家」 sector「分野」 unconventional「型にはまらない」 startup「新規事業」 lag behind「遅れを取る」 capital investment「資本投資」 founder「創業者」 investor「投資家」 make for ～「～に貢献する，役立つ」 firm「会社」 routinely「いつも決まって」 pitch「売り込み，宣伝」 be subject to ～「～を受けやすい」 interrogation「質問」

Ⅵ　解答　⑷－3　⑷－2　⑷－2　⑷－4

◀解　説▶

▶⑷「新しい50ポンド紙幣の肖像にアラン=チューリングを選んだのは皮肉なことである。彼はイギリスが戦争を遂行する上で極めて重要な役割を果たしたが，数学者としての最も重要な貢献は，あらゆる数学的問題はアルゴリズムによって解決できることを証明しようとした1936年の論文だった。その後，人工知能の基礎となる論文の一つを書き上げた。イングランド銀行によると，現時点では依然として50ポンド紙幣の需要があり，3億4,400万枚が流通しているという。たとえそうであったとしても，現代の世界は現金から離れつつある。未来はチューリングが着手した大変革によって可能になったデジタル決済という，新たな形の時代なのだ」

新しい 50 ポンド紙幣にはチューリングが描かれているが，彼が考案した人工知能の考え方を出発点として，デジタル決済が進み，現代ではキャッシュレスの方向に進んでいることが説明されている。したがって，3の「チューリングが開発した技術によって，彼が描かれた紙幣は不要になる可能性が高い」が正解。redundant「不必要な，余分な」

1.「チューリングはイギリスの戦争の英雄だが，本来は数学者として認められていた」

2.「チューリングはアルゴリズムの研究における先駆者であったが，それはすぐに人工知能に取って代わられるだろう」

4.「現在，幅広く使われているチューリングの紙幣は，将来，現金による支払いには認められないだろう」

banknote「紙幣」 algorithm「アルゴリズム」 subsequently「その後」 in circulation「流通して」 turn away from ～「～から目を背ける」

▶(42)「『食品廃棄物が出るのは小売りの段階では全体の約5％であるのに対して，全体の半分が家庭からであることを知って，ほとんどの人が驚きます』と，余剰食料の分配を支援するアプリケーションソフトを開発しこの問題に取り組んでいる女性起業家が説明している。『平均的な家庭で，毎年 800 ポンド分の食べることができたはずの食料を捨てています。トータルで，毎年 150 億ポンド分になります。踏んだり蹴ったりなことに，イギリスには食べ物に困って暮らしている人たちが 840 万人もいます』」

余剰食料の分配を支援する女性起業家の言葉を引用しながら，食品廃棄物の半分は家庭から出ている一方，イギリスでは食べ物に困って暮らしている人たちが数多くいる現状を説明している。したがって，2の「余剰分を必要な人たちに与えることによって食品廃棄物を減らすことができる」が正解。

1.「ほとんどの人は家庭内の食品廃棄物が大量にあることを痛感している」

3.「イギリスの多くの人が摂食障害に苦しんでいる」

4.「小売りの段階での食品廃棄物は家庭の食品廃棄物の約5パーセントである」

retail「小売りの」 address「～に取り組む」 distribute「～を分配する」 excess「余剰の」 collectively「合計で」

▶(43)「もし成長する過程で，自分を変化させる出来事を一度でも経験すると，他の誰とも違う道を進むことになる。したがって，従来の形で自分が暮らす地区の他の子供たちと同じように育てられるのではなく，突然，自分が他と違うと気づくのだ。自分は他とは違うと考えるようになるのだ。目標も違ったものになる。こうした変化を引き起こす多様化の経験は，様々な形態をとる可能性があり，創造的な人々の人生を見ると，そういった出来事が持つ影響力を理解することができる」
diversifying experiences「多様化の経験」によって起こる変化として，第2～4文（So instead of …）に自分が他とは違うと考えるようになり，目標も違ったものになるとある。さらに最終文では，創造的な人々の人生は，多様化の経験が影響しているという内容が述べられているので，1の「個人のアイデンティティの再定義」，3の「創造性の刺激」，4の「人生の目標の劇的な変化」は diversifying experiences が引き起こす変化となる。したがって2の「より強く社会に順応すること」が正解。
transformative「変化を起こす」 track「軌道」 fashion「方法」 all of a sudden「突然」 trigger「～を引き起こす」 multiple「多数の，多様な」
▶(44)「真実の愛があれば，いつも忘れずに『お願いします』と『ありがとう』を口にする。それは常に礼儀正しい騎士のように心を通わせる。ずっと一緒にいられる人たちは，深く，そして誠実にお互いを尊重している人たちなのだ。彼らはそれぞれ相手を，光り輝き，誰からも愛されている国宝級の人――例えば，デイビッド=アッテンボロー卿やジェニファー=サウンダーズ――が滞在しに来たかのように扱う。幸運に大いに喜び，そのような良い相手がいることにワクワクし，常に必要なものを察知して，『お茶を一杯どうですか？　デイビッド卿』や『少し寒いですね。サウンダーズさん，カーディガンはいりませんか？』といった重要な質問を彼らは投げかけ続けるのだ。そう，これこそが愛である」
デイビッド=アッテンボロー卿やジェニファー=サウンダーズはどのような人たちの例として引用されているのか選ぶ問題。第4文（They each treat …）では，国宝級の人の例として両者の名前が挙げられ，第5文（Overjoyed by their …）では，彼らに気を遣ってかけるような言葉の例が挙げられている。したがって，4の「人々の敬服と愛情を喚起する人」が最も適切。

1.「名声によって完全にダメになってしまった有名人」
2.「要求が多くマナーにうるさい客」
3.「思いやりがあり周りの人々に対して礼儀正しいパートナー」
mannerly「礼儀正しい」 overjoy「〜を大喜びさせる」 anticipate「〜を予想する」 momentous「重要な」 fancy「〜がほしい」

Ⅶ 解答

a. availability b. inhabitants c. differences
d. reforms〔reformations〕 e. defense / defence
f. integration

◆全 訳◆

≪ロシアの単一都市について≫

単一都市である「モノゴロド」とは，1つの産業や工場がその地域経済の大半を占めているロシアの工業都市のことである。それらの都市は，原材料の鉱床が広範囲にわたり利用できる場所の周辺に作られていた。またそれらの場所は貴重な金属や資源を敵から守るのにも好都合であった。319 の単一都市に暮らす幼児から高齢者を含むおよそ 1,320 万人の住人は，ほぼロシア国民の 10 人に 1 人を占めている。彼らには多くの，たいていはごく基本的な違いがあるが，彼らは 1 つ共通点を持っている。彼らの暮らしは，人口の少なくとも 4 分の 1 を雇用しているたった 1 つの企業に依存しているのだ。18 世紀に，過密している街の人口を都心の外に分散させることを意図したピョートル大帝の一連の改革に従って，最初の工場都市が作られた。しかし単一都市の大半は，ヨシフ=スターリンの主に軍事防衛産業に重点を置いた壮大な開発計画の一環として，1930 年代に築き上げられた。こうした新たな特色あるものを既存の産業の枠組みに統合していくことは，この国の経済成長にとって不可欠なことであった。

◀解 説▶

▶a. 空所を含む部分は，1つの産業や工場に依存したモノゴロドという単一都市が作られた場所を説明している部分。空所直後の raw material deposits「原材料の鉱床」という表現に着目し，原材料の鉱床が利用できる場所の周辺に作られたとすればよい。

▶b. 空所を含む部分は「319 の単一都市に暮らすおよそ 1,320 万人の…」という意味なので，inhabitants「住人」のみ文脈に合う。可算名詞なので複数形にしておく。

▶ c．空所を含む文の後半では，逆接の接続詞 but に導かれて，1つの共通点があるという内容が述べられている。したがって，モノゴロドの住人には多くの違いがあるとすればよい。前方に形容詞の many があり，動詞が are になっているので複数形にしておく。

▶ d．空所を含む部分は「過密している街の人口を都心の外に分散させることを意図したピョートル大帝の一連の…に従って，最初の工場都市が作られた」という意味。選択肢の中では reform の名詞形 reform〔reformation〕「改革」が最も文脈に合う。具体的な改革を指す場合は可算名詞となるので複数形にしておく。

▶ e．空所直前の and は military と空所を結んでおり，この名詞は直後の industry を修飾している。文脈を考慮すると「防衛産業」という意味になる defend の名詞形 defense〔defence〕が最も適切。前の名詞が後ろの名詞を修飾し形容詞的な役割を果たす用法。

▶ f．空所後方の into 以下の前置詞句に着目するとよい。空所を含む部分は「既存の産業の枠組みへの，こうした新たな特色あるものの…」という意味なので，integrate「～を統合する」の名詞形 integration を入れれば文意が通じる。

●語句・構文●

monotown「単一都市」 account for ～「～を占める」 deposit「鉱床，鉱脈」 senior「高齢者」 disperse「～を分散させる」 feature「特色」

VIII 解答

a．embarked　b．broke　c．received
d．believing　e．shown

◆全　訳◆

≪ネットいじめをやめさせるアプリ≫

トリシャ=プラブは IT に興味を持つ女の子たちのロールモデルとなっている。彼女は，高校を卒業する時期にアプリケーションソフトを開発することで，後に自ら「世界最大の難しい並行作業」と言い表したことに着手した。最終的には ReThink となるこのアプリケーションソフトは，侮辱的なメッセージを検知し，「送信」ボタンを押す前に，怒りに満ち感情的になった投稿を考え直すようユーザーに促すことで，ネットいじめをやめさせるよう考案された。この偉業を成し遂げた彼女のモチベーションは，ネット上でいじめられ，自ら命を絶った12歳の女の子の話を読んだことに端を発している。「この話を知った時，私の胸は張り裂けました。そのような憎悪が受け入れられ，ネット上なら何を言ってもいいと感じるような社会になってしまったように思えます」とプラブは語っている。そのスタートからReThinkは非常に大きな注目を集め，世界で250万人の生徒と1,500の学校に採用されている。プラブは高校での支援環境が成功のカギとなる要因だったと考えている。「周りの多くの人たちが，私のやっていることを信じてくれるようになりました」 プラブのようにテクノロジーに関心のある女の子たちを支援する環境を作ろうとするプログラムは増えており，参加者を集めるのに苦労もしていない。しかし，イギリスの統計によると，女子生徒たちは技術革新を起こすことに大きな情熱を示しているのだが，彼女たちの熱意は科学技術の業界に入るほどには続かないようだ。そこは女性たちがあまり見られない状況で，女性のリーダーを支援する施策も十分ではないのだ。

◀解　説▶

▶ a．空所直後の on に着目し，embark on ～「～に着手する，～を始める」とすれば文脈に合う。時制は過去形にしておく。

▶ b．空所直後の目的語が my heart となっているので，break *one's* heart「～の胸が張り裂ける，～を悲しませる」とすればよい。時制は過去形にしておく。

▶ c．空所を含む文は「そのスタートからReThinkは非常に大きな注目を…，世界で250万人の生徒と1,500の学校に採用されている」という意味。receive を選べば，大きな注目を集めたとなり文脈に合う。時制は現在完了なので過去分詞形にしておく。

▶ d．空所直後の in に着目し，believe in ～「～(の正しさ・効果など)を信じる」とすれば文脈に合う。文法的に started の目的語になるよう動名詞の形にしておく。

▶ e．空所を含む文は「女子生徒たちは技術革新を起こすことに大きな情熱を…」という意味。選択肢の中で文脈に合うのは show のみ。時制は現在完了なので過去分詞形にしておく。

●語句・構文●

role model「ロールモデル，模範となる人」 juggling act「(複数のことを同時にこなす) 難しい状況」 cyberbullying「ネットいじめ」 post「投稿」 feat「偉業」 launch「開始」 innovation「革新，イノベーション」

❖講　評

2020 年度は 2019 年度と比べ大問が 1 題増え，大問 8 題の構成となった。過去 3 年出題のなかった短めの英文に関する内容説明問題が復活した。2019 年度と比べ英文量はやや増加したが，設問数は減少している。語形変化を伴う記述式の出題は例年通り。

Ⅰ～Ⅲの長文問題は例年通りの出題レベルであった。英文のテーマは社会論が中心だが，ビジネスにおける倫理基準順守の重要性に関する英文は，闇雲に利益だけを追求し，従業員に倫理基準を逸脱するように仕向ける企業は，従業員たちに裏切られる可能性が高くなるという内容で商学部らしいテーマ。

Ⅰはセオドア=ルーズベルトをリーダーへと導いた資質について述べた英文。努力だけではなく才能もあったという内容を読み取りたい。設問は一定の語彙レベルがクリアできていれば誤りの選択肢を消去することができたと思われるが，(1)・(7)はやや難しかったかもしれない。

Ⅱはよい議論には論理と感情の融合が不可欠であるという内容。論理と感情の融合というとやや抽象度が高いが，よい議論とは相手を打ち負かす争いではなく，お互いの主張を理解し，その架け橋をかけようとするべきだという内容を読み取りたい。設問は全体的に標準レベルと言えるが(14)がやや難しかったと思われる。

Ⅲの英文は，ビジネスにおける倫理基準順守の重要性について述べた英文で内容的には読みやすいものであった。第 3 段の問題提起を踏まえ，なぜチャルディーニ教授の実験を引用しているのか意識しながら読み進めていくことがポイント。

Ⅳの文法・語彙問題は 2019 年度から 5 問減って 6 問となった。基本レベルの出題も見られるが，(31)はやや難しかった。

Ⅴは中程度の長さの文章の空所補充問題で，女性起業家に対する資本投資の状況を説明した英文。本文では専門的な語彙も見られたが，一定の語彙レベルがクリアできていれば，設問の選択肢は絞りやすかった。

Ⅵは短めの英文が複数与えられ，そこから読み取れる内容を選ぶ問題。(44)は内容が読み取りづらく解答に迷った受験生がいたかもしれない。

Ⅶは与えられた動詞を名詞形にして答える問題で単数・複数に注意が必要。

Ⅷは与えられた動詞を適切な語形にして答える形式で全て標準レベル。

全体的には例年通りのレベルだったが，一定の語彙レベルがクリアできていなければ誤りの選択肢が消去できず，本文も時間内に最後まで読み切ることができないだろう。語形変化の問題は，単数・複数，時制といった基本事項をおろそかにせず，動詞を名詞形にする場合は接尾辞などを意識しながら取り組むとよい。

日本史

I 解答

問 1．(1)(2)—42　(3)(4)—25　(5)(6)—67　(7)(8)—47　(9)(10)—66　(11)(12)—61　(13)(14)—38　(15)(16)—19　(17)(18)—41　(19)(20)—33　(21)(22)—30　(23)(24)—44　(25)(26)—18　(27)(28)—60　(29)(30)—15　(31)(32)—54　(33)(34)—28　(35)(36)—20　(37)(38)—49

問 2．(1)帥升　(2)讃　(3)八角墳　(4)観勒　(5)治部省　(6)蔭位の制

問 3．豪族たちを天皇中心の新しい身分秩序に編成するため。(25 字以内)

◀解　説▶

≪資料から見る古代史≫

▶問 1．(1)(2)中国の皇帝が倭の奴国の王に印綬を授けたという記事があるのは『後漢書』東夷伝である。『後漢書』は南朝宋の范曄が著した後漢の歴史書である。

(3)(4)倭の奴国の王に印綬を授けた中国の皇帝は光武帝である。1784 年に福岡県志賀島で発見された漢委奴国王印は，光武帝が奴国の王に与えた印と推定される。

(5)(6)邪馬台国を中心とした小国の連合が存在していた様子を伝えるのは「魏志」倭人伝である。陳寿が著した『三国志』のうちの『魏書』の倭人に関する部分を通称「魏志」倭人伝とよぶ。3 世紀頃の帯方郡と邪馬台国などとの通交について記している。

(7)(8) 3 世紀半ばから終わりにかけて奈良盆地に作られた巨大な古墳は箸墓古墳である。この時期の古墳としては最大の規模で，初期ヤマト政権の王墓ではないかと推測される。

(9)(10) 5 世紀初めから中国に朝貢した倭の五王について記しているのは『宋書』倭国伝である。南朝梁の沈約の撰による南朝宋の歴史書であり，5 世紀の日本の政治情勢を知る重要史料である。

(11)(12)倭の五王の最後のひとり「武」は雄略天皇にあたると考えられている。『日本書紀』に見える名は大泊瀬幼武で，稲荷山古墳出土鉄剣銘に見える「獲加多支鹵大王」も雄略天皇とみられる。

⒀⒁天皇の系譜を中心とした歴史書で，６世紀半ばに作成されたのは「帝紀」である。天皇ごとの即位・宮号・后妃子女その他の記事と若干の治世中の事績の記述を含むと考えられている。

⒂⒃神話や伝承を集めた歴史書で，６世紀半ばに作成されたのは「旧辞」である。「帝紀」「旧辞」はほぼ同様の国家意識・歴史意識の所産で，欽明朝頃に成立したと考えられている。

⒄⒅天皇による統治の正当性や国家の発展の過程を示すため，史書や国史の編纂が始まったのは天武天皇の頃である。天武天皇の命により稗田阿礼が「帝紀」「旧辞」を誦習し，太安万侶が筆録し，712 年に元明天皇に献上したものが『古事記』である。

⒆⒇『古事記』は神話から推古天皇即位までを記している。全３巻で，上巻は神代の物語，中巻は神武天皇から応神天皇まで，下巻は仁徳天皇から推古天皇までのことが記されている。

(21)(22)『日本書紀』は神話から持統天皇に至るまでの歴史を記している。689 年に飛鳥浄御原令を施行したとあることからも持統天皇を導き出したい。

(23)(24)「六国史」は『日本書紀』から『日本三代実録』までの国史の総称である。６つの勅撰史書『日本書紀』『続日本紀』『日本後紀』『続日本後紀』『日本文徳天皇実録』『日本三代実録』は奈良時代から平安時代前期にかけて完成した。

(25)(26)「六国史」はいずれも漢文・編年体で記されている。中国の『春秋』が漢文・編年体の代表で,「六国史」も同じ体裁をとっている。

(27)(28)大宝律令が編纂されたときは文武天皇の治世である。持統天皇の譲位により，697 年に 15 歳で即位している。

(29)(30)大宝律令編纂事業の総裁は刑部親王である。天武天皇の皇子である。

(31)(32)大宝律令編纂，養老律令編纂の中心となったのは藤原不比等である。中臣鎌足の子で，藤原氏繁栄の基盤を築いた。

(33)(34)『令集解』を編纂したのは惟宗直本である。『令義解』をはじめ多くの令の注釈書を集成しており，唯一の大宝令の注釈もある。

(35)(36)『令義解』を編纂したのは清原夏野らである。『令義解』は養老令の官撰注釈書であり，養老令の大部分を伝えている。

(37)(38)藤原不比等の子で長屋王を自殺においこんだのは藤原宇合らである。

藤原不比等の子の武智麻呂・房前・宇合・麻呂の４兄弟は，不比等の娘を母とする聖武天皇が即位する724年頃から政界に進出した。

▶問２．(1)２世紀に後漢の皇帝に奴隷160人を献上した倭の国王は帥升である。『後漢書』東夷伝は107年に帥升らが生口（奴隷）160人を献上したと記している。

(2)倭の五王のうち，年代が最も古い王は讃である。『宋書』倭国伝には，讃・珍・済・興・武の５人の倭王の名が記されている。

(3)７世紀に出現する特殊な形をした大王の墳墓は八角墳である。古墳時代終末期に見られる古墳の形の一つで，墳丘の平面が八角形であるため八角墳とよばれる。

(4)厩戸王の在世中，中国の天文・暦法を倭にもたらした百済の僧は観勒である。海外から僧が伝えたのは仏教文化だけでなく，高句麗の僧曇徴が紙・墨・絵の具の製法を伝えるなど，その後の文化の発展につながるものがもたらされた。

(5)律令制における八省のうち，外交や仏事を管轄した機構は治部省である。中務・式部・治部・民部の各省は左弁官が管轄し，兵部・刑部・大蔵・宮内の各省は右弁官が管轄した。

(6)父の位階に応じて一定の位を授かるという制度は蔭位の制である。有資格者は三位以上の子・孫，および五位以上の子であった。

▶問３．天武天皇は古い姓の制を改め，皇室との系譜の親疎によって豪族の身分秩序を再編するために八色の姓を制定した。真人・朝臣・宿禰・忌寸・道師・臣・連・稲置の８つがあったが，道師以下の賜姓は実際にはなかった。

II 解答

問１．(39)(40)—47 (41)(42)—63 (43)(44)—36 (45)(46)—49 (47)(48)—71 (49)(50)—52 (51)(52)—32 (53)(54)—44 (55)(56)—40 (57)(58)—46 (59)(60)—66 (61)(62)—65 (63)(64)—20 (65)(66)—55 (67)(68)—57 (69)(70)—43 (71)(72)—11 (73)(74)—33 (75)(76)—68

問２．ａ．郷帳 ｂ．木下順庵 ｃ．ラクスマン ｄ．ゴローウニン

問３．(1)読史余論 (2)閑院宮家 (3)弘道館

◀解　説▶

≪江戸幕府の朝廷・大名統制≫

▶問1．(39)(40)徳川家康が武家諸法度を起草させた南禅寺金地院の僧は崇伝である。崇伝は政治・外交顧問として家康に仕え，禁中並公家諸法度，武家諸法度元和令，寺院法度の起草に関わった。

(41)(42)幕府に無断で広島城を修築したとして 1619 年に罰せられたのは福島正則である。賤ヶ岳の戦いなどで武功をあげた豊臣秀吉の部将だったが，関ヶ原の戦いで東軍に属し，安芸国広島城主となっていた。

(43)(44)幕府の許可なく紫衣の着用を勅許したことで紫衣事件となったときの天皇は後水尾天皇である。後水尾天皇は退位し，明正天皇に譲位した。

(45)(46)紫衣事件に際し処罰された大徳寺の僧は沢庵である。後水尾天皇の紫衣勅許をめぐる朝廷と幕府の対立で幕府を批判したため流罪となった。

(47)(48)徳川家宣および家継のもとで幕政の中心にあった側用人は間部詮房である。家宣の近習から側用人にまで進み，侍講の新井白石とともに元禄政治の刷新をめざした。

(49)(50)老中松平定信が寛政の改革を行っていたときの将軍は徳川家斉である。寛政の改革後も政治の実権を握り，子の家慶に将軍職を譲ったのちも大御所として権力を行使した。その治世は大御所時代とよばれる。

(51)(52)実父への太上天皇の称号宣下をめぐって松平定信らと対立したのは光格天皇である。父の閑院宮典仁親王への称号宣下の望みは断たれ，朝廷の幕府への強い姿勢が芽生えることとなった。

(53)(54)松平定信は白河藩主として飢饉対策などに手腕を発揮した。厳しい保守主義により天明の大飢饉を乗り切ったことで幕府老中となった。

(55)(56) 1824 年にイギリス捕鯨船員が上陸したのは薩摩宝島である。藩の役人に牛を譲るように要求したが，拒否されたため，イギリス捕鯨船員が上陸し牛 3 頭を略奪した。その際に争いとなり，イギリス人 1 名が射殺されている。

(57)(58)会沢正志斎が著した尊王攘夷論の書は『新論』である。排外主義が過激とされ公刊は禁止されたが，門人が筆写したことで広まった。

(59)(60)高野長英が著した攘夷政策批判の書は『戊戌夢物語』である。モリソン号打払いを批判したことから蛮社の獄で永牢の処分を受けた。

(61)(62)水戸藩主の徳川斉昭がまとめた意見書は「戊戌封事」である。内憂外患に対し，内政の充実と海防強化策を説き，将軍家慶に提出された。

(63)(64)天保の飢饉を背景とする三河の一揆は加茂一揆である。世直しを求める百姓らが蜂起し，強訴や打ちこわしを行った。

(65)(66)老中水野忠邦が天保の改革を行っていたときの将軍は徳川家慶である。大御所家斉の死後に，将軍家慶と老中水野忠邦により改革が断行されたが，失敗に終わった。

(67)(68)三方領知替えは川越藩・庄内藩・長岡藩が命じられた。庄内領民の激しい反対行動などがあり，1841 年に撤回した。

(69)(70)水野らが江戸・大坂周辺の大名・旗本の知行地を幕府直轄地にするために発したのは上知令である。三家の紀州藩をはじめ，関係諸大名・旗本の反対が強く，実現しなかった。

(71)(72)開国を求めてペリーが浦賀に来航した際，朝廷にこれを報告するとともに，諸大名や幕臣に広く意見を求めた老中は阿部正弘である。海防強化と人材登用をはかり国論の統一をめざしたが中途で病死した。

(73)(74)幕臣の軍事教育機関として江戸に設けたのは講武所である。直参とその子弟に洋式砲術の訓練などを実施した。

(75)(76)アメリカからの通商条約締結の要求に対し，条約調印の勅許によって難局を打開しようとした老中は堀田正睦である。攘夷主義者の孝明天皇がこれを許さなかったため失敗に終わった。

▶問２．ａ．幕府が諸大名に提出させたもので，各郡村の石高を記したものは郷帳である。豊臣秀吉が諸大名に命じてつくらせた国絵図を江戸幕府も作成させ，さらに年貢徴収の基本帳簿として郷帳も作成させた。

ｂ．徳川綱吉の侍講を務めたのは木下順庵である。江戸初期の朱子学者で，加賀藩主前田綱紀に仕えたのち将軍綱吉の侍講となった。門下には新井白石・室鳩巣・雨森芳洲らがいる。

ｃ．松平定信が老中の職を退く前年（1792 年）に来航したロシア使節はラクスマンである。漂流民大黒屋光太夫の送還とともに通商を求めたが，幕府の鎖国政策に阻まれた。

ｄ．1811 年にロシアとの間で起きた事件はゴローウニン事件である。幕府の役人がロシアの艦長ゴローウニンを捕らえ，ロシアは北方交易で活躍した高田屋嘉兵衛を捕らえたが，両者はともに釈放され事件は決着した。

▶問３．(1)新井白石が公家政権や武家政権の推移を段階区分し，独自の歴史観を示した書物は『読史余論』である。6代将軍家宣に進講した講義案であり，公家政権から武家政権への推移と徳川政権の正統性を述べている。

⑵新井白石らが政治を進めた時期に創設された新しい宮家は閑院宮家である。皇子・皇女の多くが出家していたことから，皇統保持のために新井白石が建議し，幕府が宮家創設の費用を献上して創設した。

⑶徳川斉昭が創設した水戸藩の藩校は弘道館である。洋学も含めた幅広い学問を教授した。

Ⅲ 解答

問1．(77)(78)―28　(79)(80)―37　(81)(82)―12　(83)(84)―43　(85)(86)―61　(87)(88)―19　(89)(90)―25　(91)(92)―22　(93)(94)―45　(95)(96)―42　(97)(98)―30　(99)(100)―23　(101)(102)―50　(103)(104)―33　(105)(106)―48　(107)(108)―59　(109)(110)―47

問2．a．座繰製糸　b．造船奨励法　c．輸出入品等臨時措置法　d．持株会社整理委員会

問3．⑴在華紡　⑵台湾銀行　⑶自作農創設特別措置法　⑷公正取引委員会

◀解　説▶

≪近現代の産業と貿易≫

▶問1．(77)(78)幕末期の日本の最大の輸出品目は生糸である。製糸業は急速に発展し，マニュファクチュア化が進んだ。

(79)(80)大阪紡績会社の設立を構想したのは渋沢栄一である。第一国立銀行・大阪紡績会社・日本郵船など500以上の企業の創立・発展に尽力した。

(81)(82)大阪紡績会社の設立は1882年である。その後の機械制大工場の先駆となり，1914年には三重紡績と合併して東洋紡績となった。

(83)(84)官営八幡製鉄所は筑豊炭田の近くに設立された。八幡製鉄所は中国の大冶鉄山の鉄鉱石，福岡県の筑豊炭田や満州の撫順炭田の石炭を使用した。

(85)(86)第一次世界大戦勃発後，アジア諸国向けに輸出が急増したのは綿織物である。戦争でヨーロッパ列強がアジア市場から撤退せざるをえなくなったことが最大の原因であった。

(87)(88) 1930年に大蔵大臣を担当していたのは井上準之助である。日本銀行総裁の後，第2次山本権兵衛内閣・浜口雄幸内閣・第2次若槻礼次郎内閣

の大蔵大臣を務めた。

(89)(90) 1930 年に井上準之助蔵相は金輸出解禁を断行した。浜口内閣の蔵相として井上は緊縮財政・産業合理化・金解禁を進め，為替相場の安定・貿易促進・経済活性化をめざした。

(91)(92)井上準之助蔵相は為替レートを円高に設定した。輸出不振となることをおそれる声もあったが，井上はあえて実勢よりも円高となる旧平価（1917 年に金輸出禁止を行う前の平価）で解禁した。

(93)(94)物価の下落が著しい状態とはデフレ（デフレーション）の状態である。物価が高騰することをインフレ（インフレーション）とよび，不況とインフレが同時進行することをスタグフレーションとよぶ。

(95)(96)デフレを伴う恐慌からの脱却をめざし，積極的な財政政策をとった蔵相は高橋是清である。それまでの緊縮財政を転換して，恐慌対策と軍事費の増大を盛り込んで予算を拡大する政策をとった。

(97)(98)高橋是清蔵相は犬養毅内閣の組閣直後に金輸出再禁止を行った。金保有量に関係なく通貨量を調節できる管理通貨制度に移行した。

(99)(100)1932 年から為替レートが円安に転じた。綿製品をはじめ輸出が躍進したことで，1933 年頃には世界恐慌以前の生産水準を回復した。

(101)(102)1939 年 7 月にアメリカが廃棄を通告したのは日米通商航海条約である。日中戦争が長期化する中，日本の中国侵略に抗議して通告された。

(103)(104)南方進出によって獲得しようとしていた資源はゴムである。石油・ゴム・ボーキサイトなどを獲得し，あわせてイギリス・アメリカによる援蔣ルートを遮断するために，南進政策が進められた。

(105)(106)アメリカが対日石油輸出を禁止するきっかけとなった 1941 年 7 月の南進政策は南部仏印進駐である。アメリカは石油の対日禁輸措置や在米日本資産の凍結など制裁を強化した。

(107)(108)1942 年 6 月のミッドウェー海戦によって日本軍は劣勢に転じた。主力空母 4 隻を失うなど，日本の連合艦隊が大きな打撃を受けた。

(109)(110)カルテルの禁止や企業結合の監視などは 1947 年に成立した独占禁止法のもとで始まった。監視機関として公正取引委員会が設置された。

▶問 2．a．開港後に生糸の生産を拡大させた製法は座繰製糸である。1872 年に富岡製糸場が器械製糸を導入すると，急速に器械製糸が普及し，1894 年頃に器械製糸の生産量が座繰製糸をしのいだ。

b．1896年に航海奨励法とともに公布されたのは造船奨励法である。以後は大型の鋼鉄製汽船の建造が増え，造船業は急速に成長した。

c．政府が貿易の統制のために1937年9月に制定したのは輸出入品等臨時措置法である。戦時経済のために政府が貿易を制限できるだけでなく，貿易制限によって需給調整が必要となれば物品の生産・配給・消費を統制できるとした。

d．1946年に発足し，財閥から譲り受けた株式を公売したのは持株会社整理委員会である。指定された持株会社・財閥家族の所有する株式を譲り受けて公売し，株式の民主化を行った。

▶問3．⑴日本の資本家が中国各地に設立した紡績会社や紡績工場の総称は在華紡である。中国人労働者を雇用し，中国民族資本を圧倒した。

⑵鈴木商店への過剰な融資がきっかけで経営が悪化し，金融恐慌時に休業を余儀なくされた銀行は台湾銀行である。銀行券の発行権を持ち，製糖などの台湾産業の活性化を進めた。

⑶第二次農地改革を実現する目的で，農地調整法の再改正と並行して制定された法律は自作農創設特別措置法である。農家の90％以上が自作農・自小作農となり，寄生地主制は崩壊した。

⑷カルテルの取り締まりや企業結合の監視などを任務として設置された行政機関は公正取引委員会である。独占禁止法の違反行為について調査・勧告・審判を行う機関である。

❖講　評

大問数は3題で例年と変わりなかった。解答個数は2019年度から1個減少して77個だった。選択問題が55個（すべて語句選択），記述問題が2019年度から3個増加して21個，25字の短文論述問題が1個となっている。2018・2019年度に出題された年代配列問題，2019年度に2個出題された正文・誤文判定問題は，2020年度は出題されなかった。

難易度は全体的に易化傾向にあると言ってよいだろう。選択・記述問題は基本的な用語が大半であり，論述も長文のものではなく2020年度も短文のみであった。

Ⅰが古代の政治・外交史，Ⅱが近世の政治・外交史，Ⅲが近現代の社会経済・外交史からの出題となっている。時代別では古代，近世，近現代からの出題がそれぞれ3分の1であった。分野別では政治・外交史, 社会経済史を主としているが, 時代・分野は年度によって大きなバラつきがあるので, 全時代・全分野の学習が必要である。

Ⅰは資料から古代の日本列島の歴史を概観する出題。問2(3)の「八角墳」が記述問題としてはやや難しかったかもしれないが, 他の設問は25字の短文論述問題も含めて基本的な問題ばかりであった。難易度はやや易。

Ⅱは江戸幕府の朝廷・大名統制に関する出題。(55)(56)「薩摩宝島」, (61)(62)「戊戌封事」, (67)(68)「長岡」, 問2. aの「郷帳」がやや難しかったかもしれない。難易度は標準。

Ⅲは近現代の産業と貿易に関する出題。問2. cの「輸出入品等臨時措置法」が記述問題としてはやや難しかったかもしれないが, 基本的な知識だけで解答できる設問が多かった。難易度は標準。

全体として問題量は多いが, 基本事項が中心である。教科書に記載のないような難問もあるが数としては少ないので, 教科書の範囲内で解ける問題を取りこぼさないように学習することが重要である。

世界史

I 解答

問1．⑴⑵―31　⑶⑷―20　⑸⑹―34　⑺⑻―17
⑼⑽―19　⑾⑿―43　⒀⒁―64　⒂⒃―50　⒄⒅―65
⒆⒇―59　㉑㉒―49　㉓㉔―48　㉕㉖―15　㉗㉘―53　㉙㉚―21
㉛㉜―57　㉝㉞―47　㉟㊱―63

問2．㈠放伐　㈡禅譲　問3．レオ3世

問4．サマルカンド，ヘラート　問5．アン女王戦争

問6．ヨーロッパの王族は婚姻を通じて血縁関係が結ばれていたから。

◀解　説▶

≪王朝の交替と暗殺の歴史≫

▶問1．⑶⑷武力によって統治する覇道政治に対して，徳による統治を王道政治という。

⑸⑹王莽は前漢・元帝の皇后王氏の一族。外戚として勢力を伸ばし，哀帝の死後，幼い平帝を擁立。自分の娘を皇后に冊立したが，後に平帝と対立して毒殺。幼い劉嬰をたてて摂政となったが，8年に禅譲を受けたとして自ら帝位につき新を建国した。

⑺⑻「話し合いや指名などの方法」で選ばれたカリフは正統カリフの4人だけ。第4代カリフのアリーと対立したシリア総督ムアーウィヤが，アリー暗殺後にウマイヤ朝を開き，カリフ位の世襲制に道を開いた。

⑼⑽エドワード3世は母がフランスのフィリップ4世の娘であったので，カペー朝断絶に際し王位継承権を主張してフランスに侵入した。

⑾⑿スペイン=ハプスブルク家はフェリペ2世以来4代続いたが，カルロス2世を最後に1700年に断絶した。

⒀⒁ユトレヒト条約で，イギリスはスペインからジブラルタル・ミノルカ島，フランスからニューファンドランド・アカディア・ハドソン湾地方を獲得した。

⒂⒃フェリペ5世の祖母であるルイ14世の王妃マリ=テレーズはカルロス2世の姉。フェリペ5世はカルロス2世の遺言でスペイン国王に即位したが，神聖ローマ皇帝レオポルト1世も血統の関係から次男カール（後の

カール 6 世）の継承権を主張して争った。

⒄⒅やや難。ラッフルズはイギリスの植民地行政官。ナポレオン戦争当時フランスの勢力下にあったジャワ島がイギリスに占領された後，この地に派遣され，ジャワ副総督として統治にあたったが，この時にボロブドゥール遺跡を発見したことでも知られる。

⒆⒇マケドニアはドーリア人の一派が建国した国家。ギリシア人でありながら，ポリスを建設しなかった。

(21)(22)フィリッポス 2 世はカイロネイアの戦いでアテネ・テーベ連合軍を破り，ギリシアをほぼ制圧したが，ペルシア遠征を前に暗殺された。

(23)(24)ファーティマ朝はシーア派の分派であるイスマーイール派が 909 年に建てた王朝で，建国当初からカリフを称してスンナ派のアッバース朝に対抗した。この後，後ウマイヤ朝のアブド=アッラフマーン 3 世も 929 年からカリフを称したため，イスラーム世界に 3 人のカリフが鼎立することになった。

(25)(26)ユグノー戦争（1562～98 年）の末期，アンリ 3 世が暗殺されヴァロワ朝（1328～1589 年）は断絶した。

(27)(28)ヴァロワ朝断絶後，ナヴァル王アンリが 1589 年にアンリ 4 世として即位し，ブルボン朝を創始した。

(29)(30)アンリ 4 世は 1589 年に即位したが，新教徒（ユグノー）であったため，パリ市民やカトリック教徒は彼を国王として認めず，各地を転戦して「国家なき国王」とよばれた。1593 年にカトリックに改宗し，ようやくパリ入城を果たし，戴冠式を挙行することができた。

(31)(32)オーストリアは 1878 年のベルリン条約でボスニア・ヘルツェゴヴィナの行政権を獲得，1908 年の青年トルコ革命に乗じてこれを正式に併合した。

(33)(34)イスラーム教徒ではないので，注意が必要。ガンディーはヒンドゥー・イスラーム両教徒の融和を主張していたが，これを認めない急進派ヒンドゥー教徒によって暗殺された。

(35)(36)ラビン首相はパレスチナとの和平に反対する急進派のユダヤ人によって暗殺された。

▶問 2．㈠中国では，天下は有徳者が天命を受けて統治すべきものだとされる。したがって，もし徳が衰え民心が離反すれば，天は天命を革め（革命)，別の有徳者を天子として姓（王朝）を易える。これが易姓革命で，武力で政権を奪取する「放伐」は，殷の湯王が夏の桀王を武力で追放し，代わって天子の位についたのがその始まりとされる。

(い)放伐に対して，君主が生前に臣下の中で最も徳の高い者を後継者に指名し，平和裏に位を譲るのが「禅譲」。伝説上では，五帝の堯が息子をさしおいて舜に位を譲ったのが最初で，さらに舜は黄河の治水に功のあった禹に禅譲し，夏王朝が開かれたとされる。王朝交替の最も理想的な方法とされ，歴史上は王莽をはじめ，魏の曹丕（文帝）・西晋の司馬炎（武帝）などが禅譲により即位した。魏晋南北朝時代に盛んに行われたが，北宋の趙匡胤が禅譲により即位したのを最後に，禅譲は行われていない。

▶問3．聖像禁止令を出したビザンツ皇帝レオン3世と混同しないように。レオ3世によるカールの戴冠によってローマ教会はビザンツ帝国の支配から独立し，古代ローマ文化・キリスト教にゲルマン人の要素を加えた新しい西ヨーロッパ世界が成立することになった。

▶問4．やや難。「14世紀後半から16世紀はじめにかけて，中央アジアやイランを中心にイスラーム世界東部を支配した王朝」とはティムール朝。ティムール朝建国時の首都はサマルカンドであるが，第3代シャー=ルフの時代にヘラートに遷された。

▶問5．英仏の本国間における戦争と呼応する北米植民地戦争は次の通り。

ファルツ戦争ーウィリアム王戦争
スペイン継承戦争ーアン女王戦争
オーストリア継承戦争ージョージ王戦争
七年戦争ーフレンチ=インディアン戦争

▶問6．例えば，スペイン=ハプスブルク家が断絶したときのように，血縁関係にあるフランスのブルボン家が王位継承権を要求することができた点を考えればよい。

II　解答

問1．(37)(38)—31　(39)(40)—33　(41)(42)—60　(43)(44)—32
(45)(46)—22　(47)(48)—38　(49)(50)—28　(51)(52)—59　(53)(54)—51
(55)(56)—37　(57)(58)—24　(59)(60)—39　(61)(62)—34　(63)(64)—55　(65)(66)—19
(67)(68)—18　(69)(70)—30　(71)(72)—49　(73)(74)—21

問2．金や銀など貴金属の獲得をめざす経済政策。(20字以内)

問 3．第 2 次囲い込みで土地を失った農民が工場労働者となったため。（30 字以内）

問 4．南アフリカ共和国　問 5．コンゴ自由国

問 6．従属理論（世界システム論，近代世界システム論も可）

◀解　説▶

≪チョコレートの歴史≫

▶問 1．(37)(38)コルテスはスペイン人のコンキスタドール（征服者）。1521 年にテノチティトランを占領し，アステカ王国を滅ぼした。

(39)(40)コロンブスは 1492 年から 1504 年にかけて 4 回，新大陸へ航海し探検している。第 2 回航海は 1493～95 年に行われた。

(41)(42)難問。マリ=テレーズは細かい知識だが，語群があるので消去法を使えば正答は可能。Ⅰの(15)(16)でも解説したが，マリ=テレーズはスペイン国王フェリペ 4 世の娘で，カルロス 2 世の姉である。61 のマリ=ルイーズはハプスブルク家出身でナポレオン 1 世の妻。

(43)(44)コルベールはルイ 14 世の財務総監。彼の進めた典型的な重商主義政策をコルベール主義（コルベールティスム）とよぶ。

(45)(46)王立マニュファクチュアは特権マニュファクチュアともいう。国王から特権を与えられた工場制手工業に基づく工場が設立され，おもに輸出向けの毛織物（ゴブラン織）やガラス・陶磁器などが生産され，貿易黒字の拡大がはかられた。

(47)(48)商業の発達したネーデルラントは，カルヴァン派の新教徒（ゴイセン）が多かった。これに対してスペインのフェリペ 2 世がカトリックを強制したことから，1568 年にオランダ独立戦争が勃発。1609 年の休戦条約でスペインが事実上独立を承認した。

(49)(50)クロムウェル時代のイギリスでは，絶対王政の重商主義政策を継承し，国内産業を保護するため，オランダの中継貿易を妨害することを目的として 1651 年に航海法が制定された。

(53)(54) 1839 年，保護主義貿易に反対してブライトはコブデンらとともに反穀物法同盟を結成し，1846 年に穀物法廃止を実現させた。

(55)(56)スティーヴンソンはトレヴィシックが考案した蒸気機関車を改良，1825 年にストックトン・ダーリントン間で客車の牽引に成功し，蒸気機関車の実用化を実現した。1830 年にはマンチェスター・リヴァプール間

でロケット号による営業運転が開始された。

(57)(58)オランダは 1755 年にジャワ島東部のマタラム王国を滅ぼし，ジャワ島の大半を支配下に入れた。

(59)(60)政府栽培制度は強制栽培制度のこと。オランダ領東インド総督ファン=デン=ボスが実施した制度で，農民にコーヒー・サトウキビ・藍などの商品作物を強制的に栽培させ，オランダ政庁が安い価格で買い上げて莫大な利益をあげた。

(61)(62)サレカット=イスラームは「イスラーム同盟」の意味で，第一次世界大戦後に独立を主張するようになった。1908 年に結成された民族主義団体ブディ=ウトモと間違わないように。

(63)(64)「1884～85 年」のベルリン会議はコンゴ地域をめぐる列強の対立を調停するために，ビスマルクの提唱で開催された。先に実効支配の体制を整えた国の支配を認め，「先占権」が分割の原則とされたことで，急速にアフリカの分割，植民地化が進められることになった。

(65)(66)エンクルマは 1957 年に独立したガーナの初代首相，1960 年ガーナ共和国発足とともに初代大統領となった。アフリカ合衆国構想を唱え，1961 年にはベオグラードでの第 1 回非同盟諸国首脳会議に出席するなど国際舞台でも活躍したが，1966 年軍部クーデタで失脚した。

(67)(68) 1963 年にエチオピアのアジスアベバでアフリカ諸国首脳会議が開催され，アフリカ統一機構が結成された。

(69)(70)やや難。国連貿易開発会議（UNCTAD）の第 1 回会議は 1964 年にジュネーヴで開催され，以後ほぼ 4 年ごとに開催されている。

(71)(72)難問だが，語群から消去法で対処可能。フェアトレードは「公正な取引」の意味。発展途上国の原料・製品を適正な価格で継続的に購入することで，立場の弱い途上国の生産者の利益を確保し，経済格差の是正を目指す運動のことで，1960 年代にヨーロッパを中心に始まった。

(73)(74)難問。G20 に地域として参加しているのは欧州連合のみ。G20 は 1999 年から 20 カ国・地域財務大臣・中央銀行総裁会議として始まったが，世界金融危機の深刻化を受けて，2008 年からは首脳会合も開催されており，2019 年は大阪で開催された。

▶問 2．金や銀などの貴金属を獲得することを目的としたことをまとめればよい。17 世紀に入ると重金主義から貿易差額主義に重点が移行する。

貿易差額主義は輸出を増やし輸入をおさえることで，国家財政増大を目指した経済政策で，イギリス・フランスを中心に展開された。

▶問3．18世紀の第2次囲い込みは食糧生産を目的に，議会の承認のもと合法的に行われた。この囲い込みによって土地を失った農民が労働力となったことを述べればよい。

▶問4．ブラジル・ロシア・インド・中国・南アフリカ共和国の新興5カ国の頭文字をとってBRICS（ブリックス）と総称する。当初はBRICs（sは複数形）とよび4カ国を指したが，2011年に南アフリカ共和国が加わりBRICSとなった。

▶問5．コンゴ自由国では国王レオポルド2世の非人道的な経営が国際的非難を受け，1908年にベルギーの正式な植民地「ベルギー領コンゴ」となった。

▶問6．難問。直前の(69)(70)国連貿易開発会議がどのような目的で設立されたのかを考えればよい。地球の北側に位置する先進国と南側に位置する発展途上国との間に従属関係が生じているという構造を論じたのが従属理論である。この理論はウォーラーステインの世界システム論（近代世界システム論）に影響を与えることになったため，こちらも正解と考えてよいだろう。

III　解答

問1．(75)(76)―66　(77)(78)―29　(79)(80)―46　(81)(82)―22　(83)(84)―14　(85)(86)―60　(87)(88)―13　(89)(90)―52　(91)(92)―50　(93)(94)―19　(95)(96)―21　(97)(98)―32　(99)(100)―39　(101)(102)―40　(103)(104)―※　(105)(106)―61　(107)(108)―25　(109)(110)―※　(111)(112)―28

問2．産油国が原油価格の決定権を持っていない。（20字以内）

問3．石油減産とイスラエル友好国への石油禁輸。（20字以内）

問4．シーア派が多数を占めるイラクはイラン革命の波及を恐れ，国境紛争を理由に侵攻したため。

問5．イギリス：サッチャー　西ドイツ：コール　日本：中曽根康弘

※空欄(103)(104)，(109)(110)については，該当箇所について，「世界史」を選択した全受験者が正解を解答したものとみなして加点すると大学から発表があった。

◀解　説▶

≪石油生産の歴史≫

▶問1．(75)(76)ロックフェラーは2019年度にも出題されている。ロックフェラーは1870年にスタンダード石油会社を創設し，トラストによって全国の石油精製のほとんどを支配し，「石油王」とよばれた。24のカーネギーは「鉄鋼王」。

(77)(78)リンカン暗殺後，1865年に民主党のジョンソン，続いて1869年に共和党のグラントが大統領となり，その後20世紀初頭までほぼ共和党出身の大統領が政権を担当した。

(79)(80)スタンダード石油会社はシャーマン反トラスト法の対象になり，1911年に会社は分割され，ロックフェラーは引退した。

(81)(82)カージャール朝は1796年からイランを支配したトルコ系王朝。1925年，レザー=ハーンによって倒され，パフレヴィー朝が成立した。

(83)(84) 1907年の英露協商で，イランの北部はロシア，南東部はイギリスの勢力範囲とされ，イギリスはイランの石油利権を獲得することになった。

(85)(86)モサデグ首相は1953年に軍部によるイラン=クーデタで失脚したが，このクーデタはアメリカ中央情報局（CIA）が主導しており，これを機にアメリカはイランに進出した。

(87)(88) 1908年，中東で最初の油田がイランで発見された。その当初から開発にあたったのがアングロ=イラニアン石油会社で，名前の通りイギリスの国策会社であり，イランの石油を独占した。

(89)(90)白色革命はパフレヴィー2世による極端な西欧化政策のこと。1979年，近代化による社会不安と経済格差に対する不満からイラン革命が起こり，パフレヴィー2世は国外に亡命した。

(91)(92)日ソ中立条約は両国の相互不可侵，第三国との戦争の際の他方の中立維持などを定めた。これにより日本は北方からの軍事的脅威をなくして南進政策を進めることが可能になった。

(93)(94)フランスは1940年6月にドイツ軍に占領され，北部はドイツ軍が統治し，南部は第一次世界大戦の英雄ペタン元帥を元首としてヴィシー政府が統治した。

(95)(96)日本の軍部は，石油の対日輸出禁止の動きをABCDライン（包囲網）とよんだ。Aはアメリカ合衆国（America），Bはイギリス（Britain），

Cは中国（China），Dはオランダ（Dutch）の頭文字である。

(97)(98)難問。第 2 次近衛文麿内閣（1940 年 7 月発足）が掲げた戦争目的が大東亜共栄圏の建設。西欧諸国による植民地支配を打破し，日本を盟主とする共栄圏を形成するとしたが，実態は日本の覇権確立を目指すものであった。

(99)(100)シリアは第 3 次中東戦争でイスラエルに奪われたゴラン高原の奪還を目指したが，失敗に終わり，ゴラン高原は現在もイスラエルが占領を続けている。

(101)(102)新自由主義はアメリカの経済学者フリードマンらシカゴ学派が提唱した経済思想で，ケインズ理論に対する批判として始まった。自由主義市場経済に信頼を置き，公営企業の分割民営化・公共事業の縮小・規制緩和などにより経済への介入を最小限にする「小さな政府」を掲げた。

(105)(106)モノカルチャー経済は特定の農産物や鉱産物などの生産と輸出に依存した経済構造のことで，ガーナのココア，キューバの砂糖，スリランカの紅茶などが典型的な例である。

(107)(108)難問。カルデナスは 1934～40 年にメキシコ大統領をつとめた。外国石油資本の国有化のほか，労働者保護政策，鉄道国有化などの社会主義的政策，かつてサパタなどが掲げていた農地改革も実施し，メキシコの政治に安定をもたらした。

(111)(112)京都議定書は世界 2 位の温室効果ガス排出国であるアメリカが批准を拒否したため発効が危ぶまれたが，2004 年にロシア連邦が批准し，2005 年にようやく発効した。

▶問 2．当時，原油価格の決定権を持っていたのは，メジャーズ（メジャーともいう）とよばれた国際石油資本であった。メジャーズが原油の公示価格を一方的に引き下げたことに反発した産油国は，1960 年に産油国の利益を守るため石油輸出国機構（OPEC）を結成，1968 年にはこの中からアラブ諸国のみでアラブ石油輸出国機構（OAPEC）を結成した。1973 年の第 4 次中東戦争の際，OPEC が原油価格の大幅引き上げを行い第 1 次石油危機となったが，以後原油価格の決定権は産油国が握った。

▶問 3．第 4 次中東戦争に際して，アラブ産油国は石油減産を発表し，イスラエル寄りと見られた日本や西欧諸国にも石油禁輸措置がとられた。

▶問 4．難問。イラクのサダム=フセイン政権はスンナ派であるが，イラク国民の過半数をシーア派が占めていた。イラクはイランとの間でシャトルアラブ（シャットゥルアラブ）川をめぐる領土対立が以前から続いていたが，イラン革命の主体となったシーア派のイスラーム原理主義の波及を恐れたフセイン政権が，国境紛争を理由にイランに侵攻した。イラン=イラク戦争ではアメリカがフセイン政権を支援し，武器を提供している。

▶問５．1980 年代の首脳を答えればよいが，コールと中曽根康弘は難しい。サッチャー首相（任 1979～90 年）は国営企業の民営化，公務員の削減などを行った。西ドイツのコール首相（任 1982～98 年）は，1990 年のドイツ統一を実現したことから判断したい。中曽根首相（任 1982～87 年）は国鉄（現 JR）・電電公社（現 NTT）・専売公社（現 JT）の民営化を行っている。

❖講　評

Ⅰは暗殺による統治者の交替も含め，王朝や国の代表の交替をテーマとした大問。中国の易姓革命，カリフ世襲制への変更，近世ヨーロッパにおける王位継承権をめぐる戦争，フィリッポス２世・アリー・アンリ３世・ガンディー等の暗殺について問われている。空所補充では問１⒄⒅のラッフルズ，㉝㉞・㉟㊱の暗殺の問題で得点差が生じやすい。問４のヘラートを記述式で答えるのはやや難。問６は書きにくい内容だが継承に伴う「血縁」という視点に言及したい。

Ⅱは「チョコレートの歴史」をテーマにした経済史に関する大問で，商学部らしい出題である。アメリカ大陸の征服，重商主義政策，東南アジアの植民地化と民族運動，アフリカ分割，南北問題などを中心に問われている。難度の高い問題が散見され，問１㊶㊷のマリ=テレーズは難問。(59)(60)の政府栽培制度は教科書では強制栽培制度とされることが多いため戸惑ったかもしれない。また，(69)(70)の国連貿易開発会議，(71)(72)のフェアトレード，問６の従属理論など第二次世界大戦後の経済史に関する問題は，戦後学習を怠っていた受験生には難しかったと思われる。問１(73)(74)で欧州連合が G20 の構成体であることが問われたが，現代情勢に関心を持っていないとこれも難問になる。

Ⅲも「石油生産の歴史」をテーマにした経済史的問題であるが，中心になっているのは石油利権をめぐる政治史である。アメリカにおける石油生産の開始，イラン・メキシコにおける石油国有化，石油資源獲得をめざす日本の南進政策，中東における地域紛争，石油による温室効果ガス排出問題などが問われているが，戦後史からの出題が過半数を占めており，得点に差が出た可能性がある。問 1 ⑽⑽のカルデナスは難問。また日本史に関する問 1 ⒄⒅の近衛文麿や問 5 の中曽根康弘は世界史選択者にとっては難問になったと思われる。また，問 2 の論述問題は教科書的な知識ではなく，受験生の思考力を問う問題で，戸惑った受験生もいたと思われる。問 4 のイラン=イラク戦争の勃発理由も難しい。

2020 年度は教科書レベルを超えた難問が 2019 年度より若干増加した。空所補充形式の語句選択問題は 57 問から 56 問となりほぼ変化はないが，論述問題は 2019 年度は 40 字 1 問であったが，2020 年度は 6 問と大幅に増加して，全体的に難化した。その上，解答そのものは標準的なものであっても，それを導き出すのにかなり思考力が必要な問題が多く，時間的余裕があまりないと思われる。総合的に考えると，かなりレベルの高い問題である。

地理

I 解答

問１．(1)(2)―19　(3)(4)―26　(5)(6)―15　(7)(8)―29
(9)(10)―30　(11)(12)―21　(13)(14)―25　(15)(16)―11

問２．(17)―４　(18)―２　(19)―１　(20)―６

問３．(21)―４　(22)―３　(23)―１

問４．あ．水平　い．垂直　う．南北問題　え．空洞化

問５．相互の貿易品にかかる関税の撤廃（15 字以内）

◀解　説▶

≪国際貿易と経済統合≫

▶問１．(1)(2)・(3)(4)第二次世界大戦後の国際経済における自由貿易へ向けた制度的枠組みを定めた協定がGATT（関税と貿易に関する一般協定）である。モノの貿易だけでなくサービスの貿易や知的財産権など，交渉の対象がさらに拡大することから，より強い権限をもつ常設の国際機関として設立されたのがWTO（世界貿易機関）で，GATT は発展的に解消された。

(5)(6)フランスの外相シューマンの提唱により，戦争の引き金となってきた石炭と鉄鋼の生産や販売を共同で管理する組織として結成されたのがECSC（ヨーロッパ石炭鉄鋼共同体）で，今日のEUの基礎になっている。

(7)(8) EC をさらに発展させた組織となるEU を結成することで合意した条約はマーストリヒト条約である。通貨統合などの経済統合の強化とともに，外交や安全保障政策の共通化など政治，経済の両面の統合をめざした。

(9)(10) 2009 年に発効したEU の新しい基本条約がリスボン条約である。この中には，EU の政治的な統合を深め，欧州理事会常任議長（EU 大統領）や外交安全保障上級代表（EU 外相）を設置することや，欧州議会の権限を強化することなどが盛り込まれた。

(11)(12) NAFTA（北米自由貿易協定）は，アメリカ合衆国，カナダ，メキシコの３カ国による，関税撤廃，金融・投資の自由化などの自由貿易の実現をめざす協定である。

(13)(14)日本を含む 12 カ国で関税やさまざまな非関税障壁の撤廃をめざして

協議を進め，アメリカ合衆国が離脱したのち，11カ国で発効した協定はTPP（環太平洋経済連携協定）である。日本，東南アジア，南北アメリカ，オセアニアなど太平洋を取り囲む11カ国が参加している。

⒂⒃ ASEAN（東南アジア諸国連合）の首脳会議で合意されたASEAN地域の自由貿易圏はAFTA（ASEAN自由貿易地域）とよばれる。加盟国相互間の関税を引き下げ，域内の貿易拡大と域外からの投資の推進をめざしている。

▶問2．輸入先となる各国・地域に特徴的な主要生産物を想起するとよい。

⒄全体に工業製品の割合が高いが，中でも軽工業に分類される衣類・同付属品の割合が高い。他に食料品が含まれることから中華人民共和国が該当する。

⒅医薬品，自動車など付加価値の高い品目から輸入先は先進地域と考えられよう。アメリカ合衆国とも思われるが，輸入品目の1位が医薬品であること，自動車の輸入が2位と大きいことに注目すると，EUが該当する。

⒆工業製品や鉱産資源など，さまざまな品目が含まれていることから，輸入先は1国ではなく，生産物に特徴がある複数の国からなると考えられ，ASEANが該当する。

⒇石油や液化天然ガスの割合が高く，中東とも考えられるが，石炭や魚介類が含まれており，オホーツク海などで漁業が盛んなロシアが該当する。

▶問3．㉑ EUに属さない国はノルウェーである。ノルウェーでは1994年に国民投票で現EUへの加盟が否決された。ノルウェーは経済的に豊かで，自国の政策や経済の保護を優先させる考えの人が多かったと言われる。他にスイス，アイスランドなどもEUには加盟していない。

㉒やや難。MERCOSUR（南米南部共同市場）は，関税の撤廃と域外共通関税の実施をめざし，ブラジル，アルゼンチン，ウルグアイ，パラグアイの4カ国で発足した。その後ベネズエラ（2020年4月現在資格停止中），ボリビアが加わったが，チリは属さない。

㉓ ASEANは，東ティモールを除く東南アジアのすべての国が含まれる10カ国で構成されており，インドは属さない。

▶問4．あ．国と国が互いに工業製品を輸出しあう貿易形態は水平分業とよばれる。今日では先進国と発展途上国との間でも見られる。

い．先進国が工業製品を輸出し発展途上国が食料や原材料を輸出する貿易形態は，垂直分業とよばれる。

う．先進国の多くは地球の北側，発展途上国の多くはそれより南側に位置することから，経済的に豊かな先進国と貧しい発展途上国との経済格差は南北問題とよばれる。

え．発展途上国で工業化が進むことにより，先進国では一部の産業が安価な労働力や市場の拡大を求めて海外に生産拠点を移し，自国のその産業が衰退することがあるが，この現象を産業の空洞化とよんでいる。

▶問5．FTA（自由貿易協定）は利害の一致しやすい2カ国以上の国や地域で結ばれる協定で，WTOの全体での交渉が行き詰まる中で，1990年代後半から世界各地で締結が活発になっている。ただし，多くのFTAが共通してめざす施策はGATTで進められてきた交渉と基本的に同じ内容と考えるとよい。「サービス貿易の自由化」と「輸入数量制限の撤廃」はあげられているので，それ以外で「最も基本的な施策」としては，貿易品についての関税撤廃をあげるとよい。貿易のうち，サービスと区別するために，撤廃の対象となる「モノ」，「商品」，「輸出入品」などの語は必要であろう。

Ⅱ 解答

問1．(24)(25)―11　(26)(27)―35　(28)(29)―21　(30)(31)―37　(32)(33)―46　(34)(35)―22　(36)(37)―14　(38)(39)―20　(40)(41)―41　(42)(43)―45　(44)(45)―16　(46)(47)―19　(48)(49)―31　(50)(51)―27　(52)(53)―29

問2．(54)(55)―32　(56)(57)―44　(58)(59)―30

問3．(60)(61)―26　(62)(63)―24

問4．あ．日本　い．メジャー

問5．都市部の所得は都市住民の食料輸入にあてられるから。（25字以内）

◀解　説▶

≪世界の農業と食料問題≫

▶問1．(24)(25) 2015年時点で世界の総人口は約73.4億人で，その6割程度にあたる約44億の人々がアジアに住んでいる。

(26)(27)世界人口を扶養するうえで重要で，飼料としても用いられる農産物は，米，小麦と並び世界の三大穀物の一つであるトウモロコシが該当する。中国はアメリカに次いで世界2位のトウモロコシ生産国である（2017年）。

⑵⑵リード文の第 2 段落の空欄で判断するとわかりやすい。アメリカ合衆国の農業の特徴の一つに，高度な農業技術の利用があげられる。除草剤・殺虫剤とともに多量に使用されるものを考えると，化学肥料が該当する。

⑶⑶経済発展により消費が増加し，トウモロコシや大豆を飼料とする産物は，肉類と考えられるだろう。

⑶⑶・⑶⑶アメリカの農業は，合理的な経営のもとで，大きな資本と最新の農業技術を用いて農作物を大規模に生産するため，企業的農業とよばれる。広大な農地に大型の農業機械を導入して効率的な農業が行われるため，単位労働時間当たりの労働生産性は極めて高い。

⑶⑶アメリカにおいて西経 100 度線とほぼ重なるのは，年降水量 500mm の線で，東側の農業地帯と西側の牧畜地帯を分けるおよその境界線をなす。

⑶⑶・⑷⑷アメリカのグレートプレーンズ周辺で見られる，広大な牧場で牛や羊を大規模に飼育する牧畜形態は企業的牧畜とよばれる。こうした牧場で導入が進められている，肉牛に高カロリーの濃厚飼料を与えて肥育する施設は，フィードロットとよばれる。

⑷⑷～⑷⑷世界各国の農家が生産した穀物を世界の消費地に届ける役割を担うのが多国籍企業の穀物商社であり，これらの商社は直接的には穀物生産に従事していないので，流通を担っていると考えられる。しかし，単に穀物の運搬，販売を行うだけでなく，穀物生産にかかわる化学肥料，農薬，種子などの開発・販売に加え，肉類の生産・加工や農業機械の製造など，農業にかかわる多分野に進出しており，これらの事業は総合してアグリビジネスとよばれる。巨額の資本をもつこれらの商社は，エレベーターとよばれる巨大な倉庫で穀物を貯蔵し，各国の穀物の作柄調査のため人工衛星を利用して画像を解析するなど，農畜産物の生産に大きな役割を果たすだけでなく，世界の穀物の市場価格の動向にも大きく影響している。

⑸⑸トウモロコシや小麦，大豆の相場など，世界の穀物市場に大きな影響力をもつ世界最大級の商品取引所は，アメリカ合衆国のシカゴにある。シカゴは広大な後背地で生産される穀物の集散地として発達した。

⑸⑸アフリカで食料自給率が低い原因にもなり，主食用の穀物以上に栽培が重視されている作物を考えると，植民地時代から栽培されてきたカカオやコーヒーなどの商品作物が該当する。

▶問２．インドで牛の飼育頭数が増えて生産が増加した生産物は，ミルクと考えられる。ただし，インドでのミルク生産は，牛だけでなく水牛の割合も高い点が特徴である。インドでは，1980 年代以降の経済成長に伴い食生活も変化し，それまで以上にミルクの需要が増大し，ミルクが増産された。「緑の革命」の恩恵が少なかった貧しい農民の所得向上と，消費者の栄養状態改善がもたらされたこの社会変革は，「白い革命」とよばれる。

▶問３．西ヨーロッパでは中世以来，耕地を冬作物，夏作物，休閑地の３つに区分し，毎年これを順に入れ替える，三圃式農業が行われた。休閑地にカブやテンサイなどの根菜類や牧草を導入したことで家畜の飼育頭数が増え，家畜飼育と作物栽培を組み合わせた混合農業が発達した。

▶問４．あ．ブラジル高原のセラードの土壌改良では，日本の ODA が活用された。サバナ気候のセラードは土地がやせ農業には不向きとされたが，日本とブラジルが協力して土地改良や乾燥に強い品種の導入など開発を進め，今日では広大な大豆畑が広がるブラジル有数の農業地帯となった。

い．穀物の国際的な流通に大きな影響力を有する巨大穀物会社の多くはアメリカ合衆国に本拠地をもつ多国籍企業で，穀物メジャーとよばれる。

▶問５．アフリカで都市部の所得の向上が農村での農業生産性の改善につながりにくい理由については，向上している所得が農村に流れず，どこに流れるかを考えるとよい。これらの所得は，都市住民の生活向上とともに政府の税収の増加につながると考えられる。しかし，アフリカの多くの政府は外貨獲得のための商品作物の栽培を重視し，食料増産のための農業開発には力を入れていないと言われている。そこで，与えられた語句も考慮して，都市部で所得が向上しても，結局は都市住民に必要な食料輸入につながらざるを得ないと考えるとよいだろう。

III 解答

問１．(64)(65)―28　(66)(67)―49　(68)(69)―50　(70)(71)―12　(72)(73)―16　(74)(75)―19　(76)(77)―33　(78)(79)―25　(80)(81)―18　(82)(83)―30　(84)(85)―43　(86)(87)―47　(88)(89)―42　(90)(91)―36　(92)(93)―52　(94)(95)―44　(96)(97)―14　(98)(99)―39　(100)(101)―32　(102)(103)―29

問２．国際価格

問３．(1)余剰労働力

(2)国内外の資本が首都圏に優先的に投下されるから。（25 字以内）

問4．対外債務

問5．人口：c－a－b　名目GDP（国内総生産）：a－b－c

◀解　説▶

≪東南アジア諸国の経済≫

▶問1．(64)(65)～(68)(69)マレーシア，タイをはじめとするASEAN諸国では，1970年代以降，工業化を推進するため，資本と技術を有する外国企業を積極的に誘致した。工業化推進のために建設した施設としては，電気や水道などが整備された造成地である工業団地が該当する。また，外国資本の導入のため設置した，生産した製品を輸出する条件で税制優遇措置を与えた地区は輸出加工区とよばれる。そのためこれらの国々では，輸出を目的に生産，加工する輸出指向型の工業化が進んでいる。当初は輸入代替型の工業化を進めたが，国内の市場規模が小さく経済発展につながらなかったので，輸出指向型の工業化に転換した。

(70)(71)～(74)(75)やや難。ASEANが，インドネシア，マレーシア，シンガポール，フィリピン，タイの5カ国で結成されたのは1967年である。ベトナム戦争が激しくなるなか，結成当初の目的には社会主義勢力への対抗があったが，地域全体が安定すると，経済・社会協力などがめざされるようになった。1984年にブルネイが加わり，1995年にベトナム，1997年にミャンマーとラオス，1999年にカンボジアが加わり10カ国となった。

(76)(77)住宅や工場などが地価の安い場所を求めて郊外に無秩序に拡大する現象はスプロール現象とよばれる。

(78)(79)発展途上国で急激に発展した都市のスラムなどに居住する人々の多くは，雇用の機会が少ないため正規の職業には就けず，露天商や，靴磨き，廃品回収などに従事し生計を立てている。これらの経済活動はインフォーマルセクターとよばれ，公式統計の職業分類にはなく，国家や行政による指導も行われていない。

(80)(81)タイの通貨バーツの急激な下落が契機となってアジア通貨危機が起こったのは1997年である。韓国やインドネシアなどのアジアの多くの国で通貨価値の急激な下落を招き，経済が大きな打撃を受けた。タイが対ドル固定相場制から変動相場制に移行したことにより，アジアの成長国に大量に流入していた投機的な外国資本が流出したことが原因と言われる。

(82)(83)タイへは日本の多くの自動車メーカーが相次いで進出し，ASEAN域外へ主に完成車を輸出している。バンコクなどは部品を供給する下請け企業も多く発達し，自動車産業の集積地となっている。

(84)(85)タイの首都バンコクは，国内第2の都市の人口規模をはるかに超え，政治，経済などの都市機能も集中しているため，首位都市（プライメートシティ）とよばれる。

(86)(87)マレーシアは，主にマレー系，中国系，インド系の3つの民族が居住する多民族国家で，民族構成は，マレー系と先住民族が約62％，中国系が約23％，インド系が約7％と，マレー系住民が多数を占める（2009年）。

(88)(89)マレーシアでは，マレー系住民は農村部で働くことが多く，都市部で商業などに従事し富をなす中国系住民との経済格差が拡大した。そこで政府が実施したのが，国立大学への入学や公務員の採用などでマレー系住民を優遇する政策で，「土地の子」を意味するブミプトラ政策とよばれる。

(90)(91)・(92)(93)マレーシアで，1981年に当時のマハティール首相が掲げた政策はルックイースト政策とよばれる。東方に位置する日本や韓国の経済発展の要因が，国民の教育水準や勤労意欲，企業のリーダーの経営能力，国家の経済政策などにあると考え，それらを学ぶ政策を提唱した。

(94)(95)～(100)(101)ベトナム，カンボジア，ラオスの3国は，19世紀後半からフランスの植民地であった。ベトナムはベトナム民主共和国として1945年に独立を宣言したが，これを認めないフランスとの間でインドシナ戦争が起こり，国家は2つに分裂した。その後アメリカが軍事介入してベトナム戦争に発展し，戦争終結の翌年の1976年にベトナムは社会主義国家として南北統一を果たした。統一後続けてきた閉鎖的な経済政策が行き詰まったため，1986年の党大会で「刷新」を意味するドイモイ政策が採択され，社会主義体制を維持したまま市場経済の導入と対外開放政策が推進された。

(102)(103)ベトナムでは1990年代からコーヒー豆の生産に力を入れ，現在ではブラジルに次ぐ世界2位のコーヒー豆生産国になっている（2017年）。

▶問2．農産物や鉱産物といった一次産品の，生産量と並び「低水準にとどまったり大きく変動したりする」指標として市場価格が考えられる。市場価格は生産量の増減の影響を受け，一次産品は生産量が天候などに左右されやすい。輸出品は国際市場で取引されることから国際価格が該当する。

▶問3．(1)農村部から都市部への人口流入は，今日の発展途上国では農村部から押し出される形での移動が多いと言われる。つまり，近年では発展途上国の農村でも次第に機械化が進み，農業生産性が向上しつつある。その結果，これまでの多くの労働力は必要なくなり，余剰労働力となった零細農民が，農村での生活が困難となり都市部へ流入しているのである。

⑵やや難。特に首都圏に人口が集中する理由については，発展途上国の首都の中で近年急成長している首位都市（プライメートシティ）が現れた理由を考えるとよい。ただし，「農村部からの人口流入」以外の理由が求められているため，雇用機会や利便性も除外するとやや難しい。そこで，首位都市に首都圏以外の地方都市や海外からも人口が集中する理由ととらえると，首位都市の特徴のうち，人口規模が大きいこと以外では，資金が集まること，つまり，国内あるいは海外の資本が首都圏に優先的に集中して投下されることがあげられよう。資本が優先的に投下されることで，官庁，企業などが多くの事業や企画を展開することが可能になると考えるとよい。

▶問４．発展途上国で社会基盤の整備が進まないのは，自由に使える資金の不足による。「累積」に注目すると，その理由には，外国からの借金つまり対外債務が影響していると考えられる。急速に工業化を進めようとして対外債務が蓄積した発展途上国では，累積債務問題がしばしば起こっている。

▶問５．文中の空欄は，ａはタイ，ｂはマレーシア，ｃはベトナムが該当する。人口はベトナムが最も多く，１億に近づく約 9600 万人，続いてタイの約 6900 万人，マレーシアの約 3200 万人となる（2018 年）。名目 GDP はタイとマレーシアの順が紛らわしいが，タイは約 5000 億ドル，マレーシアは約 3600 億ドル，ベトナムは約 2400 億ドルである（2018 年）。

❖講　評

2020 年度も例年通り大問３題構成で，選択式による問題文の空所補充が設問の中心である。問題文は３題とも長文ではあるが，教科書内容が素材となり，設問には基本事項も含まれ，学習内容を正確に理解していれば大半は解答可能であった。総解答個数は 2019 年度より減少している。論述問題は 2019 年度に比べ１個減り，総字数も減少しているが，限られた字数で書くことの難しさがある。難易度は 2019 年度に比べ，同程度かやや易であった。2020 年度は２題が系統地理的内容，１題が東南アジアについての地誌的内容であった。例年，設問数が多く，各分野，地域に関する深く幅広い知識を要する。難問と混在する基本問題には正確に解答したい。長い問題文を読み取る力，論述問題では短い字数で的確に答える力も必要である。

Ⅰでは国際貿易と地域統合に関する基本的事項が出題された。選択肢の語群も紛らわしいものが少なく，2020 年度では最も取り組みやすかったであろう。問２の統計問題は，国と地域が混在しており注意したい。問５の論述問題は学習内容の重要事項であり，字数内に必要事項を盛り込みたい。

Ⅱでは世界の農業と食料問題について出題され，アメリカの農牧業を中心にアグリビジネスが深く問われた。リード文中に同じ空欄が何度も用いられているので解答には注意しよう。問５の論述問題は指定語句の使い方に戸惑った受験生も少なくなかったかもしれない。

Ⅲは東南アジア諸国の経済の問題で，工業化，地域統合，都市問題など幅広い観点から出題された。基本的な設問が多い中，ASEAN への加盟年など，一部で年代に関する詳細な知識が求められた。問３の論述問題は答え方に制約があったのでやや難しかったかもしれない。

数学

I

◇発想◇　(i)　$a_n=1$ ($n=1,\ 2,\ \cdots$) のとき $a_n=a_{n+1}=1$ であるから，漸化式より z の値を求める（必要条件）。逆にこのとき $a_1=1$ を仮定して $a_n=1$ ($n=1,\ 2,\ \cdots$) を示す（十分条件）。

(ii)　$g(x)=|f(x)|$ は偶関数であることを用いて $2\int_0^5|f(x)|dx=2\int_0^5|x+a|dx$ と変形して考える。$-a\leqq 0$, $0<-a<5$, $5\leqq -a$ の3つに場合分けして定積分を計算する。

(iii)　$f'(\sin\theta)=3-3\sqrt{2}$ を満たす θ は半角の公式を用いて変形して得られる三角方程式を解く。$f(\cos\theta)=\dfrac{1}{2}$ を満たす θ は3倍角の公式を用いて変形して求める。

(iv)　$\tan^{2r}\dfrac{\pi}{3}=\left(\tan^2\dfrac{\pi}{3}\right)^r=3^r$ であるから二項定理を用いて計算する。

(v)　漸化式の両辺の底が2の対数をとって得られる数列 $\{\log_2 a_n\}$ の漸化式を変形し，一般項 $\log_2 a_n$ を求め，$\log_2 a_n>\log_2 2\cdot 10^{30100}$ より n の最小値を考える。

解答

(i)　(1) 1　(2) 2　(3) 3　(4) 2

(ii)　(5)(6) −5　(7) 2

(iii)　(8) 1　(9) 8　(10) 7　(11) 8　(12) 1　(13) 9　(14) 5　(15) 9　(16) 7　(17) 9

(iv)　(18)(19)(20)(21) 1024

(v)　(22) 3　(23) 2　(24)(25) 12

◀解　説▶

≪小問5問≫

▶(i)　$a_n=1$　($n=1,\ 2,\ \cdots$) のとき $a_n=a_{n+1}=1$ であるから

$a_{n+1}=za_n-z^2$ より

$$1=z-z^2\qquad z^2-z+1=0$$

$$z=\frac{1\pm\sqrt{3}i}{2}$$

逆にこのとき，$z^2=z-1$ より

$$a_{n+1}=za_n-z+1 \quad (n=1,\ 2,\ \cdots)$$

$a_1=1$ ならば $a_2=z-z+1=1$ だから，帰納的に

$$a_n=1 \quad (n=1,\ 2,\ \cdots)$$

となる。よって

$$z=\frac{1}{2}\pm\frac{\sqrt{3}}{2}i \quad \to(1)\sim(4)$$

▶(ii)　$g(x)=|f(x)|$ とおくと

$$\begin{aligned} g(-x)&=|f(-x)|=||-x|+a| \\ &=||x|+a|=|f(x)| \\ &=g(x) \end{aligned}$$

より $g(x)$ は偶関数であるから

$$h(a)=\int_{-5}^{5}|f(x)|\,dx$$

とおくと

$$\begin{aligned} h(a)&=\int_{-5}^{5}|f(x)|\,dx=2\int_{0}^{5}|f(x)|\,dx \\ &=2\int_{0}^{5}|x+a|\,dx \end{aligned}$$

(ア)　$-a\leqq 0$ すなわち $0\leqq a$ のとき

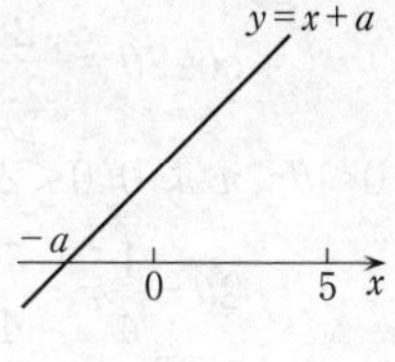

$$\begin{aligned} h(a)&=2\int_{0}^{5}(x+a)\,dx \\ &=2\left[\frac{1}{2}x^2+ax\right]_0^5 \\ &=2\left(\frac{25}{2}+5a\right)=10a+25 \end{aligned}$$

(イ)　$0<-a<5$ すなわち $-5<a<0$ のとき

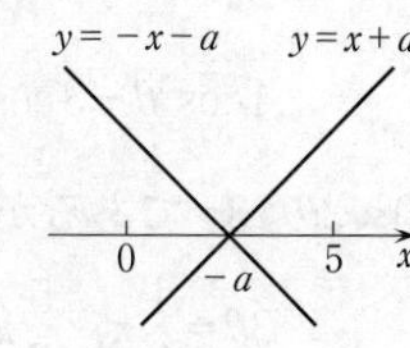

$$\begin{aligned} h(a)&=2\left\{\int_{0}^{-a}(-x-a)\,dx+\int_{-a}^{5}(x+a)\,dx\right\} \\ &=2\left\{\left[-\frac{1}{2}x^2-ax\right]_0^{-a}+\left[\frac{1}{2}x^2+ax\right]_{-a}^{5}\right\} \\ &=2\left(-\frac{1}{2}a^2+a^2+\frac{25}{2}+5a-\frac{1}{2}a^2+a^2\right) \end{aligned}$$

$$=2a^2+10a+25$$

$$=2\left(a+\frac{5}{2}\right)^2+\frac{25}{2}$$

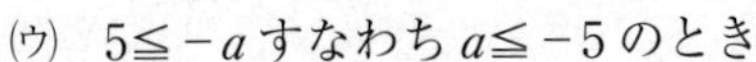

(ウ)　$5\leqq -a$ すなわち $a\leqq -5$ のとき

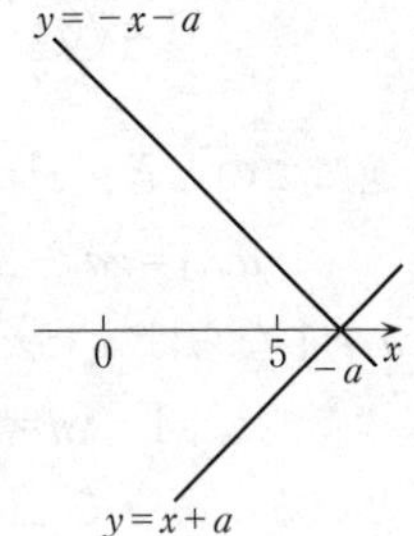

$$h(a)=2\int_0^5(-x-a)\,dx$$

$$=2\left[-\frac{1}{2}x^2-ax\right]_0^5$$

$$=2\left(-\frac{25}{2}-5a\right)=-10a-25$$

(ア), (イ), (ウ)より関数 $h(a)$ のグラフは右図のようになるので，$h(a)$ を最小にする a の値は

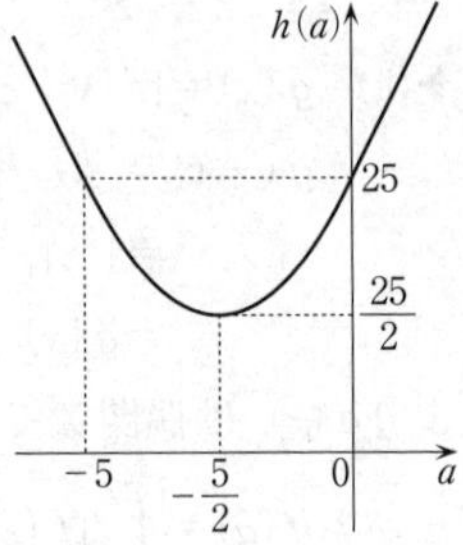

$$a=\frac{-5}{2}\quad \to(5)\sim(7)$$

▶(iii)　$f(x)=4x^3-3x$ より

$$f'(x)=12x^2-3$$

$f'(\sin\theta)=3-3\sqrt{2}$ より

$$12\sin^2\theta-3=3-3\sqrt{2}$$

$$12\cdot\frac{1-\cos2\theta}{2}-3=3-3\sqrt{2}$$

$$6-6\cos2\theta-3=3-3\sqrt{2}$$

$$\cos2\theta=\frac{\sqrt{2}}{2}$$

$0<\theta<\pi$ より $0<2\theta<2\pi$ であるから

$$2\theta=\frac{1}{4}\pi,\ \frac{7}{4}\pi\qquad \theta=\frac{1}{8}\pi,\ \frac{7}{8}\pi\quad \to(8)\sim(11)$$

$f(\cos\theta)=\dfrac{1}{2}$ より

$$4\cos^3\theta-3\cos\theta=\frac{1}{2}\qquad \cos3\theta=\frac{1}{2}$$

$0<3\theta<3\pi$ であるから

$$3\theta=\frac{1}{3}\pi,\ \frac{5}{3}\pi,\ \frac{7}{3}\pi\qquad \theta=\frac{1}{9}\pi,\ \frac{5}{9}\pi,\ \frac{7}{9}\pi\quad \to(12)\sim(17)$$

▶(iv) $\tan^{2r}\frac{\pi}{3}=\left(\tan^2\frac{\pi}{3}\right)^r=3^r$ より

$$\sum_{r=0}^{5}{}_5C_r\tan^{2r}\frac{\pi}{3}=\sum_{r=0}^{5}{}_5C_r\cdot1^{5-r}\cdot3^r$$
$$=(1+3)^5=4^5=1024 \quad \to(18)\sim(21)$$

▶(v) $a_1=4$, $a_{n+1}=\frac{1}{4}a_n{}^3$ $(n=1, 2, \cdots)$ より帰納的に $a_n>0$ $(n=1, 2, \cdots)$ が言える。両辺の底が 2 の対数をとって

$$\log_2 a_{n+1}=3\log_2 a_n-2 \quad \to(22), (23)$$

$$\log_2 a_{n+1}-1=3(\log_2 a_n-1),\ \log_2 a_1-1=\log_2 4-1=2-1=1$$

$\{\log_2 a_n-1\}$ は初項 1，公比 3 の等比数列であるから

$$\log_2 a_n-1=3^{n-1} \qquad \log_2 a_n=3^{n-1}+1 \quad \cdots\cdots①$$

$a_n>2\cdot10^{30100}$ より　$\log_2 a_n>1+30100\log_2 10$ ……②

①を②へ代入して　$3^{n-1}+1>1+30100\log_2 10$

$$3^{n-1}>\frac{30100}{\log_{10}2}$$

$\log_{10}2=0.301$ より　$3^{n-1}>100000$

両辺の底が 10 の対数をとって

$$(n-1)\log_{10}3>5$$

$$n-1>\frac{5}{\log_{10}3} \qquad n>1+\frac{5}{\log_{10}3}$$

$\log_{10}3=0.477$ より　$n>11.48$

よって，最小の自然数 n は　$n=12$ →(24)(25)

II

◇発想◇　試行 T を行うたびに点A，点B，点Cはそれぞれ反時計まわり，時計まわりに確率 $\frac{1}{2}$ で隣りの点に動く。さらにある時点で座標が一致したならば，その後も一緒に動く。この規則をしっかりと理解した上で問題を解く。$n=1, 2, \cdots, 8$ に対して $\left(\cos\frac{n}{4}\pi,\ \sin\frac{n}{4}\pi\right)$ で表される円上の点を⓪と表す。

(i)　T を 2 回行ったとき，AとBの座標が一致するのは 1 回目に①で一致するか，2 回目に初めて②，⑧で一致するときであ

る。AとCの座標が一致するのは2回目に②，⑥で一致するときである。A，B，Cの座標が全て一致するのは3点が2回目に②で一致するときであり，1回目にAとBが①で一致し，2回目に一緒に②へ移動するときと，1回目にBとCが③で一致し，2回目に一緒に②へ移動するときが含まれている。

(ii)　Tを2回行ったときAとBの座標が一致している事象をE，Cの座標がA，Bの座標と一致している事象をFとするとき，条件付き確率$P_E(F)$を求める。

(iii)　Tを4回行ったとき，AとCの座標が一致するのは，Tを2回行って一致する，Tを3回行って①，③，⑤，⑦で初めて一致する，Tを4回行って⑧，④，②，⑥で初めて一致するときがある。

(iv)　Tを5回行ってAとCの座標が①，③，⑤，⑦で初めて一致する確率を求め，(iii)の確率に加える。

(i)　(26) 3　(27) 8　(28) 1　(29) 8　(30) 1　(31)(32) 16

(ii)　(33) 1　(34) 6

(iii)　(35)(36) 23　(37)(38) 64

(iv)　(39)(40) 29　(41)(42) 64

◀解　説▶

≪円周上を動く3点についての確率，反復試行，漸化式≫

▶(i)　右図のように$n=1, 2, 3, \cdots, 8$に対して$\left(\cos\frac{n}{4}\pi,\ \sin\frac{n}{4}\pi\right)$で表される点をⓝで表す。

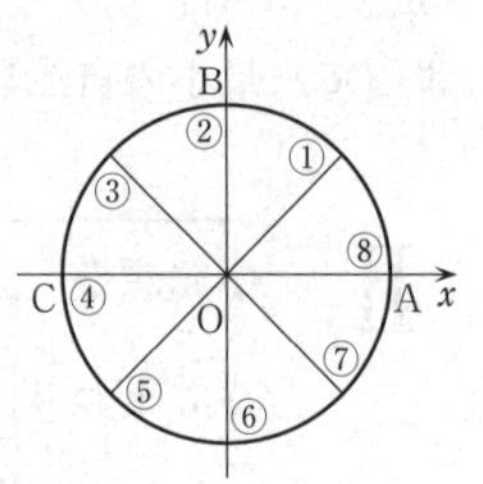

A，B，Cが反時計まわり，時計まわりに隣りの点に移る確率は$\frac{1}{2}$である。

Tを1回行ったときAとBの座標が一致するのは

A：⑧→①，B：②→①

と移動するときだから，確率は　$\left(\frac{1}{2}\right)^2=\frac{1}{4}$

Tを2回行ったときAとBの座標が一致するのは

$$\begin{cases} \text{A}：⑧\to①\to② \\ \text{B}：②\to③\to② \end{cases},\quad \begin{cases} \text{A}：⑧\to⑦\to⑧ \\ \text{B}：②\to①\to⑧ \end{cases}$$

と移動するときだから，確率は

$$\left(\frac{1}{2}\right)^2\times\left(\frac{1}{2}\right)^2\times 2=\frac{1}{8}$$

よって，T を 2 回行ったときAとBの座標が一致している確率は

$$\frac{1}{4}+\frac{1}{8}=\frac{3}{8}\quad \to(26),\ (27)$$

T を 2 回行ったときAとCの座標が一致するのは

$$\begin{cases} \text{A}：⑧\to①\to② \\ \text{C}：④\to③\to② \end{cases},\quad \begin{cases} \text{A}：⑧\to⑦\to⑥ \\ \text{C}：④\to⑤\to⑥ \end{cases}$$

と移動するときだから，確率は

$$\left(\frac{1}{2}\right)^2\times\left(\frac{1}{2}\right)^2\times 2=\frac{1}{8}\quad \to(28),\ (29)$$

T を 2 回行ったときA，B，Cの座標が全て一致するのは

$$\begin{cases} \left.\begin{array}{l}\text{A}：⑧\to① \\ \text{B}：②\to①\end{array}\right\}\to② \\ \text{C}：④\to③\to② \end{cases},\quad \begin{cases} \text{A}：⑧\to①\to② \\ \left.\begin{array}{l}\text{B}：②\to③ \\ \text{C}：④\to③\end{array}\right\}\to② \end{cases}$$

と移動するときだから，確率は

$$\left(\frac{1}{2}\right)^3\times\left(\frac{1}{2}\right)^2\times 2=\frac{1}{16}\quad \to(30)\sim(32)$$

▶(ii)　T を 2 回行ったときAとBの座標が一致している事象を E，Cの座標がA，Bの座標と一致している事象を F とすると

(i)より　　$P(E)=\dfrac{3}{8}$，$P(E\cap F)=\dfrac{1}{16}$

よって　　$P_E(F)=\dfrac{P(E\cap F)}{P(E)}=\dfrac{1}{16}\times\dfrac{8}{3}=\dfrac{1}{6}\quad \to(33),\ (34)$

▶(iii)　T を 3 回行ったときAとCの座標が初めて一致するのは，①で一致する場合は

$$\begin{cases} \text{A}：⑧\to①\to⑧\to① \\ \text{C}：④\to③\to②\to① \end{cases},\quad \begin{cases} \text{A}：⑧\to⑦\to⑧\to① \\ \text{C}：④\to③\to②\to① \end{cases}$$

と移動するときである。また③，⑤，⑦で一致する場合も 2 通りずつあるので，確率は

$$\left(\frac{1}{2}\right)^2\times\left(\frac{1}{2}\right)^2\times\left(\frac{1}{2}\right)^2\times2\times4=\frac{1}{8}$$

T を 4 回行ったとき A と C が⑧に移動する方法は

A は

(ア)　⑧→①→②→①→⑧　　(イ)　⑧→①→⑧→①→⑧

(ウ)　⑧→①→⑧→⑦→⑧　　(エ)　⑧→⑦→⑧→①→⑧

(オ)　⑧→⑦→⑧→⑦→⑧　　(カ)　⑧→⑦→⑥→⑦→⑧

C は

(キ)　④→③→②→①→⑧　　(ク)　④→⑤→⑥→⑦→⑧

であり，4 回目に A と C の座標が初めて⑧で一致する組合せは(ウ)と(キ)，(オ)と(キ)，(カ)と(キ)，(ア)と(ク)，(イ)と(ク)，(エ)と(ク)の 6 通りである。また④で初めて一致する組合せも 6 通りある。

また，T を 4 回行ったとき A と C が②に移動する方法は

A は

(ケ)　⑧→①→②→③→②　　(コ)　⑧→①→②→①→②

(サ)　⑧→①→⑧→①→②　　(シ)　⑧→⑦→⑧→①→②

C は

(ス)　④→③→②→①→②　　(セ)　④→③→②→③→②

(ソ)　④→③→④→③→②　　(タ)　④→⑤→④→③→②

であり，4 回目に A と C の座標が初めて②で一致する組合せは(コ)と(ソ)，(コ)と(タ)，(サ)と(セ)，(サ)と(ソ)，(サ)と(タ)，(シ)と(セ)，(シ)と(ソ)，(シ)と(タ)の 8 通りである。また⑥で初めて一致する組合せも 8 通りある。

よって，T を 4 回行ったとき A と C の座標が初めて一致する確率は

$$\left(\frac{1}{2}\right)^2\times\left(\frac{1}{2}\right)^2\times\left(\frac{1}{2}\right)^2\times\left(\frac{1}{2}\right)^2\times(6\times2+8\times2)=\frac{7}{64}$$

以上より，T を 4 回行ったとき A と C の座標が一致している確率は

$$\frac{1}{8}+\frac{1}{8}+\frac{7}{64}=\frac{23}{64}$$　→(35)〜(38)

▶(iv)　T を 5 回行ったとき A と C が①に移動する方法は

A は

(a)　⑧→①→②→③→②→①　　(b)　⑧→①→②→①→②→①

(c)　⑧→①→②→①→⑧→①　　(d)　⑧→①→⑧→①→②→①

(e)　⑧→①→⑧→①→⑧→①　　(f)　⑧→①→⑧→⑦→⑧→①

(g)　⑧→⑦→⑧→①→②→①　　(h)　⑧→⑦→⑧→①→⑧→①

(i)　⑧→⑦→⑧→⑦→⑧→①　　(j)　⑧→⑦→⑥→⑦→⑧→①

Cは

(k)　④→⑤→⑥→⑦→⑧→①　　(l)　④→⑤→④→③→②→①

(m)　④→③→②→①→⑧→①　　(n)　④→③→②→①→②→①

(o)　④→③→②→③→②→①　　(p)　④→③→④→③→②→①

であり，5回目にAとCの座標が初めて①で一致する組合せは(a)と(k)，(b)と(k)，(d)と(k)，(g)と(k)，(c)と(l)，(e)と(l)，(f)と(l)，(h)と(l)，(i)と(l)，(j)と(l)，(f)と(n)，(i)と(n)，(j)と(n)，(e)と(o)，(f)と(o)，(h)と(o)，(i)と(o)，(j)と(o)，(c)と(p)，(e)と(p)，(f)と(p)，(h)と(p)，(i)と(p)，(j)と(p)の24通りである。また③，⑤，⑦で初めて一致する組合せも24通りずつある。

よって，Tを5回行ったときAとCの座標が初めて一致する確率は

$$\left(\frac{1}{2}\right)^2\times\left(\frac{1}{2}\right)^2\times\left(\frac{1}{2}\right)^2\times\left(\frac{1}{2}\right)^2\times\left(\frac{1}{2}\right)^2\times24\times4=\frac{3}{32}$$

以上より，Tを5回行ったときAとCの座標が一致している確率は

$$\frac{23}{64}+\frac{3}{32}=\frac{29}{64}\quad\rightarrow(39)\sim(42)$$

別解　＜漸化式を作って考える方法＞

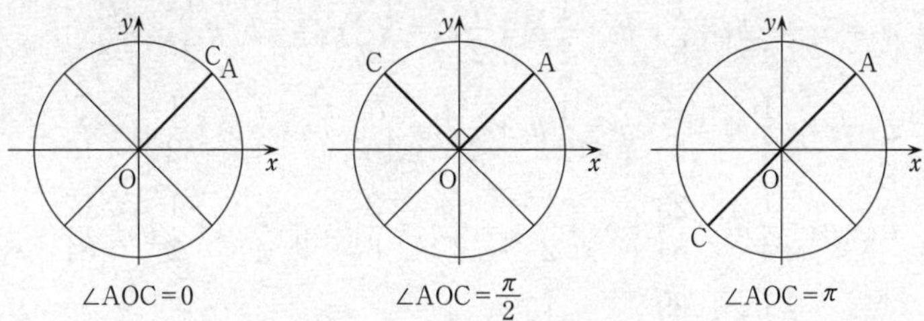

Tをn回行ったとき$\angle\mathrm{AOC}=0$，$\angle\mathrm{AOC}=\dfrac{\pi}{2}$，$\angle\mathrm{AOC}=\pi$となる確率をそれぞれ$a_n$，$b_n$，$c_n$とすると

$$a_0=0,\ b_0=0,\ c_0=1$$

Tを$(n+1)$回行ったとき$\angle\mathrm{AOC}=0$となるのは，n回行ったとき$\angle\mathrm{AOC}=0$または$\angle\mathrm{AOC}=\dfrac{\pi}{2}$で，$(n+1)$回目に$\angle\mathrm{AOC}=0$となるときな

ので

$$a_{n+1}=a_n+\frac{1}{4}b_n \quad \cdots\cdots①$$

T を $(n+1)$ 回行ったとき$\angle\mathrm{AOC}=\frac{\pi}{2}$となるのは，$n$ 回行ったとき$\angle\mathrm{AOC}=\frac{\pi}{2}$で $(n+1)$ 回目に$\angle\mathrm{AOC}=\frac{\pi}{2}$となるか，または$n$回行ったとき$\angle\mathrm{AOC}=\pi$で $(n+1)$ 回目に$\angle\mathrm{AOC}=\frac{\pi}{2}$となるときなので

$$b_{n+1}=\frac{1}{2}b_n+\frac{1}{2}c_n \quad \cdots\cdots②$$

T を $(n+1)$ 回行ったとき$\angle\mathrm{AOC}=\pi$となるのは，n 回行ったとき$\angle\mathrm{AOC}=\frac{\pi}{2}$で $(n+1)$ 回目に$\angle\mathrm{AOC}=\pi$となるか，またはn回行ったとき$\angle\mathrm{AOC}=\pi$で $(n+1)$ 回目に$\angle\mathrm{AOC}=\pi$となるときなので

$$c_{n+1}=\frac{1}{4}b_n+\frac{1}{2}c_n \quad \cdots\cdots③$$

①，②，③より

$$a_1=a_0+\frac{1}{4}b_0=0,\quad b_1=\frac{1}{2}b_0+\frac{1}{2}c_0=\frac{1}{2},\quad c_1=\frac{1}{4}b_0+\frac{1}{2}c_1=\frac{1}{2}$$

$$a_2=a_1+\frac{1}{4}b_1=\frac{1}{8},\quad b_2=\frac{1}{2}b_1+\frac{1}{2}c_1=\frac{1}{2},\quad c_2=\frac{1}{4}b_1+\frac{1}{2}c_1=\frac{3}{8}$$

$$a_3=a_2+\frac{1}{4}b_2=\frac{1}{4},\quad b_3=\frac{1}{2}b_2+\frac{1}{2}c_2=\frac{7}{16},\quad c_3=\frac{1}{4}b_2+\frac{1}{2}c_2=\frac{5}{16}$$

$$a_4=a_3+\frac{1}{4}b_3=\frac{23}{64},\quad b_4=\frac{1}{2}b_3+\frac{1}{2}c_3=\frac{3}{8},\quad c_4=\frac{1}{4}b_3+\frac{1}{2}c_3=\frac{17}{64}$$

$$a_5=a_4+\frac{1}{4}b_4=\frac{29}{64}$$

Tを2回行ったときAとCの座標が一致している確率は　$a_2=\frac{1}{8}$

Tを4回行ったときAとCの座標が一致している確率は　$a_4=\frac{23}{64}$

Tを5回行ったときAとCの座標が一致している確率は　$a_5=\frac{29}{64}$

III

◇発想◇ (i) 2点A，Bを通る直線上に点Pがあるから $\overrightarrow{OP}=\overrightarrow{OA}+t\overrightarrow{AB}$ となるので，これを成分で表す。

(ii) $|\overrightarrow{OP}|^2$ は t の2次関数となるので，平方完成をして最小値を求める。

(iii) △OABでABを底辺と考えたときの高さは(ii)で求めた $|\overrightarrow{OP}|$ となるので面積 S は計算できる。S は x の3次関数となるので，微分法を用いて最大値を求める。

解答

(i) (43) 1

(ii) (44) 6　(45) 2　(46) 1　(47) 4　(48) 2　(49) 1

(iii) (50) 2　(51) 3　(52) 3　(53) 4　(54) 3　(55) 9

◀解　説▶

≪導関数，3点が一直線上にある条件，ベクトルの大きさの最小値，三角形の面積の最大値≫

▶(i) 3点A，B，Pは一直線上にあるので

$$\overrightarrow{OP}=\overrightarrow{OA}+t\overrightarrow{AB}=(x,\ f(x))+t(x,\ xf'(x))$$

$$=(x(t+1),\ f(x)+txf'(x)) \quad \to (43)$$

▶(ii) $f(x)=\frac{1}{2}x^2+2$ より　$f'(x)=x$

$$\overrightarrow{OP}=\left(xt+x,\ \frac{1}{2}x^2+2+tx^2\right)$$

となるので

$$|\overrightarrow{OP}|^2=(xt+x)^2+\left(x^2t+\frac{1}{2}x^2+2\right)^2$$

$$=x^2t^2+2x^2t+x^2+x^4t^2+2x^2\left(\frac{1}{2}x^2+2\right)t+\left(\frac{1}{2}x^2+2\right)^2$$

$$=(x^4+x^2)t^2+(x^4+6x^2)t+\frac{1}{4}x^4+3x^2+4$$

$$=(x^4+x^2)\left\{t+\frac{x^2+6}{2(x^2+1)}\right\}^2-\frac{x^2(x^2+6)^2}{4(x^2+1)}+\frac{1}{4}x^4+3x^2+4$$

$$=(x^4+x^2)\left\{t+\frac{x^2+6}{2(x^2+1)}\right\}^2+\frac{(x^2-4)^2}{4(x^2+1)}$$

よって，$t=-\dfrac{x^2+6}{2(x^2+1)}$　→(44)〜(46)のとき最小。

そのとき　　$|\overrightarrow{\mathrm{OP}}|=\dfrac{|x^2-4|}{2\sqrt{x^2+1}}$　→(47)〜(49)

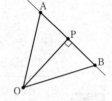

▶(iii)　$\mathrm{A}\left(x,\ \dfrac{1}{2}x^2+2\right)$，$\mathrm{B}\left(2x,\ \dfrac{3}{2}x^2+2\right)$ より

$$\overrightarrow{\mathrm{AB}}=(x,\ x^2)$$

$t=-\dfrac{x^2+6}{2(x^2+1)}$ のとき

$$x(t+1)=x\left\{-\frac{x^2+6}{2(x^2+1)}+1\right\}=\frac{x^3-4x}{2(x^2+1)}$$

$$\frac{1}{2}x^2+2+tx^2=\frac{1}{2}x^2+2-\frac{x^2(x^2+6)}{2(x^2+1)}=\frac{-x^2+4}{2(x^2+1)}$$

より

$$\overrightarrow{\mathrm{OP}}=\left(\frac{x^3-4x}{2(x^2+1)},\ \frac{-x^2+4}{2(x^2+1)}\right)$$

$\overrightarrow{\mathrm{AB}}\cdot\overrightarrow{\mathrm{OP}}=\dfrac{x^4-4x^2}{2(x^2+1)}+\dfrac{-x^4+4x^2}{2(x^2+1)}=0$ より

$$\overrightarrow{\mathrm{AB}}\perp\overrightarrow{\mathrm{OP}}$$

よって　　$S=\dfrac{1}{2}|\overrightarrow{\mathrm{AB}}||\overrightarrow{\mathrm{OP}}|=\dfrac{1}{2}\sqrt{x^2+x^4}\cdot\dfrac{|x^2-4|}{2\sqrt{x^2+1}}$

$$=\frac{1}{4}x(4-x^2)=-\frac{1}{4}x^3+x\quad(\because\ \ 0<x<2)$$

$$\frac{dS}{dx}=-\frac{3}{4}x^2+1=-\frac{3}{4}\left(x^2-\frac{4}{3}\right)$$

$$=-\frac{3}{4}\left(x+\frac{2\sqrt{3}}{3}\right)\left(x-\frac{2\sqrt{3}}{3}\right)$$

x	0	…	$\frac{2\sqrt{3}}{3}$	…	2
$\frac{dS}{dx}$		+	0	−	
S		↗	極大	↘	

右の増減表より $x=\dfrac{2\sqrt{3}}{3}$　→(50)〜(52) のとき

S は最大となり，そのとき

$$S=-\frac{1}{4}\left(\frac{2\sqrt{3}}{3}\right)^3+\frac{2\sqrt{3}}{3}=\frac{4\sqrt{3}}{9}\quad→(53)〜(55)$$

参考　$\overrightarrow{\mathrm{AB}}\perp\overrightarrow{\mathrm{OP}}$ を使わないで，次のように面積公式を使って S を求めることもできる。

$\mathrm{A}\left(x,\ \dfrac{1}{2}x^2+2\right)$, $\mathrm{B}\left(2x,\ \dfrac{3}{2}x^2+2\right)$ より

$$S=\frac{1}{2}\left|x\left(\frac{3}{2}x^2+2\right)-2x\left(\frac{1}{2}x^2+2\right)\right|$$
$$=\frac{1}{2}\left|\frac{1}{2}x^3-2x\right|=\frac{1}{4}|x(x^2-4)|$$
$$=-\frac{1}{4}x(x^2-4)=-\frac{1}{4}x^3+x\quad(\because\quad 0<x<2)$$

Ⅳ

◆発想◆　(i)　zx 平面上で考えると，円と直線が接するときの接点の座標を求めればよい。

(ii)　(i)で得られる接線の方程式が，空間における平面 α の方程式となる。

(iii)　平面 α の法線ベクトル $\overrightarrow{n_1}$ と平面 β の法線ベクトル $\overrightarrow{n_2}$ を求め，$\cos\theta=\dfrac{|\overrightarrow{n_1}\cdot\overrightarrow{n_2}|}{|\overrightarrow{n_1}||\overrightarrow{n_2}|}$ へ代入して計算する。

(iv)　$\cos\theta$ の値を求め，三角比の表より θ の値を答える。

解答　(i)　(ア) $\dfrac{\sqrt{t^2+2t}}{1+t}$　(イ) $\dfrac{1}{1+t}$

(ii)　(ウ) $\sqrt{t^2+2t}$　(エ) $(1+t)$

(iii)　(オ) $\dfrac{1}{(1+t)^2}$　(iv)　(カ) 28

◀解　説▶

≪球面と接平面の接点の座標，平面の方程式，法線ベクトルのなす鋭角，三角比の表を用いた角の近似値≫

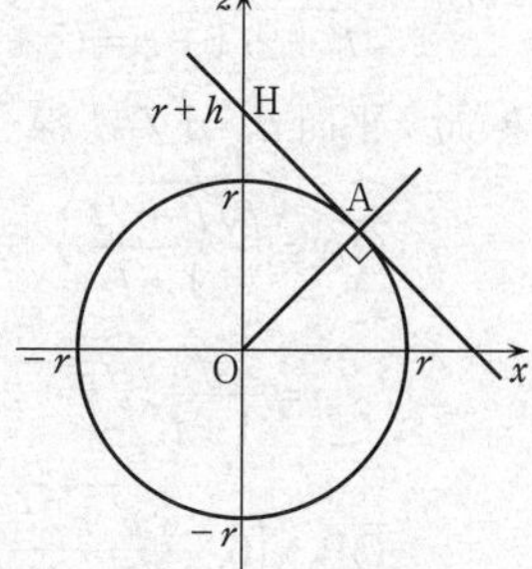

▶(i)　zx 平面上で考えると，原点Oを中心とする半径 r の円と点Hを通る直線が接するときの接点が点Aとなる。

接線の傾きを m (<0) とすると，接線の方程式は

$$z=mx+r+h$$
$$mx-z+r+h=0$$

$h=rt$ より

$$mx-z+r(1+t)=0$$

となる。これが原点Oを中心とする半径 r の円に接するから

$$\frac{|r(1+t)|}{\sqrt{m^2+1}}=r$$

$r>0$, $1+t>0$ より

$$1+t=\sqrt{m^2+1}$$

$$(1+t)^2=m^2+1$$

$$m^2=(1+t)^2-1$$

$m<0$ より　　$m=-\sqrt{(1+t)^2-1}=-\sqrt{t^2+2t}$

Aは2直線 $mx-z+r(1+t)=0$, $z=-\dfrac{1}{m}x$ の交点だから

$$mx+\frac{1}{m}x+r(1+t)=0$$

$$m^2x+x+mr(1+t)=0$$

$$(m^2+1)x=-mr(1+t)$$

$$x=\frac{-mr(1+t)}{m^2+1}=\frac{r(1+t)\sqrt{t^2+2t}}{(1+t)^2}=\frac{\sqrt{t^2+2t}}{1+t}r$$

$$z=-\frac{1}{m}\cdot\frac{-mr(1+t)}{m^2+1}=\frac{r(1+t)}{(1+t)^2}=\frac{1}{1+t}r$$

$$\therefore\quad \mathrm{A}\left(\frac{\sqrt{t^2+2t}}{1+t}r,\ 0,\ \frac{1}{1+t}r\right)$$ →(ア), (イ)

▶(ii)　平面 α の方程式は，$m=-\sqrt{t^2+2t}$ を $mx-z+r(1+t)=0$ へ代入して

$$-\sqrt{t^2+2t}\,x-z+r(1+t)=0$$

$$\sqrt{t^2+2t}\,x+z=(1+t)r$$ →(ウ), (エ)　(ただし，y は任意)

▶(iii)　平面 α, β の法線ベクトルをそれぞれ $\overrightarrow{n_1}$, $\overrightarrow{n_2}$ とすると

$$\overrightarrow{\mathrm{OA}}=\left(\frac{\sqrt{t^2+2t}}{1+t}r,\ 0,\ \frac{1}{1+t}r\right)$$

$$=\frac{r}{1+t}(\sqrt{t^2+2t},\ 0,\ 1)$$

$$\overrightarrow{\mathrm{OB}}=\left(0,\ \frac{\sqrt{t^2+2t}}{1+t}r,\ \frac{1}{1+t}r\right)$$

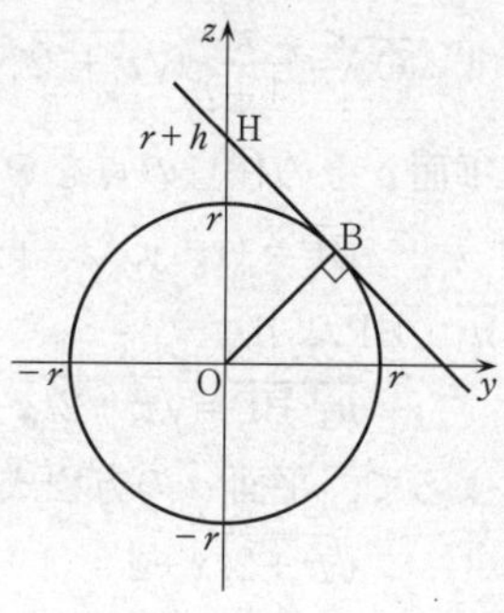

$$=\frac{r}{1+t}(0,\ \sqrt{t^2+2t},\ 1)$$

より

$$\overrightarrow{n_1}=(\sqrt{t^2+2t},\ 0,\ 1)$$
$$\overrightarrow{n_2}=(0,\ \sqrt{t^2+2t},\ 1)$$

としてよい。$0°<\theta<90°$ より

$$\cos\theta=\frac{|\overrightarrow{n_1}\cdot\overrightarrow{n_2}|}{|\overrightarrow{n_1}||\overrightarrow{n_2}|}=\frac{1}{\sqrt{t^2+2t+1}\cdot\sqrt{t^2+2t+1}}$$

$$=\frac{1}{t^2+2t+1}=\frac{1}{(1+t)^2}\quad\to(オ)$$

▶(iv)　$r=6400$，$h=400$ のとき $t=\frac{400}{6400}=\frac{1}{16}$ より

$$\cos\theta=\frac{1}{\left(1+\frac{1}{16}\right)^2}=\frac{256}{289}\fallingdotseq 0.8858$$

三角比の表より　　$\theta\fallingdotseq 28°$　→(カ)

別解　<パラメーター表示を使う方法>

(i)　A $(r\cos\varphi,\ 0,\ r\sin\varphi)$　$(0°<\varphi<90°)$ とおくと，△OAH において三平方の定理より

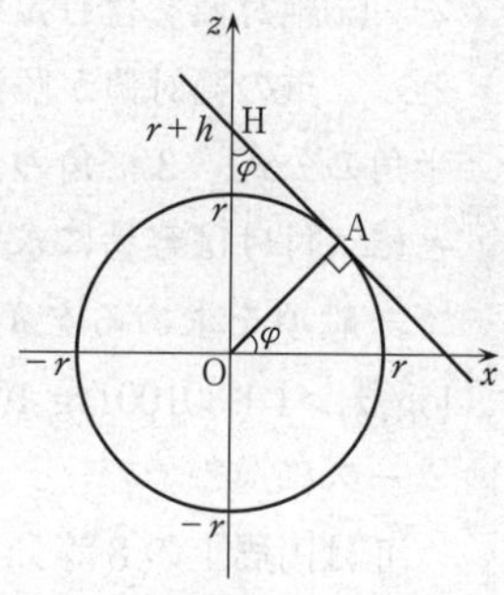

$$\mathrm{AH}=\sqrt{\mathrm{OH}^2-\mathrm{OA}^2}$$
$$=\sqrt{(r+h)^2-r^2}$$
$$=\sqrt{2rh+h^2}$$

$\angle\mathrm{OHA}=\varphi$ であるから

$$\cos\varphi=\frac{\mathrm{AH}}{\mathrm{OH}}=\frac{\sqrt{2rh+h^2}}{r+h}$$
$$=\frac{\sqrt{2r^2t+r^2t^2}}{r+rt}=\frac{\sqrt{t^2+2t}}{1+t}$$

$$\sin\varphi=\frac{\mathrm{OA}}{\mathrm{OH}}=\frac{r}{r+h}$$
$$=\frac{r}{r+rt}=\frac{1}{1+t}$$

$$\therefore\quad \mathrm{A}\left(\frac{\sqrt{t^2+2t}}{1+t}r,\ 0,\ \frac{1}{1+t}r\right)$$

(ii)　$\overrightarrow{\mathrm{OA}}=\dfrac{r}{1+t}(\sqrt{t^2+2t},\ 0,\ 1)$，$\overrightarrow{n_1}=(\sqrt{t^2+2t},\ 0,\ 1)$ とおく。

平面 α 上の任意の点を $\mathrm{P}(x,\ y,\ z)$ とおくと

$$\overrightarrow{\mathrm{HP}}=(x,\ y,\ z-r-h)=(x,\ y,\ z-r(1+t))$$

$\overrightarrow{n_1}\perp\overrightarrow{\mathrm{HP}}$ より

$$\overrightarrow{n_1}\cdot\overrightarrow{\mathrm{HP}}=\sqrt{t^2+2t}\,x+z-r(1+t)=0$$

よって，平面 α の方程式は

$$\sqrt{t^2+2t}\,x+z=(1+t)r$$

❖講　評

2020 年度は 2019 年度と同様に大問 4 題の出題であった。Ⅰの小問が増加し，Ⅱ・Ⅳのようにやや難しい問題も含まれているので，2019 年度よりも難化したと言える。

Ⅰは独立した小問 5 問である。(i)複素数を係数とする 2 項間の漸化式で定まる数列が定数列となる条件を求める問題。必要条件として z の値は容易に求められるが，本来は十分条件であることを確認する必要がある。(ii)絶対値を含む定積分である。$|f(x)|$ が偶関数であることを用いると，二重の絶対値が解消され考えやすい。(iii)導関数，三角方程式の問題。半角の公式，3 倍角の公式を用いる。(iv)二項定理による展開式であることに気付けば容易に求められる。(v) 2 項間の漸化式で両辺の対数をとって一般項を求めるタイプである。一般項 $\log_2 a_n$ が出た段階で条件より $\log_2 a_n>1+30100\log_2 10$ であるから，この不等式へ代入すると計算がスムーズに進む。

Ⅱは円周上の 8 等分点を動く 3 つの動点についての確率の問題。ある時点で動点の座標が一致すればその後は一緒に移動することを押さえることがポイント。(i)は直接移動の方法を考えていけばよい。(ii)は条件付き確率で(i)の結果より容易に求められる。(iii)・(iv)は(i)と同様に考えると大変であり，漸化式を作って解く方法がよいが，文系の受験生にとっては難しいであろう。

Ⅲはベクトルと微分法の融合問題。(i) $\overrightarrow{\mathrm{AP}}=t\overrightarrow{\mathrm{AB}}$ より $\overrightarrow{\mathrm{OP}}$ を求める。(ii) $|\overrightarrow{\mathrm{OP}}|^2$ は t の 2 次関数となるので平方完成により最小となる t の値，$|\overrightarrow{\mathrm{OP}}|$ を求める。(iii) $|\overrightarrow{\mathrm{OP}}|$ が最小になるのは $\overrightarrow{\mathrm{OP}}\perp\overrightarrow{\mathrm{AB}}$ のときであること

を使うと，△OAB の面積 S は $S=\frac{1}{2}|\overrightarrow{AB}||\overrightarrow{OP}|$ として求められる。S は x の 3 次関数となるので，微分法を用いて最大値を考える。

Ⅳは空間ベクトル，三角比についての問題。(i) zx 平面上で考えると，円と直線の問題となる。(ii)は(i)で求めた接線の方程式が空間における平面 α の方程式となる。(iii) $\overrightarrow{OA}$，$\overrightarrow{OB}$ に平行なベクトル $\overrightarrow{n_1}$，$\overrightarrow{n_2}$ を平面 α，平面 β の法線ベクトルとしてよいから，$\overrightarrow{n_1}$，$\overrightarrow{n_2}$ のなす鋭角 θ を考える。(iv) $r=6400$，$h=400$ のときの t の値を求め，(iii)の結果に代入して $\cos\theta$ の値を計算し，三角比の表より θ の近似値を答える。

論文テスト

I 解答

問1．(1)(2)—44　(3)(4)—37　(5)(6)—20　(7)(8)—17
(9)(10)—14　(11)(12)—39　(13)(14)—21　(15)(16)—25　(17)(18)—26
(19)(20)—33　(21)(22)—41　(23)(24)—35

問2．(25)—1　(26)—3　(27)—2　(28)—4

問3．(29)—1　(30)—4　(31)—3

問4．複数の独立した原因が重なる（15字以内）

問5．不運を分配し被害者の負担を軽減するから。(20字以内)

(別解）被害者が現実と折り合いをつけられるから。(20字以内)

◀解　説▶

≪「不運」の事後処理≫

▶問1．(1)(2)文脈から「損害」の対義語が入る。

(3)(4)課題文全体の題材である「偶然」起こったことと対置されている。

(5)(6)犯罪と罰則の内容を定めているのは20の「刑法」。

(7)(8)被害者や「加害者」，あるいは「第三者的立場の人」といった，特定の誰かに限った見方でないのは，17の「客観的」な見方。

(9)(10)事故が起こったその場の危険な状況を放置したことについて，責任を問われ得るのは，14の「管理者」である。

(11)(12)事故が起こる確率が十分に小さければ，それを考慮せずに行動したことを責めることはできないので，39の「非難」が入る。

(13)(14)第2節第2段落末の文脈から，「原因」の対義語が入る。

(15)(16)「人の行為」と対置されるものが入る。

(17)(18) 3カ所あるが，各所の文脈から「事後」の対義語が入る。

(19)(20)故意や過失によって事故確率を大きくするようなことをした場合は，法的な責任と33の「道徳的」な責任を問われる。

(21)(22)「不運」（運が悪いこと）および「不合理」（道理に合っていないこと）と意味が近いのは41の「不条理」。34の「突発的」は物事が突然に起きるさまであり，道理とは無関係。40の「不可思議」は常識や考えが及ばないことではあるが，良し悪しの評価を含まない。

(23)(24)「受け容れる」に近く，文脈に合致するのは35の「納得」。

▶問２．(25)空欄Ａ．「被害者」の見方，「加害者」の見方に加えて「第三者的立場の人」の見方を示しているので，１の「さらに」が該当する。

(26)空欄Ｂ．直前の内容を根拠として，直後の結論が導かれていることから，３の「そうすると」が入る。

(27)空欄Ｃ．第２節第２段落は，事故の諸原因の一部を作った人にはそれぞれ一部の責任がある，という主張について，「もちろん」諸原因が複合したこと自体は「不運」であると認めた上で，改めて強調する構造になっている。それに最も適切なのは，２の「しかし」である。

(28)空欄Ｄ．大事故が起こる確率を十分に小さくしても大事故が起こることがある，という文脈であり，直前の内容から想定されるものに反する内容・結果が示されているので，４の「にもかかわらず」が最も適切。

▶問３．(29)空欄あ．「責任」の取り方として一般的であり，かつ，「職を辞」すことと並んで「責任者」に重い負担がかかるものが入る。

(30)空欄い．被害者の「『不幸』をできるだけ軽減する」ことにはならないが，「確率や『期待損失』を最小にす」るものが入る。

(31)空欄う．事後処理のプロセスとして，「心のケア」「人々が善意や同情を示すこと」に並ぶものが入る。「大事故を起こした場合にはその『責任』は個人に対してではなく……」（第３節第４段落）とあり，２の「個人として責任をとる」は不適切。また，刑法上の犯罪とはならない場合も当然あるので，１の「刑事罰を受ける」ことが必要とするのも無理がある。

▶問４．第１節の事故は，「人が特定の目的をもって行なった行為に対し，なんらかの予想できなかった事情が発生して，その結果自分や他人に被害が生じるもの」（第１節第３段落）である。一方，第２節の事故は，「複数の互いに独立な原因がたまたま重なり合うことによって起こるもの」（第２節第１段落）であって，「いくつかの原因の複合によって生じた事故」（同第２段落）である。

▶問５．下線部中の「そんなこと」は，直前の「誰かが『責任』をとって……職を辞したり……刑事罰を受けること」を指す。また，第４節第２段落では，不運な大事故の事後処理では，「『不運』をできる限り分配して被害者の負担を軽くすること，それとともに被害者が……現実に起こったことと『折り合って』生きていけるようにすることが必要」とあり，そのためには，「『責任者』が謝罪することも……必要であると思う」とあるので，これと同様の意義があり，無駄ではないと考えられる。

II 解答

問1．(32)(33)(34)(35)(36) 05000 (37)(38)(39) 000 (40)(41)(42) 000 (43)(44)(45) 100 (46)(47)(48) 100 (49)(50)(51) 100 (52)(53) 01 (54)(55)(56)(57) 0100 (58)(59) 01 (60)(61) 03 (62)(63) 03 (64)(65)(66) 150 (67)(68) 03 (69)(70)(71) 200 (72)(73)(74) 100

問2．(75)－1 (76)－3 (77)－8

問3．(78)－8 (79)－7

問4．確実には予測することができない（15字以内）

問5．個々の保険加入者の事故確率に関する情報。（20字以内）

◀解 説▶

≪リスクと保険の経済学≫

▶問1．(32)(33)(34)(35)(36)「確率1で5000円もらえる」ので，5000円×1＝5000円。

(37)(38)(39)・(40)(41)(42)宝くじの購入に100円かかるので，

$\left\{(100\text{万円}-100\text{円})\times\frac{1}{1\text{万}}\right\}+\left(-100\text{円}\times\frac{1\text{万}-1}{1\text{万}}\right)=0$円。宝くじを買わず，損得がない場合も，儲けの期待値は0円。

(43)(44)(45)～(49)(50)(51)保険に加入しない場合の損失額の期待値は，100万円×$\frac{1}{1\text{万}}$＝100円。また，「期待値での損失は，保険に加入してもしなくても(49)(50)(51)円」とあるので，ここにも「100」が入る。よって，事故による損失と同額の補償金を支払う保険に加入しても，期待値での損失が100円ということになるから，保険料は100円。

(52)(53)～(58)(59)保険会社の保険料収入は100円×100万人＝1億円。一方，事故に遭う人の数は平均的に100万人×$\frac{1}{1\text{万}}$＝100人であるため，補償金総額は100人×100万円＝1億円。

(60)(61)第1グループと第2グループの合計人口100万人＋100万人＝200万人のうち，事故に遭うのは$\left(100\text{万人}\times\frac{1}{1\text{万}}\right)+\left(100\text{万人}\times\frac{2}{1\text{万}}\right)=300$人

なので，平均事故確率は $\frac{300\text{人}}{200\text{万人}}=\frac{3}{2\text{万}}$。

(62)(63)～(67)(68)損失補償に必要な額は 100 万円×300 人＝3 億円。また，「保険料収入は(67)(68)億円となり，収支が均衡する」とあるので，ここにも「03」が入る。これを全加入者で分担する形になるので，保険料は 3 億円÷200 万＝150 円。

(69)(70)(71)・(72)(73)(74)第 2 グループの損失の期待値は，100 万円×$\frac{2}{1\text{万}}$＝200 円。

同様に，第 1 グループの損失の期待値は，100 万円×$\frac{1}{1\text{万}}$＝100 円。

▶問 2．(75)空欄Ａ．「リスクを購入する」（第 4 段落），「不確実な選択肢を好む」（第 5 段落）などから，1 の「愛好」が適切。

(76)空欄Ｂ．「リスクを避けようとする」（第 4 段落）から，3 の「回避」が適切。

(77)空欄Ｃ．「同じ期待値」であれば「どちらも同じであると考える」（第 5 段落）から，8 の「中立」が適切。

▶問 3．(78)空欄Ｄ．第 2 グループの損失の期待値が 200 円なのに対し，保険料が 150 円であるのは，8 の「割安」だと言える。

(79)空欄Ｅ．第 1 グループの損失の期待値が 100 円なのに対し，保険料が 150 円であるのは，7 の「割高」だと言える。

▶問 4．第 1 段落に「確実性の下で生活し，将来のことを確実に予測することができるならば」とあるので，「不確実性またはリスク」についてはこの逆であり，確実な予測ができないことに起因すると考えられる。

▶問 5．第 10～12 段落の内容から，「逆選択」は，同じ保険料が，リスクの小さい加入者にとっては割高になることによって生じるとわかる。またそれは，保険会社が「個々の保険加入者のリスクを識別できないため，すべての個人が平均的リスクを持つと考え，……保険料を決定する」（第 9 段落）ことに起因するので，「逆選択」を防ぐためには，保険会社が「個々の保険加入者のリスクを識別」できればよい。

❖講　評

大問は例年通り2題，設問数・解答形式ともに大きな変化はない。2019年度に続きグラフや表の提示はなかったが，計算問題が出されている。また例年，課題文のテーマは2つの大問で異なっているが，2020年度は，最近の社会情勢を反映してか，「不確実性」あるいは「リスク」という明確に共通するものが含まれていた。課題文自体は読みやすく，特に難度の高い設問もない。過年度と同様，短時間で課題文を正確に読み取り，数は多いがシンプルな設問に着実に解答していくことが重要であったと言えよう。

Ⅰ　課題文は「不運な事故」の事後処理のやり方を分析的に論じたものである。問1～問3では課題文の論理展開を正確に把握・理解できるかどうかが問われた。接続詞に特化した問2はその最たるものである。問4・問5は単純な読解・論述問題だが，少ない字数に要点を盛り込む技術が求められる。

Ⅱ　課題文はリスクと保険の基本的な考え方について論じたものである。問1は確率と期待値の計算問題。空欄前後の論理展開を把捉する必要はあるものの，計算過程そのものはさほど複雑ではない。また，問2の「リスク回避／愛好／中立」は経済学の用語だが，解答に当たって特に専門知識は必要ない。論述問題で求められる力もⅠと同様である。

/////////////////// · memo · ///////////////////

/////////////////// · memo · ///////////////////

/////////////////// ・memo・ ///////////////////

//////////////////// · memo · ////////////////////

/////////////////// · memo · ///////////////////

//////////////////// · memo · ////////////////////

大学赤本シリーズ

慶應義塾大学

商学部

別冊問題編

2025

矢印の方向に引くと
本体から取り外せます

目　次

問題編

2024年度

問題編

一般選抜

問題編

▶試験科目・配点

方式	教　科	科　　目	配　点
A方式	外国語	コミュニケーション英語Ⅰ・Ⅱ・Ⅲ，英語表現Ⅰ・Ⅱ	200 点
	地理歴史	日本史Ｂ，世界史Ｂ，地理Ｂのうち１科目選択	100 点
	数　学	数学Ⅰ・Ⅱ・Ａ・Ｂ	100 点
B方式	外国語	コミュニケーション英語Ⅰ・Ⅱ・Ⅲ，英語表現Ⅰ・Ⅱ	200 点
	地理歴史	日本史Ｂ，世界史Ｂ，地理Ｂのうち１科目選択	100 点
	論文テスト	資料を与えて，論理的理解力と表現力を問う	100 点

▶備　考

- 数学Ａは「場合の数と確率」・「整数の性質」・「図形の性質」を，数学Ｂは「数列」・「ベクトル」を出題範囲とする。
- 「外国語」と「地理歴史」はＡ・Ｂ両方式共通。
- Ｂ方式の「論文テスト」は，現代日本語で書かれたやや長文の資料や図表が与えられ，その内容についての理解力，論理的思考力，表現力を問う。

英 語

(90 分)

I 次の英文を読み、(1)～(10)の設問について最も適切なものを選択肢1～4から選び、その番号を解答用紙A(マークシート)の解答欄 (1) ～ (10) にマークしなさい。

On June 4, 1927, a crowd of 4,000 gathered for a ceremony to open the new Harvard Business School campus. This was the period known as the "roaring twenties," a prosperous time for the United States. The New York Stock Exchange had experienced astonishing gains over the past five years, and the concentration of wealth was approaching a level not seen again until the 2000s. The short address Dean Wallace B. Donham gave was, however, more of a warning than a celebration. Scientific advances had opened up "new opportunities for happiness," he observed, but these could not be secured without "a higher degree of responsibility." Business leaders needed to develop "social consciousness," accompanied by "keen intelligence and wide vision." He further remarked: "Unless more of our business leaders learn to exercise their powers with an acute sense of responsibility towards other groups in the community, our civilization may well head for one of its periods of decline."

Donham did not ask businesspeople to donate more money to charity for the less fortunate. Rather, he called upon them to (1) this gap in responsible leadership he identified and thereby save "civilization." The Dean's warning of a great threat to humanity did not excite much attention amid the booming 1920s, but his words were (5)prophetic. Towards the end of 1929, the New York stock market crash would set off a massive economic depression in the US and beyond, with profound economic and political consequences for the decade that followed.

Donham was neither the first nor the last person to ask business leaders to make a positive social impact beyond generating profits. Businesses of one sort or another have been around for millennia, and so have questions about corporate ethics and responsibility — the greed of merchants and financiers has been a constant (2) across all societies. For instance, as modern industry emerged in eighteenth-century Britain, there were breathtaking examples of dishonesty and moral failure, as well as extravagant financial deceptions. Trickery and betrayals were regular occurrences. But so was the push for greater social awareness.

Scottish social philosopher Adam Smith is widely thought to have cast aside worries about the destructive aspects of money-hungry practices. In *The Wealth of Nations*, published in 1776, he suggested that when they pursue their own interests, people in business often contribute to the social good more effectively than when they try to do so intentionally. While Smith therefore supported free enterprise for most individuals, he did not do this for those greedy investors who sought "extraordinary profits." To rein in their activities, he (6)supported legal restrictions on interest rates and also made clear his contempt for gross inequality. "No society can surely be flourishing and happy," he remarked, "of which the far greater part of the members are poor and miserable."

Fast-forward to the twenty-first century: calls for greater corporate social responsibility frequently arise in the context of looming ecological crises, social inequalities, and troubled democracies in the aftermath of the Great Recession. Larry Fink, chief executive of BlackRock, the world's largest asset manager, declared in his annual letter to CEOs in 2018: "Companies must benefit all of their stakeholders, including shareholders, employees, customers, and the communities in which they operate." Likewise, Dominic Barton, chairman of private investment firm LeapFrog Investments, has denounced (7)short-term thinking by companies that are obsessed with quarterly reporting and blinded to the existence of other important objectives. In 2019, 181 chief executives from the Business Roundtable, an association of leaders of the largest US corporations, signed a statement pledging to run their companies "for the benefit of all stakeholders — customers, employees, suppliers, communities, and shareholders."

There is (8)reason to be skeptical whether these calls for enhanced responsibility will be answered more than Donham's were. Global business today is relentlessly profit-seeking and warps institutions of government and law to serve (3). The opening decades of the twenty-first century saw an extraordinary series of corporate scandals in the United States and many other countries, and there is plenty of evidence of repeated ethical lapses. But as part of an alternative movement, many younger entrepreneurs are committed to addressing environmental issues and social injustice, and place purpose and social responsibility at the heart of their business models.

The history of private business yields concrete examples of deeply responsible business leaders operating at different times and in different contexts. None is the formula for how to re-imagine a complex system such as capitalism. Rather, they are useful because they show how individual efforts to pursue an increased sense of responsibility have succeeded and failed, and why. Deeply responsible business leaders are regular human beings with all the shortcomings of people in general. Some are inspirational, but some of their experiments in social purpose were not successful or sustainable. In some cases, virtuous intentions did not bear fruit at all. The record of such businesses challenges naive assumptions that doing good will necessarily be good business. Pursuing profits and purpose is never easy, and sometimes the two goals are in conflict. But at this time of economic, environmental, and social challenge, deep responsibility is not an idealistic fantasy, but rather an essential path for the future.

[Adapted from an article by Geoffrey Jones]

(i) In the context of this passage, choose the most suitable expression to fill in each blank.

(1) The answer is: (1) .

1 achieve 2 endorse 3 fill 4 protect

(2) The answer is: (2) .

1 concern 2 level 3 mind 4 motion

(3) The answer is: (3) .

1 bureaucrats and lawyers 2 corporate interests
3 social responsibilities 4 world citizens

(ii) In the context of this passage, choose the best answer for each question.

(4) At the opening ceremony in 1927, Donham warned of the effects of (4) .

1 business leaders rejecting scientific insight

2 an economic bubble leading to higher prices
3 US universities misleading business students
4 businesspeople disregarding community needs

(5) Donham's words were (5)prophetic in that [(5)].
1 American society was actually enjoying prosperity in the 1920s
2 American society did come to confront serious crises in the 1930s
3 businesspeople soon started to avoid social responsibility
4 social responsibility triggered a great global depression

(6) Adam Smith (6)supported legal restrictions on interest rates because [(6)].
1 he held that lawmakers should rigorously regulate citizens' commercial activities
2 he was a philanthropist dedicating his life to helping the poor and underprivileged
3 he believed in a market mechanism that automatically achieved a proper balance
4 he did not want investors to gain huge profits while most others are impoverished

(7) Which one of the following do companies engaged in (7)short-term thinking generally do? The answer is: [(7)].
1 They single-mindedly pursue profits and overlook their social missions
2 They accept temporary losses to secure employment for workers
3 They help a variety of stakeholders as a way to increase profitability
4 They show no interest in statistical reports and ignore the margin of error

(8) The author writes that there is (8)reason to be skeptical about the effectiveness of calls for responsibility in the twenty-first century because [(8)].
1 global business is greedy, with companies knowingly violating ethical codes
2 BlackRock, LeapFrog, and the Business Roundtable are accumulating debt
3 younger entrepreneurs are underfunded and cannot expand their businesses
4 Donham's vision was too idealistic to be implemented by businesspeople

(9) Which one of the following statements best describes the author's approach to history? The answer is: [(9)].
1 Knowledge of historical context enables us to identify the causes of contemporary problems
2 Grasping human nature through the study of history allows us to prevent catastrophe
3 By exploring business history, we can find the model for reforming our economic system
4 Historical events provide parallels and examples of successes and mistakes we can learn from

(10) Which one of the following statements is consistent with the author's view about responsibility in business? The answer is: [(10)].
1 The debate about ethical business practices started with the rise of capitalism
2 To be socially responsible, business leaders need to hide their shortcomings
3 Future businesses should benefit a wider range of stakeholders than they do now
4 Businesses should support the poor by actively engaging in charitable initiatives

Ⅱ 次の英文を読み、(11) ～ (19) の設問について最も適切なものを選択肢1～4から選び、その番号を解答用紙A（マークシート）の解答欄 (11) ～ (19) にマークしなさい。

A lot of confusion about the concept of a Universal Basic Income (UBI) results from people talking about it as though it were a single, precisely defined social benefit policy. It's more helpful to think of the UBI as a family of proposals. All versions have three key elements. Beyond these elements, however, the differences between proposals can be enormous, so much so that asking whether someone supports "a UBI" is almost meaningless. The real question is: what kind of UBI — if any — do you support?

The first thing all UBI proposals have in common is that they involve unrestricted cash payments. Most other government programs provide free or discounted access to various types of goods and services rather than money itself. Those government programs that do provide cash often restrict where it can be spent. A UBI, in contrast, gives people cash that they can use in any way they see fit. Second, the cash payments that a UBI provides are unconditional. This means that eligibility — whether people qualify to receive the payment or not — is not dependent on whether they're working or not, whether they're trying to find work, or why they can't work. This is one of the most distinctive features of a UBI compared with other social welfare policies. Finally, a UBI is often said to be "universal" in the sense that everybody gets it, rich and poor alike. In fact, this is often taken to be the central defining feature of a UBI. After all, the "U" in "UBI" stands for "Universal."

The third element, universality, turns out to be somewhat tricky. No UBI proposal that we have seen actually recommends making payments to everyone. For instance, non-citizens or children are often excluded. And while most supporters of a UBI say that eligibility for the grant is not dependent on income or wealth, nobody really means this. Here's $_{(14)}$<u>why</u>. A UBI that gave money to everybody would either be so expensive as to be unmanageable, or pay such small amounts as to be practically useless to the people who need it most.

In order to provide a reasonably sized grant to those who are most in need of it, you have to limit benefits to only include individuals or households under a certain income threshold or cut-off line. Some proposals do this on the front-end, only giving money to people whose income (11) a certain threshold. But if you don't limit benefits on the front end, you need to $_{(15)}$<u>do it on the back end</u>. In other words, you give everybody money, but then you tax some or all of the benefit back from people whose income exceeds a certain level. Such a program is still universal in a sense. But also, sort of, not really.

Beyond these three very broad features, there is a lot of (12) among UBI proposals. And as they say, "the Devil is in the details." Whether a UBI would be a good idea or not probably depends a lot more on how these details are fleshed out than on the broad characteristics that all UBIs share.

One important question is how large the UBI will be. For example, a UBI of 500 US dollars per month is a pretty common proposal. But there have been proposals for much larger UBIs as well as for much smaller ones. How large a UBI ought to be will depend, in part, on what you think a UBI is for. Is the purpose of a UBI to (13) the income of people working in low-wage jobs? Is it to provide a steady stream of income for the temporarily unemployed? Or is it to provide a permanent income, a way for people to meet their basic needs without ever having to work again in their life? A relatively modest UBI might be sufficient to accomplish the first two goals. But the third would require a significantly more generous grant.

A closely related issue involves how we would go about paying for a UBI. Giving $500 per month to every (16)one of the 330 million or so people currently living in the United States would cost $165 billion per year — a significant amount of money. Should we pay for it by taxing personal income? Taxing corporations? Cutting other programs? Obviously, the larger the UBI, the more pressing and difficult this question becomes.

Let's return to the question of eligibility. Most proposals view the UBI as an individual entitlement. That is, they imagine the UBI being paid to individuals, and not to families or households. But should it be given to children or only to adults? Should it be given to anybody living in the country, or only citizens or permanent residents? Should murderers receive it? Should there be income restrictions? We'll have to explore these questions. For now, though, we can understand the UBI as a family of loosely related policies that involve direct, unconditional, and sort-of universal cash payments.

[Adapted from a book by Matt Zwolinski and Miranda Perry Fleischer]

(i) In the context of this passage, choose the most suitable expression to fill in each blank.

(11) The answer is: (11) .

1 eliminates 2 falls below 3 lowers 4 pushes up

(12) The answer is: (12) .

1 disruption 2 equality 3 quarrel 4 variation

(13) The answer is: (13) .

1 invest 2 receive 3 redistribute 4 supplement

(ii) In the context of this passage, choose the best answer for each question.

(14) Which one of the following could best replace the word (14)why? The answer is: (14) .

1 why a UBI must consist of unrestricted cash payments
2 why a UBI can distribute money to so many people
3 why a UBI must be offered to citizens and non-citizens alike
4 why a UBI should not be paid to the rich and the poor alike

(15) What do the authors mean by the phrase (15)do it on the back end? The answer is: (15) .

1 make payments only to low-income people
2 impose a tax on people with higher incomes
3 enable wealthy people to receive tax returns
4 restrict benefits to those who pay income tax

(16) What does the word (16)one stand for? The answer is: (16) .

1 dollar 2 million 3 month 4 person

出典追記：Universal Basic Income by Matt Zwolinski and Miranda Perry Fleischer, Oxford University Press

(17) Which one of the following best describes the central issue the authors address in this passage? The answer is: (17) .

1 People tend to think that UBI proposals are all the same when in reality they differ in many ways

2 People like to say that a UBI should be offered with certain restrictions but that would be unfair

3 People often think that a UBI is an individual entitlement when in fact it is offered to families

4 People believe that a UBI gives money to all citizens, though wealthy people are actually not eligible

(18) In all UBIs, people receive (18) .

1 money sufficient to cover living expenses

2 goods and services that suit their needs

3 cash rather than tickets or discount coupons

4 the same amount of money regardless of age

(19) Which one of the following titles best represents the content of the passage? The answer is: (19) .

1 The UBI Project: Philosophical Assumptions

2 The UBI Project in the Context of American Political History

3 Why National UBI Proposals Will Solve Economic Inequality

4 Understanding UBI Proposals: Common Features and Differences

Ⅲ　次の英文を読み、(20) ～ (29) の設問について最も適切なものを選択肢 1 ～ 4 から選び、その番号を解答用紙 A（マークシート）の解答欄 (20) ～ (29) にマークしなさい。

Most advances are incremental, with each generation of developments gradually building on those of its predecessors. Despite their slower pace, however, over time they can have profound consequences. The falling cost of air travel and transport, for instance, has not just opened up long-distance travel to a wider range of people globally, but it has also made possible complex supply chains, where parts for goods are flown around the world from different locations before final assembly.

Revolutionary advance, meanwhile, comes either from sudden scientific breakthroughs, or from the combination and refinement of several existing technologies to create a product or service that quickly sweeps across the world. The development of antibiotics is a good example of the first; the smartphone of the second. One transformed medical treatments, with a massive impact on human health; the other transformed the way people engage in global communication, with a massive impact on human behavior.

Revolutionary advance creates a problem for anyone trying to predict the direction and application of technology. We can make (20) judgments about how incremental advance will affect us, and, while these may turn out to be right or wrong, at least they will be based on what we can already observe as possible or seems likely to happen. We are dealing, so to speak, with "known unknowns." Revolutionary advance is a case of "unknown unknowns" — things that are extraordinarily hard to predict.

The classic example of that has been the impact of the iPhone. Steve Jobs, presenting the iPhone in 2007, famously said: "Every once in a while, a revolutionary product comes along that changes everything." He was right, of course. It did. But even he could not have imagined the scale of the revolution. How could he? He presented it as an iPod on which you could make telephone calls and connect to the internet, not as an entry point to location-based services such as Uber, because Uber did not exist. (21) could Uber have existed until a collection of technologies including online maps became available. And Jobs certainly did not imagine the cultural impact of "selfies" — early iPhones were not made so that users could easily take photos of themselves.

Predicting revolutionary changes is difficult even for a visionary like Jobs, but fortunately, we have two anchors. One is that the laws of physics don't change. We can still improve products and services within the scope of those laws. We do things cheaper, better, and faster, and these improvements raise our living standards. However, there are limits, and, as we approach these, innovation slows down. It takes roughly the same time now to fly across the Atlantic from London to New York as it did in 1960. New and unpredictable advances will occur in areas where we have not yet explored the limits of physics. Biotechnology and artificial intelligence are two obvious areas to look for them. But we cannot predict what we will find there.

The other anchor is that while the aspirations and desires of human beings may (22) gradually over time, our core hopes and fears remain pretty stable. The big things we want from technology do not change much. They include peace, community, families, health, and entertainment. Technologies that help us towards those goals will stay with us. One such example is social media. Families and friends are important; a WhatsApp group helps keep families and friends together by allowing them to dip in and out of conversation with each other. The usefulness of any technology is not just about its impact on economic efficiency. It is about something much deeper: whether it helps us fulfill our basic human needs.

Combine physics and human desires and we have a framework for thinking about how technology will advance over the next generation. There are (28) <u>two tests</u>. First, can something be done, and done at a price society can afford? And, second, do people need and want it to be done? The answer must be yes to both for technological advances to change the way we live.

There is a further twist. What we want technology to do changes over the years. For much of our history, we have needed it first and foremost to take care of our essential needs. So we gradually developed better methods of farming, crops that produced higher yields, and clever ways of storing and conserving food products. We also found ways to heat our homes efficiently and safely. More recently, since the Industrial Revolution, we have used technology to make huge improvements in living standards, [(23)] an increasing proportion of the world's population out of basic self-sufficiency towards more secure and comfortable lifestyles.

Those earlier objectives hold true today, for there are still too many hungry people in the world. But, looking forward, the focus is changing again. We now need technological advance to do something more. It has to reduce the damage humankind has inflicted on the planet. That will be one of the great themes for the next few decades.

[Adapted from a book by Hamish McRae]

(i) In the context of this passage, choose the most suitable expression to fill in each blank.

(20) The answer is: [(20)].
1 baseless 2 correct 3 mistaken 4 reasoned

(21) The answer is: [(21)].
1 Either 2 Even 3 Lest 4 Nor

(22) The answer is: [(22)].
1 destroy 2 maintain 3 shift 4 substitute

(23) The answer is: [(23)].
1 earning 2 lifting 3 making 4 supplying

(ii) In the context of this passage, choose the best answer for each question.

(24) Which one of the following is true of cases of incremental advance? The answer is: [(24)].
1 They develop slowly, but their eventual impact can be tremendous
2 As they develop step by step, their long-term effects are tough to foresee
3 They tend to slow down the process of bringing about revolutionary advance
4 We used to see them much more often, but they have become very rare

(25) The author believes Steve Jobs could not have imagined how much impact the iPhone would have because [(25)].
1 he underestimated the influence of "known unknowns" on the iPhone
2 he was an engineer rather than a consumer trend specialist

出典追記：The World in 2050 by Hamish McRae, Bloomsbury Publishing

2024年度 一般選抜 英語

3 predicting every aspect of technological revolution is impossible
4 outsiders are better positioned to predict future change objectively

(26) In which one of the following scenarios does the author believe innovation is most likely to slow down? The answer is: [(26)].
1 Our quality of life improves enough for everyone to be self-sufficient
2 Scientists make a revolutionary discovery about the laws of physics
3 We achieve a great deal of progress, leaving little room for new advances
4 We explore new areas such as biotechnology and artificial intelligence

(27) According to the author, we will still find social media platforms useful in the future because [(27)].
1 they enable new innovation in the same way that the iPhone did
2 they satisfy our innate desire to keep up bonds with family and friends
3 they provide people with information for improving their standard of living
4 their economic effects are both large and not bound by the laws of physics

(28) In the (28)two tests, the author considers all the following factors **EXCEPT**: [(28)].
1 people's needs and wants
2 the personal integrity of the developers
3 how much research and development will cost
4 whether the development plan is achievable

(29) Which one of the following best captures the kind of technological advance the author expects to see in the coming decades? The answer is: [(29)].
1 Revolutionary advance will damage our lives and the planet's future
2 Biotechnology and artificial intelligence will save humans and the planet alike
3 We will try to develop technology to benefit the entire planet, not only humans
4 We will pursue only revolutionary advance and thus stop environmental pollution

Ⅳ　次の英文（30）～（36）の空所に入る最も適切なものを選択肢1～4から選び、その番号を解答用紙A（マークシート）の解答欄 (30) ～ (36) にマークしなさい。

(30) The two parties are still in the midst of negotiations. At the moment, there is ______ probability of an agreement being reached any time soon.

1 considerable　2 little　3 scarcely　4 seldom

(31) The policy statement ______ the public health reports written earlier by an independent researcher and summarized her findings.

1 drew on　2 drew up　3 was drawn on by　4 was drawn up by

(32) The sculptor sees a close affinity between her finished works of art and the material she manipulates to create ______.

1 it　2 ones　3 the one　4 them

(33) The family was displaced to ______ district around 100 kilometers away when conflict intensified in the northern province of Afghanistan.

1 alternative　2 another　3 different　4 other

(34) "Children seem to sense if you're afraid of them and act up accordingly," a nineteenth-century poet noted. If he ______ today, he might well have mentioned that computers do just the same.

1 had been writing　2 has written
3 is writing　4 writes

(35) The safety performance results will be released once ______.

1 confirm　2 confirmation　3 confirmed　4 confirming

(36) The World Cup win in 2001 ______ the general mood in the country for several weeks back then, but it didn't have any noteworthy impact on the economy.

1 may have improved　2 may improve
3 might be improving　4 might improve

V 次の英文（37）～（42）の空所に入る最も適切なものを選択肢1～4から選び、その番号を解答用紙A（マークシート）の解答欄 (37) ～ (42) にマークしなさい。

Government plans to introduce bilingual road signs in English and the te reo Maori language in New Zealand — or Aotearoa (37) known to the Maori — have sparked a divisive debate. By including te reo Maori on road signs, New Zealand's government hopes to foster a sense of unity with the native Maori community as part of its efforts to address hardships Maori people suffered in the wake of British colonialism. But some political groups have attacked the government's plans.

The Maori community makes up almost a (38) of New Zealand's population of 5.15 million. Slightly less than a quarter of Maori people speak te reo Maori as one of their first languages. Opponents use this as an argument against the bilingual signs, stating that 95% of New Zealanders speak English according to the most recent (39). Supporters use the same data as an argument in favor. For their part, the Maori community and the New Zealand government see bilingual signs as one way of (40) te reo Maori and encouraging its use.

An extra language will result in less space for the English words, opponents say, and smaller letters will be harder for motorists to read. While the government acknowledges that some people are worried about "safety issues" related to the plans, it points to the example of Wales in the United Kingdom, where signs featuring both Welsh and English have improved safety by including speakers of the two most (41) local languages.

Kasem Coocharukul, an engineering scholar who specializes in traffic behavior, says there is no (42) that bilingual road signs in themselves negatively impact a driver's comprehension. Rather, it is the design and placement of road signs that matters when it comes to traffic safety, he says.

[Adapted from an article by Chris Lau]

(37)	1 as it is	2 so much as	3 such as	4 such may be
(38)	1 fifth	2 first	3 loss	4 rate
(39)	1 census	2 languages	3 population	4 voters
(40)	1 preparing	2 preserving	3 preventing	4 promising
(41)	1 common	2 extinct	3 fluent	4 responsible
(42)	1 doubt	2 evidence	3 opinion	4 question

Ⅵ　次の英文（43）～（46）を読み、それぞれの設問について最も適切なものを選択肢1～4から選び、その番号を解答用紙A（マークシート）の解答欄 （43） ～ （46） にマークしなさい。

(43)　"Hypothesis-based thinking" was one of the first things I learned as an analyst at McKinsey & Company. Employing the scientific method, this process allows research teams to work through problems quickly and efficiently. It involves working out an early answer to a problem and then digging into the data to seek to improve and refine it. Central to this approach, however, is holding your hypothesis loosely. If you are too attached to your initial answer, you may refuse to let it go, no matter where the data lead. But if you treat your own answer as a straw man, holding your assumptions loosely, you'll be ready to totally abandon it if the situation demands it.

[Adapted from an article by John Coleman]

Which one of the following best matches the author's description of "hypothesis-based thinking?" The answer is: （43） .

1　You build hypotheses in teams but test them individually
2　You selectively ask questions to prove that your hypothesis is true
3　You regard your hypothesis as tentative and are willing to discard it
4　You adopt one hypothesis and modify the data to match it

(44)　Mark Rank thinks of American poverty as a game of musical chairs. "Social scientists like myself have focused so long on who loses out in the game, but the real issue is why the game produces losers in the first place and how this situation can be addressed," he observes. "Imagine a game of musical chairs with ten players and eight chairs. When the music stops and players attempt to sit in one of the chairs, those who aren't as quick or are in a bad position lose out. Regardless of who the players are, two of them will end up losers. That's a powerful analogy to use, and it does capture what's happening in the United States."

[Adapted from an article by David Smith]

In Rank's musical chairs analogy, social scientists should try to figure out how to （44） .

1　position the players more fairly
2　increase the number of chairs
3　offer financial help to the losers
4　spot players who are likely to lose

(45)　When the European Union (EU) was awarded the Nobel Peace Prize in 2012, European Commission president José Manuel Barroso said that European integration has shown "that it is possible for peoples and nations to come together across borders" and "that it is possible to overcome the differences between 'them' and 'us.'" Generalizing about "peoples and nations" in the way Barroso and others do mistakes Europe for the world. European integration since the end of the Second World War has brought peoples and nations together, but only within Europe. Internal barriers to the free movement of capital, goods, and people have been progressively removed, but external barriers have persisted, especially those restricting the movement of people.

[Adapted from an article by Hans Kundnani]

Which one of the following statements best captures the main argument of the passage? The answer is: (45) .

1 Peoples and nations come together more readily after a war ends
2 Generalizations often lead to stereotypes and discrimination
3 Success stories of European integration tend to lack a global perspective
4 Integration has proven to be a very inappropriate policy goal for the EU

(46) An old favorite question on physics exams asks how to determine the height of a tall building by using a barometer. The expected answer involves air pressure varying with height but I admire those who think (46)<u>laterally</u>, such as the student who suggested attaching the barometer to some string, hanging it off the top of the building, and measuring the length of the string plus the length of the barometer. A second student suggested finding the architect and saying, "If you tell me how tall the building is, I'll give you this nice barometer."

[Adapted from an article in *The Times*]

The students who tackled the physics question (46)<u>laterally</u> show that a barometer (46) .

1 can do more than just measure air pressure
2 yields wide-ranging measurement results
3 is useless for measuring the height of buildings
4 should not be used to measure air pressure

出典追記：
(43) Critical Thinking Is About Asking Better Questions, Harvard Business Review on April 22, 2022 by John Coleman
(44) Copyright Guardian News & Media Ltd
(46) Who does one think one is?, The Times on July 31, 2021 by Patrick Kidd

ここからは解答用紙Bを使用しなさい。

Ⅶ　次の英文を読み、空所（ a ）～（ f ）に入る、文脈の上で最も適した動詞を下記の語群から選び、**必要に応じて語形を変えて**解答欄に記入しなさい。ただし各解答欄に記入する語は一語のみとし、同じ動詞を二回以上選んではいけない。**同じ動詞を二回以上選んだ場合、正解が含まれていてもその正解は得点にならない。**

add	continue	drive	face	rise	underfeed

The number of people going hungry in the world has (a) by 122 million to 735 million since 2019 because of the Covid-19 pandemic and the war in Ukraine. If current trends (b) for longer, about 600 million people will be chronically (c) and starved for the foreseeable future — about 119 million more than if neither of these events had happened. After experiencing a sharp increase from 2019 to 2020, the number of needy people (d) hunger globally has stabilized. However, recovery from the pandemic has been uneven, and the war in Ukraine has been (e) fuel to the ongoing food crisis. This is the "new normal" where climate change, conflict, and economic instability are (f) those on the margins even farther from safety.

[Adapted from an article by Sarah Johnson]

Ⅷ　次の英文を読み、空所（ a ）～（ e ）に入る、文脈の上で最も適した名詞を解答欄に記入しなさい。下記の動詞群の**最も適切な名詞形のみ**を使用すること。ただし～ing形は使用してはいけない。また、同じ動詞を二回以上選んではいけない。**同じ動詞を二回以上選んだ場合、正解が含まれていてもその正解は得点にならない。**

例：　allow → allowance

attack	confide	detect	grow	select

Artificial Intelligence (AI) is transforming industries. Financial institutions are using AI as they conduct statistical analysis, fraud (a), and risk management. Manufacturers are relying on a wide (b) of AI programs to optimize their production processes. The trouble is, an advanced AI can pose a risk to human society, as it could be used to develop an autonomous weapon or to begin a cyber (c). Recently, governments around the world are calling for AI regulations. The goal of regulations is not to slow down the (d) the AI sector enjoys today, but to provide a framework that promotes responsible and ethical AI development and use. The Global Partnership on Artificial Intelligence, launched in 2020, underlines a need for developing AI in accordance with human rights and democratic values to ensure that the public's (e) in the technology is full.

[Adapted from an article by Padma Ravichander]

日本史

（60分）

（解答上の注意）　解答が2桁の数字の場合には，以下のようにマークすること。

例えば，空欄 ⒆ ⒇ の解答が36の場合，解答欄 ⒆ の③にマークし，解答欄 ⒇ の⑥にマークする。

I．　次の文章を読み，下記の設問に答えなさい。

しばしば文化は，一つの地域や集団で完結せず，別の地域や集団に伝播・拡大し，異なる担い手に委ねられることによって変化・発展する。基本的に採取・狩猟・漁労による生活が営まれていた縄文時代にも，(ア)出土品の原材料などの産地の分布状況から，相当広範囲の地域間で交易が行われていたと推測される。

894年の遣唐使停止後，正式な国交が途絶えていた中でも，日本には中国の新しい文化が伝来し様々な影響を与えていた。書道の分野では，尊円入道親王が平安時代以来の和様に宋の書法を取り入れた（　a　）を創始したが，これが江戸時代に御家流に発展することになる。

南北朝を統一した足利義満は，（1）（2）を正使，（3）（4）商人の肥富を副使として派遣し明との国交を開いた。この時代に南宋の制度を参考にした五山十刹の制もほぼ固まった。義満は（5）（6）を(イ)官寺の住侍の任免などを行う役職の初代として任命した。五山の僧侶の活動は仏教の枠を超えていた。（7）（8）は，義満のもとで外交文書の作成や交渉を行っただけでなく，漢詩漢文の名手としても活躍した。さらに五山では，南宋に盛んになった儒教の一派である朱子学も研究された。

五山出身の僧侶は，文化の地方普及にも大きな役割を果たした。京都五山の第二位の（9）（10）で学んだ雪舟は，明から帰国した後，山口の雲谷庵を拠点として各地を巡り水墨画の巨匠となった。（11）（12）は山口で活動した後，九州に渡り朱子学を講じ，薩南学派の開祖となった。関東管領の（13）（14）は，鎌倉五山の第二位である（15）（16）の僧の快元を庠主に迎えて足利学校を再興した。戦国時代には，学生たちはここで学んだ知識を生かして，各地の戦国大名に仕えるようにもなった。

室町時代から戦国時代にかけては，貴族文化もまた多様な階層に広まった。紀貫之等によって編纂された勅撰和歌集の秘事口伝を（　b　）と言う。その始祖とされる武将の東常縁は，これを宗祇に伝え，宗祇は公卿の（17）（18）に伝えた。

室町時代には，日常用語をいろは順に並べた国語辞書の『（　c　）』が刊行された。地方の有力大名のもとで公家や僧侶が仏典や漢籍を出版したものに，大内版がある。戦国時代には，朝鮮侵略やイエズス会宣教師によるキリシタン版の出版を通じて，(ウ)活字印刷術も伝来したが，江戸時代にはそれほど普及しなかった。日本における活版印刷の本格的な普及は，明治時代において（　d　）が鉛製活字の量産技術を本格的に導入するのを待たねばならなかった。

江戸時代に入ると，もと五山の僧であった藤原惺窩は，捕虜として朝鮮から連行された官人で朱子学者の［(19)｜(20)］と学問的交流を行った。惺窩に推薦された林羅山は（　e　）という法号を名乗り，徳川家康に仕え，徳川家綱までの四代の将軍の侍講として政治に深く関わった。羅山は，［(21)｜(22)］という家塾を開き朱子学を講じた。山崎闇斎は，土佐の［(23)｜(24)］から朱子学を学ぶ一方で，［(25)｜(26)］から神道を学び垂加神道を創始した。これに対して中江藤樹は，知行合一を重んじる陽明学を講じ，その弟子の［(27)｜(28)］は幕政を批判したとして幽閉された。山鹿素行は，朱子学を批判した『［(29)｜(30)］』を著して［(31)｜(32)］に配流された。18世紀には，京都の町人の石田梅岩が儒教と仏教，神道の教えを融合させ，商人の生活倫理となる［(33)｜(34)］を唱え，その学問は手島堵庵や，人足寄場で講学を行った［(35)｜(36)］に継承された。

江戸時代には文芸や娯楽も発展した。松尾芭蕉によって芸術的に高められた俳諧は，全国に多くの愛好者が出た。著名な作者に，［(37)｜(38)］とともに『十便十宜図』を合作した画家としても知られる与謝蕪村や，信濃出身の小林一茶などがいる。湯治，物見遊山，巡礼なども盛んに行われ，庶民も旅行を楽しみ地方の風俗に触れる機会も増えた。その中で，東北を旅行した菅江真澄の紀行日記や，越後の商人の［(39)｜(40)］が雪国の自然や風俗を伝えようと刊行した『北越雪譜』など，地方の民俗や実情を記録した著述も著された。

問１　文中の空欄［(1)｜(2)］～［(39)｜(40)］に当てはまる最も適切な語句を下記の語群より選び，その番号を解答用紙Ａ（マークシート）の所定の解答欄にマークしなさい。

《語群》

11 赤穂	12 安藤昌益	13 池大雅	14 一条兼良	15 一山一寧
16 上杉重房	17 上杉憲実	18 上杉憲政	19 円覚寺	20 近江
21 大原幽学	22 岡山	23 尾張	24 香川景樹	25 鹿児島
26 京学	27 姜沆	28 熊沢蕃山	29 熊本	30 桂庵玄樹
31 建長寺	32 建仁寺	33 弘道館	34 弘文院	35 弘文館
36 古賀精里	37 三条西実隆	38 寿福寺	39 春屋妙葩	40 彰考館
41 相国寺	42 心学	43 瑞渓周鳳	44 鈴木牧之	45 性学
46 聖教要録	47 絶海中津	48 祖阿	49 大学或問	50 谷時中
51 谷文晁	52 田能村竹田	53 中朝事実	54 天龍寺	55 道慈
56 東福寺	57 富永仲基	58 長崎	59 中沢道二	60 二条良基
61 能阿弥	62 博多	63 林子平	64 万里集九	65 南村梅軒
66 夢窓疎石	67 山片蟠桃	68 吉川惟足	69 吉田兼倶	70 蘭渓道隆
71 李舜臣	72 李退渓	73 論語古義	74 度会家行	

問２　文中の空欄（　a　）～（　e　）に入る最も適切な語句を解答用紙Ｂの所定の解答欄に漢字で書きなさい。

問3　以下の設問の解答を解答用紙Bの所定の解答欄に書きなさい。

(1)　下線部（ア）について，現在の秋田県で産出され各地に交易されたと考えられる，骨角器や土器の接着や補修のために使用されたものは何か。その名称を書きなさい。

(2)　下線部（イ）について，この役職名を漢字で書きなさい。

(3)　下線部（ウ）について，この技術のために用いる機械を日本に輸入するのに尽力したイエズス会の巡察使は誰か。その人物名を書きなさい。

Ⅱ．次の文章を読み，下記の設問に答えなさい。

政治の安定と経済の発展を背景に，17世紀末から18世紀の初め，上方を中心に華やかな町人文化が生まれた。幕藩体制の安定とともに儒学が重要視され，その合理的・実用的考え方は他の学問にも影響して，実用的な学問が広く発展した。暦学では渋川春海が，平安時代以来使用されてきた［(41)｜(42)］暦にかわるものとして，元の［(43)｜(44)］暦をもとに，［(45)｜(46)］暦を作った。この功績により，幕府は天文方を設け，渋川をこれに任じた。和算は，江戸時代前期に吉田光由が『(　a　)』を著して，民間に広まった。幕府や諸藩の治山・治水事業や都市整備の必要から，この時期に和算はさらに発達した。［(47)｜(48)］は『発微算法』を著し，筆算による代数計算の基礎を確立した。本草学では貝原益軒が『大和本草』を著し，日本の本草学の基礎を築いた。稲生若水は『(　b　)』を編集した。

18世紀になると，学問・思想の分野において，幕藩体制の動揺という現実を直視して，これを批判し，古い体制から脱しようとする動きが生まれた。8代将軍吉宗が漢訳洋書の輸入制限を緩めて実学を奨励し，青木昆陽や野呂元丈にオランダ語を学ばせたことから，洋学はまず蘭学として盛んになった。日本最初の解剖図録としては山脇東洋が1759年に刊行した『(　c　)』がある。これは臨床実験を重視する漢代の医術に戻ろうとする古医方の流れをくむ成果であった。それに対して前野良沢や杉田玄白らは1774年に西洋医学の解剖書を翻訳した『解体新書』を出版し，西洋の学術研究のさきがけとなった。［(49)｜(50)］はオランダ内科書の翻訳『西説内科撰要』を刊行した。大槻玄沢が江戸に私塾の［(51)｜(52)］を開き，玄沢の弟子である［(53)｜(54)］は最初の蘭日対訳辞書である『ハルマ和解』を訳出した。元オランダ通詞の志筑忠雄は『［(55)｜(56)］』を著し，ニュートンの万有引力説やコペルニクスの地動説を紹介した。幕府天文方である［(57)｜(58)］は西洋天文学を研究し，間重富と寛政暦を完成させた。幕府は蛮書和解御用を設け，蘭学者を登用して，蘭書の翻訳にあたらせた。その一方で，蘭学を通じて世界情勢についての認識を深めた蘭学者たちが幕府政治を批判することを恐れた幕府は，1828年のシーボルト事件や1839年の蛮社の獄といった蘭学者の弾圧をおこなった。シーボルト事件では幕府天文方の［(59)｜(60)］らが処罰され，蛮社の獄ではシーボルトに医学を学んだ［(61)｜(62)］らが処罰された。結果として，西洋文明の移入は医学，兵学，地理学など，幕府を批判する思想や政治運動に結びつかない実学としての性格を強めていった。

ペリー来航の前後から，幕府や諸藩は欧米諸国の技術を受け入れて近代化を図ろうとした。高島秋帆はオランダ人に砲術を学び，高島流砲術を確立した。高島に砲術を学んだ代官の［(63)｜(64)］は，幕府の命で伊豆韮山に反射炉を築いた。その［(63)｜(64)］に砲術を学んだ佐久間象山は開国論・(ア)公武合体論を主張し，「東洋道徳，西洋芸術（技術）」をとなえて，積極的に西洋の科学技術を採用する必要を説いた。幕府や諸藩の洋式工業は明治維新後に官営工業の模範となった。1855年には長崎に海軍伝習所が設けられた。オランダ人医師の［(65)｜(66)］が海軍伝習所医官に就任し，系統的な西洋医学の導入に尽力した。1856年に幕府は洋学所を改称して［(67)｜(68)］とした。そこではオランダ語のほか，英語やフランス語の書物の翻訳や，軍事技術，人文科学などの諸学が教授された。同じ年に設立された［(69)｜(70)］では直参とその子弟に西洋砲術を含む武芸が教えられた。1860年には［(71)｜(72)］が幕府直轄になり，のちに西洋医学の教育と研究をおこなう医学所に改称された。

明治になると，富国強兵・殖産興業政策を推進するために，多くの外国人教師が欧米から招かれ，欧米の近代的科学技術の導入がおこなわれた。その中にはアメリカ人動物学者で大森貝塚を発見した［(73)｜(74)］，ドイツ人地質学者で全国地質図を作成しフォッサ＝マグナを指摘した［(75)｜(76)］，ドイツ人内科医のベルツらがいる。やがて，彼らに教えを受けた日本人は独自に優れた研究を生み出すようになった。日本の物理学の基礎を築き，地磁気の測定，メートル法やローマ字の普及などに尽力した（　d　），土星型原子模型の理論を発表して原子構造の研究に寄与した長岡半太郎，細菌学者で破傷風菌の研究をおこなった(イ)北里柴三郎など，多くの科学者が生まれ，科学技術の発展の礎となった。

問1　文中の空欄［(41)｜(42)］～［(75)｜(76)］に当てはまる最も適切な語句を下記の語群より選び，その番号を解答用紙A（マークシート）の所定の解答欄にマークしなさい。

《語群》

11　会沢安	12　新井白石	13　生田万	14　稲村三伯	15　宇田川玄随
16　宇田川榕庵	17　江川太郎左衛門		18　緒方洪庵	19　阿蘭陀本草和解
20　海軍操練所	21　開成所	22　懐徳堂	23　解剖図譜	24　勝海舟
25　咸宜園	26　享保	27　工藤平助	28　グナイスト	29　グラバー
30　講武所	31　古義堂	32　コンドル	33　酒井抱一	34　佐藤信淵
35　授時	36　種痘所	37　貞享	38　芝蘭堂	39　史料編纂掛
40　西域物語	41　舎密開宗	42　関孝和	43　宣明	44　高野長英
45　高橋景保	46　高橋至時	47　天保	48　天明	49　ナウマン
50　中井甃庵	51　中井竹山	52　西川如見	53　橋本左内	54　蕃書調所
55　平賀源内	56　藤田東湖	57　藤田幽谷	58　フルベッキ	59　文政
60　ヘボン	61　本多利明	62　ポンペ	63　村田清風	64　明倫館
65　モース	66　洋書調所	67　吉田松陰	68　蘭学階梯	69　蘭学事始
70　暦象新書	71　渡辺崋山			

問2　文中の（　a　）～（　d　）に入る最も適切な語句を解答用紙Bの所定の解答欄に漢字で書きなさい。

2024年度　一般選抜　日本史

問3　以下の設問の解答を解答用紙Bの所定の解答欄に漢字で書きなさい。

（1）　下線部（ア）について，老中首座としてこれを推進し，和宮の降嫁を実現した人物は誰か。その人物名を書きなさい。

（2）　下線部（イ）の人物が1892年に設立した研究所は何か。その研究所名を書きなさい。

Ⅲ．次の文章を読み，下記の設問に答えなさい。

戦争指導の最高機関だった(ア)大本営を東京から長野に移転する計画は，1944年になってすすめられた。アメリカの第33代大統領だった［(77)｜(78)］は1945年，日本への原子力爆弾投下を命じた。同年，日本は結局［(79)｜(80)］を受諾して無条件降伏することになった。日本では，1955年に制定された［(81)｜(82)］によって，平和利用に限定した原子力の研究・開発がすすめられた。また同年，日本民主党と自由党により自由民主党（自民党）が結党された一方，分裂していた日本社会党（社会党）が統一された。そして，(イ)与党・自民党と野党・社会党を中心とした政治が続くことになった。

［(83)｜(84)］年には，A級戦犯だった岸信介が首相となった。1960年には，［(85)｜(86)］で(ウ)日米相互協力及び安全保障条約（日米新安全保障条約）が締結された。「所得倍増」という表現を用いて経済成長を追求した［(87)｜(88)］内閣は，岸信介内閣の総辞職後に登場した。戦後日本は，経済学者の［(89)｜(90)］が提唱した(エ)傾斜生産方式などにより経済的な成功を実現した。

［(91)｜(92)］は，新幹線や高速道路などによって地方の経済発展の実現・持続を図ろうとした新潟県出身の政治家で，「庶民宰相」や「コンピューターつきブルドーザー」などとよばれることもあった。1972年，首相として訪中し［(93)｜(94)］を発表した結果，(オ)日中国交正常化が実現した。しかし1976年，［(91)｜(92)］は航空機売込みにかんする［(95)｜(96)］によって逮捕・起訴された。［(97)｜(98)］年に成立した中曽根康弘内閣は，電電・専売・［(99)｜(100)］の民営化をすすめた。中曽根首相は，国家による過度の介入をさけ，民間の活力を引き出そうとする（　a　）政府の実現をめざした。

1989年，中国では民主化を求める学生たちを当局が武力排除するという［(101)｜(102)］が生じた。他方，日本では元号が昭和から平成へと改められた頃から，金権政治の実態が明るみに出た。この頃，見返りを期待して企業の未公開株が政財界に譲渡されるという［(103)｜(104)］が生じた。［(101)｜(102)］と同年，［(105)｜(106)］内閣は［(103)｜(104)］の疑惑のなかで退陣を余儀なくされた。さらに同年，日米間の経済摩擦にいら立つアメリカは，［(107)｜(108)］をつうじて日本市場の開放を求めてきた。1993年，自民党は長期保守政権の下での金権政治の体質を批判され，ついに与党の座から転落した。非自民8党派連立内閣である細川護熙内閣は1994年，新しい選挙制度である［(109)｜(110)］を導入した。

平成の日本は2011年，［(111)｜(112)］において未曽有の原子力発電所事故（原発事故）を経験した。この原発事故を機に，日本のエネルギーを［(113)｜(114)］へ移行していくことが一つの争点となった。かつて原子力委員会の委員をつとめ，平和運動に関与してもいた日本人初のノーベル物理学賞受賞者の［(115)｜(116)］は，国内での基礎研究を軽視した原子力の性急な輸入・導入には批判的で，慎重な姿勢をとった。令和の日本では「原発回帰」の動きがみられるが，原発事故という失敗を二度とくり返さないためにも，［(115)｜(116)］の慎重な姿勢をおもいおこす必要がある。われわれは，今こそ，歴史から学ばなければならない。

問１　文中の空欄［(77)｜(78)］～［(115)｜(116)］に当てはまる最も適切な語句を下記の語群より選び、その番号を解答用紙Ａ（マークシート）の所定の解答欄にマークしなさい。

《語群》

11 1955	12 1956	13 1957	14 1958	15 1980
16 1981	17 1982	18 1983	19 アイゼンハワー	20 有沢広巳
21 池田勇人	22 石橋湛山	23 大阪事件	24 大平正芳	25 女川原子力発電所
26 海部俊樹	27 核兵器拡散防止条約		28 柏崎刈羽原子力発電所	
29 ガス	30 菅直人	31 原子力基本法	32 原水爆禁止運動	33 江華島事件
34 国鉄	35 五大改革指令	36 小林一三	37 再生可能エネルギー	38 済南事件
39 財閥	40 サンフランシスコ		41 シーメンス事件	42 小選挙区制
43 小選挙区比例代表並立制		44 昭和電工事件	45 人権指令	46 西安事件
47 石炭	48 石油	49 高橋是清	50 竹下登	51 田中角栄
52 田中義一	53 田中正造	54 地下鉄サリン事件		55 地方自治制
56 チャーチル	57 中選挙区制	58 天安門事件	59 東禅寺事件	60 朝永振一郎
61 トルーマン	62 西田幾多郎	63 日銀	64 日米行政協定	65 日米共同声明
66 日米構造協議	67 日米和親条約	68 日中関税協定	69 日中共同声明	70 日中軍事停戦協定
71 日中平和友好条約		72 ニューヨーク	73 ノルマントン号事件	74 野呂栄太郎
75 浜岡原子力発電所		76 福島第一原子力発電所		77 福田赳夫
78 福田徳三	79 ポーツマス	80 ポツダム宣言	81 ポツダム勅令	82 マッカーサー
83 丸山真男	84 満鉄	85 三木武夫	86 宮沢喜一	87 矢内原事件
88 山田盛太郎	89 湯川秀樹	90 リクルート事件	91 ロッキード事件	92 ワシントン
93 和辻哲郎				

問２　文中の空欄（　ａ　）に入る最も適切な語句を解答用紙Ｂの所定の解答欄に書きなさい。

問３　以下の設問の解答を解答用紙Ｂの所定の解答欄に書きなさい。

（１）　下線部（ア）について，大本営の移転先として選ばれた長野の地区（町）の名前を漢字２字で書きなさい。

（２）　下線部（イ）について，保革対立のもとでの保守一党優位の政治のあり方を何というか。

（３）　下線部（ウ）について，この締結に反対した安保闘争で中心的役割をはたした全国の大学の自治会により構成された組織（1948年結成）の正式な名前を漢字11字で書きなさい。

（4）　下線部（エ）について，この導入を閣議決定したときの首相の名前を漢字で書きなさい。

（5）　下線部（オ）について，このときの中国の首相の名前を漢字で書きなさい。

世界史

（60分）

（解答上の注意）　解答が2桁の数字の場合には，以下のように マークすること。

例えば，空欄 ⒆ ⒇ の解答が36の場合，解答欄 ⒆ の③にマークし，解答欄 ⒇ の⑥にマークする。

Ⅰ．次の文章を読み，下記の問いに答えなさい。

今日の西洋世界を形作った文明の起源をたどってみよう。人類の歴史のなかできわめて大きな意義をもつ発明の一つは，火の使用である。一般に，火を使用するようになったのは北京原人などの （1）（2） であるとされ，彼らはすでに言葉をもっていたと言われる。人類は狩猟や採集をしながら集団生活を営み，進化にともなって精神文化を発達させていった。約 （3）（4） 万年前に出現した旧人は死者の埋葬をおこなっており，宗教意識の芽生えが見られる。また，約 （5）（6） 万年前に誕生した新人は洞穴絵画を残し，その代表的な遺跡にはスペインの （7）（8） がある。このように，生命維持のための物理的機能をもたない創作行為の萌芽がすでに先史時代に認められる。

文明の基盤となる農耕と牧畜は約9000年前に西アジアで始まった。獲得経済から生産経済へのこの大変革の結果，多数の人間を統一的に支配する国家の仕組みが生まれ，地域的特徴に応じた独自の文明が作られた。地域の大部分が現在の （9）（10） に相当するメソポタミアでは灌漑農業が始まり，特にシュメール人の都市国家では青銅器，度量衡，(a)暦など現代の文明の基礎をなす技術や考え方が生まれ，前24世紀に （11）（12） 人に征服されるまでその文化は繁栄を見せた。都市間の交易も活発化し，前7世紀になると，最古の金属貨幣が， （13）（14） を首都とするリディアで流通し，隣接するギリシア都市へと伝播した。一方で，文明の副産物として貧富の差が拡大し，(b)戦争もおこなわれるようになった。

文字の起源はシュメール人の(c)楔形文字にあると言われるが，これはおもに政治や商業の記録を残すために作られ， （15）（16） 文字が普及するまでオリエント世界で広く使用された。この楔形文字は19世紀に （17）（18） らによって解読された。前 （19）（20） 世紀にメソポタミア全土を統一したバビロン第1王朝のハンムラビ王は，諸民族が混在する国家を統治するために，各地の法慣習を集大成した法典を発布した。楔形文字で書かれたこの法典では，被害者の （21）（22） によって刑罰に差がつけられていた。この法典が刻まれた石碑は，1901年に （23）（24） で発見され，現在は （25）（26） に所蔵されている。同じく楔形文字で書かれた『ギルガメシュ叙事詩』は，都市国家 （27）（28） の王を主人公とする世界最古の文学であると言われる。

「エジプトはナイルのたまもの」とは，古代ギリシアの歴史家 （29）（30） の言葉である。ナイル川の定期的な氾濫が麦の栽培に適しており，農耕文明の繁栄を可能にしたからである。エジプトでは，シュメールの絵文字の影響を受けて作られたヒエログリフが用いられた。この文字を含む「死者の書」は冥界の神 （31）（32） の審判を受けるためのもので，来世信仰が芽生えていたことを示している。

［(33)｜(34)］によって解読されたヒエログリフは，表意文字と表音文字の双方の機能をもっていた。現在の［(35)｜(36)］をおもな拠点として活動していたフェニキア人は，ヒエログリフを祖とする表音文字であるシナイ文字からアルファベットの原型を考案し，それが地中海世界の各地に伝わった。

古代オリエントでは元来，多神教が支配的であった。エジプトでは，太陽神を中心とする信仰が主流であったが，新王国の(d)アメンホテプ4世は，［(37)｜(38)］を唯一神とする改革をおこなった。この新たな信仰形態はユダヤ教やイスラーム教などの一神教に影響を与えたと言われる。キリスト教は，ユダヤ教の［(39)｜(40)］派の律法主義を批判して神の絶対愛と隣人愛を説いたイエスの教えを，後世の人々が信仰したことで広まっていった。一方，古代ギリシアでは，主神［(41)｜(42)］を中心とするオリンポス12神を描いたギリシア神話が作られた。また，これらの神々は［(43)｜(44)］によって体系化された。古代ローマも多神教であったが，皇帝も神の一人とされた。しかし，唯一絶対の神を信じるキリスト教徒は皇帝礼拝を拒んだため，反社会集団とみなされて迫害が繰り返された。その後キリスト教は国教化されるが，教義をめぐる論争は続いた。その過程で，(e)教父と呼ばれる指導者たちが信仰の規範を定め，神学の発展に貢献した。こうした展開の一方で，ユダヤ教徒は長い間(f)受難の歴史をたどることとなった。

問1　文中の空欄［(1)｜(2)］～［(43)｜(44)］にあてはまる最も適当な語句を下記の語群から選び，その番号を解答用紙A（マークシート）の解答欄［(1)］～［(44)］にマークしなさい。

11　17	12　18	13　19	14　20
15　40	16　60	17　80	18　アッカド
19　アッシリア	20　アトン	21　アポロン	22　アムル
23　アモン	24　アラム	25　アーリマン	26　アルタミラ
27　イシス	28　イスラエル	29　イラク	30　イラン
31　ヴィレンドルフ	32　ヴェントリス	33　ウバイド	34　ウル
35　ウルク	36　エヴァンズ	37　エクバタナ	38　エッセネ
39　エルミタージュ美術館	40　オシリス	41　カッシート	42　サドカイ
43　サルデス	44　シャンポリオン	45　宗教	46　シュリーマン
47　シリア	48　人種	49　スサ	50　ゼウス
51　ソグド	52　大英博物館	53　トゥキディデス	54　ニネヴェ
55　パリサイ	56　ヒッタイト	57　ピンダロス	58　ファラオ
59　ヘシオドス	60　ヘラクレイトス	61　ペルセポリス	62　ヘロドトス
63　ペロポネソス	64　ポセイドン	65　ホメロス	66　ホモ＝エレクトゥス
67　ホモ＝サピエンス	68　ホモ＝ハビリス	69　ミトラス	70　身分
71　メンフィス	72　ヨルダン	73　ラー	74　ラガシュ
75　ラスコー	76　ルーヴル美術館	77　レバノン	78　ローリンソン

問2　下線部（a）に関連して，太陰暦とはどのような原理に基づく暦か。解答用紙Bの所定の欄に20字以内で説明しなさい。

問3　下線部（b）に関連して，世界最古の講和条約が結ばれた戦争が起こったシリアの都市の名前は何か。

解答用紙Bの所定の欄に記入しなさい。

問4　下線部（c）に関連して，ペルシアの公道「王の道」に面した岩壁に刻まれ，楔形文字の解読の手がかりとなった史料の名称は何か。解答用紙Bの所定の欄に記入しなさい。

問5　下線部（d）に関連して，この王の時代には写実性豊かなアマルナ美術が栄えたが，それを代表する彫像のモデルとなった王妃の名前は何か。解答用紙Bの所定の欄に記入しなさい。

問6　下線部（e）に関連して，『教会史』を著し，皇帝位は神の恩寵によって与えられると説いた教父は誰か。解答用紙Bの所定の欄に記入しなさい。

問7　下線部（f）に関連して，ユダヤ人の離散を意味する語は何か。解答用紙Bの所定の欄に記入しなさい。

Ⅱ．次の文章を読み，下記の問いに答えなさい。

ゲルマン人の大移動は西ヨーロッパ世界の形成に大きな役割を果たした。この大移動の口火を切ったのは西ゴート人である。フン人の西進に圧迫された彼らは，376年に［(45)｜(46)］川をわたってローマ帝国の領内に入り，その後イベリア半島に西ゴート王国を築いた。黒海沿岸に住んでいた東ゴート人は，5世紀中頃にフン人の支配を脱すると，［(47)｜(48)］に率いられてイタリアに向かい，東ゴート王国をたてた。また，［(49)｜(50)］人は北アフリカに，ランゴバルド人は北イタリアに移動してそれぞれ建国した。その間，フン人は［(51)｜(52)］の治世にパンノニアを中心とした大帝国をたてるが，451年に（　　(あ)　　）の戦いで西ローマとゲルマンの連合軍に敗れ，急速に衰えた。

ゲルマン人の国家のなかで最も勢力を拡大したのは，ガリア北部にたてられたフランク王国であった。その礎を築いたのはメロヴィング家のクローヴィスである。彼は5世紀後半に全フランクを統一すると，他のゲルマン人とは異なり正統派の［(53)｜(54)］派に改宗してローマ教会との結びつきを強めた。8世紀に入りカロリング家が実権を握ると，フランク王国とローマ教会はさらに接近する。宮宰カール＝マルテルが，ガリアに侵攻してきた［(55)｜(56)］朝のイスラーム勢力を破りカトリック圏での名声を高めると，教皇はカール＝マルテルの息子ピピンにフランク王位の継承を認め，ピピンはその見返りとして，ランゴバルド王国から奪った［(57)｜(58)］地方を教皇に寄進するのである。その後，ピピンの子(a)<u>カール大帝</u>が西ヨーロッパの大半を支配すると，800年，教皇レオ3世はローマの［(59)｜(60)］大聖堂でカールにローマ皇帝の帝冠を授け，教会の守護者に任じた。

カール大帝の死後，フランク王国は870年の［(61)｜(62)］条約で東・西フランクおよびイタリアの3国に分裂する。東フランク（ドイツ）では，［(63)｜(64)］年にオットー1世がローマ皇帝として戴冠されて以来，王は皇帝位を兼ねるようになるが，その支配は長らく安定しなかった。その後イタリアでも，［(65)｜(66)］人のたてた南部のシチリア王国，中部の教皇領，そして(b)<u>北部の自治都市</u>が分立する状況が生まれる。一方，西フランク（フランス）では，はじめ弱体であったカペー朝の王権が12世紀末から伸張し，やがて教権をしのぐ存在に成長していく。国王［(67)｜(68)］が教皇ボニファティウス8世を捕らえたアナーニ事件は，それを象徴する出来事であった。イベリア半島では，8世紀初めに西ゴート王国がイスラーム教徒に滅ぼされて以来，国土回復運動が進められ，回復された領土には12世紀半ばまでにカスティリャ，［(69)｜(70)］，ポルトガルの3王国がたてられた。

東ヨーロッパでは，ビザンツ帝国（東ローマ帝国）がゲルマン人の移動に大きな影響を受けることなく君臨し続け，6世紀の［(71)｜(72)］帝の時代には地中海のほぼ全域にその勢力を拡大した。法学者（　(い)　）を中心に『ローマ法大全』が編纂されたのも，この頃である。だが，長期の戦争政策は国力を低下させ，7世紀にはイスラーム勢力にシリアやエジプトを奪われるなど，帝国の支配権は少しずつ縮小していく。こうしたなか，［(73)｜(74)］の治世には，軍管区制の施行をはじめとした統治機構の整備がおこなわれた。その後，聖像禁止令で知られる皇帝［(75)｜(76)］のもとでも国政の立て直しがはかられ，9世紀後半からビザンツ帝国は再び繁栄を見せるが，11世紀には東方から［(77)｜(78)］朝の侵入を受け，13世紀には(c)<u>第4回十字軍に首都を占領される</u>など，国内の混乱は続いた。

6世紀以降，東欧全域に広がったスラヴ人の動向も見過ごすことはできない。東スラヴ人が定住したドニエプル川流域には，ルーシと呼ばれる人々が9世紀に［(79)｜(80)］公国を建国し，やがてスラヴ化した。同国は，(d)<u>ギリシア正教</u>を国教とした［(81)｜(82)］の治世に最盛期を迎えるが，13世紀にはモンゴルの支配に服した。南部に展開した南スラヴ人の最大勢力は［(83)｜(84)］人である。彼らはビザンツ帝国の支配下に入りギリシア正教に改宗したが，12世紀には独立してバルカン半島に建国した。これに対して，ポーランド人やチェック人などの西スラヴ人は，一部の南スラヴ人と同様，ローマ＝カトリックの文化圏に入った。スラヴ人の世界では東西両教会の勢力がせめぎあっており，そのことは，ギリシア正教に改宗したブルガール人や，ハンガリー王国を建国しローマ＝カトリックを受容した［(85)｜(86)］人のような非スラヴ系諸民族の動向にも見てとることができる。

問1　文中の空欄［(45)｜(46)］～［(85)｜(86)］にあてはまる最も適当な語句を下記の語群から選び，その番号を解答用紙A（マークシート）の解答欄［(45)］～［(86)］にマークしなさい。

11 962	12 987	13 1016	14 アイユーブ
15 アヴァール	16 アタナシウス	17 アッティラ王	18 アッバース
19 アラゴン	20 アリウス	21 アルフレッド大王	22 イヴァン3世
23 ヴァンダル	24 ヴェルダン	25 ウマイヤ	26 ウラディミル1世
27 オゴタイ	28 オドアケル	29 キエフ	30 グラナダ
31 グレゴリウス1世	32 クロアティア	33 ケルト	34 サヴォイア
35 ザクセン	36 サンタ＝マリア	37 サン＝ピエトロ	38 シャルル7世
39 スティリコ	40 スペイン	41 スロヴェニア	42 セルジューク
43 セルビア	44 テオドリック王	45 トスカナ	46 ドナウ
47 ドン	48 ネストリウス	49 ネルウァ	50 ノルマン
51 ノルマンディー	52 ハインリヒ4世	53 ハギア＝ソフィア	54 ピレネー
55 フィリップ2世	56 フィリップ4世	57 プロイセン	58 ヘラクレイオス1世
59 マジャール	60 マムルーク	61 メルセン	62 ユスティニアヌス
63 ユリアヌス	64 ライン	65 ラヴェンナ	66 リトアニア
67 リューリク	68 ルイ9世	69 ルートヴィヒ1世	70 レオン3世

問2　文中の空欄（あ）と（い）にあてはまる最も適当な語句を解答用紙Bの所定の欄に記入しなさい。

問3　下線部（a）に関連して，イングランドからカール大帝の宮廷に招かれ，アーヘンの宮廷学校の運営に尽力した神学者は誰か。解答用紙Bの所定の欄に記入しなさい。

問4　下線部（b）に関連して，神聖ローマ皇帝のイタリア政策に対抗するために北イタリアの諸都市が12世紀に結成した都市同盟を何というか。解答用紙Bの所定の欄に記入しなさい。

問5　下線部（c）に関連して，第4回十字軍がコンスタンティノープル占領後に樹立した国家の名称は何か。解答用紙Bの所定の欄に記入しなさい。

問6　下線部（d）に関連して，ギリシア正教の宣教師たちがスラヴ人への布教のために考案し，10世紀からスラヴ圏東部に普及した文字は何か。解答用紙Bの所定の欄に記入しなさい。

Ⅲ．次の文章を読み，下記の問いに答えなさい。

他国への侵略は歴史上多く繰り返されてきた。とりわけ(a)帝国主義と呼ばれる時代には，列強が競ってアジア・アフリカの領土に侵攻し，一部の国が多くの地域を植民地とした。この時代に，世界の陸地面積のおおよそ50%，人口の33%を占める地域がアメリカ・イギリス・ドイツ・フランス・ロシア・日本によって支配された。

アフリカ大陸の分割は，ベルギーとドイツの動きによって激化した。アフリカ［(87)(88)］部に位置するコンゴ地域の領有を目指すベルギー国王レオポルド2世の動きをきっかけにして，ヨーロッパ諸国で対立が起きた。これに対し，ビスマルクは1884年から1885年に［(89)(90)］会議を開催して，先占権に基づく植民地化の原則を定めた。その結果，列強はアフリカに殺到し，各国に計り知れない被害をもたらした。とくに多くの植民地を獲得した国は(b)イギリスである。1880年代初めにエジプトを事実上の保護国としたほか，1899年には［(91)(92)］人に戦争をしかけ，トランスヴァール共和国などを強引に併合した。1881年に［(93)(94)］を保護国としたフランスも，アフリカで積極的に勢力を拡大した。激しく競合していたフランスとイギリスの間では［(95)(96)］事件が起きたが，フランスが譲歩したことで両国の関係は改善した。2国間では1904年に英仏協商が結ばれ，イギリスはエジプトへの支配権を認められ，フランスは［(97)(98)］への優位な立場を得た。一方，イタリアは1880年代にソマリランドの一部と［(99)(100)］を植民地化し，その後イタリア＝トルコ戦争の結果として［(101)(102)］を獲得した。このようなヨーロッパ各国による侵略行為の結果，20世紀初頭のアフリカでは大陸東部にある［(103)(104)］および西部にある［(105)(106)］の2国以外の国々は，列強によって植民地化された。

東南アジアも侵略の対象となり，19世紀末までにタイを除く国々は植民地と化した。このような動きに対して抵抗もあったが，弾圧されたものも少なくなかった。スペインに領有されていたフィリピンでは，［(107)(108)］年に，独立を目指すフィリピン革命が始まった。アメリカは［(109)(110)］年に勃発したスペインとの戦争を機にこの革命を支援したが，フィリピンの領有権を得るとその独立を認めず，戦争に突入した。この戦争でフィリピンはアメリカに屈し，以後本格的な植民地統治が開始された。オランダの支配下にあった(c)インドネシアでは，西洋式教育を受けた人々に民族的自覚が育ち，1920年にはアジアで最初の［(111)(112)］党が設立され，独立が唱えられたが，その運動は弾圧を受けた。その後，スカルノらによって1927年に結成された政党もやがて解散に追い込まれた。一方，［(113)(114)］条約でフランスに保護国化された(d)ベトナムでは，日露戦争で勝利した日本の姿に刺激された［(115)(116)］らが独立を目指してドンズー運動を進めた。しかし，この運動もフランスから要請を受けた日本政府の介入により失敗に終わった。それでもなお，彼らは中国の都市 [(117) (118)] において1912年に [(119) (120)] を結成し，独立運動の推進を試みたのである。

次に清にも目を向けてみよう。下関条約により，清は遼東半島の日本への割譲を余儀なくされた。その後，この半島はロシア・フランス・ドイツの働きかけによって清に返還されるが，その代わり，清はロシアに対して東清鉄道の敷設権を認めざるを得なかった。さらに1890年代後半にドイツは [(121) (122)] を，ロシアは遼東半島南部を，イギリスは [(123) (124)] と九竜半島北部を租借し，フランスは [(125) (126)] を租借地として獲得した。こうした各国の動きに対して，中国への関心を高めていたアメリカでは，[(127) (128)] が門戸開放通牒を発して他の国々をけん制した。諸外国の動きは中国の官僚や知識人らに危機感を抱かせ，彼らの間では日本の明治維新にならった根本的な改革を主張する意見もみられた。このような背景のもと，光緒帝は(e)康有為を登用して，立憲君主制の樹立や教育制度の改革を試みた。しかし，[(129) (130)] と協力した保守派はクーデタを起こし，改革は短期間で失敗に終わったのである。

問1 文中の空欄 [(87) (88)] ～ [(129) (130)] にあてはまる最も適当な語句を下記の語群から選び，その番号を解答用紙A（マークシート）の解答欄 [(87)] ～ [(130)] にマークしなさい。

11 1876	12 1886	13 1896	14 1898
15 1902	16 1905	17 アギナルド	18 アフガーニー
19 厦門	20 アルジェリア	21 アンゴラ	22 威海衛
23 維新会	24 ウィルソン	25 エチオピア	26 エリトリア
27 カメルーン	28 広東	29 ギニア	30 共産
31 ケニア	32 広州湾	33 膠州湾	34 国民
35 湖南省	36 サイゴン	37 サモリ	38 サン＝ステファノ
39 シエラレオネ	40 ジブチ	41 ジョン＝ヘイ	42 西太后
43 セオドア＝ローズヴェルト		44 セネガル	45 大連
46 台湾	47 中	48 チュニジア	49 ドレフュス
50 ナイジェリア	51 南	52 寧波	53 パリ講和
54 パン＝アフリカ	55 ファショダ	56 ファン＝ボイ＝チャウ	57 フエ
58 福建省	59 ブーランジェ	60 プール	61 ベトナム光復会
62 ベルベル	63 ベルリン	64 ヘレロ	65 北
66 民主	67 モロッコ	68 リオデオロ	69 李鴻章
70 リビア	71 リベリア	72 梁啓超	73 旅順

問2 下線部（a）に関連して，3C政策とはどこの国によるどのような政策か。具体的な都市名に触れながら解答用紙Bの所定の欄に30字以内で記述しなさい。

問3 下線部（b）に関連して，政治家ディズレーリの指導下で植民地政策を進めた政党の名称は何か。解答用紙Bの所定の欄に記入しなさい。

問4 下線部（c）に関連して，20世紀初めに早世した，インドネシアの女性解放運動や民族主義運動の先駆者は誰か。解答用紙Bの所定の欄に記入しなさい。

問5　下線部（d）に関連して，のちに南部に成立したベトナム共和国において1955年に就任した大統領は誰か。解答用紙Bの所定の欄に記入しなさい。

問6　下線部（e）に関連して，康有為が属していた学派は何か。その名称を解答用紙Bの所定の欄に漢字で記入しなさい。

地　理

（60分）

（解答上の注意）解答が2桁の数字の場合には，以下のようにマークすること。
例えば，空欄［⒆｜⒇］の解答が36の場合，解答欄［⒆］の③にマークし，解答欄［⒇］の⑥にマークする。

Ⅰ．次の文章を読み，後の設問に答えなさい。

農業は世界各地で行われ，自然条件に大きく制約を受ける。人類は品種改良や灌漑の普及により，温度や乾燥度の限界となる［（1）｜（2）］限界を，少しずつ縮小してきた。［（3）｜（4）］の影響で降水量の多いアジアでは集約的な稲作農業が成立した。熱帯の土壌の［（5）｜（6）］は分解が速く，加えて降水によって流出するため，［（7）｜（8）］の強い赤色土が分布し，農業は移動式農業が一般的となった。砂漠気候地域では，流量の大部分を上流の［（9）｜（10）］地域に依存した外来河川や地下水などからの灌漑を利用した［（11）｜（12）］農業が成立した。砂漠気候地域では，普段は交通路などとして使われるが降水時には水が流れる［（13）｜（14）］も特徴的である。(ア)ステップ気候地域のモンゴル高原北部ではウマやヒツジ，アンデス山脈の［（15）｜（16）］限界より標高の高い地域では［（17）｜（18）］などを移動しながら飼う遊牧も発展した。これら人間が常住して生活を営む地域は歴史とともに拡大したが，現在も［（19）｜（20）］は全陸地面積の約10％を占める。

温帯の西岸海洋性気候地域のうち，ヨーロッパでは［（21）｜（22）］が高緯度まで北上するため，年間を通して温和な気候であり，適度な降雨により牧草がよく育ち，酪農が発達した。オランダなどでは古くから［（23）｜（24）］を利用した風車が（　い　）の排水や小麦の製粉に使われていた。地中海沿岸では夏季の乾燥に強い［（25）｜（26）］栽培が盛んとなった。20世紀に入ると，先進諸国では農業の産業化が進む。企業的農業では，機械化や品種改良，化学肥料や農薬の使用により更なる生産性の向上が追求され，そうした農業は(イ)「緑の革命」として開発途上国でも推進された。

世界人口が増加し続けるなか，食糧やその安全の確保は各国政府にとって喫緊の課題である。一部の地域では，(ウ)健康と体重を維持し，軽度の活動を行うために必要な栄養を，十分に摂取できない人たちの割合は依然として高い。自然災害や［（27）｜（28）］などによって生じる危機に対して，食糧支援を通じた緊急援助等を行うことを目的に1961年に設立された国連機関の［（29）｜（30）］は，現在も活発な援助活動を行なっている。穀物価格の変動も開発途上国の人々の経済を圧迫しており，2007年から2008年に起こった世界的な穀物価格上昇の主な原因は，干ばつによる穀物生産量の減少，農業関連物資や流通コストの上昇，当時主に［（31）｜（32）］やブラジルで生産量が増加していた(エ)バイオエタノールの需要増大による原料をめぐる競合，生活水準の向上に伴う［（33）｜（34）］需要の増大が引き起こした飼料作物の価格上昇などにあった。また，先進国による農産物貿易への依存は，輸出国に対して(オ)食糧生産に伴うさまざまな環境負荷を一方的に担わせる結果となっており，地球環境の破壊と我々の食習慣のありようは密接に結びついている。

問1　文中の空欄 （1）（2） ～ （33）（34） に当てはまる最も適切な語句を下の語群より選び，その番号を解答用紙A（マークシート）の所定の解答欄にマークしなさい。

《語群》

11 FAO	12 WFP	13 WTO	14 アネクメーネ
15 アメリカ	16 アルカリ性	17 アルパカ	18 エクメーネ
19 塩類	20 オアシス	21 オーストラリア	22 為替変動
23 乾地	24 寒冷	25 季節風	26 北大西洋海流
27 北太平洋海流	28 高齢化	29 小麦	30 混合
31 栽培	32 酒	33 酸性	34 湿潤
35 樹木作物	36 食肉	37 森林	38 天井川
39 二輪車	40 紛争	41 偏西風	42 貿易風
43 メキシコ湾流	44 メサ	45 ヤク	46 養分
47 ライ麦	48 ラクダ	49 ロシア	50 ワジ

問2　下線部（イ）について，（a）～（d）の説明文に当てはまる最も適切な地域名を下の語群より選び，その答えを解答用紙A（マークシート）の解答欄 （35） ～ （38） にマークしなさい。

（a） （35） ：大河川の沖積平野を主な生産地とした穀物生産が盛んで，地域内には世界有数のコメ輸出国が複数存在。市場開放政策後にコーヒーの生産量が増加し，世界有数の輸出国となった国を含む。

（b） （36） ：商品作物のモノカルチャーが長く続き，人々の主食に占める割合の高い雑穀やイモ類などの品種改良が遅れたが，耕作面積を拡大することで穀物増産を推進。近年人口増加率の上昇が著しい。

（c） （37） ：世界有数のコメ・コムギの生産国を含み，レグールを利用した綿花や，ジュートなどの商品作物栽培も盛ん。中心国の一つではICT産業の発展等による経済成長が目覚ましい。

（d） （38） ：地域内では大土地所有制を基盤としてコーヒーやバナナの栽培が発展した。中心国の一つでは大豆や畜肉の輸出量が増加し，農牧業開発による熱帯林の減少が世界的に問題視されている。

《語群》　1　アフリカ　　2　ラテンアメリカ　　3　東南アジア　　4　南アジア

問3　下線部（ア）について，ステップの低緯度側で夏にまとまった降水をもたらすものを（　あ　）帯という。（　あ　）に当てはまる最も適切な語句を答えなさい。解答は，解答用紙Bの所定の欄に書きなさい。

問4　（　い　）に当てはまる最も適切な語句をカタカナで答えなさい。解答は，解答用紙Bの所定の欄に書きなさい。

問5　下線部（ウ）について，下線部の記述に当てはまる最も適切な語句を漢字6文字で答えなさい。解答は，解答用紙Bの所定の欄に書きなさい。

問6　下線部（エ）について，バイオエタノールの特徴とされる「カーボンニュートラル」とは何か，30字以内で答えなさい。解答は，解答用紙Bの所定の欄に書きなさい。

問7　下線部（オ）について，輸入する食糧の生産に使われた水の使用量を可視化するために考案された概念は何か。解答は，解答用紙Bの所定の欄に書きなさい。

Ⅱ．次の文章を読み，後の設問に答えなさい。

巷にはランキング情報が溢れているが，ハーバード大学のグロースラボ（Harvard's Growth Lab at the Harvard Kennedy School）は，*Economic Complexity Index* とよばれる指標を用い，世界の国のランキングを毎年発表している。この指標は各国の輸出に組み込まれた商品群から，その国の生産能力をとらえたもので，工業の高度化・知識産業化が進んだ商材を多く生産・輸出している国のランクは高くなり，新興国で工業化が進むとランクは上昇する。逆に(ア)第一次産品の生産・輸出の依存度が高い国のランクは低く，工業化が進んでも第一次産品の依存度が高いままだとランクは下がる。ランキングに従い，各国の特徴を見ていこう。

まずこのランキングで長年にわたり1位を維持している国は［(39)｜(40)］である。この国の主たる輸出品は自動車やエレクトロニクス関連品であるが，食料自給率が低く，2018年には世界一の食料輸入国（金額ベース）となっている。ランキング上位の常連国としてはスイスが挙げられる。スイスは観光資源が多く，近年は工業化が進み，［(41)｜(42)］の本部の置かれているジュネーヴや，［(43)｜(44)］に流れ込むライン川水運の遡航の終点である［(45)｜(46)］は，その代表都市である。

ここ数年，ランクが上昇しているのがタイとベトナムだ。タイはもともと農業国であり，2016年現在，プランテーション作物の［(47)｜(48)］の生産量は世界1位である。しかし，近年，外国資本を積極的に誘致した工業団地が首都近郊に多数つくられ，電気機械や自動車の輸出が増えている。かつて日本人町があり，首都から100キロ圏内にある［(49)｜(50)］はその代表だ。ベトナムは1945年の独立後，しばらく混乱が続いたが，1995年には［(51)｜(52)］と国交正常化を果たし，社会的・政治的に安定してきた。このため，シンガポールや日本から［(53)｜(54)］型工業の生産拠点が移転してきた。東南アジア各国は(イ)ASEANに加入して相互協力を行っており，2015年には域内の関税撤廃などをめざした［(55)｜(56)］が発足した。しかしASEAN域内での所得格差は大きく，域内で工業化の進んだシンガポール，タイ，［(57)｜(58)］に，域内の賃金水準の低い国からの出稼ぎ労働者が流入している。

ヨーロッパでは，［(59)｜(60)］にそそぐドナウ川を国境線に持つルーマニアと，中央アジアから来たアジア系の［(61)｜(62)］人により建国されたハンガリーのランクが上昇している。この2カ国を含め，(ウ)東ヨーロッパ諸国はEU加盟後にランクが上がる傾向がみられる。

一方，近年ランクの下がっている国としては，ブラジルとオーストラリアが挙げられる。リオデジャネイロの［(63)｜(64)］に位置するベロオリゾンテでは鉄鋼業や自動車産業が発達し，イパチンガには日本との合弁事業でできた［(65)｜(66)］製鉄所もある。ただ，輸出に占める第一次産品の割合は依然として高く，国土中央部にあるセラードとよばれる［(67)｜(68)］気候下の低木林地域では大豆が生産され，ブラジル，アメリカ，それに［(69)｜(70)］の3カ国合計で，2016年には世界の大豆生産量の約8割を占めている。(エ)オーストラリアも第一次産品に恵まれた国で，主要産品の鉄鉱石はオーストラリア，ブラジルと［(71)｜(72)］の3カ国合計で，2014年には世界の約7割を生産している。またタスマニア島との境にある［(73)｜(74)］海峡付近では石油や天然ガスが，大陸東部にある［(75)｜(76)］のグレートディヴァイディング山脈では石炭が採掘されている。オーストラリアの大都市はこれら第一次産品を利用した商業・工業も発達しているが，どちらかといえば港湾都市・観光都市としての性格が強く，［(77)｜(78)］州の州都であるアデレードは羊毛や鉱物資源の積出港として知られる。

ランキングの背景を探ると，世界各国の経済や産業構造がみえてくる。この問題を通じて，地理の知識が商学部入学後も役立つことを理解してもらえれば，迎える側としては大変嬉しい。

問1　文中の空欄［(39)｜(40)］～［(77)｜(78)］に当てはまる最も適切な語句を下の語群より選び，その番号を解答用紙A（マークシート）の所定の解答欄にマークしなさい。

《語群》

11 AEC	12 AFTA	13 EU	14 ILO
15 アブラヤシ	16 アメリカ	17 アユタヤ	18 アルゼンチン
19 安定陸塊	20 ヴィクトリア	21 ウクライナ	22 ウジミナス
23 オランダ	24 カスピ海	25 カラジャス	26 韓国
27 北	28 クック	29 古期造山帯	30 黒海
31 サウスオーストラリア		32 サバナ	33 資本集約
34 ジュロン	35 新期造山帯	36 ステップ	37 タスマン
38 チェンマイ	39 地中海	40 中国	41 チューリッヒ
42 ツバロン	43 天然ゴム	44 ドイツ	45 西
46 日本	47 ニューサウスウェールズ		48 熱帯雨林
49 バス	50 バーゼル	51 バナナ	52 フランス
53 ベルベル	54 北海	55 マジャール	56 マレーシア
57 南	58 ミャンマー	59 ラオス	60 労働集約
61 ロシア			

問2　下線部（ア）について，下記に挙げた西アジア・中央アジアの国々の中で，2010年代初頭の輸出金額に占める原油比率が50%を切り，1995年よりもランクを上げた国が2カ国存在する。その2カ国を下の語群より選び，解答用紙A（マークシート）の［(79)］と［(80)］にマークしなさい。

《語群》　1　アゼルバイジャン　　2　アラブ首長国連邦　　3　カザフスタン　　4　トルコ

問3　下線部（イ）について，2022年のASEAN会議でASEANの11カ国目の加盟国として加盟が原則承認された国はどこか。解答は，解答用紙Bの所定の欄に書きなさい。

問4　下線部（ウ）について，なぜ東ヨーロッパ諸国はEU加盟後にランクが上昇するのか。その理由を西ヨーロッパ諸国との関係で，40字以内で答えなさい。解答は，解答用紙Bの所定の欄に書きなさい。

問5　下線部（エ）について，オーストラリアの主要貿易国が，（あ）1970年代にイギリスからアジア諸国に移ったが，そうなったイギリスの事情は何か。また同時期に（い）オーストラリアが白豪主義をやめた，オーストラリア国内の経済的な理由は何か。解答は，解答用紙Bの所定の欄に書きなさい。

〔解答欄〕（あ）（い）それぞれ約9 cm×1行

Ⅲ．次の文章を読み，後の設問に答えなさい。

アメリカの国土は，1776年の独立宣言時において植民地（州）の数は［(81)｜(82)］にすぎなかった。しかし，その後に新しい国土を獲得し，(ア)開拓前線を西に移していった。1803年にはフランスから［(83)｜(84)］川以西の広大な領域であるルイジアナを購入し，1848年には［(85)｜(86)］からも西部の土地を獲得した。そして，1867年には［(87)｜(88)］から(イ)アラスカを購入した。現在，アラスカと離島を除くアメリカ本土には合計で［(89)｜(90)］つの標準時がある。

アメリカの経済発展は豊富な地下資源にささえられてきた。アパラチアの石炭は，［(91)｜(92)］湖西岸にあるメサビ鉄山とともに，北東部から五大湖沿岸にかけての鉄鋼業の基盤となった。たとえば，［(93)｜(94)］川上流部にある［(95)｜(96)］州のピッツバーグには製鉄工場が立地し，ここはかつて「鉄の都」といわれた。20世紀に入ると，(ウ)流れ作業によって組み立てる自動車工場が，エリー湖とその北にある［(97)｜(98)］湖の間に位置する［(99)｜(100)］州のデトロイトに建設された。

自動車はその後，都市の形態を大きく変えた。都市の中枢管理機能や高所得者や若者が郊外に流出すると，郊外にも都心と同じような超高層ビルがたち，(エ)周縁に複数の中心地区をもつ都市ができた。1980年代後半から(オ)国内外の自動車メーカーが進出しているのは，たとえば，州東部が炭田地帯である［(101)｜(102)］州と，同州に南接するテネシー州周辺である。なお，メサビ鉄山では純度の低い鉄鉱石の産出が多くなり，現在のアメリカではブラジルや［(103)｜(104)］からの輸入が上位を占めている。

西部の開拓に大きな役割を果たしたのがあいついで建設された大陸横断鉄道である。ニューオーリンズとロサンゼルスを結んだ横断鉄道は，1880年代には［(105)｜(106)］鉄道とよばれていた。ロサンゼルスでは，19世紀末に発見された油田を背景に石油関連産業が立地した。現在では［(107)｜(108)］地区が映画産業の世界的中心地となっている。そして，カリフォルニア州に隣接する［(109)｜(110)］州の州都フェニックスの人口は高い伸びを示し，周辺には先端技術産業が集中している。また，［(111)｜(112)］川が刻んだ大渓谷であるグランドキャニオンは，アメリカ南西部の観光地として名高い。

南部では20世紀初頭に［(113)｜(114)］州で油田がみつかると，メキシコ湾岸に位置する同州のヒューストンは石油産業の拠点となった。そして，現在では航空宇宙産業などの先端技術産業が集まっている。同州内陸にあるダラスやフォートワースにも先端技術産業が集まり，そこは［(115)｜(116)］とよばれる。そのほかにも，［(117)｜(118)］州のタンパ周辺を中心として先端技術産業が集まる地域は［(119)｜(120)］といわれる。なお，アパラチア山脈東麓にも先端技術産業は集まっており，［(121)｜(122)］州の州都ローリー近郊に立地している。

問1　文中の空欄［(81)｜(82)］～［(121)｜(122)］に当てはまる最も適切な語句を下の語群より選び，その番号を解答用紙A（マークシート）の所定の解答欄にマークしなさい。

《語群》

11　2	12　4	13　6	14　8
15　13	16　26	17　30	18　48
19　アイオワ	20　アリゾナ	21　ヴァージニア	
22　エレクトロニクスハイウェー		23　エレクトロニクスベルト	
24　オクラホマ	25　オーストラリア	26　オハイオ	27　オンタリオ
28　カナダ	29　カンザス	30　ケンタッキー	31　コロラド
32　サザンパシフィック	33　サンタフェ	34　ジョージア	35　シリコンヴァレー
36　シリコンデザート	37　シリコンプレーン	38　スペリオル	39　セントローレンス
40　ソーホー	41　テキサス	42　ニューオーリンズ	43　ニュージャージー
44　ニューメキシコ	45　ノースカロライナ	46　ノースダコタ	47　ハドソン
48　バーミングハム	49　ハリウッド	50　ハーレム	51　ハワイ
52　ヒューロン	53　ブルックリン	54　フロリダ	55　ペンシルヴェニア
56　ミシガン	57　ミシシッピ	58　ミネソタ	59　メキシコ
60　ユニオンパシフィック	61　リオグランデ	62　リサーチトライアングル	
63　ルイジアナ	64　ロシア	65　ロッキー	

問2　下線部（ア）について，6マイル四方を36分割し，それをさらに4分割した土地に1農家を入植させた土地分割制度のことを何というか。解答は，解答用紙Bの所定の欄に書きなさい。

問3　下線部（イ）について，この地の空港は日本の旅客機の北回り空路の要衝であった。空港の名前を答えなさい。解答は，解答用紙Bの所定の欄に書きなさい。

問4　下線部（ウ）について，以下の文章の空欄（　あ　）に当てはまる最も適切な語句を漢字2文字で答えなさい。解答は，解答用紙Bの所定の欄に書きなさい。

自動車のような加工組立型工業は多数の企業で分業が行われる。部品の調達や製品間のつながりがあり，工場どうしが近隣に立地することによって生産費が節約されるからである。このような立地を指向する工業を（　あ　）指向型工業とよぶ。

問5　下線部（エ）について，以下の文章の空欄（　い　）に当てはまる最も適切な語句を漢字で答えなさい。解答は，解答用紙Bの所定の欄に書きなさい。

都市機能が地域的に分化する状態を都市の内部構造と言われる。Harris & Ullmanが特徴づけた下線部のような構造を（　い　）型あるいは（　い　）モデルとよぶ。

問6　下線部（オ）について，1980年代に日本の自動車会社がここに進出した背景には日米貿易の不均衡がある。どのような問題なのか，30字以内で答えなさい。解答は，解答用紙Bの所定の欄に書きなさい。

数　学

（70 分）

《 解答するにあたっての注意 》

1. 問題Ⅰの解答は**解答用紙B**の所定の位置に記入し，それ以外の問題の解答は**解答用紙A（マークシート）**にマークしなさい。

2. 分数形で解答する場合，それ以上約分できない形で解答しなさい。根号を含む形で解答する場合，根号の中に現れる自然数が最小となる形で解答しなさい。それ以外でも，できるだけ簡単な形で解答しなさい。

3. マークシートにある⊖はマイナス符号－を意味する。**解答用紙A（マークシート）**に分数の符号を解答する場合は，マイナス符号は分子につけ，分母につけてはいけない。マークシートの記入にあたっては，次の例を参考にしなさい。

[例1] | (11) | (12) | と表示のある問いに対して，「34」と解答する場合には，解答欄（11）の③と解答欄（12）の④にマークしなさい。

[例2] | (13) | (14) | (15) | と表示のある問いに対して，「-56」と解答する場合には，解答欄（13）の⊖，解答欄（14）の⑤，および解答欄（15）の⑥にマークしなさい。

[例3] $\dfrac{(16)\,(17)}{(18)\,(19)}$ と表示のある問いに対して，「$-\frac{7}{89}$」と解答する場合には，解答欄（16）の⊖，解答欄（17）の⑦，解答欄（18）の⑧，および解答欄（19）の⑨にマークしなさい。

I.　以下の問いに答えなさい。

(i)　式 $3(x+5)^{-\frac{5}{2}}$ の値は，$x=0$ のとき［（ア）］であり，$x=4$ のとき［（イ）］である。（解答は**指数を含まない形**で表し，根号を含む場合は分母を有理化すること。）

(ii)　等式

$$f(x)=12x^2+6x\int_0^1 f(t)\,dt+2\int_0^1 tf(t)\,dt$$

を満たす関数 $f(x)$ を求めよ。（答えのみを解答用紙Bの所定の枠内に記入しなさい。）

(iii)　$a<b<c$ かつ $\frac{1}{a}+\frac{2}{b}+\frac{3}{c}=2$ を満たす自然数の組 (a,b,c) をすべて求めよ。（答えのみを解答用紙Bの所定の枠内に記入しなさい。）

(iv)　ある業者は，三つの工場A, B, Cから廃棄物を回収し，その中に含まれる三つの金属P, Q, Rを取り出して新たな製品Kを作る。各工場の廃棄物から取り出されるP, Q, Rの量は以下の通りである。

- 工場Aの廃棄物10kgからPが3kg, Qが5kg, Rが1kg取り出される。
- 工場Bの廃棄物10kgからPが1kg, Qが3kg, Rが2kg取り出される。
- 工場Cの廃棄物10kgからPが4kg, Qが1kg, Rが1kg取り出される。

また，Pが2kgと，Qが2kgと，Rが1kgで製品Kが1個作られる。工場A, B, Cから合わせて200kgの廃棄物が回収できるとき，製品Kをできるだけ多く作るには，工場Aから［（ウ）］kg，工場Bから［（エ）］kg，工場Cから［（オ）］kgの廃棄物を回収すればよく，そのとき製品Kは［（カ）］個作ることができる。

II. 以下の問いに答えなさい。

(i) $\sqrt{13}$ を10進法の小数で表したとき小数第3位の数字は $\boxed{(1)}$，小数第4位の数字は $\boxed{(2)}$ である。ただし，必要であれば $(3.606)^2 = 13.003236$ であることを用いてよい。

(ii) ベクトルの列 $\vec{a}_1, \vec{a}_2, \dots, \vec{a}_n, \dots$ を条件

$$\vec{a}_1 = (1, 0), \quad \vec{a}_2 = \left(\frac{1}{2}, \frac{\sqrt{3}}{2}\right), \quad \vec{a}_{n+2} = \frac{\vec{a}_{n+1} \cdot \vec{a}_n}{|\vec{a}_n|^2}\vec{a}_n$$

で定める。このとき $\vec{a}_9 = \left(\dfrac{\boxed{(3)}}{\boxed{(4)\,(5)\,(6)}}, \boxed{(7)}\right)$ である。また，$|\vec{a}_n| < 10^{-25}$ を満たす最小の自然数 n は $\boxed{(8)\,(9)}$ である。ただし，必要であれば，$\log_{10} 2 = 0.301$ を近似として用いてよい。

(iii) 1から n までの n 個の自然数の最小公倍数を a_n とする。

- $a_n = a_{n+1}$ を満たす最小の自然数 n は $\boxed{(10)}$ である。
- $a_{n+1} = 2a_n$ を満たす10000以下の自然数 n は $\boxed{(11)\,(12)}$ 個ある。

(iv) xy 平面上で，不等式 $x \leqq 5$ の表す領域を A，不等式 $x + y \geqq 10$ の表す領域を B とする。また，xy 平面上の点の集合 S は以下の3つの条件をすべて満たす。

(条件1) S に含まれるどの点も，その x 座標と y 座標はともに1以上10以下の自然数である。

(条件2) S の要素で領域 A に含まれるものは，領域 B に含まれる。

(条件3) S の要素で領域 B に含まれるものは，領域 A に含まれる。

S を，条件1〜3を満たす中で要素の個数が最大のものとするとき，その要素の個数は $\boxed{(13)\,(14)}$ である。

III. $f(x) = -\dfrac{1}{8}x^2 + 5x + 18$ とし，放物線 $C : y = f(x)$ と2つの直線 $\ell_1 : y = -x$, $\ell_2 : y = x$ を考える。C と ℓ_1 の共有点のうち x 座標が負のものをAとし，C と ℓ_2 の共有点のうち x 座標が正のものをBとする。また，Aの x 座標を a, Bの x 座標を b とする。

(i) $a =$ (15)(16) $-$ (17)(18) $\sqrt{(19)}$, $b =$ (20)(21) である。

(ii) C と ℓ_2 で囲まれた部分のうち，$x \geqq 0$ の範囲にあるものの面積は

(22)(23)(24)(25)

である。

以下，Pを C 上の点とし，Pの x 座標を p とする。また，Pにおける C の接線と y 軸の交点をDとする。

(iii) p が $0 < p < b$ の範囲を動くとき，△ABPの面積が最大になるのは $p =$ (26)(27) $-$ (28) $\sqrt{(29)}$ のときである。

(iv) $p = 8$ のとき，Dの y 座標は (30)(31) である。

(v) p が $0 < p < b$ の範囲を動くとき，△BDPの面積 S が最大になるのは $p =$ (32)(33) のときであり，そのときの S は (34)(35)(36) である。

IV. あるくじ引き店には，くじが10本入っている箱が5箱ある。5箱のうち4箱には当たりくじが1本，はずれくじが9本入っており，この4箱を「通常の箱」と呼ぶ。また，残りの1箱には当たりくじが5本，はずれくじが5本入っており，この箱を「有利な箱」と呼ぶ。通常の箱と有利な箱は見た目が同じであり，見分けることはできない。

(i) まず，Aが店に入り，5箱のうちの1箱を無作為に選び，その箱からくじを1本引いた。Aの選んだ箱が通常の箱であり，かつ，引いたくじがはずれである確率は $\dfrac{\boxed{(37)}\boxed{(38)}}{\boxed{(39)}\boxed{(40)}}$ である。また，Aの選んだ箱が有利な箱であり，かつ，引いたくじがはずれである確率は $\dfrac{\boxed{(41)}}{\boxed{(42)}\boxed{(43)}}$ である。したがって，Aの引いたくじがはずれであったときに，Aの選んだ箱が有利な箱である確率は $\dfrac{\boxed{(44)}}{\boxed{(45)}\boxed{(46)}}$ である。

(ii) (i)の後，Aは引いたくじをもとの箱に戻し，よくかき混ぜたあと，同じ箱からもう一度くじを1本引いた。Aの引いたくじが1回目，2回目ともにはずれであったときに，Aの選んだ箱が有利な箱である確率は $\dfrac{\boxed{(47)}\boxed{(48)}}{\boxed{(49)}\boxed{(50)}\boxed{(51)}}$ である。

(iii) (ii)の後，Aは引いたくじをもとの箱に戻して店を出た。その後，BとCが店に入った。Bは5箱のうち1箱を無作為に選び，CはBが選ばなかった4箱の中から1箱を無作為に選んだ。BはAと同じように，自分の選んだ箱からくじを1本引き，それをもとの箱に戻し，よくかき混ぜたあと，同じ箱からもう一度くじを1本引いた。また，Cは自分の選んだ箱からくじを1本引いた。Bの引いたくじが1回目，2回目ともにはずれであり，かつ，Cの引いたくじが当たりであったときに，Bの選んだ箱が有利な箱である確率は $\dfrac{\boxed{(52)}\boxed{(53)}}{\boxed{(54)}\boxed{(55)}\boxed{(56)}}$ であり，Cの選んだ箱が有利な箱である確率は $\dfrac{\boxed{(57)}\boxed{(58)}\boxed{(59)}}{\boxed{(60)}\boxed{(61)}\boxed{(62)}}$ である。

論文テスト

(70分)

(解答上の注意) 解答が2桁の数字の場合には，以下のようにマークすること。

例えば，空欄 ⑲ ⑳ の解答が36の場合，解答欄 ⑲ の③にマークし，解答欄 ⑳ の⑥にマークする。

I. 以下の文章を読んで，次の問1～問5に答えなさい。

「超スマート社会」は，日本における第5期科学技術基本計画のキーワードとして用いられるようになった，未来の社会を表現する概念である。科学技術基本計画とは，科学技術基本法のうちに組み込まれた （1）（2） な指針である。第5期（2016—2020）の科学技術基本計画には，それ以前には見られなかった， （3）（4） な内容が前面に打ち出されている。それが，「Society 5.0」という概念である。同計画によれば，これからの科学技術のイノベーションが目指すべき未来の社会はSociety 5.0であり， （5）（6） に投資される研究開発は，この未来像の達成を基準としたバックキャスティングによって設定される。解決されるべき課題をボトムアップによって網羅するのではなく，ある （7）（8） な未来像を打ち出し，そこへと収斂(しゅうれん)するように重点課題を構成するトップダウン型の態度をとる点に，この計画の大きな特徴がある。

では，そのSociety 5.0とは，いったいどのような社会なのだろうか。同計画ではその定義を，「狩猟社会，農耕社会，工業社会，情報社会に続くような新たな社会」としている。すなわち，狩猟社会はSociety 1.0，その次に到来した農耕社会はSociety 2.0，さらに工業社会はSociety 3.0，私たちが現在立っている情報社会がSociety 4.0として定義されているのであり，Society 5.0はその次に来る未来の社会である，ということだ。「Society 5.0」という名称は，それが現在の次に到来する社会である，という， （9）（10） な性格だけを示すものである。したがって，この名称自体が，これから到来する社会がどのようなものであるかを告げているわけではない。

同計画では，「超スマート社会」という言葉が，「未来社会の姿」として打ち出され，「Society 5.0」という言葉と互換的に用いられている。この超スマート社会とはいったいどのような社会なのだろうか。同計画では，超スマート社会は次のように定義されている。「必要なもの・サービスを，必要な人に，必要な時に，必要なだけ提供し，社会の様々なニーズにきめ細かに対応でき，あらゆる人が質の高いサービスを受けられ，年齢，性別，地域，言語といった様々な違いを乗り越え，活き活きと快適に暮らすことのできる社会」。ここで畳みかけるように用いられている「(ア)」という言葉が，「超スマート社会」を支える （11）（12） な価値観である。すなわちそれは言い換えるなら，無駄なこと，不要なこと，余分なことが，一切存在しないような社会に他ならない。具体的には，手続きのために待たされる時間，必要以上に煩雑な書類のやり取り，イライラする交通渋滞の解消といった，本質とは無関係な事柄に浪費される労力を最小化する社会が，その内実であるといえる。

では，こうした超スマート社会はどのように実現されるのだろうか。その中心的な［(13)｜(14)］となるのが，ICT である。「今後，ICT は更に発展していくことが見込まれており，従来は個別に機能していた「もの」がサイバー空間を利用して「システム化」され，さらには，分野の異なる個別のシステム同士が連携協調することにより，自律化・自動化の範囲が広がり，社会の至るところで新たな価値が生み出されていく」。これまで，人間が頭をひねって解決していた問題が，(　イ　)によって自動的に処理され，必要なものが，必要な時に，必要な分だけ，自然に享受できる社会。それが超スマート社会に他ならない。そしてそれが意味しているのは，私たちが社会において現実に経験する事柄が，システム化されたサイバー空間によって条件づけられ，制御されていくことになる，ということである。ただし，それはもちろん，サイバー空間があたかも神のように現実を構成することができる，ということではない。なぜなら，サイバー空間を構成するデータは，現実の世界からしか取得できないからである。この意味において，超スマート社会はサイバー空間と現実世界の密接な相互連関のもとで成立する，と考えられる。同計画では，このことが次のように表現されている。「こうしたことから，ICT を最大限に活用し，サイバー空間とフィジカル空間（現実世界）とを融合させた取組により，人々に豊かさをもたらす「超スマート社会」を未来社会の姿として共有し，その実現に向けた一連の取組を更に深化させつつ「Society 5.0」として強力に推進し，世界に先駆けて超スマート社会を実現していく」。

ここで簡単なコメントをしておきたい。上の引用では，サイバー空間とフィジカル空間が融合すると述べられているが，少なくとも同計画のなかで語られる形で両者を連関させることは，「融合」とは言わない。融合するということは，融合する以前のものが個体性を失い，もはや両者を識別することが不可能になる，ということだ。しかし，超スマート社会においても，フィジカル空間はデータを取得するための世界として，サイバー空間はそのデータによってサービスを調整する世界として，区別されている。したがって両者は連関しているだけであって融合はしていない。

このように，本来融合していないものを融合しているとみなすことは，両者の間にある［(15)｜(16)］な関係を覆い隠す効果をもつ。サイバー空間とフィジカル空間は，たとえ相互に連関しているのだとしても，互いに対する関わり方は異なっている。フィジカル空間をシステム化することができるのはサイバー空間だけであり，それに対してフィジカル空間は抵抗することができず，もはや自分自身を調整することができなくなる。いわばフィジカル空間は調整されるだけの素材として扱われることになる。違った形で表現するなら，フィジカル空間は，ただサイバー空間によって処理されるだけの，受動的な［(17)｜(18)］の領域として定義されることになる。こうしたフィジカル空間の受動性が，「(　ウ　)」という言葉によって隠蔽されるのである。

そして，(a)<u>それ以上に衝撃的なのは，「フィジカル空間（現実世界）」という表現である</u>。この計画では，フィジカル空間と現実世界が同一視されている。そしてそれが意味しているのは，サイバー空間は現実世界に属さない，ということであり，(　A　)，その現実世界に属さないサイバー空間によって現実世界が条件づけられることになる，ということだ。このとき，サイバー空間は文字通り［(19)｜(20)］な空間であり，しかも，現実世界はその超現実性によって調整されることになる。

倫理学の領域では，(b)事実と当為は区別するべきであると考えられている。事実とは「○○である」という言明であり，それに対して当為とは「○○するべきである」という言明である。事実と当為を区別しなければならない，ということは，両者を迂闊（うかつ）に同一視してはならない，ということだ。「課題が解決される」ということは事実の言明である。したがってここから，「課題が解決されるべきである」という当為の言明は，少なくとも論理的には，導き出せない。倫理学的に考えるなら，課題は道徳的に価値中立的な概念である。課題があるからといって，それがいつでも解決されるべきであるとは限らない。

したがって，超スマート社会において課題が (7) (8) に解決されるのだとしても，それ自体が倫理的に望ましいことであるとは限らない。そこでは，解決されるべきではない課題が解決されてしまうかも知れないからだ。（　B　），私たちの社会は超スマート社会を目指しているのであり，それを実現されるべきものとして捉えている。そうであるとしたら，私たちはどのような倫理的規準にしたがって課題を設計するのか，何を倫理的価値として課題を定義するのかを，問い直されることになる。（　C　），「解決するべき課題」と「解決するべきではない課題」を区別する境界が問い直されるのである。そうした規準がなくなるとき，超スマート社会は人間にとって望ましいものではなくなり，人間に牙を剥くことにもなりかねない。

（戸谷洋志『スマートな悪―技術と暴力について』講談社，2022年，を改変して作成した。）

問１．本文中の空欄 (1) (2) ～ (19) (20) に当てはまる最も適切な語を次の選択肢から選び，その番号を解答用紙Ａ（マークシート）の解答欄 (1) ～ (20) にマークしなさい。なお，同じ選択肢は２回以上使いません。

11 印象的	12 客体	13 客観的	14 空間的	15 経営的	16 現実的
17 根本的	18 時間的	19 周縁的	20 重点的	21 主観	22 主体
23 手段	24 政策的	25 相互的	26 対称的	27 超現実的	28 二次的
29 排他的	30 非対称的	31 表面的	32 付加的	33 包括的	34 目的

問２．本文中の空欄（　A　）～（　C　）に当てはまる最も適切な語を次の選択肢から選び，その番号を解答用紙Ａ（マークシート）の解答欄にマークしなさい。ただし，（　A　） (21)，（　B　） (22)，（　C　） (23) である。なお，同じ選択肢は２回以上使いません。

1 かつ　　2 しかし　　3 たとえば　　4 つまり　　5 なぜなら

問３．本文中の空欄（　ア　）～（　ウ　）に当てはまる最も適切な語を本文中から（　ア　）は２字，（　イ　）は６字，（　ウ　）は２字でそれぞれ抜き出し，解答用紙Ｂの所定の欄に記入しなさい。

問４．本文中の下線部（ａ）について，なぜ「フィジカル空間（現実世界）」という表現が衝撃的なのか。次の空欄に入る最も適切な語句を，「サイバー空間」という語を用いて解答用紙Ｂの所定の欄に30字以内で記入しなさい。

フィジカル空間と現実世界を同一視すると（　　　　　　　　　　　　　　　　　）から。

問５．本文中の下線部（ｂ）について，なぜ事実と当為の区別に言及したのか。次の空欄に入る最も適切な語句を，解答用紙Ｂの所定の欄に30字以内で記入しなさい。

超スマート社会において（　　　　　　　　　　　　　　　　　　　　　　）から。

Ⅱ．以下の文章を読んで，次の問１～問５に答えなさい。

あなたはこれから３種類のゲームに参加する。ゲームには司会者がいる。１番目のゲームは以下のように進む。「見た目が同一の三つの箱のうち，一つの箱には賞品が入っている。賞品の入った箱を選べば，あなたはその賞品を獲得できる。他の二つの箱は空である。あなたは箱を一つ選ぶよう司会者から求められるが，すぐには開けてはいけない。選び終わると，どの箱に賞品があるかを知っている司会者が，残った二つの箱の一方を開ける。司会者は必ず，空である箱を開き，選択の余地があるとき（あなたが最初に選んだ箱に賞品があるとき）には，開ける箱を無作為に（ランダムに）選ぶ。空の箱を開けた後，司会者はあなたに，まだ開けていないもう一つの箱に変えるか，元の選択にとどまるか，選ぶ機会を与える。」

賞品を手に入れる確率を高くするには，あなたは箱を変えるべきだろうか。この問題を次のように解こう。まず，ありうる結果を全て書き出す。ゲームにありうる結果は，三つの要素を持つ組として記述される。第１の要素はあなたが最初に選ぶ箱，第２の要素は司会者が開ける箱，第３の要素は賞品のある箱を表す。つまり，結果を表すこの組は，次のような形式で表される。

（あなたが最初に選ぶ箱，司会者が開ける箱，賞品のある箱）

これら三つの要素は，それぞれの箱に1,2,3と振られた番号で表す。例えば，(1,2,1) という結果は，あなたが最初に箱１を選び，司会者は箱２を開け，賞品は箱１にあるというものである。司会者は空の箱を開けるので，どの組でも（　Ａ　）の要素は違う。また，司会者はあなたが最初に選んだ箱は開けないので，（　Ｂ　）の要素も違う。この表記方法を用いると，ありうる全ての場合を次のように並べることができる。

(1,2,1) (1,3,1) (1,2,3) (1,3,2)

(2,1,2) (2,3,2) (2,1,3) (2,3,1)

(3,1,3) (3,2,3) (3,1,2) (3,2,1)

ただ，この12通りの組の起きやすさは全て同じではない。各組の起きやすさを検討するため，あなたは必ず最初に箱１を選ぶことにして問題を単純化する。すると，起きる可能性のある組は次の４通りになる。

(1,2,1) (1,3,1) (1,2,3) (1,3,2)

賞品のある可能性は三つの箱のどれについても同じであることは，ゲームの説明の中に組み込まれている。つまり，あなたの最初の選択とは無関係に，賞品が箱１，箱２，箱３にある確率は全て等しい。また，あなたの最初の選択が当たりの状況では，司会者は残った二つの箱から開ける箱を無作為に決める。このルールはあなたも知っている。最初の選択が当たりの場合を表す組は，（　Ｃ　）の要素が同じものであり，それに該当する二つの組である（　ア　）の確率は等しい。これらのことから，(1, 2, 1) の確率は (24) 分の (25) ，(1, 3, 1) の確率は (26) 分の (27) ，(1, 2, 3) の確率は (28) 分の (29) ，(1, 3, 2) の確率は (30) 分の (31) となる。

箱1を選んだとして，あなたが箱を変えることで当たる確率はどれだけか。（　C　）の要素が異なる組は，箱の選択を変えることにより当たる場合を表す。これに該当する二つの組は（　イ　）である。すると，箱を変えることで賞品を得る確率は，両者の確率を足した (32) 分の (33) となる。この結論は，最初に箱2を選ぶとしても箱3を選ぶとしても変わらない。ゆえに，（　あ　）。

2番目のゲームは，1番目のゲームと冒頭は同じであるが，あなたが最初に箱を選んだ後に次のように進む。「司会者は賞品の入っている箱を知らない。そして，あなたが選ばなかった二つの箱から無作為に選んで開ける。ここで司会者が賞品の入った箱を開けてしまったら，ゲームは終わり，あなたは賞品を得られない。司会者が開けた箱が空であれば，ゲームは進み，司会者はあなたに，まだ開けていないもう一つの箱に変えるか，元の選択にとどまるか，選ぶ機会を与える。」

箱を変える機会をあなたが得た場合，賞品を手に入れる確率を高くするには，箱を変えるべきだろうか。このゲームについて，あなたが最初に箱1を選ぶとすると，起こりうる結果は以下の六つになる。

(1, 2, 1)　(1, 3, 1)　(1, 2, 2)　(1, 3, 2)　(1, 2, 3)　(1, 3, 3)

賞品が箱1，箱2，箱3にある確率は全て等しい。そして，賞品がどの箱にあるかにかかわらず，司会者が箱2と箱3を開ける確率は等しい。このことから，例えば (1, 2, 2) の確率は (34) 分の (35) と計算できる。すると，司会者が賞品のある箱を開けてしまい，ゲームが終了する確率は (36) 分の (37) ，司会者が賞品のない箱を開け，あなたが箱を変えて賞品を逃す確率は (38) 分の (39) ，司会者が賞品のない箱を開け，あなたが箱を変えて賞品を得る確率は (40) 分の (41) となる。この結論は，最初に箱2を選んでも箱3を選んでも変わらない。ゆえに，司会者が賞品のない箱を開けてゲームが進めば，（　い　）。

3番目のゲームは，以下のように進む。「あなたは同一の箱を七つ見せられる。七つの箱には賞金が入っており，7万円が入っているのは三つ，4万円が入っているのは二つ，3万円が入っているのは二つである。あなたは選んだ箱に入っている賞金を獲得できる。あなたは箱を一つ選ぶよう司会者から求められるが，すぐには開けてはいけない。選び終わると，司会者はあなたが選んだ箱以外の六つの箱から無作為に一つを選んで開ける。そのうえで，箱を変えるか，元の選択にとどまるか，選ぶ機会を与える。」

期待できる賞金を高くするには，あなたは箱を変えるべきだろうか。ここで，「期待できる賞金」は，あなたが箱を変える，あるいは変えないという選択をしたときに，起こりうる全ての結果のそれぞれについて，その確率と得られる賞金を掛け，それらを足し合わせたものである。例えば，「変えない」という選択をしたとしよう。最初に箱を選ぶときには，7万円が得られる確率は $\frac{3}{7}$，4万円が得られる確率は $\frac{2}{7}$，3万円が得られる確率は $\frac{2}{7}$ である。この確率は，司会者が箱を開けても変わらない。すると，最初の選択を変えないことで期待できる賞金は，$\frac{3}{7}\times 7+\frac{2}{7}\times 4+\frac{2}{7}\times 3=5$ より5万円となる。

「変える」という選択をしたときに期待できる賞金の計算では，手順が増える。そして，期待できる賞金は，司会者が開けた箱に入っていた賞金によって変わる。例えば，司会者が開けた箱に7万円が入っていたとする。あなたが最初に選んだ箱に7万円が入っていれば，新たに選ぶ箱は，7万円入りの箱が一つ，4万円入りの箱が二つ，3万円入りの箱が二つの計5箱からの1箱である。このとき，箱を変えることで期待できる賞金は，$\frac{1}{5}\times7+\frac{2}{5}\times4+\frac{2}{5}\times3=4.2$ より4万2千円となる。あなたが最初に選んだ箱に4万円が入っていれば，箱を変えることで期待できる賞金は，同様の計算から $\frac{2}{5}\times7+\frac{1}{5}\times4+\frac{2}{5}\times3=4.8$ より4万8千円となる。あなたが最初に選んだ箱に3万円が入っていれば，箱を変えることで期待できる賞金は同様の計算により5万円となる。最初に選んだ箱に7万円が入っている確率は $\frac{3}{7}$，4万円が入っている確率は $\frac{2}{7}$，3万円が入っている確率は $\frac{2}{7}$ なので，選択を変えたときに期待できる賞金は，$\frac{3}{7}\times4.2+\frac{2}{7}\times4.8+\frac{2}{7}\times5=4.6$ より4万6千円となる。箱を「変えない」という選択と比較すると，司会者が開けた箱に7万円が入っていれば，（　う　）。

では，司会者が開けた箱に入っていたのが4万円だったらどうであろうか。選択を変えたときに期待できる賞金を同様の計算をして求めよう。箱を変えることで期待できる賞金は，あなたが最初に選んだ箱に7万円が入っていれば［(42)］万［(43)］千円，4万円が入っていれば［(44)］万［(45)］千円，3万円が入っていれば［(46)］万［(47)］千円となる。この三つの可能性を確率をつけて考え合わせると，期待できる賞金は［(48)］万［(49)］千円となり，（　え　）。

（J. ローゼンハウス著，松浦俊輔訳『モンティ・ホール問題』青土社，2013年，を改変して作成した。）

問1．本文中の空欄［(24)］～［(49)］には，0から9の整数が入る。その整数を解答用紙A（マークシート）の解答欄にマークしなさい。ただし，確率を表す分数は既約分数にすること。

問2．本文中の空欄（　A　）～（　C　）に当てはまる最も適切な語句を次の選択肢から選び，その番号を解答用紙A（マークシート）の解答欄にマークしなさい。ただし，（　A　）［(50)］，（　B　）［(51)］，（　C　）［(52)］である。

1　第1と第2　　2　第1と第3　　3　第2と第3

問3．本文中の空欄（　ア　），（　イ　）に当てはまる最も適切な組を次の選択肢から選び，その番号を解答用紙A（マークシート）の解答欄にマークしなさい。ただし，（　ア　）［(53)］，（　イ　）［(54)］である。

1　(1, 2, 1) と (1, 3, 1)　　2　(1, 2, 1) と (1, 2, 3)　　3　(1, 2, 1) と (1, 3, 2)
4　(1, 3, 1) と (1, 2, 3)　　5　(1, 3, 1) と (1, 3, 2)　　6　(1, 2, 3) と (1, 3, 2)

問4．本文中の空欄（　あ　）～（　え　）に当てはまる最も適切な語句を次の選択肢から選び，その番号を解答用紙A（マークシート）の解答欄にマークしなさい。ただし，（　あ　）［(55)］，（　い　）［(56)］，（　う　）［(57)］，（　え　）［(58)］である。

1　箱を変えた方が良い　　2　箱を変えない方が良い　　3　箱を変えても変えなくても同じである

問5．1番目のゲームと2番目のゲームでは，賞品獲得を目指す際にとるべき行動に違いが生じる。その理由を説明するとき，次の空欄に入る最も適切な語句を，解答用紙Bの所定の欄に20字以内で記入しなさい。

2番目のゲームでは，司会者がどの箱に賞品があるのかを知らないので，司会者が（　　　　）から。

//////////////////// · memo · ////////////////////

////////////////////// · memo · //////////////////////

/////////////////// · **memo** · ///////////////////

////////////////////// · memo · ///////////////////

2023年度

問題編

■一般選抜

問題編

▶試験科目・配点

方式	教　科	科　　目	配　点
A方式	外国語	コミュニケーション英語Ⅰ・Ⅱ・Ⅲ，英語表現Ⅰ・Ⅱ	200点
	地理歴史	日本史B，世界史B，地理Bのうち1科目選択	100点
	数　学	数学Ⅰ・Ⅱ・A・B	100点
B方式	外国語	コミュニケーション英語Ⅰ・Ⅱ・Ⅲ，英語表現Ⅰ・Ⅱ	200点
	地理歴史	日本史B，世界史B，地理Bのうち1科目選択	100点
	論文テスト	資料を与えて，論理的理解力と表現力を問う	100点

▶備　考

- 数学Aは「場合の数と確率」・「整数の性質」・「図形の性質」を，数学Bは「数列」・「ベクトル」を出題範囲とする。
- 「外国語」と「地理歴史」はA・B両方式共通。
- B方式の「論文テスト」は，現代日本語で書かれたやや長文の資料や図表が与えられ，その内容についての理解力，論理的思考力，表現力を問う。

英語

（90分）

I 次の英文を読み、（1）～（10）の設問について最も適切なものを選択肢1～4から選び、その番号を解答用紙A（マークシート）の解答欄 [（1）] ～ [（10）] にマークしなさい。

The Founding Fathers, who wrote the U.S. Constitution in 1787, could have created any political system they wanted. They could have appointed George Washington king, established an aristocracy, divided America's rich land, and made themselves lords. However, they were determined to create a democracy. The idea of such a system existed — in the narrow model provided by the ancient Greeks, and in the writings of Hume, Locke, Rousseau, and other political philosophers — but the reality did not. No country had ever attempted democracy on this scale, over such a large territory, where so many people would rule themselves. James Madison, Alexander Hamilton, and John Jay tried to anticipate all the challenges the new nation would face: state versus federal power; how to prevent the tyranny of the majority; the danger of destructive factions. They knew that such a country would be chaotic, unmanageable, and prone to conflict. And yet they persisted, believing a better, freer world was possible.

Of course, from another perspective — shared by millions — the dream was a nightmare. America was created to serve white men with property — the only people who could have power in politics. The founders themselves were slave owners and did not believe that slaves deserved rights and freedoms. In fact, they did not even consider the enslaved to be full human beings. They did not believe that white workers with no land could (6)hold public office either. Moreover, they did not believe women had any say in these matters. They were broad-minded, but only by the standards of their era. Even if they had been visionary enough to embrace the idea that all men and women were created equal, it would have been impossible for them to anticipate the many changes America would face.

America at present faces a monumental challenge: to create a truly multiethnic democracy, one that can survive and thrive as global migration continues to shape the country's ethnic and gender identity. The world has changed dramatically since the late 1700s. Democracy is [（1）] just for white men who own farms. It now includes women; rural, urban, and suburban families; people who were born here and people who risked their lives to come here; individuals of all ethnic groups. We need them all. Countries that try to stop immigration will slowly die because their populations will dwindle. Our democracy will have to protect the rights of small groups while also building a unifying national identity. We will need to show the world that a transition to multiethnic democracy can be done peacefully and with no decline in prosperity.

The United States will be the first Western democracy where white citizens lose their majority status. This is projected to happen in 2045, and other countries will follow. Around 2050, white citizens will become a minority in Canada and New Zealand. The shift will likely happen in the United Kingdom in 2066, and in all English-speaking countries by 2100. Far-right parties in all of these countries have issued ominous warnings about the end of white dominance, seeking to fan hatred by emphasizing the great cost — economic, social, moral — of such transformation.

Yet that is a myth, the latest in a long line of illusions created by people who see power as (8)<u>a zero-sum proposition</u>. Many American cities have already proven it wrong. In Birmingham and Memphis — and other cities that have transitioned from a white to a black majority — black mayors have been elected and won the support of white voters. Whites who had worried that black leadership would lead to black revenge and white economic decline realized that their fear had been unnecessary. Their lives continued much as before, while the lives of black residents improved. People learned that having a multiethnic party in power was not a menace to their well-being. A rise of black power did not mean an equivalent loss of white power. A new peaceful equilibrium was reached.

California is another successful example. Since becoming minority-white in 1998, the state has seen its economy grow by 200 percent. Unemployment has dropped by almost 3 percent. GDP per person in the state has increased by 52.5 percent. Yet this transition initially met fierce resistance. In 1994, the state passed a referendum called Proposition 187, prohibiting illegal Latin-American immigrants from receiving public services like healthcare and education. The referendum made the state the first in the modern era to approve major legislation aimed at deterring immigration and punishing those without legal immigration documents.

[(2)], all of that began to change when the former minorities outnumbered white people in California. As they amassed enough support to wield political power, the state began to embrace its diversity, enacting policies that benefited not just white citizens but also citizens from different ethnic backgrounds. Large-scale increases in education spending and major reductions in prison populations followed, improving the welfare and well-being of all residents. In less than three decades, the state shed its reputation for anti-immigrant activism to become a forward-thinking model for policies on immigration and inclusion. California still has many challenges. It has a quarter of the nation's homeless residents and ranks fourth highest in terms of income inequality. It is [(3)] a utopia. Still, the state's journey from racial fear to broad racial acceptance shows what is possible.

[Adapted from a book by Barbara F. Walter]

(i) In the context of this passage, choose the most suitable expression to fill in each blank.

(1) The answer is: [(1)].
1 better designed 2 no longer 3 not caring 4 still reserved

(2) The answer is: [(2)].
1 Furthermore 2 Nevertheless 3 Opposingly 4 Therefore

(3) The answer is: [(3)].
1 anything but 2 before everything 3 more or less 4 nothing short of

(ii) In the context of this passage, choose the best answer for each question.

(4) The Founding Fathers considered the future democracy unstable because [(4)].
1 people suspected that the concept of democracy was an exaggerated fiction

出典追記：How Civil Wars Start : And How to Stop Them by Barbara F. Walter, Crown Books

2 representative government does not always make ideal decisions
3 they themselves were slave owners and undermined the ideal of social equality
4 they would have faced public challenges if they had made an aristocracy

(5) The model provided by Greek and European political philosophers was not always sufficient for the newly founded America because [(5)].
1 a democracy developed to such an extent in a populous land was unheard-of
2 it was impractical to debate those political issues in a time of national emergency
3 nationalism caused the leaders to avoid established European political theories
4 the United States was the first place in the world where democracy was discussed

(6) The phrase (6)hold public office means to [(6)].
1 assume a position of authority, especially in government
2 establish a financial center of large business enterprises
3 obtain an executive position, especially at a major corporation
4 open a legal or medical practice to serve the community

(7) According to the passage, what is one of the biggest difficulties that the United States is currently facing? The answer is: [(7)].
1 It must attend to income inequality and homeless citizens
2 It must cope with the dramatic changes in the composition of the population
3 It must guarantee voting rights for women and ethnic minorities
4 It must stop further decline in the population to stabilize the economy

(8) People who see power as (8)a zero-sum proposition think that [(8)].
1 power is worthless because nothing is certain in this world
2 racial distinctions will vanish when a society matures
3 whatever is gained by one side is lost by the other
4 winner-take-all is a universal truth in all countries

(9) Which of the following does the passage imply? The answer is: [(9)].
1 In English-speaking countries, far-right parties tend to be hostile toward multiethnic democracy
2 It will cost the government greatly to change people's attitudes and initiate economic, social, and moral reforms
3 The U.S. is leading Canada and New Zealand in preventing population diversification
4 The U.S. is preparing a major multiethnic project to be implemented nationwide in a few decades

(10) All of the following statements are consistent with the author's observation about California **EXCEPT**: [(10)].
1 Proposition 187 contributed to promoting the state's economy and welfare
2 Social conditions improved under minority-turned-majority political leadership
3 The referendum in the mid-1990s ran counter to the ideas of inclusiveness
4 White residents reacted aggressively to the prospect of losing their majority status

Ⅱ　次の英文を読み、(11)～(20)の設問について最も適切なものを選択肢1～4から選び、その番号を解答用紙A（マークシート）の解答欄 (11) ～ (20) にマークしなさい。

Food loss and waste is a worldwide problem — one that has been worsened by COVID-19. The restrictions in movement and quarantine regulations caused by the COVID-19 pandemic have increased the levels of food loss and waste globally.

In "The State of Food and Agriculture 2019," the Food and Agriculture Organization of the United Nations (FAO) defined food loss as the decrease in the quantity or quality of food resulting from decisions and actions by food suppliers in the food chain, excluding retailers, food service providers, and consumers. Food loss is typically driven by infrastructure limitations, climate, and environmental factors, as well as quality, aesthetic, or safety standards. Food loss most often occurs at the production, post-harvest, and processing stages of the food chain.

Food waste, (11) , occurs at the end of the food chain. Food waste is food which was originally produced for human consumption but then was discarded or was not consumed by humans. This includes food that was spoiled prior to disposal and food that was still edible when thrown away. Food waste typically occurs at the retail and consumer level and is driven by decisions made by consumers and businesses who prioritize quality, aesthetics, and safety standards.

As the pandemic continues to put people's food security and nutrition at risk in many countries and hurt the livelihoods of small producers, we are called to re-evaluate our food systems: the way our food is produced, distributed, and consumed. One thing is clear. In this time of crisis, there is no (12) for food loss and waste. Fortunately, new and innovative technology is being developed every day to improve these systems above, (15)transforming them for the better. Here are just a few examples.

Smartphones are increasingly widespread, and apps are a simple and easy way to reach much of the global population. During the pandemic, the popularity of apps to solve food loss and waste has increased. Several countries also began to develop apps to facilitate the logistics, transport, and e-commerce of perishable foods. Too Good to Go is one app that gives shops and restaurants in many cities a platform to sell their (13) food at reduced prices at the end of the day.

The FAO has worked on a number of innovative technologies to increase the efficiency of post-harvest handling and food processing. One of these new solutions harnesses 3D printing technology. The FAO offers online, open-source 3D designs of innovative equipment (equipment that the Organization itself uses in country projects) for download and use. One of the FAO's most popular downloads is a multipurpose wooden crate for the transport, handling, storage, and retail display of produce, reducing the need for produce to be transferred from one box to another. The innovative design uses basic wooden materials, but as a result much less food is damaged during transport. This design has had 13,000 downloads in under two years and is used widely in Sudan and Thailand.

Being innovative is not all about new technology — it can also mean using simple techniques in a new way. Many FAO projects reduce food loss at the harvesting stage just by challenging traditional techniques and introducing new methods of utilizing pre-existing tools. For instance, in many Asian countries, a large proportion of produce is lost during transport. One FAO project in three South Asian countries found that post-harvest losses ranged between 20 and 50 percent for fruits and vegetables. Much of this is due to packaging that fails to protect the produce. In

Bangladesh, tomatoes are traditionally transported from farm to market in large mesh sacks. Many of the tomatoes are bruised or damaged when they arrive. An FAO project in the region proposed using large crates instead, which substantially reduced food loss and allowed farmers to sell a larger proportion of their produce. The FAO provided groups of small-scale farmers with crates to get them started and trained them in the best food-handling practices. The difference in the quality and shelf-life of the produce was so noticeable that in Sri Lanka, one supermarket now provides crates to farmers to guarantee the quality of their produce. Simple but effective changes like this can dramatically improve handling in the supply chain and have a huge impact on the income and food security of local farmers. They also contribute to improving the quality and shelf-life of food for consumers.

During COVID-19, many perishable foods like fruits and vegetables went to waste as both farmers and consumers couldn't access markets. September 29, 2020 marked the first International Day of Awareness of Food Loss and Waste, and the FAO called upon individuals, businesses, and governments to act. This international day came in the middle of a global pandemic, one which has served to highlight the fragility of our current food systems and the importance of access and availability to food.

For many people on the planet, food is a given. But for the millions of people who are chronically hungry, access to food is not guaranteed. Reducing loss and waste means respecting food and the natural resources, human effort, and investment that has gone into it. When we think about food's backstory, it is easier to see what our food really [(14)] and how precious it really is.

[Adapted from texts posted on *fao.org* and *waste4change.com*]

(i) In the context of this passage, choose the most suitable expression to fill in each blank.

(11) The answer is: [(11)].
1 in addition 2 in other words
3 nonetheless 4 on the other hand

(12) The answer is: [(12)].
1 barrier 2 leisure 3 room 4 substance

(13) The answer is: [(13)].
1 controversial 2 optional 3 scarce 4 surplus

(14) The answer is: [(14)].
1 conserves 2 honors 3 provokes 4 represents

(ii) In the context of this passage, choose the best answer for each question.

(15) Which one of the following is synonymous with (15)<u>transforming them for the better</u>? The answer is: [(15)].
1 Accelerating technological innovations to deter food production

2　Improving food systems to reduce lost and wasted produce
3　Replacing traditional retailers with new apps for faster food distribution
4　Solving the food shortages in underdeveloped countries and regions

(16)　Of the following, the greatest cause of food loss is [(16)].
1　climate change that might occur in coming generations
2　consumers' tendency to pursue fresh food that is available at stores
3　infrastructure limitations in harvest handling and food processing
4　pandemics that accelerate food shortages in underdeveloped regions

(17)　Which of the following best illustrates the concept of food loss? The answer is: [(17)].
1　Discarding products that became deformed during transport from farms
2　Not consuming all the food stored in the refrigerator and freezer
3　Selling high quality, irregularly shaped food at discount prices
4　Throwing away a still edible product as the expiration date nears

(18)　Which one of the following is true of the innovative technology that helps improve food systems? The answer is: [(18)].
1　Conventional techniques can be employed with new methods to protect produce
2　Innovative technologies are based on novel designs and materials that protect food
3　Intricate and hierarchical strategies are indispensable for innovative technology
4　New technologies, such as apps, are used by farmers exclusively to prevent food loss

(19)　Which of the following would **NOT** contribute to solving the problems facing today's food systems as outlined in the passage? The answer is: [(19)].
1　Building efficient infrastructure to better protect pre-harvest and post-harvest produce
2　Changing the minds of consumers so that they do not prioritize appearance
3　Inventing technologies that control the climate and thereby eliminate food shortages
4　Using pre-existing tools, along with innovative technologies, to reduce loss and waste

(20)　The author's opinion of food loss and waste is best summarized by which one of the following? The answer is: [(20)].
1　A global pandemic caused reduced access to food and increased chronic hunger
2　Consumers and business owners are equally responsible for food waste
3　Greater respect should be paid to food, alongside efforts to reduce loss and waste
4　With innovative technologies, food shortages will not be an issue any longer

Ⅲ 次の英文を読み、(21) ～ (30) の設問について最も適切なものを選択肢1～4から選び、その番号を解答用紙A(マークシート)の解答欄 (21) ～ (30) にマークしなさい。

According to Robert Reich, Professor of Public Policy at University of California Berkeley and former U.S. Secretary of Labor, the truth about inflation is being covered up with countless myths. The following is a summary of his opinions from 2022.

First, inflation is not being driven by wage increases. Although wages have been rising, they have been rising more slowly than prices. Hourly wages grew by 5 percent in the past year — but prices rose by 8.6 percent. This means, when you adjust for inflation, workers essentially got a 3.6 percent pay cut over the previous year. Second, corporate profits are one of the main drivers of inflation. Corporations are raising prices above what is needed to cover their higher costs. These price (21) have soared in number. Corporations are getting away with this theft because they face little to no competition. Furthermore, they are using the distraction of inflation as a cover. In 2021, corporations raked in their highest profits in 70 years. One recent study found that over half the increase in prices we have been experiencing can be attributed to fatter corporate profits. Third, government assistance to people during the pandemic did not overheat the economy. Most families — who have not had a real wage increase in years — used the aid to pay down debt or save for the future. The assistance was barely enough to keep working families afloat.

Higher prices are not being driven by wage increases. They were not driven by federal aid to people during the pandemic. Inflation is being driven in large part by record corporate profits. Corporations could easily absorb higher costs, but instead they are passing them on to consumers and even raising prices higher than those cost increases.

This leads to the question of why corporations are getting away with this — the issue mentioned above of facing little or no competition. If markets were competitive, companies would keep their prices down to prevent competitors from stealing customers. However, in a market with only a few competitors that are able to coordinate prices, consumers have no real choice.

So what are corporations doing with their record profits? Using them to boost share prices by buying back a record amount of their own shares of stock or saving the excess funds. For instance, Goldman Sachs expects buybacks to reach $1 trillion in 2022 — an all-time high. This amounts to a direct upward transfer of wealth from average working people's wallets into CEOs' and shareholders' pockets. Similarly, billionaires have become at least $1.7 trillion richer during the pandemic, (22) CEO pay (based largely on stock values) is now at a record 350 times the typical worker's pay.

America's central bank, the Federal Reserve (FRB), wants to curb inflation by continuing to raise interest rates. That would be a grave mistake, because it does not address corporate concentration of wealth and it will slow job and wage growth. The labor market is not "unhealthily tight" with only a few workers supposedly available to fill each open job, as the current FRB Chair claims. Corporations are unhealthily fat. So what's the real solution?

One plan is tougher (23) enforcement to address the growing concentration of the economy into the hands of a few giant corporations. Since the 1980s, over two-thirds of American industries have become more concentrated, enabling corporations to coordinate price increases. Another approach is a temporary *windfall profits tax that takes corporations' record profits and redistributes them as direct payments to everyday Americans struggling to cover soaring prices. Britain's Conservative government enacted a 25 percent windfall profits tax on oil and gas giants. The revenue from that tax will go to lower-income households to help them weather the energy crisis. If Britain's Conservatives can do this, so can the U.S. A further method would be a ban on corporate stock buybacks. Buybacks were illegal before U.S. President Ronald Reagan legalized them in 1982 — and they should be made illegal again. Additionally, we could implement higher taxes on the wealthy and on corporations. Corporate tax rates are at near-record lows, even as corporate profits are at near-record highs. Worse yet, much of billionaires' pandemic gains have escaped taxes altogether. Finally, stronger unions are needed. As corporate power has grown, union membership has declined, and economic inequality has risen — the reason most workers have not seen a real raise in 40 years. All workers deserve the right to collectively bargain for higher wages and better benefits.

In short, the real problem is not inflation. The real problem is the increase in corporate power and the decline in worker power over the past 40 years. Unless we address this growing imbalance, corporations will continue transferring the economy's gains into their CEOs' and shareholders' pockets — whereas everyday Americans suffer.

[Adapted from an article posted on *robertreich.org*]

注） *windfall profits tax: a tax on an unusually high profit that is sudden and unexpected

(i) In the context of this passage, choose the most suitable expression to fill in each blank.

(21) The answer is: (21).

1 hikes 2 pushes 3 sits 4 stays

(22) The answer is: (22).

1 lest 2 otherwise 3 unless 4 while

(23) The answer is: (23).

1 anti-company 2 anti-expression 3 anti-monopoly 4 anti-union

(ii) In the context of this passage, choose the best answer for each question.

(24) According to Reich, how are inflation and wages related? The answer is: (24).

1 Rising inflation causes the actual wages of workers to fall
2 Rising wages and growing inflation are not necessarily linked
3 When inflation increases, the growth of the wages of workers should slow
4 When wages rise, inflation also rises at the same rate

(25) Why does Reich blame corporations for rising inflation? The answer is: (25).

1 Companies do not need to raise prices as much as they have
2 Covering the growing costs of inflation has been difficult for companies
3 Inflation has increased at its highest rate in 70 years
4 Intense corporate competition has grown in this inflationary environment

(26) Which of the following can we infer about Reich's view of the role of government aid in contributing to an inflationary environment? The answer is: (26).

1 Government aid to working families met their basic needs, but did not meaningfully affect inflation

2 Government assistance to working families raised inflation because families saved the money or paid down their debt
3 The government did not give enough aid to working families, and should have provided more even though it caused inflation
4 The government provided too much assistance to working families, leading prices to go up

(27) Based on the article, which of the following have corporations **NOT** done with the profits they have made? The answer is: (27) .
1 Corporations have bought back many shares of their stock
2 Corporations increased share owner profits at the expense of their workers
3 Corporations raised the pay of their top leaders significantly
4 Corporations used the profits to better fight off their competitors

(28) The FRB policy is a mistake because higher interest rates (28) .
1 have further tightened the labor market, damaging the economy
2 have historically curbed inflation, but they may not today
3 will not solve underlying problems, since they will hurt corporations
4 will slow improvements in salaries and hiring, hurting working families

(29) Which of the following does Reich **NOT** list as a solution to the inflation problem facing America? The answer is: (29) .
1 Imitate the British government and permanently tax record corporate profits to pay off government debt
2 Prevent companies from buying back record amounts of their own shares of stock
3 Strengthen unions to reduce societal inequality and the ability for corporations to profit excessively
4 Tax both corporations and the extremely wealthy at a higher rate so they pay their fair share

(30) What title best captures the main idea of the passage? The answer is: (30) .
1 Corporate Greed and the Massive Damage to the U.S. Economy
2 Government Policy Failures and Their Ties to Inflation
3 Myths, Realities, and Solutions Regarding the Causes of Inflation
4 Reasons Corporations Profited During the COVID Pandemic

Ⅳ　次の英文（31）～（37）の空所に入る最も適切なものを選択肢 1 ～ 4 から選び、その番号を解答用紙 A（マークシート）の解答欄 [(31)] ～ [(37)] にマークしなさい。

(31) Due to the heavy storm, the power went out. ＿＿ had the blackout ended than the city lighting returned.

1 As far as　　2 No sooner　　3 Not until　　4 Right after

(32) ＿＿ had I left the office, ＿＿ the sun broke out from behind the clouds.

1 Before … had　　2 Hardly … when　　3 Just … about　　4 Not … after

(33) She ＿＿ the medal three times in a row at the Olympics if she wins next time. It is too bad that she will retire after those Games.

1 will have won　　2 will win　　3 wins　　4 would have won

(34) ＿＿ how strongly Pat protested his dismissal, his deportation was finalized.

1 According to　　2 In terms of　　3 No matter　　4 Referring to

(35) I am often struck by how a social norm impacts medical culture and ＿＿ such a part in the way patients are treated and symptoms are investigated.

1 focuses　　2 moves　　3 plays　　4 runs

(36) Yukiko had long aimed to write a book. When she finally ＿＿ her dream, she was doubly thrilled to find that her work was a best-seller.

1 fulfilled　　2 managed　　3 met　　4 succeeded

(37) Opportunity gaps in schools ＿＿ other societal gaps, such as income gaps. It is impossible to discuss this kind of divide in educational opportunity without examining these other societal inequalities.

1 await　　2 channel　　3 monitor　　4 parallel

V 次の英文の空所（38）〜（43）に入る最も適切なものを選択肢1〜4から選び、その番号を解答用紙A（マークシート）の解答欄 (38) 〜 (43) にマークしなさい。

One current controversy is the question of whether and how we should teach children about frictions between ethnic groups, as well as other negative dimensions of a nation's history. Politicians, parents, and other influential (38) have strong and divided views about this issue. One side assumes that teaching a more critical version of history would be beneficial to our children and thus they argue for adding more lessons criticizing past events to the (39); the other side assumes that such lessons would be harmful and therefore they argue that critical content should be banned from the classroom.

This, though, raises a number of (40). What actually happens when we teach students negative perspectives on history? Or, put another way, what happens when children learn about past cases of ethnic tensions?

Social scientists have studied this matter for years and found that, overall, there is much to be gained from schools teaching students about more challenging (41) of history. In a recent review of previous studies on this topic, a psychologist notes that teaching children about ethnic tensions can actually increase the (42) they have toward members of other groups, as well as their worries about system-wide biases. Such research points to conclusions likewise indicating, (43), that when children learn about unfairness, they are more likely to value equality and show more positive attitudes and warmth to other people.

[Adapted from an article posted on *fivethirtyeight.com*]

(38)	1 actors	2 directors	3 editors	4 writers
(39)	1 accommodation	2 beliefs	3 curriculum	4 values
(40)	1 complaints	2 concerns	3 decisions	4 judgments
(41)	1 aspects	2 exceptions	3 fable	4 repetition
(42)	1 balance	2 confusion	3 glory	4 sympathy
(43)	1 for example	2 for good	3 foreseeing	4 forgiving

Ⅵ　次の英文（44）～（47）を読み、それぞれの設問について最も適切なものを選択肢1～4から選び、その番号を解答用紙A（マークシート）の解答欄 (44) ～ (47) にマークしなさい。

(44) Eleanor Roosevelt made the following statement on April 1, 1936: "One of the things that I have been particularly grateful for in the years of the Depression is that we have discovered so many things that we had not known before. One of these things is the areas of the country which are not served in any way by libraries. I have seen photographs, for instance, of girls going out on horseback with libraries strapped on behind them, taking books to children and grown people in places that have been without libraries. We know a good deal about Mary Breckinridge's nursing service for the mountain people of rural Kentucky, but we know very little about the libraries that go out in the same way that her nurses do, on horseback."

[Adapted from a book by Eleanor Roosevelt]

Which of the following is suggested by Roosevelt's speech? The answer is: (44) .

1　Led by Mary Breckinridge, girls started donating books to people in remote areas
2　Libraries are a source of mental nourishment and should be accessible to all citizens
3　Mary Breckinridge's initiative to spread book learning is scarcely known
4　Photojournalism was integral to policy-making during the Great Depression

(45) Diffusion of responsibility occurs when people who need to make a decision wait for someone else to act instead. The more people involved, the more likely it is that each person will do nothing, believing someone else from the group will probably respond. Diffusion of responsibility makes people feel less pressure to act because they believe, correctly or incorrectly, that someone else will do so. And, when we don't feel responsible for a situation, we feel less guilty when we do nothing to help. So, in this way, diffusion of responsibility keeps us from paying attention to our own conscience.

[Adapted from an article posted on *ethicsunwrapped.utexas.edu*]

Based upon the passage, which one of the following would serve as an effective strategy to make people respond independently? The answer is: (45) .

1　Enhance peer pressure to make group members take action jointly
2　Explicitly appeal to the entire group about the urgent need for a collective response
3　Make people believe that group size does not matter and problems are resolved on their own
4　Request help from a specific target so the target feels a personal obligation to act

(46) Imports, not exports, are the point of international trade. That is, the benefits of trade should not be valued based on the jobs and incomes created by export industries; those workers could, after all, be doing something else. The gains from trade come, instead, from the useful goods and services other countries provide to your citizens.

Thus, running a positive trade balance (i.e., exporting more than you import) is not a "win," even though economic textbooks usually would have you believe otherwise. If anything, it means that you are giving the world more than you get, receiving nothing but promises of payment in return. Yes, in practice there are exceptions to these statements. Positive trade balances can sometimes help boost a weak economy, and while imports make a nation richer, they may displace and impoverish some workers. However, what is happening to Russia illustrates the truth. Russia's positive balance of trade is a sign of weakness, not strength; its exports are holding up well despite its exile status, but its economy is being paralyzed by a cutoff of imports.

[Adapted from an article by Paul Krugman posted on *nytimes.com*]

Which one of the following does the passage imply? The answer is: (46) .

1 Economists have traditionally seen positive balances of trade as an asset for the economy
2 Imports make a country poorer because some of their workers could have made the same goods
3 Politicians realize that the jobs and income created by export industries are the core benefit of trade
4 Workers are highly limited in the flexibility and incentive they have to change jobs

(47) Alfred P. Slone, a former president of General Motors, said at a meeting of one of the top committees, "Ladies and gentlemen, I take it that we are all in complete agreement on the decision here. I propose we postpone further discussion of this matter until our next meeting to give ourselves time to develop disagreement and perhaps gain some understanding of what the decision is all about." There are three reasons why dissent is needed. It first safeguards the decision-maker against becoming the prisoner of the organization. Second, disagreement can provide alternatives to a decision. A decision without an alternative is just a desperate gamble. Above all, disagreement is needed to stimulate the imagination. In all matters of true uncertainty, such as those the executive deals with, one needs creative solutions. This means that one needs imagination — a new and different way of perceiving and understanding.

[Adapted from a book by Peter F. Drucker]

The author implies all of the following **EXCEPT**: (47) .

1 A decision-making process that disregards counterarguments can be hazardous
2 Argumentative attitudes are needed to pursue a decision for the sake of personal gain
3 Dialogue and conflicting opinions can lead to constructive decision-making
4 Productive and more objective decisions are made by comparing multiple perspectives

出典追記：
(46)
(47) Management by Peter F. Drucker, Routledge

ここからは解答用紙 B を使用しなさい。

Ⅶ　次の英文を読み、空所（ a ）～（ e ）に入る、文脈の上で最も適した動詞を下記の語群から選び、**必要に応じて最も適切な語形に変えて**解答欄に記入しなさい。ただし各解答欄に記入する語は動詞一語のみとし、同じ語を二回以上使ってはいけない。**同じ語を二回以上使った場合、正解が含まれていてもその正解は得点にならない。**

answer	exchange	originate	require	structure

Public speaking is an essential life skill. The study of public speaking (a) in ancient Athens about 2,500 years ago. Public speaking is the act of performing a speech to a live audience in a well-(b) manner, in order to inform, entertain, and persuade them. There are many elements of public speaking: picking an interesting topic, writing a captivating speech, asking for audience questions, and (c) those queries from them. Public speaking is usually a formal, face-to-face speech to either a single person or group of listeners. Citizens were each (d) to give speeches as part of their civic duties, which included speaking in legislative assembly and sometimes at court to defend themselves as there were no lawyers for the average Athenian. All citizens theoretically would meet in the marketplace and (e) opinions on war, economics, and politics with one another. Thus, good speaking skills were also essential for a prominent social life.

Ⅷ　次の英文を読み、空所（ a ）～（ f ）に入る、文脈の上で最も適した名詞を解答欄に記入しなさい。下記の動詞群の**最も適切な名詞形のみ**を使用すること。ただし～ing 形は使用してはいけない。また、同じ語を二回以上使ってはいけない。**同じ語を二回以上使った場合、正解が含まれていてもその正解は得点にならない。**

例：　allow → allowance

admit	apply	harass	portion	prevail	tolerate

Despite their high costs, American universities are thriving with many students striving for (a). There are numerous types of universities: public and private; liberal arts and practical training; research and teaching; and many more. It is a varied system, with schools of all shapes, sizes, and purposes. This (b) of all kinds of universities across the country is surprising when we consider the animosity directed toward colleges by many non-college graduates. These individuals, who tend to be unfairly left behind by the system and are often unable to find good jobs, make up a huge (c) of the U.S. population.

Considering these social divides, universities attempt to provide safe and educational environments to encourage (d) with diverse backgrounds to go through the selection process. To this end, universities follow laws that prohibit them from discriminating against students on the basis of particular characteristics. Although the rules vary, they all have the same rationale to protect students of diverse backgrounds and needs. All forms of unlawful force, threats, and sexual (e) are strictly forbidden. Any faculty member or student who violates the terms of this policy is subject to a variety of disciplinary measures — in essence a zero-(f) policy for poor behavior.

出典追記：
Ⅶ　Brief History of Public Speaking and Famous Speakers through the Ages, VirtualSpeech on April 30, 2018 by Dom Barnard
Ⅷ　Succeeding as an International Student in the United States and Canada by Charles Lipson, The University of Chicago Press

日本史

（60分）

（解答上の注意）　解答が2桁の数字の場合には，以下のようにマークすること。

例えば，空欄［⑲｜⑳］の解答が36の場合，解答欄［⑲］の③にマークし，解答欄［⑳］の⑥にマークする。

Ⅰ．次の文章を読み，設問に答えなさい。

鎌倉時代は仏教が武士や庶民などの，より幅広い階層に広まった時代だった。その始まりは平安時代末期に生まれた法然であろう。元々は［（1）｜（2）］で学んでいた法然は，京都や奈良で各宗の教えを学び，念仏さえ唱えればみな極楽浄土へ行けるという専修念仏の教えを説いて［（3）｜（4）］の開祖となった。その教えは公卿にも支持され，九条兼実の求めに応じて［（3）｜（4）］の教義を説いた『（　a　）』を著した。しかし旧仏教側の反発により，法然とその弟子たちは流罪となった。

このとき越後に配流された親鸞は法然と同じく［（1）｜（2）］で学び，『愚管抄』を著した歴史家としても名高い［（5）｜（6）］について得度したといわれる。しかし安心を得られず，後に出会った法然に師事しその弟子となった。赦免後は法然の死を知り京都に戻らず，関東の常陸に赴いて布教した。そして師の教えをさらに進めて，深い煩悩を持つ人こそが阿弥陀仏の救いの対象であるという［（7）｜（8）］を主張した。その教えは農民や武士の間に広まり，(ア)後世には巨大な教団となった。

彼らの系譜に連なるのが一遍である。一遍はすべての人が救われると説き，念仏を書いた札を配り歩く賦算をおこなった。そして念仏を唱えながら鉦・太鼓に合わせて踊る，踊念仏によって日本各地で布教した。そのため彼は（　b　）とも呼ばれ，この呼称は後継者たちに代々受け継がれていった。一遍を祖とする宗派は［（9）｜（10）］と呼ばれる。その衆徒のうち男性は阿弥号を持ち，鎌倉時代末の戦乱では多くの者が陣僧として戦場に同行して戦死者を弔った。そして室町時代になると様々な芸能や技芸で活躍する人々を輩出することとなる。

日蓮は［（11）｜（12）］を釈迦の正しい教えとして選び，題目を唱えることで救われると説いた。日蓮は鎌倉を中心に，他宗派を激しく攻撃しながら布教したため，種々の迫害を受けた。また，国難の到来を予言して(イ)前執権の北条時頼に建白書を提出するなど精力的に活動した。しかしその主張により鎌倉で迫害され，幕府によって伊豆に流罪とされた。赦免後もその姿勢を変えず，再度捕らわれて佐渡に流された。配流から戻って晩年は［（13）｜（14）］に隠棲し，最後まで布教を続けた。

［（1）｜（2）］で学んでいた栄西はその教えに満足せず，宋に二度渡って当時広く信仰されていた仏教の一派を学んだ。坐禅によって修行し，悟りを得るという禅宗の教えである。栄西は帰国後［（15）｜（16）］を日本に伝え，将軍［（17）｜（18）］らの帰依を受けて幕府に重んじられた。［（15）｜（16）］では師の禅僧から課題が与えられ，弟子がこれに答える（　c　）によって悟りに

達することを主眼とする。栄西は加持祈祷にも優れて公家や幕府有力者からの帰依を受け，彼らの支持を受けて晩年は京都に［(19)｜(20)］を開いた。幕府の重臣たちも［(15)｜(16)］に帰依する者が多く，北条時頼は来日した蘭渓道隆を招いて鎌倉に［(21)｜(22)］を建立し，時頼の子で当時の執権北条時宗は中国から無学祖元を招いて［(23)｜(24)］を建立した。

栄西の弟子に学んで後に宋に渡った道元は，師とは異なる禅の一派を学び，帰国後に日本における［(25)｜(26)］の開祖となった。その禅は(ウ)只管打坐によって悟りの境地を体得しようとするものである。道元は京都や鎌倉で布教に努めたが，後に越前に赴き［(27)｜(28)］を開いた。その弟子たちは北陸地方に布教を進めたため，［(25)｜(26)］は地方で広く信仰された。

これらの新仏教に対して南都北嶺の旧仏教内部でも反省と革新への気運が高まった。［(29)｜(30)］の貞慶や［(31)｜(32)］の明恵は，戒律の重要性を説いて新仏教を批判し教団の復興に力を注いだ。［(33)｜(34)］の叡尊は大和を中心に活動し，慈善救済や土木事業をおこなった。その弟子忍性は北条重時に招かれ，鎌倉の［(35)｜(36)］を任されてこれを復興させた。また奈良に北山十八間戸を設立し，ハンセン氏病患者の救済活動をおこなった。数々の新仏教の陰に隠れて見落とされがちであるが，旧仏教側も様々な改革をおこなっている。

仏教建築・美術においても新しい傾向が生まれた。鎌倉時代初期にまずおこなわれたのは，源平の争乱により消失した寺院の復興である。重源は［(37)｜(38)］再建の資金や資材を集めるために，各地をまわって寄付を集め，宋の工人（　d　）の協力を得てその任に当たった。（　d　）は大仏の鋳造や大仏殿再建に参加した。このときに重源が採用したのが大仏様の建築様式で，［(37)｜(38)］南大門がその代表的建築物である。つづいて宋から禅宗様が伝えられた。［(23)｜(24)］舎利殿はその代表的建築物である。また，これら大陸伝来の新様式を従来の様式に取り入れた折衷様も盛んになった。

問1　文中の空欄［(1)｜(2)］～［(37)｜(38)］に当てはまる最も適切な語句を下記の語群より選び，その番号を解答用紙A（マークシート）の所定の解答欄にマークしなさい。

《語群》

11　悪人正機	12　浅間山	13　阿弥陀経	14　永平寺	15　円覚寺
16　円珍	17　円仁	18　黄檗宗	19　観無量寿経	20　義淵
21　教行信証	22　久遠寺	23　倶舎宗	24　華厳宗	25　現世利益
26　建長寺	27　建仁寺	28　興福寺	29　高野山	30　極楽寺
31　金剛峯寺	32　三論宗	33　慈円	34　時宗	35　寿福寺
36　相国寺	37　成実宗	38　成尋	39　浄土宗	40　浄土真宗
41　成忍	42　勝鬘経	43　仙覚	44　曹洞宗	45　大覚寺
46　知恩院	47　天竜寺	48　東大寺	49　南禅寺	50　比叡山
51　富士山	52　藤原頼経	53　法華経	54　法相宗	55　本願寺
56　本地垂迹	57　末法思想	58　源実朝	59　源頼家	60　源頼朝
61　三輪山	62　文章経国	63　薬師寺	64　維摩経	65　律宗
66　臨済宗				

問2 文中の（ a ）～（ d ）に入る最も適切な語句を解答用紙Bの所定の解答欄に書きなさい。

問3 以下の設問の解答を解答用紙Bの所定の解答欄に漢字で書きなさい。

（1） 下線部（ア）は後に強大な武力を持ち，各地で守護や戦国大名と抗争した。この抗争のことを何というか。

（2） 下線部（イ）の建白書を何というか。

問4 下線部（ウ）とはどのような方法か。15文字以内で説明しなさい。

Ⅱ．次の文章を読み，下記の設問に答えなさい。

日本最古の鋳造貨幣である［(39)｜(40)］に続いて708年に本格的な流通貨幣が発行されると，それ以来，10世紀半ば頃の［(41)｜(42)］大宝まで日本独自の銭貨が鋳造された。711年には（ a ）令が定められ銭貨の流通がはかられたが，京・畿内を中心とした地域以外では稲や布などの物品による交易が広くおこなわれており，銭貨の利用は限定的であった。12世紀半ば以降になると，中国から輸入された宋銭が通貨として流通し，鎌倉時代には貨幣経済の発展とともに，銭を貸して高い利息を取る［(43)｜(44)］とよばれる金融業者も現れ，その姿は『山王霊験記絵巻』にも描かれている。また，この時期には相互金融の仕組みである［(45)｜(46)］も現れた。室町時代に入ると，宋銭に加えて明銭も利用され，［(47)｜(48)］通宝は輸入明銭の中で最も多く使用された。

天下統一を実現した豊臣秀吉は，博多の［(49)｜(50)］など重要都市の豪商を統制下におくことで政治・軍事などにその経済力を活用するとともに，(ア)<u>戦国時代から開発が進んだ鉱山</u>を直轄地とし，金貨の鋳造などにより自らの政権の経済的基盤を強化した。1600年頃になると徳川家康が慶長金銀を金座・銀座で大量につくらせたが，銭貨については江戸時代の初め頃までは明銭などが流通していた。その後，1636年に銭座で［(51)｜(52)］通宝が大量に鋳造され，正貨としての銭貨が全国に広く供給された。こうした金貨・銀貨・銭貨といった三貨は江戸時代の商品流通の発展を支え，三貨の交換の必要性などから［(53)｜(54)］の役割が大きくなり，蔵屋敷で蔵物の代金の出納をおこなう［(55)｜(56)］を兼ねたり，諸藩の財政に関与したりする者も現れた。なお，有力な［(53)｜(54)］としては，摂津伊丹の酒造で財をなした大坂の［(57)｜(58)］などが有名である。

17世紀後半になると金・銀の産出量が減少し江戸幕府の財政にも影響が出る中，5代将軍の治世下において金・銀の含有量が少なく品位を下げた貨幣への改鋳がおこなわれた。これにより，幕府は（ b ）と呼ばれる改鋳益金を獲得し財政は一時的に改善されたが，貨幣価値の下落と物価上昇を引き起こした。その後，6代・7代将軍の側用人であった［(59)｜(60)］とともに幕政を担当した新井白石の建議により，品位を元に戻した貨幣が発行され，混乱した貨幣経済の回復が目指された。また，金・銀に代わって銅の採掘が重視され，住友家が経営する伊予の［(61)｜(62)］銅山などが重要な役割を果たした。

(イ)<u>18世紀前半</u>の8代将軍の時代になると，幕府の財政再建の一環として米の増産が奨励され米価は下落したが，他の物価は下がらなかった。こうした「米価安の諸色高」への対策として，［(63)｜(64)］米市場の公認などに加えて，1736年には品位を下げた［(65)｜(66)］金銀への改鋳が行われた。その後，19世紀に入ると財政の行き詰まりを背景に，幕府は品位の劣った貨幣を大量発行し財政の不足を補った。また，この時期は幕府だけでなく諸藩でも財政再建の課題に直面しており，長州藩では藩士の［(67)｜(68)］を中心に改革がおこなわれ，下関に（　c　）を設置することなどで収益を上げた。また，薩摩藩では，(ウ)琉球王国との貿易から利益を上げるなどして藩財政の再建に成功した。さらに，幕末の開国直後には，国内と海外の金銀比価の違いを原因として大量の金貨が海外に流出したことを受け，幕府は品位を大幅に落とした［(69)｜(70)］小判などを鋳造したが，物価高騰に拍車をかけ庶民の生活を圧迫したため，攘夷運動を激化させる一因となった。

時代を少し戻すが，田沼時代には，［(71)｜(72)］などの定量の計数銀貨が大量鋳造されることで金を中心とする貨幣制度の一元化が試みられたが，それは近代にいたるまで実現しなかった。明治時代に入ると，1871年に金本位制の実現を目指して［(73)｜(74)］条例が公布され，円・銭・厘を単位とする新通貨が発行された。さらに，1873年に［(75)｜(76)］らを中心に第一国立銀行が設立されたが，ただちに兌換制度の確立には至らなかった。1880年代になると，大蔵卿に就任した［(77)｜(78)］を中心に不換紙幣の処分が進められるとともに，日本銀行のもとで銀兌換の銀行券が発行され，銀本位の貨幣制度が整った。そして1897年には（　d　）が制定され，日清戦争で獲得した巨額の賠償金を準備金とした金本位制が確立された。

問1　文中の空欄［(39)｜(40)］～［(77)｜(78)］に当てはまる最も適切な語句を下記の語群より選び，その番号を解答用紙A（マークシート）の所定の解答欄にマークしなさい。

《語群》

11　足尾	12　預所	13　阿仁	14　安政	15　一文銭
16　井上馨	17　石見	18　永楽	19　大隈重信	20　荻原重秀
21　開元	22　会合衆	23　替銭	24　掛屋	25　借上
26　加島屋	27　桂小五郎	28　株仲間	29　為替	30　寛永
31　紀伊国屋	32　享保	33　乾元	34　元文	35　元禄
36　郷倉	37　鴻池	38　洪武	39　国立銀行	40　五代友厚
41　小西隆佐	42　祠堂銭	43　渋沢栄一	44　島井宗室	45　正徳
46　新貨	47　調所広郷	48　宣徳	49　丁銀	50　角倉了以
51　天保	52　問屋	53　問丸	54　堂島	55　土倉
56　南鐐二朱銀	57　日本銀行	58　日本橋	59　平野屋	60　富本銭
61　文政	62　別子	63　牧野成貞	64　松方正義	65　間部詮房
66　豆板銀	67　万延	68　無尽	69　村請制	70　村田清風
71　村田蔵六	72　柳沢吉保	73　淀屋辰五郎	74　両替商	75　和同開珎

問2　文中の空欄（　a　）～（　d　）に入る最も適切な語句を解答用紙Bの所定の解答欄に漢字で書きなさい。

問3　以下の設問の解答を解答用紙Bの所定の解答欄に漢字で書きなさい。

（1）　下線部（ア）について，16世紀前半に神屋寿禎により朝鮮から伝来し，その後の日本銀の産出量を飛躍的に増大させた銀の精錬技術を何というか。

（2）　下線部（イ）について，18世紀前半に商人の存在意義と営利・商売の正当性を主張し，『都鄙問答』を記した京都の町人は誰か。その人物名を書きなさい。

（3）　下線部（ウ）について，1429年に三山を統一し琉球王国を建国した人物は誰か。その人物名を書きなさい。

Ⅲ.　次の文章を読み，下記の設問に答えなさい。

病気のため2か月で退陣した［(79)｜(80)］内閣にかわり，1957年に成立した岸内閣は，「日米新時代」を唱え，日米相互協力及び安全保障条約に調印した。条約批准の採決を強行すると，反対運動が高揚し，予定されていた［(81)｜(82)］大統領の日本（本土）訪問は中止された。条約の発効を見届け，岸内閣は総辞職した。日本経済は復興から経済成長へと舵を切り，1958～61年には「［(83)｜(84)］景気」と呼ばれる好況を経験した。岸内閣の後を受けて所得倍増をスローガンに掲げた［(85)｜(86)］内閣は，貿易や為替・資本の自由化を実現し，経済自由化を推進した。1962年には，人口の大都市への集中を緩和し，地域間格差を是正するために（　a　）計画を閣議決定した。

日本経済は1955～73年にかけて年平均10％前後の経済成長をとげ，国民の消費生活にも大きな変化が生じた。1965年には［(87)｜(88)］の普及率が90％に達し，1930年代のトーキーの公開以来，娯楽の中心であった［(89)｜(90)］産業の衰退をまねいた。高度成長の一方で環境破壊などの様々な社会問題が生み出された。政府は世論の高まりを背景に，1967年に（　b　）法を制定し，事業者・国・地方自治体の責任を明らかにした。そして，1971年には同法の改正を経て環境庁が発足した。

1965年以降，アメリカがベトナムへの介入を本格化させると，軍事支出の膨張および日本や西ドイツなどによる対米輸出の急増などによってアメリカの国際収支は悪化し，金準備が減少した。［(91)｜(92)］大統領は1971年8月には金とドルとの交換の停止，10％の（　c　）などを骨子とする新経済政策を発表した。同年末に10カ国蔵相会議が開かれ，(ア)<u>日米の為替相場は1ドル＝308円で固定相場制の復活がはかられたが</u>，その後，ドル不安が再燃した。1972年には［(91)｜(92)］大統領が中華人民共和国（中国）を訪問し，1979年に米中の国交は正常化した。なお，日本が日中国交正常化を声明として発表したのは［(93)｜(94)］年のことであった。

第1次石油危機以降，世界経済が停滞する中で，1979年の［(95)｜(96)］を機に第2次石油危機が起こった。1978年に発足した［(97)｜(98)］内閣は第2次石油危機に対処し，財政再建を目指したが，1980年に首相が急死した。1980年代に入ると日本は安定成長を続け，対米貿易黒字が激増したため，貿易赤字になやむアメリカからは特に強い非難があった。1981年に発足したアメリカの［(99)｜(100)］政権の時期には，自動車の（　d　）と農産物の輸入自由化を強く求めてきた。1985年にニューヨークで開かれた

(101)(102) では，ドル高の是正がはかられた。この後，急速な円高となり，日本は不況にみまわれた。不況対策の一環として，公共事業の拡大と所得税減税による内需拡大，低金利政策が実施されると，地価や株価の暴騰をともなう好況となった。また，(103)(104) 内閣が発足させた第2次臨時行政調査会の方針を受け，後継の内閣は行財政改革を推進し，1987年に (105)(106) の民営化を実現した。なお，アメリカの貿易赤字は減少せず，日本経済の制度や慣行が輸入を妨げているとして，(107)(108) において対日批判を強めた。

日本経済は1991年に景気の後退が始まった。クウェートに侵攻したイラクに対し，1991年になってアメリカ軍を主力とする多国籍軍が武力制裁を加えるという（ e ）が起こった。日本は多国籍軍への参加を求められたが，資金援助にとどまった。1992年，宮沢内閣は，(109)(110) 法を成立させ，自衛隊がカンボジアに派遣された。日米同盟の強化を進めた (111)(112) 内閣は1996年に日米安保体制について共同宣言を発表し，翌年，新ガイドラインが策定された。そして，周辺事態安全確保法などの新ガイドライン関連法が (113)(114) 内閣のときに成立した。

現在では，地球環境問題も大きな課題となっている。1997年，温室効果ガスの排出削減の目標を盛り込んだ (115)(116) が採択されたが，のちにアメリカは不支持を表明した。2015年には開発途上国も含めて温室効果ガス排出削減を努力目標とする (117)(118) が採択された。

問1 文中の空欄 (79)(80) ～ (117)(118) に当てはまる最も適切な語句を下記の語群より選び，その番号を解答用紙A（マークシート）の所定の解答欄にマークしなさい。

《語群》

11 1950　12 1972　13 1975　14 1978　15 G5
16 G7　17 MSA協定　18 アイゼンハワー　19 池田勇人
20 いざなぎ　21 石井・ランシング協定　22 石橋湛山
23 イラク復興支援特別措置　24 イラン革命　25 岩戸　26 映画
27 欧州連合条約　28 大平正芳　29 オバマ　30 小渕恵三　31 オリンピック
32 海部俊樹　33 カラーテレビ　34 京都議定書　35 クリントン　36 ケネディ
37 小泉純一郎　38 国連平和維持活動協力　39 コペンハーゲン合意
40 佐藤栄作　41 サミット　42 白黒テレビ　43 神武　44 鈴木善幸
45 政府開発援助　46 第3次中東戦争　47 第4次中東戦争　48 竹下登
49 田中角栄　50 ダレス　51 デタント　52 テロ対策特別措置
53 電気洗濯機　54 電気冷蔵庫　55 特需　56 ドッジ　57 トルーマン
58 中曽根康弘　59 ニクソン　60 日米行政協定　61 日米構造協議　62 日米地位協定
63 日本国有鉄道　64 日本専売公社　65 日本電信電話公社　66 橋本龍太郎
67 パリ協定　68 福田赳夫　69 福田康夫　70 ブッシュ（子）
71 北京議定書　72 三木武夫　73 村山富市　74 モラトリアム
75 モントリオール議定書　76 ラジオ　77 レーガン　78 レコード

問 2　文中の空欄（　a　）～（　e　）に入る最も適切な語句を解答用紙Ｂの所定の解答欄に漢字で書きなさい。

問 3　下線部（ア）について，固定為替相場制の復活をはかるために開かれた会議において為替変動幅の拡大などが合意された。この合意にもとづく体制の名前を書きなさい。

世界史

（60分）

（解答上の注意） 解答が2桁の数字の場合には，以下のようにマークすること。

例えば，空欄 ⒆ ⒇ の解答が36の場合，解答欄 ⒆ の③にマークし，解答欄 ⒇ の⑥にマークする。

I．次の文章を読み，下記の問いに答えなさい。

人間は目的を達成するために最善策を選択しようとするが，複雑な問題に対処する際の様々な制約により，実は部分的な合理性しか働いていないという学説がある。偉業を成し遂げた歴史的人物も例外ではない。歴史が織りなす雄大な物語の舞台裏には，人間の思考と判断力の限界を示す例が散見している。

帝国の創始者は領土拡大に急ぐあまり，後世にわたる長期的な安定政権の構築を疎かにすることが度々あった。13世紀に誕生した(a)モンゴル帝国がその一例である。 (1) (2) を中心に遊牧勢力が台頭し，モンゴル高原西部のナイマンを征服した。その指導者はチンギス＝ハンとして即位後，大遠征をくりひろげた。西では (3) (4) を奪ったナイマンの残存勢力およびホラズム＝シャー朝を倒した。東では (5) (6) 人が建てた西夏を滅ぼすなど，一代で帝国の礎を築いた。しかし，チンギス＝ハンは遠征途中で没し，明確な帝位継承の制度が定まっていなかったため，子孫の間で繰り返し内紛が起こった。その間もさらに領土を拡大したが，統治体制は盤石ではなかった。二代目皇帝の三男は (7) (8) 年に金を滅ぼした。他の子孫も地方政権を樹立し， (9) (10) を都とするキプチャク＝ハン国以外に，イラン・イラク方面のイル＝ハン国と (11) (12) 地域のチャガタイ＝ハン国が成立した。さらに，孫の(b)フビライは南宋を倒して中国全土に支配を広げた。しかし，14世紀に天災が続いたのに加え，支配した各地域で対抗勢力が台頭し，地方政権を奪われたモンゴル帝国は崩壊した。

中国大陸からモンゴル人が退いたのち，1368年には明が誕生した。初代の洪武帝は小農民を基盤とする社会に自らが君臨する体制を目指して厳しい統制を行なった。 (13) (14) とその長官の丞相を廃止し，中央官庁と地方官を自分に直属させる制度を作り上げた。農村では，土地と農民は登録制によって管理され，徴税や治安維持に当たらせるための (15) (16) が施行された。また，地方政権を安定させるために， (17) (18) たちを王として北方辺境に配置して防衛力を高めた。洪武帝が推進した一連の制度により支配力は強化されたが，臣下と社会を萎縮させたため社会経済の発展に陰りが生じた。

さらに，明は権力誇示と新秩序を作るために海禁を施行する一方で，政府による朝貢貿易を拡大させた。三代目の永楽帝はイスラーム教徒の (19) (20) に遠征を命じて，積極的に諸国に朝貢を促した。また，永楽4年から始めた南方出兵で，一時的に (21) (22) を占領した。しかし，朝貢貿易から排除された人々の不満が高まり，オイラトは明の皇帝を (23) (24) 近郊で捕らえ，タタールも交易を求めて明を圧迫した。北虜南倭の対策に苦しんだ明は16世紀後半にタタールの (25) (26) と和解して，海禁を緩めた。それに伴い，(c)中後期には国内の商工業も発展した。しかし，長年の海禁と朝貢貿易の費用がかさみ，その負担を背負わされた庶民が反乱を引き起こしたことをきっかけに明は滅亡した。

海禁と朝貢貿易は次の(d)清朝にも導入された。清は［(27)(28)］と戦うという名目で中国本土に侵入した。漢人などによる(e)満州人の政権に対する反発を厳しく弾圧する一環で，海禁を行い鄭成功勢力の抑制を図ったが，鄭氏一族の降伏を受けて海禁が解除された。第四代目の康熙帝は［(29)(30)］条約を結んでロシアと東方部分の国境を取り決めた。しかし，対等な国際関係ではなく，継続して外国を朝貢国のように扱った。その後の皇帝も貿易を外国人に対する恩恵とみなす立場を崩さず，18世紀後半には貿易港を一つに限定し，外国人商人や家族を［(31)(32)］に居住させるなど，厳しい管理を行なった。自由貿易を求める国々の不満が高まるなかで，［(33)(34)］年に広州に派遣された林則徐によるアヘンの取締りがきっかけとなり，イギリスに開戦の口実を与えた。このアヘン戦争の敗北により(f)清は開国を余儀なくされた。重税に苦しんだ民衆は19世紀半ばに次々と反清を掲げたが，最大規模の［(35)(36)］の乱が漢人官僚の組織した軍隊によって鎮圧された。これを機に漢人官僚の勢力が強まり，なかでも李鴻章は［(37)(38)］を創設し，旅順や威海衛の軍港の整備を行なった。しかし，官僚たちは伝統的な中華思想を守るために西洋の技術を利用したにすぎず，清朝の短期的な延命しか果たせなかった。

問１　文中の空欄［(1)(2)］～［(37)(38)］にあてはまる最も適当な語句を下記の語群から選び，その番号を解答用紙Ａ（マークシート）の解答欄［(1)］～［(38)］にマークしなさい。

11　1234	12　1243	13　1838	14　1839
15　アイグン	16　アユタヤ	17　アルタン＝ハン	18　安禄山
19　駅伝制	20　エセン＝ハン	21　王直	22　外興安嶺
23　魏源	24　キャフタ	25　兄弟	26　金陵
27　クメール	28　呉三桂	29　サライ	30　小興安嶺
31　尚書省	32　西欧	33　西周	34　西晋
35　西遼	36　赤眉	37　大興安嶺	38　太平天国
39　台湾	40　タブリーズ	41　ダヤン＝ハン	42　タングート
43　中央アジア	44　中書省	45　長安	46　ツングース
47　鄭和	48　東洋艦隊	49　南洋艦隊	50　西アジア
51　ネルチンスク	52　白蓮教徒	53　北京	54　ベトナム
55　北洋艦隊	56　香港	57　マカオ	58　マラッカ王国
59　息子	60　門下省	61　里甲制	62　李自成

問２　下線部（ａ）に関連して，この時代にはじめて中国でカトリックを布教した人物は誰か。解答用紙Ｂの所定の欄に記入しなさい。

問３　下線部（ｂ）に関連して，遷都前にフビライが大ハン位の継承をめぐって争った人物は誰か。解答用紙Ｂの所定の欄に記入しなさい。

問４　下線部（ｃ）に関連して，この時代に商工業の発展が長江流域の農業にもたらした変化は何か。解答用紙Ｂの所定の欄に40字以内で記述しなさい。

問５　下線部（ｄ）に関連して，清末まで政務と軍事をつかさどった最高審議機関の名称は何か。解答用紙

Bの所定の欄に記入しなさい。

問6　下線部（e）に関連して，満州人による中国統治の正当性を主張するために，第五代皇帝の勅命によって刊行された書物は何か。解答用紙Bの所定の欄に記入しなさい。

問7　下線部（f）に関連して，南京条約に基づいて開港した都市のうち，最も南に位置する二つの都市はどこか。その名称を解答用紙Bの所定の欄に記入しなさい。

Ⅱ．次の文章を読み，下記の問いに答えなさい。

モンテスキューは，諸国の政治・法体制の文明的考察を展開した主著『(39)(40)』の中で，複数の政治体が合意を通じてより大きな政治体を構成する「連合」について検討を行なっている。ここで「連合」とは，同盟や連邦をも含む政治体を指す。モンテスキューによれば，古代ギリシアの繁栄やローマの領土拡張，また，初期近代に分立状態にあったいくつかの国の存続も「連合」のおかげである。その論拠となった歴史的事実をたどって，彼の言う「連合」の意義を探ってみよう。

前5世紀のギリシアでは，ペルシアの侵略に対し，ポリスが連合して (41)(42) の海戦や，陸上では (43)(44) の戦いで撃破した。さらに，諸ポリスは，一連の戦いで活躍したアテネを盟主とする軍事同盟を結んで，ペルシアの再来に備えた。多様なポリスの結束を可能にしたのは，ギリシア人が自らを「(45)(46)」と呼び，共通の言語や神話といった文化的基盤を持っていたからであろう。一方，ローマは，征服した諸都市とそれぞれ内容の異なる同盟関係を結ぶ (47)(48) 統治を行い，イタリア半島外を次々と (49)(50) にしていくなかで，当初は友好的な都市や個人に与えていたローマ市民権を，領内の全自由人に与える勅令が (51)(52) 帝によって出された。(a)ローマが世界帝国になったのは，文化的基盤を異にする民族・部族を巧みに統合していったからだと言えよう。

初期近代の「連合」国であるオランダ・ドイツ・スイスのなかでは，ドイツが同質の政治体から構成されていないため不完全だとモンテスキューはみなしている。神聖ローマ帝国としてのドイツの成立は，10世紀半ば，東フランク国王に選出された (53)(54) 家オットー1世がイタリアに遠征し，約40年にわたって空位だったローマ皇帝の帝冠を受けたのを起源とする。その国制は，ドイツ王＝皇帝を頂点にして，共和政をしく(b)自由都市と，君主政をしく多くの諸侯の領邦が数多く存在する連合体であった。こうした政体の混在が国としての統一を不安定なものにしていた。また，選挙王制に準じた皇帝の選出に関して，14世紀半ばに，選帝侯の多数決とすることが (55)(56) によって明文化された。これにより，諸領邦は影響力を強め，17世紀にはほぼ完全な主権を得たため，帝国は有名無実と化した。

1273年に (57)(58) を終わらせたハプスブルク家ルドルフ1世に始まり，南ドイツから着々と勢力を広げ，15世紀以降権勢を誇った同家の支配を脱したのが，スイスとオランダであった。13世紀末に独立闘争を始めたスイスは，15世紀末には13の州の連合体として事実上独立していたが，国際的な承認を得るには (59)(60) 年まで待たねばならなかった。現在に至るまで，スイスの国制は一貫して共和政である。その間に，宗教改革期の (61)(62) において神政政治が行われた。また，18世紀末には一時的に中央集権化したが，(c)ウィーン体制下で地域連合国家となった。

オランダでは，16世紀半ばに，スペイン＝ハプスブルク家の (63)(64) が導入した異端審問によるプロテスタント弾圧政策や，重税に対して反乱が起こった。(65)(66) 派が主導する北部7州は，南部10州が戦線から離脱したあと，1579年にユトレヒト同盟で結束を固めて独立戦争を続行し，17世紀に国際的に独立が承認された。この連邦共和国の主権は［(67)｜(68)］にあった。こうして，国土の狭いスイスとオランダは，(d)近隣の大国フランスがとった絶対王政と対極の国制で対抗した。ただし，スイスよりもオランダの方が宗教的寛容の気風があり，(e)亡命者や思想家を広く受け入れた。

このようなスイスとオランダの国制に基づいて，モンテスキューは，共和国が分権的連合体であれば，他国に征服されることなく，構成する州の間の抑制と均衡によって健全に統治することができると考えたのであった。ところが，彼の死後，新しいタイプの連邦共和国であるアメリカ合衆国が建国された。

(f)イギリスから独立した当初，アメリカの13植民地は，1777年に採択された［(69)｜(70)］で，各州が政府と憲法を有し，独立前の［(71)｜(72)］を引き継いだ組織が中央政府的な役割を担うことが定められた。しかし，合衆国憲法を定めるために［(73)｜(74)］で開かれた会議では，連邦政府の権限を強化した草案が作られた。最終的に，人民主権のもと，各州に一定の自治を認めつつも，連邦政府に外交・通商・徴税の権利を与える合衆国憲法案が［(75)｜(76)］年に採択された。

問1　文中の空欄［(39)｜(40)］～［(75)｜(76)］にあてはまる最も適当な語句を下記の語群から選び，その番号を解答用紙A（マークシート）の解答欄［(39)］～［(76)］にマークしなさい。

11　1648	12　1699	13　1787	14　1789
15　委任	16　オランダ総督	17　カール5世	18　カール大帝
19　カール4世	20　カイロネイア	21　カラカラ	22　カルヴァン
23　クラウディウス	24　ザクセン	25　サラミス	26　三部会
27　四分	28　社会契約論	29　州議会	30　自由州
31　シュタウフェン	32　ジュネーヴ	33　準州	34　植民地議会
35　叙任権闘争	36　属州	37　大空位時代	38　大陸会議
39　第6回十字軍	40　チューリヒ	41　ツヴィングリ	42　統治二論
43　独立宣言	44　ハドリアヌス	45　フィラデルフィア	46　フェリペ5世
47　フェリペ2世	48　フェルナンド2世	49　プラタイア	50　ブランデンブルク
51　プレヴェザ	52　分割	53　ヘラス	54　ヘレネス
55　法の精神	56　ボストン	57　マルヌ	58　ルター
59　レパント	60　連合規約	61　連邦議会	62　ワシントンD.C.

問2　下線部（a）に関連して，当時世界宗教となったキリスト教のなかで，アレクサンドリアを拠点にした，イエスに神性のみを認める教説の教会名は何か。解答用紙Bの所定の欄に記入しなさい。

問3　下線部（b）に関連して，北ドイツの都市間で結ばれた代表的な同盟が商業活動を行うためにロシアに設置した在外商館はどの都市にあったか。解答用紙Bの所定の欄に記入しなさい。

問4　下線部（c）に関連して，ウィーン会議でスイスに認められた国際的地位は何か。解答用紙Bの所定の欄に記入しなさい。

問5　下線部（d）に関連して，絶対王政ではどのような方法で国民統治が行われたか。専制との違いを念頭に置いて，解答用紙Bの所定の欄に記述しなさい。

問6　下線部（e）に関連して，黄金期とされる時代のオランダにフランスから渡って従軍したのち，アムステルダムに隠棲して合理論を打ち立てた哲学者は誰か。解答用紙Bの所定の欄に記入しなさい。

問7　下線部（f）に関連して，同じくイギリスからの独立を目指していたアイルランドで1840年代に起こった食糧危機とは何を指すか。解答用紙Bの所定の欄に記入しなさい。

Ⅲ．次の文章を読み，下記の問いに答えなさい。

国民国家の創設を目指すナショナリズムの始まりはフランス革命に遡る。この革命を機に，特権をもつ集団や身分が廃止され，自由で平等な国民が国家を構成するという理念がフランス以外の国々にも広まった。その後，ナポレオンが革命理念の拡大を大義に掲げてヨーロッパ統一を目指し一連の戦争を展開すると，フランスの支配に反発する諸国において民族意識が成長した。戦後，革命と戦争によって混乱したヨーロッパの国際秩序再建のため，列強による会議が開かれた。ここで採用されたのは革命前の状態を復活させようとする保守反動体制であり，自由主義やナショナリズムと対立したため，(a)各国で反対運動や蜂起が起こった。これらはいずれも弾圧されたが，オスマン帝国支配下のバルカン半島では，1815年に［(77)(78)］が制限つきながらも自治権を認められ独立への一歩を踏み出したほか，1829年には［(79)(80)］が独立を果たした。フランスでは［(81)(82)］朝の復古王政に対し，パリ市民が蜂起して七月革命が生じ，［(83)(84)］を王に迎えて自由主義的な立憲王政が成立した。この影響で，南ネーデルラント地域で独立運動が起きて［(85)(86)］年に立憲王政のベルギー王国が成立したが，ポーランド，ドイツ，イタリアでの蜂起は鎮圧された。

1848年には，フランスで中下層ブルジョワジーや労働者らによる二月革命が起こり，首相［(87)(88)］と国王［(83)(84)］が亡命して，共和政の臨時政府が樹立された。その衝撃を受けて，ヨーロッパ各地に自由主義革命と民族運動の波が押し寄せた。多民族国家のオーストリア領内では，ハンガリーで［(89)(90)］を中心とするナショナリストが完全独立を求めて蜂起したほか，(b)ベーメンでも民族運動が起こるなど，各地で民族自治権を求める動きが強まった。一方，諸国分裂の状態にあったイタリアとドイツでは統一運動が活発化した。だが，統一実現には数十年を要したのである。以下に見てみよう。

イタリアでは，1849年に共和政府が樹立され，マルセイユで組織された独立運動の指導者である［(91)(92)］も加わったが，半年あまりで崩壊した。その後は，産業革命の中心地である［(93)(94)］をもつサルデーニャ王国がイタリア統一を求める勢力の拠点となった。首相の［(95)(96)］は，フランスと(c)密約を結んで支援を取り付け，1859年にオーストリアから領土を獲得し，さらに複数の地域を併合して，1861年にイタリア統一を宣言した。ここに成立した［(97)(98)］は，1866年に［(99)(100)］を併合，1870年に教皇領を占領し，イタリア国土の統一はほぼ達成された。

ドイツでは，1848年5月に［(101)(102)］にて招集された立憲議会で国の統一方針が協議されたが，議会は紛糾して失敗に終わった。のちにプロイセン首相に就任したビスマルクは，［(103)(104)］年に発足したドイツ関税同盟を拡大して経済力を強化するとともに，富国強兵政策を推し進めて(d)国の統一を図った。その結果，1864年にデンマーク戦争で勝利し，1866年には(e)オーストリアを破って統一の主導権を握り，翌年に［(105)(106)］を成立させた。さらに，南ドイツ諸邦と同盟してフランスと戦い，フランス北東部の［(107)(108)］で皇帝を捕らえて勝利し，1871年に統一国家が実現した。こうした動きの背景には，言語と文化を共有する民族共同体としてのナショナリズムがあった。たとえば，(109)(110)は画期的な『ドイツ語辞典』を編纂した。また，国民文化を追求するなかで歴史への関心も高まり，(111)(112)は厳密な資料批判を用いる近代歴史学の基礎を確立した。

1880年代以降，列強の帝国主義政策によって植民地化された諸地域で，解放と独立を目指す運動が高まった。1919年に開かれた(113)(114)で民族自決原則が掲げられ，ナショナリズムは一つの転換点を迎える。オーストリア＝ハンガリー帝国，ロシア帝国，オスマン帝国が解体した結果，中・東欧地域に新たな民族国家が誕生したのである。これを機に，民族自決原則が適用されなかったアジアやアフリカの植民地でも$_{(f)}$民族解放運動が活発化し，第二次世界大戦後には独立へと展開していった。一方，各国のナショナリズムから弾き出されたユダヤ人の間では，19世紀末から$_{(g)}$シオニズム運動が盛んになった。

問1　文中の空欄(77)(78)～(113)(114)にあてはまる最も適当な語句を下記の語群から選び，その番号を解答用紙Ａ（マークシート）の解答欄(77)～(114)にマークしなさい。

11　1830	12　1831	13　1834	14　1843
15　イタリア王国	16　イタリア共和国	17　ヴァロア	18　ヴェネツィア
19　オルレアン	20　カヴール	21　カビール	22　ガリバルディ
23　ギゾー	24　北ドイツ連邦	25　ギリシア	26　グリム兄弟
27　クロアチア	28　コシューシコ	29　コシュート	30　サヴォイア
31　シチリア	32　シャルル10世	33　スダン	34　セルビア
35　タレーラン	36　ドイツ帝国	37　ドイツ連邦	38　トスカナ
39　ナンシー	40　ハイネ	41　パリ講和会議	42　ピエモンテ
43　フランクフルト	44　ブルガリア	45　ブルボン	46　フンボルト
47　ベルリン	48　マッツィーニ	49　マルクス	50　メッテルニヒ
51　モンテネグロ	52　ライプツィヒ	53　ランケ	54　ランス
55　リサール	56　リスト	57　ルイ＝ナポレオン	58　ルイ＝フィリップ
59　ルイ＝ブラン	60　ローマ共和国	61　ロンドン会議	62　ワシントン会議

問2　下線部（ａ）に関連して，当時，イタリアの独立を目指して活動していた党の名称は何か。解答用紙Ｂの所定の欄に記入しなさい。

問3　下線部（ｂ）に関連して，この民族運動に積極的に関わった作曲家で，チェコ国民楽派の創始者とされる人物は誰か。解答用紙Ｂの所定の欄に記入しなさい。

問4　下線部（ｃ）の密約を何というか。解答用紙Ｂの所定の欄に記入しなさい。

問5　下線部（ｄ）に関連して，国家統一後にドイツ人の国民意識を育成して国民を一つに統合するために，ビスマルクが行なった内政政策はどのようなものだったか。解答用紙Ｂの所定の欄に40字以内で記述しなさい。

問6　下線部（ｅ）に関連して，オーストリアが1867年にハンガリーを王国と認めた協定は何と呼ばれるか。解答用紙Ｂの所定の欄に記入しなさい。

問7　下線部（ｆ）に関連して，外国の支配下にあったビルマで，1930～40年代の民族運動の指導者として知られる人物は誰か。解答用紙Bの所定の欄に記入しなさい。

問 8 下線部（g）の提唱者として知られるユダヤ人ジャーナリストは誰か。解答用紙Bの所定の欄に記入しなさい。

地理

（60分）

（解答上の注意） 解答が2桁の数字の場合には，以下のようにマークすること。

例えば，空欄［(19)｜(20)］の解答が36の場合，解答欄［(19)］の③にマークし，解答欄［(20)］の⑥にマークする。

I．次の文章を読み，後の問に答えなさい。

鉱産資源の分布は地球史と深く関わっている。鉄鉱石は［(1)｜(2)］に微生物が発生させた酸素が海水中の鉄分と結合し，それが沈殿してできた堆積物を起源とする。採掘地の多くは［(1)｜(2)］の地殻変動によって形成された安定陸塊のうち，［(3)｜(4)］と呼ばれる地域に存在しており，代表例としてはオーストラリア西部の［(5)｜(6)］が挙げられる。化石燃料の一つである石炭は，［(7)｜(8)］以降の陸生植物の遺骸から生成された泥炭が，地下に埋没したのち熱と圧力の影響を受けながら変質してできたものである。地殻の隆起や浸食により，石炭を含む地層が地表近くに現れている地域が産地となっており，代表例としてはアメリカ合衆国東部の［(9)｜(10)］炭田が挙げられる。

同じく化石燃料である石油と天然ガスは，海底に堆積した動植物の遺骸を含む地層が，地下の熱と圧力の下で有機物に富む［(11)｜(12)］（シェール）となり，そこから油分やガスが分離することで生成される。在来型の油田開発においては，自然に分離した石油や天然ガスが採掘されるため，(ア)褶曲した地質構造の背斜部など，液体やガスが集積しやすい地域が有望視される。一方で，近年は技術進歩により，シェール層から石油と天然ガスを直接採掘することが可能となっている。特にアメリカ合衆国では，新技術によるシェールガスの採掘が［(13)｜(14)］年代後半から急拡大しており，それに続いて，シェール層に残留している原油の採掘も急速に拡大している。こうした変化も一因となり，アメリカ合衆国は2010年代末にはそれまで首位を争っていた［(15)｜(16)］と［(17)｜(18)］を抜いて世界最大の原油生産国となった。

石油の確認埋蔵量の半分近くは，［(19)｜(20)］湾岸を中心とする［(21)｜(22)］に存在する。この地域で生産された石油と液化天然ガスの大半は，［(19)｜(20)］湾と［(23)｜(24)］を繋ぐ［(25)｜(26)］海峡を通じて海上輸送されるため，この海峡は戦略的に重要な地域と見なされている。［(21)｜(22)］の産油国では当初，石油採掘に必要な技術や資金が不足していたため，油田の開発と生産は［(27)｜(28)］と呼ばれる国際石油資本に委ねられ，各国政府は少額の利権料を得るに過ぎなかった。しかし，1950年頃からは（ あ ）の機運が高まり，国際石油資本に対する所得税制が導入されたり，石油会社が国有化されるといった変化が見られた。また，［(29)｜(30)］年9月にはイラン，イラク，［(15)｜(16)］，［(31)｜(32)］及び［(33)｜(34)］の5か国が石油輸出国機構（OPEC）の設立を決議し，石油価格を安定化させる方針が示された。実際，［(35)｜(36)］年代に発生した2回の石油危機を通じて，石油の供給量及び価格に関するOPEC加盟国の決定権は強まり，それに伴って石油価格の高騰が見られた。しかし，［(37)｜(38)］年代半ばには(イ)複数の要因が重なり石油価格は下落に転じた。

石油はエネルギー源としてだけではなく，石油化学製品の原材料としても用いられている。石油化学製品が生産される（　い　）と呼ばれる工業地域の中では，製油所を中心に多数の工場がパイプで結合されており，［(39)｜(40)］を原料として生産されるエチレンをはじめ，多種多様な化学製品が作られている。日本における石油化学産業の立地は，関東地方から九州地方北部にかけての臨海工業地帯を結ぶ（　う　）に集中している。石油化学産業が臨海部に集積している国外の例としては，オランダの［(41)｜(42)］にあるユーロポートが挙げられる。

問1　文中の空欄［(1)｜(2)］～［(41)｜(42)］にあてはまる最も適切な語句を下の語群より選び，その番号を解答用紙A（マークシート）の所定の解答欄にマークしなさい。

≪語群≫

11　1950	12　1960	13　1962	14　1964
15　1970	16　1980	17　1990	18　2000
19　2010	20　アカバ	21　アデン	22　アパラチア
23　アフリカ	24　アムステルダム	25　アラビア海	26　アラブ首長国連邦
27　イエメン	28　カタール	29　カナダ	30　カラジャス
31　北アメリカ	32　クウェート	33　頁岩（けつがん）	34　紅海
35　古期造山帯	36　古生代	37　サウジアラビア	38　砂岩
39　サミット	40　重油	41　新生代	42　石灰岩
43　先カンブリア時代	44　卓状地	45　楯状地	46　地中海
47　中生代	48　ナフサ	49　西アジア	50　バーレーン
51　ブラジル	52　フローニンゲン	53　プロピレン	54　ベネズエラ
55　ペルシア	56　ボスポラス	57　ホルムズ	58　マウントホエールバック
59　マンダブ	60　メガロポリス	61　メキシコ	62　メサビ
63　メジャー	64　モウラ	65　ヨークシャー	66　ロシア
67　ロッテルダム			

問2　文中の空欄（　あ　）～（　う　）に入る最も適切な語句を，いずれも漢字とカタカナを交えて答えなさい。解答は解答用紙Bの所定の欄に書きなさい。

問3　下線部（ア）に関連して，以下の文章の空欄（　え　）及び（　お　）にあてはまる最も適切な語句を答えなさい。解答は解答用紙Bの所定の欄に書きなさい。

大陸プレートどうしがぶつかり合う境界は（ え ）と呼ばれ，そこでは褶曲を伴う造山運動が起こりやすい。その代表例として，インド・オーストラリアプレートと（ お ）プレートがぶつかることで成長したヒマラヤ山脈が挙げられる。

問4 下線部（イ）に関連して，石油危機を契機として主に先進国で進められたある取り組みが，その後の石油価格の下落のみならず地球環境への負担軽減にも貢献した。具体的にどのような取り組みが進められ，それが石油価格の下落にどう寄与したかについて，句読点を含めて40字以内で答えなさい。解答は解答用紙Bの所定の欄に書きなさい。

Ⅱ．次の文章を読み，後の問に答えなさい。

パンデミックとロシアのウクライナ侵攻により世界規模で人流と物流が滞った結果，グローバル化の浸透ぶりがあらためて顕在化した。一方で，新型コロナワクチンの供給状況に見られるように，世界の国や地域の間の経済力と政治力の格差も露になった。このようなことがよくわかる地域の一つであるアフリカについて考察してみよう。

アフリカ大陸は全体が台地状で低地は少ない。紅海からザンベジ川河口に至る大陸東部のアフリカ［(43)｜(44)］には，［(45)｜(46)］湖や［(47)｜(48)］湖といった断層湖や，［(49)｜(50)］山をはじめとする火山などが続いている。大陸北西部の［(51)｜(52)］山脈は新期造山帯，南東部の［(53)｜(54)］山脈は古期造山帯にある。大陸全体で見ると，［(55)｜(56)］を軸として，南北の方向へ向かって対称的に気候帯が分布する。大陸全体の約4割を熱帯気候が，約5割を［(57)｜(58)］気候が占める。また，複数の砂漠が大陸内に存在し，そのうち南部西海岸の［(59)｜(60)］砂漠は寒流の［(61)｜(62)］海流の影響で生じた海岸砂漠である。

アフリカでは古くから多くの王国が栄えた。西アフリカの諸王国はサハラ砂漠を縦断する交易を盛んに行い，その結果，(ア)サヘルには［(63)｜(64)］が浸透した。一方で，東部の［(65)｜(66)］沿岸ではムスリム商人による海上交易が盛んに行われた。アフリカの歴史は大航海時代に大きな転換点を迎えた。アジアとアメリカへの航路を開拓したヨーロッパ諸国はアフリカ沿岸にも拠点を築いて交易を行うと同時に，膨大な数の人々を［(67)｜(68)］として植民地へ送るようになり，17世紀に南北アメリカ大陸において大規模で商業的な［(69)｜(70)］農業が発達すると［(67)｜(68)］貿易はさらに拡大した。アフリカから連れ出された［(67)｜(68)］の総数は1000万人を超えると推定され，アフリカでは労働力が激減して経済発展が遅れた。19世紀には豊富な資源を求めてアフリカ内陸部に進出したヨーロッパ列強による植民地分割が行われた。第2次世界大戦終了時に独立していたアフリカの国は，エジプト，南アフリカ共和国，［(71)｜(72)］，［(73)｜(74)］の4か国にすぎなかったが，その後独立の機運が高まり，現在「アフリカの年」と呼ばれている［(75)｜(76)］年には17か国が独立した。

資源が豊富なアフリカだが工業化が遅れている地域は多く，特にサハラ以南ではモノカルチャー経済の傾向が残っており，ザンビアは［(77)｜(78)］，ナイジェリアは［(79)｜(80)］，ボツワナは［(81)｜(82)］に依存している。ザンビアの［(77)｜(78)］を輸送するために1975年に

（83）（84）鉄道の建設を支援した中国は，(イ)鉱産資源を輸入し工業製品を輸出してアフリカとの貿易額を増大させている。外国の援助による開発は他にもあるが，(ウ)アスワンハイダムのように，開発によって新たな問題が生じる場合も多い。以上のように，アフリカは多くの問題を抱えているが，その一方で，2000年代以降は農産物や鉱産資源の価格が高騰して経済が成長し，耐久消費財の需要が伸びている国も多く，人口規模が大きいことから，アフリカを将来有望な市場と見なして進出する外国企業が増えている。

問1　文中の空欄（43）（44）〜（83）（84）にあてはまる最も適切な語句を下の語群より選び，その番号を解答用紙A（マークシート）の所定の解答欄にマークしなさい。

≪語群≫

11 1950	12 1960	13 1970	14 アガラス
15 アコンカグア	16 アシエンダ	17 アトラス	18 アルジェリア
19 イスラーム教	20 インド洋	21 ウラン	22 エチオピア
23 エトナ	24 エルブールズ	25 温帯	26 カスピ海
27 乾燥帯	28 北回帰線	29 キリスト教	30 キリマンジャロ
31 金	32 グアダラマ	33 グレートサザン	34 原油
35 コートジボワール	36 西岸海洋性	37 石炭	38 赤道
39 大西洋	40 大地溝帯	41 ダイヤモンド	42 タンガニーカ
43 タングステン	44 タンザン	45 断層	46 チチカカ
47 チャド	48 チュニジア	49 鉄鉱石	50 銅
51 ドラケンスバーグ	52 奴隷	53 ナミブ	54 ネフド
55 ヒューロン	56 ヒンドゥー教	57 プランテーション	58 プレート
59 ベンゲラ	60 マラウイ	61 南回帰線	62 南赤道
63 モロッコ	64 傭兵	65 リビア	66 リベリア
67 ロドピ			

問2　下線部（ア）に関連して，1970年代にサヘルで生じた環境問題は世界に衝撃を与え，この環境問題に対して国際連合が対応策を講じるに至った。この環境問題とは何か，解答用紙Bの所定の欄に書きなさい。

問3　下線部（イ）に関連して，このような国際分業体制は「○○分業」（または「○○貿易」）と呼ばれる。上の「○○」にあてはまる語句を漢字2文字で答えなさい。解答は解答用紙Bの所定の欄に書きなさい。

問4　下線部（ウ）に関連して，アスワンハイダム建設後に生じた問題として，下流域の農業地帯における化学肥料使用の増大，土壌の浸食などがあげられる。これらの問題の主要な原因は何か，句読点も含めて40字以内で述べなさい。解答は解答用紙Bの所定の欄に書きなさい。

Ⅲ．次の文章を読み，後の問に答えなさい。

生乳には飲用や，バターなどの乳製品，食品工業の原料など広い用途がある。その生産には，自然条件が影響するだけでなく，近年の(ア)フードシステムの発達をうけて，食生活や経営組織などの［(85)(86)］条件もより強く作用するようになっている。

生乳は鮮度の維持が難しく，流通を広域化するためには，保存食への加工や輸送技術の発達が必要である。輸送手段が限られた時代には，チーズへの加工がおもな対処法であった。スイスでは，夏に［(87)(88)］と呼ばれる高地の放牧地で乳牛を飼育する［(89)(90)］が営まれ，そこで作られたチーズの流通は18世紀には国外にも広がっていた。チーズよりも保存が難しいバターは，19世紀末の［(91)(92)］の就航によって，ニュージーランドからイギリスのような遠隔地への輸出も可能になった。鮮度が重要な飲用乳の流通範囲も徐々に拡大している。北海道で加工された飲用乳は，鉄道・トラック輸送の発達で，首都圏などへの出荷が可能になり，近年はチルド技術の向上などのおかげで(イ)近隣諸国への輸出の試みもある。

流通の拡大にともない，乳牛飼育と生乳生産を専門におこなう［(93)(94)］も発達した。［(93)(94)］は，北西ヨーロッパで営まれていた家畜飼育と作物栽培を組み合わせた［(95)(96)］から発展したとされ，同地域以外に，アメリカ合衆国では北東部から［(97)(98)］周辺にかけての一帯でも盛んである。その生産量は，［(99)(100)］に代表される乳量の多い品種，搾乳機や配合飼料などの普及で拡大した。これらの普及は，［(101)(102)］と総称される農業に関するさまざまな経済活動の成長によるところも大きい。

国などの政策も生産や流通に影響をおよぼす。EUは共通農業政策のもとで域外の農畜産物に［(103)(104)］を課すなどして，ニュージーランドなどの乳製品の輸入を抑制してきた。2000年代に(ウ)同政策は方向を転換し，農産物の品質や環境保全を重視するようになった。これにともない，化学肥料や農薬を極力使わない［(105)(106)］により栽培された安全性の高い飼料の利用，原産地呼称で保護されたチーズ生産や(エ)農村観光への関心がいっそう高まっている。

インドでは一連の政策により，［(107)(108)］と呼ばれる生乳生産の増加がおこり，伝統的な乳製品に加えて，飲用乳の消費が拡大した。2019年のインドにおける生乳の生産量は世界1位，ウシの飼育数でも，世界最大の牛肉および鶏肉の輸出国である［(109)(110)］に次いで世界2位である。

ところで，生乳を供給する家畜はウシだけではない。インドの生乳生産は，［(111)(112)］教で神聖とされるウシとともに，同国が世界の飼育数の約半分を占める［(113)(114)］への依存度も高い。西アジアの乾燥帯では，［(115)(116)］やヤギ，ラクダを［(117)(118)］し，その生乳を常食とする人々がいる。チベット高原では［(119)(120)］の生乳で作るバターを茶に加える習慣があり，(オ)スカンディナビア北部で暮らす［(121)(122)］は，［(123)(124)］を飼い，その乳製品を消費してきた。このような地域固有の食文化は，牛乳製品の普及で変わりつつある。

問1　文中の空欄［(85)(86)］～［(123)(124)］にあてはまる最も適切な語句を下の語群より選び，その番号を解答用紙A（マークシート）の所定の解答欄にマークしなさい。

≪語群≫

11　アグリビジネス	12　アザラシ	13　アヒンサー	14　アルゼンチン
15　アルパカ	16　アルプ	17　イスラーム	18　移動式農業
19　イヌイット	20　移牧	21　オアシス農業	22　オランダ
23　温室栽培	24　カルスト	25　契約	26　郷鎮企業
27　五大湖	28　混合農業	29　コンテナ船	30　サーミ
31　資源カルテル	32　社会	33　狩猟	34　白い革命
35　水牛	36　スマートアグリ	37　生産調整	38　生存
39　ゾロアスター	40　トナカイ	41　ヌー	42　ばら積み船
43　肥育	44　ヒツジ	45　ヒンドゥー	46　ブタ
47　ブラジル	48　フロリダ半島	49　ヘレフォード	50　ホルスタイン
51　マオリ	52　緑の革命	53　メサ	54　メリノ
55　ヤク	56　有機農業	57　遊牧	58　輸入課徴金
59　酪農	60　リャマ	61　冷凍船	62　ロッキー山脈

問 2　下線部（ア）に関連して，フードシステムとはどのようなものであるか，**句読点は使わずに**，20字以内で説明しなさい。解答は解答用紙 B の所定の欄に書きなさい。

問 3　下線部（イ）に関連して，以下の問に答えなさい。解答は解答用紙 B の所定の欄に書きなさい。

（a）　農産物の輸出の拡大には，「食の安全」を確保することも必要であり，そのためには流通経路が追跡できる状態にすることも有効である。この状態を表す用語を 8 文字で答えなさい。

（b）　牛乳に限らず，農産物の輸出入の拡大は長距離輸送をともなうため，環境負荷を増加させる側面もある。この輸送の負荷を数値化するために考案された指標の名称を 8 文字で答えなさい。

問 4　下線部（ウ）に関連して，この方向転換の背景には，従来の共通農業政策が抱える課題があった。これらの課題のうち，代表的なものを 2 つ答えなさい。解答は解答用紙 B の所定の欄に書きなさい。

問 5　下線部（エ）に関連して，日本においては，自然環境や文化・歴史を学び体験するエコツーリズムとならんで，農山漁村に滞在し，自然，文化，人々との交流を楽しむ観光が，政府などによって推進されている。この観光を何と呼ぶか。解答は解答用紙 B の所定の欄に書きなさい。

問 6　下線部（オ）に関連して，この地域では，氷がとける夏には湿地帯ができ，地衣類やコケ類が育つ。このような植生地域を何と呼ぶか。解答は解答用紙 B の所定の欄に書きなさい。

数学

（70 分）

《 解答するにあたっての注意 》

1. 問題Ⅲの解答は**解答用紙 B** の所定の位置に記入し，それ以外の問題の解答は**解答用紙 A（マークシート）**にマークしなさい。

2. 分数形で解答する場合，それ以上約分できない形で解答しなさい。根号を含む形で解答する場合，根号の中に現れる自然数が最小となる形で解答しなさい。それ以外でも，できるだけ簡単な形で解答しなさい。

3. マークシートにある㊀はマイナス符号－を意味する。**解答用紙 A（マークシート）**に分数の符号を解答する場合は，マイナス符号は分子につけ，分母につけてはいけない。マークシートの記入にあたっては，次の例を参考にしなさい。

［例 1］ | (11) | (12) | と表示のある問いに対して，「34」と解答する場合には，解答欄（11）の③と解答欄（12）の④にマークしなさい。

［例 2］ | (13) | (14) | (15) | と表示のある問いに対して，「−56」と解答する場合には，解答欄（13）の㊀，解答欄（14）の⑤，および解答欄（15）の⑥にマークしなさい。

［例 3］ $\dfrac{\boxed{(16)\ (17)}}{\boxed{(18)\ (19)}}$ と表示のある問いに対して，「$-\dfrac{7}{89}$」と解答する場合には，解答欄（16）の㊀，解答欄（17）の⑦，解答欄（18）の⑧，および解答欄（19）の⑨にマークしなさい。

I. 以下の問いに答えなさい。

(i) 2つの正の実数x, yについて，$xy^2 = 10$ のとき，$\log_{10} x \cdot \log_{10} y$の最大値は$\dfrac{\boxed{(1)}}{\boxed{(2)}}$である。

(ii) xy平面上において，点$(4, 3)$を中心とする半径1の円と直線$y = mx$が共有点を持つとき，定数mのとり得る最大値は

$$\frac{\boxed{(3)}}{\boxed{(4)}} + \frac{\boxed{(5)}\sqrt{\boxed{(6)}}}{\boxed{(7)\,\vdots\,(8)}}$$

である。

(iii) 1辺の長さが2の正四面体ABCDにおいて，辺BDの中点をM，辺CDの中点をNとする。また辺AD上に点Lを定め，DL$= x$とする。このとき，△LMNの面積が△ABCの面積の$\dfrac{1}{3}$になるのは

$$x = \frac{\boxed{(9)}}{\boxed{(10)}} + \frac{\sqrt{\boxed{(11)\,\vdots\,(12)}}}{\boxed{(13)}}$$

のときである。

II. $a>0,\ b<0$ とする。放物線 C： $y=\dfrac{3}{2}x^2$ 上の点 $\mathrm{A}\left(a,\dfrac{3}{2}a^2\right)$ と点 $\mathrm{B}\left(b,\dfrac{3}{2}b^2\right)$ について，点Aと点Bにおける放物線の接線をそれぞれ ℓ と m で表し，その交点をPとする。

(i) ℓ と m が直交するとき，交点Pの y 座標は $-\dfrac{\boxed{(14)}}{\boxed{(15)}}$ である。

(ii) $a=2$ で，$\angle\mathrm{APB}=\dfrac{\pi}{4}$ とする。このとき，b の値は $-\dfrac{\boxed{(16)}}{\boxed{(17)\ (18)}}$ である。

(iii) $b=-a$ で，$\angle\mathrm{APB}=\dfrac{\pi}{3}$ とする。このとき，a の値は $\dfrac{\sqrt{\boxed{(19)}}}{\boxed{(20)}}$ である。

またPAを半径，$\angle\mathrm{APB}$ を中心角として扇形PABが定まる。この扇形は放物線 C によって2つの図形に分割され，大きい図形の面積と小さい図形の面積の差は

$$\frac{\boxed{(21)}}{\boxed{(22)}}\pi-\frac{\boxed{(23)}\sqrt{\boxed{(24)}}}{\boxed{(25)}}$$

である。

III. 平面上に3点O, P_1, P_2が, $\left|\overrightarrow{OP_1}\right| = \sqrt{6}$, $\left|\overrightarrow{OP_2}\right| = \dfrac{\sqrt{30}}{5}$, $\overrightarrow{OP_1} \perp \overrightarrow{OP_2}$ となるように与えられている。また，点Oから直線P_1P_2に引いた垂線と直線P_1P_2との交点をHとする。

さらに平面上に点P_3, P_4, P_5, …… を，$n = 1, 2, 3,$ …… に対し，点P_{n+2}が点P_nと点P_{n+1}を結ぶ線分P_nP_{n+1}を4 : 1に内分するように定める。

(i) $\overrightarrow{OP_1}$と$\overrightarrow{OP_2}$を使って，$\overrightarrow{OH}$を表すと

$\overrightarrow{OH}$ = 　（ア）

である。

(ii) $\overrightarrow{P_1P_2}$を使って，$\overrightarrow{HP_n}$をnを用いた式で表すと

$\overrightarrow{HP_n}$ = 　（イ）

である。

(iii) **ベクトルを使わずに，**$\left|\overrightarrow{OP_n}\right|^2$を$n$を用いた式で表すと

$\left|\overrightarrow{OP_n}\right|^2$ = 　（ウ）

である。

IV. 太郎は15個の球を，花子は21個の球を持っている。ここから始めて，次の手順による球のやり取りを，2人の間で繰り返す。

【1】2個のさいころを同時に投げる。

【2】 ① 2個とも奇数の目が出たら，太郎が花子に1個の球を渡す。
② 2個とも偶数の目が出たら，太郎が花子に2個の球を渡す。
③ 奇数の目と偶数の目が1個ずつ出たら，花子が太郎に3個の球を渡す。

この手順【1】,【2】によるやり取りを，7回繰り返す。その結果，太郎と花子が持つ球の個数について，以下の問いに答えなさい。

(i) 太郎と花子が同数の球を持っている確率は

$$\frac{\boxed{(26)\,(27)\,(28)}}{\boxed{(29)\,(30)\,(31)\,(32)}}$$

である。

(ii) 持っている球の数が，太郎と花子の2人とも最初と変わらない確率は

$$\frac{\boxed{(33)\,(34)\,(35)}}{\boxed{(36)\,(37)\,(38)\,(39)}}$$

である。

(iii) 太郎が持っている球の数が，花子が持っている球の数の半分である確率は

$$\frac{\boxed{(40)\,(41)\,(42)}}{\boxed{(43)\,(44)\,(45)\,(46)}}$$

である。

論文テスト

（70分）

（解答上の注意）　解答が2桁の数字の場合には，以下のようにマークすること。

例えば，空欄［(19)｜(20)］の解答が36の場合，解答欄［(19)］の③にマークし，解答欄［(20)］の⑥にマークする。3桁以上の場合も同様に対応すること。

I. 以下の文章を読んで，次の問1～問5に答えなさい。

顔認証システムは，日本でも空港や店舗などで導入されつつある。一方で顔認証技術をはじめとする人工知能技術を用いたシステムの実用化には，(a)いくつかの懸念も指摘されている。

近年，画像認識技術の精度が上がったのは，人工知能技術の中でも深層学習（ディープラーニング）と呼ばれる新たな技術が進展したことが大きい。深層学習はパターン認識，つまりデータの塊を分類，判別する作業が得意だ。その学習のために大量のデータ（ビッグデータ）を必要とする。大量の画像から学習して，例えば「猫」の特徴を抽出することで，初めて見る画像であってもそれが「猫」か「猫ではないか」を判別できるようになる。今までの技術では「猫」とは「三角形の耳がある」や「ヒゲがある」などの特徴を人間が分類して記述していた。深層学習では，学習データから［(1)｜(2)］に機械が特徴を抽出して分類するため，人間が［(3)｜(4)］できない「直観」や「暗黙知」も機械が［(1)｜(2)］に習得できるのでは，と期待されている。しかし，機械は学習データの関連付けを行っているだけなので，猫とは何かという「意味」を理解しているわけではないことに注意が必要である。

また機械自らが判別ルールを作るため，人間には学習の方向性や内容がコントロールできないという課題がある。人間がルールを作るのであれば，「三角形の耳があるから猫と判断した」となど判別理由を説明できる。しかし深層学習では，何故ある画像を猫と判断するのかがモデルが複雑すぎて説明できない。これがいわゆる「ブラックボックス問題」だ。機械の判断によって問題が起きたとき，ブラックボックスであると理由が説明できず，機械をどのように改良してよいのかもわからない。

深層学習をめぐるもう一つの課題として，学習データの偏りも問題となる。猫の一品種の学習データが少なかったために，見かけが似ている別品種だと誤認識するくらいだったらご愛嬌で済むかもしれない。しかし，人間を誤認識したとなったら問題となるだろう。特に，認識したうえで，何らかの（　ア　）を行う（雇用，逮捕，お金を貸すなど）場合は，その［(5)｜(6)］な影響は大きい。例えば，アメリカで開発されるシステムに使う学習データは，どうしてもアングロサクソン系の男女の画像が多くなる。そのため，人種という観点からすると，アフリカ系，しかも女性の学習データが特に少なく，誤認識が多くなることが指摘されている。しかし，解決のために不足しているデータを増やせば良いという単純な話でもない。そのためのデータはどこから取ってくるのか，プライバシーや個人情報の問題が立ちはだかる。

さらに近年では，データをもとにした「特定」だけではなく，「予測」についても［(7)｜(8)］されている。ネットショップで買い物をすると，「Xという商品を購入する人はYという商品も購入する可能性が高い」など，ビッグデータをもとにした予測が裏で行われている。それをもとに，「この商品を買った人へのおすすめ」が画面に表示される。人々のデータをもとに行動や選好を予測することを「プロファイリング」という。極端な事例としては，顔画像データをプロファイリングに使うことも，データがあればできてしまう。2016年に中国の研究者が，犯罪者と非犯罪者の身分証明書写真を学習させることで，「犯罪を起こしそうな人の顔」を［(9)｜(10)］で識別できたと公表した。あるイタリアの犯罪学者は，1870年代に犯罪者には生まれつきの特徴があるとする「生来性犯罪者説」を提唱したが，現在その理論の多くは［(11)｜(12)］に否定されている。だが万が一，「予防」という観点で，顔データのみを参照して，犯罪者予備軍として取り締まりが起きてしまえば，それはSFで描かれるディストピアのような恐ろしい社会である。

一方，プロファイリングされる側からすると，意思決定の結果のみが知らされる場合や，誤りがあった場合に責任を取る人や組織が明確な場合には，人による判断か機械による判断かは，それほどの違いはないように思えるかもしれない。しかし，機械によるプロファイリングの恐ろしいところは，組織を超えて使われて［(13)｜(14)］する可能性があるところだ。ある憲法学者は，これを「バーチャル・スラム」として［(7)｜(8)］する。一度悪いレッテルを貼られてしまうと，バーチャル空間ではそのレッテルを払しょくすることが難しい。機械は忘れてはくれず，その評価が一生ついて回ることになる。しかもそのレッテルを貼られたとする判断理由が「(　イ　)」であると訂正も難しい。つまり，一度悪い評価を付けられてしまうと，同じシステムを利用している組織では，理由もわからずに［(15)｜(16)］を付けられ続けることになる。

今まで提示した課題に対して，(b)<u>「技術によって生じる問題は技術で解決する」アプローチ</u>がある。例えばデータの偏りによって生じる人種差別問題に関しては，「どこにも存在しない人」を作り上げる技術がある。「実在しない顔」には著作権やプライバシー問題が生じない（ただし「実在しない」ことの証明は不可能であり，悪魔の証明であることは気をつけなくてはならない）。学習の中身がブラックボックス化する問題に対しては，何故そのような判断をしたのかを説明する，経過途中を示せるという「説明可能人工知能」や「解釈可能人工知能」という研究領域が推進されている。

一方，技術だけで問題が解決できるわけではない。機械が説明するだけでは問題解決に結びつかないこともあるからだ。重要なのは，問題があったときにその責任を誰がとるのか，人と機械の役割や責任の分担の在り方が信頼できる仕組みで作られているかという，人と機械の相互作用のデザイン，つまりインタフェースの観点である。よく考えてみると，人間も自分の行動理由や判断を明確に，万人が納得できるように説明できるわけではない。機械だからこそ偏見なく判断ができる可能性もある。人と機械は判断基準や処理能力が違うため，協同することによって見落としを減らすこともできる。囲碁や将棋などのゲームでも，一番強いのは人と機械が協同した場合だといわれている。個人の有限な経験や偏見によって見落とされてしまう観点を，機械だからこそ［(17)｜(18)］に拾い上げることも可能になる。

そこで人と機械の両方の強みを生かすインタフェースを作り上げることが大事となる。技術の移行期において重要なのは，機械を頼ってもいいが，最終的な判断の基準や責任はどこにあるのか，誰にあるのかを［(19)｜(20)］することだ。機械の基準に落とし込めることは落とし込み，落とし込めない基準は最終的に人間の経験と勘，創造性などを発揮して見極めるしかない。ただし，基準がある程度数値化されるということは，そのルールが明らかにされるとゲームのように攻略することも可能となる。例えば，顔認証で採用や人事を決めるシステムができた場合，「機械に採用されやすいのはこのような顔だ」と分かれば，そのような顔を「作る」ことができる。現在は，顔を加工するアプリなども簡単に使える。(　A　)，監視カメラなどで検知されないような特殊な化粧法や，敵対的サンプルと呼ばれる検知を妨害する技術なども開発されている。ほかにもゲームの「バグ」をみつけるとショートカットが可能なように，「常識」のない人工知能には，人間であれば絶対に通用しないけれど機械だからこそ通用するような，思いがけない攻略法があるかもしれない。だからこそ，見落とし防止や悪用を防ぐために，人と機械が協同することが不可欠となる。

人工知能が浸透した社会を想像してみたとき，技術は私たちの生活や社会のインフラとなっているはずである。だからこそ，技術を作る人も使う人もまずは技術の可能性と限界を理解しなければならない。（　B　），どのような社会にしたいのか，どのようなルールを作っていけばいいのか，人と機械の役割や責任をどのように配分すればいいのかを，様々な人たちとの議論を踏まえて構築していかなければならない。技術は道具であり，その道具と（　ウ　）しながら，私たちは社会を作り上げていく。（　C　），人工知能は私たちの社会を映し出す鏡なのである。

（江間有沙「鏡としての人工知能」，東京大学教養学部編『異なる声に耳を澄ませる』白水社，2020年，を改変して作成した。）

問１．本文中の空欄 （1）（2） ～ （19）（20） に当てはまる最も適切な語を次の選択肢から選び，その番号を解答用紙Ａ（マークシート）の解答欄 （1） ～ （20） にマークしなさい。なお，同じ選択肢は２回以上使いません。

11　意識的	12　尾ひれ	13　科学的	14　疑問視	15　強化	16　経済的
17　言語化	18　高確率	19　後天的	20　高評価	21　固定化	22　自動的
23　社会的	24　弱体化	25　先天的	26　妥協的	27　長期的	28　低確率
29　低評価	30　同化	31　否定的	32　明確化	33　網羅的	34　問題視

問２．本文中の空欄（　A　）～（　C　）に当てはまる最も適切な語句を次の選択肢から選び，その番号を解答用紙Ａ（マークシート）の解答欄にマークしなさい。ただし，（　A　） （21），（　B　） （22），（　C　） （23） である。なお，同じ選択肢は２回以上使いません。

1　あるいは　　2　けれども　　3　さもないと　　4　その意味で　　5　そのうえで

問３．本文中の空欄（　ア　）～（　ウ　）に当てはまる最も適切な語を本文中から（　ア　）は４字，（　イ　）は８字，（　ウ　）は４字でそれぞれ抜き出し，解答用紙Ｂの所定の欄に記入しなさい。

問４．本文中の下線部（ａ）の一つとして人種差別が指摘されている。その原因を説明するとき，本文の論旨から見て，次の空欄（　あ　），（　い　）に当てはまる最も適切な語句を本文中からそれぞれ８字で抜き出し，解答用紙Ｂの所定の欄に記入しなさい。

深層学習においては，（　あ　）によって（　い　）ために人種差別が生じることがある。

問５．本文中の下線部（ｂ）のアプローチでは解決できない問題に対し，どのように対処するべきだと本文中で述べているか。その内容を説明するとき，次の空欄に入る最も適切な語句を「責任」という語を用いて考え，解答用紙Ｂの所定の欄に30字以内で記入しなさい。

（　　　　　　　　　　　　　　　　　　　　　）べき。

Ⅱ．以下の文章を読んで，次の問1～問4に答えなさい。

複数のデータを決められた順序に整列する操作をソートという。例えば［4,2,1,3］を左から小さい順に整列させると［1,2,3,4］となる。ここではソートを行うためのアルゴリズムについて考えてみよう。アルゴリズムとは「問題を解くための手順」のことであり，私たちの身近なところでも使われている。例えば，期末試験の答案用紙を学籍番号の小さい順に並べ替えるという問題を解くためにもアルゴリズムは使われる。さて，この問題を解く場合，同じ枚数であればより早く並び替えるアルゴリズムはあるのだろうか。また答案用紙200枚を学籍番号順にソートする時間は答案用紙100枚をソートする時間の2倍で済むのだろうか。アルゴリズムによってソートに要する時間が異なるのであれば，ソートが正しく行われるかだけでなく，(a)ソートに要する時間も考慮する必要がある。以下では，ソートを行う3つのアルゴリズムについて考えてみる。

前提として，以下のソート問題では，数字を左から右に値が小さい順に並べるものとする。また，並べ替える数字の値は全て異なるものとする。さらに，ソートに要する時間として2つの値を比較する操作を1回とし，この比較以外に要する時間は無視するものとする。

データとして1から4までの数字がそれぞれ書かれた4枚のカードがあり，左から［4,2,1,3］の順に並んでいるとする。並べられた数字が小さい順に並んでいるかどうかは次のようにして判断する。左端の数字から順番に1枚ずつ移動しながら，隣り合った2つの数字の組を比較していき，全ての組において左の値が右の値よりも小さかった場合には，数字が小さい順に並んでいると判断する。［4,2,1,3］という数字の並びであれば，［4,2］［2,1］［1,3］と3つの組について全て比較を行う。この場合，［4,2］と［2,1］は小さい順に並んでいないため，ソートはできていないと判断できる。ここで，数字が小さい順に並んでいない場合には，4枚のカードをランダムにシャッフルして並べ直し上述の手順で比較するという操作を，カードに書かれた数字が左から右に小さい順になるまで繰り返すとする。このようにシャッフルをして比較をする操作を1試行とする。ただし，最初に与えられたカードの並びはシャッフルしていないが，この場合も比較をする操作のみで1試行と考える。さて，4枚のカードの並べ方は全部で何通りあるだろうか。1枚目には1から4までの数字のいずれか，つまり4通りがあり得る。2枚目には1枚目のカード以外の数字がくるので3通り，3枚目には1枚目と2枚目のカード以外の数字がくるので2通り，そして4枚目には残った1枚が並ぶことになる。つまり，4枚のカードの並べ方は全部で［(24)｜(25)］通りある。これは4の階乗であり，数学記号では「4!」と書く。だいたいこれと同じ回数だけ試行すれば偶然の力で完全にソートされる瞬間がいずれ訪れる。この方法をランダムシャッフルによるソートと呼ぶことにする。数字の並びを比較して数字が小さい順に並ぶまでシャッフルを繰返すとすると，このアルゴリズムでは最小［(26)｜(27)］回の比較で終わるが，平均では［(28)｜(29)］回の比較が必要となる。さらにカードが1から6までの数字のある6枚というように2枚増えるだけで，平均の比較回数は4枚の場合に比べて［(30)｜(31)］倍となってしまう。データの数をNとすると，ランダムシャッフルによるソートの比較回数は最小（　ア　）回の比較で終わるが，平均では（　イ　）回の比較が必要となる。このようにランダムシャッフルによるソートでは，データ数の増加に対して急速に平均の比較回数が増えることがわかる。そこで，2つ目のアルゴリズムであるバブルソートについて考えてみよう。

バブルソートでは隣り合った2つの数字の組を順に比較し，小さい順に並んでいなければその2つの数字を交換する，ということを繰り返す。このとき比較と交換を左端から順番に右端まで行うと，1番大きな数字は必ず右端に行く。このような操作を再び左端から順番に右端まで行っていくことで，次は2番目に大きな数字が右端から2番目に行く。同じことを左端から右端まで1回も交換が生じなくなるまで繰り返すことでソートが完成する。例として［4,2,1,3］をバブルソートで整列する場合，最初に4と2を比較し2が小さいので交換して［2,4,1,3］とする。次にペアを1つ動かして4と1を比較して交換し［2,1,4,3］とする。次にペアを1つ動かして4と3を比較して交換し［2,1,3,4］とする。右端まで来たので左端に戻り2と1を比較して交換し［1,2,3,4］とする。次にペアを1つ動かして2と3を比較して交換はしないので［1,2,3,4］のままとする。さらにペアを1つ動かして3と4を比較して交換はしないので［1,2,3,4］のままとする。右端まで来たので左端に戻り1と2を比較して交換はしないので［1,2,3,4］のままとする。次にペアを1つ動かして2と3を比較して交換はしないので［1,2,3,4］のままとする。さらにペアを1つ動かして3と4を比較して交換はしないので［1,2,3,4］のままとする。左端から右端まで1回も交換が生じなかったのでソートが完成したと判断できる。このようにして［4,2,1,3］をバブルソートでソートしたときの比較回数は［(32)｜(33)］回となる。ソートが完成するための比較回数はソートするデータの最初の並び方で変わるが，最小［(34)｜(35)］回の比較で済む場合もあれば，最大［(36)｜(37)］回の比較が必要となる場合もある。同様に8つの値をバブルソートでソートした場合の最小の比較回数は［(38)｜(39)］回，最大の比較回数は［(40)｜(41)］回となる。データの数をNとすると，バブルソートでは最小（　ウ　）回の比較で済む場合もあれば，最大（　エ　）回の比較が必要となる場合もある。そのためNが大きくなると，比較回数がNの2乗のオーダーで増えてしまう。そこで，バブルソートよりも比較回数が少ないアルゴリズムとしてマージソートを考える。

このアルゴリズムでは，2つのソート済みの数字の配列を合併する「マージ操作」が基本となる。マージ操作では合併後のグループにおいて数字が左から小さい順に並べられるように，以下の手順で合併する。

グループAとグループBの要素がともに空になるまでAの最小値とBの最小値を比較して小さいほうを選び，それを抜き出して並べていくことを繰り返す。ただし，AとBのうち，どちらかが空である場合には，比較する必要がないのでそのまま他方の最小値を抜き出す。

AもBもすでにソートされているため，それぞれの中での最小値は必ず左端にある。したがって，全体での最小値はそのいずれかである。もしAの最小値のほうが小さければ，全体で2番目に小さな数字はAの2番目に小さな値とBの最小値を比べた時の小さいほうの数字である。このような比較を繰り返してAとBを合併すれば，合併後のグループはソート済みとなる。

マージソートはマージ操作を応用して，ソートを行う方法である。マージソートでは，まず対象を2つのグループに分割し，さらに各グループを2つに分割することを繰り返して各グループの要素数が1になるまで分割を続ける。次に分割とは逆の手順で，部分問題として2つのグループを1つに合併するマージ操作を行う。このように分割されていたグループを合併してグループ数を半分に減らす操作を，ここでは段階と呼ぶことにする。ある段階で合併し終わった各グループでは数字が小さい順に並べられており，そのため次の段階での合併においても上述の手順でマージ操作を行うことができる。段階を繰り返すことで，最終的にはグループの数が1つになり，ソートは完了する。

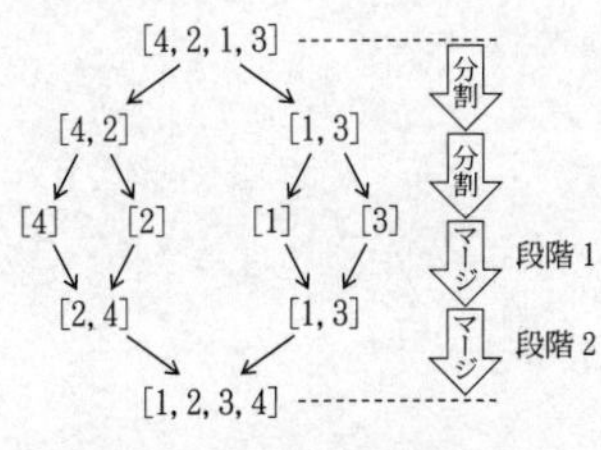

図　マージソートの仕組み

先の例と同じく［4,2,1,3］をマージソートで値の小さい順にソートすることを考えよう。図はこの問題にマージソートを適用した時の処理の流れを表している。まず［4,2,1,3］を［4,2］［1,3］に2分割する。さらに［4,2］を［4］［2］に，［1,3］を［1］［3］に2分割する。段階1のマージ操作では［4］［2］を比較して［2］を抜き出し，一方の配列が空になったので［4］を抜き出し［2,4］の配列とする。同様のマージ操作で［1］［3］を比較して［1］を抜き出し，一方の配列が空になったので［3］を抜き出し［1,3］の配列とする。

段階2のマージ操作では［2,4］の左端の［2］と［1,3］の左端の［1］を比較して［1］を抜き出す。次に［2,4］の左端の［2］と［3］の左端の［3］を比較して［2］を抜き出す。次に［4］の左端の［4］と［3］の左端の［3］を比較して［3］を抜き出す。一方の配列が空になったので比較する必要がなく，そのまま［4］の左端の［4］を抜き出してソートが完成する。それでは［4,2,1,3］のマージソートにおける比較回数を考えよう。先の手順で説明したように，比較しているグループの一方が空になった場合には比較する必要がないため，この並びでの比較回数は［(42)｜(43)］回である。また4つの値をマージソートでソートする場合の最小の比較回数は［(44)｜(45)］回，最大の比較回数は［(46)｜(47)］回である。同様に8つの値をマージソートでソートした場合の最小の比較回数は［(48)｜(49)］回，最大の比較回数は［(50)｜(51)］回となる。データの数がNの場合について考えてみると，Nが2^K（2のK乗）の場合，このデータでの段階の数はKであり，これは$\log_2 N$に相当する。ただし$\log_2 N$は底を2とするNの対数である。全体の比較回数は最大でも$2^K \times K$，すなわち$N \times \log_2 N$，よりも少ない回数となる。このように(b)マージソートはバブルソートよりも比較の回数が少なくて済む。

問1．本文中の空欄［(24)｜(25)］～［(50)｜(51)］に入る適切な数字を，解答用紙A（マークシート）の解答欄［(24)］～［(51)］にマークしなさい。ただし，2つの連続した空欄（例えば［(24)｜(25)］）に1桁の数字が入る場合には十の位に0をマークしなさい。

問2．本文中の空欄（　ア　）～（　エ　）に入る式を，解答用紙Bの所定の欄に記入しなさい。

問3．以下の文は，本文中の下線部（a）の理由を説明したものである。空欄に入る最も適切な語句を考え，解答用紙Bの所定の欄に8字以内で記入しなさい。

データ数が増加すると，比較回数が（　　　）から。

問4．以下の文は，本文中の下線部（b）の理由を説明したものである。空欄に入る最も適切な語句を「ソート」という語を用いて考え，解答用紙Bの所定の欄に20字以内で記入しなさい。

マージソートではマージ操作を応用し，データを分割した後に（　　　　）を繰り返すから。

2022年度

問題編

■一般選抜

問題編

▶試験科目・配点

方式	教　科	科　目	配　点
A方式	外 国 語	コミュニケーション英語Ⅰ・Ⅱ・Ⅲ，英語表現Ⅰ・Ⅱ	200点
	地理歴史	日本史B，世界史B，地理Bのうち1科目選択	100点
	数　学	数学Ⅰ・Ⅱ・A・B	100点
B方式	外 国 語	コミュニケーション英語Ⅰ・Ⅱ・Ⅲ，英語表現Ⅰ・Ⅱ	200点
	地理歴史	日本史B，世界史B，地理Bのうち1科目選択	100点
	論　文 テスト	資料を与えて，論理的理解力と表現力を問う	100点

▶備　考

- 数学Aは「場合の数と確率」・「整数の性質」・「図形の性質」を，数学Bは「数列」・「ベクトル」を出題範囲とする。
- 「外国語」と「地理歴史」はA・B両方式共通。
- B方式の「論文テスト」は，現代日本語で書かれたやや長文の資料や図表が与えられ，その内容についての理解力，論理的思考力，表現力を問う。

英語

（90分）

I　次の英文を読み、（1）～（10）の設問について最も適切なものを選択肢1～4から選び、その番号を解答用紙A（マークシート）の解答欄 （1） ～ （10） にマークしなさい。

The first thing to acknowledge about diversity is that it can be difficult. In the U.S., where the dialogue of inclusion is relatively advanced, even the mention of the word "diversity" can lead to anxiety and conflict. Supreme Court justices disagree on the virtues of diversity and the best way to achieve it. Corporations spend billions of dollars to attract and manage diversity both internally and externally, yet they still face discrimination lawsuits, and the leadership ranks of the business world remain predominantly white and male.

It is reasonable to ask what good diversity does for us. (4)Diversity of expertise brings about benefits that are obvious — you would not think of building a new car without engineers, designers, and quality-control experts — but what about social diversity? What good comes from diversity of race, ethnicity, gender, and sexual orientation? Research has shown that social diversity in a group can cause discomfort, rougher interactions, a lack of trust, greater perceived interpersonal conflict, infrequent communication, less cohesion, more concern about disrespect, and other problems. So what is the upside?

The fact is that if you want to build teams or organizations capable of innovating, you need diversity. Diversity enhances creativity. It encourages the search for novel information and perspectives, leading to better decision-making and problem-solving. Diversity can increase a company's revenue and lead to discoveries and breakthrough innovations. Even simply being exposed to diversity can change the way you think. This is (6)not just wishful thinking — it is the conclusion I draw from decades of research from organizational scientists, psychologists, sociologists, and economists.

The key to understanding the positive influence of diversity is the concept of informational diversity. When people are brought together to solve problems in groups, they bring different information, opinions, and perspectives. This makes obvious sense when we talk about diversity of disciplinary backgrounds — think again of the interdisciplinary team building a car. The same logic applies to social diversity. People who are different from one another in race, gender, and other dimensions bring unique information and experiences to bear on the task at hand. A male and a female engineer might have perspectives as different from each other as an engineer and a physicist — and that is a good thing.

Research on large, innovative organizations has repeatedly demonstrated the benefits of diversity. For example, business professors Deszö and Ross studied the effect of gender diversity on the top firms in Standard & Poor's Composite 1500 list, a group designed to reflect the overall U.S. equity market. First, they examined the size and gender composition of the firms' top management teams from 1992 through 2006. Then they looked at the financial performance of the firms. In their words, they found that, on average, "female representation in top management leads to an increase of $42 million in firm value." They also measured the firms' "innovation intensity" through the ratio of research and development expenses to assets. They found that companies that prioritized innovation saw greater financial gains when women were part of the top leadership ranks.

Evidence for the benefits of diversity can be found （1） the U.S. In August 2012, a team of researchers at the Credit Suisse Research Institute issued a report in which they examined 2,360 companies globally from 2005 to 2011, looking for a relationship between gender diversity on corporate management boards and financial performance. (2) , the researchers found that companies with one or more women on their boards delivered higher average returns on equity, lower gearing (that is, net debt to equity), and better average growth.

Large data-set studies have an obvious limitation: they only show that diversity is correlated with better performance, not that it causes better performance. Research on racial diversity in small groups, however, makes it possible to better understand how diversity works. Again, the findings are clear: for groups that value innovation and new ideas, diversity helps.

In 2006, my colleagues and I set out to examine the impact of racial diversity on small decision-making groups in an experiment where sharing information was a requirement for success. We recruited U.S. undergraduate students taking business courses at the University of Illinois. We put together three-person groups — some consisting of all white members, others with two white members and one non-white member — and had them perform a murder mystery exercise. We made sure that all the group members were given the same list of clues, but we also gave each member important information that we did not give the others. To find out who committed the murder, the group members would have had to share all the information they collectively possessed during the discussion. The groups with racial diversity significantly outperformed the groups with no racial diversity. Being with similar others leads us to think we all hold the same information and share the same perspective. This perspective, which stopped the all-white groups from effectively processing the information, is what hinders creativity and innovation.

[Adapted from an article in *Scientific American*]

(i) In the context of this passage, choose the most suitable expression to fill in each blank.

(1) The answer is: (1) .
1 mainly around　2 just inside　3 only outside　4 well beyond

(2) The answer is: (2) .
1 Coincidentally　2 Sure enough　3 Moreover　4 Surprisingly

(ii) In the context of this passage, choose the best answer for each question.

(3) Which one of the following is presented as support for the claim that diversity can be difficult? The answer is: (3) .
1 Mentioning the word "diversity" can diminish conflict
2 Not all companies can afford to spend billions of dollars on it
3 The legal system consistently discriminates against minorities
4 We receive mixed messages from courts and companies

(4) Which one of the following would be a clear example of (4)diversity of expertise? The answer is: (4) .
1 Engineers from various branches of a global company collaborating on new technology
2 Male and female designers from across the country collaborating on a fashion show
3 A programmer, a strategy consultant, and a sales specialist working on a new game
4 Marketers from a company's regional offices working on an advertising campaign

(5) All of the following are consistent with the author's perspective on the upside of diversity **EXCEPT**: (5) .
1 It helps us come up with creative ideas

出典追記：How Diversity Makes Us Smarter, Scientific American on October 1, 2014 by Katherine W. Phillips

2 It motivates us to look at the world in new ways
3 It motivates companies to reach quick decisions
4 It can help companies boost their gross income

(6) The author asserts that her arguments are (6)<u>not just wishful thinking</u> in order to [(6)].
1 propose that they are often shaped by personal preferences
2 emphasize that they are based on empirical evidence
3 illustrate that wishes and thoughts can make a difference
4 challenge the work of organizational scientists

(7) Which one of the following is in agreement with the author's thoughts regarding the various types of diversity introduced in this passage? The answer is: [(7)].
1 Gender diversity leads to diversity of disciplinary backgrounds
2 Diversity of expertise is a type of informational diversity
3 Social diversity is identical to ethnic diversity
4 One variety of social diversity is diversity of expertise

(8) Which one of the following is correct about Deszö and Ross's study? The answer is: [(8)].
1 They limited their focus to a few case studies within the U.S. equity market
2 Their results contradicted those of previous studies on the topic
3 Companies without female representation at the top showed rapid growth
4 Companies that valued innovation benefited from having females at the top

(9) Which one of the following best explains a limitation of large data-set studies? The answer is: [(9)].
1 They do not show whether one phenomenon is the result of another
2 They only explain the process through which a phenomenon works but not the outcome
3 They do not indicate how the phenomena examined are related to each other
4 They do not reveal if the relationship between the phenomena examined is positive or negative

(10) Which one of the following did the author and her colleagues discover from their 2006 study? The answer is: [(10)].
1 Non-diverse groups were more willing to share information
2 Each of the diverse groups reached a different conclusion
3 Diverse groups were more effective in communicating with each other
4 Non-diverse groups performed better than diverse groups

Ⅱ 次の英文を読み、(11) 〜 (19) の設問について最も適切なものを選択肢 1 〜 4 から選び、その番号を解答用紙 A(マークシート)の解答欄 (11) 〜 (19) にマークしなさい。

That summer, we spent six weeks in a remote Scottish seaside town. Sitting on the beach one day, I gathered up the courage to ask my father, 'What is economics?'

He sighed. Pointing towards all the families enjoying the North Sea, he said: 'Imagine you are the prime minister, and you've just been informed that many children had tragically drowned last year swimming in the sea. Your challenge is to stand on the steps of 10 Downing Street and tell the grieving parents, angry politicians, and a hostile press just what you are going to do to prevent it from happening again.'

This was not the economics lesson I was (11). As an eleven-year old, I had never been asked to devise a governmental response to a national tragedy. I spoke from the gut. 'Well, Dad, why not make swimming lessons compulsory? No more children should drown; surely we need to ensure they can all swim?'

'That's (12). That's just making people who are upset feel like you're doing something. But let's apply some economics, which is about taking the time to understand and analyse the facts about what has actually happened.' Slightly arrogantly, I reminded him that children who had drowned were a good reason to get upset, and that swimming lessons *would* save lives!

Adopting a more patient tone, he asked: 'Where were these children when they sadly died?' They were in the sea — obviously. 'Do people who can't swim usually go in the sea?' Of course they don't. 'So, then what do we know about the children who drowned?' Well, I guess they must have known how to swim...

Suddenly, the penny dropped. My father waited a little, seeing that I was perplexed by what had just hit me. 'So,' he finally said, 'would we have more or fewer children in the water as a result of your compulsory swimming lesson policy?'

Like a child who had swum out too far, I suddenly felt overwhelmed. 'There would be (13), Dad,' I acknowledged.

'And if a certain percentage of children swimming drown,' my father said, closing the loop on the problem I'd stumbled into, 'then increasing the number of kids in the water will increase the number of kids who drown.'

I asked my father, 'If you were prime minister, what would you do?'

Looking out to the sea, he replied: 'Those kids who can swim would benefit from more information, such as which beaches are safe and when it is too dangerous to swim.'

I asked how this could be done.

'This beach could simply have a system that would alert the kids and their parents as to when the water is too dangerous to swim.'

My first lesson in economics was a classic, albeit bizarre, (16)<u>supply-and-demand</u> problem — if I demanded to make swimming compulsory, I would be supplying the British coastline with more kids swimming in its seas.

I still use that lesson when teaching economics — whether to high school students or CEOs. And guess what? Regardless of age and experience, 'make swimming lessons compulsory' is the most popular response. Role-playing as the prime minister staring grieving parents in the face prompts an emotional, from-the-gut response similar to the one I came up with as an eleven-year-old. This is why my father used such a shocking scenario for his lesson — to show me that the context in which you find yourself making a decision can be just as important as the decision itself.

He wasn't just opening my eyes to what economics is, but also to (17)<u>the drivers behind it</u> — politics, emotions, personal incentives — all ideas which are difficult (if not impossible) to reduce into numbers you can put into an equation. But that doesn't mean economics isn't approachable.

Everyone can relate to incentives. They are where economics meets the real world.

Trying to make things better, and then learning that what I was proposing would have actually made things [(14)], was a 'penny dropping' moment for me. It got me hooked on economics. Many years later I would learn of a similar lesson; this time it wasn't how best to prevent children from drowning but how to stop wartime planes from being shot out of the sky.

Abraham Wald, a famous wartime statistician, noticed that when planes came back from their missions, mechanics determined where on the planes to add extra protection based on the location of bullet holes — this was the result of their rational thinking. His pivotal thinking was that this wasn't the right solution, as these planes had successfully made it home despite being hit. The bullet holes that mattered were the ones that stopped planes from returning home. The air force needed to focus not on the positive signals, but on the negatives. The zeroes, not the ones. Just like my father's lesson: don't focus on the people who couldn't swim, but those who could and were unaware of its risks — Wald taught us not to focus on the planes that came back but instead on those that didn't.

If the world's problems could be solved with purely rational thinking — by finding the right data and plugging it into the right equation — we would have done it by now. Yet we're still surrounded by problems — social, economic, and political — to which no purely rational solutions have emerged. In the real world, there simply are problems which no theoretical framework, no prescribed path from A to B to C, will solve. What is required is 'pivotal thinking'.

[Adapted from a book by Will Page]

(i) In the context of this passage, choose the most suitable expression to fill in each blank.

(11) The answer is: [(11)].
1 expecting 2 practicing 3 preparing 4 taking

(12) The answer is: [(12)].
1 economy 2 my answer 3 politics 4 the right solution

(13) The answer is: [(13)].
1 fewer kids drowning 2 fewer kids in the sea
3 more kids in the lessons 4 more kids in the water

(14) The answer is: [(14)].
1 even better 2 easier 3 worse 4 less interesting

(ii) In the context of this passage, choose the best answer for each question.

(15) Which one of the following is the author's father's proposed solution to the hypothetical scenario? The answer is: [(15)].
1 Informing the children of swimming conditions
2 Requiring swimming lessons at school
3 Building seawalls on all the dangerous beaches
4 Hiring more lifeguards for the beaches

(16) Which one of the following can be inferred from the (16)<u>supply-and-demand</u> relationship mentioned by the author? The answer is: [(16)].

出典追記：Tarzan Economics by Will Page, Little, Brown and Company

1 The harder one tries to improve a situation, the better it becomes
2 The more required swimming lessons, the more children drown in the sea
3 The more children who know how to swim, the fewer children drown in the sea
4 The more schools offer swimming lessons, the more expensive their fees become

(17) The author uses the phrase (17) <u>the drivers behind it</u> to indicate [(17)].
1 economic issues that can be translated into numbers
2 factors that guide people to behave in a particular way
3 economists who secretly direct people's attention to certain problems
4 socio-cultural and personal elements that can be expressed in terms of quantity

(18) Based on **rational thinking**, one would approach Wald's plane problem by examining planes that were [(18)].
1 hit by bullets but were able to return
2 not hit by bullets and were able to return
3 hit by bullets and were not able to return
4 not hit by bullets but were not able to return

(19) Based on **pivotal thinking**, one would approach Wald's plane problem by examining planes that were [(19)].
1 hit by bullets but were able to return
2 not hit by bullets and were able to return
3 hit by bullets and were not able to return
4 not hit by bullets but were not able to return

Ⅲ 次の英文を読み、(20) 〜 (28) の設問について最も適切なものを選択肢1〜4から選び、その番号を解答用紙A（マークシート）の解答欄 (20) 〜 (28) にマークしなさい。

Sitting atop a cliff on the island of La Gomera, Antonio Márquez issued an invitation — "Come over here, we're going to slaughter the pig" — without speaking a word: he whistled it. Márquez, 71, said that in his youth — when local shepherds rather than tourists walked the steep and rough footpaths of La Gomera, one of Spain's Canary Islands — his news would have been greeted right away by a responding whistle, loud and clear. But his message was lost on these hikers, and they soon resumed their trek.

The whistling of the indigenous people of La Gomera is mentioned in the 15th-century descriptions of the explorers who paved the way for the Spanish conquest of the island. Over the centuries, the practice was adapted to communicating in Spanish. The language, officially known as Silbo Gomero, substitutes whistled sounds that vary in pitch and length for written letters. (20), there are fewer whistles than there are letters in the Spanish alphabet, so a sound can have multiple meanings, causing misunderstandings. The sounds made for a few Spanish words are the same — like "sí" (yes) and "ti" (you) — as are those for some longer words that sound similar in spoken Spanish, like "gallina" (hen) and "ballena" (whale). As part of a sentence, the animal reference is clear, but not if whistled on its own.

In 2009, the island's language was added by UNESCO to its list of the Intangible Cultural Heritage of Humanity; UNESCO described it as "the only whistled language in the world that is fully developed and practiced by a large community." But with whistling no longer essential for communication among La Gomera's 22,000 inhabitants, Silbo's survival mostly relies on a 1999 law that made teaching it an obligatory part of La Gomera's school curriculum.

On a recent morning at a school in the port town of Santiago, a classroom of 6-year-olds had little (21) identifying the whistling sounds corresponding to different colors or the days of the week. Things got trickier, however, when the students had to listen to a long series of whistles in full sentences, like "What is the name of the child with the blue shoes?" A couple of the children argued that they had heard the whistling sound for "yellow."

With its distinct geography, it's easy to see why whistling came into use on the Canary Islands; on most of the islands, deep valleys run from high peaks down to the ocean, and plenty of time and effort are required to travel even a short distance overland. Whistling developed as a good alternative way to deliver a message, with its sound carrying farther than shouting — as far as two miles across some canyons under favorable wind conditions. Some of the other Canary Islands have their own whistling languages, but their use has faded.

Older residents on La Gomera recall how Silbo was used as a warning language, (22) a police patrol was spotted looking for illegal goods. In a recent fictional movie, "The Whistlers," Silbo is used by gangsters as a secret code language. Nowadays, La Gomera relies heavily on tourism, which has created an opportunity for some young whistlers like Lucía Darias, 16, who has a weekly whistling show at an island hotel. While she normally whistles Spanish, Darias can also adapt her Silbo to other languages spoken by her audience, on an island that is especially popular with Germans.

The coronavirus has not only canceled such shows, but also forced schools to limit their whistling instruction. At a time of compulsory face masks, a teacher cannot help students reposition their fingers inside their mouths in order to whistle better. "Younger children also make huge efforts to blow out a lot of air, which means some are spitting rather than whistling," explained the school coordinator. So as a precaution against spreading the virus, the children now spend their weekly whistling lesson listening to recordings of Silbo, rather than whistling themselves.

An added challenge for the students is that they don't always have much opportunity to practice Silbo outside of school. In the class of 6-year-olds, only five of 17 raised their hands when asked if they had a chance to whistle at home. Still, some teenagers enjoy whistling greetings to each other when they meet in town and welcome the chance to chat without many of the adults around them understanding. Some had parents who went to school before learning Silbo became mandatory, or who settled on the island as adults. Erin Gerhards, 15, sounded keen to improve her whistling and help safeguard the traditions of her island. "It is a way to honor the people who lived here in the past," she said. "And to remember where everything came from, that we didn't start with technology, but from simple beginnings."

[Adapted from an article posted on *nytimes.com*]

(i) In the context of this passage, choose the most suitable expression to fill in each blank.

(20) The answer is: [(20)].

1 Tentatively 2 Simultaneously 3 Unfortunately 4 Strictly

(21) The answer is: [(21)].

1 difficulty 2 temptation 3 time 4 energy

(22) The answer is: [(22)].

1 particularly when
2 as long as
3 provided that
4 on the condition that

(ii) In the context of the passage, choose the best answer for each question.

(23) Which one of the following is true about La Gomera's whistled language? The answer is: [(23)].

1 Whistling practices on La Gomera were unknown before 2009
2 Whistled sounds are used to communicate words, letter by letter
3 Silbo is notable for its skillful mimicry of indigenous animal noises
4 Because it is based on Spanish, Silbo cannot be used for foreign words

(24) Which one of the following best describes the landscape of La Gomera? The answer is: [(24)].

1 Mountainous and varied
2 Gentle and hilly
3 Level and rocky
4 Green and wide

(25) Which one of the following is true about the relationship between La Gomera's inhabitants and Silbo? The answer is: [(25)].

1 Teenagers resent having to learn a language that has little contemporary usefulness
2 Older generations used to use the language to communicate with day hikers
3 Not all of the island's 22,000 residents can speak and understand Silbo
4 The indigenous people of La Gomera are proud that their language has not changed over time

(26) UNESCO perceives Silbo Gomero to be valuable because [(26)].

1 the people of La Gomera constantly rely on it to exchange information
2 no other whistled language has ever actually existed
3 it is a tricky language to learn and thus a testament to human achievement
4 it is an unusual language that is still used by a community of substantial size

(27) Silbo Gomero is still around today largely because [(27)].
1 of the international recognition it has received
2 it provides economic opportunities connected to tourism
3 schools are required to teach it to their students
4 of its widespread use in popular movies

(28) Since the spread of the coronavirus, [(28)].
1 unvaccinated residents have been discouraged from whistling in public
2 educators have been required to help students position their fingers correctly to whistle safely
3 more and more people have wanted to learn Silbo so that they can communicate at a safe physical distance
4 lessons in schools have focused on comprehension skills rather than whistling techniques

Ⅳ 次の英文（29）～（35）の空所に入る最も適切なものを選択肢1～4から選び、その番号を解答用紙A（マークシート）の解答欄 [(29)] ～ [(35)] にマークしなさい。

(29) I won't let them know about your problem. I promise not ______ you want me to.
1 as far as 2 if 3 to unless 4 only that but also

(30) A wall was created on the border between the two countries, which would be ______ easy to cross.
1 respectively 2 differently 3 anymore 4 otherwise

(31) The open space next to my house is not a park ______ , but more like a patch of garden.
1 as such 2 at most 3 by itself 4 from nature

(32) Being a native speaker of a language ______ you are an effective communicator in that language.
1 not necessarily means 2 doesn't always mean
3 not hardly means 4 doesn't seldom mean

(33) Violence in this country is geographically ______ in certain areas.

1 concentrated　2 condensed　3 contaminated　4 contracted

(34) We were planning to go ______ last month, but decided against it, because we did not want to risk getting infected with the virus.

1 for a travel　2 traveling　3 to travel　4 over traveling

(35) Feedback that shows gamblers their losses can counteract their faulty memory of wins versus losses. This is, ______, why many companies that profit from providing online gambling opportunities don't give their customers any feedback whatsoever.

1 no doubt　2 far more　3 no way　4 far above

V　次の英文の空所（36）～（41）に入る最も適切なものを選択肢1～4から選び、その番号を解答用紙A（マークシート）の解答欄 (36) ～ (41) にマークしなさい。

著作権の都合上，省略。

How Computers Really Work : A Hands—On Guide to the Inner Workings of the Machine by Matthew Justice, No Starch Press

[Adapted from a book by Matthew Justice]

	1	2	3	4
(36)	announced	called	referred to	told off
(37)	clear-cut	interchangeable	misunderstood	technical
(38)	becomes	brings	causes	makes
(39)	amount	availability	means	value
(40)	brief	contrast	opposition	sum
(41)	charged	disposed	facilitated	obtained

Ⅵ 次の英文（42）～（45）を読み、それぞれの設問について最も適切なものを選択肢1～4から選び、その番号を解答用紙A（マークシート）の解答欄 (42) ～ (45) にマークしなさい。

(42) Marketers, over time, realized something very powerful: people make decisions emotionally, more than rationally or logically. In fact, in many cases, entirely emotionally! Therefore, they began appealing to emotions in their advertisement campaigns. When television came on the scene, it brought visual and audio together into a powerful new medium through which stories could be told very compellingly. Interestingly, emotional claims needed no scientific or data-based proof.

[Adapted from a book by Raja Rajamannar]

Which one of the following does the passage imply? The answer is: (42) .

1 Stories used in advertisements today are primarily based on data, logic, and rationality
2 From the start, marketers have been aware of the power of human emotions
3 The field of marketing was largely unaffected by advancements in technology
4 Targeting consumers' sight and hearing helps reach them at an emotional level

(43) It is worth pausing to ponder the profound paradox that hangs over twenty-first-century "globalization." In a sense, we live in a world of growing standardization, or seeming "Coca-colonization." Flows of commerce, finance, information, and people have bound different corners of the globe increasingly tightly together in recent years. Thus, an item such as a bottle of Coca-Cola — or a computer chip — travels almost everywhere, creating an impression of "global standardization," if not "cultural colonization." But even when symbols, ideas, images, and objects move around the world, they do not carry the same meaning for all the people who use them, let alone what their creator intended. A Coca-Cola bottle might look physically identical worldwide, but Coca-Cola is believed to smooth wrinkles in Russia, to revive someone from the dead in Haiti, and to turn copper into silver in Barbados.

[Adapted from a book by Gillian Tett]

Which one of the following best explains the paradox discussed in this passage? The answer is: (43) .

1 Globalization and colonization are taking place at the same time
2 Although the world is becoming uniform, traditional cultures should be preserved
3 A globally available object can mean different things in different cultural contexts
4 Globalization has led to mass-consumption and environmentalism at the same time

(44) The Ivory Tower never existed. It was only ever a figure of speech, used to signal lofty detachment from the world, because ivory was so costly that its main use was for art or religious symbols and pictures. It began as a religious metaphor, until nineteenth-century writers adapted it to talk about the art world. Only in the second part of the twentieth century did universities begin to be called Ivory Towers. Scientists at universities were increasingly doing applied research, contributing to the manufacture of

drugs, weapons, and agricultural chemicals. Those scholars still doing non-applied research began to be accused of hiding in Ivory Towers. By the 1970's, the Ivory Tower was judged to be almost indisputably a 'Bad Place,' one where elites retreated behind high walls.

[Adapted from an article by Joe Moran]

Which one of the following does the passage imply? The answer is: (44) .

1 Our ability to construct stronger defenses relies upon centuries of research
2 The term Ivory Tower has acquired a very different meaning compared to its original use
3 Once the Ivory Tower was physically built, it was perceived to be a terrible place
4 In the 1970's, art and religion were valued more than applied research

(45) The majority of economists still adhere to a fifty-year-old doctrine that relies on human suffering to fight inflation. In recent years, a few experts have voiced concerns about the U.S. Federal Reserve's framework and indicated an openness to rethinking their approach. But most economists still stick to the idea that there is some lower boundary below which unemployment cannot safely be permitted to decline. Some slack must be maintained in the form of a human sacrifice — forced idleness — lest we condemn ourselves to the destructive effect of accelerating inflation.

Because economists in the Federal Reserve accept the concept of an inherent trade-off between inflation and unemployment, they are forced to think in terms of how much unemployment to keep in the system as a sort of insurance policy against inflation. They simply see no other way to achieve low and stable inflation.

[Adapted from a book by Stephanie Kelton]

According to this passage, most economists believe that if the unemployment rate (45) .

1 drops below a certain level, inflation will rise too rapidly
2 goes down, inflation will drop to dangerously lower levels
3 increases, inflation will reach much higher levels
4 rises above a certain percentage, inflation will not fall

出典追記：
(42) Quantum Marketing : Mastering the New Marketing Mindset for Tomorrow's Consumers by Raja Rajamannar, HarperCollins Leadership
(43) Anthro-Vision : A New Way to See in Business and Life by Gillian Tett, Avid Reader Press
(45) The Deficit Myth by Stephanie Kelton, PublicAffairs

ここからは解答用紙Bを使用しなさい。

Ⅶ 次の英文を読み、空所（ a ）～（ f ）に入る、文脈の上で最も適切な動詞を下記の語群から選び、**必要に応じて語形を変えて解答欄に記入しなさい。**ただし各解答欄に記入する語は**動詞一語**のみとし、同じ語を二回以上使ってはいけない。**同じ語を二回以上使った場合、正解が含まれていてもその正解は得点にならない。**

evolve	lay	prevent	prove	retain	return

When Steve Jobs (a) to Apple in 1997, after his 11-year absence, it had a conventional structure for a company of its size and scope. It was divided into business units, each with its own P&L (Profit and Loss) responsibilities. Believing that conventional management was (b) innovation, Jobs made some major changes. He (c) off the general managers of all the business units (in a single day), put the entire company under one P&L, and combined the various functional departments of the business units into one functional organization. While such a structure is common for small firms, Apple — remarkably — (d) it today, even though the company is nearly 40 times as large in terms of revenue as it was in 1997 and is far more complex than before. The innovation benefits and leadership challenges of Apple as a distinct and ever-(e) organization may be useful for other companies competing in rapidly changing environments. Even now, Apple's track record (f) that the rewards may justify the risks. Its approach can produce extraordinary results. [Adapted from an article in the *Harvard Business Review*]

Ⅷ 次の英文を読み、空所（ a ）～（ e ）に入る、文脈の上で最も適切な名詞を解答欄に記入しなさい。下記の動詞群の**名詞形**のみを使用すること。ただし、～ing形は使用してはいけない。また、同じ語を二回以上使ってはいけない。**同じ語を二回以上使った場合、正解が含まれていてもその正解は得点にならない。**

例： allow → allowance

bathe	please	produce	read	state

Strong writing skills are essential for anyone in business. You need them to effectively communicate with colleagues, employees, and bosses and to sell any ideas, consumer (a), or services you're offering. Many people think good writing is an art — and that those who do it well have an innate talent they've nurtured through experience, intuition, and a habit of reading often and widely. But every day we're learning more about the science of good writing. Advances in neurobiology and psychology show exactly how the brain responds to words, phrases, and stories. And the criteria for making better writing choices are more objective than you might think.

Good writing gets dopamine flowing in the area of the brain known as the reward circuit. Great writing releases chemicals that turn on reward hot spots. Just like good food, a hot-spring (b), or a comforting hug, well-executed prose brings us (c), which makes us want to keep reading. Scientists using MRI and PET machines can literally see how reward regions clustered in the midbrain are activated when people read certain types of writing or hear them read aloud. Each word, phrase, or idea acts as a stimulus, causing the brain to instantly answer a stream of questions: Does this promise value? Will I like it? Can I learn from it? Whether it's a brief declarative (d) in an email or a complex argument expressed in a report, your own writing has the potential to activate the neural circuitry of your (e)' brains. [Adapted from an article in the *Harvard Business Review*]

日本史

（60 分）

（解答上の注意） 解答が２桁の数字の場合には，以下のようにマークすること。

例えば，空欄 ⒆ ⒇ の解答が 36 の場合，解答欄 ⒆ の③にマークし，解答欄 ⒇ の⑥にマークする。

Ⅰ．次の文章を読み，下記の設問に答えなさい。

平安時代末期に大いに流行した猿楽は，奈良時代に伝来した （1） （2） に由来するという。この猿楽や田楽などのさまざまな神事や芸能が淵源となり成立した能は，南北朝時代頃から盛んに演じられるようになった。寺社の保護を受けた座も多数現れ， （3） （4） を本所とした四つの座を大和猿楽四座という。そのうちの （5） （6） に出た観阿弥・世阿弥父子は将軍 （7） （8） の保護を受け，より芸術性の高い猿楽能を完成させた。幽玄の美を求めたその理論は世阿弥の著書『（ a ）』として後世に残された。また能の間に演じられるようになった （9） （10） は，風刺性が強く平易な内容であったため庶民に愛好された。出版物としては絵の余白などに当時の口語で物語を書いた （11） （12） も民衆に好まれた。庶民的な短編物語に節をつけて舞った幸若舞も流行し，織田信長もこれを好んだ。17世紀になると出雲阿国が京都でかぶき踊りを始めて大流行し，女歌舞伎が生まれた。これは後に江戸幕府によって禁止され，少年が演じる若衆歌舞伎を経て野郎歌舞伎が成立した。このように，室町時代から江戸時代にかけては演劇などの芸能文化が大きく開花した。

鎌倉時代， （13） （14） が宋より持ち帰った喫茶の習慣は，南北朝時代には武家や庶民でも行われ，酒食を楽しみ茶を飲む （15） （16） が室町時代を通じて広く行われた。だが応仁の乱後は禅や幽玄を特徴とする東山文化が起こり，茶の飲み方にも精神性を求めるようになる。 （17） （18） は簡素な茶室で心を静める（ b ）を考案した。（ b ）はその後の茶文化の主流となり，堺の町衆 （19） （20） によって儀礼が定められ，茶道として確立した。同じく東山文化では近代の和風住宅の原型となった （21） （22） が新たな建築様式として出現し，座敷の装飾のための掛け軸・襖絵などの絵画や，床の間を飾る立花・工芸品がさらに発展した。立花では15世紀半ばに京都頂法寺（六角堂）の僧（ c ）が現れ，その一族はのちにこれを華道として大成した。庭園も禅の精神で統一され，禅宗様の寺院などでは(ア)<u>枯山水</u>と呼ばれる庭が作られた。これらの多くは技芸をもって将軍に仕える （23） （24） と呼ばれる集団が作り出したものである。

こうしてみると，文化の変遷は庶民的なものから高尚なものへ上昇し，また一方で雅なものから俗なものへと下降する，波のようなものであろう。後者の例も見てみよう。和歌から派生した連歌は，複数の人間が上の句と下の句を交互に詠み連ねる詩歌であり，二条良基らの撰による『（ d ）』が(イ)<u>勅撰集</u>と同格と見なされたほどの雅なものであった。この歌風を継承して （25） （26） が正風連歌を確立したが，一方で （27） （28） はより自由な気風を持つ俳諧連歌をつくり，『犬筑波集』を編集した。さらに時代が下り江戸時代になると連歌の冒頭，上の句だけが独立して，より庶民的な文芸が生まれた。当初は滑稽やだじゃれを織り込んだ作風が主流であったが，やがて［(29)｜(30)］による自由かつ奇抜な談林風が主流となった。これが連歌の余技では無く，ひとつの詩文芸として大成したのは17世紀後半に活躍した［(31)｜(32)］の功績が大きい。その幽玄閑寂な作品は『猿蓑』などの作品集に収められ，のちに『俳諧七部集』としてまとめられた。

近代以降，この文芸は［(33)｜(34)］という呼称で親しまれている。明治時代には［(35)｜(36)］が写生を重視して［(33)｜(34)］革新運動を起こし，のちに『［(37)｜(38)］』誌上で作品を発表した。これは当時大きな反響を呼び，多くの文学青年たちが彼の元に集まった。『［(37)｜(38)］』は現在も刊行を続けており，この他にも多数の結社が存在している。いまなお多くの人々が［(33)｜(34)］の創作活動をおこなっており，慶應義塾においても『三田文學』と並んで伝統ある文化系団体として存続している。貴族たちが詠っていた和歌という雅な文化を淵源としつつ，ついには一般大衆が広く愛好する文芸となった好例であろう。

問1　文中の空欄［(1)｜(2)］～［(37)｜(38)］に当てはまる最も適切な語句を下の語群より選び，その番号を解答用紙A（マークシート）の所定の解答欄にマークしなさい。

《語群》

11　足利尊氏	12　足利義教	13　足利義政	14　足利義満	15　馬酔木
16　校倉造	17　荒木田守武	18　アララギ	19　一条兼良	20　今井宗久
21　栄西	22　絵双紙	23　御伽衆	24　御伽草子	25　観世座
26　黄表紙	27　狂歌	28　狂言	29　草双紙	30　小歌
31　興福寺	32　広隆寺	33　小林一茶	34　金剛座	35　金春座
36　催馬楽	37　散楽	38　書院造	39　成尋	40　成忍
41　寝殿造	42　数寄屋造	43　雪舟	44　千利休	45　宗鑑
46　宗祇	47　宗長	48　高浜虚子	49　武野紹鷗	50　短歌
51　茶の間	52　茶の湯	53　茶寄合	54　津田宗及	55　道元
56　東大寺	57　同朋衆	58　都々逸	59　西山宗因	60　俳句
61　引付衆	62　風流踊り	63　宝生座	64　ホトトギス	65　正岡子規
66　松尾芭蕉	67　松永貞徳	68　明星	69　村田珠光	70　薬師寺
71　与謝野晶子	72　与謝野鉄幹			

問2　文中の空欄（　a　）～（　d　）に入る最も適切な語句を解答用紙Bの所定の解答欄に漢字で書きなさい。

問3　下線部（ア）はどのような庭園か。解答用紙Bの所定の解答欄に20字以内で説明しなさい。

問4　下線部（イ）はどのようなものか。解答用紙Bの所定の解答欄に15字以内で説明しなさい。

Ⅱ．次の文章を読み，下記の設問に答えなさい。

江戸時代の日本では様々な学問が発達したが，その中心に位置づけられるのは儒学である。このうち朱子学は，［(39)｜(40)］代の朱熹が大成した学問で，日本には鎌倉時代に伝来し，室町時代には$_{(ア)}$五山の僧らを中心に学ばれていた。日本近世朱子学興隆の基礎を開いたとされる藤原惺窩は，五山の一つである［(41)｜(42)］の僧となり朱子学に接した。その後惺窩は，朝鮮の儒学者である（　a　）との交流などを経て朱子学の学びを深めた。惺窩に始まる朱子学の門流は［(43)｜(44)］学と呼び表されている。

惺窩に師事した林羅山は徳川家康に用いられ，その子孫も代々幕府に仕えた。林家を継いだ林鵞峰が完成させた『本朝通鑑』は，［(45)｜(46)］天皇の時代までを記した歴史書である。幕府内での林家の地位がより明確になったのは，将軍徳川綱吉の時代である。綱吉は，林家が上野忍ケ岡に設けていた孔子廟と家塾を湯島に移して学問所として整備し，これにともない林鳳岡を（　b　）に任じた。以降林家の当主はこの官職を世襲することになった。

林家以外にも，幕府や諸藩で重用された朱子学者は少なくない。松永尺五に学んだ木下順庵は，加賀藩主の［(47)｜(48)］に用いられ，のちに綱吉の侍講となった。順庵の門人の一人である新井白石は，侍講として仕えていた徳川家宣が将軍となったのを機に，幕政に深く関わった。家宣の将軍就任慶賀のため朝鮮通信使が来訪するに際し，国書の宛名を「日本国王」と改めさせたのは，白石の提言によるものである。また白石は，綱吉の治世下で悪化した幕府財政の改善を意図して貨幣改鋳策を推進してきた［(49)｜(50)］の罷免を求め，かつての［(51)｜(52)］小判と質・量ともに同水準の小判を鋳造した。これは，［(49)｜(50)］の行なった改鋳で貨幣価値が大きく変わったために生じた物価の［(53)｜(54)］をとめようとしたものであった。

将軍$_{(イ)}$徳川吉宗は実学を重視し，漢訳洋書の輸入制限を緩和したことで知られるが，儒学を軽んじたわけではない。吉宗は民衆教化の一環として，順庵の門人である室鳩巣に『［(55)｜(56)］』の編修を命じ，寺子屋の教材として使わせている。なお，この鳩巣と近い世代の順庵の門人には，対馬藩に仕え，同藩の文教や朝鮮との外交にも尽力した（　c　）もいる。

儒学者の中には，［(57)｜(58)］代の王陽明が創始した陽明学を追究する者もあった。知識を深めることを重んじた朱子学に対して，実践を重視した陽明学者は，時として現体制を批判する主張を展開した。近江聖人と呼ばれ日本陽明学の祖とされる［(59)｜(60)］の門人であった熊沢蕃山は，岡山藩主の［(61)｜(62)］に仕えて活躍したが，のちに著書『［(63)｜(64)］』などで幕政を批判し，下総古河に幽閉された。時代は下るが，［(65)｜(66)］の飢饉にともなう窮民増大に対する幕府の無策と腐敗を批判して武装蜂起した大塩平八郎も，陽明学者の一人であった。

一方，17世紀後半には，朱子学や陽明学はあくまで朱熹や王陽明らによる儒教の経典の解釈にすぎないとみなし，経典そのものに学ぶべきとする古学派も生まれた。古学派においては，会津出身で『聖教要録』などを著した［(67)｜(68)］，京都の町人出身で堀川に私塾を開いた［(69)｜(70)］，18世紀初めに江戸に［(71)｜(72)］という私塾を開いた荻生徂徠が，それぞれ独自の学派を形成した。徂徠は政治や経済に対する関心も高く，彼の著した『［(73)｜(74)］』は，将軍の諮問に応じてまとめた幕政改革案である。また，徂徠の門人の太宰春台の代表作とされる『［(75)｜(76)］』も，幕藩体制に対する多くの改善策を含んでいる。

その後の儒学では，諸学の長所をとり入れながら聖人の真意に近づこうとする新しい学派も登場したが，18世紀末に幕府は朱子学を正学として，$_{(ウ)}$湯島聖堂の学問所における異学の教育を禁止した。また，同学問所では旗本・御家人とその子弟を対象として$_{(エ)}$朱子学の理解を試す試験も行われるようになった。この試験は人材の発掘にも用いられ，その合格者の中には幕末の混乱期に対外関係などの要職に就く者もあった。

問1　文中の空欄 (39) (40) ～ (75) (76) に当てはまる最も適切な語句を下の語群より選び，その番号を解答用紙A（マークシート）の所定の解答欄にマークしなさい。

≪語群≫

11　池田光政　12　石田梅岩　13　伊藤仁斎　14　荻原重秀　15　懐徳堂
16　花月草紙　17　咸宜園　18　含翠堂　19　京　20　享保
21　稽古談　22　経済要録　23　経済録　24　経世秘策　25　慶長
26　下落　27　蘐園塾　28　建仁寺　29　元文　30　元禄
31　古義　32　後光明　33　古史通　34　後醍醐　35　後水尾
36　後陽成　37　酒井忠清　38　相国寺　39　上昇　40　清
41　新論　42　政談　43　折衷　44　宋　45　大学或問
46　竹内式部　47　谷時中　48　天保　49　天明　50　天龍寺
51　唐　52　東福寺　53　中井竹山　54　中江藤樹　55　南
56　野中兼山　57　保科正之　58　堀田正俊　59　前田綱紀　60　前田利家
61　前田利長　62　万寿寺　63　明　64　山鹿素行　65　山片蟠桃
66　山崎闇斎　67　養賢堂　68　頼山陽　69　六諭衍義大意　70　柳子新論

問2　文中の空欄（　a　）～（　c　）に入る最も適切な語句を解答用紙Bの所定の解答欄に漢字で書きなさい。

問3　以下の設問の解答を解答用紙Bの所定の解答欄に書きなさい。

（1）　下線部（ア）について，五山の次の格の官寺を何というか，漢字で書きなさい。

（2）　下線部（イ）について，吉宗は幕府の財政を補填するために，それまでの将軍と大名の間の主従関係の基本に関わるような策にふみきった。将軍にとって「恥辱」ともいわれたこの策を何というか。

（3）　下線部（ウ）の前年に幕府は棄捐令を出した。旗本や御家人の俸禄米の受取・売却の代行から俸禄米を担保とする金融へと業務を広げていた商人たちは，この棄捐令によって貸金の放棄などを求められた。このような商人を何というか，漢字で書きなさい。

（4）　下線部（エ）について，この試験を何というか，漢字で書きなさい。

Ⅲ．次の文章を読み，下記の設問に答えなさい。

福澤諭吉は，政治について「政府は事物の順序を司どりて現在の処置を施し」と『文明論之概略』で論じていた。政府の周りで起こる「現在」の内政・外交情勢はいつの時代もめまぐるしく動き，それを「処置」する政治は困難を極める。その様子を，福澤も生きた時代から見てみよう。

慶應義塾に演説館が建てられた翌年，犬養毅が慶應義塾に入学する。犬養は学生の頃，西南戦争の従軍記者をつとめている。この戦争は，［(77)｜(78)］をめぐる明治［(79)｜(80)］年の政変により下野した西郷隆盛らが起こした内戦であった。この政変後，内務卿に就いた［(81)｜(82)］が政府の主導権を握る。

この頃の国内政治の対立には，岩倉使節団が関係している。使節団は，普仏戦争やパリ・コミューンの後のパリ，さらにベルリンを訪れて普仏戦争を勝利に導いたドイツ帝国の宰相ビスマルクにも会い，明治［(79)｜(80)］年に帰国している。当時の政府の悲願のひとつに，不平等条約の改正があった。それが最終的に達成されたのは，［(83)｜(84)］外相が関税自主権の完全回復をはたした時である。

政変で参議を辞していた江藤新平らは，［(85)｜(86)］を設立するとともに，イギリス帰りの知識人の力を借りて作成した［(87)｜(88)］を左院に提出して自由民権運動を起こす。対応を迫られた政府は1875年4月に［(89)｜(90)］を出す一方で，6月には，［(91)｜(92)］などを制定することにより，民権運動家たちの政府への攻撃をきびしく取り締まった。

自由民権運動への「処置」の在り方をめぐり，明治［(93)｜(94)］年の政変が起こる。この政変により主導権を握ったのは，伊藤博文である。これ以降，薩摩と長州からなる藩閥政府が確立する。政府を追われた［(95)｜(96)］は(ア)<u>立憲改進党</u>を立ち上げた。一方の伊藤は，ヨーロッパに留学して，特にベルリン大学やウィーン大学で，君主権の強いドイツ流の憲法理論を学んで帰国した。

ドイツ人の政府顧問［(97)｜(98)］らの助言を得て憲法が起草され，(イ)<u>1889年，大日本帝国憲法が発布</u>される。この時の首相［(99)｜(100)］は，政府の政策は政党の意向に左右されてはならないという超然主義を唱えていた。

立憲政友会の［(101)｜(102)］と立憲国民党の［(103)｜(104)］らが中心となって，「閥族打破・憲政擁護」を掲げる運動を起こしたのが第一次護憲運動である。この運動を受けて［(105)｜(106)］内閣が退陣する。いわゆる，(ウ)<u>大正政変</u>である。

1923年，(エ)<u>関東大震災</u>が起こる。翌年，第二次護憲運動を受けた選挙の結果，［(107)｜(108)］の加藤高明，立憲政友会の［(109)｜(110)］，そして［(111)｜(112)］の犬養たちの護憲三派が圧勝する。この選挙によって誕生した加藤内閣は，1925年の普通選挙法の制定時に，国体の変革と私有財産制度の否認を目指す者を取り締まるために［(113)｜(114)］を成立させている。

二大政党が交互に政権をになう「憲政の常道」と呼ばれた時代は1924年加藤内閣から1932年犬養内閣までの8年ほどであった。この間に1929年にはじまる世界恐慌と1930年に解禁された金輸出などの影響で昭和恐慌が起こる。その頃，［(115)｜(116)］を首相とする内閣は，［(117)｜(118)］海軍軍縮条約の批准を進めていたが，これに海軍軍令部は反対していた。この時，犬養が率いる野党［(119)｜(120)］は軍部などとともに，(オ)<u>（　a　）の干犯</u>であると論じて政府を攻撃する。

1930年代に入ると農業恐慌が起こり欠食児童や娘の身売りが続出し，国外では(カ)<u>満州事変</u>も起こって，福澤の言う「現在の処置」を施す政治が極めて難しくなってきた。1931年の末に成立した犬養内閣は，金輸出再禁止や積極財政を行ない，軍部の意向に配慮しながらも満州国の承認には消極的であった。そこに五・一五事件が起こり，政党政治は太平洋戦争の後まで中断した。

問1　文中の空欄 (77) (78) ～ (119) (120) に当てはまる最も適切な語句を下の語群より選び，その番号を解答用紙A（マークシート）の所定の解答欄にマークしなさい。

≪語群≫

11 六	12 七	13 八	14 九	15 十
16 十一	17 十二	18 十三	19 十四	20 十五
21 愛国公党	22 愛国社	23 青木周蔵	24 犬養毅	25 井上馨
26 岩倉具視	27 大久保利通	28 大隈重信	29 尾崎行雄	30 革新倶楽部
31 桂太郎	32 加藤友三郎	33 木戸孝允	34 清浦奎吾	35 グナイスト
36 黒田清隆	37 憲政会	38 公安条例	39 国会開設請願書	
40 国会開設の勅諭	41 国会期成同盟	42 後藤象二郎	43 小村寿太郎	44 西園寺公望
45 斎藤実	46 幣原喜重郎	47 集会条例	48 シュタイン	49 ジュネーブ
50 新聞紙条例	51 征韓論	52 政友本党	53 漸次立憲政体樹立の詔	
54 副島種臣	55 大同倶楽部	56 台湾出兵	57 高橋是清	58 田中義一
59 治安維持法	60 治安警察法	61 中央倶楽部	62 寺内正毅	63 寺島宗則
64 浜口雄幸	65 原敬	66 パリ	67 保安条例	
68 民撰議院設立の建白書		69 陸奥宗光	70 山県有朋	71 山本権兵衛
72 友愛会	73 立憲国民党	74 立憲政友会	75 立憲同志会	76 立憲民政党
77 立志社建白	78 ロエスレル	79 ロンドン	80 若槻礼次郎	81 ワシントン

問2　以下の設問の解答を解答用紙Bの所定の解答欄に漢字で書きなさい。

（1）　下線部（ア）について，立憲改進党はイギリス流の議院内閣制を主張した。対してフランス流の急進的な自由主義を唱えた自由党の初代総理（党首）の名前を書きなさい。

（2）　下線部（イ）について，この時期に民法典論争が起こっている。フランスの法学者が起草した民法を，日本の伝統的な家族制度を破壊すると論じて批判した帝国大学憲法学者の名前を書きなさい。

（3）　下線部（ウ）について，この時代の思潮や社会運動は大正デモクラシーと呼ばれる。1920年に，平塚らいてうらが女性の参政権などの政治参加を求めるために立ち上げた組織名を書きなさい。

（4）　下線部（エ）について，関東大震災後の復興事業を担うために設置された帝都復興院の総裁には，台湾総督府民政局長の経験者が就いた。その人物の名前を書きなさい。

（5）　下線部（オ）について，（　a　）に入る最も適当な語句を書きなさい。

（6）　下線部（カ）について，満州事変の発端となった関東軍による爆破事件名を書きなさい。

世界史

（60分）

（解答上の注意）　解答が2桁の数字の場合には，以下のようにマークすること。

例えば，空欄［(19)｜(20)］の解答が36の場合，解答欄［(19)］の③にマークし，解答欄［(20)］の⑥にマークする。

Ⅰ．次の文章を読み，下記の問いに答えなさい。

中国の歴代王朝は統治基盤の安定を図るために政治体制と統治機構のあり方を模索してきた。現在確認のできる最古の王朝である殷は，多くの邑が連合・従属する形で成立した国家であった。神権政治を特徴としており，強大な宗教的権威による支配を実現した。［(1)｜(2)］流域に成立した周は殷を滅ぼし，(a)「封建」と呼ばれる統治制度を確立した。周は異民族の襲撃を受けて前［(3)｜(4)］世紀に都を移したが，それ以降勢力が衰えた。その後，春秋・戦国時代に［(5)｜(6)］がくずれて以来，小家族による農業経営が経済を支えるようになった。前4世紀の［(7)｜(8)］の改革で国力をのばした秦は後に中国を統一した。そして絶対的な権力を持つ皇帝が官僚を通じて国を統治する政治システムを作り上げた。漢朝の初期には秦の多くの制度が受け継がれていたが，地方行政の制度には秦と異なる［(9)｜(10)］が採用された。

王朝の支配体制を強化するためには財政の仕組みの整備が重要だった。前漢時代の武帝の治世下には，貨幣が［(11)｜(12)］に改鋳された。そして，内政面で窮乏した国家財政を立て直すために，(b)専売制が設けられ，物価を安定させるための諸法律が施行された。しかし，それらの施策では財政難を乗り切ることはできなかった。その後，(c)長年の政治闘争と動乱を経て誕生した後漢の光武帝の時代に入り，豪族の連合政権が成立して政権の安定化が実現した。後漢時代には，国が民間の社会経済に大きく介入しなかったこともあり，(d)豪族は土地経営や商業活動で富を蓄えて官僚として国の政治に参加した。

戦乱のなかで，没落する農民は土地を失って故郷から離れたり，生計を立てるために豪族のもとで働いたりした。この状況下において，農民の生活安定と税収確保のために土地制度の整備が行われた。国家が耕作者の集団を導入して官有地を耕作させる［(13)｜(14)］は，曹操が魏の建国前から施行していたが，建国後も継続されたことで国力の基盤を強めた。魏の将軍であった司馬炎は禅譲を受けて［(15)｜(16)］を建国したが，280年に［(17)｜(18)］を滅ぼして中国を統一した後に，一連の土地制度の整備を行った。ただ，制度の効果はいずれも限定的であり，豪族の社会的地位をさらに強める結果を招いた。5世紀前半には，［(19)｜(20)］の拓跋氏が建てた北魏が混乱の続いた華北を統一した。北魏の孝文帝は在位中に，租調制とともに均田制や［(21)｜(22)］を実施して農耕民社会の安定と財政確保に努め，さらに494年に都を［(23)｜(24)］に移し，積極的な漢化政策を打ち出した。均田制は後の隋や唐の頃になると制度がさらに整備された。唐朝は［(25)｜(26)］という地方の行政制度を整え，また成年男性に土地を均等に支給して，税や力役を課す租・調・庸の税制により税収の安定を図った。しかし，8世紀のなかごろには，人口増や商業の発達にともない貧富の差が激しくなり，均田制，租・調・庸とともに軍事制度の［(27)｜(28)］もくずれることになった。

王朝の根幹を揺るがす深刻な財政難に対処するため，登用された官吏は大胆な改革を行った。唐朝では安史の乱の後，財政状況の悪化が続いたが，宰相［(29)｜(30)］の提言を受けて780年に財政の健全化をはかる［(31)｜(32)］が施行された。この改革により，禁止されていた土地の自由売買が認められるようになった。［(33)｜(34)］年に建てられた宋では，貨幣経済の繁栄とともに，(e)小作料を徴収して佃戸に土地を耕作させる新興地主層が成長し，社会経済も飛躍的な発展を見せた。しかし，文治主義のもとで澶淵の盟により［(35)｜(36)］と和議を結んだ後，多くの出費により財政難が起こった。宰相として起用された王安石は新法と呼ばれる改革を行った。庶民の生活安定と国家財政の確立だけでなく，軍事力の強化も目標としたが，地主や大商人からの反発や官僚間の対立を引き起こした。さらに，(f)明朝後期には，貧富の差が拡大して社会格差の問題が深刻になり，政府の莫大な出費も重なったことで財政が困窮した。社会と財政の問題に対処するために，各種税金をまとめて納める法律が［(37)｜(38)］の流入を背景に施行された。しかし，中央からの厳しい統制による財政再建策は，地方出身官僚の反発を受けて政治的な混乱を招くことになった。

問1　文中の空欄［(1)｜(2)］～［(37)｜(38)］にあてはまる最も適当な語句を下記の語群から選び，その番号を解答用紙A（マークシート）の解答欄［(1)］～［(38)］にマークしなさい。

11　6	12　7	13　8	14　875
15　907	16　960	17　渭水	18　一条鞭法
19　衛所制	20　課田制	21　韓	22　匈奴
23　金	24　銀	25　郡県制	26　郡国制
27　呉	28　後晋	29　五銖銭	30　三長制
31　市易法	32　氏族制度	33　州県制	34　荘園制度
35　商鞅	36　蜀	37　女真	38　晋
39　西夏	40　鮮卑	41　楚	42　地丁銀制
43　趙	44　長江	45　銅	46　屯田制
47　半両銭	48　布銭	49　部族制	50　府兵制
51　平城	52　募兵制	53　楊炎	54　洛陽
55　李鴻章	56　里甲制	57　李斯	58　遼
59　両税法	60　臨安	61　林則徐	62　淮河

問2　下線部（a）に関連して，周王が祭祀への参加以外に諸侯に課したのは何か。解答用紙Bの所定の欄に記入しなさい。

問3　下線部（b）に関連して，専売制の対象となった三つの産品は何か。解答用紙Bの所定の欄に記入しなさい。

問4　下線部（c）に関連して，直前の王朝末期に山東で始まり，27年に光武帝に鎮圧された農民の反乱は何か。解答用紙Bの所定の欄に記入しなさい。

問5　下線部（d）に関連して，なぜ豪族が政治に参加できたのか。当時の「学問」と「官吏任用制度」の二つの側面から考えて，解答用紙Bの所定の欄に記述しなさい。

問6　下線部（e）に関連して，この時代に成長した新興地主層は何と呼ばれたか。解答用紙Bの所定の欄に記入しなさい。

問7　下線部（f）に関連して，徐光啓らがヨーロッパの天文学に基づいて編纂した書物は何か。解答用紙Bの所定の欄に記入しなさい。

Ⅱ．次の文章を読み，下記の問いに答えなさい。

2020年のアメリカ合衆国では，警察官によるジョージ・フロイド殺害事件を契機に，(a)人種差別に反対する大規模なデモが全国に広がり，その運動は世界中に波及した。「人種」は，もはや生物学的には存在しないことが定説となっているにもかかわらず，実社会における差別のあり方を規定し続けている。そのような人種という概念の起源と展開の過程を探るべく，歴史を紐解いてみよう。

(b)古代・中世においても他民族に対する征服や奴隷化は存在したが，その後の人種概念の形成につながるヨーロッパ人と他者との大規模な出会いは，(39)(40)年のアメリカ大陸「発見」に始まったと言えるだろう。「発見」とその後のアメリカ大陸征服を先導したスペイン人が「インディオ」の多様性を知っていたことは，(41)(42)によるアステカ王国の征服や(43)(44)によるインカ帝国の征服が先住民部族間の対立を利用して進められたことからも明らかである。しかし，多様な先住民は一括りに「インディオ」と呼ばれ，それが長い植民地支配の過程で定着していった。

一方，虐殺や(c)農園・鉱山での重労働，ヨーロッパからもたらされた伝染病などによって先住民人口が激減すると，アフリカからアメリカ大陸に大量の黒人奴隷が導入された。奴隷貿易を担ったのは，初めは(45)(46)，次いで(47)(48)，そしてフランスとイギリスである。ヨーロッパの奴隷商は現地アフリカで奴隷狩りを行う(49)(50)やダホメのような王国と結んでおり，ここでもアフリカ人が一様でないことは認識されていた。しかし，アフリカ人も「インディオ」と同様に，植民地支配の過程で一括りの「黒人」と見なされるようになっていく。

18世紀末からイギリスを中心に奴隷制反対運動が盛んになり，奴隷制はイギリスでは1834年に廃止，フランスでも(51)(52)年に生まれた第二共和政下で廃止された。スペイン領アメリカでも，1810年にシモン・ボリバルが(53)(54)で，イダルゴが(55)(56)で独立運動を始めて以降，1820年代にかけて次々に独立国が誕生し，その過程でインディオも含めた万人の平等がうたわれ，奴隷制も次第に廃止されていった。しかし，身分制度上の不平等が解消されたまさにこの時期に，(d)目覚ましい科学の発展にともない，「白人」「インディオ」「黒人」といった区別があたかも生物学的かつ固定的な事実であるかのように語る人種概念が成立していった。ヨーロッパ諸国でも叫ばれた「万人の平等」がたてまえにすぎなかったことは，1880年代以降，アフリカ大陸全体がヨーロッパ諸国によって植民地化されたことからもうかがえる。アフリカ大陸で植民地化を免れたのは，古来の帝国だった(57)(58)と，アメリカ合衆国からの解放奴隷が建国した(59)(60)だけだった。

そのアメリカ合衆国では，(e)奴隷制の存廃をめぐる立場の違いが(61)(62)年の南北戦争へと発展し，奴隷制を廃止した北部が勝利したものの，その後もアフリカ系住民や(f)先住民に対する差別は続いた。また，人種概念は「白人」の中での差別・序列化にも使われた。(g)19世紀後半のアメリカ合衆国の工業化を支えたのは，奴隷に代わって大量に導入された移民労働力だったが，アジア系移民はもとより，「白人」でありながら「ワスプ」ではないイタリア系移民やアイルランド系移民も差別の対象となった。

そうした状況がようやく変わり始めるのは，(63)(64)への反対を直接の契機として既存の体制への異議申立てが世界中で広がった1960年代後半のことである。アメリカ合衆国では，黒人差別に反対する(65)(66)運動が盛んになり，アフリカ系住民の権利拡大をもたらした。(67)(68)でも，長らく先住民の(69)(70)やアジア系移民に対する差別政策が行われていたが，1975年に人種差別禁止法が成立した。また(71)(72)では，アパルトヘイトと呼ばれる人種隔離政策が1991年にようやく終わった。とはいえ，(73)(74)年にオバマがアメリカ合衆国で初のアフリカ系アメリカ人大統領として当選する一方で，その後，人種差別的な発言を繰り返すトランプが当選したように，人種差別はまだ過去の問題となってはいない。

問1　文中の空欄 (39) (40) ～ (73) (74) にあてはまる最も適当な語句を下記の語群から選び，その番号を解答用紙A（マークシート）の解答欄 (39) ～ (74) にマークしなさい。

11　1492	12　1498	13　1511	14　1820
15　1830	16　1848	17　1851	18　1861
19　1870	20　2004	21　2008	22　2012
23　アクスム	24　アボリジニー	25　アラスカ	26　アルゼンチン
27　イタリア	28　イヌイット	29　エチオピア	30　オーストラリア
31　オーストリア	32　オランダ	33　カブラル	34　キューバ
35　クシュ	36　ケニア	37　公民権	38　国土回復
39　コルテス	40　シエラレオネ	41　新文化	42　ソマリア
43　朝鮮戦争	44　ドイツ	45　ドル・ショック	46　ニュージーランド
47　ピサロ	48　ベトナム戦争	49　ベニン	50　ベネズエラ
51　ベルギー	52　ボリビア	53　ポルトガル	54　マオリ
55　マゼラン	56　南アフリカ	57　メキシコ	58　リベリア

問2　下線部（a）に関連して，その運動は，掲げられたスローガンの頭文字を取ってBLMと呼ばれることが多いが，そのスローガンとは何か。英語で解答用紙Bの所定の欄に記入しなさい。

問3　下線部（b）に関連して，古代ギリシアでは異民族を「わけのわからない言葉を話す人」の意味で何と呼んでいたか。解答用紙Bの所定の欄に記入しなさい。

問4　下線部（c）に関連して，16世紀から18世紀までスペイン領アメリカと並ぶ銀の生産地だった日本において，銀生産の中心にあった銀山はどこか。解答用紙Bの所定の欄に記入しなさい。

問5　下線部（d）に関連して，結核菌やコレラ菌を発見したドイツの医師は誰か。解答用紙Bの所定の欄に記入しなさい。

問6　下線部（e）に関連して，南部が奴隷制の存続を求めたのはなぜか。解答用紙Bの所定の欄に記述しなさい。

問7　下線部（f）に関連して，1830年には先住民をミシシッピ川以西に追いやる強制移住法が制定されたが，それを推し進めた大統領は誰か。解答用紙Bの所定の欄に記入しなさい。

問8　下線部（g）に関連して，この時代を「金ぴか時代」と風刺した，当時のアメリカ合衆国を代表する作家は誰か。解答用紙Bの所定の欄に記入しなさい。

Ⅲ．次の文章を読み，下記の問いに答えなさい。

人類の歴史は常に戦争とともにあったと言っても過言ではないだろう。それゆえ，初期の歴史書に戦争を取り上げたものが多かったのも自然なことであった。ギリシアの［(75)｜(76)］は前［(77)｜(78)］年に始まったペルシア戦争を主題に『歴史』を著し，後に「歴史の父」と呼ばれた。この戦争で強国としての地位を固めたアテネは［(79)｜(80)］同盟を結成し，次第にギリシア随一の軍事大国スパルタとの対立を深めた。前［(81)｜(82)］年ついに両陣営間に［(83)｜(84)］戦争が起こり，スパルタが勝利するものの，この戦争はポリス社会の変貌と衰退を早めたと言われる。［(85)｜(86)］は，この戦争の原因や経過を詳細に記述し，後に客観的な歴史叙述の先駆とみなされた。

戦争の悲惨さは，それを嘆き平和を希求する人々の願いや様々な思想を生んできたこともまた事実である。歴史を遡ると，軍事的・経済的に他国を圧倒する覇権国家の存在が平和をもたらすとの考えが広く見受けられた。古代ローマを例にとれば，［(87)｜(88)］帝から約［(89)｜(90)］年間にわたる繁栄の時代はパクス・ロマーナ（ローマの平和）として知られ，後の(a)パクス・ブリタニカ，パクス・アメリカーナの先例となった。

時代が下って，近世・近代のヨーロッパを特徴づけていたのは，国家間の覇権争いと勢力均衡に基づく主権国家体制であった。主権国家体制は，15世紀末に始まった［(91)｜(92)］戦争を契機に形成され始め，(b)三十年戦争後の［(93)｜(94)］条約により確立されたとされている。その後，ナポレオン戦争後の［(95)｜(96)］体制，第一次世界大戦後の［(97)｜(98)］体制へと引き継がれ，現代まで続く国際秩序の基盤となった。この時代を代表する平和思想の金字塔として，1795年に(c)カントが著した『永遠平和のために』が挙げられる。同書で彼は，常備軍の廃止や自由な諸国間の連合制度などを提案し，後の国際連盟や国際連合の思想的基盤になったと言われている。

戦争の世紀と言われた20世紀には，戦争の規模も質も大きく様変わりした。1914年にバルカン半島の片隅で始まった第一次世界大戦がその後ヨーロッパ全土に飛び火し，４年以上も続く世界戦争に拡大した。しかも戦争は単に長期戦であっただけでなく，大きな犠牲を伴う総力戦へと変貌し，ヨーロッパでは厭戦気分が広まった。また，アメリカ合衆国の参戦とロシア革命の勃発は戦後の国際関係に大きな地殻変動をもたらした。1917年，ソビエト新政権は［(99)｜(100)］が起草した(d)「平和に関する布告」を発表し即時講和を呼びかけた。アメリカ合衆国のウィルソン大統領は，これに対抗して十四か条の原則を発表し，国際連盟の創設など戦後の国際秩序の形成に大きな影響を与えた。

1920年に発足した国際連盟は，初めての国際平和機構であり［(101)｜(102)］に本部を置いた。しかし，肝心のアメリカ合衆国が議会の反対により加盟せず，1933年には日本と［(103)｜(104)］が脱退，1939年には［(105)｜(106)］が除名となるなど，十分に機能を果たすことができなかった。また最高決定機関である［(107)｜(108)］は全会一致の原則を採用し，制裁も経済制裁にとどまっていたため抑止力にも限界があった。ただし，常任理事国に対しても制裁を課すことが可能であった点については，現在の(e)国際連合よりすぐれていたとの指摘もある。

その後，第二次世界大戦でアメリカ合衆国が広島と長崎に核兵器を使用し，1949年にソ連も原爆実験に成功した。米ソ両国が核軍備の拡張を競う間にも次々と核保有国が誕生し，人類滅亡の可能性が現実味を帯びた。1962年の［(109)｜(110)］の際には，あわや第三次世界大戦勃発の瀬戸際であった。これに対し，核軍縮と平和に向けた国際的な努力が払われてきたのも事実である。1955年には広島で第１回原水爆禁止世界大会が，1957年にはカナダで核兵器廃絶を訴える科学者らによる［(111)｜(112)］会議が開催された。さらに多国間の国際条約としては，1963年に［(113)｜(114)］条約，1968年に［(115)｜(116)］条約が調印され，1996年に［(117)｜(118)］条約が採択されている。また，2017年に核兵器禁止条約が国連総会で採択され，2021年１月に発効した。

問1　文中の空欄 (75)(76) ～ (117)(118) にあてはまる最も適当な語句を下記の語群から選び，その番号を解答用紙A（マークシート）の解答欄 (75) ～ (118) にマークしなさい。

11　100	12　200	13　333	14　431
15　500	16　アウグストゥス	17　アフガニスタン侵攻	18　アムステルダム
19　イタリア	20　イッソス	21　ウィーン	22　ウェストファリア
23　ヴェルサイユ	24　カエサル	25　核拡散防止	26　キューバ危機
27　ケレンスキー	28　国連人間環境	29　コリントス	30　コンスタンティヌス
31　ジュネーヴ	32　スターリン	33　戦略兵器削減	34　総会
35　ソ連	36　ダボス	37　中国	38　デロス
39　ドイツ	40　トゥキディデス	41　トロツキー	42　ニューヨーク
43　パグウォッシュ	44　バンドン	45　部分的核実験禁止	46　ブリュッセル
47　ヘシオドス	48　ペリクレス	49　ペルシア	50　ベルリン
51　ヘロドトス	52　ペロポネソス	53　包括的核実験禁止	54　ホメロス
55　ユグノー	56　理事会	57　レーニン	58　ロンドン

問2　下線部（a）に関連して，イギリスが「世界の工場」と呼ばれ，経済的にも軍事的にも他国を圧倒し，「パクス・ブリタニカ」と呼ばれる時代は主に何世紀のことか。下の選択肢から適当なものを選び，その番号を解答用紙A（マークシート）の解答欄 (119) にマークしなさい。

1　16世紀　　2　17世紀　　3　18世紀　　4　19世紀

問3　下線部（b）に関連して，「三十年戦争」の悲惨さに衝撃を受け，『戦争と平和の法』を著し，後に「国際法の祖」と呼ばれたオランダ人法学者は誰か。解答用紙Bの所定の欄に記入しなさい。

問4　下線部（c）に関連して，カントは経験論と合理論のそれぞれを批判しつつ総合し，ドイツ観念論哲学を創始したが，それを大成し弁証法哲学を提唱した哲学者は誰か。解答用紙Bの所定の欄に記入しなさい。

問5　下線部（d）に関連して，「平和に関する布告」に含まれた三つの原則は何か。解答用紙Bの所定の欄に記入しなさい。

問6　下線部（e）に関連して，第二次世界大戦の発生を回避できなかった国際連盟の経験から，国際連合ではどのような制度的改良が加えられたか。解答用紙Bの所定の欄に40字以内で記入しなさい。

地理

（60 分）

（解答上の注意）　解答が 2 桁の数字の場合には，以下のようにマークすること。

例えば，空欄［⒆｜⒇］の解答が 36 の場合，解答欄［⒆］の③にマークし，解答欄［⒇］の⑥にマークする。

I．　次の文章を読み，後の問いに答えなさい。

2015年，［（1）｜（2）］が採択され，世界の平均気温上昇を産業革命以前に比べて 2℃より十分低く保ち，1.5℃に抑える努力をすることとなった。1997年に採択された［（3）｜（4）］は，アメリカ合衆国が締結を見送るなど，実効性に問題があったが，［（1）｜（2）］は，目標であって義務ではないということもあり，アメリカ合衆国を含む196か国が参加し（2015年時点），実効性のある協定となることが期待されている。

地球温暖化の抑制には［（5）｜（6）］の削減が有効であり，これまで工業化を支えてきた石炭・石油等の［（7）｜（8）］から脱却する「脱炭素」が鍵となる。そのための提案の一つが，再生可能エネルギー，とりわけ太陽光，風力，［（9）｜（10）］の利用拡大で，成長が期待されている分野とされている。風力は，欧州では無視しえないエネルギー源となっている。日本での利用はこれからであるが，洋上風力は次世代のエネルギーとして注目されている。いま一つの提案は，ガソリン自動車から電気自動車への転換である。日本では，2030年代半ばまでに新車販売で電動車を100％とする目標を掲げている。

脱炭素の動きに伴って，今後大幅な需要の拡大が予想されるのがレアメタルである。例えば，電気自動車には，ガソリン車と同様，鉄や銅といったベースメタルが必要であるが，そこに搭載される電池には，リチウムのほか，コバルトやニッケルといったレアメタルが必要となる。また，風力発電用のモーターに使われる磁石の材料はネオジムと呼ばれるレアアースであり，これもレアメタルの一種である。

レアメタルの特徴は，(ア)<u>生産が少数の国に集中する傾向が強いことにある</u>。特に中国は，安い人件費を武器に独占化を進めている。資源のユーザーにとって調達先が限定されていることは大きなリスクである。2010年に［（11）｜（12）］の沖合で中国の漁船と日本の海上保安庁の巡視船が衝突した際，中国は日本へのレアアースの輸出を事実上停止した。今後も，(イ)<u>鉱物資源はさまざまな場面で外交カードとして利用されることが予想される</u>。そうしたリスクに備え，資源の輸入国はさまざまな手段を講じておく必要がある。

日本はかつてさまざまな鉱物資源に恵まれていた。液晶パネルや太陽電池の材料として使われるレアメタルである［（13）｜（14）］が北海道の豊羽鉱山で採掘されていた。しかし，2006年に豊羽鉱山が閉山となると，日本はレアメタルのほとんどを輸入に依存するようになった。日本が技術立国として発展していくためには，鉱物資源の確保は極めて重要であり，さまざまな対策が実行に移されている。

電子機器にはさまざまな鉱物が埋め込まれている。日本国内には，経済成長の過程で生産，輸入された大量の電子機器が蓄積されており，［（15）｜（16）］と呼ばれる。(ウ)<u>廃棄された電子機器から鉱物を</u>

回収することによって，膨大な量の鉱物を「採掘」することができる。資源の輸入依存から脱却し，［(17)｜(18)］社会を実現するのは，資源を「持たざる国」日本にとって重要な選択肢である。

日本は島国であり，200海里沖まで広がる［(19)｜(20)］を含めると，開発可能な海底の面積は広大である。近年の調査によると，日本の東端にある［(21)｜(22)］の沖合には，レアアースを多く含んだ泥が堆積している。今後，日本が資源大国になる可能性もある。また，［(23)｜(24)］をつうじて，隣接する島々に資金援助や技術支援を行えば，資源の調達先の多様化にも寄与すると考えられる。ただし，海底資源の開発は始まったばかりであり，(エ)解決しなければならない課題も山積している。

問1　文中の空欄［(1)｜(2)］～［(23)｜(24)］にあてはまる最も適切な語句を下の語群より選び，その番号を解答用紙A（マークシート）の所定の解答欄にマークしなさい。

≪語群≫

11　ODA	12　WTO	13　インジウム	14　沖ノ鳥島
15　オゾンホール	16　温室効果ガス	17　化石燃料	18　京都議定書
19　シェンゲン協定	20　資源の博物館	21　循環型	22　水力
23　尖閣諸島	24　大量消費	25　竹島	26　地熱
27　天然資源	28　都市鉱山	29　排他的経済水域	30　バナジウム
31　パリ協定	32　南鳥島	33　リスボン条約	34　領海

問2　下線部（ア）について，下の表は4つの鉱物の世界総生産量に占める主要3か国の割合（%）を示している。表中の［(25)］～［(28)］に該当する最も適切な鉱物の名称を下の語群（〔　〕内は生産年）から選び，その番号を解答用紙A（マークシート）の所定の解答欄にマークしなさい。

鉱物名	世界の総生産量に占める主要3か国の割合		
(25)	中国 80.1%	ベトナム 5.9%	モンゴル 2.4%
(26)	コンゴ民主共和国 69.4%	ロシア 4.4%	オーストラリア 4.0%
(27)	中国 44.8%	チリ 20.3%	アメリカ合衆国 13.9%
(28)	南アフリカ共和国 30.7%	オーストラリア 18.4%	ガボン 12.3%

（世界国勢図会2021/2022年版より作成）

≪語群≫　1　コバルト〔2019年〕　2　タングステン〔2018年〕　3　ニッケル〔2017年〕
4　マンガン〔2018年〕　5　モブリデン〔2018年〕　6　レアアース〔2018年〕

※問2(27)については，語群に不備があり適切な解答が得られないことが判明したため，全受験者が正解を解答したものとみなして加点する対応を取ったことが大学から公表されている。

問3　下線部（イ）について，以下の文章の空欄（　あ　）～（　う　）にあてはまる最も適切な語句を，（　あ　）はカタカナ7字，（　い　）は漢字3字，（　う　）は漢字4字で答えなさい。解答は解答用紙Bの所定の欄に書きなさい。

第2次世界大戦後，多くの植民地が政治的な独立を果たしたが，鉱物資源については旧宗主国をはじめとする外国資本によって搾取されていた。こうした中，自国の資源は自国が管理すべきであるという資源（　あ　）が高まり，1962年，国連で「天然資源に対する永久的主権の確立宣言」が採択された。これを機に発展途上国は，先進国に技術移転を要求するなどして，モノカルチャー経済から脱却し，経済・産業の（　い　）を目指した。こうした動きは現在も続いており，レアメタルが先進国の（　う　）産業に不可欠な材料となったことによって，さらに激化していくと予想される。

問4　下線部（ウ）について，「3R」と呼ばれる3つの形態をすべてカタカナで答えなさい。解答は解答用紙Bの所定の欄に書きなさい（解答の順番は問わない）。

問5　下線部（エ）について，採掘に伴う費用削減や海洋汚染の防止と並んで，海底資源を利用するに当たって最も解決が困難であると予想される課題を15字以内で答えなさい。解答は解答用紙Bの所定の欄に書きなさい。

Ⅱ．次の文章を読み，後の問いに答えなさい。

今日においても世界各地で見られる民族紛争は，言語，宗教，文化等の違いによる対立，民族間の領土（国家の(ア)<u>主権</u>が及ぶ陸地）の争奪など様々な要因から生じる。

複数の言語を有する国や地域では，公用語の設定などをめぐって民族紛争が発生する場合がある。ベルギーでは，オランダ語を使用する［(29)(30)］とフランス語を使用する［(31)(32)］にほぼ二分され，言語戦争と呼ばれる対立を招いたのはその例である。

列強による外交政策や植民地政策が民族紛争の原因になり得る点は注目されてよい。

第一次世界大戦中，パレスチナにおける利権の拡大を図るイギリスは，フサイン・マクマホン協定や(イ)<u>バルフォア宣言</u>の表明など，二重外交を展開し，深刻な民族対立の原因を作った。第二次世界大戦後，国際連合による［(33)(34)］を受け，ユダヤ人は［(35)(36)］年，イスラエルを建国したが，これに反発したアラブ諸国との間に［(37)(38)］が勃発した。1964年，アラブ人は［(39)(40)］を結成して抗戦してきたが，その後も両者の紛争は激しさを増し，今なお解決を見ていない。

宗主国が植民地支配のために分断統治を行い，民族紛争を作り出すこともある。［(41)(42)］では，宗主国であるベルギーが少数派の［(43)(44)］を優遇し，多数派の［(45)(46)］を冷遇する政策をとったことが両民族の抗争の原因である。宗主国からの独立後も民族紛争は続き，1994年に起きた［(45)(46)］過激派による大量殺戮（さつりく）により多数の人々が犠牲となった。イギリスとエジプトの共同統治下にあったスーダンでも，民族の異なる南部と北部の分断統治が行われ植民地支配に利用された。その影響は宗主国からの独立後も続き，長期にわたる南北紛争を経て，2011年，［(47)(48)］が分離独立した。しかし，スーダン西部では政府軍と反政府勢力の間に［(49)(50)］が発生し，［(47)(48)］との国境付近でも紛争が発生するなど，未解決問題を抱えている。

国境には自然的国境と人為的国境があるが，リビアと東経［(51)(52)］度，スーダンと北緯［(53)(54)］度でそれぞれ隣接するエジプトは後者の例である。列強の利害に基づいて設定された人為的国境は民族を分断し，民族紛争の引き金になり得る。［(55)(56)］と呼ばれるクルド人居住地は，列強によって第一次世界大戦前後に分断され，現在では，［(57)(58)］，イラク，イランなど数か国にまたがっている。いずれの国でも少数民族であり差別的な扱いを受けてきたクルド人は，独立を求め活発な武力活動を続けている。

大国間の軍事バランスの崩壊も民族紛争の原因になり得る。解体前のユーゴスラビアは，多くの民族，宗教，言語が複雑に入り組んだ民族紛争の起こり易い地域である。第二次世界大戦後は，独自の社会主義体制のもとで民族融和が進んでいたが，東西冷戦終結後，民族紛争が表面化した。1991年，北部のスロベニアと［(59)(60)］が分離独立を求めて内戦が勃発，翌年，［(61)(62)］が独立宣言を行い軍事衝突が発生した。続く1998年，［(63)(64)］人が多数を占める［(65)(66)］自治州が独立を求めて紛争が発生したが，最終的に［(67)｜(68)］の軍事介入によって停戦合意に至り，2008年，独立を宣言した。

民族紛争によって多くの人々が他国への移住を余儀なくされると難民が生まれる。その対応には，受入国のルール，文化及び価値観などを難民に押しつける同化主義をとる国もあれば，それらを尊重する(ウ)多文化主義をとる国もある。他方，当事国同士では解決が困難なことも多く，［(69)｜(70)］や各国のNGOが協力して難民の保護や人道的支援に当たっている。

問1　文中の空欄［(29)｜(30)］～［(69)｜(70)］にあてはまる最も適切な語句を下の語群より選び，その番号を解答用紙A（マークシート）の所定の解答欄にマークしなさい。

≪語群≫

11　20	12　22	13　23	14　25
15　1947	16　1948	17　NATO	18　OAU
19　PLO	20　UNCCD	21　UNFPA	22　UNHCR
23　アフガニスタン	24　アメリカ合衆国	25　アルバニア	26　グルジア紛争
27　クルディスタン	28　クロアチア	29　コソボ	30　ジャスミン革命
31　セルビア	32　ソマリア	33　第一次中東戦争	34　第三次中東戦争
35　ダルフール紛争	36　チェチェン紛争	37　チュニジア	38　ツチ族
39　トルコ	40　ナイジェリア	41　難民条約	42　ハウサ族
43　ハマス	44　パレスチナ分割（決議）案		45　ビアフラ紛争
46　フツ族	47　フラマン地区	48　ブリュッセル地区	49　ホイ族
50　ボスニア・ヘルツェゴビナ		51　ボツワナ	52　マグレブ
53　マケドニア	54　南スーダン	55　ムスリム	56　モンテネグロ
57　ヨルバ族	58　ルワンダ	59　ワロン地区	60　湾岸戦争

問2　下線部（ア）について，以下の文章の空欄（　あ　）～（　い　）にあてはまる最も適切な語句を，それぞれ漢字2字で答えなさい。解答は解答用紙Bの所定の欄に書きなさい。

主権とは，他国の（　あ　）を受けることなく，国家を（　い　）するための最高権力である。

問3　下線部（イ）について，どのような内容を表明したものか。30字以内で答えなさい。解答は解答用紙Bの所定の欄に書きなさい。

問4　下線部（ウ）について，オーストラリアは白豪主義を撤廃し，1970年代後半以降，多文化主義に移行した。その理由を経済的な観点から20字以内で答えなさい。解答は解答用紙Bの所定の欄に書きなさい。

Ⅲ．次の文章を読み，後の問いに答えなさい。

もともとラテンアメリカには先住民族である［(71)｜(72)］が生活していたが，16世紀になるとヨーロッパ諸国の植民地となり，多くのヨーロッパ系民族が移住してきた。その多くはラテン系の人々であったが，［(73)｜(74)］は，イギリスの植民地であったために現在も公用語に英語が用いられている。その後，アフリカから奴隷が，農園の労働力として，また18世紀以降には金採掘のための労働力として連れてこられ，先住民と移住者の混血を繰り返しながら，人種構成の多様性が生み出されていった。ボリビアや［(75)｜(76)］などは先住民の割合が相対的に多いが，1500年に［(77)｜(78)］領となったブラジルはヨーロッパ系や混血が多く，さらに近代に入ってからは日本をはじめとするアジアからの移民を受け入れているため，人種構成が多様となり「人種のるつぼ」といわれている。

このような歴史的背景のあるラテンアメリカには，ヨーロッパから（　あ　）という農業の経営形態が持ち込まれた。ブエノスアイレスを中心に広がる平原は［(79)｜(80)］と呼ばれ，アルゼンチンや［(81)｜(82)］の農牧業の中心地となっている。［(79)｜(80)］の東部は，［(83)｜(84)］やトウモロコシの栽培，牧畜が盛んである。一方，［(85)｜(86)］気候区にある西部では，広大な牧場で羊などの［(87)｜(88)］が行われている。ブラジルでは，［(89)｜(90)］と呼ばれる大農園で［(91)｜(92)］や(ア)さとうきびが栽培されている。ブラジル高原の南部には，玄武岩が風化した肥沃な土地である［(93)｜(94)］と呼ばれる間帯土壌が分布し，［(91)｜(92)］の栽培に適している。ブラジル高原に広く分布する［(95)｜(96)］という熱帯草原では，日本の政府開発援助を受けた灌漑(かんがい)設備の導入や農業技術の進歩によって［(97)｜(98)］の栽培などが行われるようになり，いまでは，ブラジルの主要な輸出品のひとつとなっている。また，西インド諸島やエクアドルなどでは，［(99)｜(100)］農業によるバナナやさとうきびの栽培が行われている。

ラテンアメリカは(イ)特定の一次産品に依存する経済体制であったため，国の経済が生産量や価格変動のリスクにさらされがちであった。そのため，20世紀半ば以降外国からの借り入れに依存しながら，［(101)｜(102)］型の工業化が進められた。その結果，深刻な［(103)｜(104)］の増大，急激な経済発展による貧富の差の拡大などの問題が生じている。そのような状況下でも，ラテンアメリカ諸国は，経済の自由化や地域統合を進めてきた。メキシコは1994年に［(105)｜(106)］に加盟し，アメリカ合衆国との経済的関係を深めた。その後2020年には（　い　）という新たな貿易協定が発効した。ブラジルは，アマゾン川河口から約1500km上流に位置する河港都市［(107)｜(108)］に自由貿易地区を設け，日本企業なども誘致された。1995年にはラテンアメリカ全体の経済統合に向けて，ブラジルとアルゼンチンを中心とする（　う　）が発足し，域内の自由貿易市場の確立を目指している。また，ブラジルは［(109)｜(110)］，インド，中国等と共にBRICSを構成し，経済的にも注目を集めていた。

問1　文中の空欄［(71)｜(72)］～［(109)｜(110)］にあてはまる最も適切な語句を下の語群より選び，その番号を解答用紙A（マークシート）の所定の解答欄にマークしなさい。

≪語群≫

11　GATT	12　NAFTA	13　アボリジニー	14　移牧
15　インディオ	16　ウルグアイ	17　エスタンシア	18　ガイアナ
19　カンポセラード	20　企業的穀物	21　キューバ	22　高山
23　コーヒー	24　小麦	25　ジャガイモ	26　ステップ
27　スペイン	28　大豆	29　チリ	30　テラローシャ

31 テンサイ	32 パナマ	33 パンパ	34 ファゼンダ
35 ブラジリア	36 プランテーション	37 プレーリー	38 ペルー
39 貿易摩擦	40 放牧	41 ポルトガル	42 マナオス
43 輸出指向	44 輸入代替	45 ライ麦	46 ラトソル
47 リャノ	48 累積債務	49 ルーマニア	50 ロシア

問2 文中の空欄（ あ ）～（ う ）にあてはまる最も適切な語句を，（ あ ）は漢字6字，（ い ）はアルファベット5字，（ う ）はアルファベット8字で答えなさい。解答は解答用紙Bの所定の欄に書きなさい。

問3 文中の下線部（ア）について，近年ではさとうきびが大量生産され，それらを原料としたバイオエタノールが実用化されている。このようなバイオ燃料は環境問題の解決策として期待される一方で，課題もある。その課題について15字以内で答えなさい。解答は解答用紙Bの所定の欄に書きなさい。

問4 文中の下線部（イ）について，以下の文章の空欄（ え ）～（ か ）にあてはまる最も適切な語句を，（ え ）はカタカナ5字，（ お ）は漢字5字で答えなさい。（ か ）は最も適切な金属名を答えなさい。解答は解答用紙Bの所定の欄に書きなさい。

ラテンアメリカは，鉱産資源にも恵まれている。安定陸塊が広がるブラジル高原の南東部にあるイタビラ鉄山や北部の（ え ）鉄山は，埋蔵量が豊富な鉄山として知られる。一方，（ お ）に位置するメキシコやアンデス山脈では非鉄金属の鉱山が多く，たとえばチリは（ か ）の生産・輸出によって経済が支えられている。

数学

（70 分）

《 解答するにあたっての注意 》

1. 問題 I. (ii)，および（iii）の解答は**解答用紙 B** の所定の位置に記入し，それ以外の問題の解答は**解答用紙A（マークシート）**にマークしなさい。

2. 分数形で解答する場合，それ以上約分できない形で解答しなさい。根号を含む形で解答する場合，根号の中に現れる自然数が最小となる形で解答しなさい。それ以外でも，できるだけ簡単な形で解答しなさい。

3. マークシートにある ⊖ はマイナス符号 － を意味する。**解答用紙 A（マークシート）**に分数の符号を解答する場合は，マイナス符号は分子につけ，分母につけてはいけない。マークシートの記入にあたっては，次の例を参考にしなさい。

   ［例 1］ | (11) | (12) | と表示のある問いに対して，「34」と解答する場合には，解答欄（11）の ③ と解答欄（12）の ④ にマークしなさい。

   ［例 2］ | (13) | (14) | (15) | と表示のある問いに対して，「－56」と解答する場合には，解答欄（13）の ⊖，解答欄（14）の ⑤，および解答欄（15）の ⑥ にマークしなさい。

   ［例 3］ $\dfrac{\boxed{(16)\ (17)}}{\boxed{(18)\ (19)}}$ と表示のある問いに対して，「$-\dfrac{7}{89}$」と解答する場合には，解答欄（16）の ⊖，解答欄（17）の ⑦，解答欄（18）の ⑧，および解答欄（19）の ⑨ にマークしなさい。

I.　以下の問いに答えなさい。

(i)　1から1000までの整数のうち，2,3,5の少なくとも2つで割り切れる数は [(1)(2)(3)] 個あり，また，2,3,5の少なくとも1つで割り切れ，かつ6で割り切れない数は [(4)(5)(6)] 個ある。

(ii)　xを変数とする2次方程式$x^2+(2\sqrt{2}\cos\theta)x+\sqrt{2}\sin\theta=0$が異なる2つの実数解をもつような実数$\theta$の範囲は

[(ア)]

である。

(iii)　放物線上の点Pにおける法線とは，点Pを通り点Pにおける接線に垂直な直線である。放物線C_1：$y=x^2$上の点$\mathrm{P}(a,a^2)$（ただし$a\neq 0$とする）における法線の方程式は

$y=$ [(イ)]

である。

また，実数p,qに対し，放物線C_2：$y=-(x-p)^2+q$上のある点における法線が，放物線C_1上の点$(1,1)$における法線と一致するとき，pとqについて

$q=$ [(ウ)]

という関係式が成り立つ。

II. 点Oを原点とする xyz 座標空間に，2点 A(2, 3, 1), B(−2, 1, 3) をとる。また，x 座標が正の点 C を，$\overrightarrow{\mathrm{OC}}$ が $\overrightarrow{\mathrm{OA}}$ と $\overrightarrow{\mathrm{OB}}$ に垂直で，$\left|\overrightarrow{\mathrm{OC}}\right| = 8\sqrt{3}$ となるように定める。

(i) △OAB の面積は $\boxed{(7)}\sqrt{\boxed{(8)}}$ である。

(ii) 点 C の座標は $\left(\boxed{(9)},\ \boxed{(10)\ (11)},\ \boxed{(12)}\right)$ である。

(iii) 四面体 OABC の体積は $\boxed{(13)\ (14)}$ である。

(iv) 平面 ABC の方程式は

$$x + \boxed{(15)}\,y + \boxed{(16)}\,z - \boxed{(17)\ (18)} = 0$$

である。

(v) 原点 O から平面 ABC に垂線 OH を下ろしたとき，点 H の座標は

$$\left(\frac{\boxed{(19)}}{\boxed{(20)\ (21)}},\ \frac{\boxed{(22)}}{\boxed{(23)}},\ \frac{\boxed{(24)\ (25)}}{\boxed{(26)\ (27)}}\right)$$

である。

III. mを実数とし，関数$y=|x^2-5x+4|$のグラフをC，直線$y=mx$をℓとする。

(i) グラフCと直線ℓの共有点の個数は

[(28) (29)] $< m <$ [(30)] のとき0個，

$m=$ [(31) (32)] のとき1個，

$m<$ [(33) (34)]，$m=$ [(35)]，または$m>$ [(36)] のとき2個，

$m=$ [(37)] のとき3個，

[(38)] $< m <$ [(39)] のとき4個

である。

以下，グラフCと直線ℓの共有点の個数が3個の場合を考え，グラフCと直線ℓの共有点を，x座標が小さい順にP，Q，Rとする。

(ii) 3点P，Q，Rのx座標は，順に

$$\boxed{(40)}-\sqrt{\boxed{(41)}},\ \boxed{(42)},\ \boxed{(43)}+\sqrt{\boxed{(44)}}$$

である。

(iii) グラフCと線分QRで囲まれた部分の面積は

$$\frac{-\boxed{(45)}+\boxed{(46)\ (47)}\sqrt{\boxed{(48)}}}{\boxed{(49)}}$$

である。

IV. ある金属1グラムの価格は正の実数値をとり，ある日の価格は前日に比べ，確率$\frac{1}{2}$で1.08倍になり（上昇），確率$\frac{1}{2}$で0.96倍になる（下落）。この金属の今日（0日目とする）の価格をAとして，以下の問いに答えなさい。ただし必要ならば，$\log_{10}2=0.3010$，$\log_{10}3=0.4771$を用いなさい。

(i) 10日目の価格がAよりも高くなるのは，(50) 日以上で価格が上昇したときである。

また，そのような確率は

$$\frac{\boxed{(51)\ (52)}}{\boxed{(53)\ (54)}}$$

である。

(ii) 5日目の価格がAよりも低かったとき，10日目の価格がAよりも高い確率は

$$\frac{\boxed{(55)\ (56)}}{\boxed{(57)\ (58)}}$$

である。

(iii) 10日目の価格がAよりも高かったとき，1日目と2日目のうち少なくとも1回は価格が下落していた確率は

$$\frac{\boxed{(59)\ (60)\ (61)}}{\boxed{(62)\ (63)\ (64)}}$$

である。

論文テスト

（70分）

（解答上の注意）　解答が2桁の数字の場合には，以下のようにマークすること。

例えば，空欄 ⒆ ⒇ の解答が36の場合，解答欄 ⒆ の③にマークし，解答欄 ⒇ の⑥にマークする。3桁以上の場合も同様に対応すること。

I. 以下の文章を読んで，次の問1～問6に答えなさい。

制度上は平等な権利を与えられていても，異なる二者の間に権力関係が生まれ，一方が他方に対して優位に立つということがある。このような権力関係は男女の間の関係にも見られ，それは法律を中心とする公式の制度とは別に，社会の中に目には見えないルールが存在することに由来する。「男性は男らしく，女性は女らしくなければならない」というそのルールを，一般にジェンダー規範と呼ぶ。ジェンダー規範は社会規範の一種であり，人間を男性と女性の二種類に分けた上で，それぞれの人に自らの性別に合わせて一定の仕方で振る舞うように命じる。ジェンダー規範は常に対になっており，男性に何らかの行動を求める規範は，同時に女性には別の行動を求める。ある行動が法律では許されていても，ジェンダー規範によっては許されていない場合，人はその行動を選択しづらい。服装は男女に関わりなく自由であるはずだが，男性がスカートをはいたり女性が坊主刈りにしたりすることは滅多にない。悲しい時は涙を見せても良いはずだが，男性が人前で泣くことは珍しい。

こうしたジェンダー規範はどこから来るのか。一般に本質主義と呼ばれる立場に従えば，男らしさや女らしさは，男性と女性の （1） （2） な違いを反映して，自然に生じてくるとされる。身長，筋肉量，脳の構造，男性ホルモンのひとつであるテストステロンの値など，男性と女性は遺伝的に違いがあるのだから，両者に向いている生き方も異なると考えるのである。

しかし，この考え方には重大な欠点がある。確かに，平均的に見れば男性と女性には様々な違いがあるかもしれないが，個々の男性の間の違いと個々の女性の間の違いは，男女の平均値の差に比べてあまりにも大きい。それぞれに個性あふれる人々の行動が，ジェンダー規範の命じるような形で，男性と女性で明確に二つに分かれるとは考えにくい。だとすれば，ジェンダー規範は決して人間の （1） （2） な本性を踏まえたものではなく，何らかの形で （3） （4） に作られたものだろう。こうした考え方を，(a)構築主義と呼ぶ。人がジェンダー規範を身につける過程には様々な側面があり，家庭や学校などで親や友人と交わす会話だけでなく，メディアとの接触などを通じて，人は男らしい，女らしい振る舞いを学んでいく。

ジェンダー規範は，男性と女性に異なる （3） （4） な役割を与える。こうした社会規範が作用するメカニズムを考える上では，法的なルールとの対比が有効だろう。誰かが法律に違反した場合，警察に逮捕されたり損害賠償を求められたりすることで，何らかの物理的・経済的な制裁が加えられる。そうした制裁を避けたいと考えるからこそ，人々は法的なルールに従う。社会規範も，それに違反した人が制裁を受ける点では法的なルールと似ている。だが，社会規範と法律とでは，違反によって生じる帰結が大きく異なる。法律の場合，違反に対する制裁は国家権力に裏付けられている。(　A　)，社会規範の場合には国家権力の裏付けは必要ない。社会規範に違反している人を目撃した人は，その違反者を避け，冷たい態度を取るといった形で，自発的に制裁を加える。

そうした個人による社会規範の執行には，感情の働きが伴う。例えば，女性に対して男性が抱く女性蔑視の感情や，女性が自分自身に抱く自己嫌悪の感情を指して，ミソジニーという言葉が使われることがあるが，ミソジニーに直面しやすいのは，女性の中でもとりわけ「女らしく」生きることを［(5)｜(6)］する女性である。逆に男性も，「男らしく」振る舞うことができない場合には，「(　あ　)」などと言われ，生きづらさを感じることになる。

今日の日本では，「男は仕事，女は家庭」といった規範を正面から肯定する人は減ってきている。［(7)｜(8)］な男女差別を行えば，たちまちマスメディアなどの批判の対象となるだろう。(　B　)，企業や官庁の人事採用担当者は，自らの組織に必要な資質を持つ人を採用していると述べるだろうし，政治家の役職を決める政党の幹部は，性別に関係なく［(9)｜(10)］で人材を起用していると述べるに違いない。こうした事情もあってか，男性の多くは自分が［(11)｜(12)］な地位を享受している感覚を持っていない。

(　C　)，やはり世の中は男性優位である。家庭の外で政治活動や経済活動に携わる時，人は企業，官庁，政党など，何らかの組織に所属することが多い。例えば，経営者には男性が多く，秘書には女性が多い。パイロットには男性が多く，キャビンアテンダントには女性が多い。医師には男性が多く，看護師には女性が多い。どの組み合わせも，男性を女性が［(13)｜(14)］する形になっている。この現象を説明する上では，組織の規範が大きな役割を果たす。その規範は「この組織の構成員はXでなければならない」という形で定式化される。通常，このXの内容は［(15)｜(16)］によって定義されるわけではない。そこには「冷静沈着」「質実剛健」「競争的」「積極的」「［(17)｜(18)］」といった単語が入る。市場競争で勝ち抜いたり権力を掌握したりする上ではこれらの資質が必要である，という考え方は，一見するともっともらしい。

だが，ここでXに含まれる資質は，多くの場合，「男らしい」と言われる性質と重なっている。たとえ組織規範が男性と女性を差別していなかったとしても，社会の中では「(　ア　)は(　イ　)でなければならない，(　ウ　)はYでなければならない」というジェンダー規範が作用している以上，［(7)｜(8)］に男性を優遇しているわけではない組織規範も，「男らしさ」を優遇している可能性があるのだ。このような視点から見れば，資本主義という経済システムそのものが，激しい市場競争を伴うという意味で，「男らしさ」と結びついている。これまで多くの日本の会社員は，会社のために深夜まで働き，上司と夜の街に繰り出し，辞令に従って転勤し，部下を叱咤激励して売り上げ目標を達成することを求められてきた。そのような組織の規範は，社員が会社に献身する陰で，誰かが家庭において家事や育児を担っていることを前提にしている。それが女性よりも男性に有利な規範であることは，言うまでもない。

その結果，女性は「(b)ダブル・バインド」に直面する。ダブル・バインドとは，二つの矛盾する要求で板挟みになることを意味する。一方には，積極的で「男らしい」行動を求める(　エ　)があり，他方には優しく「女らしい」行動を求めるジェンダー規範がある。そこで女性が「男らしい」行動をとれば，「女らしくない」と言われてしまう。男性であれば「(　い　)」と評価される行為は，女性であれば「(　う　)」とみなされる。つまり，組織の構成員が直面する規範は，実際には二重構造になっているのだ。その基底には男性と女性に異なる振る舞いを命じるジェンダー規範があり，それを補う形で，組織の構成員に一定の振る舞いを命じる組織規範がある。この組織規範が表面上はジェンダー［(19)｜(20)］であるからこそ，それ自体は批判の対象になりにくい。組織の構成員も，自分は男女差別をしているつもりはなくても，無意識のバイアスの働きによって男性と女性に対して異なる基準を当てはめてしまう。こうして，男女を差別しないはずの組織において，大きな男女の不平等が生まれることになる。

このようなバイアスは政治制度とも無縁ではない。ジェンダー規範からの逸脱に対する制裁が繰り返されることは，女性が自発的に政治の世界から退場するという結果をもたらす。「女性は女性らしく，他人と表立って競争するのではなく協調するべきだ」という規範を身につけた女性は，選挙活動に常に伴うような激しい競争を避けるようになるだろう。女性に競争を回避させるジェンダー規範がある限り，自由な競争に開かれた選挙制度は，必然的に男性に有利な仕組みになってしまうのである。

（前田健太郎『女性のいない民主主義』岩波新書，2019年，第1章を改変して作成した。）

問1．本文中の空欄 （1）（2） ～ （19）（20） にあてはまる最も適切な語を次の選択肢から選び，その番号を解答用紙A（マークシート）の解答欄 （1） ～ （20） にマークしなさい。なお，同じ選択肢は2回以上使いません。

11　懐疑的	12　間接的	13　強制的	14　強調	15　協調的	16　拒否
17　肯定	18　指導	19　社会的	20　心理学的	21　生物学的	22　性別
23　妥協的	24　中立的	25　適材適所	26　特権的	27　脳科学的	28　不偏不党
29　法学的	30　法律	31　補佐	32　明示的	33　野心的	34　理屈

問2．本文中の空欄（　A　）～（　C　）にあてはまる最も適切な語句を次の選択肢から選び，その番号を解答用紙A（マークシート）の解答欄にマークしなさい。ただし，（　A　） （21） ，（　B　） （22） ，（　C　） （23） である。なお，同じ選択肢は2回以上使いません。

1　それに加えて　　2　それに対して　　3　それにもかかわらず　　4　それゆえ

問3．本文中の空欄（　あ　）～（　う　）にあてはまる最も適切な語句を次の選択肢から選び，その番号を解答用紙A（マークシート）の解答欄にマークしなさい。ただし，（　あ　） （24） ，（　い　） （25） ，（　う　） （26） である。なお，同じ選択肢は2回以上使いません。

1　偉そうだ　　2　情けない　　3　包容力がある　　4　リーダーシップがある

問4．本文中の空欄（　ア　）～（　エ　）にあてはまる最も適切な語を本文中からそれぞれ抜き出し，解答用紙Bの所定の欄に記入しなさい。

問5．本文中の下線部（a）の立場によれば，人が特定の社会規範を身につけるのはなぜか。本文の論旨から見て最も適切な理由を，「制裁」という語を用いて，解答用紙Bの所定の欄に20字以内で記入しなさい。

問6．本文中の下線部（b）について，なぜ女性だけが「ダブル・バインド」に直面するのか。その理由を説明するとき，次の空欄に入る最も適切な語句を考え，解答用紙Bの所定の欄に20字以内で記入しなさい。

男性の場合とは異なり，女性の場合は（　　　　　　）から。

Ⅱ．以下の文章を読んで，次の問1～問6に答えなさい。

「急成長」「爆発的な増加」など，何かが比較的短期間に大きく増える様子を表す言い回しがある。ではこのとき，どんな増加の様子を思い浮かべるだろうか。1つのパターンとして，一定期間に一定数ずつ増えるものがある。例えば，ある企業の2018年度の年間売上高が1億円だったとしよう。翌年度には1億5千万円の年間売上高を達成し，2020年度には2億円，2021年度には2億5千万円というように，(a)1年毎に5千万円ずつ増加したとする。同業種の他社，あるいは平均的な企業における推移と比べて，この企業の増加の程度が目立って大きければ「急成長」している企業だと評されるだろう。もしくは，(b)2018年度以前のこの企業では毎年同程度の年間売上高であり，その後上述の増加が起きていたならば，2018年度より後に「急成長」したと表現することもできる。さらに，他のパターンとして(c)指数関数的な増加がある。

指数関数的増加を説明するのによい例が，和算の1つである「ねずみ算」であり，次のような内容となっている。正月にオスとメス1対のネズミが現れて12匹の子供を生んだ（半数がオス，残り半数がメスだと仮定）。従って親も含めると全部で7対（オス7匹，メス7匹），すなわち合計14匹のネズミになった。2月になると，親ネズミも子ネズミも1対につき性比が1：1の12匹の子供を生み，全部で (27)(28)(29) 匹となった。このように，月に1度ずつ，各世代でネズミ1対につき毎月12匹ずつ（性比は1：1）生むとすると，その年の12月には全部で何匹のネズミがいることになるか（生まれた全てのネズミが生き続けていることを仮定)。答えは27,682,574,402匹である。

上述からわかるとおり，1ヵ月経つ毎に1対のネズミが14匹に増えるため，ネズミの数は毎月 (30)(31) 倍となる。従って12月のネズミの数は，2に (30)(31) を (32)(33) 回かけた数，すなわち27,682,574,402匹となる。式で表すと $2\times(30)(31)^{(32)(33)}$ と書くことができ，この時の (30)(31) を底，(32)(33) を指数と呼び，指数が変数になっているものを指数関数と呼んでいる。ねずみ算からもわかるとおり，指数関数では変数が大きくなるにつれ，思いもかけないような急激な増加が観察される。このため，短い期間に激しく増えることの例えとして「指数関数的」という言葉が用いられる。

このような増加のパターンを正確に理解しておくことは重要である。なぜなら，増加の様子を把握することで私たちは未来の値を予測し，それによって自身の行動を決めたり，経営戦略を練ったりするからだ。最初に挙げた年間売上高の例の場合には，私たちは容易に妥当な予測を行うことができる。毎年5千万円ずつ増加するのであれば，10年後には (34)(35) 億円増えるだろうとすぐに計算できるし，直感的にも理解しやすい。ところが，指数関数的に増加する場合には，時間経過に伴って増加する値を過小に見積もってしまうことがある。その原因として，指数関数的増加の特性が考えられる。

未来を予測する際には，値が増加しつつある状況，つまり局所的な情報を基に判断する。ある品物Aが1,000円で販売されているとしよう。品物Aに対する需要に供給が追い付かず，毎週2％の値上がりが起きたとする。(d)週を変数xとし，販売価格をyとすると両者の関係は数式で表すことができる。最初1,000円だった品物Aは1週間後には2％値上がりするので，1,000円に (36).(37)(38) をかけた価格になる。翌週もさらに2％値上がりし，(39)(40)(41)(42) 円（小数点以下四捨五入）で販売される。3週目には1,061円，4週目には1,082円，というように，大雑把に見て1週間経つ毎に約20円ずつ価格が上昇することがわかる。もっと時が経ったころの様子を見てみよう。この状況が長く続いていたとして，約7年後である365週目の販売価格は1,377,408円になっている。366週目の販売価格は (43)(44)(45)(46)(47)(48)(49) 円（小数点以下四捨五入）になると計算でき，1週間遅れて購入するだけで，(50)(51)(52)(53)(54) 円（小数点以下四捨五入）も高い金額を支払わなくてはならない。そして，367週目に購入する場合には前週より28,099円高くなり，368週目にはさらに28,661円多く支払うことになる。このように，365週目付近に着目すると毎週およそ2万8千円ずつ価格が上昇しているように見える。つまり，初期のころであっても7年後であっても，局所的には一定期間に一定数増加しているように見え，ずっとそのペースでの値上がりが続くと感じてしまうのだ。

(e)この勘違いによって，どのくらいの差が生じるのか計算してみよう。いま，Bさんは368週目の時点におり，約1年後の420週目に品物Aを1個購入するつもりで必要な金額を準備しておかなくてはならないとする。そして，実際には週に2％値上がりする指数関数的な増加であるにもかかわらず，368週目以降は毎週2万8千円ずつ値上がりすると直感したとしよう。すると，必要な最低金額として（　ア　）円準備すれば良いと判断できる。ところが，実際の420週目の販売価格は4,093,286円となり，準備したお金が不足して購入できない，ということが起きてしまう。

こうした特性のため，指数関数的増加を実際に経験すると，思いがけない増加の度合いに驚き，慌てることがある。指数関数的増加には，急激な増加という特徴に加え，上述した特性があることを念頭に置くことで，それに合わせた準備を進めたり，経営戦略を立てたりすることができる。「こんなはずではなかった」と無策のまま翻弄されることはないだろう。

問1．本文中の空欄 (27)(28)(29) ～ (50)(51)(52)(53)(54) に入る適切な数字を，解答用紙A（マークシート）の解答欄 (27) ～ (54) にマークしなさい。ただし，2つの連続した空欄（例えば (30)(31) ）に1桁の数字が入る場合は十の位に0をマークしなさい。3つ以上の連続した空欄の場合も同様に対応すること。

問2．本文中の空欄（　ア　）に入る最も近い数を次の選択肢から選び，その番号を解答用紙A（マークシート）の解答欄 (55) にマークしなさい。

1　100万　　2　300万　　3　500万
4　1千万　　5　3千万　　6　5千万

問3．本文中の下線部（a）～（c）を表すグラフの形状として最も適切なものを次の選択肢から選び，その番号を解答用紙A（マークシート）の解答欄 (56) ～ (58) にマークしなさい。ただし，（a） (56) ，（b） (57) ，（c） (58) である。なお，同じ選択肢は2回以上使いません。

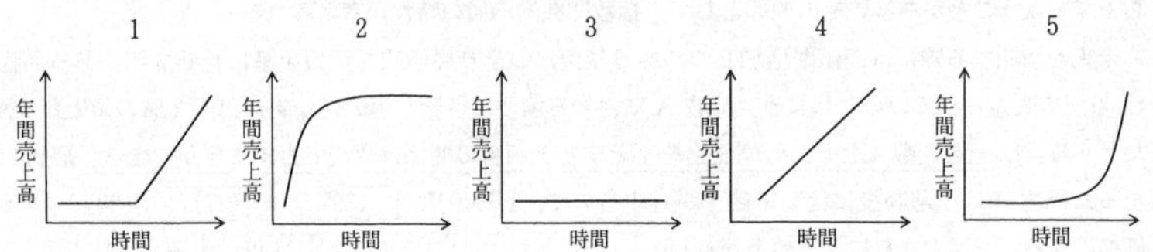

問4．本文中の下線部（d）について，次の空欄に入る式を解答用紙Bの所定の欄に記入しなさい。

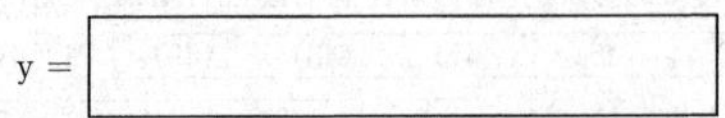

問5．本文中の下線部（e）について，以下のグラフを用いて説明するとき，次の空欄に入る最も適切な語句を考え，解答用紙Bの所定の欄に8字以内で記入しなさい。

この差は，(　　　　　　)を求めたものである。

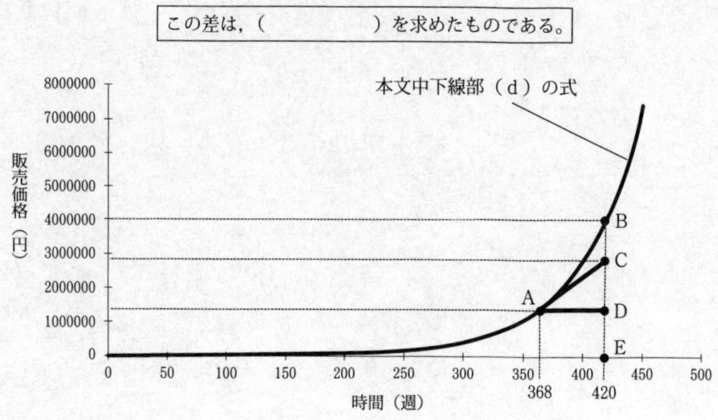

問6．本文の論旨から見て，次の空欄に入る最も適切な語句を考え，解答用紙Bの所定の欄に30字以内で記入しなさい。

指数関数的な増加には，急激に増加するという特徴に加え，(　　　　　　)という特性があるため，人は予測を誤ってしまうことがある。

//////////////////// · memo · ////////////////////

2021年度

問題編

■一般選抜

問題編

▶試験科目・配点

方式	教科	科目	配点
A方式	外国語	コミュニケーション英語Ⅰ・Ⅱ・Ⅲ，英語表現Ⅰ・Ⅱ	200 点
	地理歴史	日本史Ｂ，世界史Ｂ，地理Ｂのうち１科目選択	100 点
	数学	数学Ⅰ・Ⅱ・Ａ・Ｂ	100 点
B方式	外国語	コミュニケーション英語Ⅰ・Ⅱ・Ⅲ，英語表現Ⅰ・Ⅱ	200 点
	地理歴史	日本史Ｂ，世界史Ｂ，地理Ｂのうち１科目選択	100 点
	論文テスト	資料を与えて，論理的理解力と表現力を問う	100 点

▶備　考

- 数学Ａは「場合の数と確率」・「整数の性質」・「図形の性質」を，数学Ｂは「数列」・「ベクトル」を出題範囲とする。
- 「外国語」と「地理歴史」はＡ・Ｂ両方式共通。
- Ｂ方式の「論文テスト」は，現代日本語で書かれたやや長文の資料や図表が与えられ，その内容についての理解力，論理的思考力，表現力を問う。

英語

(90 分)

I 次の英文を読み、(1)～(9)の設問について最も適切なものを選択肢 1～4 から選び、その番号を解答用紙 A（マークシート）の解答欄 (1) ～ (9) にマークしなさい。

While Frances Perkins may always be best known as the United States' first female cabinet secretary and a central figure in crafting policies for the New Deal, some of her earliest victories concerned protecting workers from grossly unsafe working conditions. Her activism on worker safety (1) when she was having tea with friends in New York's Washington Square one spring afternoon in 1911, a full two decades before the start of the New Deal. At the time, Perkins, then just thirty years old, was deeply devoted to the fight for workers' rights through her role leading the New York office of the National Consumers League.

On that day, Perkins heard cries for help coming from the Triangle Shirtwaist Factory and ran to the scene, where she witnessed the horrifying spectacle of more than fifty young female workers forced to jump to their deaths from the burning building. The women, Perkins recalled watching, "had been (2) until that time, standing in the windowsills, being crowded by others behind them, the fire pressing closer and closer, the smoke closer and closer." The ninth-floor exits had been closed by management seeking to prevent theft, keep out union organizers, and prevent walkouts. The city's fire department ladders were too short to reach the floors where the factory was contained, and many of those who reached the fire escape died as it collapsed under the heat and the weight of workers trying to flee. It was one of the deadliest industrial disasters in New York City's history.

The Triangle Shirtwaist disaster could (3) be described as an unforeseeable accident or misfortune. The workers in New York City's garment industry had long tried to focus attention on the risk these dangerous conditions created. Not even two years before the fire, in the biggest female-led strike up to that point, known as the Uprising of the Twenty Thousand, a majority of the city's thirty thousand garment workers walked out in protest of unsafe working conditions, pay, hours, and lack of union rights. At the end of the strike, 85 percent of the city's blouse-making workers had joined the International Ladies' Garment Workers' Union (ILGWU), but the Triangle Shirtwaist Factory remained anti-union. At the time, New York, like most states, had new factory safety laws (4)on the books, but they were rarely enforced, with standards for fire drills, fire escapes, and sprinkler systems in New York followed only where practicable. The Fire Department of the City of New York had cited the Triangle Shirtwaist Factory multiple times for failing to provide sufficient fire escapes, yet had taken no meaningful action against the owners.

Following the tragic fire, a citizens' Committee on Safety was established to spur workplace safety legislation. Former president Theodore Roosevelt endorsed Frances Perkins to lead it. Perkins's service led to sweeping changes to labor rules and public safety codes. The reforms and investigations would go beyond workplace safety to address low wages, long hours, dirty conditions, and child labor, with the adoption of thirty-six new laws at the city and state levels that eventually served as models for other states and for the New Deal's labor laws in the 1930s. Perkins later said that the legislation in New York was a "turning point" in "American political attitudes and policies towards (8)social responsibility," and described the Triangle Shirtwaist Factory fire as "the day the

New Deal was born."

Later, in her role as secretary of labor, Perkins led the agency to create the Bureau of Labor Standards in 1934, the first permanent federal agency established primarily to promote safety and health for workers. This was the predecessor of the Occupational Safety and Health Administration (OSHA), which was created in 1971.

[Adapted from a book by Gene Sperling]

(i) In the context of this passage, choose the most suitable expression to fill in each blank.

(1) The answer is: (1).

1 fought it out　2 made an endeavor
3 came to a close　4 took a new turn

(2) The answer is: (2).

1 attended to　2 carried off
3 falling across　4 holding on

(3) The answer is: (3).

1 at all costs　2 in no way
3 nevertheless　4 by all means

(ii) In the context of this passage, choose the best answer for each question.

(4) What does the phrase (4) on the books mean? The answer is: (4).

1 as a set of written provisions passed by the legislative body
2 with official records of the institutions that violated the regulations
3 based upon widely recognized legal scholarship and expert knowledge
4 derived from specialized technical knowledge of urban planning

(5) What was the attitude of New York State before the tragic fire? The answer is: (5).

1 It vigorously urged its institutions to install fire-prevention devices
2 It failed to effectively apply safety laws to factories prior to the disaster
3 It enacted fire regulations that were the most efficient among the states
4 It criticized the work done by the Fire Department of the City of New York

(6) Frances Perkins's achievement as the leader of a citizens' Committee on Safety was radical because (6).

1 she made her reform plan by inspecting work environments and conducting door-to-door surveys on laborers' lives
2 she undermined the President's disaster prevention efforts at the very beginning of the New Deal
3 following the precedents set by the New Deal, she quickly introduced innovative labor policies to New York
4 she expanded her reform policy to promote comprehensive worker protections for the citizens of New York

(7) All of the following statements are consistent with the author's perspective **EXCEPT**: (7).

出典追記：Economic Dignity by Gene Sperling, Penguin Press

1 Theodore Roosevelt, even after retiring from the presidency, proved to be a good judge of promising social activists
2 The garment workers in New York City anticipated that a disaster could be triggered by their dangerous working conditions
3 By establishing numerous regulations at the local level, Frances Perkins contributed to the formation of the New Deal's labor policy
4 The Fire Department of the City of New York remained unaware of the deficient facilities of the Triangle Shirtwaist Factory

(8) Frances Perkins thought that (8)social responsibility included [(8)].
1 replacement of the Bureau of Labor Standards by another agency
2 more rigorous enforcement of workplace safety laws to prevent disasters
3 enhanced government regulation of labor movements for public security
4 maximization of the management's profits to stimulate the economy

(9) Which title best captures the main idea of the passage? The answer is: [(9)].
1 The Contribution of Citizens' Organizations to Protecting Workers' Rights
2 A Historic Collaboration: Labor Unions, New York City, and the New Deal
3 A Tragic Industrial Disaster Caused by the Management's Neglect
4 The Rise of a Policymaker: Raising Safety Standards in the Workplace

Ⅱ 次の英文を読み、(10) ～ (19) の設問について最も適切なものを選択肢 1 ～ 4 から選び、その番号を解答用紙 A（マークシート）の解答欄 [(10)] ～ [(19)] にマークしなさい。

Economist Kate Raworth argues that the endless pursuit of GDP cheats too many people and also trashes the planet. She claims that economic theory (14)needs to be rewritten, and Raworth tries to do so in a book called *Doughnut Economics*. While she believes that economics has the tools to find a solution, she maintains that mainstream economics fails to consider the relationship between humanity and the environment.

To express this idea, Raworth has created a new economic diagram that resembles a doughnut. In this diagram, the ring of the doughnut represents a zone of balance between economic stability and environmental sustainability. The hole in the center represents a zone where the essentials of the good life are lacking — food, water, health care, housing, education, and political voice. On the other hand, according to this metaphor, to [(10)] the outer crust would be to put too much pressure on our planet's limited resources.

Doughnuts are beloved, but never before have they been considered a symbol of balance. Nevertheless, the doughnut model presents an economic system compatible with Earth's capacity to [(11)] resources and absorb waste. Standard economic models do not consider the planet's limited capacities and instead aim for never-ending growth. In contrast, the doughnut model starts from the assumption of a delicately balanced planet, abandoning the assumption that growth is necessarily good. As Raworth says, "We talk of national success in terms of growth, and there is an obsession with cost-benefit calculations. However, we lose sight of the bigger picture. We need to release ourselves from these tools that tie us to short-term calculations."

Raworth previously created the Human Development Index to measure factors like standard of living, education, and life expectancy. This idea has [(12)] many other indexes of human well-being that emphasize factors such as gross national happiness. However, Raworth's new doughnut model adds to this the recognition that a focus on human development must be paired with a focus on the planet's health at the same time.

Already before COVID-19 crushed GDPs around the world, people were calling for high-income countries to intentionally reduce their GDPs — to pursue what has been labeled "prosperity without growth." This concept of (16)degrowth is about scaling down resource and energy use. The objective is to shift our economies to 100 percent renewable energy. However, research in ecological economics suggests that the energy required to sustain economic growth goes beyond what can be achieved with renewables, meaning it will be difficult to pursue both economic growth and environmental sustainability.

The main defense for GDP growth is that it is important for improving human well-being. However, consider the case of Costa Rica, which has higher life expectancy and happiness indicators than the US, but 80 percent less GDP per person. Clearly, past a certain point of development, there is no fundamental relationship between GDP and human well-being. This can be a very [(13)] realization, because it means that we can achieve the heights of human flourishing without more GDP growth.

The downside of a constant growth strategy is that it inevitably pushes up against the planet's limits. That is what lies beyond the outer crust of Raworth's doughnut. Right now, high-income nations are violating these boundaries, but if citizens of rich countries consumed like the average person in the rest of the world, we would be within the limitations. The key is to recognize that high-income nations need to scale down their use of resources, and that can be done without harming human well-being.

A counterargument is that capitalism produces technological efficiency, which theoretically would require less energy, which could in the long run create opportunities for more growth with less energy. However, despite rapid improvements in efficiency in the use of resources and energy, there has to date not been an absolute decline in either of those. It is thus important to target directly the kinds of technological innovations and efficiency improvements that we want. If our goal is to create more efficient railways or solar panels, then we should invest in those objectives directly rather than hoping for these developments to happen as a side effect of the technological innovation that typically accompanies economic growth.

When people first hear of degrowth, they might think that it sounds like a recession. However, a recession is what happens when a growth-oriented economy stops growing. Rather, degrowth calls for a shift to a different kind of economy focused on long-term benefits. Degrowth might sound like austerity, but it is the opposite. The term austerity refers to policies that cut public services and wages in order to promote growth. Degrowth calls for investment in public services and a fair distribution of existing income to ensure that growth is not necessary for human flourishing.

[Adapted from an article posted on *freakonomics.com*]

(i) In the context of this passage, choose the most suitable expression to fill in each blank.

(10) The answer is: [(10)].
1 blur 2 devastate 3 exceed 4 taste

(11) The answer is: [(11)].
1 regenerate 2 reevaluate 3 reiterate 4 retrieve

(12) The answer is: [(12)].

1 bid　　2 betrayed　　3 bewildered　　4 birthed

(13) The answer is: (13) .
1 nutritious　　2 liberating　　3 unwelcome　　4 worrying

(ii) In the context of this passage, choose the best answer for each question.

(14) According to Raworth's latest model, the primary reason traditional economics (14)<u>needs to be rewritten</u> is because (14) .
1 it does not focus sufficiently upon the relationship between the planet and people
2 its methods are overly driven by theory and instead should be more practical
3 its endless pursuit of GDP overly emphasizes long-term benefits over the short
4 it fails to consider a direct relationship between growth and well-being

(15) According to Raworth, how does the figure of a doughnut represent a better economic system? The answer is: (15) .
1 The doughnut shape represents balance, where people in the hole suffer from having too little, while those outside use too many resources
2 Doughnuts are circular. They therefore mirror the cycle of supply and demand, where purchases lead to growth, resulting in more happiness
3 Economic rules "need to be rewritten," because the current system is unhealthy for the planet just as doughnuts are unhealthy for humans
4 The center of the doughnut represents excessive consumption and environmental harms, while the outside represents a lack of resources

(16) Which is **NOT TRUE** about the idea of (16)<u>degrowth</u>? The answer is: (16) .
1 It ignores the goal of GDP gain and instead looks at long-term economic benefits
2 It aims to reduce energy and resource use, de-emphasizing economic growth
3 It intends to increase well-being and happiness without economic growth
4 It parallels the idea of austerity, where people lose their incomes and services

(17) How does the author defend the idea that GDP growth is **NOT** necessarily linked with increased human well-being? The answer is: (17) .
1 He actually *does* defend GDP growth as necessary for well-being in the cases of highly developed countries
2 He points to the example of Costa Rica, where people lead happier and longer lives than they do in the wealthier US
3 If we all consume like the average person in a developed country, we can find happiness even without GDP growth
4 If we continue to use capitalistic efficiency to increase energy production, we can continue to pursue a growth-based economy

(18) According to the author, how should we design an economy in which energy production matches (or exceeds) growth? The answer is: (18) .
1 It is only a matter of time for energy production to exceed the amount needed due to the efficient nature of capitalism
2 States should practice austerity and cut back on services and jobs, thereby making the economy shrink drastically as a whole
3 Governments have mistakenly targeted overall growth, but they should

prioritize specific sectors like efficient infrastructure
4　Wealthy countries should prioritize their own energy consumption needs while allowing developing countries to catch up

(19)　Which title best captures the main idea of the passage? The answer is: [(19)].
1　The Dangers of "Degrowth": Suffering through the Costs of Reduced Growth
2　Avoiding the Edges: Balancing Economic Development and Planetary Health
3　Doughnut Economics: Shifting the Goal from GDP to Gross National Happiness
4　A Failure of Economics: The Need for Increased GDP in Leading Countries

Ⅲ　次の英文を読み、(20) ～ (29) の設問について最も適切なものを選択肢 1 ～ 4 から選び、その番号を解答用紙 A（マークシート）の解答欄 [(20)] ～ [(29)] にマークしなさい。

Charles Darwin is always with us. A month seldom passes without new books about the man, his life, his work, and his influence. This flood of books is called the "Darwin Industry." One lesson from all this is that Darwin's name sells. A less (23)mercantile way of viewing it is that Darwin's name [(20)] what has been called "the single best idea anyone has ever had," and therefore serves as an invitation to scientific and philosophical reflections of vast depth and breadth. We can't stop reading and talking about Darwin, 138 years after his death, because his theory was so big and startling and forceful, yet so unfinished when he died in 1882, that there's always more work to do. We're still trying to figure out how evolution by natural selection applies to every aspect of life on Earth. It takes a lot of books to grapple with Darwin's place in scientific history and his influence on how we understand the living world and humanity's place within it.

Ken Thompson's *Darwin's Most Wonderful Plants* is one important new study of the great scientist, and it offers a new perspective on Darwin's career after he published *On the Origin of Species*. Darwin never liked public [(21)]. Stressful interactions with other people made him literally sick to his stomach. After his theory of evolution and the evolutionary origins of the human species were fiercely attacked by critics, Darwin seems to have felt a bit beaten up. Rather than embracing the controversy surrounding him, Darwin retreated to his garden and began to publish volume after volume mainly about plants.

Thompson's book surveys the experimenting and theorizing that occupied Darwin's golden years. This book offers a glimpse of Darwin as a botanist, a scientist who studies plants. It contains the fine sentence, "Of course, any fool can be impressed by a * Venus flytrap," and adds contrastingly that "Darwin's genius was to see the wonder, and the significance, in the [(22)]." Darwin monitored the weeds coming up on a patch of bare ground during March and April and found that by May three quarters of them had been killed, chiefly by slugs — the struggle for existence plays out in every garden. Darwin's gardening was no frivolous hobby because it involved (24)serious reinforcement of his evolutionary theory. His plant books all retold the story of natural selection.

Why did Darwin turn to unexciting but detailed studies of plants in his final years? Perhaps because such scientific studies drew little attention from critics of evolutionary theory. I've long cherished (26)a pet theory that he turned to these difficult botanical studies — producing more than one book that was solidly scientific, discreetly evolutionary, yet a "horrid bore" — at least partly so that his critics, fighting about apes and angels and souls, would leave him alone.

By the time Darwin died, painfully but with quiet dignity, of heart disease on April 19, 1882, he had lived seventy-three years and written more than a dozen books. Some of those books are easily ignored or forgotten. Some are fun and charming. Some grind along through important stuff. One of them flows briskly and changed the world. Sadly, not enough people read *On the Origin of Species* today — even graduate students in evolutionary biology don't all read it — but no one escapes its meaning and its implications. Darwin's (27)<u>greatest achievement</u> was a brilliant start toward understanding how life works, how the wonders of diversity and complexity and adaptation have come to be, and we'll need plenty more good books before we fully comprehend where it leads.

[Adapted from an article posted on *nybooks.com*]

注）＊Venus flytrap: ハエトリグサ（食虫植物）

(i) In the context of this passage, choose the most suitable expression to fill in each blank.

(20) The answer is: [(20)].
1 lords over　2 developed　3 expanded　4 stands for

(21) The answer is: [(21)].
1 spheres　2 disputes　3 hypocrisy　4 relations

(22) The answer is: [(22)].
1 ridiculous　2 diverse　3 constant　4 ordinary

(ii) In the context of this passage, choose the best answer for each question.

(23) Which of the following is a (23)<u>mercantile way</u> of viewing works about Darwin? The answer is: [(23)].
1 Works about Darwin are a valuable commodity to be bought and sold
2 Works about Darwin are an important source of scientific knowledge
3 Works about Darwin promote the single best idea anyone ever had
4 Works about Darwin encourage scientific and philosophical reflection

(24) How did Darwin's gardening involve (24)<u>serious reinforcement of his evolutionary theory</u>? The answer is: [(24)].
1 Darwin observed natural selection in the life cycles of slugs and weeds
2 Darwin failed to confirm the evolution of plants in his own back yard
3 Darwin's gardening enabled him to invent the science of botany
4 Darwin monitored the evolution of Venus flytraps, slugs, and weeds

(25) According to the author, what is the primary contribution of Ken Thompson's book? The answer is: [(25)].
1 Thompson reassesses Darwin's life to show that he succeeded due to his brilliant imagination despite being a boring writer and a shy person
2 Thompson creates a more detailed picture of Darwin's career by showing that the great scientist found wonders even in his back garden
3 Thompson shows that Darwin's previously overlooked studies of plants established the basis for evolutionary theory
4 Thompson introduces Darwin's long forgotten studies of slugs to show that gardening can facilitate scientific research

出典追記：The Brilliant Plodder, The New York Review on April 23, 2020 by David Quammen

(26) Which of the following is **NOT** part of the author's (26)<u>pet theory</u> about Darwin's studies of plants? The answer is: [(26)].

1 Darwin's studies of plants are not as dull as most people believe
2 Darwin chose the topic of plants in order to avoid controversy
3 Darwin's research about plants was based on evolutionary theory
4 Darwin's plant books are boring compared to *On the Origin of Species*

(27) The author thinks that Darwin's (27)<u>greatest achievement</u> was: [(27)].

1 to develop the theory of evolution in *On the Origin of Species*
2 to publish more than a dozen books about evolution
3 to inspire the profitable "Darwin Industry" in publishing
4 to establish the brand new scientific discipline of botany

(28) With which of the following propositions is the author most likely to agree? The answer is: [(28)].

1 Darwin's legacy as a botanist has never been discussed before
2 Most people who read Darwin's books about plants will not find them boring
3 Any person can find wonder in their back garden just like Darwin did
4 The Darwin Industry creates important contributions to knowledge

(29) Which title best captures the main idea of the passage? The answer is: [(29)].

1 Darwin's Garden: Scientific Laboratory and Personal Refuge
2 Evolutionary Garden: Darwin's Forgotten Studies of Plants
3 Facing Critics: Darwin's Botanical Studies Challenged his Opponents
4 Beyond Evolution: Charles Darwin the Revolutionary Botanist

Ⅳ 次の英文（30）～（36）の空所に入る最も適切なものを選択肢 1 ～ 4 から選び、その番号を解答用紙 A（マークシート）の解答欄 （30） ～ （36） にマークしなさい。

(30) Some mistakes are soon forgiven; others are unforgivable. Some historical problems are easily forgotten; others are cause for lasting ______ .

1 indignation
2 indifference
3 ignorance
4 ignition

(31) Words that were once regarded as neutral may over time ______ negative implications.

1 develop
2 overcome
3 fall into
4 turn in

(32) Even though most people recognize that burning fossil fuels contributes to global warming, this fact ______ the public any more supportive of nuclear energy.

1 makes
2 does not cause
3 causes
4 does not make

(33) ______ anything in mind, please share it with us all, because it can open up new possibilities for our consideration.

1 You do have
2 Should you have
3 Would you have had
4 Have you had

(34) If it ______ for the government's financial aid, the recent economic slumps ______ accelerated.

1 is not ... will be
2 has never have ... were
3 never had ... would have
4 had not been ... would have been

(35) The national soccer team persevered through the difficult circumstances of the game with their resolute ______ .

1 mental
2 spirit
3 meditation
4 consideration

(36) Internal regulations state that salaries are paid ______ the actual number of hours worked.

1 in favor of
2 in consistency with
3 in accordance with
4 in support of

V　次の英文の空所（37）～（43）に入る最も適切なものを選択肢 1 ～ 4 から選び、その番号を解答用紙 A（マークシート）の解答欄［（37）］～［（43）］にマークしなさい。

Gail Newsham's book, called *In a League of their Own*, (37) the origins of women's soccer in England and provides answers to many questions about women's soccer in general. Were the women's teams popular? Were they professional athletes? Did anyone oppose women's soccer? Yes to all of the (38). The women's teams played exhibition games, and they played against foreign national teams. There was a point when the sport might really have (39), and women's soccer could have become a sport in its own right. But it did not. Why?

The Football Union (F.U.) is the governing body of soccer in England. As early as 1902 the F.U. was (40) to women's soccer, suggesting that their affiliated organizations ought not permit games between lady teams. What happened after a match in 1920, when the Kerr ladies' team drew more than 50,000 fans at Everton's home park? The owners of the men's professional teams complained about the game at Everton because they saw it as (41). The men worried that if women's soccer became popular and attracted these kinds of crowds, it might take away from the men's professional teams. They (42) the F.U. to pass a resolution that read as follows: "The council feels impelled to state that the game of football is unsuitable for females and ought not be encouraged. Thus, the council requests that clubs refuse the use of their grounds for such matches." And that was the ban. Because women could not play, girls too could not play since there were no girls' teams in schools. This ban (43) the possibility of women's professional soccer in England and in other countries for more than half a century.

[Adapted from an article posted on *freakonomics.com*]

(37)	1 changes	2 coordinates	3 concludes	4 chronicles
(38)	1 above	2 excluded	3 diverse	4 answers
(39)	1 taken in stride	2 taken aback	3 taken for granted	4 taken off
(40)	1 alien	2 despised	3 diverted	4 hostile
(41)	1 notorious	2 struggle	3 competition	4 puzzling
(42)	1 pertained	2 persisted	3 purchased	4 persuaded
(43)	1 crashed	2 eliminated	3 preserved	4 disposed

Ⅵ　次の英文（44）～（47）を読み、それぞれの設問について最も適切なものを選択肢1～4から選び、その番号を解答用紙A（マークシート）の解答欄 (44) ～ (47) にマークしなさい。

(44)　What is the secret to a successful marriage? I asked this question even to strangers. Ironically, it was a stranger on the train who gave me the answer that has stayed with me the longest: "Tolerance." The friend I was with confessed afterwards that she had found this rather unromantic, but what the much older gentleman and his wife had said stuck with me. To tolerate is not to be a doormat, but to accept that the other person may not have the same outlook that you do, and that your behavior and opinions may diverge. It is to be gracious, rather than seek to punish independence of thought.

Which one of the following does the passage imply that the author believes? The answer is: (44) .

1　Romance is a central component of a successful marriage
2　To be tolerant is to have the same beliefs as those around you
3　To be tolerant is to follow any request or opinion without resistance
4　Romance is actually insufficient for a marriage to succeed

(45)　Unfortunately, many people today could be described by a quote from Winston Churchill: "Men occasionally stumble over the truth, but most pick themselves up and hurry off as if nothing has happened." More recently, television journalist Ted Koppel observed, "Our society finds truth too strong a medicine to digest in its purest form. Truth is not a polite tap on the shoulder. It is a harsh reproach."

Which one of the following best summarizes the passage? The answer is: (45) .

1　People tend to exaggerate their misfortunes in the midst of uncertainty
2　The truth will set you free, but first it might be difficult to confront
3　Koppel perceived the truth in Churchill's remarks and spread it on air
4　No medicine can cure those who are too optimistic to see the truth

(46)　As a speaker, Abraham Lincoln grasped Mark Twain's later insight: "Few souls are saved after the first twenty minutes of a sermon." The trick, of course, was not simply to be brief but to say a great deal in the fewest words. Lincoln justly boasted of his second presidential address's seven hundred words, "Lots of wisdom in that document, I suspect." This is even truer of the Gettysburg Address, which uses fewer than half that number of words.

According to the passage, Lincoln and Twain as speechmakers share all of the following **EXCEPT**: (46) .

1　Unwillingness to waste words
2　Taking pains in choosing expressions
3　Density of the message to be conveyed
4　Observance of self-assigned time limits

(47)　As income and wealth concentrate at the top, so does political influence. The result of this vicious cycle is a giant but hidden upward distribution of income and wealth from the bottom 90 percent to the top. Another consequence is growing anger and frustration felt by people who are working harder than ever but getting nowhere, accompanied by deepening skepticism about our democracy. The way to end this vicious cycle is to reduce the huge accumulations of wealth that fuel it and to get big money out of politics. Alas, this cannot be accomplished when wealth and power are accumulating at the top. It's a chicken-and-egg dilemma. The systemic exploitation must be reversed.

What does the phrase a chicken-and-egg dilemma imply in this context? The answer is: (47).

1 The vicious cycle was reversed before, but it is recurring all over again
2 National sentiment is hard to change once skepticism about democracy grows
3 The privileged are laying the groundwork for the next round of exploitation
4 The working class must be reborn as a political force against unfairness

出典追記：
(44) Copyright Guardian News & Media Ltd 2021
(45) Thinking for a Change by John C. Maxwell, Grand Central Publishing
(46) The Gettysburg Address at 150-and Lincoln's Impromptu Words the Night Before, The Atlantic on November 19, 2013 by Conor Friedersdorf
(47) The System : Who Rigged It, How We Fix It by Robert B. Reich, Vintage Books

ここからは解答用紙Bを使用しなさい。

Ⅶ　次の英文を読み、空所（　a　）～（　e　）に入る、文脈の上で最も適切な動詞を下記の語群から選び、**必要に応じて語形を変えて**解答欄に記入しなさい。ただし各解答欄に記入する語は**動詞一語**のみとし、同じ語を二回以上使ってはいけない。**同じ語を二回以上使った場合、正解が含まれていてもその正解は得点にならない。**

cause	interpret	mean	oppose	result

The term "globalization" itself is seemingly harmless and straightforward, (　a　) that something takes on a global scope. However, because globalization produces winners and losers, it is (　b　) through different lenses, being both feared and revered for the influences that extend across regional boundaries. The exchange of ideas and information can foster education and promote the understanding of other cultures. And it is economically efficient to allow regions to specialize according to their comparative advantages and then trade to achieve a mutually desired balance of goods and services. Why, then, are some groups fervently (　c　) to globalization? Critics voice several concerns. They worry that the influence of multinational corporations represents an unsettling concentration of power among those driven by profit motives. Intensified globalization might (　d　) in a relatively homogeneous world market, (　e　) cultures to lose their identities. We need to find remedies that involve international cooperation.

[Adapted from a book by David Anderson]

出典追記：Environmental Economics and Natural Resource Management by David Anderson, Routledge

Ⅷ 次の英文を読み、空所（ a ）～（ f ）に入る、文脈の上で最も適切な名詞を解答欄に記入しなさい。下記の動詞群の**名詞形**のみを使用すること。ただし、～ing 形は使用してはいけない。また、同じ語を二回以上使ってはいけない。**同じ語を二回以上使った場合、正解が含まれていてもその正解は得点にならない**。

例： proceed → procedure

analyze	associate	err	expose	found	fuse

A (a) underlying an exciting new kind of research software is the idea of a "language model." This software can represent a language statistically, mapping the probability with which certain words follow other words — for instance, how often "red" is followed by "roses." A similar quantitative (b) can be applied to sentences or even entire paragraphs. Such a model can then be given a prompt — "a poem about red roses in the style of Sylvia Plath," say — and it will dig through its database to come up with some text that matches the description.

Actually building such a language model is a big job. This is where AI — or machine learning, a particular subfield of AI — comes in. By searching through enormous volumes of written text, and learning by trial and (c) from millions of attempts at text prediction, a computer can crunch through the laborious task of mapping out the various (d) between words.

The software can learn a great deal through even a single (e) to a digitized text, and the more data researchers feed into it, the better it will perform. This new type of software is a hybrid created by a (f) of machine learning processes on the one hand with an enormous archive of digitized texts on the other — a marriage of the newest AI and the best digital library ever. The result is a database with billions of searchable terms for linguistic research.

日本史

(60分)

(解答上の注意) 解答が2桁の数字の場合には,以下のようにマークすること。

例えば,空欄 (19) ¦ (20) の解答が36の場合,解答欄 (19) の③にマークし,解答欄 (20) の⑥にマークする。

I. 次の文章を読み,下記の設問に答えなさい。

(1) ¦ (2) 年に即位した後三条天皇は,長らく権勢をふるってきた藤原摂関家の力をおさえて国政の改革に取り組んだ。天皇は,(ア)延久の荘園整理令を出して基準に合わない荘園を停止するとともに,(a)と呼ばれる公定枡を制定した。続く白河天皇も親政をおこなったが,やがて幼少の堀河天皇に譲位して院政を開始し,中小貴族や受領層を近臣に取り込む一方で,院の御所を警固する (3) ¦ (4) を創設するなど,権力の強化をはかった。12世紀半ばには皇位継承問題が絡んで政局は混乱するが,そこで勢力をのばしたのが,後白河上皇の信任を得て太政大臣にまで昇りつめた平清盛であった。一族の多くが高位高官につくなか,清盛はさらに (5) ¦ (6) 天皇の外祖父として影響力を誇ったが,平氏の急速な台頭に対する反発は根強かった。藤原成親ら院の近臣が平氏打倒を企てた (7) ¦ (8) の陰謀は失敗に終わったが,1180年には源頼朝や源義仲ら諸国の武士が一斉に挙兵し,以後5年におよぶ源平の争乱の末,平氏は滅亡した。その間,東国の支配権を得た頼朝は,統治機構を整備しながら武家政権としての鎌倉幕府を確立していく。中央には侍所・公文所・問注所が設置され,問注所の初代執事 (9) ¦ (10) のような貴族出身者も登用された。各国には守護が一人ずつ配置され,さらに地方の支配を固めるべく鎮西奉行や奥州総奉行が置かれた。

頼朝の死後に勢力をのばしたのは,妻政子の父北条時政である。時政は,2代将軍源頼家の妻の父である御家人 (11) ¦ (12) を滅ぼすと,頼家を廃して弟実朝を将軍に立てて実権を握った。その地位を受け継いだ北条義時は,侍所別当 (13) ¦ (14) を倒してさらに地歩を固めた。後鳥羽上皇との連携をはかった実朝が1219年に頼家の遺児(b)に暗殺されると,朝廷と幕府の関係は悪化し,やがて承久の乱が勃発するが,幕府はこれに勝利し,統治機構をさらに整備していく。3代執権北条泰時は,(イ)有力な御家人など11名を評定衆に任命して合議制を採用し,泰時の孫北条時頼は,裁判の迅速化をはかるべく評定のもとに (15) ¦ (16) を設置した。しかし,13世紀後半から14世紀にかけて北条氏の支配は専制的な傾向を帯びるようになり,御家人たちは不満を募らせていった。

そうした情勢のもと,1318年に即位した後醍醐天皇は,朝廷の権力を強化すべく,やがて親政を開始し,ついには討幕を企てる。折しも,執権 (17) ¦ (18) のもとで実権を握った長崎高資の専横に対する不満が高まっている頃だった。1331年の (19) ¦ (20) の変などで討幕の計画は露見し,後醍醐天皇は (21) ¦ (22) に配流となるが,その後,皇子 (23) ¦ (24) や楠木正成らが蜂起し,さらに足利高氏(のち尊氏)が六波羅探題を,新田義貞が鎌倉を攻略することで,鎌倉幕府は滅亡した。京都に戻った後醍醐天皇による建武の新政では，重要政務を司る記録所や，所領に関する訴訟を扱う（　c　）が中央に置かれ，地方には国司と守護が併置された。しかし，この新体制は武士の信頼を得ることができず，1335年，足利尊氏は［(25)｜(26)］の乱の鎮圧を名目に関東に下り，政権との対決姿勢を明確にする。その後，光明天皇を擁立した尊氏は京都に幕府を開くが，吉野で自らの正統性を主張し続けた後醍醐天皇との対立は続き，また，尊氏の執事［(27)｜(28)］を中心とする新興勢力と尊氏の弟直義を中心とする伝統勢力が衝突した観応の擾乱もあって，政局が安定することはなかった。争乱が続くなか，幕府は，地方の武士を動員すべく守護の権限を拡大し，(ウ)荘園の年貢の半分を兵粮米として徴発する権限などを徐々に認めるようになった。

3代将軍足利義満の時代になると，室町幕府は安定期を迎える。京都の室町に建てられた壮麗な将軍邸は［(29)｜(30)］と呼ばれ，ここで政治をおこなった義満は，有力な守護大名の勢力を抑えつつ，1392年には南北朝の動乱に終止符を打った。幕府の機構も整備され，将軍を補佐して政務を統轄する［(31)｜(32)］には細川・斯波・畠山の3氏が交代で就任し，京都の警備などを司る侍所の長官は，四職といわれた赤松・［(33)｜(34)］・山名・京極の4氏から任命されることが多かった。（　d　）と呼ばれる幕府の直轄軍も編成され，将軍の護衛にあたった。地方の統治機関として重視されたのは鎌倉府であり，その長官である鎌倉公方は［(35)｜(36)］の子孫によって世襲された。幕府の権威に陰りが見え始めるのは15世紀に入ってからである。強圧的な政治をおこなった6代将軍足利義教が播磨の守護［(37)｜(38)］に謀殺された嘉吉の変を機に，将軍の権力は弱体化していった。

問1　文中の空欄［(1)｜(2)］～［(37)｜(38)］に当てはまる最も適切な語句を下の語群より選び，その番号を解答用紙A（マークシート）の所定の解答欄にマークしなさい。

≪語群≫

11　1053	12　1068	13　1086	14　赤松満祐	15　足利成氏
16　足利持氏	17　足利基氏	18　安徳	19　伊豆	20　一条兼良
21　一の谷	22　一色	23　上杉憲実	24　恵美押勝	25　応天門
26　大内	27　大江広元	28　大友	29　隠岐	30　小野好古
31　梶原景時	32　管領	33　北畠親房	34　北山殿	35　慶安
36　元弘	37　高師直	38　西面の武士	39　佐渡	40　早良親王
41　鹿ヶ谷	42　承和	43　所司	44　清和	45　高倉
46　滝口の武士	47　富樫政親	48　土岐康行	49　中先代	50　花の御所
51　引付	52　比企能員	53　藤原信頼	54　北条高時	55　北条時房
56　北条時行	57　北面の武士	58　細川頼之	59　三浦泰村	60　三好長慶
61　三善康信	62　明徳	63　目付	64　目代	65　以仁王
66　護良親王	67　柳の御所	68　結城氏朝	69　老中	70　和田義盛

問2　文中の空欄（　a　）～（　d　）に入る最も適切な語句を解答用紙Bの所定の解答欄に漢字で書きなさい。

問3　以下の設問の解答を解答用紙Bの所定の解答欄に漢字で書きなさい。

（1）　下線部（ア）について，この荘園整理令の実施にあたり，関連する証拠書類の審査のために設置された役所を何というか。

（2）下線部（イ）について，同じ頃に執権の補佐役として新設された役職を何というか。

（3）下線部（ウ）について，この権限を認めた法令を何というか。

Ⅱ．次の文章を読み，下記の設問に答えなさい。

鎖国時代も西洋の国で唯一交流を続けてきたオランダと日本の関係についてみてみよう。

1600年，オランダ船 (39)(40) が豊後に漂着した。徳川家康は，その乗組員であったオランダ人 (ア)ヤン＝ヨーステンとイギリス人ウィリアム＝アダムズを江戸にまねいて外交・貿易の顧問とした。当時，スペイン人やポルトガル人と異なり，オランダ人は (41)(42) と呼ばれた。1609年，オランダは平戸に商館を開くことが許され，日本との貿易が始まった。その後貿易に制限が加えられ，1639年に幕府はポルトガル船の来航を禁止し，1641年にオランダ商館を出島に移し，長崎奉行のきびしい監視のもとにおいた。こうしていわゆる (イ)鎖国の状態となった。鎖国のなかにあって，幕府は長崎を窓口としてヨーロッパの文物を輸入し，オランダ船の来航のたびに (43)(44) と呼ばれたオランダ商館長が提出するオランダ風説書によって海外の事情を知ることができた。1633年からオランダ人の（　a　）が制度化され，定期的におこなわれた。オランダ商館は，オランダが (45)(46) においた東インド会社の支店としての位置づけであった。

18世紀になると，幕府は漢訳洋書の輸入制限をゆるめ，青木昆陽や本草学者 (47)(48) らにオランダ語を学ばせた。大槻玄沢は『（　b　）』という蘭学の入門書を著し，江戸に私塾（　c　）を開いて多くの門人を育て，稲村三伯は蘭日辞書である『 (49)(50) 』を著した。蘭学書によって西洋画法を習得した (51)(52) からその技法を学んだ秋田藩士の小田野直武は，『 (53)(54) 』の扉絵などを描いた。オランダ商館の医師であったドイツ人シーボルトが長崎郊外に鳴滝塾を開き，ここで陸奥国水沢出身の (55)(56) が学んだ。シーボルトはのちに帰国の際， (57)(58) らから受け取った日本地図を持ち出そうとしたことから，国外追放処分となった。その後，日本からオランダへ留学する者も出てきて，そのなかの一人 (59)(60) は西洋法学書『泰西国法論』を翻訳した。

1808年，イギリス軍艦 (61)(62) がオランダ船を捕獲するために長崎に侵入する事件があり，長崎奉行 (63)(64) は責任をとって自刃した。欧米諸国のアジア進出が本格化するなか，清国はアヘン戦争でイギリスに敗れて (65)(66) を結び，香港を割譲することとなったことから，1844年オランダ国王が将軍 (67)(68) に開国を勧める親書を送ったが，幕府はそれを受入れなかった。この親書は，幕府の資料集である (69)(70) に残されている。ペリー来航後，ついに幕府は日米和親条約を結び，オランダとも和親条約を結んだ。その後，アメリカ総領事として来日したハリスの求めに応じ， (ウ)日米修好通商条約を結んだのに続き，オランダを含む4カ国と同様の条約を結んだが，これが安政の五カ国条約である。なお，のちに暗殺されたオランダ人 (71)(72) がハリスの通訳を務めていた。長崎には，洋式軍艦の操作を学ばせるための海軍伝習所が設けられ，のちに，勝海舟らは幕府がオランダから購入した (73)(74) で太平洋横断に成功している。

第一次世界大戦後の1921年，海軍軍縮と太平洋および極東問題を審議するために開催されたワシントン会議に日本やオランダも参加し，他国とともに中国問題に関する (75)(76) を結んだ。1941年，日本軍の南部仏印進駐が開始され，オランダは，在米日本資産の凍結と対日石油の輸出禁止という強い制裁措置で対抗していたアメリカとともに対日経済封鎖を強化したが，これは（　d　）と呼ばれている。1942年，日本軍はオランダ領東インドを占領するに至った。第二次世界大戦後，オランダは，占領施策決定の最高機関としてワシントンにおかれた (77)(78) のメンバーとなった。1951年，オランダを含む48カ国と日本とのあいだでサンフランシスコ平和条約が調印され，オランダとの関係が復活した。戦後処理がなされたものの，オランダ人捕虜問題をめぐってオランダ側に長らく反日感情が残っていたが，日蘭交流400周年を記念して，2000年に当時の天皇陛下がオランダを訪問された際には，女王の歓待を受けている。今後も両国の友好関係が続くことが望まれる。

問1　文中の空欄 (39)(40) ～ (77)(78) に当てはまる最も適切な語句を下の語群より選び，その番号を解答用紙Ａ（マークシート）の所定の解答欄にマークしなさい。

≪語群≫

11	アユタヤ	12	安藤昌益	13	アンボイナ	14	伊能忠敬	15	ヴェルサイユ条約
16	宇田川玄随	17	榎本武揚	18	荻原重秀	19	御触書天保集成	20	阿蘭陀本草和解
21	海国兵談	22	解体新書	23	華夷通商考	24	開陽丸	25	桂川甫周
26	加藤弘之	27	カピタン	28	観光丸	29	咸臨丸	30	九カ国条約
31	極東委員会	32	経世秘策	33	ケンペル	34	紅毛人	35	済物浦条約
36	采覧異言	37	サスケハナ号	38	佐野政言	39	山丹人	40	サン＝フェリペ号
41	四カ国条約	42	自然真営道	43	謝恩使	44	慎機論	45	大東亜会議
46	対日理事会	47	高野長英	48	高橋景保	49	高橋至時	50	通航一覧続輯
51	ツーラン	52	対馬丸	53	津田真道	54	ディアナ号	55	天津条約
56	唐人	57	東方会議	58	徳川家定	59	徳川家斉	60	徳川家茂
61	徳川家慶	62	中沢道二	63	長与専斎	64	南京条約	65	南蛮人
66	西周	67	野呂元丈	68	パードレ	69	バタヴィア	70	ハルマ和解
71	ヒュースケン	72	平賀源内	73	広瀬淡窓	74	フェートン号	75	不戦条約
76	フルベッキ	77	北京条約	78	ポンペ	79	松平康英	80	マラッカ
81	モリソン号	82	山片蟠桃	83	山脇東洋	84	蘭学事始	85	リーフデ号

問2　文中の空欄（　a　）～（　d　）に入る最も適切な語句を解答用紙Ｂの所定の解答欄に書きなさい。なお，（　a　）～（　c　）は漢字で書きなさい。

問3　以下の設問の解答を解答用紙Ｂの所定の解答欄に書きなさい。

（1）　下線部（ア）について，ヤン＝ヨーステンが称した日本名を漢字で書きなさい。

（2）　下線部（イ）について，『日本誌』を和訳した際に，閉ざされた状態を鎖国と訳した元オランダ通詞は誰か，漢字で書きなさい。

（3）　下線部（ウ）について，この条約は，①第4条および②第6条の内容から不平等条約といわれる。どのような内容か①②それぞれ10字以内で書きなさい。

Ⅲ. 次の文章を読み，下記の設問に答えなさい。

2020年８月，首相の連続在職日数記録を達成した４日後に，安倍晋三首相は辞任表明をした。記者会見で，安倍政権のレガシーとはと問われ，それは歴史が判断していくものと語っていた。

第４次内閣までの安倍首相の通算在職日数は歴代内閣の中で最長で（3,188日），２位は(ア)桂太郎首相である（2,886日）。桂内閣は欧米との初めての対等条約 (79) (80) を結び，日露戦争を勝利に導いた後は，日米間での不平等条約を改善し，さらに桂園時代を築いて政局の安定化を図り，新党立憲同志会の宣言書を発表した。在職日数３位は，安倍晋三の大叔父，佐藤栄作である。彼は，1965年に (81) (82) を結んで， (83) (84) 年に沖縄返還を実現し，加えて1971年に (85) (86) を設置する。

通算在職日数４位は伊藤博文である。１位から４位までが長州出身だったから長期政権たり得たわけではないだろうが，桂は長州出身の (87) (88) 軍人であったため (89) (90) が築いた藩閥勢力の後ろ盾を持っていた側面はある。対して佐藤内閣の長期政権は安定した55年体制の時代にあった。

1951年９月，サンフランシスコ平和条約で主権を回復した日本は，日米安全保障条約も結んでいる。この方針を作ったのは日本の独立と経済復興を優先した(イ)吉田茂内閣である。第１次吉田内閣は，1946年に公職追放にあった (91) (92) 党総裁鳩山一郎に，同党総裁の座を託されて成立している。1950年６月に勃発した朝鮮戦争の間，アメリカは日本に再軍備の要請をし，(ウ)吉田首相はアメリカに一定の譲歩を迫られるも，軽軍備の経済国家路線を貫く。一方，吉田に政権を託した鳩山の考えは，再軍備，憲法改正であった。1951年の公職追放解除後に政界復帰した鳩山は，1954年11月に (93) (94) 党を結成し，吉田内閣を総辞職に追い込み同年12月に鳩山内閣を成立させる。

日本社会党は，1951年に左派・右派に分裂していたが，1955年２月の総選挙で両派合わせて３分の１の議席を獲得したことで，憲法改正の発議を阻止して，同年10月には左・右両派の統一を実現する。危機感を抱いた財界は，２派に分かれていた(エ)保守政党の統合を促し，両党は同年11月に自由民主党（以下，自民党）を結成して，ここに55年体制ができ，初代総裁として (95) (96) が選ばれる。

55年体制が揺らぐのは冷戦の終結と関係がある。1985年にソビエト連邦共産党書記長 (97) (98) のペレストロイカが始まった。彼はアメリカと (99) (100) を結び， (101) (102) からの撤退に着手して，1989年12月には米・ソ両国首脳が (103) (104) で会談し，冷戦の終結を宣言した。

冷戦終結後，1993年８月，自民党が政権から外れた８党派連立の (105) (106) 内閣の成立によって55年体制は崩壊する。この内閣では政治改革諸法案が成立し，それまでの (107) (108) から (109) (110) と比例代表制とを組み合わせた選挙制度へと変わった。次の (111) (112) 内閣は，通算在職日数が歴代２番目に短い64日で終わっている（最短は1945年終戦直後の (113) (114) 内閣54日）。ここで自民党が復帰し，日本社会党などとの連立政権が生まれ， (115) (116) 首相が誕生する。この政権下で，日本社会党は安全保障に関する基本方針を転換し，首相は国会で自衛隊合憲などを表明している。

55年体制の成立から2020年まで，自民党が政権を離れていたのは，非自民８党派の時，および民主党政権下の（成立順に） (117) (118) 内閣， (119) (120) 内閣， (121) (122) 内閣の約４年間のみでしかない。しかしこの間，政治を取り巻く環境も大きく変わった。その変化に大きな影響を与えたのが，1994年に行われた選挙制度改革であった。

1994年政治改革のモデルとされた英国は，その選挙制度ゆえに党首に権限が集中する。日本では新しい選挙制度に適応する過程で民主党政権が誕生した。英国ではマニフェスト選挙が行われるために，日本でも2009年８月の総選挙で民主党が政権をとる直前にはそれがもてはやされた。そしてこの党のマニフェストには，(オ)(a)の県外移設，高速道路無料化，ダム建設中止など実現には困難なものが多かった。第二次世界大戦後の首相の通算在職日数が安倍，佐藤，吉田に次ぐ［(123)｜(124)］内閣以降，7年連続で毎年首相が交代した混乱期の最後に成立するのが第2次安倍内閣であった。

安倍首相の長期政権のレガシーとして，将来，歴史は何をどのように評価するのであろうか。

問1　文中の空欄［(79)｜(80)］～［(123)｜(124)］に当てはまる最も適切な語句を下の語群より選び，その番号を解答用紙A（マークシート）の所定の解答欄にマークしなさい。

≪語群≫

11 1968	12 1972	13 芦田均	14 アフガニスタン	15 犬養毅
16 エリツィン	17 大隈重信	18 海軍	19 核兵器拡散防止条約	
20 核兵器禁止条約	21 環境庁	22 菅直人	23 クレタ島	24 グレナダ
25 小泉純一郎	26 国民民主	27 ゴルバチョフ	28 幣原喜重郎	29 小選挙区制
30 消費者庁	31 鈴木茂三郎	32 大選挙区制	33 高橋是清	34 チェコ
35 中距離核戦力全廃条約		36 中選挙区制	37 日英同盟協約	38 日米行政協定
39 日露協商	40 日韓基本条約	41 日韓協約	42 日中平和友好条約	
43 日本自由	44 日本民主	45 野田佳彦	46 羽田孜	47 鳩山一郎
48 鳩山由紀夫	49 東久邇宮稔彦	50 防衛庁	51 細川護熙	52 マルタ島
53 村山富市	54 山県有朋	55 ヤルタ	56 陸軍	57 立憲自由

問2　以下の設問の解答を解答用紙Bの所定の解答欄に漢字で書きなさい。

(1)　下線部（ア）について，1901年に第1次桂内閣が成立する前の1899年，政党の影響力が官僚に及ぶのを防ぐために改正された法律名を書きなさい。

(2)　下線部（イ）について，吉田茂と外務省同期で，オランダ公使，首相の任に就き，東京裁判（極東国際軍事裁判）で死刑判決となった唯一の文官の名前を書きなさい。

(3)　下線部（ウ）について，ダグラス・マッカーサーの指示で1950年に作られた，後に自衛隊になっていく組織名を書きなさい。

(4)　下線部（エ）について，1932年の五・一五事件で政党内閣が崩壊するまで，2つの保守政党が「憲政の常道」を担っていた。桂太郎が組織し，彼の死後結党をみた立憲同志会の流れをくみ，1927年成立，浜口雄幸を総裁とした政党名を書きなさい。

(5)　下線部（オ）について，(a)に入る最も適当な語句を書きなさい。

世界史

（60分）

（解答上の注意）　解答が2桁の数字の場合には，以下のようにマークすること。

例えば，空欄［⒆｜⒇］の解答が36の場合，解答欄［⒆］の③にマークし，解答欄［⒇］の⑥にマークする。

Ⅰ．次の文章を読み，下記の問いに答えなさい。

15世紀末から始まるヨーロッパ世界の拡大に伴う「世界の一体化」は，今日のグローバル化に至る第一歩であったと言えよう。ヨーロッパ諸国における海外進出の先陣を切ったのは［（1）｜（2）］半島に位置するポルトガルとスペインであった。カスティリャ王国と［（3）｜（4）］王国が合併して誕生したスペインが1492年に［（5）｜（6）］朝を攻略してレコンキスタを完了させると，ポルトガルとスペインは争うように海外進出を推し進めた。ポルトガルは既にアフリカ西岸の探検事業を行っていたが，1488年に［（7）｜（8）］が喜望峰に到達すると，1498年にはヴァスコ＝ダ＝ガマが(a)インド西岸のカリカットへ到達し，インド航路が拓かれた。さらに東進して東南アジアに入ったポルトガルは，1512年にクローブやナツメグの産地である［（9）｜（10）］諸島に至り，香辛料の貿易による莫大な富を手に入れた。これにより，東洋と西洋が海路を通じて直接的に結びついたと言える。

インド到達に出遅れたスペインは「西回り航路」の開拓を目指してコロンブスを派遣した。フィレンツェの天文学者［（11）｜（12）］が提唱する地球球体説を信じたコロンブスは大西洋を西に向かい，1492年にバハマにある［（13）｜（14）］島に到達した。その後，アメリゴ＝ヴェスプッチの数度にわたる南アメリカ探検やパナマ地峡を超えて太平洋を発見した［（15）｜（16）］の探検などにより，その地が「新大陸」であることが明らかになると，スペインは新大陸アメリカの開拓に力を入れていくことになる。また，(b)ポルトガル人のカブラルは1500年に南米のブラジルに漂着し，その地をポルトガル領とした。さらには，マゼランの率いる船団が1522年に西回りでの世界周航を成し遂げると，スペインは東南アジアにも進出し，16世紀後半には(c)太平洋の東西も交易路で結ばれることになった。

一方，それまでの東アジアの海域では，中国を支配する大国・明を中心として活発な交易が行われていた。元朝崩壊のきっかけとなる［（17）｜（18）］の乱以降，頭角をあらわした［（19）｜（20）］は1368年に洪武帝として明朝をたてた。当時，中国や朝鮮の沿岸では，倭寇による海賊行為が活発であったこともあり，洪武帝は［（21）｜（22）］により民間人の海上交易を許さず，(d)政府の管理する朝貢貿易を推進した。その後，靖難の役を経て帝位についた［（23）｜（24）］はムスリムの宦官である［（25）｜（26）］に命じて大艦隊を派遣し，東南アジアからアフリカ沿岸に至るまで広く朝貢関係を築き，積極的に朝貢貿易を拡大させた。しかし，ヨーロッパ人の進出に伴い国際貿易が活発化すると，強力な新興勢力が台頭するようになり，明を中心とした交易体制は徐々に崩壊することになる。

世界の一体化は交易網を一変させただけでなく，多くの悲劇も生み出した。とりわけ，アメリカ大陸はヨーロッパ人の侵入により大きく変容した。それ以前のアメリカ大陸では，古代より独自の文明が栄えていた。メキシコ湾岸に成立したオルメカ文明に始まり，メキシコ高原の［（27）｜（28）］文明，［（29）｜（30）］

半島のマヤ文明などが挙げられる。スペイン人が進出した当時，メキシコ高原にはアステカ王国，アンデス地帯には［(31)｜(32)］を首都とするインカ帝国が栄えていたが，どちらもコンキスタドールによって征服され，先住民による文明は崩壊した。さらには，［(33)｜(34)］制の導入によって先住民が過酷な労働を強いられるようになったことや，ヨーロッパから持ち込まれた［(35)｜(36)］により先住民の数は激減した。その後，聖職者［(37)｜(38)］などの尽力により，スペインは先住民の奴隷化を禁止したが，先住民の減少は止まらず，(e)代わりの労働力として多くの黒人奴隷がアフリカから運び込まれることになった。

我々は今，歴史上最も一体化した世界に住んでいる。1995年にGATTを継承する形で設立された［(39)｜(40)］は自由貿易を促進させ，経済のグローバル化を加速させた。また，国家の枠組みを超えた地域統合も進展してきた。とりわけ，欧州連合（EU）は共通通貨を導入するのみならず，2009年に発効した［(41)｜(42)］条約ではEU大統領ともいうべき欧州理事会常任議長の役職を設置するなど，地域統合を深化させた。さらに，情報技術の発達により，今では地球の裏側の出来事でさえ即座に知ることができる。人類史における世界の一体化という大きな流れが止まることはないであろう。

問１　文中の空欄［(1)｜(2)］～［(41)｜(42)］にあてはまる最も適当な語句を下記の語群から選び，その番号を解答用紙Ａ（マークシート）の解答欄［(1)］～［(42)］にマークしなさい。

11　アシエンダ	12　アラゴン	13　イベリア	14　永楽帝
15　エンコミエンダ	16　エンリケ	17　海禁政策	18　カナリア
19　ガリレイ	20　クスコ	21　クリミア	22　建文帝
23　後ウマイヤ	24　康熙帝	25　黄巾	26　紅巾
27　黄巣	28　国連貿易開発会議	29　コタンタン	30　コペルニクス
31　コルシカ	32　コルテス	33　サルデーニャ	34　サンサルバドル
35　サン＝マルティン	36　シチリア	37　重商主義政策	38　朱元璋
39　朱全忠	40　ストウ	41　セイロン	42　世界銀行
43　世界貿易機関	44　セビリャ	45　戦争	46　セントヘレナ
47　チャビン	48　趙匡胤	49　鄭成功	50　鄭和
51　テオティワカン	52　テノチティトラン	53　伝染病	54　トスカネリ
55　ドレーク	56　ナスカ	57　ナスル	58　バルトロメウ＝ディアス
59　バルボア	60　プランテーション	61　兵器	62　保護貿易政策
63　マーストリヒト	64　マテオ＝リッチ	65　マリアナ	66　ムワッヒド
67　モルッカ	68　ユカタン	69　ユトランド	70　ラス＝カサス
71　リスボン	72　李成桂	73　リマ	

問２　下線部（ａ）に関連して，この当時，カリカット周辺を含むインド南部を勢力下に置いていた有力な王国の（あ）名称は何か，また，（い）この国が奉ずる宗教は何か，解答用紙Ｂの所定の欄に記入しなさい。

問３　下線部（ｂ）に関連して，ブラジルがポルトガル領となった背景には，1494年にポルトガルとスペインの間で結ばれた条約の存在がある。この条約の名称を解答用紙Ｂの所定の欄に記入しなさい。

問４　下線部（ｃ）に関連して，スペイン商人は主にガレオン船で太平洋を横断する貿易を行った。この交易路の主要拠点であった２つの都市の名称をそれぞれ解答用紙Ｂの所定の欄に記入しなさい。

問5　下線部（d）に関連して，朝貢は外交儀礼であると同時に貿易の側面を持つ。なぜ朝貢が貿易であると言えるのか，解答用紙Bの所定の欄に30字以内で説明しなさい。

問6　下線部（e）に関連して，スペインが黒人奴隷を確保するために外国商人などとアシエントを結んだ理由は何か，解答用紙Bの所定の欄に20字以内で説明しなさい。

Ⅱ．次の文章を読み，下記の問いに答えなさい。

人はなぜ集まって暮らすのだろうか。狩猟や果実の採取から農耕へと生活が変わると，灌漑（かんがい）が必要になり，多くの労力や秩序が必要になる。都市は司令所として発生した。前3000年頃にシュメール人によって［(43)(44)］やウルク，ラガシュに都市国家が誕生した。極めて小規模で人口は大きなものでも数万人程だったという。神官がまとめ役となり，都市の中心には神殿が建てられた。神殿建設に伴い，商業が発達し，また神殿の広場では多種多様な品が売られ，ショッピングセンターとしての役割も果たした。多くの地域で商人や職人は力を持てなかった中，［(45)(46)］人はティルスやシドンに最初の商業都市を築いた。また，ローマは他の地域を征服していくことで最初の巨大都市として発展し，1世紀の［(47)(48)］帝の頃には100万人規模の都市に成長した。公衆浴場や(a)水道橋，コロッセウムなどが建設された。今日のヨーロッパの主要な都市である，ロンドン，パリ，［(49)(50)］はローマ人が築いた都市を起源としている。ローマの都市は戦争に備えていたので安全であったことが富や人を集めた。例えば，インド半島南端部やデカン高原を中心に［(51)(52)］朝が勢力をもっていた南インドの東海岸から，［(53)(54)］や胡椒がローマにもたらされた。しかし，民衆が(b)皇帝や富裕者が提供するものに入れ込み，奴隷制度への依存度を高めていくとローマは衰退していった。

およそ千年後，［(55)(56)］を記したイブン＝バットゥータが旅した頃には，世界の上位20の大都市の多くはイスラーム世界の都市であった。イスラームの市場には，中央アジアから毛皮，西アジアから馬，手工業製品としてはヨーロッパから［(57)(58)］，東アジアから絹や陶磁器など様々な品が集まった。都市にはモスクや隊商宿，学院が建てられた。これらは，［(59)(60)］として寄進された土地や商店街からの収入で建設・維持された。イスラーム教はインドにも浸透し，13世紀にはアイバクにより［(61)(62)］王朝が建設された。また，内陸アフリカの［(63)(64)］はイスラームの交易や学問の中心地として発展した。しかし，都市は同じ支配層が長く続くと，次第に他国からの攻撃に対し弱体化した。例えば，繁栄期には100万人近くの人口をかかえたバグダードは，［(65)(66)］の率いるモンゴル軍により陥落した。さらに商人や職人の中間層勢力が生まれず都市は活力を得ることなく衰退していった。

東洋の凋落（ちょうらく）の他方でヨーロッパでは資本主義精神が誕生した。さらに(c)産業革命が起こると，工業製品を大量生産する都市が急激に成長した。(d)マンチェスターやバーミンガムは，広大な土地に工場が建設され，周囲に人が集住した。労働のあり方や，街の犯罪や衛生などが問題となり，イギリスでは1833年に［(67)(68)］が制定された。やがて豊かになった中産階級は郊外へ移るようになった。

アメリカ大陸では，1848年に［(69)(70)］が見つかるとカリフォルニアに人が押し寄せた。その結果，1852年にはサンフランシスコの人口の85％は男性で，世界各地のプランテーション農場などで働き［(71)(72)］と呼ばれた人々も到来した。1860年時点で(e)ワスプ（WASP）の割合は高くはなかった。大陸横断鉄道が敷かれ，同じ年には［(73)(74)］が完成し，世界一周観光ツアーが企画されるなど世界を結ぶ時間感覚は一新した。日本からの［(75)(76)］ら使節団も大陸横断鉄道に乗車した。

アメリカでは早くから郊外化が進み，1908年には，［(77)(78)］が大衆向けの自動車を発売し，

1920年代に入り普及すると郊外化は加速した。同時に，工業化の進展により仕事を求めて黒人は南部から北部へ移住した。郊外は白人が集中し，都心部は黒人が急増した。なお，公民権法が成立するのは，［(79)｜(80)］大統領まで待たなければならなかった。

通信技術とグローバル化が進むと，周辺に拡大地域を持たない小規模な都市の方が巨大都市より経済に影響を与えることが多々ある。1971年に［(81)｜(82)］から独立したアラブ首長国連邦のドバイやアブダビは寛容性と新技能の蓄積で成長した。技術の発展は，ときに同じ場所に集まらなくとも社会経済活動を可能にする。都市の担う役割は変化していくのかもしれない。人は何を求めて集まるのだろうか。

問1　文中の空欄［(43)｜(44)］～［(81)｜(82)］にあてはまる最も適当な語句を下記の語群から選び，その番号を解答用紙A（マークシート）の解答欄［(43)］～［(82)］にマークしなさい。

11　アテネ	12　アントニヌス＝ピウス	13　イェルサレム	14　イギリス
15　板垣退助	16　岩倉具視	17　ウル	18　エリュトゥラー海案内記
19　オランダ	20　カラカラ	21　キール運河	22　金鉱
23　銀山	24　クシャーナ	25　クーリー	26　毛織物
27　ケネディ	28　公衆衛生法	29　工場法	30　コペンハーゲン
31　コロヌス	32　サウジアラビア	33　サータヴァーハナ	34　砂糖
35　ザンジバル	36　三大陸周遊記	37　シェアクロッパー	38　シベリア鉄道
39　シュメール	40　ジョンソン	41　スエズ運河	42　ストックホルム
43　世界史序説	44　世界の記述	45　石油	46　ダイムラー
47　茶	48　チャガタイ	49　チョーラ	50　奴隷
51　トンブクトゥ	52　ニクソン	53　ネロ	54　ハットゥサ
55　バトゥ	56　パナマ運河	57　パーンディヤ	58　フェニキア
59　フォード	60　フォルクスワーゲン	61　福澤諭吉	62　ブダペスト
63　フビライ	64　フラグ	65　フランス	66　ヘブライ
67　マドラサ	68　綿布	69　モンバサ	70　ラティフンディア
71　レース	72　労働組合法	73　ロシア	74　ワクフ

問2　下線部（a）に関連して，ローマ時代に建設され，南フランスに現存する世界遺産の水道橋の名前は何か。解答用紙Bの所定の欄に記入しなさい。

問3　下線部（b）に関連して，皇帝や富裕者が民衆の不満をおさえて社会の安定をはかるために施すものを総称して何と呼ぶか。解答用紙Bの所定の欄に記入しなさい。

問4　下線部（c）に関連して，イギリスの産業革命を機に，イギリスとインドの間で取引されていた主要品の輸出入の流れは逆転した。（あ）その主要品は何か。また，（い）その主要品の輸入額が輸出額より多くなった側の赤字はどのように補われたか。解答用紙Bの所定の欄に記入しなさい。

問5　下線部（d）に関連して，マンチェスターの当時の主要産業の原材料は，かつて奴隷貿易で栄えた港町から運びこまれた。この港町の都市名は何か。解答用紙Bの所定の欄に記入しなさい。

問6　下線部（e）に関連して，ワスプ（WASP）とはどのような人々を指すか。解答用紙Bの所定の欄に記入しなさい。

Ⅲ．次の文章を読み，下記の問いに答えなさい。

長年蓄積されたマグマが一気に噴き出すように短期間に歴史の地殻変動をもたらす「革命」は，世界史を学ぶ醍醐味（だいごみ）の一つである。しかし，一口に「革命」と言っても様々な意味合いがある。革命の語源は，古代中国の政治思想で王朝交代を示す易姓革命，すなわち「天命が革（あらた）まり天子の姓が易（か）わる」とされており，後に福澤諭吉により英語のrevolutionの訳語に用いられたと言われている。広義の革命は，「流通革命」，「IT革命」などのように，「ものごとの状態や価値が急激かつ根本的に変化すること」という意味で用いられる。世界史上の出来事から例を取れば，15世紀の大航海時代の開始によりもたらされた［(83)｜(84)］革命や商業革命，さらに産業革命とその結果としての［(85)｜(86)］革命などがこれにあたるだろう。

これに対し狭義の革命は，「被支配階級が国家権力を奪取し，政治・経済・社会体制を急激かつ根本的に変革すること」と定義されてきた。とりわけ市民階級が封建制や絶対王政を打倒し，資本主義制度発展の基盤を築いた諸革命は市民革命と呼ばれており，17世紀の［(87)｜(88)］革命を皮切りに，18世紀後半のアメリカ独立革命，(ア)フランス革命が代表的である。

中でも1789年7月のバスティーユ牢獄の襲撃に始まるフランス革命は，(a)わずか10年の間に3つの憲法が制定され，政治体制が目まぐるしく入れ替わるなど複雑な経過をたどった。1791年には，第三身分の議員を中心に構成された［(89)｜(90)］により立憲君主政を定めた憲法が制定された。新たに立法議会が誕生したが，翌年には男性普通選挙により選出された［(91)｜(92)］がこれに代わり，王政の廃止と共和政を宣言した。革命は，［(93)｜(94)］派主導の時期の後，［(95)｜(96)］派による恐怖政治を経て，［(97)｜(98)］のクーデターによりロベスピエールが失脚すると，終息に向かった。その後，周辺諸国の間に第2回対仏大同盟が結ばれ，戦局が悪化したフランスでは強い政府を求める声が高まった。これに応えて頭角を現したのがナポレオン＝ボナパルトであり，1804年の国民投票により皇帝に即位した。これは［(99)｜(100)］帝政と呼ばれている。

その後ウィーン体制の下に，フランス革命とナポレオン戦争による混乱はいったん収束し，フランスでも王政復古による反動的な政治が続いた。これに対し，1830年にパリの民衆が蜂起し新たな国王が迎えられたのが［(101)｜(102)］革命であり，さらに1848年には再びパリで［(103)｜(104)］革命が発生し，［(105)｜(106)］共和政に移行した。ちなみに，現在のフランスでは1958年以来の［(107)｜(108)］共和政が継続している。1848年のパリに端を発した革命の波はイギリスの［(109)｜(110)］を再燃させ，ウィーンやベルリンでの［(111)｜(112)］革命など欧州各地に波及し，［(113)｜(114)］と総称されている。

「戦争と革命の世紀」と言われた20世紀には，革命の波は欧米から周辺地域に拡大し，新しいタイプの革命が頻発した。1905年に第1次ロシア革命が勃発し，その後1917年には第1次世界大戦の継続への反対の声が高まる中で二月革命が発生し，ロマノフ朝が崩壊した。その知らせを聞いたレーニンは亡命先の［(115)｜(116)］から帰国し四月テーゼを発表，その後の［(117)｜(118)］革命により世界初の社会主義国家が誕生した。20世紀には，いわゆる(イ)第三世界においても様々な革命が勃発した。19世紀初頭に多くの国が独立を達成したラテンアメリカでは，マデロや南部の農民大衆の指導者［(119)｜(120)］の活躍によりメキシコ革命が勃発し，30年以上続いた［(121)｜(122)］独裁政権を倒した。またアジアでも，1905年に［(123)｜(124)］革命が始まり，1911年には中国で辛亥革命が発生し，近代化の胎動が見られた。しかし，二度の世界大戦を経て独立したアジア諸国の多くは，大衆参加による革命よりはむしろ，(b)「開発独裁」と呼ばれる上からの近代化を選択していくこととなった。

21世紀，もはや革命の時代は終わったのだろうか。2010年末にアフリカの一角から広まった民主化運動の波は［(125)｜(126)］と呼ばれ，SNSがもたらした革命として世界の耳目を集めたが，多くは短命に終わりその評価は分かれている。

問1　文中の空欄 (83) (84) ～ (125) (126) にあてはまる最も適当な語句を下記の語群から選び，その番号を解答用紙A（マークシート）の解答欄 (83) ～ (126) にマークしなさい。

11　アジェンデ	12　アラブの春	13　イギリス	14　イラン立憲
15　王党	16　外交	17　価格	18　囲い込み
19　ゲバラ	20　交通	21　五月	22　国民議会
23　国民公会	24　サパタ	25　三月	26　三部会
27　四月	28　七月	29　ジャコバン	30　十月
31　諸国民の富	32　諸国民の春	33　ジロンド	34　スイス
35　スウェーデン	36　第一	37　第五	38　第三
39　第七	40　第二	41　第四	42　タイ立憲
43　第六	44　ダントン	45　チャーティスト運動	46　ディアス
47　テルミドール9日	48　ドイツ	49　二月	50　農業
51　八月	52　バティスタ	53　ピノチェト	54　フイヤン
55　フィリピン	56　プラハの春	57　ブリュメール18日	58　ポーランド
59　ラダイト運動	60　ラ＝ファイエット	61　六月	

問2　下線部（ア）に関連して，革命後の激動の時代を背景に，パリの虐げられた人々の生活を描いた長編小説の作者と作品名として適当な語句を選び，その番号を解答用紙A（マークシート）の解答欄 (127) ， (128) にそれぞれマークしなさい。

作者 (127) ：1　ゲーテ　2　トルストイ　3　ヘミングウェイ　4　ユゴー

作品名 (128) ：1『戦争と平和』　2『ファウスト』　3『武器よさらば』　4『レ・ミゼラブル』

問3　下線部（イ）に関連して，次に挙げる革命を起きた順に並べ替え，解答用紙A（マークシート）の解答欄 (129) ～ (132) にその番号を順にマークしなさい。

1　イラン革命　2　キューバ革命　3　青年トルコ革命　4　メキシコ革命

問4　下線部（a）に関連して，フランス革命が複雑な経過をたどったのは，さまざまな社会層が政治闘争を展開したためであると考えられる。革命に参加した主要な社会層を4つ挙げ，解答用紙Bの所定の欄に記入しなさい。

問5　下線部（b）に関連して，「開発独裁」とはどのような政治体制を指しているか。解答用紙Bの所定の欄に記入しなさい。

地理

（60分）

（解答上の注意）　解答が2桁の数字の場合には，以下のようにマークすること。

例えば，空欄 ⒆ ⒇ の解答が36の場合，解答欄 ⒆ の③にマークし，解答欄 ⒇ の⑥にマークする。

I.　次の文章を読み，後の問いに答えなさい。

2011年3月11日に起きた（　あ　）地震とそれにともなう津波により，（1）（2）原発事故が発生した。(ア)この原発事故により放射性物質が放出され，近隣の土壌や地下水などが汚染された。結果的に，持続可能な社会を発展させるため，太陽光やバイオマスなどに代表されるように，地球環境への負荷が小さい（3）（4）が注目された。日本では原子力発電に関して，必要な燃料の採鉱にはじまり，発電により生ずる（5）（6）の再処理へと至る一連の経過を確立し循環させることが，世代間の重要な課題とされた。他方で日本には，噴火をくり返す活火山の近くで原子力発電を行う地域もある。たとえば，気象庁が監視している活火山の一つで，過去の噴火により大隅半島と陸続きになった（7）（8）の周辺地域があげられる。したがって，経済活動や国防などに必要なエネルギーを数量や価格の面で適切に確保するというエネルギー安全保障に注力すると同時に，地震災害や火山災害などの（9）（10）災害に対して適切な危機管理を行うことも必要とされる。

次に，日本と同様に石油資源の乏しいフランスでは，原子力発電への高い依存度が確認される。他方でこの国では，酒造にも使われる（11）（12）がさかんに栽培されている。とくに，急崖と緩斜面の双方に特徴づけられた（　い　）地形をもつパリ盆地の東部一帯を占める（13）（14）地方，ソーヌ川流域一帯を占めるブルゴーニュ地方，そして(イ)ガロンヌ川下流に広がるメドック地方は，（11）（12）栽培で有名である。また，フランスを含むヨーロッパの（11）（12）栽培についてみると，現時点ではおおよそ北緯（15）（16）度が栽培適地の北限と一般的にはみなされている。しかし，主に人間が放出した二酸化炭素やメタンなどに起因して地表の大気や海水の平均温度が上昇する現象である（17）（18）は，ヨーロッパにとどまらず世界の（11）（12）栽培に対して深刻な影響を及ぼし，将来的には栽培適地の分布を変えてしまうおそれがある。

フランスと同様に（11）（12）栽培がさかんなアメリカ南西部の（19）（20）州には，先端技術産業が集積した地域がある。半導体製品の原料に由来した通称をもつ(ウ)この地域には，スタンフォード大学などの研究教育機関があり，その関係者などが起業し，創造的な（21）（22）を立ち上げる際には，特殊な企業や機関が投資を行い専門的な立場から支援する。この地域と同様に特定の技能を有する人材が集積した地域は，アメリカに限らず世界中に分布している。なかでも，繊維産地であるプラートを含む（　う　）と呼ばれる地域では，すぐれた技術をもつ職人たちを中心に，デザイン性を追求した高級な繊維・革製品や家具などが生産されてきた。

問1 文中の空欄 （1） （2） ～ （21） （22） にあてはまる最も適切な語句を下の語群より選び，その番号を解答用紙A（マークシート）の所定の解答欄にマークしなさい。

≪語群≫

11 40	12 50	13 60	14 硫黄
15 一次エネルギー	16 雲仙普賢岳	17 オリーブ	18 核分裂
19 カリフォルニア	20 カンザス	21 気象	22 小麦
23 再生可能エネルギー	24 桜島	25 砂漠化	26 シェールガス
27 自然	28 シャンパーニュ	29 使用済み核燃料	30 スプロール現象
31 スリーマイル島	32 地球温暖化	33 テキサス	34 土砂
35 ニッチ市場	36 ネットワーク	37 ノルマンディ	38 福島第一
39 福島第二	40 ブドウ	41 ブルターニュ	42 ベンチャーキャピタル
43 ベンチャービジネス	44 ルイジアナ	45 レアメタル	46 レモン

問2 文中の空欄（ あ ）～（ う ）にあてはまる最も適切な語句を解答用紙Bの所定の欄に書きなさい。

問3 文中の下線部（ア）について，この事故の専門機関による評価尺度はレベル7であったが，これと同じ評価尺度の事故を1986年に起こした原子力発電所の名称として最も適切な語句をカタカナ7字で答えなさい。解答は解答用紙Bの所定の欄に書きなさい。

問4 文中の下線部（イ）について，この地方にはワインの醸造や輸出によって知られる中心都市がある。その都市名として最も適切な語句をカタカナ4字で答えなさい。解答は解答用紙Bの所定の欄に書きなさい。

問5 文中の下線部（ウ）について，その通称として最も適切な語句を答えなさい。解答は解答用紙Bの所定の欄に書きなさい。

Ⅱ．次の文章を読み，後の問いに答えなさい。

さまざまな技術革新が，地球上における「距離」を短縮してきた。そこで，交通の歴史を概観しよう。

かつては，人々は徒歩で移動し，交易をおこなっていた。ヨーロッパでは紀元前からローマに向かう街道が整備され，交易や軍事目的に使われていた。また，中国のシーアン（西安）から，サマルカンド，テヘラン，そしてトルコの[(23)(24)]を経由してローマに至る道のりは，[(25)(26)]と呼ばれる東西交易路の一つとして知られる。地中海と[(27)(28)]に挟まれた[(23)(24)]は現在でもアジアとヨーロッパを結ぶ要地である。この道は，中央アジア，西アジアといった，主に[(29)(30)]帯を通るため，この地域では水が得られる[(31)(32)]を拠点として経済が繁栄した。

大航海時代には海上交通が発達し，16世紀末から17世紀にかけて設立された東インド会社などが，ヨーロッパ諸国と東南アジア，南アジアの植民地の交易を支えた。海上交通のほかにも(ア)水上交通としては，特にヨーロッパ内で，古くから河川を利用した内陸水路交通が発達してきた。スイスに水源をもち，オランダで[(33)(34)]に注ぐ(イ)ライン川の流域には，[(35)(36)]や鉄鉱石の産地があり，その支流であるリッペ川と[(37)(38)]川の間に位置する[(37)(38)]工業地帯は，1960年代までにはヨーロッパ最大の工業地域の一つに発展した。

さて，19世紀に入り，蒸気機関車が発明されると，ヨーロッパやアメリカでは鉄道網が形成され，経済発展を支えるインフラとなった。20世紀半ばには，[(39)(40)]によって，一部の地域では陸上交通の主役が，鉄道交通から自動車交通へと入れ替わった。しかし，それにより[(41)(42)]などの温室効果ガスが増加し，海面上昇などの環境問題が生じたと言われている。

また，航空交通も発達し，各地域では拠点となる[(43)(44)]が輸送・移動の中核を担い，経済においても重要な役割を果たしている。軽量で単価が[(45)(46)]貨物の多くが航空機で輸送される。日本でも[(47)(48)]空港は輸出入総額において国内最大の貿易港である。

航空機や鉄道など，交通技術の発達により総じて[(49)(50)]距離は短縮したが，現在のこのコロナ禍においては，再び増大しているともいえるだろう。このような状況でも「距離」を縮めうる技術はインターネットなどである。インターネットの発達と通信網の整備によって，情報のやりとりが円滑になるだけでなく，物流の効率化も進んだが，その恩恵を受けている地域とそうでない地域との間に[(51)(52)]が生じている。そうした社会問題に配慮しながらも，これらの技術を上手に利用して，世界との距離を縮める新しい生き方が求められる時代になっている。

問1　文中の空欄[(23)(24)]〜[(51)(52)]にあてはまる最も適切な語句を下の語群より選び，その番号を解答用紙A（マークシート）の所定の解答欄にマークしなさい。

≪語群≫

11　アッピア街道	12　アンカラ	13　硫黄酸化物	14　イスタンブール
15　エコロジーモビリティ	16　オアシス	17　カースト	18　カスピ海
19　乾燥	20　キオスク	21　紅海	22　黒海
23　時間	24　シルクロード	25　石炭	26　石油
27　絶対	28　高い	29　デジタルデバイド	30　東京国際
31　成田国際	32　二酸化炭素	33　熱	34　ハブ空港
35　北海	36　メガロポリス	37　モータリゼーション	38　安い
39　ルール	40　ロレーヌ		

問2　下線部（ア）について，以下の文章は，鉄道交通や自動車交通が発達したにもかかわらず，水上交通が現在でも利用されている理由を述べている。空欄［(53)］～［(56)］にあてはまる最も適切な語句を下の語群より選び，その番号を解答用紙A（マークシート）の所定の解答欄にマークしなさい。ただし，［(53)］と［(54)］は順不同である。

水上交通は航空や自動車に比べると，重量や容積の大きい貨物を［(53)］かつ［(54)］に運搬するのには適している。現代では，運ぶ内容物によってさまざまな専門船があり，輸送の効率化が図られている。たとえば，鉄鉱石などを運ぶ［(55)］，そして一般的な荷物の荷造りの手間と交通機関の相互積み替えの手間を省くことができる［(56)］などである。

≪語群≫　1　安価　2　クルーズ船　3　コンテナ船　4　ジャストインタイム
5　迅速　6　大量　7　タンカー　8　ばら積み船

問3　下線部（イ）について，以下の文章の空欄（　あ　），（　い　）にあてはまる最も適切な語句を，（　あ　）は漢字4文字，（　い　）は漢字2文字で答えなさい。解答は解答用紙Bの所定の欄に書きなさい。

ライン川やドナウ川，アマゾン川などのように，2か国以上の領域を流れ，条約によって外国船舶の自由運航が認められている河川を（　あ　）という。また陸地を掘り下げてつくられた人工的な水路である（　い　）も，内陸水路交通を支えている。

問4　以下の表は，2種類の輸送手段の各拠点における貨物取扱量に関する2018年のランキングである。（a），（b）それぞれどの輸送用機器によるものか答えなさい。解答は解答用紙Bの所定の欄に書きなさい。

順位	（a）　（単位：百万トン）			（b）　（単位：百万トン）		
	都市	国	貨物取扱高	都市	国	貨物取扱高
1	シャンハイ（上海）	中国	684	ホンコン（香港）	中国	5.12
2	シンガポール	シンガポール	630	メンフィス	アメリカ	4.47
3	ニンボウ（寧波）	中国	552	シャンハイ（上海）	中国	3.77
4	グアンチョウ（広州）	中国	534	インチョン（仁川）	韓国	2.95
5	ポートヘッドランド	オーストラリア	513	アンカレッジ	アメリカ	2.81

（国土交通省，ACI統計資料より作成）

Ⅲ. 次の文章を読み，後の問いに答えなさい。

近い将来，人口が中国を超えて世界最大になることが予想されるインドでは，食料増産の継続が課題となっている。主要穀物の一つである米は，主に北部の［(57)(58)］平原に代表される［(59)(60)］で生産される。これらの地域では，［(61)(62)］方向から吹く［(63)(64)］と呼ばれる季節風が，インド半島のアラビア海側に位置する［(65)(66)］山脈や北東部のヒマラヤ山脈に当たることで（ あ ）降雨をもたらしている。そのため，稲作に適した環境となっている。米に次いで生産量が多い穀物は［(67)(68)］であるが，その栽培は北部の年降水量が1000㎜未満の地域においてさかんであり，特に［(69)(70)］地方はその世界的な産地として知られる。また，［(71)(72)］であるデカン高原には［(73)(74)］と呼ばれる肥沃な［(75)(76)］が分布しており，ソルガムなどの穀物に加え，商品作物である［(77)(78)］も多く栽培されている。米と［(67)(68)］に関しては，高収量品種や化学肥料とともに，井戸と用水路による灌漑（かんがい）が普及することで生産が拡大した。しかし，近年は(ア)土壌の劣化や地下水の枯渇といった問題が浮上しており，土地生産性の伸び悩みを打開することが急務となっている。

［(79)(80)］年にイギリスから独立したインドでは，当初は計画経済の要素を持つ混合経済体制が採用され，軽工業から重化学工業までを網羅した［(81)(82)］型の工業化が進められた。基幹産業は国の主導の下で発展したが，民間資本も一定の役割を担った。一例として，後背地に鉄鉱石などの産地を有する［(83)(84)］に(イ)製鉄所を設立することで発展したタタ財閥が挙げられる。一方で，外国資本が排除されたこともあって国際競争力は獲得されず，［(85)(86)］型の工業化を追求したアジアNIEsと比べると経済は停滞した。そのため1980年代からは経済の自由化が徐々に進められ，［(87)(88)］年に［(89)(90)］体制へ移行してからは海外からの資本と技術の導入が本格化した。製造業では特に(ウ)自動車産業の躍進が目立ち，ベンガル湾に面する［(91)(92)］や首都［(93)(94)］の近郊が生産の中心地となっている。また，(エ)ソフトウェア産業も急速に成長しており，デカン高原上にある［(95)(96)］がその中心地として知られる。

インド経済は近年高度成長を実現しており，特に2014年度から2017年度にかけては国民総生産の実質成長率が一貫して７％を超えていた。その一方で，国民の多くが高度成長の恩恵を享受できていないという実態がある。人口の約７割が居住する（ い ）部には土地を持たない世帯が多数存在し，インド全土で約４億人の人々が貧困水準以下の生活を強いられている。就業機会を求めて膨大な人口が（ い ）から都市へ移動する一方で，都市の生活基盤整備が追いつかず，（ い ）出身者の多くが（ う ）と呼ばれる劣悪な環境の住宅街で生活する。

問１ 文中の空欄［(57)(58)］～［(95)(96)］にあてはまる最も適切な語句を下の語群より選び，その番号を解答用紙Ａ（マークシート）の所定の解答欄にマークしなさい。

≪語群≫

11 1945	12 1947	13 1949	14 1987
15 1989	16 1991	17 アッサム	18 油ヤシ
19 安定陸塊	20 インダス	21 カトマンズ	22 カラチ
23 カルパティア	24 間帯土壌	25 経済開放	26 洪積台地
27 古期造山帯	28 小麦	29 コルカタ	30 混合経済
31 サイクロン	32 資本集約	33 社会主義経済	34 ジャムシェドプル

35　新期造山帯	36　成帯土壌	37　ダッカ	38　チェンナイ
39　沖積平野	40　テラロッサ	41　デリー	42　天然ゴム
43　トウモロコシ	44　ナラボー	45　南西	46　南東
47　西ガーツ	48　バンガロール	49　パンジャーブ	50　東ガーツ
51　ヒンドスタン	52　北東	53　ミストラル	54　ムンバイ
55　綿花	56　モンスーン	57　輸出指向	58　輸入代替
59　ライ麦	60　ラホール	61　レグール	62　レス
63　労働集約			

問2　文中の空欄（　あ　）～（　う　）に入る最も適切な語句を，（　あ　）と（　い　）は漢字，（　う　）はカタカナで答えなさい。解答は解答用紙Bの所定の欄に書きなさい。

問3　下線部（ア）について，以下の文章の空欄にあてはまる最も適切な語句を漢字3文字で答えなさい。解答は解答用紙Bの所定の欄に書きなさい。

乾燥した地域で灌漑（かんがい）による耕作を行うと，土壌の（　　　　）と呼ばれる問題がひき起こされ，これが進行すると作物の栽培が難しくなる。この問題を避けるためには，灌漑水を水滴にして少しずつ与えるといった工夫が必要である。

問4　下線部（イ），（ウ），（エ）について，以下の文章の空欄（　a　）～（　c　）にあてはまる最も適切な語句を答えなさい。解答は解答用紙Bの所定の欄に書きなさい。

製鉄所は輸送費を低く抑える目的で，鉄鉱石などの産地の近くに設立される傾向があるが，これは（　a　）指向型の工業立地の典型例といえる。これに対し，インドのソフトウェア産業のように，必要な人材を比較的安価に採用できる地域に生産拠点を立地することは（　b　）指向型の工業立地と呼ばれる。また，多数の工場の間で分業と取引が行われる自動車産業では，一定の場所に関連する工場が集まる（　c　）指向型の工業立地が見られる。

数学

（70 分）

《 解答するにあたっての注意 》

1.　問題Ⅱの解答は**解答用紙 B** の所定の位置に記入し，それ以外の問題の解答は**解答用紙 A（マークシート）**にマークしなさい。

2.　分数形で解答する場合，それ以上約分できない形で解答しなさい。根号を含む形で解答する場合，根号の中に現れる自然数が最小となる形で解答しなさい。それ以外でも，できるだけ簡単な形で解答しなさい。

3.　マークシートにある㊀はマイナス符号－を意味する。**解答用紙 A（マークシート）**に分数の符号を解答する場合は，マイナス符号は分子につけ，分母につけてはいけない。マークシートの記入にあたっては，次の例を参考にしなさい。

［例 1］ | (11) | (12) | と表示のある問いに対して，「34」と解答する場合には，解答欄（11）の③と解答欄（12）の④にマークしなさい。

［例 2］ | (13) | (14) | (15) | と表示のある問いに対して，「－56」と解答する場合には，解答欄（13）の㊀，解答欄（14）の⑤，および解答欄（15）の⑥にマークしなさい。

［例 3］ $\dfrac{(16)\ (17)}{(18)\ (19)}$ と表示のある問いに対して，「$-\dfrac{7}{89}$」と解答する場合には，解答欄（16）の㊀，解答欄（17）の⑦，解答欄（18）の⑧，および解答欄（19）の⑨にマークしなさい。

I. 以下の問いに答えなさい。

(i) 正の実数x, yについて，xとyの相加平均を5とする。また，4を底とするx, yの対数をそれぞれX, Yとしたとき，XとYの相加平均は1であるとする。このとき，$x<y$とすると，$x=$ (1) ，$y=$ (2) である。

(ii) 点Aを，放物線$C_1 : y=x^2$上にある点で，第1象限（$x>0$かつ$y>0$の範囲）に属するものとする。そのうえで，次の条件をみたす放物線$C_2 : y=-3(x-p)^2+q$を考える。

1. 点Aは，放物線C_2上の点である。
2. 放物線C_2の点Aにおける接線をℓとするとき，ℓは放物線C_1の点Aにおける接線と同一である。

点Aの座標を(a, a^2)とするとき，

$$p=\frac{\boxed{(3)}}{\boxed{(4)}}a, \qquad q=\frac{\boxed{(5)}}{\boxed{(6)}}a^2$$

と表せる。また，直線ℓ，放物線C_2，および直線$x=p$で囲まれた部分の面積は$\dfrac{\boxed{(7)}}{\boxed{(8)\,(9)}}a^3$である。

II. a, k, n は正の整数で，$a<k$ とする。袋の中に k 個の玉が入っている。そのうち a 個は赤玉で，残りの $k-a$ 個は青玉である。

「袋から1個の玉を取り出し，色を調べてから袋に戻すとともに，その玉と同色の玉を n 個袋に追加する」という操作を繰り返す。

(i) 1回目に赤玉が出たとき，2回目に赤玉が出る確率は

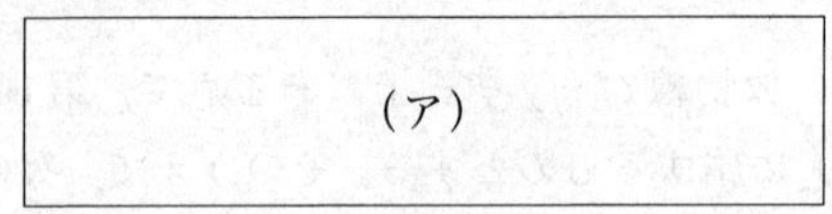

である。

(ii) 2回目に赤玉が出る確率は

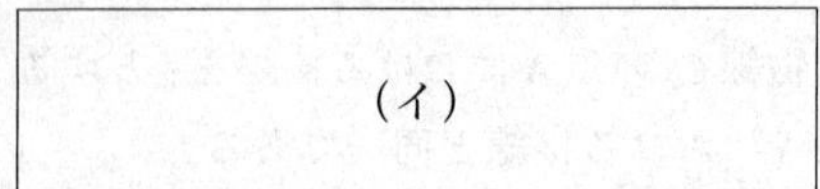

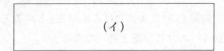

である。

(iii) 2回目に青玉が出たとき，1回目に赤玉が出ていた確率は

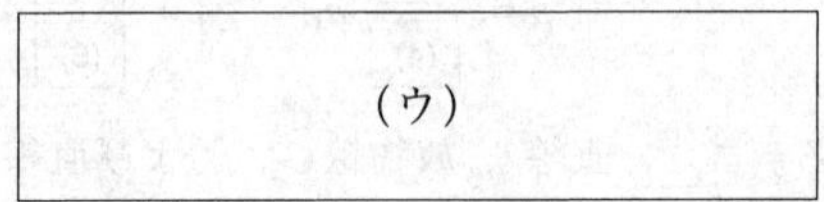

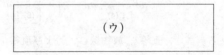

である。

(iv) この操作を3回繰り返す。1回ごとに赤玉が出たら1点，青玉が出たら2点を得るとき，得点の合計が4点になる確率は

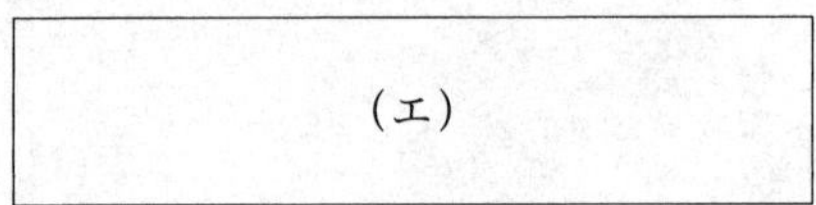

である。

III. 点Oを原点とする座標平面上の点P, Q, Rを, ベクトル$\vec{a}=(2,1)$, $\vec{b}=(1,2)$を用い, 位置ベクトル$\overrightarrow{\mathrm{OP}}=f(t)\,\vec{a}$, $\overrightarrow{\mathrm{OQ}}=f(t+2)\,\vec{a}$, $\overrightarrow{\mathrm{OR}}=g(t)\,\vec{b}$で定める。ここで, $f(t), g(t)$は, 実数tを用いて

$$f(t)=9t^2+1, \qquad g(t)=\frac{1}{8}(t^2-6t+9)$$

で表される。

(i) $\vec{a}$と$\vec{b}$のなす角をθとする。ただし, $0 \leqq \theta \leqq \pi$とする。このとき,

$$\sin\theta = \frac{\boxed{(10)}}{\boxed{(11)}}$$

である。

(ii) $t=-\boxed{(12)}$ のとき, 点Pと点Qが一致する。それ以外のとき, 点P, Q, Rは異なる3点となり, $t=\boxed{(13)}$ のときその3点が一直線上に並ぶ。

(iii) $-\dfrac{4}{3} \leqq t \leqq 4$ の範囲において, 上記 (ii) 以外のとき, $\triangle$PQR の面積は $t=\dfrac{\boxed{(14)}}{\boxed{(15)}}$ で最大値 $\boxed{(16)\ (17)}$ をとる。

IV. 座標平面上でx座標とy座標がいずれも整数である点を格子点と呼ぶ。それぞれの正の整数nについて，4つの格子点$\mathrm{A}_n(n, n)$，$\mathrm{B}_n(-n, n)$，$\mathrm{C}_n(-n, -n)$，$\mathrm{D}_n(n, -n)$がつくる正方形をJ_nとする。また，$(n-1, n)$にある格子点をP_nとする。

$\{a_k\}$を初項a_1が-56で，公差が$\dfrac{1}{4}$の等差数列とし，数列$\{a_k\}$の各項を以下のようにして格子点上に順番に割り当てていく。

1. 初項a_1は格子点P_1に割り当てる。
2. a_ℓが正方形J_mの周上にある格子点でA_m以外の点に割り当てられているときには，J_mの周上でその点から反時計回り（下図での矢印が示す方向）に一つ移動した格子点に$a_{\ell+1}$を割り当てる。
3. a_ℓが格子点A_mに割り当てられているときには，$a_{\ell+1}$を格子点P_{m+1}に割り当てる。

全体としては，下図に示されているようにして，格子点をたどっていくことになる。

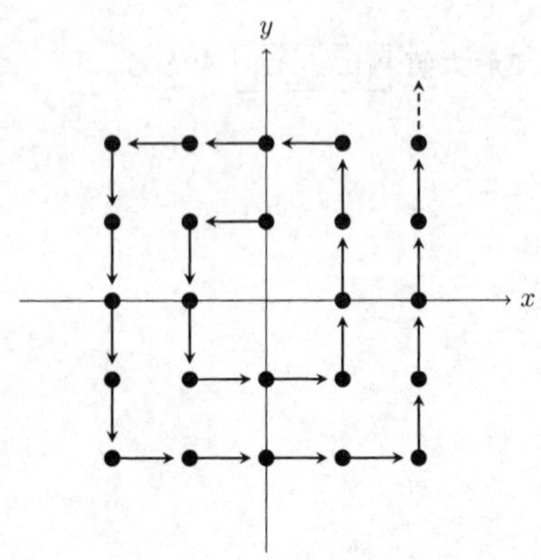

このとき，以下の問いに答えなさい。

(i) 格子点P_nに割り当てられる数列$\{a_k\}$の項をp_nとし，格子点C_nに割り当てられる数列$\{a_k\}$の項をc_nとする。このとき，

$$p_4 = -\boxed{(18)\,(19)}, \qquad c_4 = -\frac{\boxed{(20)\,(21)\,(22)}}{\boxed{(23)}}$$

である。

(ii) 上で定めた p_n を用いて，q_n を数列 $\{p_n\}$ の初項 p_1 から第 n 項 p_n までの和とする。q_n を n を使って表すと，

$$q_n = \frac{\boxed{(24)}}{\boxed{(25)}} n^3 - \frac{\boxed{(26)\ (27)\ (28)}}{\boxed{(29)}} n$$

である。

(iii) 上で定めた q_n が最小値をとるのは，$n = \boxed{(30)}$ もしくは $n = \boxed{(31)}$ のときであり，その値は $-\boxed{(32)\ (33)\ (34)}$ である。

論文テスト

(70分)

(解答上の注意) 解答が2桁の数字の場合には，以下のようにマークすること。

例えば，空欄 ⑲ ⑳ の解答が36の場合，解答欄 ⑲ の③にマークし，解答欄 ⑳ の⑥にマークする。3桁以上の場合も同様に対応すること。

I. 以下の【資料1】と【資料2】を読んで，次の問1～問5に答えなさい。

【資料1】食品のリスク管理

安全を守るためにリスクを減らす作業を「リスク管理」と呼ぶ。その方法は，最初に何がハザード（危害要因）であるのかを明らかにし，そのハザードによる被害がどの程度か，そしてそのハザードに出会う確率がどの程度かを推定する。これをリスク評価と呼ぶ。次に，そのハザードに出会う確率を小さくする方策を決定する。これがリスク管理である。あるリスク管理策を実施すると，別のリスクが大きくなることがあるので，リスク管理には「リスク最適化」と呼ばれる総合的な観点が必須である。

食品の安全対策については2つの考え方がある。関係者の一方である消費者は，「食品は毎日口にするものだから，そのリスクは出来る限り小さくすべきであり，とくに危険な化学物質や放射性物質の混入はゼロにすべき」という「リスク回避」を主張する。これを絶対安全論あるいはゼロリスク論とも呼び，多くの人が賛同する（ A ）論である。

関係者のもう一方である事業者は，「食品のリスクは出来ればゼロにしたいけれど，技術的に，あるいは費用面で現実的ではない場合もあるので，科学的な根拠に基づいて，健康に被害を与えないレベルまでリスクを下げることでよしとすべき」という「リスク（ B ）」を主張する。これは実質安全論，あるいは（ C ）論とも呼ばれる。

しかし，（ C ）論の評判は悪い。それは，「化学物質は危険」という先入観のためだけでなく，「リスク（ B ）」は「不十分な規制」と誤解され，これは事業者のメリットになるけれど，消費者はリスクだけを負わされるという（ D ）を生むためである。

化学物質の安全を守る仕組みの原理は簡単だ。「大量なら毒性が高いが，微量なら毒性はない」という「量と作用の関係」を利用して，健康に被害がないところまで量を下げることである。ところが，実際の方法はかなり分かりにくい。

具体的には，ある化学物質について，実験動物を使って，何の有害作用もない「無毒性量」を推定する。そして，これに安全性を考慮した「安全係数」（たとえば1／100）を掛けて，「1日摂取許容量」を求める。1日摂取許容量は，「ヒトがその化学物質を一生涯にわたって毎日摂取し続けても健康への悪影響がないと推定される1日当たりの摂取量」である。単位は，体重1kg，1日当たりの量として，たとえば，「mg／kg体重／日」のように表す。

厚生労働省は，食品添加物（化学物質）が使用されているすべての食品について，国民が食べる量を調査する。そして，それらの食品すべてを同時に食べても，その化学物質が1日摂取許容量の80％を超えないように，食品ごとに使用量を決めて，使用基準を設定する。従って，食品ごとの規制値は1日摂取許容量をはるかに下回る値であり，だから，私たちが実際に食べる食品添加物の量は1日摂取許容量よりずっと少ない。残留農薬も全く同じ方法で規制値が決められている。

例えば，ハクサイやキャベツを食べる害虫を駆除するために使う(a)メタフルミゾンという農薬がある。その1日摂取許容量は0.12mg／kg体重／日，すなわち体重50kgの人では1日に［(1)｜(2)］mg以下である。そして，残留規制値（食品の重量に対する割合）はハクサイでは10ppm（1ppm＝0.0001％），キャベツでは5ppmに決められている。国民健康栄養調査の結果から日本人が食べるハクサイとキャベツの量は，それぞれ1日当たり0.0294kgと0.0228kgなので，そこに含まれるメタフルミゾンは，規制値いっぱいの量が付着しているとして，ハクサイでは［(3)］.［(4)｜(5)｜(6)｜(7)］mg，キャベツでは［(8)］.［(9)｜(10)｜(11)｜(12)］mgであり，合計では［(13)］.［(14)｜(15)｜(16)｜(17)］mgとなる。この合計値は，体重50kgの人における1日摂取許容量の［(18)｜(19)］.［(20)］％に当たる。

このように，基準は非常に厳しい。その理由は，人間が（　ア　）動物だからである。間違いへの対策は2つある。最初の対策は間違いを（　E　）することであり，そのために，作業員の教育と訓練，マニュアルの作成，現場での指導員によるダブルチェックなど，多くの方策が取られている。二番目の対策は，もし間違いが起こってもその被害を最小限に抑えることである。規制が厳しいのはそのためである。

化学物質が細胞に作用するためには，細胞に結合することが必要なのだが，結合するためにはある程度の量が必要であり，それより少ないと結合できず，したがって細胞に何の作用も持たない。そのような限界値を「しきい値」という。

しかし，化学物質の種類によっては，親が摂取することによって，遺伝子に傷をつけたり，がんを引き起こしたり，子どもに奇形を引き起こすことがある。これは，遺伝子の検査と，親子2代の観察で発見できる。そのような化学物質の作用に「しきい値」がないという説と，あるという説があり，その論争には決着がついていないが，リスク管理はできる限り安全側の措置をとるという配慮を行うべきことから，「しきい値なし仮説」が採用されている。「しきい値」がないということは，その化学物質の量をゼロにしなければ安全は保てないということである。だから，遺伝子に悪影響を与える化学物質は，農薬としても食品添加物としても禁止されている。

「化学物質や放射性物質など，少しでも危険なものは全面禁止にしたらいい。」そんな声がある。確かに，それが可能であれば，食品の安全を保つ方法はとても簡単で分かりやすいものになるだろう。実際に，(b)発がん性の（遺伝子に悪影響を与える）化学物質は，食品添加物や農薬として使用を禁止する規制が行われている。しかし，それ以外の化学物質については，それは不可能である。野菜や果物には天然の化学物質が多量に含まれ，その中には発がん性化学物質もある。カリウム40や炭素14などの天然の放射性物質も入っている。これらをゼロにはできない。リスク管理とは，「量と作用の関係」に基づいて，どの程度の量なら安全なのか，あるいは，どの程度のリスクなら多くの人が受け入れるのかを決める，極めて難しい作業である。

（資料1：唐木英明『不安の構造　リスクを管理する方法』エネルギーフォーラム新書，2014年，第3章を改変して作成した。）

【資料2】化学物質の有害性評価

生物体では，長期にわたり低濃度の化学物質を摂取する場合，ある一定の摂取量までは化学物質の有害性の多くが現れないことがわかっている。ある値以下であれば影響を与えない最大の摂取量を「しきい値」といい，それに対して，摂取量がゼロにならない限り，有害影響を生じる可能性がある場合は「しきい値がない」という。「しきい値がある」化学物質では，動物実験などによって，「無毒性量」が求められる。図（グラフ1，グラフ2）は，異なる種類の化学物質における「量と作用の関係」を表している。

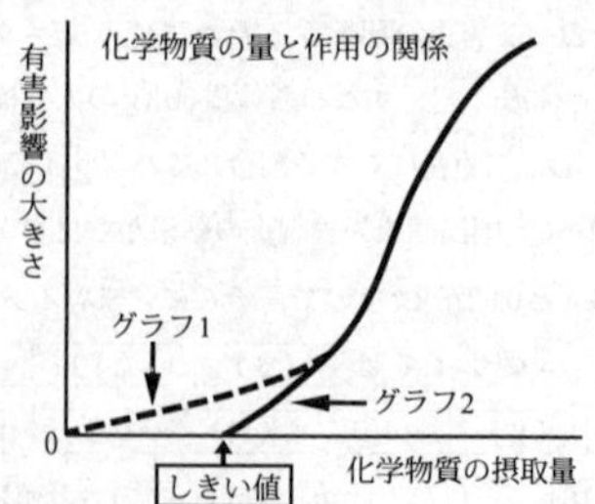

（資料2：化学物質評価研究機構『化学物質のリスク評価がわかる本』丸善出版，2012年，第5章を改変して作成した。）

問1．【資料1】の本文中の空欄［（1）｜（2）］～［（20）］に当てはまる適切な数字を，解答用紙A（マークシート）の解答欄［（1）］～［（20）］にマークしなさい。ただし，2つの連続した空欄［（1）｜（2）］および［（18）｜（19）］に1桁の数字が入る場合は十の位に0をマークしなさい。また，小数点第4位の空欄［（7）］，［（12）］，［（17）］に当てはまる1から9までの数字がない場合は0をマークしなさい。なお，本文中で使用されている単位は，以下のように換算される。

キログラム：1 kg＝1000 g　　ミリグラム：1 mg＝0.001 g　　パーセント：1％＝0.01

問2．【資料1】の本文中の空欄（　A　）～（　E　）に当てはまる最も適切な語を次の選択肢から選び，その番号を解答用紙A（マークシート）の解答欄にマークしなさい。ただし，（　A　）［（21）｜（22）］（　B　）［（23）｜（24）］　（　C　）［（25）｜（26）］　（　D　）［（27）｜（28）］（　E　）［（29）｜（30）］である。なお，同じ選択肢は2回以上使いません。

11　格差	12　学習	13　現実	14　肯定	15　効率化
16　最適化	17　修正	18　ストレス	19　抽象	20　転移
21　発見	22　不公平感	23　防止	24　保有	25　矛盾
26　予測	27　理想			

問3．【資料1】の本文中の空欄（　ア　）には，「人間がどのような動物であるか」を説明する語句が入る。最も適切な語句を，解答用紙Bの所定の欄に8字以内で記入しなさい。

問4．【資料1】の下線部（a）について，次の（1）（2）の問いに答えなさい。

（1）下線部（a）の化学物質に関して，量と作用の関係は，【資料2】のグラフ1とグラフ2のどちらに該当すると考えられるか。グラフの種類（1または2）を，解答用紙Bの所定の欄に記入しなさい。

（2）上記のように判断した理由を，解答用紙Bの所定の欄に50字以内で説明しなさい。

問5．【資料1】の下線部（b）について，問4（1）（2）と同じ設問内容を，それぞれ問5（1）（2）として，問4（1）（2）と同じ解答形式で答えなさい。

Ⅱ．以下の文章を読んで，次の問1～問4に答えなさい。

インセンティブとは，ある主体から特定の行動を引き出すためのエサ（あるいは罰則）や，そのエサが与えられる仕組みを指す。個人がある行動をとるためには何らかの理由があるわけだが，その理由にあたるものと考えてよい。社会経済現象の本質を理解するためには，各個人が直面するインセンティブの構造を考えなければならない。

インセンティブが人の行動を決めているということは，裏を返せばインセンティブの構造を変えることで，（ ア ）ということを示唆している。また，人々の行動が好ましくないものであるならば，それはその人たちに与えられているインセンティブが［(31)｜(32)］であることに他ならない。2001年4月から家電リサイクル法が施行され，大型家電製品のリサイクルが義務づけられた。その結果，これらの家電製品を家庭で廃棄する場合でもリサイクルの費用を負担する必要が生じた。その費用を製品の便益を享受した者に負担させるのは理にかなっているのだが，違法投棄のインセンティブを考えると廃棄時にその費用を徴収するのには問題がある。なぜなら，正規に捨てる場合に費用がかかるために，知らぬふりをきめこんで近所のごみ捨て場に捨てたり，夜中に田んぼに投げ込んだりするインセンティブが生じるからだ。毎晩不特定多数の人の行動を監視するのは大変だから，違法投棄をしてもそれが発覚して罰則を受ける可能性は低い。そのため，違法投棄のコストは正式にリサイクル費用を負担するよりも低くなる可能性が高い。問題解決のためには，たとえば発見された違反者には高額の［(33)｜(34)］を科すなどして違法投棄のコストを［(35)｜(36)］か，あるいは処理費用は廃棄のときではなく新製品の購入時に徴収してしまうことで，廃棄の際にリサイクルをするインセンティブを高めなければならない。

温暖化ガス（二酸化炭素）の削減は，わが国が現在直面する重要な問題の一つである。石油やガスなどの化石燃料を燃やすことで温暖化ガスが生じるわけであるから，わが国の家庭と企業において石油やガス，あるいはそれらを用いて作られる電力の消費を抑えれば，温暖化ガスの排出量は削減される。環境省は，電気や石油を節約しよう，無駄な電気は消しましょう，などのキャンペーンを始めたが，これではたいした効果は期待できない。そのような個人の［(37)｜(38)］や地球愛に訴えるインセンティブがどこまで機能するか，はっきりしないからだ。本気で削減するのならば，化石燃料を減らす金銭的なインセンティブを与えるべきである。石油の消費などに課税する「環境税」はその一例である。

いくら特定の行動をさせるインセンティブを与えたところで，相手にそれがわからなければ意味がない。したがって，ある行動をとったらどのような利益が与えられるのかを，前もってお互いに確認し約束しあうことが［(39)｜(40)］に重要となる。その約束事のことをインセンティブ契約という。ビジネスの世界で言うと，最近，アメリカ型の成果主義の給与体系を導入するのが流行になっているが，これは仕事の上での成果を出した人により高い給与を支払うことで，成果を出す努力をするインセンティブを与えようとするインセンティブ契約である。ここでのポイントは，インセンティブの構造を変えることだけではなく，成果を出すインセンティブを相手にはっきり［(41)｜(42)］させる点にある。一般の労働者の仕事上の成果は昇進のような形で報われるのだから，成果を出すインセンティブは以前からあったはずだ。しかし，漠然とした将来の昇進の可能性から生じるインセンティブの強度ははっきりしない。

日本経済が脆弱（ぜいじゃく）であった時代には，自分の勤める会社の成長存続自体が重大な成果であり報酬であったし，またこの時代には，多くの大企業で管理職のポストに余裕があり，現在の努力が将来の昇進昇給につながるという労働者の期待があった。すなわち，労働者は成果に対する報酬が将来に支払われると期待していたし，実際そうなることが多かったために，労働者はそういった成果報酬のための努力を惜しまなかった。インセンティブがないにもかかわらず［(43)｜(44)］義務感から努力をしていたわけではない。

つまり，成果主義というシステム自体は，労働者に勤労意欲を与えるインセンティブの体系として以前からわが国に存在していたのであって，アメリカ型の経営方針に追従して急に始まったことではないのである。問題は，安定成長期に入った日本の企業の多くで，成果に対して昇進という形で実際に報われる可能性が減少してきている点にある。何よりも労働者はそのように感じているはずだ。勤労の成果に対する報酬が見えにくくなってきたことで，かつては現実的であった将来の昇進の可能性も，現在では漠然としてしまってインセンティブの強度が［(45)(46)］している。成果を何で測るかということが大きな問題点になることは確かではあるが，それにしても何らかの形の成果主義を持ち込むことなしに，勤労意欲を引き出すことは難しい。したがって，成果と報酬の関係をはっきり規定することで，インセンティブの強度をわかりやすいものにしようとする成果主義型の給与体系の理念は，試行錯誤を続けながらも効果的なインセンティブ契約として今後も広まっていくであろう。

ご褒美や罰は現在すぐに与えなくても，将来に与えることを約束したり，あるいはある一定の確率で与えることで，相手へのインセンティブになりうる。したがって，［(47)(48)］な関係を前提とすれば，現在の行動を条件にして将来に罰を与えるという約束，いわば条件付罰則戦略も，相手に特定の行動を促すインセンティブになる。使いようによっては，インセンティブのコストを抑える有用な手段である。約束に反することがあれば罰を与えるという策は，実際にはいつまでたっても罰則を与えることなしにインセンティブを与えることができる。大多数の法律はその効果を利用している。法律で禁じられているからやらないということは，言い換えれば法律が条件付罰則戦略になっているということだ。

本来相反する利害関係にある人々であるはずなのに，なぜか協調関係が生まれてしまっている現象は，この種の条件付罰則戦略が応用されていると理解できる場合がある。工事の受注に関する談合の事例は数限りないが，素朴な疑問は本来競争関係にあるはずの建設会社の間で，なぜそのような協調ができるのかという点である。この場合の条件付罰則戦略とは，もし談合破りをして誰かが安値受注をすれば，そのあとは約束をご破算にして全社で安値受注に走ろうというものだ。このような条件付罰則戦略を相手がとったとき，談合破りは将来の熾烈（しれつ）な価格競争で利益を［(49)(50)］することを意味するから，約束通り順送りに受注したほうが得になるので，談合を破らないのが最善である。そうすると，罰則であるはずの熾烈（しれつ）な価格競争はいつまでたっても起こらず，順送りの高値受注が維持できるのだ。

人の行動をコントロールするためにはインセンティブを与える必要があることはすでに述べたが，そのインセンティブの強さの程度が問題である。インセンティブが強ければ人はそれだけその行動に励むであろう。しかし，インセンティブを与えるにはコストがかかるし，また行動を誘うのにも適当な程度というものがある。回収した空き缶1つに対し1000円の報奨金を払うことにすれば，わが国の道という道からたちどころに空き缶は消え去ることであろう。しかしながら，そのために支払わなければならない費用は莫大となるのもこれまた確実である。強いインセンティブを与えればよいというものではない。何事にも［(51)(52)］というものがある。

単純な物の売買では，物に値段がつくことでインセンティブの調整が自動的に行われている。たとえば，製作するのに2000円のコストがかかる品物に対して3000円までなら払う用意がある人がいたとする。この場合，2000円以上で製品が売れるのでなければ，製作するインセンティブが生まれない。一方，買い手のほうには3000円以下の価格ならば買うインセンティブが生じる。したがって，この製品の値段がたとえば（ A ）円となれば，生産者は製作をして買い手はそれを買い入れるから，めでたく品物はこの世に生まれてくるわけだ。一方，買い手が払いたい金額が1000円までであれば，生産者に作るインセンティブを与えかつ買い手にも買うインセンティブを与えるような価格はないから，（ イ ）。このように参加する生産者と買い手の間でのみ費用と便益のやり取りが行われる単純な取引のシナリオでは，価格が適度なインセンティブを［(53)(54)］に与えると期待できる。

（梶井厚志『戦略的思考の技術　ゲーム理論を実践する』中公新書，2002年，第4章を改変して作成した。）

問1．本文中の空欄 (31)┊(32) ～ (53)┊(54) に当てはまる最も適切な語を次の選択肢から選び，その番号を解答用紙A（マークシート）の解答欄 (31) ～ (54) にマークしなさい。なお，同じ選択肢は2回以上使いません。

11　上げる	12　圧迫	13　異質	14　気分	15　強化	16　強制的
17　許容	18　経験	19　経済的	20　現実	21　健全	22　最少量
23　搾取	24　下げる	25　自動的	26　社交的	27　習慣	28　衝動
29　戦略的	30　妥当	31　短期的	32　長期的	33　追徴課税	34　適量
35　同化	36　道徳的	37　なくす	38　認識	39　罰金	40　否定的
41　不当	42　分散化	43　報酬	44　理念的	45　劣化	46　連鎖的

問2．本文中の空欄（　A　）に当てはまる最も適切な数字を次の選択肢から選び，その番号を解答用紙A（マークシート）の解答欄 (55) にマークしなさい。

1　500　　2　1500　　3　2500　　4　3500

問3．本文中の空欄（　ア　）に当てはまる最も適切な語句を，解答用紙Bの所定の欄に15字以内で記入しなさい。

問4．本文中の空欄（　イ　）に当てはまる最も適切な語句を，解答用紙Bの所定の欄に10字以内で記入しなさい。

////////////////////// · memo · //////////////////////

2020年度

問題編

■一般入試

問題編

▶試験科目・配点

方式	教科	科目	配点
A方式	外国語	コミュニケーション英語Ⅰ・Ⅱ・Ⅲ，英語表現Ⅰ・Ⅱ	200 点
	地理歴史	日本史B，世界史B，地理Bのうち１科目選択	100 点
	数学	数学Ⅰ・Ⅱ・A・B	100 点
B方式	外国語	コミュニケーション英語Ⅰ・Ⅱ・Ⅲ，英語表現Ⅰ・Ⅱ	200 点
	地理歴史	日本史B，世界史B，地理Bのうち１科目選択	100 点
	論文テスト	資料を与えて，論理的理解力と表現力を問う	100 点

▶備　考

- 数学Aは「場合の数と確率」・「整数の性質」・「図形の性質」を，数学Bは「数列」・「ベクトル」を出題範囲とする。
- 「外国語」と「地理歴史」はA・B両方式共通。
- B方式の「論文テスト」は，現代日本語で書かれたやや長文の資料や図表が与えられ，その内容についての理解力，論理的思考力，表現力を問う。

英語

(90分)

I 次の英文を読み、(1)〜(10)の設問について最も適切なものを選択肢1〜4から選び、その番号を解答用紙A(マークシート)の解答欄 [(1)] 〜 [(10)] にマークしなさい。

Theodore Roosevelt sat down at the age of fifty-three to trace the narrative of his political career from the time he first [(1)] office in the New York State Assembly to his inauguration as president. In it, he provided his own useful, albeit sometimes misleading, account of the qualities that helped him become a leader.

In order to frame the discussion, he methodically distinguishes two types of success — whether in the arts, in battle, or in politics. The (5)<u>first type of success</u>, he argues, [(2)] to the man "who has in him the natural power to do what no one else can do, and what no amount of training, no perseverance or will power, will enable an ordinary man to do." He cites the poet who could write the "Ode on a Grecian Urn," the commander who could lead the Battle of Trafalgar, and the president who could deliver the Gettysburg Address as manifestations of genius, examples of men assigned extraordinary gifts at birth.

The (6)<u>second</u> and more common type of success, he maintains, is not dependent on such unique inborn attributes, but on a man's ability to develop ordinary qualities to an extraordinary degree through ambition and the application of hard, sustained work. Unlike genius, which can excite but not educate, self-made success is democratic, "open to the average man who has no remarkable mental or physical attributes," but who enlarges each of his attributes to the maximum degree. He suggests that it is "more useful to study this second type," for with determination, anyone "can, if he chooses, [(3)] how to win a similar success himself."

It is clear from the start of Roosevelt's story of his leadership journey that he unmistakably identifies with this second type of success. His story is the tale of a sickly boy with a timid temperament who, having faith in the power of will, transforms his body and emboldens his spirit. Through great effort and discipline, his weak body becomes strong; through mental training and practice, he confronts fear and becomes brave. "I like to believe that, by what I have accomplished without great gifts, I may be a source of [(4)] Americans."

This picture of a young boy building his character, brick by brick, until he develops a moral concept of leadership based upon that character, is (7)<u>simplistic and incomplete</u>. For one thing, it glosses over opportunities offered him by his privileged childhood. Still, it (8)<u>contains large elements of truth</u>. "Teedie" Roosevelt was, indeed, a nervous, unhealthy, fragile child, whose boyhood was shaped by terrifying attacks of *asthma. Often occurring in the middle of the night, these attacks created the sensation of suffocating or drowning. Hearing his son coughing, gasping, and struggling for breath, Theodore Senior, known as Thee, would rush into the bedroom. Taking his son into his arms, he would carry him around the house for hours until he could breathe and fall asleep. "Nobody seemed to think I would live," Roosevelt later recalled. "My father — he gave me breath, he gave me lungs, strength... life."

While asthma weakened young Roosevelt's body, it indirectly spurred his mental development. "From the very fact that he was not able originally to enter into the most vigorous activities," his younger sister Corinne noted, "he was always reading or writing" with a most unusual "power of concentration." There was nothing ordinary about his intellectual vitality, his curiosity, or his vivid imagination. Under the guiding eye of his father, who ceaselessly encouraged his son's intellectual and spiritual development, Teedie became a ferocious reader, transporting himself into the lives of the adventurous heroes he most admired — men with extraordinary bodily strength — soldiers fearless in battle, explorers in Africa, deerslayers living on the edge of the wilderness. When asked years later whether he knew the characters in James Fenimore Cooper's *Leatherstocking Tales*, he laughed: "Do I know them? I have journeyed with them and eaten with them, and I know their strengths and weaknesses."

Roosevelt's insistence that he had no (9)<u>great gifts</u> is contradicted not only by his remarkable power of imagination but also by his prodigious memory. In conversations about books that he had read years before, the pages would appear before him, as if he were able to read them anew with his mind's eye. It seemed as if he could "remember everything he read," a friend marveled; he had only to read something once and it was his to retrieve forever, allowing him to summon not only whole passages but the feelings evoked in him when he first encountered them.

Leaders in every field, Roosevelt later wrote, "need more than anything else to know human nature, to know the needs of the human soul; and they will find this nature and these needs set forth as nowhere else by the great imaginative writers, whether of prose or of poetry."

[Adapted from a book by Doris Kearns Goodwin]

注） *asthma: ぜんそく

(i) In the context of this passage, choose the most suitable expression to fill in each blank.

(1) The answer is: ［ (1) ］.
1 threw to　2 stood up　3 grew into　4 ran for

(2) The answer is: ［ (2) ］.
1 belongs　2 forgets　3 would like　4 talks back

(3) The answer is: ［ (3) ］.
1 wake up　2 find out　3 stay on　4 look in

(4) The answer is: ［ (4) ］.
1 pride against　2 hope through
3 encouragement to　4 justice for

(ii) In the context of this passage, choose the best answer for each question.

(5) Which one of the following is a representative feature of the (5)<u>first type of success</u>?
The answer is: ［ (5) ］.
1 It comes from an outstanding ability with which one is born
2 It is attainable exclusively by poets, commanders, and politicians
3 It results from superior talents and skills acquired in adulthood
4 It can be achieved through sheer persistence and hard work

(6) Regarding the (6)<u>second</u> type of success, Roosevelt believed all of the following **EXCEPT**: ［ (6) ］.

1　This kind of success can be more instructive than the first type
2　This kind of success is beyond the reach of the average person
3　This is the kind of success that requires both ambition and effort
4　This is the kind of success that Roosevelt himself achieved

(7)　Roosevelt's portrayal of how he attained success is (7)simplistic and incomplete because ［(7)］.
1　he discounts some of his extraordinary potential
2　he gives too much credit to his family's wealth
3　he exaggerates his childhood ailments
4　his argument is inaccurate, insincere, and malicious

(8)　According to the author, Roosevelt's depiction of how he attained success (8)contains large elements of truth because ［(8)］.
1　he was not interested in learning about how humans think and behave
2　he put a lot of effort into expanding his mind and strengthening his body
3　he was saved by his watchful father from drowning in an accident
4　he had trouble distinguishing his imagined world from reality

(9)　The author thinks that Roosevelt's (9)great gifts included ［(9)］.
1　a strong mind and a charismatic personality — in contrast to his father
2　a resilient mind that enabled him to read the same book anew
3　an active mind and an ability to remember things precisely
4　an open mind that allowed him to let go of past negative interactions

(10)　Which title best captures the main idea of the passage? The answer is: ［(10)］.
1　From Rags to Riches: Theodore Roosevelt's American Dream
2　Famous Fathers: Theodore Roosevelt's Personal Struggle
3　Battling with Asthma: The Admirable Theodore Roosevelt
4　Theodore Roosevelt's Path to Leadership: Blending Effort with Talent

Ⅱ 次の英文を読み、(11) ～ (18) の設問について最も適切なものを選択肢1～4から選び、その番号を解答用紙A（マークシート）の解答欄 (11) ～ (18) にマークしなさい。

I want to see more good arguments in which logical and emotional elements fuse together. A good argument is like a well-written mathematical paper, as it has a fully watertight logical proof, but it also has a good explanation in which the ideas are sketched out [(11)] we humans can feel our way through the ideas as well as understand the logic step by step. A good discussion also addresses apparent inconsistencies in which the logic seemingly contradicts our intuition.

If we disagree with each other in an argument, the important first step is to find the true root of disagreement. We should do this by following long chains of logic on both sides of the argument. Next, we should build some sort of bridge between our different positions. We should use our ability to see things in the abstract to try and understand that we are really just at different parts of a gray area on the same principle. We should then engage our emotions to grasp where we are emotionally and try and edge slowly to where we all can meet.

I think a good argument, at root, is one in which our main aim is to understand everyone. How often is that actually the case? Unfortunately, most of the time, people argue with the goal of defeating others — most individuals are trying to prove that they are right and [(12)] is wrong. I don't think this is productive as a primary purpose. I used to be guilty of this as much as anyone, but I have come to realize that discussions really don't have to be competitions. We must first grasp the obvious truth that it is not necessarily the case of one person being right and the other being wrong. Rather, when people disagree, it is often a reflection of differing (14)<u>belief systems</u>. Their opinions may contradict each other but they usually have their own internal logic. That said, this does not prevent people from holding inconsistent opinions within their own belief systems.

Too many arguments turn into a cycle of attack and counterattack. In a good argument, however, nobody feels attacked. People don't feel threatened by a different opinion or a different point of view. All those participating in a given discussion should be responsible for creating this kind of safe environment. I tell myself as much as possible in any potentially divisive situation, "It's not a competition." And, [(13)], it almost never is a competition.

A good argument does invoke emotions, but not for intimidation or belittlement. It invokes emotions to make connections with people, to create a path for logic to enter people's hearts, not just their minds. This takes longer than throwing sarcastic comments at each other and trying to fire the "killer shot" that will end the discussion. Logic is slow and can fail us when we need to make a quick decision. When we are not in an emergency, however, we should have slow arguments. Unfortunately, the world tends to drive things faster and faster, with shorter and shorter attention spans meaning that we are under pressure to convince people in 280 letters, or in a brief comment accompanying an amusing picture, or in a clever one-liner — correct or otherwise — so someone can declare "mind = blown" or "mic drop." But this leaves little room for nuance or investigation, or for understanding how we agree and disagree. It leaves no time for building bridges.

I would like us all to build bridges to connect us to people with whom we disagree. But what about people who don't want bridges? People who really want to disagree? Here we have a (16)<u>meta problem</u>. In other words, we first have to persuade people to want those bridges, before we have any hope at all of building them.

As humans in a community, our connections with each other are really all we have. If we were all hermits living in isolation, humanity would not have reached the place it has. Human connections are usually thought of as being emotional, and logic is usually thought of as being removed from emotions and thus removed from humanity. But I firmly believe that logic, used in conjunction with emotions, can help us build better and more compassionate connections between humans. And we must do it in a nuanced way. Black-and-white arguments cause division and extreme viewpoints. The division between logic and emotions, or that between different opinions, is artificial and misleading.

We should not place ourselves in futile battles against other humans with whom we are trying to coexist on this earth. And we should not let logic battle against emotions. A good argument is not a battle. It's not a competition. It's a collaborative art. With logic and emotions working together, we will achieve better thinking, and thus the greatest possible understanding of the world and of each other.

[Adapted from a book by Eugenia Cheng]

(i) In the context of this passage, choose the most suitable expression to fill in each blank.

(11) The answer is: [(11)].

1 aiming to　2 resulting in　3 so that　4 such as

(12) The answer is: [(12)].

1 most of them　2 everyone else
3 other people　4 a few opponents

(13) The answer is: [(13)].

1 in fact　2 nevertheless　3 in case　4 what is worse

(ii) In the context of this passage, choose the best answer for each question.

(14) Which one of the following is in agreement with the author's thoughts regarding (14)belief systems? The answer is: [(14)].

1 People's belief systems are inherently inconsistent
2 Differences in belief systems are essential to reaching consensus
3 People can hold contradictory opinions within their own belief systems
4 Determining whose belief system is right is critical to a fruitful discussion

(15) In the fifth paragraph, the author makes all of the following points **EXCEPT**: [(15)].

1 We live in a world that tends to prioritize speed over logical process
2 Subtle details and implications are often neglected in a hasty discussion
3 Emotions can make the logic of a discussion more accessible to the listeners
4 Sophisticated logical arguments usually accelerate emergency management

(16) Which one of the following best describes the (16)meta problem referred to in the sixth paragraph? The answer is: [(16)].

1 The question of whether we need bridges precedes that of how we build them
2 The question of how to build bridges precedes that of whether we need them
3 Building a bridge benefits most people when its significance is unquestionable

4 Building a bridge benefits only a few people when its significance is questionable

(17) Which one of the following is consistent with the author's perspective on connecting people with different views? The answer is: (17) .

1 People who do not want to be bothered by others should be allowed to live in self-imposed isolation
2 Emotions are not as useful as logic for cultivating connections with those with whom we disagree
3 The supposed "divisions" between people are often illusions that are formed by black-and-white thinking
4 Logic is about figuring out right versus wrong, not understanding many inconsistent viewpoints

(18) Which one of the following best summarizes the author's argument? The answer is: (18) .

1 Logic conceals the subtleties of our everyday experiences and pushes us towards resolutions
2 Logic and emotions together help us understand the complexities of human reality and communicate effectively
3 If we prioritize logic over emotions, we can eliminate errors in a discussion between two opposing groups
4 Our discussions need to be firmly based on our own belief systems so that we are not incoherent or illogical

III 次の英文を読み、(19) ～ (27) の設問について最も適切なものを選択肢 1 ～ 4 から選び、その番号を解答用紙 A（マークシート）の解答欄 [(19)] ～ [(27)] にマークしなさい。

"It's not personal... it's strictly business." Ruthless mafia boss Michael Corleone's famous line in the American crime film, *The Godfather*, conjures up two very different worlds. There's the world of family and friends, with its bonds of love and loyalty. And there's the completely separate world of business, with its focus on deals and money. As far as Michael is concerned, the two realms [(19)].

For those who believe that commercial enterprises exist merely to make money, this is a (20)plausible enough view of the way business should work. At base, it's about generating profit. How well you behave, how well you treat people in the course of your dealings may or may not be important to you, but they are certainly not central to success. Ultimately, the pursuit of profit has to come first.

Such an (21)ethics-free business approach may seem distasteful to many. But, judged in strictly commercial terms, is it effective? Does it at least create companies that are successful in purely financial terms?

A few years back, teams of US business students were invited to take part in a (22)problem-solving competition that involved answering questions via a computer link. They were told that, if they did well in the first round, they would be given a competitive advantage in the next. It swiftly became apparent, though, that the competition contained one major design flaw: since scores were not independently validated, team leaders could, if they chose, misreport how their team had done. In other words, they could cheat and get away with it. In the event, while one group of participants did record their achievement correctly, a second set happily accepted their team leader's decision to nudge their 67 percent score up to 80 percent. Their deception went unchallenged.

What none of the participants knew was that the competition was a set-up by the eminent social psychologist Robert Cialdini. His experiment was not, however, designed to establish whether people cheat if given the chance — we know from bitter experience that some will. Instead, he was interested in finding out what effect cheating has on people's subsequent behavior. The (23)second round, therefore, was the real test. Here Professor Cialdini arranged for each member of each group to be given a business case history and asked him or her to answer a series of questions about it without consulting any teammates. Intriguingly, this time, those who had falsely claimed to do well in the first round uniformly performed worse than those who had been honest. The true scores from the first round had suggested that they were pretty evenly matched. Now those from the cheating team scored, on average, 20 percent lower than their honest opponents. Professor Cialdini studied their answers and came to the conclusion that the reason for this was that they tended to give up when the questions got tough. It was, he said, as though they lacked the "energy or motivation to continue."

Professor Cialdini's (25)explanation for this apparently surprising behavior appears to be an entirely convincing one. Although we will all misbehave from time to time, although we may well occasionally cheat or lie, most of us have a sense of right and wrong. We live in societies that have established their own social conventions over the centuries, maybe based on religious principles, or maybe derived from the practical experience of what it takes for communities to live well together. We know it's in our long-term interest to be honest with others, to help them when we can, to avoid doing things that might cause them harm — that is, if we wish to be treated the same way. So when we're encouraged to depart from these norms, a tension arises between what we fundamentally believe to be right and what we're being invited to do, and this tension undermines us.

A workplace that is geared to blindly chasing profit — extracting the maximum out of the customer and ignoring regulations — can drain its employees' energy. There's also overwhelming evidence to suggest that this increases levels of individual stress. But what Professor Cialdini found most striking is that a business that encourages such (26)<u>sharp practice</u> among its employees is itself highly likely to be betrayed and defrauded by them. As he puts it: "those who cheat for you will cheat against you." If people find themselves working in an organization that has no moral compass, their behavior will come to reflect that culture. After all, if your employer is happy to take advantage of people all the time, why would you choose to act any differently? Your own behavior will start to mimic that of the organization you serve — and not necessarily to the organization's advantage.

[Adapted from a book by Julian Richer]

In the context of this passage, choose the best answer for each question.

(19) Choose the most suitable expression to fill in the blank. The answer is: [(19)].

1 always decline　　2 never meet
3 almost end　　4 rarely exist

(20) Which one of the following is closest in meaning to (20)<u>plausible</u>? The answer is: [(20)].

1 apparently valid　　2 crucially flawed
3 deeply upsetting　　4 slightly surprising

(21) Which one of the following best explains what the author means by (21)<u>ethics-free behavior</u>? The answer is: [(21)].

1 You disregard ethics to pursue self-interest
2 You improve your own code of ethical conduct
3 You follow the prevailing ethics in society
4 You reject a solution to an ethical problem

(22) Which one of the following is **NOT TRUE** about the (22)<u>problem-solving competition</u>? The answer is: [(22)].

1 In the first round, at least one team reported its results incorrectly
2 Teams that cheated in the first round were given a penalty in the next round
3 The system allowed the participants to falsify their scores in the first round
4 Not all of the team leaders accurately recorded the results in the first round

(23) In the (23)<u>second round</u>, how did the honest participants and the cheaters from the first round compare with each other? The answer is: [(23)].

1 The honest participants were less talented than the cheaters but scored higher
2 The cheaters were less talented than the honest participants but scored higher
3 The cheaters were as talented as the honest participants but they scored lower
4 The honest participants were as talented as the cheaters but they scored lower

(24) According to Professor Cialdini, which one of the following best describes the cheaters' attitude in the second round? The answer is: [(24)].

1 narrow-minded 2 not driven
3 too aggressive 4 argumentative

(25) In his $_{(25)}$explanation for this apparently surprising behavior, Professor Cialdini makes all of the following points **EXCEPT**: [(25)].
1 We all behave irresponsibly once in a while
2 All humans share the same social conventions
3 Respecting others ultimately benefits us
4 It is stressful for us to violate social rules and norms

(26) Which one of the following is closest in meaning to $_{(26)}$sharp practice? The answer is: [(26)].
1 dishonest behavior 2 moderate reward
3 violent training 4 selfless devotion

(27) Which one of the following best summarizes the author's view on workplace ethics? The answer is: [(27)].
1 Businesses should prioritize social responsibility and honesty even at the expense of long-term profits
2 Businesses can maximize their profits by neglecting social conventions and creating new rules
3 It is necessary for businesses to increase family allowances as a way to motivate their employees
4 In the long run, it is beneficial for businesses to treat their employees fairly and behave ethically

Ⅳ　次の英文（28）～（33）の空所に入る最も適切なものを選択肢 1 ～ 4 から選び、その番号を解答用紙 A（マークシート）の解答欄 （28） ～ （33） にマークしなさい。

(28) The large body of evidence indicated that he was guilty of a war crime, ______?

1 didn't it　　2 didn't they　　3 didn't he　　4 did he

(29) When ______ end?

1 the prime minister believes the war will
2 the prime minister believes will the war
3 does the prime minister believe will the war
4 does the prime minister believe the war will

(30) John would buy the property if he could ______, but its price soared.

1 be affordable　　2 be consumable
3 afford it　　4 consume it

(31) Some business sectors have high entry barriers. The airline industry is a case in point. The expense of acquiring aircraft alone is sufficient to ______ most new entrants.

1 deter　　2 build　　3 avoid　　4 provide

(32) The fact that truth-telling invariably pays off ______ children any more eager to embrace it. Confronting the truth is often too painful.

1 teaches　　2 doesn't teach　　3 makes　　4 doesn't make

(33) As languages evolve, words ______ new meanings.

1 turn by　　2 give in　　3 come over　　4 take on

V　次の英文の空所（34）～（40）に入る最も適切なものを選択肢 1 ～ 4 から選び、その番号を解答用紙 A（マークシート）の解答欄 (34) ～ (40) にマークしなさい。

Samuel Beckett's "Try again. Fail again. Fail better," has inspired generations of entrepreneurs. But who gets to try, fail, and fail again? Men. For a sector that (34) on unconventional ideas, the startup world lags surprisingly behind when it comes to funding female-led innovation. The British Business Bank recently found that for every *£1 of venture capital investment in the UK, all-female founder teams get less than a penny, all-male teams 89 pence, and mixed-gender teams 10 pence. The situation is mirrored (35) Europe, where 93 cents in every euro of venture capital goes to companies without a single woman on their founding team. This is a loss for the investors and for the world. Diversity (36) new ideas, and the evidence suggests that startups founded or co-founded by women make for much (37) financial investments. Just 8% of the partners of the top 100 venture firms globally are women. We are most (38) with people who are similar to us; in venture capital, this means that men often choose to invest in other men like themselves. Female entrepreneurs report that investors routinely (39) women lack technical knowledge about their products. Consequently, their pitches are subject to greater interrogation, and they have to fight harder to prove their worth. This culture (40) women from even trying.

[Adapted from an article posted on *theguardian.com*]

注）*£: ポンド（イギリスの通貨）

(34)	1 discerns	2 postpones	3 scatters	4 thrives
(35)	1 above	2 across	3 between	4 under
(36)	1 fuel	2 fueling	3 fuels	4 is fueled
(37)	1 best	2 better	3 excellent	4 good
(38)	1 comfortable	2 humid	3 random	4 solitary
(39)	1 assume	2 comply	3 deny	4 withhold
(40)	1 damages	2 destroys	3 discourages	4 doubts

Ⅵ　次の英文（41）～（44）を読み、それぞれの設問について最も適切なものを選択肢 1 ～ 4 から選び、その番号を解答用紙 A（マークシート）の解答欄 (41) ～ (44) にマークしなさい。

(41)　There is an irony in the choice of Alan Turing as the face of the new *£50 banknote. While he played a crucial role in Britain's war effort, his most important contribution as a mathematician was a 1936 paper that attempted to prove that all mathematical problems can be solved by algorithm. He subsequently wrote one of the foundational papers for artificial intelligence. Now, the Bank of England says that there is still demand for the £50 note and that there are 344 million in circulation. Even so, the modern world is turning away from cash. The future belongs to new forms of digital payment made possible by the revolution Turing started.

[Adapted from an article in *The Times*]

注）＊£: ポンド（イギリスの通貨）

Which one of the following best explains the irony? The answer is: (41) .

1　Turing was a British war hero but was recognized primarily as a mathematician
2　Turing was a pioneer in the study of algorithms, which would soon be replaced by AI
3　The technology Turing developed will likely make the banknote featuring him redundant
4　The Turing banknote, now widely used, won't be accepted for cash payments in the future

(42)　"Most people are surprised to learn that half of all food waste occurs in the home, compared to approximately 5% at the retail level," explains a female entrepreneur who is addressing this problem by creating a software application to help distribute excess food. "The average family throws away *£800 of food each year that could have been eaten. Collectively that adds up to £15 billion per year. Adding insult to injury, we have 8.4 million people living in food poverty in the UK."

[Adapted from an article posted on *theguardian.com*]

注）＊£: ポンド（イギリスの通貨）

Which one of the following does the passage imply? The answer is: (42) .

1　Most people are acutely aware of the massive amount of domestic food waste
2　People can decrease food waste by giving their surplus to those who need it
3　A large number of people in the UK suffer from eating disorders
4　Food waste at the retail level is approximately 5% of that in the home

(43)　If you're exposed to one or more transformative events while growing up, you are on a different track from everybody else. So instead of being raised just like all the other kids on your block in a conventional fashion, you all of a sudden find yourself different. You see yourself as different. You have different goals. The diversifying experiences that trigger these changes can take multiple forms, and when you look at the lives of creative people, you see the influence of such events.

[Adapted from an article posted on *freakonomics.com*]

According to the passage, diversifying experiences lead to all of the following **EXCEPT** (43) .

1　a redefinition of your personal identity

2　a stronger conformity to your society
3　a stimulation of your creativity
4　a drastic change to your purpose in life

(44)　True love will always remember to say "please" and "thank you." It always communicates like a mannerly knight. The people who will stay together forever are the ones who have deep, genuine respect for each other. They each treat their partner as they would if a brilliant and much loved national treasure — Sir David Attenborough, say, or Jennifer Saunders — came to stay. Overjoyed by their good luck, thrilled to be in such good company, and always aware of anticipating any need, they would keep asking momentous questions such as "Fancy a cup of tea, Sir David?" and "It's a bit chilly. Do you need a cardigan, Ms. Saunders?" So, yes, this is love.

[Adapted from an article by Caitlin Moran]

In this passage, natural historian Sir David Attenborough and actress-screenwriter Jennifer Saunders are cited as examples of [(44)].
1　celebrities who have been completely spoilt by their fame
2　guests who are demanding and particular about manners
3　partners who are caring and polite to people around them
4　individuals who inspire people's admiration and affection

ここからは解答用紙Bを使用しなさい。

Ⅶ　次の英文を読み、空所（　a　）～（　f　）に入る、文脈の上で最も適切な名詞を解答欄に記入しなさい。下記の動詞群の名詞形のみを使用すること。ただし、～ing形は使用してはいけない。また、同じ語を二回以上使ってはいけない。<u>同じ語を二回以上使った場合、正解が含まれていてもその正解は得点にならない</u>。

例：　proceed → procedure

avail	defend	differ	inhabit	integrate	reform

The *monogoroda*, or monotowns, are industrial towns in Russia where a single industry or factory accounts for most of the local economy. They were formed around the wide (　a　) of raw material deposits. Their locations were also convenient for protecting precious metals and resources from enemies. The roughly 13.2 million (　b　) of the 319 monotowns, including infants and seniors, account for almost one in ten Russians. There are many, often very basic, (　c　) among them, but they have one thing in common: their livelihood is dependent on a single company that employs at least a quarter of the population. In the 18th century, the first factory towns were built following a set of (　d　) by Tsar Peter the Great intended to disperse the overcrowded city population outside the urban core. But most of these towns were established in the 1930s as part of Joseph Stalin's grand development plans, which focused mainly on the military and (　e　) industry. The (　f　) of these new features into the existing industrial framework was crucial to the economic growth of the country.

[Adapted from Russia: From monotowns to pluritowns, The Unesco Courier April-June 2019 by Ivan Nesterov]

Ⅷ　次の英文を読み、空所（　a　）〜（　e　）に入る、文脈の上で最も適切な動詞を下記の語群から選び、**必要に応じて語形を変えて**解答欄に記入しなさい。ただし各解答欄に記入する語は**動詞一語**のみとし、同じ語を二回以上使ってはいけない。**同じ語を二回以上使った場合、正解が含まれていてもその正解は得点にならない**。

believe	break	embark	receive	show

Trisha Prabhu has become a role model for girls interested in IT. She (a) on what she later described as the "world's biggest juggling act" by developing a software application at the same time as she was completing high school. The software application, which eventually became ReThink, was designed to stop cyberbullying by detecting offensive messages and encouraging users to reconsider their angry and emotionally-charged posts before pressing the "Send" button. Her motivation for the feat came from reading about a 12-year-old girl who had taken her own life after being bullied online. "When I heard the news, it (b) my heart. We seem to have reached a place where that kind of hate is acceptable, where people feel they can say anything online," says Prabhu. Since its launch, ReThink has (c) a huge amount of attention and has been used by 2.5 million students and 1,500 schools internationally. Prabhu credits a supportive environment in high school as a key factor in her success: "Lots of people around me started (d) in what I was doing." Programs that try to foster a supportive environment for tech-minded girls like Prabhu have increased and have no trouble attracting participants. But UK statistics suggest that while female students have (e) their great enthusiasm for conducting technological innovation, their passion doesn't extend to entering the professional world of tech, where women continue to be poorly represented and policies to support female leaders are lacking.

[Adapted from an article posted on *theguardian.com*]

日本史

(60 分)

(解答上の注意)　解答が 2 桁の数字の場合には，以下のようにマークすること。

例えば，空欄 ⒆ ⒇ の解答が 36 の場合，解答欄 ⒆ の③にマークし，解答欄 ⒇ の⑥にマークする。

I．次の文章を読み，下記の設問に答えなさい。

古代の日本列島の歴史をおいながら，それを知る上で参考となる資料を概観してみよう。

中国の史書では古代の日本は倭と称され，『後漢書』 (1) (2) にある (3) (4) が倭の奴国の王に印綬を授けたという記事などから，(ア)1 世紀以降，各地の首長が中国の皇帝と交渉を持っていたことがわかる。また，「魏志」 (5) (6) からは，3 世紀前半には邪馬台国を中心とした小国の連合が存在していた様子が知られる。その後，奈良盆地の勢力を中心にした政治連合，いわゆるヤマト政権が成立したと考えられている。それは，3 世紀半ばから終わりにかけて作られたとみられる (7) (8) 古墳など，他の地域よりも巨大な前方後円墳が奈良盆地に作られていることからも推測される。

ヤマト政権が大王を中心に各地の豪族を統合していく過程についても，中国の史書と考古学的資料を組み合わせて復元できる。『宋書』 (9) (10) には，5 世紀初めから中国に朝貢した(イ)倭の五王について記され，五王の最後のひとり「武」が中国の皇帝に差し出した上表文には，周囲の勢力を服属させたとある。考古学からは，5 世紀の後半から大型の前方後円墳が近畿地方に集中することが明らかにされている。これは，大王の権力が大きくなり，大王以外は大型の(ウ)墳墓を作らなくなった結果だと推測される。なお，「武」は (11) (12) 天皇にあたると考えられており，大王の系譜がのちに天皇の系譜として整理されていったこともわかる。

5 世紀以降，中国や朝鮮半島との交流が活発化すると，日本列島でも漢字が使われるようになり，様々な記録が残されるようになった。中国の学術が導入される中で，6 世紀半ばには天皇の系譜を中心とした「 (13) (14) 」や神話や伝承を集めた「 (15) (16) 」などの歴史書が作成された。

589年，隋が中国を統一し，朝鮮半島の高句麗に進出するなど，東アジア情勢が緊迫する中，倭では蘇我馬子や(エ)厩戸王らが国家組織の強化をめざした。618年，隋の後をうけて中国を統一した唐が強大な帝国になると，倭でも唐の律令制を導入して，中央集権的な国家体制が整備されていった。「日本」という国号が使われるようになったのも律令制を導入した後のことである。国家意識が高まる中で，天皇による統治の正当性や国家の発展の過程を示すため， (17) (18) 天皇のころ，史書や国史の編纂が始まった。「 (13) (14) 」や「 (15) (16) 」をもとに，神話から (19) (20) 天皇までの歴史を記した『古事記』，さらには (21) (22) 天皇に至るまでの歴史を記した『日本書紀』が編纂された。この二つの書物は古代の歴史を知る上では不可欠なものである。その後も，平安時代にかけて国史の編纂は続き，『日本書紀』から『 (23) (24) 』までの国史は「六国史」と総称されている。いずれも

[(25) ┆ (26)]文を用いて記され，政治の変遷を知るための重要な資料である。

日本における律令では，律は唐のものを踏襲しているが，令は日本の社会に合うように修正して作成されており，そこから当時の(オ)行政組織や(カ)官僚機構について知ることができる。(キ)[(17) ┆ (18)]天皇が編纂を命じた飛鳥浄御原令は，689年に[(21) ┆ (22)]天皇により施行された。[(27) ┆ (28)]天皇の治世の701年には，[(29) ┆ (30)]や[(31) ┆ (32)]らにより，律と令がそろった大宝律令が編纂され，律令制による国家の見取り図が示された。さらに718年，[(31) ┆ (32)]らによって養老律令も編纂された。大宝律令は現存していないが，[(33) ┆ (34)]が編纂した『令集解』などから一部を復元できる。養老律令については，[(35) ┆ (36)]らが編纂した『令義解』も参照できる。

ただし，律令に示されているのはあくまでも国家や社会制度の理想像である。当時の社会の実態を知るには，各地で出土している木簡に記された，生活に密着した記録が参考になる。[(31) ┆ (32)]の子である[(37) ┆ (38)]らによって自殺においこまれた，長屋王の邸宅跡からも木簡は出土している。

問1　文中の空欄[(1) ┆ (2)]～[(37) ┆ (38)]に当てはまる最も適切な語句を下の語群より選び，その番号を解答用紙A（マークシート）の所定の解答欄にマークしなさい。

≪語群≫

11　安康	12　安帝	13　允恭	14　応神	15　刑部親王
16　小野岑守	17　かな	18　漢	19　旧辞	20　清原夏野
21　欽明	22　草壁皇子	23　元明	24　皇極	25　光武帝
26　五色塚	27　国記	28　惟宗直本	29　誉田御廟山	30　持統
31　聖武	32　続日本後紀	33　推古	34　菅原道真	35　崇峻
36　地理志	37　造山	38　帝紀	39　天智	40　天皇記
41　天武	42　東夷伝	43　舎人親王	44　日本三代実録	45　日本文徳天皇実録
46　仁徳	47　箸墓	48　敏達	49　藤原宇合	50　藤原鎌足
51　藤原種継	52　藤原仲麻呂	53　藤原広嗣	54　藤原不比等	55　藤原冬嗣
56　藤原百川	57　武帝	58　源高明	59　都良香	60　文武
61　雄略	62　用明	63　良岑安世	64　履中	65　和漢混淆
66　倭国伝	67　倭人伝			

問2　以下の設問の解答を解答用紙Bの所定の解答欄に書きなさい。

（1）下線部（ア）について，2世紀に後漢の皇帝に奴隷160人を献上した倭の国王の名を漢字で書きなさい。

（2）下線部（イ）について，倭の五王のうち，年代が最も古い王の名を漢字で書きなさい。

（3）下線部（ウ）に関連して，7世紀に特殊な形をした大王の墳墓が出現する。その墳墓の形式の名を漢字で書きなさい。

（4）下線部（エ）に関連して，厩戸王の在世中，中国の天文・暦法を倭にもたらした百済の僧の名を漢字で書きなさい。

（5）下線部（オ）について，律令制における八省のうち，外交や仏事を管轄した機構の名を漢字で書きなさい。

（6）下線部（カ）について，五位以上の貴族の子が，父の位階に応じて一定の位を授かるという制度の名を4文字で書きなさい。

問3　下線部（キ）に関連して，［(17)｜(18)］天皇のころ，「八色の姓」が制定された目的は何か。解答用紙Bの所定の解答欄に25字以内で説明しなさい。

Ⅱ．次の文章を読み，下記の設問に答えなさい。

徳川家康は征夷大将軍の宣下を受けて江戸幕府を開いたのち，諸大名に各郡村の石高を記した（　a　）と国絵図を提出させた。大坂の役の直後，幕府は諸大名を統制するため一国一城令と武家諸法度を制定した。この時の武家諸法度は，家康が南禅寺金地院の［(39)｜(40)］に起草させたものである。［(41)｜(42)］が幕府に無断で広島城を修築したとして1619年に罰せられた例が示すように，武家諸法度への違反には厳しい処分が下された。また，幕府は禁中並公家諸法度を発し，朝廷運営のあり方を定めた。その後，［(43)｜(44)］天皇が幕府の許可なく着用を勅許した紫衣をめぐり，大徳寺の僧の［(45)｜(46)］らが処罰されるという事件が起きている。

幕政の安定を背景に，5代将軍徳川綱吉は忠孝と礼儀を重んじる政治を指向し，朝廷儀式についても一部の復興を認めた。続く徳川家宣および家継のもとで幕政の中心にあったのは，側用人の［(47)｜(48)］と$_{(ア)}$<u>新井白石</u>である。白石は，綱吉の侍講を務めた（　b　）のもとで朱子学を学んだ人物である。白石らは$_{(イ)}$<u>新たな宮家の創設を進めた</u>ほか，家継と皇女の婚約を成立させるなど，天皇家との結びつきを強めた。

18世紀後半になると，幕府の統制力にゆらぎが生じはじめる。その一因は尊王論の高まりで，天皇を王として尊ぶ思想は幕府の批判へとつながる危うさもあった。また，将軍［(49)｜(50)］の時代には，［(51)｜(52)］天皇の実父への太上天皇の称号宣下をめぐって，これに反対する老中の松平定信らと朝廷との間で応酬が繰り返された。定信は，［(53)｜(54)］藩主として飢饉対策などに手腕を発揮し，老中就任後は農村の復興をはじめとする改革を進めていたが，この朝廷との対立も一因となり，6年余りで老中職を退いた。

松平定信が老中の職を退く前年には，ロシア使節の（　c　）が日本との通商の可能性を探るために来航した。のちに発生したロシアとの紛争は，1811年に起きた（　d　）事件の解決を機に収束したが，対外的危機はなお続いたことから，国家のあり方や幕府の政策をめぐって様々な主張が生まれた。1824年にはイギリス捕鯨船員が常陸大津浜および［(55)｜(56)］に上陸するという事件が起き，幕府は翌年に異国船打払令を出した。水戸学者の会沢正志斎はこのとき『［(57)｜(58)］』を著し，尊王攘夷思想にもとづく危機打開策を論じた。蘭学者の中には，『［(59)｜(60)］』を著した高野長英のように，幕府の対外政策を批判する者もあった。

一方，$_{(ウ)}$<u>水戸藩主の徳川斉昭</u>は1838年に「［(61)｜(62)］」という意見書をまとめた。これは，対外的危機に加え，天保の飢饉を背景とする甲斐の郡内騒動や三河の［(63)｜(64)］一揆さらには大塩の乱など騒乱が相次ぐ国内情勢に対し，幕政改革の必要を訴えたものである。その後，将軍［(65)｜(66)］のもとで老中の水野忠邦らが幕政改革を試みたが，失敗に終わる。この改革着手前に川越藩・庄内藩・［(67)｜(68)］藩に命じていた三方領知替えに加え，改革の一環として水野らが江戸・大坂周辺の私領を直轄地にするために発した［(69)｜(70)］も撤回を余儀なくされたことは，幕府の統制力の衰えを示している。

外国からの圧力は，幕政のあり方に大きく影響した。開国を求めてペリーが浦賀に来航した際，老中の［(71)(72)］は朝廷にこれを報告するとともに，諸大名や幕臣に広く意見を求めた。また，幕府は国防力の強化に注力し，幕臣の軍事教育機関として江戸に設けた［(73)(74)］では西洋砲術も導入された。しかし，対外政策をめぐる意見を統一することは困難をきわめた。アメリカからの通商条約締結の要求に対し，老中の［(75)(76)］は条約調印の勅許によって難局を打開しようと上洛したが，勅許は得られなかった。幕府の統制力の衰えをここにもみることができる。

問1　文中の空欄［(39)(40)］～［(75)(76)］に当てはまる最も適切な語句を下の語群より選び，その番号を解答用紙A（マークシート）の所定の解答欄にマークしなさい。

≪語群≫

11 阿部正弘	12 安藤信正	13 井伊直弼	14 隠元隆琦	15 越後柏崎
16 円空	17 海軍伝習所	18 海国兵談	19 開成所	20 加茂
21 紀伊	22 棄捐令	23 国後島	24 黒田長政	25 桑名
26 経済録	27 経世秘策	28 契沖	29 顕如	30 元文
31 航海遠略策	32 光格	33 講武所	34 後桜町	35 小西行長
36 後水尾	37 後桃園	38 後陽成	39 酒井忠清	40 薩摩宝島
41 三閉伊	42 自然真営道	43 上知令	44 白河	45 慎機論
46 新論	47 崇伝	48 仙台	49 沢庵	50 伊達宗城
51 徳川家定	52 徳川家斉	53 徳川家治	54 徳川家茂	55 徳川家慶
56 徳川吉宗	57 長岡	58 長崎	59 日本外史	60 根室
61 肥前	62 人返し令	63 福島正則	64 保科正之	65 戊戌封事
66 戊戌夢物語	67 堀田正俊	68 堀田正睦	69 松平慶永	70 松前
71 間部詮房	72 明正	73 柳沢吉保	74 柳子新論	75 霊元

問2　文中の空欄（ a ）～（ d ）に入る最も適切な語句を解答用紙Bの所定の解答欄に，（ a ）と（ b ）は漢字で，（ c ）と（ d ）はカタカナで書きなさい。

問3　以下の設問の解答を解答用紙Bの所定の解答欄に漢字で書きなさい。

（1）　下線部（ア）について，新井白石が公家政権や武家政権の推移を段階区分し，独自の歴史観を示した書物は何か。

（2）　下線部（イ）について，この時に創設された新しい宮家を何というか。

（3）　下線部（ウ）について，徳川斉昭が創設した水戸藩の藩校を何というか。

Ⅲ．次の文章を読み，下記の設問に答えなさい。

幕末期の日本は，産業革命をすでに経験していた欧米諸国と比べて工業技術が大きく立ち遅れていた。そのため，本格的な対外貿易が始まると，日本からは主として農水産物とその加工品が輸出された。最大の輸出品目であった［(77)｜(78)］に関しては，開港後から簡単な手動装置を使った（　a　）という製法による生産が拡大した。

日本で本格的な機械化による生産性向上が最初に実現したのは，綿紡績業においてである。［(79)｜(80)］らの構想をもとに，［(81)｜(82)］年に設立された大阪紡績会社などが大量生産に成功した結果，綿糸の輸出量は1897年に輸入量を超えた。

産業革命と軍備拡張が進んだ明治後期においては，［(83)｜(84)］の近くに設立された官営八幡製鉄所の例にみられるように重工業資材の国産化が図られた。また，1896年に航海奨励法とともに公布された（　b　）のもとで船舶建造に対して補助金が支払われるなど，政府による重工業振興策もとられた。ただし，拡大する鉄鋼・機械の需要を満たすだけの生産能力を持つには至らず，19世紀末から20世紀はじめにかけて貿易赤字が続いた。ところが，第一次世界大戦が勃発し欧州諸国からの輸出が滞ると，アジア諸国向けの［(85)｜(86)］など日本からの輸出が急増し，貿易黒字が実現した。このことは日本国内に余剰資本を生じさせ，重工業における生産能力の拡大を可能にするとともに，(ア)日本の資本家による海外投資を促した。

第一次世界大戦後に欧州諸国の商品が日本を含むアジア市場に再び流入するようになると，日本製品はシェアを奪われ，貿易収支は赤字に転じた。一方，(イ)第一次世界大戦中に事業を急拡大させた企業の多くで業績が悪化し，それらの企業に融資していた銀行の経営を圧迫した。

大戦間期における日本の貿易は政府の為替政策からも強く影響を受けた。1930年に［(87)｜(88)］蔵相のもとで金輸出が［(89)｜(90)］されると，為替レートが［(91)｜(92)］に設定されたため輸出は減少した。そして，日本経済は世界恐慌の波及もあいまって，物価の下落が著しい，いわゆる［(93)｜(94)］の状態に陥った。この［(93)｜(94)］を伴う恐慌からの脱却は，［(95)｜(96)］蔵相のもとで金輸出が再び［(97)｜(98)］されるとともに積極的な財政政策がとられたことで実現した。1932年から為替レートが［(99)｜(100)］に転じたことを受けて，［(85)｜(86)］を中心に輸出が拡大する一方で，重工業は積極財政に支えられた軍備拡張のもとで成長した。

日中戦争の勃発以降，貿易の流れは大きく変わった。軍備拡張を続けるうえで貿易の統制が必要となり，そのために政府は1937年９月に（　c　）を制定した。1939年７月には，アメリカによる［(101)｜(102)］条約の廃棄通告を機に，軍需物資の調達問題が大きく浮上した。同じころ，南方進出によって石油・［(103)｜(104)］などの資源を獲得しようという陸軍の主張が強まっていった。1941年７月の［(105)｜(106)］によって南進政策が本格化すると，アメリカが対日石油輸出を禁止するなど，経済封鎖が強化された。太平洋戦争の開戦後は，1942年６月の［(107)｜(108)］を機に日本軍が劣勢に転じ，ほどなくして制海権が失われたため，南方からの資源の海上輸送は困難となった。

敗戦後の日本において，国際競争力を持つ工業部門が発展するに至った背景には様々な要因があるが，GHQの施政下で行われた経済の民主化もその一つと考えられる。(ウ)農地改革と労働改革は長期的には国民の所得向上をもたらし，これによって耐久消費財等に対する安定した民間需要が生まれた。また，1946年に発足した（　d　）が財閥から譲り受けた株式を公売する形で実施された財閥解体や，1947年に成立した［(109)｜(110)］のもとで始まった(エ)カルテルの禁止や企業結合の監視などは市場における競争を活発化させた。海外から導入した先進技術や自ら開発した新技術をもとに，各企業が積極的に設備投資を行った結果，産業全体としての技術力と生産能力が急伸したのである。

問1　文中の空欄 (77)(78) ～ (109)(110) に当てはまる最も適切な語句を下の語群より選び，その番号を解答用紙A（マークシート）の所定の解答欄にマークしなさい。

≪語群≫

11　1877	12　1882	13　1887	14　1892
15　浅野総一郎	16　アッツ島の玉砕	17　石橋湛山	18　犬養毅
19　井上準之助	20　インパール作戦	21　インフレ	22　円高
23　円安	24　岡田啓介	25　解禁	26　過度経済力集中排除法
27　川崎正蔵	28　生糸	29　絹織物	30　禁止
31　刑法改正	32　毛織物	33　ゴム	34　財政危機
35　斎藤実	36　サイパン陥落	37　渋沢栄一	38　シンゴラ上陸
39　スタグフレーション	40　石炭	41　高島炭鉱	42　高橋是清
43　筑豊炭田	44　茶	45　デフレ	46　天然ガス
47　独占禁止法	48　南部仏印進駐	49　日米修好通商	50　日米通商航海
51　日米和親	52　端島炭鉱	53　浜口雄幸	54　古河市兵衛
55　北部仏印進駐	56　マリアナ沖海戦	57　マレー半島上陸	58　三池炭鉱
59　ミッドウェー海戦	60　民法改正	61　綿織物	62　レイテ沖海戦
63　若槻礼次郎	64　ワシントン海軍軍縮		

問2　文中の空欄（ a ）～（ d ）に入る最も適切な語句を解答用紙Bの所定の解答欄に漢字で書きなさい。

問3　以下の設問の解答を解答用紙Bの所定の解答欄に漢字で書きなさい。

（1）下線部（ア）について，日本の資本家が中国各地に設立した紡績会社や紡績工場を総称して何と呼ぶか。

（2）下線部（イ）について，鈴木商店への過剰な融資がきっかけで経営が悪化し，金融恐慌時に休業を余儀なくされた銀行の名称は何か。

（3）下線部（ウ）について，第二次農地改革を実現する目的で，農地調整法の再改正と並行して制定された法律の名称は何か。

（4）下線部（エ）について，カルテルの取り締まりや企業結合の監視などを任務として設置された行政機関の名称は何か。

世界史

（60 分）

（解答上の注意）　解答が 2 桁の数字の場合には，以下のようにマークすること。

例えば，空欄［(19)｜(20)］の解答が 36 の場合，解答欄［(19)］の③にマークし，解答欄［(20)］の⑥にマークする。

I．次の文章を読み，下記の問いに答えなさい。

昨年起こった最も大きなニュースのひとつは皇位継承が行われ，時代が平成から令和に変わったことだろう。現在の日本において皇位継承の方法は皇室典範で定められており，争いが起こることは考え難い。しかし歴史を見ると統治者や国の代表の交替は時に社会を大きく揺るがしてきた。それは国の盛衰や統治の正統性に関わる重要な問題だからである。

中国の歴史は王朝の変遷だと言っても過言ではない。古代中国の伝説的帝王，堯，舜，禹はそれぞれ次の王に位を譲ったと言われている。諸子百家のうち［(1)｜(2)］の一人で［(3)｜(4)］を理想とした孟子は王朝交替の理論として易姓革命をとなえた。交替の形式は 2 つあり，武力によるものを（　(あ)　），平和的に地位を渡すことを（　(い)　）と呼んだ。歴史的には最初に（　(い)　）の形式をとって王朝を交替したのは［(5)｜(6)］を建国した王莽である。以降，魏から北宋まではしばしばこの平和的な形式で王朝が交替した。

王朝の交替は大きな変化ではあるが，新しい王朝が正統とみなされるためには継続性の主張も重要である。ヨーロッパでは統治の方法であれ，文化であれ，(a)ローマ帝国を継承していることが重視された。またイスラーム世界では預言者ムハンマドの血を引いていることや，もともとは異教徒であるが(b)モンゴルにつながる系譜を持っていることが統治者として大きな意味を持つこともあった。

王位継承をどのように行うのかはどの国においても悩みの種であろう。イスラームの初期において預言者の後継者（カリフ）を選出する際には話し合いや指名などの方法をとったが，［(7)｜(8)］からはカリフ位が世襲となった。王位継承をめぐる争いも数多く起こっている。有名な百年戦争はイギリス王［(9)｜(10)］3 世がフランスの王位継承権を主張してフランスに侵入したことがきっかけになっている。また18世紀はじめのヨーロッパではスペインで断絶した［(11)｜(12)］家の王位をめぐってスペイン継承戦争が起こり，(c)周辺諸国もこの争いに加わった。その結果，1713年に［(13)｜(14)］条約が結ばれ，ルイ14世の孫の［(15)｜(16)］5 世の王位継承が認められたが，条約を結ぶにあたって領土のやり取りも行われ，植民地を得たイギリスが国力を伸ばした。このように，(d)ヨーロッパ諸国の王位継承はしばしば国際問題となった。ヨーロッパ諸国がアジアで植民地を獲得する際に現地の王国の王位継承問題を利用することもあった。たとえば東南アジアでは1819年にイギリス人［(17)｜(18)］が上陸し，1824年にイギリス領となったシンガポールを得ることができたのも，現地の王位継承問題を利用したことが一因である。

決して望ましい形ではないが，暗殺によって統治者や国の代表が交替することも珍しくはない。アレクサンドロス大王が若くして［(19)｜(20)］王国の王に即位したのは父の［(21)｜(22)］2 世が暗殺されたためである。またイスラーム初期における4人の正統カリフは1人を除いて全て暗殺・殺害された。このうち，第4代正統カリフのアリーとその子孫を正統な指導者と考える人々は後にシーア派を形成し，10世紀に建国された［(23)｜(24)］も統治者がカリフを称したためイスラーム世界に二人のカリフが並び立つことになった。フランスでは1589年にアンリ3世が暗殺されて［(25)｜(26)］朝が絶え，［(27)｜(28)］家のアンリ4世が王位についた。この新王は国家統一を優先し，［(29)｜(30)］に改宗した上で内乱をおさめるなど国の安定に大きく貢献したが，最後はカトリック教徒に暗殺された。世界に最も大きな影響を与えた暗殺のひとつは，1914年に［(31)｜(32)］の州都サライェヴォでオーストリアの帝位継承者夫妻が殺された事件だろう。この事件をきっかけとして第一次世界大戦が勃発した。暗殺という手法で社会を変える行為は第二次世界大戦後も続き，1948年にインドのガンディーが［(33)｜(34)］に，1995年にはイスラエル首相のラビンが［(35)｜(36)］過激派に暗殺されるなど，政府を代表する人物の暗殺が各地で起こっている。

問1　文中の空欄［(1)｜(2)］～［(35)｜(36)］にあてはまる最も適当な語句を下記の語群から選び，その番号を解答用紙A（マークシート）の解答欄［(1)］～［(36)］にマークしなさい。

11 アイユーブ朝	12 アッバース朝	13 アルバニア	14 イスラーム教徒
15 ヴァロワ	16 ウエストファリア	17 ウマイヤ朝	18 エジプト
19 エドワード	20 王道政治	21 カトリック	22 カペー
23 カルロス	24 カロリング	25 ギリシア	26 クロアチア
27 後ウマイヤ朝	28 ジェイムズ	29 シク教徒	30 シャルル
31 儒家	32 ジョアン	33 商	34 新
35 スタンリー	36 スチュアート	37 正統カリフ時代	38 セルビア
39 楚	40 ダレイオス	41 道家	42 覇道
43 ハプスブルク	44 パレスチナ人	45 非攻	46 ピレネー
47 ヒンドゥー教徒	48 ファーティマ朝	49 フィリッポス	50 フェリペ
51 フェルナンド	52 プトレマイオス	53 ブルボン	54 プロテスタント
55 ブワイフ朝	56 ペルシア	57 ボスニア	58 墨家
59 マケドニア	60 メディチ	61 メロヴィング	62 ユグノー
63 ユダヤ人	64 ユトレヒト	65 ラッフルズ	66 リビングストン

問2　文中の（あ）と（い）にあてはまる最も適当な語句を解答用紙Bの所定の欄に記入しなさい。

問3　下線部（a）に関連して，西暦800年にカールにローマ帝国の帝冠を与え，西ローマ帝国の復活を宣言した教皇は誰か，解答用紙Bの所定の欄に記入しなさい。

問4　下線部（b）に関連して，14世紀後半から16世紀はじめにかけて，中央アジアやイランを中心にイスラーム世界東部を支配した王朝の首都だった都市の名前を2つ，解答用紙Bの所定の欄に記入しなさい。

問5　下線部（c）に関連して，この戦争と並行して北アメリカでイギリスとフランスの間で起こった戦争の名前を解答用紙Bの所定の欄に記入しなさい。

問6　下線部（d）に関連して，特定の国の王位継承問題に周辺国が係わることはなぜ正当化できるのか，その理由を解答用紙Bの所定の欄に記入しなさい。　（解答欄：約21cm×1行）

Ⅱ．次の文章を読み，下記の問いに答えなさい。

2月14日はバレンタインデー，甘いチョコで甘い恋を—。チョコレートの原材料であるカカオはメキシコ南部を原産地とし，かつてはアステカ王国などの王や特権階級のみに限られた苦い飲み物であった。1521年に［(37)｜(38)］がこの地を征服すると，スペイン人は砂糖を入れて飲む方法を編み出した。これは，［(39)｜(40)］が2回目の航海時にサトウキビの苗をアメリカ大陸に持ち込んだことが背景にある。やがてカカオの味はスペイン本土にも広まり，そしてルイ14世と結婚したスペインの王女，［(41)｜(42)］は，フランス宮廷にカカオを脱脂して苦みを抑えたココアを嗜む習慣を浸透させた。ルイ14世は［(43)｜(44)］を登用し(a)重商主義政策を展開した。絶対王政を強化するため，ココアなどの独占製造・販売権を特定の商人に与えたり，分業生産する［(45)｜(46)］の育成に努めたりした。

これらカトリックの国々とは異なる道を歩むのが，1609年に［(47)｜(48)］から独立したオランダや，［(49)｜(50)］が重商主義化を推し進めたイギリスである。イギリスでココアが飲まれるようになるのはピューリタン革命の頃である。同時期，プロテスタントの一派であるクエーカー教徒は信仰を広めていったが，王政復古期に弾圧され，その後も職業が限定されたため，実業家になる者が多かった。彼らは信仰を核に禁欲的な生活をし，経済的成功を収める者が現れるようになった。ドイツの社会学者の［(51)｜(52)］は『プロテスタンティズムの倫理と資本主義の精神』の中でこのことに言及している。後にキットカットを発売するロントリー社もクエーカー教徒の創業である。クエーカー教徒らは新興の産業資本家層として台頭し，［(53)｜(54)］らは反穀物法の運動を起こした。穀物法が廃止された翌年の1847年には，ココアとは逆に，油分を加え食べやすくしたチョコレートが開発された。ただ，一般に広まるのはまだ先の話である。なお，日本では1918年に森永製菓の田町工場でチョコレートの一貫製造が始まった。イギリスでは，［(55)｜(56)］が実用化した蒸気機関車が製作されたため大量輸送が可能になり，やがてチョコレート工場は郊外に建設された。

これに対し，同時期にココアを取り扱っていた(b)ベルギーやフランスでは事情が異なっていた。チョコレートの商圏はローカルにとどまり，職人技のチョコレートが発達していった。その後ベルギーのチョコレートは万国博覧会で注目を集め，世界で売上を伸ばした。そして1974年にはアメリカのキャンベル・スープ社がベルギー発祥のチョコレート・メーカーであるゴディバ社を買収した。さらに21世紀になると，(c)欧米以外の地域で経済成長する国が現れた。2007年にトルコの食品大手企業がゴディバ社を買収したことは，このような変化を象徴していると言えるだろう。

現在では，インドネシアやアフリカもカカオの一大生産地である。現在のインドネシアを構成している地域のうち，ジャワ島の大半は18世紀半ばに［(57)｜(58)］の支配下に入った。この地では，1830年から［(59)｜(60)］を敷き，コーヒーや砂糖などの熱帯農産物の開発輸出の拡大を目指した。しかし植民地統治のもとで住民の生活は過酷になったため，20世紀に入ると民族運動が起こった。その中でも1910年代初頭に設立された［(61)｜(62)］はインドネシア最初の大衆的民族組織として運動を牽引した。アフリカには，奴隷貿易の逆ルートでカカオが伝わった。アフリカは，1884～85年の［(63)｜(64)］会議を機に長らく(d)植民地化されてきたが，ようやく1957年に［(65)｜(66)］を指導者としてガーナが独立したのをはじめ，1960年に多くの独立国が生まれた。1963年には［(67)｜(68)］にアフリカの独立国代表が集まり，アフリカ統一機構が結成され，地域の連帯を目指した。ただし，これらの国々の中にはカカオ，コーヒー，サトウキビなど単一の農作物の生産に特化したため経済基盤が弱い国も多く，1964年には［(69)｜(70)］が設立され，(e)先進国と新興独立国間における不平等な分業体制の是正を目指すようになった。近年では，発展途上国の生産者の利益を確保し，経済格差の是正を目指す［(71)｜(72)］の重要性が叫ばれている。

このように，チョコレートの歴史を通してみても，世界は以前よりもはるかにつながるようになったことが分かる。昨今の世界問題は，G8，新興経済国11か国および　(73)　(74)　で構成されるG20の首脳会議で対応するようになった。昨年は大阪で開かれ，各国首脳へのお土産にゆずや日本酒味のチョコレートが選ばれた一さてさて，今宵は甘いチョコを召し上がれ。

問1　文中の空欄　(37)　(38)　～　(73)　(74)　にあてはまる最も適当な語句を下記の語群から選び，その番号を解答用紙A（マークシート）の解答欄　(37)　～　(74)　にマークしなさい。

11　アジア＝アフリカ　12　アフリカ開発会議　13　アフリカ連合　14　イギリス
15　イサベル　16　インドネシア国民党　17　ウィーン　18　エチオピア
19　エンクルマ　20　オーウェン　21　欧州連合
22　王立マニュファクチュア　23　オコンネル　24　オランダ
25　価格統制　26　ガーナ　27　機械制工場　28　クロムウェル
29　ケニア　30　国連貿易開発会議　31　コルテス　32　コルベール
33　コロンブス　34　サレカット＝イスラム　35　自由貿易体制　36　新興工業経済地域
37　スティーヴンソン　38　スペイン　39　政府栽培制度　40　セク＝トゥーレ
41　タンザニア　42　デューイ　43　テュルゴー　44　東南アジア諸国連合
45　問屋制家内工業　46　ノーフォーク農法　47　バルボア　48　ピサロ
49　フェアトレード　50　ブディ＝ウトモ　51　ブライト　52　フランス
53　フルトン　54　分益小作制　55　ベルリン　56　ベンサム
57　ポルトガル　58　マゼラン　59　マックス＝ヴェーバー
60　マリ＝テレーズ　61　マリ＝ルイーズ　62　南アフリカ　63　ルイ＝ブラン
64　ルムンバ　65　ロンドン　66　ワット

問2　下線部（a）に関連して，重商主義政策の初期に主にスペインなどで見られた重金主義とは何か，解答用紙Bの所定の欄に20字以内で記入しなさい。

問3　下線部（b）に関連して，イギリスで産業革命の速度が他国より速かったのはなぜか。労働力の観点からその理由を解答用紙Bの所定の欄に30字以内で記述しなさい。

問4　下線部（c）に関連して，BRICSと総称されている5か国のうち，Sで表されている国名は何か，解答用紙Bの所定の欄に記入しなさい。

問5　下線部（d）に関連して，この会議でベルギー国王の所有地として設立が認められた国の名前を解答用紙Bの所定の欄に記入しなさい。

問6　下線部（e）に関連して，この構造を論じた理論を何と言うか，解答用紙Bの所定の欄に記入しなさい。

Ⅲ．次の文章を読み，下記の問いに答えなさい。

君たちが商学部に入学したら学ぶ，近年の国際社会における経済や産業，企業経営のダイナミックな展開は，「石油」の存在を抜きには語れない。ここではその石油を軸に近年の世界の歴史を振り返ってみよう。

1859年，世界初の石油の商業生産はアメリカで始まった。のちに石油王として知られる［(75)｜(76)］もほぼ同時期に石油精製会社をスタートさせている。彼は南北戦争後の［(77)｜(78)］政権の保護政策と，石油をエネルギーとして用いる重化学工業を中心とした第２次産業革命の流れに乗り，［(79)｜(80)］と呼ばれる経営手法で中小の石油会社を吸収・合併し，会社を巨大化させることに成功した。

石油はその後，アジアや中南米，中東などでも開発されたが，その利権は先進国が保持することが多かった。たとえば，産油国の一つであるイランでは，第一次世界大戦後，レザー＝ハーンが実権を握り，1925年に［(81)｜(82)］朝を廃して新たな王朝を開いた。彼はトルコにならって近代化に努めたが，石油利権は［(83)｜(84)］が保持し続けた。このため，第二次世界大戦後の1951年，民族運動の高揚の中で［(85)｜(86)］首相が石油国有化法を定め，［(87)｜(88)］石油会社の資産を接収した。しかし列強各国との関係が壊れることを恐れた国王がクーデタをおこし，1954年にアメリカを中心とする国際石油会社と協定を結び，民族運動を抑え，石油からもたらされるオイルマネーを用い，［(89)｜(90)］と呼ばれる近代化をおしすすめた。

石油を燃料にした戦車や飛行機の有効性が第一次世界大戦で明らかになったこともあり，第二次世界大戦では，石油資源の確保が戦術上，重要になった。たとえば日本は，1940年９月にインドシナ北部に進駐し，翌年４月に［(91)｜(92)］をむすんで北方の守りを固めると，1941年７月には［(93)｜(94)］政府の承認を受けて南部にも進出し，東南アジアの石油資源獲得の機会をうかがった。日本の南方進出の意図が明らかになると，アメリカは態度を硬化させ，８月に石油の対日輸出を禁止した。東南アジアに植民地を持っていたイギリス，［(95)｜(96)］もこの動きに同調した。この時日本の総理大臣で，「大東亜共栄圏」構想を打ち出していた［(97)｜(98)］は，日米首脳の頂上会談を申し入れたが結局実現しなかった。日本は同年12月に始まった太平洋戦争中，ゴムや石油など資源が豊富な東南アジアを占領した。

第二次世界大戦後は多くの産油国が独立したが，油田の探査から採掘，輸送，精製，販売まで，すべての技術や知識を先進諸国が独占していたため，(a)<u>産油国の力は依然として弱かった</u>。このため，中東や南米の産油国はその地位向上のため，1960年にOPECを，そして1968年にはOAPECを組織した。この２つの組織が力を発揮するのは，1973年にエジプト，［(99)｜(100)］とイスラエルの間でおきた第４次中東戦争の時で，(b)<u>この時生じた第１次石油危機から，先進諸国は自分たちの経済が石油に依存していることを知ることになった</u>。

中東産油国の混乱は世界を揺るがせ続けた。1979年のイラン革命の際には第２次石油危機が生じ，1980年から88年までの(c)<u>イラン＝イラク戦争</u>ではペルシア湾を航行するタンカーが危険にさらされた。このため先進諸国では，減税や規制緩和による民間経済の活性化を目指す政策がとられるようになった。アメリカでは1981年に大統領に就任したレーガンが［(101)｜(102)］を唱え，同様な政策は(d)<u>イギリスの保守党政権，西ドイツの連立政権，日本の自由民主党政権</u>でも行われた。中東では石油をめぐる対立がその後も続き，イラクは1991年に［(103)｜(104)］に侵攻し，湾岸戦争が勃発した。

以上のように，1970年代には発展途上国の中に，オイルマネーで潤う産油国が登場し，先進国と対峙する一方で，経済発展から取り残される途上国も存在し，途上国の間で経済格差が生じた。ただ産油国でも石油だけに多くを依存した［(105)｜(106)］経済の国では，世界情勢によって国内経済が左右されることも多い。たとえば1930年代に［(107)｜(108)］大統領の下，外国石油資本の国有化などの政策により政治の安定がもたらされていたメキシコでは，1970年代における２回の石油危機から債務危機に陥った。

最近では地球環境に対するダメージを心配する国際世論の高まりとともに，温室効果ガスの排出量が多い石油への規制を強める動きが広がっている。たとえば，1994年に［(109)(110)］が採択され，この条約に基づいて1995年から毎年，国際会議が開催されるようになった。1997年に開催された第3回会議では，先進国に温室効果ガスの排出量削減を求める［(111)(112)］が採択された。

石油は現代の世界の経済問題から企業経営，環境問題まで，商学部で学ぶあらゆることに関係している。大学に入学したら，知識を断片的に覚えるだけではなく，横断的な視点で世界を眺める力を養ってほしい。

問1　文中の空欄［(75)(76)］～［(111)(112)］にあてはまる最も適当な語句を下記の語群から選び，その番号を解答用紙A（マークシート）の解答欄［(75)］～［(112)］にマークしなさい。

11 アフシャール　12 アメリカ　13 アングロ＝イラニアン　14 イギリス
15 イラニアン＝コンソーシアム　16 イラニアン＝ライト　17 イラン
18 ヴァルガス　19 ヴィシー　20 「大きな政府」論　21 オランダ
22 カージャール　23 カタール　24 カーネギー　25 カルデナス
26 カルテル　27 気候変動枠組条約　28 京都議定書　29 共和党
30 クウェート　31 国連環境計画　32 近衛文麿　33 コンツェルン
34 サブカルチャー　35 幣原喜重郎　36 自由党　37 自由フランス
38 自由放任主義　39 シリア　40 新自由主義　41 スペイン
42 タンジマート　43 ディアス　44 ドイツ　45 東条英機
46 トラスト　47 ナセル　48 日独伊三国同盟　49 日独防共協定
50 日ソ中立条約　51 ニューフロンティア政策　52 白色革命
53 パフレヴィー　54 パリ協定　55 バーレーン　56 フセイン
57 プランテーション　58 民主党　59 モーガン　60 モサデグ
61 モノカルチャー　62 モントリオール議定書　63 ヨルダン
64 レバノン　65 ロシア　66 ロックフェラー

※「Ⅲの文章中に不備があり，問1の空欄［(103)(104)］および，空欄［(109)(110)］に適切な解答が得られないことが判明」したため「全受験者が正解を解答した」ものとしたと大学より発表があった。

問2　下線部（a）に関連して，「産油国の力が弱い」とは具体的にどういうことなのか。解答用紙Bの所定の欄に20字以内で記入しなさい。

問3　下線部（b）に関連して，この時にアラブ産油国がとった石油戦略は何か。解答用紙Bの所定の欄に20字以内で説明しなさい。

問4　下線部（c）に関連して，この戦争が勃発した理由は何か。解答用紙Bの所定の欄に記入しなさい。
（解答欄：約21cm×1行）

問5　下線部（d）に関連して，それぞれの政権の首相は誰か。答えはイギリス，西ドイツ，日本の順で解答用紙Bの所定の欄に記入しなさい。

地理

（60 分）

（解答上の注意）　解答が 2 桁の数字の場合には，以下のようにマークすること。

例えば，空欄 [⒆ ⒇] の解答が 36 の場合，解答欄 [⒆] の③にマークし，解答欄 [⒇] の⑥にマークする。

Ⅰ．次の文章を読み，後の問いに答えなさい。

望ましい国際貿易政策について，伝統的に二つの考え方がある。一つは，(ア)それぞれの国が得意とする商品の生産に特化し，他国と自由に交換することが最も望ましく，政府は国際貿易に介入すべきではないとする考え方で，自由貿易主義と呼ばれる。もう一つは，国によって経済の発展段階に差があるので，発展途上国は，先進国と競争できるようになるまで輸入制限を行うなど，政府による介入がある程度正当化されるとする考え方で，保護貿易主義と呼ばれる。

保護貿易が世界大戦の一因となったという反省から，第二次世界大戦後は，自由貿易に向けた制度づくりが続けられてきた。1948年には自由・無差別・多角的貿易体制を原則とする [（1）（2）] が発足し，1995年には常設機関である [（3）（4）] が設立された。しかし，各国の主張が対立したため，自由化への歩みは遅々としたものにならざるを得なかった。しかも，[（3）（4）] に至っても，緊急輸入制限やアンチ・ダンピングが認められており，保護貿易主義的な要素を完全には排除できていない。

こうした中，複数の国がグループを形成し，域内で積極的に自由貿易を推進しようという動きが広がった。これを経済統合という。1952年に発足した [（5）（6）] はその先駆けで，欧州で再び戦火を交えることが無いよう，経済統合を推進すべきであるという考え方に基づいている。1993年には，[（7）（8）] の発効に伴って(イ)EU が発足した。2009年には [（9）（10）] が発効し，EU の権限が強化された。

経済統合の動きは，欧州以外にも広がっていった。北米では，1994年にアメリカ合衆国，メキシコ，カナダの間で [（11）（12）] が設立された。日本を含む12か国が推進してきた [（13）（14）] は，2017年に米国が離脱した後も協議が重ねられ，2018年に11か国による協定が発効した。南アメリカでは，1995年に(ウ)MERCOSUR が発足した。東南アジアでは，第二次世界大戦後に結成された(エ)ASEAN の1992年の首脳会議で，[（15）（16）] の設立が合意されたほか，(オ)さまざまな経済協力をとおして経済発展が実現した。

経済統合の内容は地域によって異なる。(カ)FTA が貿易の自由化を主な目的とするものであるのに対し，EPA は，FTA よりも幅広い分野についての連携を目指すもので，締結の動きが活発化している。

問 1　文中の空欄 [（1）（2）] ～ [（15）（16）] にあてはまる最も適切な語句を下の語群より選び，その番号を解答用紙 A（マークシート）の所定の解答欄にマークしなさい。

≪語群≫

11 AFTA	12 AU	13 BRICS	14 EC
15 ECSC	16 EEC	17 EFTA	18 FAO
19 GATT	20 IMF	21 NAFTA	22 ODA
23 OECD	24 OPEC	25 TPP	26 WTO
27 ウルグアイ・ラウンド	28 京都議定書	29 マーストリヒト条約	30 リスボン条約

問2　下線部（ア）について，下の表は2018年の日本の各国・地域からの総輸入額に占める主要品目の割合（%）を示している。表中の (17) ～ (20) に該当する最も適切な国・地域の名称を下の国・地域群から選び，その番号を解答用紙A（マークシート）の所定の解答欄にマークしなさい。

国・地域	日本の各国・地域からの総輸入額に占める主要品目の割合
(17)	電気機器29% 衣類・同付属品10% 電算機類（含周辺機器） 8％ 食料品5％ 金属製品3％
(18)	医薬品17% 自動車12% 食料品・飲料・たばこ11% 有機化合物5％ 精密機器類4％
(19)	電気機器21% 液化天然ガス9％ 衣類・同付属品8％ 木製品・コルク製品5％ 非鉄金属鉱3％
(20)	石油・同製品33% 液化天然ガス21% 石炭15% 非鉄金属15% 魚介類8％

（財務省貿易統計・国別概況品別表より作成）

≪国・地域≫　1 ASEAN　2 EU　3 アメリカ合衆国
4 中華人民共和国　5 中東[注]　6 ロシア

[注] イラン，イラク，バーレーン，サウジアラビア，クウェート，カタール，オマーン，イスラエル，ヨルダン，シリア，レバノン，アラブ首長国連邦，イエメン，ヨルダン川西岸およびガザを含む地域

問3　下線部（イ），（ウ），（エ）について，2019年3月末時点でそれぞれの経済統合に**属さない**国を下の表の中から選び，その番号を解答用紙A（マークシート）の所定の解答欄にマークしなさい。
（イ）の解答は (21) ，（ウ）の解答は (22) ，（エ）の解答は (23) にマークしなさい。

経済統合	国名				
（イ）	1 アイルランド	2 ギリシャ	3 デンマーク	4 ノルウェー	5 ポルトガル
（ウ）	1 アルゼンチン	2 ウルグアイ	3 チリ	4 パラグアイ	5 ブラジル
（エ）	1 インド	2 シンガポール	3 タイ	4 フィリピン	5 マレーシア

問4　下線部（オ）について，以下の文章の空欄（　あ　）～（　え　）にあてはまる最も適切な語句を，（　あ　）と（　い　）はそれぞれ漢字2字，（　う　）は漢字4字，（　え　）は漢字3字で答えなさい。解答は解答用紙Bの所定の欄に書きなさい。

従来の国際分業は，複数の先進国が完成品を製造して相互に輸出する（　あ　）分業と，発展途上国が原材料を先進国に輸出して先進国が完成品を製造する（　い　）分業という二つの形態が主流であった。後者の分業は，第二次世界大戦前の植民地と宗主国という関係を引きずったものが多く，発展途上国と先進国の経済格差が解消されないという（　う　）の克服が戦後の課題となった。東南アジア諸国は1980年代後半になって工業化に成功したが，とくに近年は，同一産業内や同一企業内で多様な部品が生産・輸出される新しい形の（　あ　）貿易が行われている。このように発展途上国で工業化が進む一方，国際競争力が相対的に低下した先進国では，産業の（　え　）が問題となっている。

問5　下線部（カ）について，サービス貿易の自由化や輸入数量制限の撤廃と並んで，多くのFTAに共通する最も基本的な施策を15字以内で答えなさい。解答は解答用紙Bの所定の欄に書きなさい。

Ⅱ．次の文章を読み，後の問いに答えなさい。

第二次世界大戦後に急増した世界人口は，21世紀にも増加を続けている。2015年時点でアジアに約［(24)｜(25)］億人，アフリカには約12億人の人々が暮らしており，2050年の世界人口は約98億人に達すると予測されている。世界人口を扶養するうえで重要な農産物は，米，小麦，［(26)｜(27)］，大豆である。とくに，巨大な人口を抱えるインドや中国がこれらの農産物を自給できるかが問題となる。インドは，1960年代後半の(ア)「緑の革命」により，1977年以降，食料をほぼ自給している。中国は，2000年代以降，［(28)｜(29)］を用いた生産性の急速な向上により，米，小麦，［(26)｜(27)］をほぼ自給している。このうち，飼料としても使われる［(26)｜(27)］の国内生産は，経済発展による［(30)｜(31)］の消費増加に伴い著しく伸びているのに対して，同じ飼料作物の大豆は，国内生産が需要に追いつかず，アメリカ大陸から輸入している。

世界全体での農畜産物の生産では，アメリカ合衆国（以下，アメリカという）の役割が大きい。伝統的にアメリカの農業は(イ)西ヨーロッパから導入された混合農業に［(26)｜(27)］の生産を組み合わせたものであった。これを基礎に現代では，合理的な経営のもと，広大な農地で大型機械や多量の［(28)｜(29)］・除草剤・殺虫剤を使用したり，最新の遺伝子組み換え技術を駆使したりして，多様な農産物が大規模に生産されている。こうした生産方法により［(32)｜(33)］生産性の高い［(34)｜(35)］的農業が実現している。小麦・［(26)｜(27)］・大豆は，年降水量が［(36)｜(37)］mm以上の西経100度以東の地域で肥沃なプレーリー土を活用して生産されている。一方，西経100度以西の地域では放牧が盛んである。冬小麦地帯では，アルゼンチンや［(38)｜(39)］と同様に［(40)｜(41)］で肉牛の肥育を行う［(34)｜(35)］的牧畜が見られる。

世界各国の農家が生産した穀物は，(ウ)アメリカに本拠地をもつ多国籍企業を介して，世界の消費地にとどけられる。これらの企業は基本的には国際的な［(42)｜(43)］を担う商社であるため，穀物取引それ自体からの利益率は低い。そこで，利益率を高めるため多角的な経営を行い，［(28)｜(29)］の生産，種子の開発・販売，農産物の加工・販売から農業機械の製造，［(30)｜(31)］の生産・流通・加工まで，［(44)｜(45)］において重要な役割を担っている。さらに，集荷，保管，運搬のために［(46)｜(47)］と呼ばれる巨大倉庫や鉄道・船舶などを保有するほか，［(48)｜(49)］により各国の作柄調査を行うなど国際的な情報網を確立している。こうした背景のもと，これらの多国籍企業は［(50)｜(51)］に設けられている商品取引所の穀物相場に大きな影響を与えている。

他方，アフリカでは，植民地時代から［(52)｜(53)］の栽培を重視してきたため，食料自給率が低い。主食用穀物の生産は小規模で，農業機械の導入も遅れている。また，アフリカの土地は肥沃度が低いにもかかわらず，［(28)｜(29)］は多くの農地で使用されていない。人口増加が見込まれるアフリカ大陸での食料需要の急増は世界的な食料不足につながる可能性もあり，(エ)アフリカでの食料自給体制の確立は，国際社会にとって重要な課題である。

問1　文中の空欄 (24) (25) ～ (52) (53) にあてはまる最も適切な語句を下の語群から選び，その番号を解答用紙A（マークシート）の所定の解答欄にマークしなさい。

《語群》

11　44	12　56	13　73	14　500
15　1000	16　アグリビジネス	17　イギリス	18　イモ
19　エレベーター	20　オーストラリア	21　化学肥料	22　企業
23　キャッサバ	24　根菜	25　コンテナ	26　三圃式
27　シカゴ	28　自給作物	29　商品作物	30　白い革命
31　人工衛星	32　水牛	33　スマートアグリ	34　センターピボット
35　トウモロコシ	36　土壌	37　肉類	38　二圃式
39　ニューヨーク	40　皮革製品	41　フィードロット	42　豚
43　水	44　ミルク	45　流通	46　労働

問2　下線部（ア）について，以下の文章の空欄 (54) (55) ～ (58) (59) にあてはまる最も適切な語句を問1の語群から選び，その番号を解答用紙A（マークシート）の所定の解答欄にマークしなさい。

穀物生産の増加により飼料の供給が増え，「緑の革命」の恩恵を受けられなかった土地をもたない農民でも，飼育できる牛や (54) (55) の頭数が増え， (56) (57) の生産が大きく増加した。これは「 (58) (59) 」と呼ばれ，農民の所得向上と消費者の栄養状態の改善をもたらした。

問3　下線部（イ）について，西ヨーロッパで混合農業が発達した理由を説明した以下の文章の空欄 (60) (61) および (62) (63) にあてはまる最も適切な語句を問1の語群から選び，その番号を解答用紙A（マークシート）の所定の解答欄にマークしなさい。

産業革命による都市の食料需要の増加と新大陸からの安い穀物の輸入を契機として，より効率的に土地を利用するために，中世以来行われてきた (60) (61) 農業の休閑地で (62) (63) 類や牧草を栽培し，家畜飼育も行うようになった。

問4　下線部（ウ）について，以下の文章の空欄（　あ　）にあてはまる最も適切な国名および（　い　）にあてはまる最も適切な語句を，解答用紙Bの所定の欄に書きなさい。

1970年代後半からブラジル高原のセラードでは（　あ　）からのODAを活用した大規模な土壌改良や灌漑が行われ，大豆の世界的産地が形成された。その後，「穀物（　い　）」と呼ばれる多国籍企業が，ブラジルでの大豆の生産・加工・輸出にも大きく関与するようになった。

問5　下線部（エ）について，アフリカでは都市部の所得の向上が農村での農業生産性の改善につながりにくい理由を，食料輸入という語句を用いて25字以内で答えなさい。解答は解答用紙Bの所定の欄に書きなさい。

Ⅲ. 次の文章を読み，後の問いに答えなさい。

第二次世界大戦以前，植民地支配を受けていた多くの東南アジア諸国は，特定の農産物や鉱産物の輸出に依存するモノカルチャー経済を強いられていた。戦後，これらの国々は独立を遂げたが，生活の向上を図るためには，(ア)モノカルチャー経済から脱却し，工業化を推進する必要があった。そのため，1970年代から各地に［(64)｜(65)］を整備し，安価な人件費を武器に外国企業を誘致した。加えて，世界市場に向けた工業生産をするうえで税制優遇措置を付与した［(66)｜(67)］を設けるなど，［(68)｜(69)］の工業化を目指してきた。その結果，日本を含む先進国からの企業進出や高度な技術の移転が行われた。

東南アジア諸国は域内の連携を深めるため，いわゆるバンコク宣言に基づき［(70)｜(71)］年にASEANを結成した。当初の加盟国5か国に，［(72)｜(73)］年にイギリスから独立したブルネイが加わり，冷戦終結後にさらに数か国が加盟した。その後，［(74)｜(75)］年に加わったカンボジアを最後に現在に至っている。

工業化によって都市部の生活は豊かになる一方で，(イ)多くの人々が農村部から都市部に流入し，特に首都圏への人口集中を招いた。それは，交通渋滞や大気汚染といった深刻な問題を引き起こした。また，住宅や工場などが郊外に無秩序に拡大する［(76)｜(77)］現象を生じさせている。都市部での急速な人口増加は，居住環境の悪化を引き起こし，河川敷や鉄道線路沿いなどにスラムが形成された。スラム居住者は，都市部に移住してきたものの安定した職業に就ける者はわずかで，多くの人々は［(78)｜(79)］で働き生計を立てている。(ウ)こうした都市問題を解決するためには，多大な費用と時間を要する場合が多い。

以下，東南アジア諸国に属するいくつかの国を概観してみよう。

（ａ）は，イギリスとフランスの緩衝国とされ列強の植民地化を免れた国である。［(80)｜(81)］年からのアジア通貨危機は，（ａ）の通貨バーツの切下げを契機としている。（ａ）の工業化は衣料品などの軽工業から始まったが，現在では［(82)｜(83)］産業の育成に注力し，世界の有力メーカーが進出している。（ａ）の首都は，政治・経済の中心であり，他の都市の人口規模を大きく上回る［(84)｜(85)］である。

多民族国家である（ｂ）では，［(86)｜(87)］が多数を占めるものの，中国系住民（華人）が経済の実権を握っている。そのため，［(86)｜(87)］を優遇する［(88)｜(89)］政策によって経済格差の是正を図ってきた。1980年代には日本や［(90)｜(91)］の経済的成功をモデルに工業化を目指す［(92)｜(93)］政策を打ち出している。

1945年，［(94)｜(95)］から独立した（ｃ）は，10年に及ぶ戦争を含め，度重なる紛争を経験してきたが，南北に分裂していた国家は，［(96)｜(97)］年にようやく統一された。そのため工業化は比較的遅れていたが，1986年以降，閉鎖的な統制経済から［(98)｜(99)］政策を採用し，［(100)｜(101)］体制を維持しつつ市場経済化と対外開放を推進した結果，工業化が進展した。この政策は，農業にも影響を及ぼし，集団農業からの脱却によって農業の生産性が高まり，米や［(102)｜(103)］の輸出などが大幅に増加した。

問1 文中の空欄［(64)｜(65)］～［(102)｜(103)］にあてはまる最も適切な語句を下の語群より選び，その番号を解答用紙Ａ（マークシート）の所定の解答欄にマークしなさい。

《語群》

11 1965	12 1967	13 1975	14 1976
15 1981	16 1984	17 1993	18 1997
19 1999	20 2008	21 油ヤシ	22 アメリカ合衆国

23	インド系住民	24	インナーシティ	25	インフォーマルセクター		
26	オランダ	27	経済特区	28	工業団地	29	コーヒー豆
30	自動車	31	資本主義	32	社会主義	33	スプロール
34	スペイン	35	繊維	36	大韓民国	37	中華人民共和国
38	中心業務地区	39	ドイモイ（刷新）	40	バナナ	41	非居住地域
42	ブミプトラ	43	プライメートシティ	44	フランス	45	プランテーション
46	ポルトガル	47	マレー系住民	48	メトロポリス	49	輸出加工区
50	輸出指向型	51	輸入代替型	52	ルックイースト		

問2　下線部（ア）について，東南アジア諸国がモノカルチャー経済から脱却を図った理由を述べた以下の文章の空欄にあてはまる最も適切な語句を漢字4字で答えなさい。解答は解答用紙Bの所定の欄に書きなさい。

輸出品である特定の農産物や鉱産物の生産量や（　　　）が低水準にとどまったり大きく変動したりすると，当該国の経済が悪化したり不安定となるため。

問3　下線部（イ）について，以下の（1），（2）の問いに答えなさい。

（1）農村部から都市部に人口が流入した理由に関して，以下の文章の空欄にあてはまる最も適切な語句を漢字5字で答えなさい。解答は解答用紙Bの所定の欄に書きなさい。

農村部では農業生産性の向上などから（　　　）が発生し，雇用機会や利便性の高い生活を求めて都市部に移動したため。

（2）農村部からの人口流入という理由の他に，特に首都圏に人口が集中する理由を25字以内で述べなさい。解答は解答用紙Bの所定の欄に書きなさい。

問4　下線部（ウ）について，都市問題の解決に関して述べた以下の文章の空欄にあてはまる最も適切な語句を漢字4字で答えなさい。解答は解答用紙Bの所定の欄に書きなさい。

都市問題を解決するため，社会基盤の整備や低所得者向けの住宅提供が進められているが，発展途上国では，（　　　）の累積などにより十分な対策が進まないため，先進国の国際協力やNGOなどの人的支援に頼らざるを得ない状況にある。

問5　2018年現在，（ａ）～（ｃ）の人口と名目GDP（国内総生産）を大きい順に左から並べ，解答用紙Bの所定の欄に書きなさい。

数学

（70 分）

《 解答するにあたっての注意 》

1. 問題Ⅳの解答は**解答用紙 B** の所定の位置に記入し，それ以外の問題の解答は**解答用紙 A（マークシート）**にマークしなさい。

2. 分数形で解答する場合，それ以上約分できない形で解答しなさい。根号を含む形で解答する場合，根号の中に現れる自然数が最小となる形で解答しなさい。それ以外でも，できるだけ簡単な形で解答しなさい。

3. マークシートにある㊀はマイナス符号－を意味する。**解答用紙 A（マークシート）**に分数の符号を解答する場合は，マイナス符号は分子につけ，分母につけてはいけない。マークシートの記入にあたっては，次の例を参考にしなさい。

[例 1] | (11) | (12) | と表示のある問いに対して，「34」と解答する場合には，解答欄 (11) の③と解答欄 (12) の④にマークしなさい。

[例 2] | (13) | (14) | (15) | と表示のある問いに対して，「－56」と解答する場合には，解答欄 (13) の㊀，解答欄 (14) の⑤，および解答欄 (15) の⑥にマークしなさい。

[例 3] $\dfrac{\boxed{(16)\ (17)}}{\boxed{(18)\ (19)}}$ と表示のある問いに対して，「$-\dfrac{7}{89}$」と解答する場合には，解答欄 (16) の㊀，解答欄 (17) の⑦，解答欄 (18) の⑧，および解答欄 (19) の⑨にマークしなさい。

I. 以下の問いに答えよ。

(i) z を複素数とし，数列 $\{a_n\}$ が漸化式 $a_{n+1} = za_n - z^2$ を満たすとする。

$z = \dfrac{\boxed{(1)}}{\boxed{(2)}} \pm \dfrac{\sqrt{\boxed{(3)}}}{\boxed{(4)}}\, i$ のとき，一般項が $a_n = 1\ (n = 1, 2, \cdots)$ となる。

(ii) 実数 a に対し，$f(x) = |x| + a$ とおく。$\displaystyle\int_{-5}^{5} \left|f(x)\right| dx$ が最小となるのは

$a = \dfrac{\boxed{(5)\ (6)}}{\boxed{(7)}}$ のときである。

(iii) $f(x) = 4x^3 - 3x$ とし，その導関数を $f'(x)$ とする。$f'(\sin\theta) = 3 - 3\sqrt{2}$ を満たす $\theta\ (0 < \theta < \pi)$ は

$$\frac{\boxed{(8)}}{\boxed{(9)}}\pi,\ \frac{\boxed{(10)}}{\boxed{(11)}}\pi$$

である。また，$f(\cos\theta) = \dfrac{1}{2}$ を満たす $\theta\ (0 < \theta < \pi)$ は

$$\frac{\boxed{(12)}}{\boxed{(13)}}\pi,\ \frac{\boxed{(14)}}{\boxed{(15)}}\pi,\ \frac{\boxed{(16)}}{\boxed{(17)}}\pi$$

である。

(iv) $\displaystyle\sum_{r=0}^{5} {}_5\mathrm{C}_r \tan^{2r}\frac{\pi}{3} = \boxed{(18)\ (19)\ (20)\ (21)}$ である。

(v) 数列 $\{a_n\}$ が漸化式 $a_{n+1} = \dfrac{1}{4}{a_n}^3$ を満たし，$a_1 = 4$ とする。このとき，

$$\log_2 a_{n+1} = \boxed{(22)}\log_2 a_n - \boxed{(23)}$$

であり，$a_n > 2 \cdot 10^{30100}$ を満たす最小の自然数 n は $\boxed{(24)\ (25)}$ である。ただし，必要であれば $\log_{10} 2 = 0.301$，$\log_{10} 3 = 0.477$ を近似として用いてもよい。

II. 座標平面上の原点を中心とする半径1の円上の動点A, B, Cを考える。以下，Aが$(1,0)$, Bが$(0,1)$, Cが$(-1,0)$にいる状態を初期状態と呼ぶ。

8枚の硬貨$Q_1, Q_2, Q_3, \cdots, Q_8$を同時に投げる試行をTとする。A, B, Cはいずれも，試行Tを行うたびに次の規則に従って動く。

$n=1,2,3,\cdots,8$に対して，$\left(\cos\dfrac{n}{4}\pi,\ \sin\dfrac{n}{4}\pi\right)$にいる動点は，
硬貨Q_nが表となったとき$\left(\cos\dfrac{n+1}{4}\pi,\ \sin\dfrac{n+1}{4}\pi\right)$に動き，
硬貨Q_nが裏となったとき$\left(\cos\dfrac{n-1}{4}\pi,\ \sin\dfrac{n-1}{4}\pi\right)$に動く。

この規則により，ある時点で座標が一致している複数の動点は，試行Tの後も座標が一致する。

(i) 初期状態から試行Tを2回行ったとき，AとBの座標が一致している確率は$\dfrac{\boxed{(26)}}{\boxed{(27)}}$であり，AとCの座標が一致している確率は$\dfrac{\boxed{(28)}}{\boxed{(29)}}$である。また，A, B, Cの座標が全て一致している確率は$\dfrac{\boxed{(30)}}{\boxed{(31)\ (32)}}$である。

(ii) 初期状態から試行Tを2回行ったとき，AとBの座標が一致しているとする。このとき，Cの座標がA, Bの座標と一致している確率は$\dfrac{\boxed{(33)}}{\boxed{(34)}}$である。

(iii) 初期状態から試行Tを4回行ったとき，AとCの座標が一致している確率は$\dfrac{\boxed{(35)\ (36)}}{\boxed{(37)\ (38)}}$である。

(iv) 初期状態から試行Tを5回行ったとき，AとCの座標が一致している確率は$\dfrac{\boxed{(39)\ (40)}}{\boxed{(41)\ (42)}}$である。

III. 座標平面の原点を O とする。関数 $f(x)$ とその導関数 $f'(x)$ に対して 2 点 $\mathrm{A}(x, f(x))$，$\mathrm{B}(2x, f(x)+xf'(x))$ を考える。ただし，$x \neq 0$ とする。

(i) 2 点 A, B を通る直線上の点を P とすると，$\overrightarrow{\mathrm{OP}}$ は実数 t を用いて

$$\overrightarrow{\mathrm{OP}} = \left(x\left(t + \boxed{(43)}\right),\ f(x) + txf'(x)\right)$$

と表せる。

以下，$f(x) = \dfrac{1}{2}x^2 + 2$ とする。

(ii) ベクトル $\overrightarrow{\mathrm{OP}}$ の大きさ $|\overrightarrow{\mathrm{OP}}|$ が最小となるのは

$$t = -\frac{x^2 + \boxed{(44)}}{\boxed{(45)}\left(x^2 + \boxed{(46)}\right)}$$

のときで，そのとき

$$|\overrightarrow{\mathrm{OP}}| = \frac{\left|x^2 - \boxed{(47)}\right|}{\boxed{(48)}\sqrt{x^2 + \boxed{(49)}}}$$

である。

(iii) $0 < x < 2$ の範囲で $\triangle\mathrm{OAB}$ の面積 S が最大となるのは

$$x = \frac{\boxed{(50)}\sqrt{\boxed{(51)}}}{\boxed{(52)}}$$

のときで，そのとき

$$S = \frac{\boxed{(53)}\sqrt{\boxed{(54)}}}{\boxed{(55)}}$$

である。

IV. 座標空間内で，原点Oを中心とする半径rの球面Sを考える。hを正の実数として，z軸上の点H$(0, 0, r+h)$を通る平面のうち，zx平面上の点Aで球面Sと接するものをα，yz平面上の点Bで球面Sと接するものをβとする(ただし，点Aのx座標と点Bのy座標は正とする)。

$t=\dfrac{h}{r}$として，空欄［（ア）］～［（オ）］に入るtを用いた適切な式を，また，空欄［（カ）］に入る適切な整数を，それぞれ解答用紙Bの所定の欄に記述しなさい。**ただし，解答にはrとhを用いてはならない**。

(i) 点Aの座標は

$$\left(\boxed{（ア）}\, r,\ 0,\ \boxed{（イ）}\, r \right)$$

である。

(ii) 平面αの方程式は

$$\boxed{（ウ）}\, x+z=\boxed{（エ）}\, r$$

である。

(iii) 平面αの法線ベクトルと平面βの法線ベクトルのなす角がθ $(0° < \theta < 90°)$であったとする。このとき，

$$\cos\theta=\boxed{（オ）}$$

である。

(iv) $r=6400$, $h=400$のとき，鋭角θの大きさを度数法を用いて最も近い整数で表すと

$$\theta \fallingdotseq \boxed{（カ）}°$$

となる。ただし，必要であれば三角比の表を用いてよい。

三角比の表

θ	$\sin\theta$	$\cos\theta$	$\tan\theta$
0°	0.0000	1.0000	0.0000
1°	0.0175	0.9998	0.0175
2°	0.0349	0.9994	0.0349
3°	0.0523	0.9986	0.0524
4°	0.0698	0.9976	0.0699
5°	0.0872	0.9962	0.0875
6°	0.1045	0.9945	0.1051
7°	0.1219	0.9925	0.1228
8°	0.1392	0.9903	0.1405
9°	0.1564	0.9877	0.1584
10°	0.1736	0.9848	0.1763
11°	0.1908	0.9816	0.1944
12°	0.2079	0.9781	0.2126
13°	0.2250	0.9744	0.2309
14°	0.2419	0.9703	0.2493
15°	0.2588	0.9659	0.2679
16°	0.2756	0.9613	0.2867
17°	0.2924	0.9563	0.3057
18°	0.3090	0.9511	0.3249
19°	0.3256	0.9455	0.3443
20°	0.3420	0.9397	0.3640
21°	0.3584	0.9336	0.3839
22°	0.3746	0.9272	0.4040
23°	0.3907	0.9205	0.4245
24°	0.4067	0.9135	0.4452
25°	0.4226	0.9063	0.4663
26°	0.4384	0.8988	0.4877
27°	0.4540	0.8910	0.5095
28°	0.4695	0.8829	0.5317
29°	0.4848	0.8746	0.5543
30°	0.5000	0.8660	0.5774
31°	0.5150	0.8572	0.6009
32°	0.5299	0.8480	0.6249
33°	0.5446	0.8387	0.6494
34°	0.5592	0.8290	0.6745
35°	0.5736	0.8192	0.7002
36°	0.5878	0.8090	0.7265
37°	0.6018	0.7986	0.7536
38°	0.6157	0.7880	0.7813
39°	0.6293	0.7771	0.8098
40°	0.6428	0.7660	0.8391
41°	0.6561	0.7547	0.8693
42°	0.6691	0.7431	0.9004
43°	0.6820	0.7314	0.9325
44°	0.6947	0.7193	0.9657
45°	0.7071	0.7071	1.0000

θ	$\sin\theta$	$\cos\theta$	$\tan\theta$
45°	0.7071	0.7071	1.0000
46°	0.7193	0.6947	1.0355
47°	0.7314	0.6820	1.0724
48°	0.7431	0.6691	1.1106
49°	0.7547	0.6561	1.1504
50°	0.7660	0.6428	1.1918
51°	0.7771	0.6293	1.2349
52°	0.7880	0.6157	1.2799
53°	0.7986	0.6018	1.3270
54°	0.8090	0.5878	1.3764
55°	0.8192	0.5736	1.4281
56°	0.8290	0.5592	1.4826
57°	0.8387	0.5446	1.5399
58°	0.8480	0.5299	1.6003
59°	0.8572	0.5150	1.6643
60°	0.8660	0.5000	1.7321
61°	0.8746	0.4848	1.8040
62°	0.8829	0.4695	1.8807
63°	0.8910	0.4540	1.9626
64°	0.8988	0.4384	2.0503
65°	0.9063	0.4226	2.1445
66°	0.9135	0.4067	2.2460
67°	0.9205	0.3907	2.3559
68°	0.9272	0.3746	2.4751
69°	0.9336	0.3584	2.6051
70°	0.9397	0.3420	2.7475
71°	0.9455	0.3256	2.9042
72°	0.9511	0.3090	3.0777
73°	0.9563	0.2924	3.2709
74°	0.9613	0.2756	3.4874
75°	0.9659	0.2588	3.7321
76°	0.9703	0.2419	4.0108
77°	0.9744	0.2250	4.3315
78°	0.9781	0.2079	4.7046
79°	0.9816	0.1908	5.1446
80°	0.9848	0.1736	5.6713
81°	0.9877	0.1564	6.3138
82°	0.9903	0.1392	7.1154
83°	0.9925	0.1219	8.1443
84°	0.9945	0.1045	9.5144
85°	0.9962	0.0872	11.4301
86°	0.9976	0.0698	14.3007
87°	0.9986	0.0523	19.0811
88°	0.9994	0.0349	28.6363
89°	0.9998	0.0175	57.2900
90°	1.0000	0.0000	なし

論文テスト

（70 分）

（解答上の注意）　解答が 2 桁の数字の場合には，以下のようにマークすること。

例えば，空欄 ⒆ ⒇ の解答が 36 の場合，解答欄 ⒆ の③にマークし，解答欄 ⒇ の⑥にマークする。3 桁以上の場合も同様に対応すること。

I. 以下の文章を読んで，次の問 1 ～問 5 に答えなさい。

［第 1 節］　ある人の行動の結果として，他の人に （1）（2） や損害が生じることはしばしば起こる。もしそれが明確な意図をもって行なったことの結果，（3）（4） に起こったことであれば，それを行なった人は （1）（2） を得た人から報酬を求めることができるし，損害を被らせたとしたら，不法行為として損害賠償をしなければならないし，また場合によっては （5）（6） 上の犯罪として罰せられるかもしれない。

しかし世の中では，人が意図して行なわなくとも，たまたま他人に被害をもたらす結果が生じることが少なくない。あるいは意図した目的とはまったく別の効果が生じて，他人に予期せぬ損害を及すこともある。

いろいろな種類の事故では，人が特定の目的をもって行なった行為に対し，なんらかの予想できなかった事情が発生して，その結果自分や他人に被害が生じるものである。このような事故は，（7）（8） にみれば偶然起こったといえるが，一方でその人の行為がなかったら事故が起こらなかったことも確かだとすれば，その人に責任がないともいえない。そこで他人が被害を受けたならば，被害者は「加害者」の責任を追及し，損害賠償や刑事裁判を求めるだろう。しかし「加害者」とされた人は逆に，被害者が注意深く行動していれば事故は起こらなかったはずであり，被害を受けたのは自己責任だと主張するかもしれない。

（　A　），第三者的立場の人は，事故が起こったのは，その場が危険な状況にあったからであり，そのような場を放置した （9）（10） に責任がある，あるいは加害者，被害者，（9）（10） のいずれにもそれぞれ責任があるというかもしれない。

［第 2 節］　実際，多くの事故，特に重大事故は，複数の互いに独立な原因がたまたま重なり合うことによって起こるものであって，そのことがまさに偶然であったということを意味している。そのような原因となる事象の重なりが起こるとは誰も予測できなかったとすれば，事故が起こったことは「不運」であったとしかいえないだろう。またそのような事故の起こる確率が十分小さかったとすれば，それぞれの当事者が事故の起こる確率を考慮せずに行動したことを （11）（12） することはできないだろう。しかし，それでは単に「不運」だったということで，被害者にその （13）（14） を押し付けてよいだろうか。

他面からいえば，いくつかの原因の複合によって生じた事故は，その中の一つでも存在しなければ起こらなかったことも確かだろう。（　B　），その中で，（15）（16） によって生じたことは別として，人の行為によって生じたことについては，それぞれに一部の責任があると考えられるのではなかろうか。もちろんそのような行為についても，他の諸原因が複合しなければ事故は起こらなかっただろうから，それが事故を引き起こすことになってしまったことは「不運」であったといわねばならない。（　C　），事故が起こってしまったことはとにかく「不運」であったとすれば，その［(13)｜(14)］について，それを引き起こした原因の一部を作った人はやはりその一部を引き受けるのが当然ではないだろうか。

事故については，それが起こる確率がなるべく小さくなるようにすべての関係者が［(17)｜(18)］に努力すべきことは当然であるが，しかし小さい確率のことでも「偶然」起こってしまうことはある。その場合には事後処理として「不運」を適切に分かち合うことが必要である。

事故の事後処理において，当事者の一方が故意または過失によって事故の起こる確率を大きくするようなこと（例えば酔っ払い運転）をしていなければ，［(19)｜(20)］なあるいは法的な「責任問題」をあまり論じ合うことは不毛だろう。「不運な事故」は「不運」なのであって，それは本来［(21)｜(22)］なものである。それについてすべての当事者が満足する解決などはありえないのであって，可能なことは，その「不運」の適切な分配によって，それが作り出した「不幸」，つまり不運な事故の被害から生じる人々の惨めさをなるたけ少なくすることでしかないのである。

そのためには人々の間の同情心と適切な社会ルールが必要である。そのルールの中では，当事者のそれぞれの「不運」を負担しうる能力と，事故が起こる確率を小さくしえた可能性とを考慮に入れる必要がある。

［第3節］　ときには大勢の人々に重大な被害が及ぶような「大事故」が起こることがある。そのような場合には，その事故の「責任追及」や「被害者の救済」をめぐっていろいろな議論が起こる。

このような事故は本来「起こってはならない」ものである。しかし人間の関わることに「絶対」はありえないから，稀ではあってもこのようなことが起こりうる。そのためにまずこのようなことが起こる確率を十分に小さくし，「そのようなことは現実に起こることはない」ことを保証しなければならない。

（　D　），大事故が起こってしまうかもしれない。その場合，「このようなことが起こる確率は非常に小さかったはずだ」といっても言い訳にはならない。起こってしまった以上，［(17)｜(18)］の確率は架空の計算でしかない。それゆえ，責任者は事故が起こったことに対し「責任」を取る必要がある。

しかしここで「責任を取る」とはどういうことか。実際の事故が起こった過程は「責任者」の具体的な行為と無関係であろう。だから個人としてはその人は「自分には責任はない」と主張することもできるはずである。しかし大事故を起こした場合にはその「責任」は個人に対してではなく，公的機関や企業などに対して問われることがふつうだから，その長はやはり「責任者」であるということになる。

しかし誰かが「責任」をとって，例えば職を辞したり，あるいは（　あ　）ことがあったとしても，実はそれで事態が元に戻るわけではなく，被害が減るわけでもないだろう。(ア)<u>だからそんなことをするのは無駄，ということになるだろうか</u>。

このような大事故の被害を受けた人にとって，それはわけのわからない「理不尽」なことである。それがいろいろ偶然の重なった「不運」なことであればあるほど，被害者にとっては「なぜ自分がこのような被害を受けなければならなかったのか」ということを［(23)｜(24)］できないと感じるだろう。

［第4節］　小さい確率の偶然が起こってしまい大きな被害が生じたことは，それ自体大きい「不運」である。そこでその「不運」が被害者にもたらした「不幸」をできるだけ軽減するために努力することが社会の義務と考えねばならない。それは（　い　）こととは別の次元の問題である。「不確実性の下における意思決定の理論」に基づいて，確率や「期待損失」を最小にすれば問題が終わるわけではない。それは［(17)｜(18)］の合理的な行動の指針を与えても，小さい確率の偶然という「不合理」，あるいは少なくとも「［(21)｜(22)］」なことが起こってしまったときの事後処理については，何の指針も与えない。

そして起こってしまった「不運」はどうしようもないとすれば，「不運」をできる限り分配して被害者の負担を軽くすること，それとともに被害者が事実を［(23)｜(24)］して受け容れることは不可能であるとしても，少なくとも現実に起こったことと「折り合って」生きていけるようにすることが必要である。そのために「心のケア」が必要であり，また人々が善意や同情を示すことも必要である。「責任者」が（ う ）ことも事後処理の一つのプロセスとして必要であると思う。このような「不運」の事後処理のやり方については，これまであまり体系的に論じられたことがなかったと思う。

（竹内啓『偶然とは何か』岩波新書，2010年，第5章を改変して作成した。）

問1．本文中の空欄［(1)｜(2)］～［(23)｜(24)］にあてはまる最も適切な語を次の選択肢から選び，その番号を解答用紙A（マークシート）の解答欄［(1)］～［(24)］にマークしなさい。なお，同じ選択肢は2回以上使わないこと。

11 悪意　12 一般的　13 科学的　14 管理者　15 机上　16 忌避
17 客観的　18 偶然的　19 計算上　20 刑法　21 結果　22 後悔
23 国家　24 言語道断　25 自然　26 事前　27 社会的　28 主観的
29 人為　30 責務　31 大企業　32 断言　33 道徳的　34 突発的
35 納得　36 被害　37 必然的　38 否定　39 非難　40 不可思議
41 不条理　42 民法　43 役割　44 利益　45 利潤

問2．本文中の空欄（ A ）～（ D ）にあてはまる最も適切な語句を次の選択肢から選び，その番号を解答用紙A（マークシート）の解答欄にマークしなさい。ただし，（ A ）［(25)］（ B ）［(26)］（ C ）［(27)］（ D ）［(28)］である。なお，同じ選択肢は2回以上使わないこと。

1 さらに　2 しかし　3 そうすると　4 にもかかわらず

問3．本文中の空欄（ あ ）～（ う ）にあてはまる最も適切な語句を次の選択肢から選び，その番号を解答用紙A（マークシート）の解答欄にマークしなさい。ただし，（ あ ）［(29)］（ い ）［(30)］（ う ）［(31)］である。なお，同じ選択肢は2回以上使わないこと。

1 刑事罰を受ける　2 個人として責任をとる
3 謝罪する　4 次に事故が起こる確率をできるだけ小さくする

問4．本文中の［第1節］と［第2節］で語られている「事故」がどのように異なるかを説明するとき，次の文中の空欄に入る最も適切な語句を解答用紙Bの所定の欄に15字以内で記入しなさい。

「いずれの事故も偶然に発生するが，とくに第2節の事故は（　　）ことによって生じる。」

問5．本文中の下線部（ア）について，筆者は「無駄ではない」と考えていると推定される。本文の論旨から見て，なぜ「無駄ではない」と言えるか，その理由を解答用紙Bの所定の欄に20字以内で記入しなさい。

Ⅱ．以下の文章を読んで，次の問１～問５に答えなさい。

不確実性の時代と言われはじめて久しいが，われわれの社会や生活は昔から多くの不確実性に直面してきた。もしわれわれが確実性の下で生活し，将来のことを確実に予測することができるならば，われわれの生活は心配事がなく楽になるだろう。しかし生活があまりにも単純になりすぎ面白みもなくなるかもしれない。現実にはわれわれは，不確実性の下で生活をしているため，多くのリスク（危険）に直面している。すなわち，将来何が起きるかは現在確実に知ることはできない。明日，自動車事故に遭うかもしれない。または火災で自宅を失うかもしれない。不況のために会社が倒産したり，失業するかもしれない。

われわれが日常生活を送る上で，また企業活動を行う上で，必然的にリスクに直面することになると言ったが，逆に進んでリスクをとろうとする人もいる。その例には，年末などに多くの人が夢を見て購入する宝くじがある。宝くじを購入したとしても，確実にそれが当たるわけではない。たとえば宝くじが一枚100円，100万円の当たり券が一枚だけで，一カ月後100万円が当たる確率は１万分の１という，簡単な宝くじを考えよう。当然，何番の宝くじが当選券かが分からないという不確実性の下で，宝くじを購入しなければならない。彼らは夢を買っていると言われるが，実はリスクを買っているのである。

このように，不確実性またはリスクとは，現在においては将来のことを（　あ　）ことに起因している。

宝くじではお金を出してまでリスクに直面しようとする人がいるのに対して，交通事故や火災などによるリスクを避けようとする人もいる。多くの人は自動車事故や火災によって大きな損害を受けることを避けようとする。リスクに対する態度は人によって異なっている。リスクを購入する人を危険（　A　）者と呼ぶのに対して，リスクを避けようとする人は危険（　B　）者と呼ばれているが，それらは次の例で明らかである。

今，二つの選択肢があるとする。一つは，それを選べば確実に5000円もらえるものである。すなわち，確率１で5000円もらえるものである。もう一つは，サイコロを転がし，偶数が出れば１万円もらえるが，奇数が出ると何ももらえないものである。このとき，１万円もらえる確率は２分の１であり，何ももらえない確率も２分の１である。そのため，どちらを選んでももらえる金額の期待値（＝「もらえる金額×確率」の合計）は［(32)｜(33)｜(34)｜(35)｜(36)］円となっている。このとき，同じ期待値の金額であっても，確実に5000円もらえる選択肢の方が，１万円になるか０円になるか不確実な選択肢よりも好ましいと思う人は，危険（　B　）的である。逆に，確実に5000円もらえるよりも不確実な選択肢を好むという人は，危険（　A　）的である。また，どちらも同じであると考える人は，危険（　C　）的である。

前の宝くじの例をとっても同じように考えることができる。宝くじを100円で買った場合には，当選確率が１万分の１であるため，宝くじの儲けの期待値は［(37)｜(38)｜(39)］円となる。また，宝くじを買わない場合は，損得がないため，儲けの期待値は［(40)｜(41)｜(42)］円である。したがって危険（　B　）者は宝くじを購入せず，危険（　A　）者は宝くじを購入することになる。

事故や火災において直面するリスクも，宝くじと同じように考えることができる。現在，将来事故に遭うかどうか明確には分からない。不幸にも事故に遭うと100万円の損失を被り，事故に遭わなければ損失はゼロである。そして事故に遭う確率は１万分の１であるのに対して，事故に遭わない確率は１万分の9999であるとする。このときの損失額の期待値は［(43)｜(44)｜(45)］円である。ここで簡単な保険の例を考えてみよう。保険料が［(46)｜(47)｜(48)］円であり，事故が起きた場合に100万円の補償金を支払う保険を考えてみよう。このとき［(46)｜(47)｜(48)］円の保険料で確実にリスクを（　B　）することができる。保険に加入しない場合の損失の期待値は［(43)｜(44)｜(45)］円である。個人にとっての期待値での損失は，保険に加入してもしなくても［(49)｜(50)｜(51)］円であるため，危険（　B　）者は，損失が100万円になるかもしれないケースよりも，確実な

| (46) | (47) | (48) | 円の損失のケースを選ぶことになる。危険（　B　）的な個人は保険に必ず加入しようとする。逆に，危険（　A　）的な人の場合はこうした保険に加入しないであろう。一方，この保険を提供する保険会社の収益はどうなるであろうか。たとえば，加入者が100万人であったとしよう。保険会社にとっての保険料収入は | (52) | (53) | 億円となる。そして保険加入者100万人のうち実際に事故に遭う人の割合が，各個人の事故に遭う確率に等しくなると，事故に遭う人の数は平均的に | (54) | (55) | (56) | (57) | 人であるため，保険会社が支払う補償金総額は | (58) | (59) | 億円となる。

つぎに，事故に遭った場合の損失は前の例と同じように100万円であるとするが，前の例で前提としたタイプの個人に加えて，もう一つのタイプの個人がいるとすると，保険市場はどうなるであろうか。すなわち，第1グループの人たちの事故確率は1万分の1であるが，第2グループの人たちの事故確率は1万分の2であるとする。たとえば，自動車事故であるとすると，第1グループの人たちの運転は比較的安全であるのに対し，第2グループはスピードを出しすぎたり危険な運転をする人たちである。第2グループの人数も，第1のそれと同じく100万人であるとする。このとき各個人は自分が安全なドライバーか危険なドライバーかを知っている。一方，保険会社は，二つのタイプの事故確率や人数を知っているが，個々の保険加入者が安全な運転をする人か危険な人か，を識別することができない。

保険会社は，個々の保険加入者のリスクを識別できないため，すべての個人が平均的リスクを持つと考え，すべての個人を同じように扱おうとする。すなわち保険会社は，加入者全体について各タイプの事故確率と人数を知っているため，全人口の平均的事故確率を計算することができる。そしてすべての個人の事故確率を全人口の平均的事故確率と見なし，すべての個人が同じ事故確率を持っているとした前のケースと同じように，保険会社は保険料を決定することになる。二つのグループそれぞれの事故確率が1万分の1と1万分の2の人が半分ずついるため，保険会社は全人口の平均事故確率を2万分の | (60) | (61) | であると推測する。このとき，保険会社が損失補償のために平均的に必要な金額は | (62) | (63) | 億円である。このとき，保険会社が保険料を | (64) | (65) | (66) | 円に設定すると，すべての人が加入した場合には，保険料収入は | (67) | (68) | 億円となり，収支が均衡することになる。

一方，この保険契約は保険加入者にとってはどうであろうか。まず，第2グループにとってはこの契約は魅力的であることが分かる。危険な運転をする人にとっては，事故確率が1万分の2であるため，損失の期待値は | (69) | (70) | (71) | 円となる。したがって保険料が | (64) | (65) | (66) | 円であるときでも，彼らは危険（　B　）のために保険に加入しようとする。したがって | (64) | (65) | (66) | 円の保険料は彼らにとっては（　D　）となるため，第2グループの人たちはすべてこの保険に加入しようとする。

しかし，安全な運転をする人は，このような保険契約に満足するだろうか。彼らにとっては，事故確率が1万分の1であるため，損失は期待値が | (72) | (73) | (74) | 円となる。それに等しい保険料であれば，第1グループの人たちは，危険を（　B　）するために保険に加入しようとする。しかし | (64) | (65) | (66) | 円の保険料はそれに比べて（　E　）になる。そのため第1グループの人々にとっては， | (64) | (65) | (66) | 円を支払って保険に加入しリスクを完全に（　B　）するよりも，保険に加入せずリスクを被るほうが好ましいかもしれない。もしそうならば第1グループの人々は保険に加入しなくなる。また，同じグループでも個人間で危険（　B　）度などで違いが存在するならば，第1グループの一部の人は保険に加入しなくなる。（中略）

事故確率の異なる，さまざまな人が同じ保険契約に加入するとき，保険料が上昇していくと，安全な運転をする人から順番に保険料を高いとみなし，保険加入をあきらめることになる。その結果，保険に加入し続ける人の平均的リスクが大きくなっていくのである。このように保険料の上昇と共に，リスクの小さい良質な加入者が保険市場から撤退し，リスクの大きな加入者だけが残る現象は，(a)「逆選択」または「逆淘汰」と呼ばれている。

（薮下史郎『非対称情報の経済学　スティグリッツと新しい経済学』光文社新書，2002年，第3章を改変して作成した。）

問1．本文中の空欄 (32)(33)(34)(35)(36) ～ (72)(73)(74) に入る適切な数字を，解答用紙A（マークシート）の解答欄 (32) ～ (74) にマークしなさい。ただし，2つの連続した空欄（例えば (52)(53) ）に1桁の数字が入る場合は十の位に0をマークしなさい。3つ以上の連続した空欄の場合も同様に対応すること。

問2．本文中の空欄（　A　）～（　C　）にあてはまる最も適切な語を次の選択肢から選び，その番号を解答用紙A（マークシート）の解答欄にマークしなさい。ただし，（　A　） (75) （　B　） (76) （　C　） (77) である。なお，同じ選択肢は2回以上使わないこと。

1　愛好　　2　安全　　3　回避　　4　関係　　5　困難　　6　状態　　7　対立　　8　中立

問3．本文中の空欄（　D　）と（　E　）にあてはまる最も適切な語を次の選択肢から選び，その番号を解答用紙A（マークシート）の解答欄にマークしなさい。ただし，（　D　） (78) （　E　） (79) である。なお，同じ選択肢は2回以上使わないこと。

1　確率　　2　公正　　3　裁定　　4　中間　　5　飛躍　　6　不安　　7　割高　　8　割安

問4．本文中の空欄（　あ　）に入る最も適切な語句を解答用紙Bの所定の欄に15字以内で記入しなさい。

問5．本文中の下線部（a）にある「逆選択」を防ぐためには，保険会社にはどのような情報が必要であるか，本文の論旨にそって述べなさい。解答用紙Bの所定の欄に20字以内で記入しなさい。

//////////////////// · memo · ////////////////////

/////////////////////// · **memo** · ///////////////////////

//////////////////// · memo · ////////////////////

教学社 刊行一覧

2025年版 大学赤本シリーズ

374大学556点
全都道府県を網羅

国公立大学（都道府県順）

全国の書店で取り扱っています。店頭にない場合は，お取り寄せができます。

1 北海道大学（文系−前期日程）
2 北海道大学（理系−前期日程） 医
3 北海道大学（後期日程）
4 旭川医科大学（医学部〈医学科〉） 医
5 小樽商科大学
6 帯広畜産大学
7 北海道教育大学
8 室蘭工業大学／北見工業大学
9 釧路公立大学
10 公立千歳科学技術大学
11 公立はこだて未来大学 総推
12 札幌医科大学（医学部） 医
13 弘前大学 医
14 岩手大学
15 岩手県立大学・盛岡短期大学部・宮古短期大学部
16 東北大学（文系−前期日程）
17 東北大学（理系−前期日程） 医
18 東北大学（後期日程）
19 宮城教育大学
20 宮城大学
21 秋田大学 医
22 秋田県立大学
23 国際教養大学 総推
24 山形大学 医
25 福島大学
26 会津大学
27 福島県立医科大学（医・保健科学部） 医
28 茨城大学（文系）
29 茨城大学（理系）
30 筑波大学（推薦入試） 医 総推
31 筑波大学（文系−前期日程）
32 筑波大学（理系−前期日程） 医
33 筑波大学（後期日程）
34 宇都宮大学
35 群馬大学 医
36 群馬県立女子大学
37 高崎経済大学
38 前橋工科大学
39 埼玉大学（文系）
40 埼玉大学（理系）
41 千葉大学（文系−前期日程）
42 千葉大学（理系−前期日程） 医
43 千葉大学（後期日程） 医
44 東京大学（文科） DL
45 東京大学（理科） DL 医
46 お茶の水女子大学
47 電気通信大学
48 東京外国語大学 DL
49 東京海洋大学
50 東京科学大学（旧 東京工業大学）
51 東京科学大学（旧 東京医科歯科大学） 医
52 東京学芸大学
53 東京藝術大学
54 東京農工大学
55 一橋大学（前期日程）
56 一橋大学（後期日程）
57 東京都立大学（文系）
58 東京都立大学（理系）
59 横浜国立大学（文系）
60 横浜国立大学（理系）
61 横浜市立大学（国際教養・国際商・理・データサイエンス・医〈看護〉学部）
62 横浜市立大学（医学部〈医学科〉） 医
63 新潟大学（人文・教育〈文系〉・法・経済科・医〈看護〉・創生学部）
64 新潟大学（教育〈理系〉・理・医〈看護を除く〉・歯・工・農学部） 医
65 新潟県立大学
66 富山大学（文系）
67 富山大学（理系） 医
68 富山県立大学
69 金沢大学（文系）
70 金沢大学（理系） 医
71 福井大学（教育・医〈看護〉・工・国際地域学部）
72 福井大学（医学部〈医学科〉） 医
73 福井県立大学
74 山梨大学（教育・医〈看護〉・工・生命環境学部）
75 山梨大学（医学部〈医学科〉） 医
76 都留文科大学
77 信州大学（文系−前期日程）
78 信州大学（理系−前期日程） 医
79 信州大学（後期日程）
80 公立諏訪東京理科大学 総推
81 岐阜大学（前期日程） 医
82 岐阜大学（後期日程）
83 岐阜薬科大学
84 静岡大学（前期日程）
85 静岡大学（後期日程）
86 浜松医科大学（医学部〈医学科〉） 医
87 静岡県立大学
88 静岡文化芸術大学
89 名古屋大学（文系）
90 名古屋大学（理系） 医
91 愛知教育大学
92 名古屋工業大学
93 愛知県立大学
94 名古屋市立大学（経済・人文社会・芸術工・看護・総合生命理・データサイエンス学部）
95 名古屋市立大学（医学部〈医学科〉） 医
96 名古屋市立大学（薬学部）
97 三重大学（人文・教育・医〈看護〉学部）
98 三重大学（医〈医〉・工・生物資源学部） 医
99 滋賀大学
100 滋賀医科大学（医学部〈医学科〉） 医
101 滋賀県立大学
102 京都大学（文系）
103 京都大学（理系） 医
104 京都教育大学
105 京都工芸繊維大学
106 京都府立大学
107 京都府立医科大学（医学部〈医学科〉） 医
108 大阪大学（文系） DL
109 大阪大学（理系） 医
110 大阪教育大学
111 大阪公立大学（現代システム科学域〈文系〉・文・法・経済・商・看護・生活科〈居住環境・人間福祉〉学部−前期日程）
112 大阪公立大学（現代システム科学域〈理系〉・理・工・農・獣医・医・生活科〈食栄養〉学部−前期日程） 医
113 大阪公立大学（中期日程）
114 大阪公立大学（後期日程）
115 神戸大学（文系−前期日程）
116 神戸大学（理系−前期日程） 医
117 神戸大学（後期日程）
118 神戸市外国語大学 DL
119 兵庫県立大学（国際商経・社会情報科・看護学部）
120 兵庫県立大学（工・理・環境人間学部）
121 奈良教育大学／奈良県立大学
122 奈良女子大学
123 奈良県立医科大学（医学部〈医学科〉） 医
124 和歌山大学
125 和歌山県立医科大学（医・薬学部） 医
126 鳥取大学 医
127 公立鳥取環境大学
128 島根大学 医
129 岡山大学（文系）
130 岡山大学（理系） 医
131 岡山県立大学
132 広島大学（文系−前期日程）
133 広島大学（理系−前期日程） 医
134 広島大学（後期日程）
135 尾道市立大学 総推
136 県立広島大学
137 広島市立大学
138 福山市立大学 総推
139 山口大学（人文・教育〈文系〉・経済・医〈看護〉・国際総合科学部）
140 山口大学（教育〈理系〉・理・医〈看護を除く〉・工・農・共同獣医学部） 医
141 山陽小野田市立山口東京理科大学 総推
142 下関市立大学／山口県立大学
143 周南公立大学 新 総推
144 徳島大学 医
145 香川大学 医
146 愛媛大学 医
147 高知大学 医
148 高知工科大学
149 九州大学（文系−前期日程）
150 九州大学（理系−前期日程） 医
151 九州大学（後期日程）
152 九州工業大学
153 福岡教育大学
154 北九州市立大学
155 九州歯科大学
156 福岡県立大学／福岡女子大学
157 佐賀大学 医
158 長崎大学（多文化社会・教育〈文系〉・経済・医〈保健〉・環境科〈文系〉学部）
159 長崎大学（教育〈理系〉・医〈医〉・歯・薬・情報データ科・工・環境科〈理系〉・水産学部） 医
160 長崎県立大学 総推
161 熊本大学（文・教育・法・医〈看護〉学部・情報融合学環〈文系型〉）
162 熊本大学（理・医〈看護を除く〉・薬・工学部・情報融合学環〈理系型〉） 医
163 熊本県立大学
164 大分大学（教育・経済・医〈看護〉・理工・福祉健康科学部）
165 大分大学（医学部〈医・先進医療科学科〉） 医
166 宮崎大学（教育・医〈看護〉・工・農・地域資源創成学部）
167 宮崎大学（医学部〈医学科〉） 医
168 鹿児島大学（文系）
169 鹿児島大学（理系） 医
170 琉球大学 医

2025年版　大学赤本シリーズ

国公立大学 その他

171 〔国公立大〕医学部医学科 総合型選抜・学校推薦型選抜※ 医 総推
172 看護・医療系大学〈国公立 東日本〉※
173 看護・医療系大学〈国公立 中日本〉※
174 看護・医療系大学〈国公立 西日本〉※
175 海上保安大学校／気象大学校
176 航空保安大学校
177 国立看護大学校
178 防衛大学校 総推
179 防衛医科大学校（医学科） 医
180 防衛医科大学校（看護学科）

※No.171～174の収載大学は赤本ウェブサイト（http://akahon.net/）でご確認ください。

私立大学①

北海道の大学（50音順）

201 札幌大学
202 札幌学院大学
203 北星学園大学
204 北海学園大学
205 北海道医療大学
206 北海道科学大学
207 北海道武蔵女子大学・短期大学
208 酪農学園大学（獣医学群〈獣医学類〉）

東北の大学（50音順）

209 岩手医科大学（医・歯・薬学部） 医
210 仙台大学 総推
211 東北医科薬科大学（医・薬学部） 医
212 東北学院大学
213 東北工業大学
214 東北福祉大学
215 宮城学院女子大学 総推

関東の大学（50音順）

あ行（関東の大学）

216 青山学院大学（法・国際政治経済学部－個別学部日程）
217 青山学院大学（経済学部－個別学部日程）
218 青山学院大学（経営学部－個別学部日程）
219 青山学院大学（文・教育人間科学部－個別学部日程）
220 青山学院大学（総合文化政策・社会情報・地球社会共生・コミュニティ人間科学部－個別学部日程）
221 青山学院大学（理工学部－個別学部日程）
222 青山学院大学（全学部日程）
223 麻布大学（獣医、生命・環境科学部）
224 亜細亜大学
226 桜美林大学
227 大妻女子大学・短期大学部

か行（関東の大学）

228 学習院大学（法学部－コア試験）
229 学習院大学（経済学部－コア試験）
230 学習院大学（文学部－コア試験）
231 学習院大学（国際社会科学部－コア試験）
232 学習院大学（理学部－コア試験）
233 学習院女子大学
234 神奈川大学（給費生試験）
235 神奈川大学（一般入試）
236 神奈川工科大学
237 鎌倉女子大学・短期大学部
238 川村学園女子大学
239 神田外語大学
240 関東学院大学
241 北里大学（理学部）
242 北里大学（医学部） 医
243 北里大学（薬学部）
244 北里大学（看護・医療衛生学部）
245 北里大学（未来工・獣医・海洋生命科学部）
246 共立女子大学・短期大学
247 杏林大学（医学部） 医
248 杏林大学（保健学部）
249 群馬医療福祉大学・短期大学部
250 群馬パース大学 総推
251 慶應義塾大学（法学部）
252 慶應義塾大学（経済学部）
253 慶應義塾大学（商学部）
254 慶應義塾大学（文学部） 総推
255 慶應義塾大学（総合政策学部）
256 慶應義塾大学（環境情報学部）
257 慶應義塾大学（理工学部）
258 慶應義塾大学（医学部） 医
259 慶應義塾大学（薬学部）
260 慶應義塾大学（看護医療学部）
261 工学院大学
262 國學院大學
263 国際医療福祉大学 医
264 国際基督教大学
265 国士舘大学
266 駒澤大学（一般選抜T方式・S方式）
267 駒澤大学（全学部統一日程選抜）

さ行（関東の大学）

268 埼玉医科大学（医学部） 医
269 相模女子大学・短期大学部
270 産業能率大学
271 自治医科大学（医学部） 医
272 自治医科大学（看護学部）／東京慈恵会医科大学（医学部〈看護学科〉）
273 実践女子大学 総推
274 芝浦工業大学（前期日程）
275 芝浦工業大学（全学統一日程・後期日程）
276 十文字学園女子大学
277 淑徳大学
278 順天堂大学（医学部） 医
279 順天堂大学（スポーツ健康科・医療看護・保健看護・国際教養・保健医療・医療科・健康データサイエンス・薬学部） 総推
280 上智大学（神・文・総合人間科学部）
281 上智大学（法・経済学部）
282 上智大学（外国語・総合グローバル学部）
283 上智大学（理工学部）
284 上智大学（TEAPスコア利用方式）
285 湘南工科大学
286 昭和大学（医学部） 医
287 昭和大学（歯・薬・保健医療学部）
288 昭和女子大学
289 昭和薬科大学
290 女子栄養大学・短期大学部 総推
291 白百合女子大学
292 成蹊大学（法学部－A方式）
293 成蹊大学（経済・経営学部－A方式）
294 成蹊大学（文学部－A方式）
295 成蹊大学（理工学部－A方式）
296 成蹊大学（E方式・G方式・P方式）
297 成城大学（経済・社会イノベーション学部－A方式）
298 成城大学（文芸・法学部－A方式）
299 成城大学（S方式〈全学部統一選抜〉）
300 聖心女子大学
301 清泉女子大学
303 聖マリアンナ医科大学 医
304 聖路加国際大学（看護学部）
305 専修大学（スカラシップ・全国入試）
306 専修大学（前期入試〈学部個別入試〉）
307 専修大学（前期入試〈全学部入試・スカラシップ入試〉）

た行（関東の大学）

308 大正大学
309 大東文化大学
310 高崎健康福祉大学
311 拓殖大学
312 玉川大学
313 多摩美術大学
314 千葉工業大学
315 中央大学（法学部－学部別選抜）
316 中央大学（経済学部－学部別選抜）
317 中央大学（商学部－学部別選抜）
318 中央大学（文学部－学部別選抜）
319 中央大学（総合政策学部－学部別選抜）
320 中央大学（国際経営・国際情報学部－学部別選抜）
321 中央大学（理工学部－学部別選抜）
322 中央大学（5学部共通選抜）
323 中央学院大学
324 津田塾大学
325 帝京大学（薬・経済・法・文・外国語・教育・理工・医療技術・福岡医療技術学部）
326 帝京大学（医学部） 医
327 帝京科学大学 総推
328 帝京平成大学 総推
329 東海大学（医〈医〉学部を除く－一般選抜）
330 東海大学（文系・理系学部統一選抜）
331 東海大学（医学部〈医学科〉） 医
332 東京医科大学（医学部〈医学科〉） 医
333 東京家政大学・短期大学部 総推
334 東京経済大学
335 東京工科大学
336 東京工芸大学
337 東京国際大学
338 東京歯科大学
339 東京慈恵会医科大学（医学部〈医学科〉） 医
340 東京情報大学
341 東京女子大学
342 東京女子医科大学（医学部） 医
343 東京電機大学
344 東京都市大学
345 東京農業大学
346 東京薬科大学（薬学部） 総推
347 東京薬科大学（生命科学部） 総推
348 東京理科大学（理学部〈第一部〉－B方式）
349 東京理科大学（創域理工学部－B方式・S方式）
350 東京理科大学（工学部－B方式）
351 東京理科大学（先進工学部－B方式）
352 東京理科大学（薬学部－B方式）
353 東京理科大学（経営学部－B方式）
354 東京理科大学（C方式、グローバル方式、理学部〈第二部〉－B方式）
355 東邦大学（医学部） 医
356 東邦大学（薬学部）

2025年版　大学赤本シリーズ

私立大学②

357 東邦大学（理・看護・健康科学部）
358 東洋大学（文・経済・経営・法・社会・国際・国際観光学部）
359 東洋大学（情報連携・福祉社会デザイン・健康スポーツ科・理工・総合情報・生命科・食環境科学部）
360 東洋大学（英語〈3日程×3カ年〉）
361 東洋大学（国語〈3日程×3カ年〉）
362 東洋大学（日本史・世界史〈2日程×3カ年〉）
363 東洋英和女学院大学
364 常磐大学・短期大学 総推
365 獨協大学
366 獨協医科大学（医学部） 医

な行（関東の大学）

367 二松学舎大学
368 日本大学（法学部）
369 日本大学（経済学部）
370 日本大学（商学部）
371 日本大学（文理学部〈文系〉）
372 日本大学（文理学部〈理系〉）
373 日本大学（芸術学部〈専門試験併用型〉）
374 日本大学（国際関係学部）
375 日本大学（危機管理・スポーツ科学部）
376 日本大学（理工学部）
377 日本大学（生産工・工学部）
378 日本大学（生物資源科学部）
379 日本大学（医学部） 医
380 日本大学（歯・松戸歯学部）
381 日本大学（薬学部）
382 日本大学（N全学統一方式−医・芸術〈専門試験併用型〉学部を除く）
383 日本医科大学 医
384 日本工業大学
385 日本歯科大学
386 日本社会事業大学 総推
387 日本獣医生命科学大学
388 日本女子大学
389 日本体育大学

は行（関東の大学）

390 白鷗大学（学業特待選抜・一般選抜）
391 フェリス女学院大学
392 文教大学
393 法政大学（法〈I日程〉・文〈II日程〉・経営〈II日程〉学部−A方式）
394 法政大学（法〈II日程〉・国際文化・キャリアデザイン学部−A方式）
395 法政大学（文〈I日程〉・経営〈I日程〉・人間環境・グローバル教養学部−A方式）
396 法政大学（経済〈I日程〉・社会〈I日程〉・現代福祉学部−A方式）
397 法政大学（経済〈II日程〉・社会〈II日程〉・スポーツ健康学部−A方式）
398 法政大学（情報科・デザイン工・理工・生命科学部−A方式）
399 法政大学（T日程〈統一日程〉・英語外部試験利用入試）
400 星薬科大学 総推

ま行（関東の大学）

401 武蔵大学
402 武蔵野大学
403 武蔵野美術大学
404 明海大学
405 明治大学（法学部−学部別入試）
406 明治大学（政治経済学部−学部別入試）
407 明治大学（商学部−学部別入試）
408 明治大学（経営学部−学部別入試）
409 明治大学（文学部−学部別入試）
410 明治大学（国際日本学部−学部別入試）
411 明治大学（情報コミュニケーション学部−学部別入試）
412 明治大学（理工学部−学部別入試）
413 明治大学（総合数理学部−学部別入試）
414 明治大学（農学部−学部別入試）
415 明治大学（全学部統一入試）
416 明治学院大学（A日程）
417 明治学院大学（全学部日程）
418 明治薬科大学 総推
419 明星大学
420 目白大学・短期大学部

ら・わ行（関東の大学）

421 立教大学（文系学部−一般入試〈大学独自の英語を課さない日程〉）
422 立教大学（国語〈3日程×3カ年〉）
423 立教大学（日本史・世界史〈2日程×3カ年〉）
424 立教大学（文学部−一般入試〈大学独自の英語を課す日程〉）
425 立教大学（理学部−一般入試）
426 立正大学
427 早稲田大学（法学部）
428 早稲田大学（政治経済学部）
429 早稲田大学（商学部）
430 早稲田大学（社会科学部）
431 早稲田大学（文学部）
432 早稲田大学（文化構想学部）
433 早稲田大学（教育学部〈文科系〉）
434 早稲田大学（教育学部〈理科系〉）
435 早稲田大学（人間科・スポーツ科学部）
436 早稲田大学（国際教養学部）
437 早稲田大学（基幹理工・創造理工・先進理工学部）
438 和洋女子大学 総推

中部の大学（50音順）

439 愛知大学
440 愛知医科大学（医学部） 医
441 愛知学院大学・短期大学部
442 愛知工業大学 総推
443 愛知淑徳大学
444 朝日大学 総推
445 金沢医科大学（医学部） 医
446 金沢工業大学
447 岐阜聖徳学園大学 総推
448 金城学院大学
449 至学館大学 総推
450 静岡理工科大学
451 椙山女学園大学
452 大同大学
453 中京大学
454 中部大学
455 名古屋外国語大学 総推
456 名古屋学院大学 総推
457 名古屋学芸大学 総推
458 名古屋女子大学 総推
459 南山大学（外国語〈英米〉・法・総合政策・国際教養学部）
460 南山大学（人文・外国語〈英米を除く〉・経済・経営・理工学部）
461 新潟国際情報大学
462 日本福祉大学
463 福井工業大学
464 藤田医科大学（医学部） 医
465 藤田医科大学（医療科・保健衛生学部）
466 名城大学（法・経営・経済・外国語・人間・都市情報学部）
467 名城大学（情報工・理工・農・薬学部）
468 山梨学院大学

近畿の大学（50音順）

469 追手門学院大学 総推
470 大阪医科薬科大学（医学部） 医
471 大阪医科薬科大学（薬学部） 総推
472 大阪学院大学 総推
473 大阪経済大学 総推
474 大阪経済法科大学 総推
475 大阪工業大学 総推
476 大阪国際大学・短期大学部 総推
477 大阪産業大学 総推
478 大阪歯科大学（歯学部）
479 大阪商業大学 総推
480 大阪成蹊大学・短期大学 総推
481 大谷大学 総推
482 大手前大学・短期大学 総推
483 関西大学（文系）
484 関西大学（理系）
485 関西大学（英語〈3日程×3カ年〉）
486 関西大学（国語〈3日程×3カ年〉）
487 関西大学（日本史・世界史・文系数学〈3日程×3カ年〉）
488 関西医科大学（医学部） 医
489 関西医療大学 総推
490 関西外国語大学・短期大学部 総推
491 関西学院大学（文・法・商・人間福祉・総合政策学部−学部個別日程）
492 関西学院大学（神・社会・経済・国際・教育学部−学部個別日程）
493 関西学院大学（全学部日程〈文系型〉）
494 関西学院大学（全学部日程〈理系型〉）
495 関西学院大学（共通テスト併用日程〈数学〉・英数日程）
496 関西学院大学（英語〈3日程×3カ年〉） 新
497 関西学院大学（国語〈3日程×3カ年〉） 新
498 関西学院大学（日本史・世界史・文系数学〈3日程×3カ年〉） 新
499 畿央大学 総推
500 京都外国語大学・短期大学 総推
502 京都産業大学（公募推薦入試） 総推
503 京都産業大学（一般選抜入試〈前期日程〉）
504 京都女子大学 総推
505 京都先端科学大学 総推
506 京都橘大学 総推
507 京都ノートルダム女子大学 総推
508 京都薬科大学 総推
509 近畿大学・短期大学部（医学部を除く−推薦入試） 総推
510 近畿大学・短期大学部（医学部を除く−一般入試前期）
511 近畿大学（英語〈医学部を除く3日程×3カ年〉）
512 近畿大学（理系数学〈医学部を除く3日程×3カ年〉）
513 近畿大学（国語〈医学部を除く3日程×3カ年〉）
514 近畿大学（医学部−推薦入試・一般入試前期） 医 総推
515 近畿大学・短期大学部（一般入試後期） 医
516 皇學館大学 総推
517 甲南大学 総推
518 甲南女子大学（学校推薦型選抜） 新 総推
519 神戸学院大学 総推
520 神戸国際大学 総推
521 神戸女学院大学 総推
522 神戸女子大学・短期大学 総推
523 神戸薬科大学 総推
524 四天王寺大学・短期大学部 総推
525 摂南大学（公募制推薦入試） 総推
526 摂南大学（一般選抜前期日程）
527 帝塚山学院大学 総推
528 同志社大学（法、グローバル・コミュニケーション学部−学部個別日程）

いつも受験生のそばに―赤本

大学入試シリーズ＋α
入試対策も共通テスト対策も赤本で

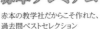

入試対策

赤本プラス

赤本プラスとは，**過去問演習の効果を最大にする**ためのシリーズです。「赤本」であぶり出された弱点を，赤本プラスで克服しましょう。

大学入試 すぐわかる英文法 DL
大学入試 ひと目でわかる英文読解
大学入試 絶対できる英語リスニング DL
大学入試 すぐ書ける自由英作文
大学入試 ぐんぐん読める 英語長文〔BASIC〕DL
大学入試 ぐんぐん読める 英語長文〔STANDARD〕DL
大学入試 ぐんぐん読める 英語長文〔ADVANCED〕DL
大学入試 正しく書ける英作文
大学入試 最短でマスターする 数学Ⅰ・Ⅱ・Ⅲ・A・B・C
大学入試 突破力を鍛える最難関の数学
大学入試 知らなきゃ解けない 古文常識・和歌
大学入試 ちゃんと身につく物理
大学入試 もっと身につく 物理問題集（①力学・波動）
大学入試 もっと身につく 物理問題集（②熱力学・電磁気・原子）

入試対策

英検®赤本シリーズ

英検®（実用英語技能検定）の対策書。
過去問集と参考書で万全の対策ができます。

▶**過去問集（2024年度版）**
英検®準1級過去問集 DL
英検®2級過去問集 DL
英検®準2級過去問集 DL
英検®3級過去問集 DL

▶**参考書**
竹岡の英検®準1級マスター DL
竹岡の英検®2級マスター CD DL
竹岡の英検®準2級マスター CD DL
竹岡の英検®3級マスター CD DL

CD リスニングCDつき　DL 音声無料配信
新 2024年新刊・改訂

入試対策

赤本プレミアム

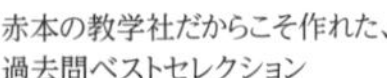

赤本の教学社だからこそ作れた、過去問ベストセレクション

東大数学プレミアム
東大現代文プレミアム
京大数学プレミアム〔改訂版〕
京大古典プレミアム

入試対策

赤本メディカルシリーズ

過去問を徹底的に研究し，独自の出題傾向をもつメディカル系の入試に役立つ内容を精選した実戦的なシリーズ。

〔国公立大〕医学部の英語〔3訂版〕
私立医大の英語〔長文読解編〕〔3訂版〕
私立医大の英語〔文法・語法編〕〔改訂版〕
医学部の実戦小論文〔3訂版〕
医歯薬系の英単語〔4訂版〕
医系小論文 最頻出論点20〔4訂版〕
医学部の面接〔4訂版〕

入試対策

体系シリーズ

国公立大二次・難関私大突破へ，自学自習に適したハイレベル問題集。

体系英語長文
体系英作文
体系現代文
体系世界史
体系物理〔第7版〕

入試対策

単行本

▶**英語**
Q&A即決英語勉強法
TEAP攻略問題集 CD
東大の英単語〔新装版〕
早慶上智の英単語〔改訂版〕

▶**国語・小論文**
著者に注目! 現代文問題集
ブレない小論文の書き方 樋口式ワークノート

▶**レシピ集**
奥薗壽子の赤本合格レシピ

入試対策　共通テスト対策

赤本手帳

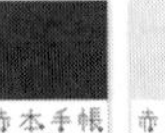

赤本手帳（2025年度受験用）プラムレッド
赤本手帳（2025年度受験用）インディゴブルー
赤本手帳（2025年度受験用）ナチュラルホワイト

入試対策

風呂で覚えるシリーズ

水をはじく特殊な紙を使用。いつでもどこでも読めるから，ちょっとした時間を有効に使える！

風呂で覚える英単語〔4訂新装版〕
風呂で覚える英熟語〔改訂新装版〕
風呂で覚える古文単語〔改訂新装版〕
風呂で覚える古文文法〔改訂新装版〕
風呂で覚える漢文〔改訂新装版〕
風呂で覚える日本史〔年代〕〔改訂新装版〕
風呂で覚える世界史〔年代〕〔改訂新装版〕
風呂で覚える倫理〔改訂版〕
風呂で覚える百人一首〔改訂版〕

共通テスト対策

満点のコツシリーズ

共通テストで満点を狙うための実戦的参考書。
重要度の増したリスニング対策は
「カリスマ講師」竹岡広信が一回読みにも
対応できるコツを伝授！

共通テスト英語〔リスニング〕 満点のコツ〔改訂版〕新 DL
共通テスト古文 満点のコツ〔改訂版〕新
共通テスト漢文 満点のコツ〔改訂版〕新

入試対策　共通テスト対策

赤本ポケットシリーズ

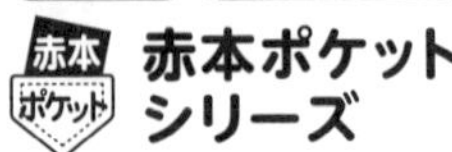

▶**共通テスト対策**
共通テスト日本史〔文化史〕

▶**系統別進路ガイド**
デザイン系学科をめざすあなたへ

大学赤本シリーズ

別冊問題編

2025